कुछ पश्चिमी देशों और भारत में शिक्षा

उद्देश्य, महत्व और विषय-विस्तार

By the same author

1. Western Educational Thinkers (with *Akhilesh Chaube*)
2. Psychology of Adolescents in India
3. आधुनिक सामाजिक मनोविज्ञान के मूल तत्त्व (Fundamentals of Modern Social Psychology)
4. किशोर मनोविज्ञान के मूल तत्त्व
5. बाल विकास मनोविज्ञान के मूल तत्त्व
6. सामान्य मनोविज्ञान के मूल तत्त्व (Fundamentals of General Psychology)

लेखक परिचय

प्रो॰ सरयू प्रसाद चौबे ने 1979 में गोरखपुर विश्वविद्यालय से प्रोफेसर तथा डीन पद से अवकाश प्राप्त किया। बनारस हिन्दू विश्वविद्यालय से एम.ए. तथा इलाहाबाद विश्वविद्यालय से एम.एड. करने के बाद, आपने इण्डियाना विश्वविद्यालय (यू.एस.ए) से डॉक्टर ऑफ एजूकेशन की उपाधि प्राप्त की। लखनऊ विश्वविद्यालय ने 1965 में आपको डी.लिट्. की डिग्री प्रदान की। आपको जी. जे. वातूमल मेमोरियल अवार्ड तथा बनर्जी रिसर्च पुरस्कार से भी विभूषित किया गया।

प्रो. चौबे ने शिक्षाशास्त्र तथा मनोविज्ञान के क्षेत्रों में 50 से भी अधिक पुस्तकों की रचना की है। हिन्दी तथा अंग्रेजी में रचित आपकी पुस्तकें देश के कई विश्वविद्यालयों में पाठ्य-पुस्तकों के रूप में पढ़ाई जाती हैं।

कुछ पश्चिमी देशों और भारत में शिक्षा

(Education in Some Western Countries and India)

(स्नातक तथा परास्नातक कक्षाओं हेतु)
[For Graduate and Post-graduate Classes]

डॉ॰ सरयू प्रसाद चौबे
एम॰ए॰, एम॰एड॰ (इलाहाबाद),
डी॰एड॰ (इण्डियाना, यू॰एस॰ए॰), डी॰ लिट्, (लखनऊ),
रिसीपियेण्ट ऑफ दी जी॰ जे॰ वातूमल
मेमोरियल अवार्ड इन एजूकेशन,
निवृत्तमानः डीन एवं प्रोफेसर, एजूकेशन फैकल्टी
विश्वविद्यालय, गोरखपुर (यू॰पी॰)

CONCEPT PUBLISHING COMPANY, NEW DELHI-110059

ISBN : 81-8069-056-3

First Published 2004

Published and Printed by
Ashok Kumar Mittal
Concept Publishing Company
A/15-16, Commercial Block, Mohan Garden
New Delhi-110059 (INDIA)

Phone : 25351460, 25351794
Fax : 091-11-25357103
E-mail : publishing@conceptpub.com

प्राक्कथन

देश के विश्वविद्यालयों के स्नातक तथा परास्नातक स्तर पर पढ़ाये जाने वाले विविध विषयों में 'शिक्षाशास्त्र' विषय के अन्तर्गत तुलनात्मक शिक्षा भी एक वैकल्पिक पाठ्यक्रम है। इस पुस्तक का प्रमुख उद्देश्य इसी वैकल्पिक विषय के विद्यार्थियों के अध्ययन में सहायता करना है। विश्व के कुछ विकासशील देशों में यू० एस० ए०, ग्रेट ब्रिटेन तथा रूस प्रमुख देश माने जाते हैं। अतएव तुलनात्मक शिक्षा के अन्तर्गत प्रायः इन्हीं तीन प्रमुख देशों की ही शिक्षा का अध्ययन किया जाता है। अतः हमने इस पुस्तक की परिधि में इन्हीं तीन देशों की शिक्षा-व्यवस्थाओं की विवेचना की है। इस विवेचना में हमने पुस्तक में समाविष्ट देशों की वर्तमान शिक्षा का स्वरूप, उद्देश्य, संगठन, नियन्त्रण, प्रशासन तथा उसकी समस्याओं की व्याख्या की है। अपने भारत देश की शिक्षा के विवरण में स्पष्ट कारणों वश हमने अपना ध्यान प्रधानतः देश की शिक्षा की प्रमुख समस्याओं पर ही केन्द्रित किया है। इस केन्द्रीयकरण में हमारा उद्देश्य विद्यार्थियों को अपरोक्ष रूप में यह सोचने के लिए अनुप्रेरित करने का प्रयास रहा है कि विकासशील देशों की शिक्षा-व्यवस्था के किन पक्षों से कुछ लेकर हम अपनी व्यवस्था को और अधिक समृद्धशाली बना सकते हैं। इस प्रयास को प्रखरतर बनाने हेतु हमने पुस्तक के अन्त में "तुलनात्मक शिक्षा के सिद्धान्त" नामक एक स्वतन्त्र खण्ड सम्मिलित किया है। हमारी यह चेष्टा रही है कि इस खण्ड में विवेचित तथ्यों के आधार पर 'तुलनात्मक शिक्षा' के विद्यार्थी यह समझ सकें कि हमें अपनी शिक्षा-व्यवस्था के अभावों की पूर्ति करने हेतु किन-किन बातों पर ध्यान देना चाहिए।

लेखक नहीं जानता कि वह अपने उपर्युक्त प्रयासों में कहां तक सफल हुआ है। परन्तु यदि लेखक के इस प्रयास से कोई पाठक विषय के अग्रिम अध्ययन हेतु अनुप्रेरित हो सका तो वह अपना श्रम सार्थक समझेगा।

पुस्तक में सुधार हेतु रचनात्मक सुधारों का सदेव स्वागत किया जाएगा।

इस रचना के प्रकाशन में लेखक मैसर्स 'कॉनसेप्ट पब्लिशिंग कम्पनी' के संचालक श्री अशोक कुमार मित्तल को उनके समुचित सहयोग हेतु आभार व्यक्त करता है।

कर्मभूमि

सरयू प्रसाद चौबे
बी–955, सेक्टर–ए,
निकट नई रेलवे क्रासिंग
महानगर, लखनऊ–226 006

विषय-सूची

रूस में शिक्षा

भारत में शिक्षा

विभिन्न देशों में शिक्षा की तुलनात्मक विवेचना

तुलनात्मक शिक्षा सिद्धान्त

संयुक्त राज्य अमेरिका में शिक्षा

अध्याय 1

संयुक्त राज्य अमेरिका की शिक्षा का सामान्य स्वरूप और उद्देश्य

[The General Nature and Aims of Education in U.S.A.]

अमेरिकन शिक्षा का सामान्य स्वरूप
(The General Nature of American Education)

किसी भी देश की शिक्षा का सामान्य स्वरूप उस देश की सामाजिक, सांस्कृतिक और राजनीतिक दशाओं, आवश्यकताओं, आदर्शों और प्रेरणाओं से नियन्त्रित होता है। संयुक्त राज्य अमेरिका (U.S.A.) की शिक्षा का सामान्य स्वरूप भी इन्हीं बातों से नियन्त्रित है। अतः संयुक्त राज्य अमेरिका की शिक्षा के सामान्य स्वरूप को समझने के लिए यह आवश्यक होगा कि हम वहाँ की सामाजिक, सांस्कृतिक, राजनैतिक और व्यावसायिक परम्पराओं को समझने का प्रयास करें।

नई दुनिया में संयुक्त राज्य अमेरिका एक विकसित परन्तु नया देश है जहाँ लोकतान्त्रिक सरकार (Democratic Government) काम करती है। यहाँ के अधिकाँश लोग यूरोप से आकर बसे हैं। ये लोग यहाँ आकर पुराने अमेरिका वासियों के साथ घुल-मिल चुके हैं, परन्तु यूरोपीय सभ्यता की छाप अमेरिका वासियों पर स्पष्ट झलकती है, जब यहाँ यूरोप के लोगों ने आकर अपनी बस्तियाँ बनायीं तो उन्होंने यहाँ निरक्षरता दूर करने के लिए प्राथमिक शिक्षा के विकास पर ध्यान दिया। प्रयास किया गया कि यह शिक्षा सभी को प्राप्त हो, परन्तु यह बड़ी खर्चीली थी। प्राथमिक शिक्षा के बाद की शिक्षा तो इतनी महँगी और सीमित थी कि इसे उच्च वर्ग के धनिक लोग ही प्राप्त कर सकते थे। संयुक्त राज्य अमेरिका के दक्षिण में बसे यूरोपीय लोगों के बच्चे तो यूरोप जाकर ही प्राथमिक शिक्षा लिया करते थे। इस प्रकार यहाँ 18वीं

शताब्दी के पहले तक प्राथमिक शिक्षा खर्चीली और अनुपलब्ध थी। आगे शिक्षा पूर्णतः यूरोपीय परम्पराओं पर और भाषाओं के शिक्षण पर अवलम्बित थी।

17वीं शताब्दी में प्राथमिक शिक्षा देने के बाद की शिक्षा के लिए भी कुछ स्कूल खुलने लगे थे, परन्तु इनमें विशिष्ट और उच्च वर्ग के बालक ही शिक्षा पा सकते थे। सामान्य लोगों के बच्चों के लिए इन स्कूलों में शिक्षा उपलब्ध नहीं थी। इस समय के स्कूलों में प्रसिद्ध विलियम कॉलेज (William College) तथा मेरी कॉलेज (Mary College) प्रसिद्ध थे। मैसाचुसेट्स (Massachusetts) राज्य में शिक्षा का प्रसार इस समय सबसे अधिक हुआ। 1647 ई. को मैसाचुसेट्स में एक नियम बनाया गया कि राज्य के सभी लड़कों और लड़कियों को उनकी सामाजिक आवश्यकता के अनुकूल शिक्षा मिलनी चाहिए। इस नियम के अनुसार 100 परिवारों के एक गाँव में एक प्राथमिक स्कूल और इससे अधिक परिवारों के शहर में लैटिन ग्रामर स्कूल खोले जायें। इस प्रकार वहाँ जनता में शिक्षा के प्रति रुचि पैदा हुई और शिक्षा सार्वजनिक (Universal) स्वरूप प्राप्त करने की दिशा में बढ़ी।

संयुक्त राज्य अमेरिका की भौगोलिक दशाएँ यूरोप की भौगोलिक दशाओं से भिन्न हैं। अतः यूरोप से आकर बसे लोगों के सामाजिक, सांस्कृतिक और आर्थिक जीवन पर वहाँ की भौगोलिक दशाओं ने प्रभाव डाला। फलतः उनकी यूरोपीय परम्पराओं की शिक्षा के स्वरूप में भी परिवर्तन आ गया। वहाँ सामान्य स्कूल (Common Schools) खुलने लगे, जहाँ निर्धन, धनिक, ऊँच-नीच का ध्यान दिये बिना सभी को प्रवेश दिया जाने लगा। इनमें बच्चे 4-5 वर्ष की आयु में प्रवेश लेते थे और शादी होने की आयु तक अथवा वयस्क होने की आयु तक इनमें पढ़ते रहते थे। इस प्रकार नर्सरी स्कूलों से लेकर उच्च शिक्षा तक के महाविद्यालयों (Colleges) की स्थापना पर बल दिया गया।

संयुक्त राज्य अमेरिका में बसे यूरोपीय लोगों ने अपनी बदलती हुई आवश्यकताओं को देखकर अपनी यूरोपीय शिक्षा-प्रणाली को बदल दिया और अपनी निजी परम्पराओं के अनुकूल शिक्षा प्रणाली को अपनाया, परन्तु इस प्रणाली का आधार यूरोपीय शिक्षा प्रणाली ही रही। प्यूरिटन (ईसाई सम्प्रदाय) (Puritan)[1] के ईश्वरीय सत्ता (Theocracy)[2] के सिद्धान्त के आधार पर शासन सम्बन्धी नियमों का पालन करते हुए जनता के लोगों ने जगह-जगह स्कूल खोले, परन्तु दूर स्थापित स्कूलों पर ठीक से नियन्त्रण नहीं किया जा सका। इस कठिनाई को दूर करने के लिये नये क्षेत्रों की आवश्यकता को ध्यान में रखते हुए स्कूल डिस्ट्रिक्ट्स (School Districts) का गठन किया गया।

---

1. प्यूरिटन—ईसाइयों का एक सम्प्रदाय जो ईश्वर की पवित्रता के नाम पर बहुत कट्टर होता है।
2. Theocracy—ईश्वर के साम्राज्य को स्वीकार करने वाला शासन सिद्धान्त।

संयुक्त राज्य अमेरिका के इतिहास में स्वतन्त्रता के लिए किये गये संघर्ष का महत्वपूर्ण स्थान है। इस संघर्ष के समय 19वीं शताब्दी में जहाँ बहुत से राजनीतिक और सामाजिक सुधार हुए वहाँ शिक्षा के क्षेत्र में भी पर्याप्त परिवर्तन लाये गये। सभी राज्यों (States) की सरकारों ने शिक्षा की वर्तमान सुविधाओं का मूल्यांकन किया जिससे भावी विकास की सम्भावनाओं का पता लगाकर शैक्षिक विकास किया जा सके। कुछ राज्यों ने शिक्षा का केन्द्रीयकरण (Centralization) किया, परन्तु इससे कोई लाभ नहीं हुआ। कुछ राज्यों में शिक्षा की राज्य परिषदें (State Boards of Education) का गठन किया गया। इसमें राज्य के सम्मानित लोग, विधान सभा के सदस्य, सदस्य बनाये गये। इन शिक्षा-परिषदों (Boards of Education) ने अपने-अपने राज्यों में आवश्यकतानुसार सुधार किये और महत्वपूर्ण परिवर्तन किये। प्रशासन भी अच्छा बनाने का प्रयत्न किया गया। मेसाचुसेट्स (Messachusetts) में शिक्षा परिषद् ने अधिक कार्य किया। इसके अतिरिक्त इण्डियाना (Indiana), ओहायो (Ohio), मिशिगन (Michigun), उत्तरी करोलिना (North Carolina), रोड आइलैण्ड (Rhode Island) के राज्यों में भी उल्लेखनीय शैक्षिक प्रगति हुई। सबसे अधिक उल्लेखनीय सुधार यह हुआ कि राज्य सरकारों ने स्कूलों के भवनों के निर्माण और उनकी मरम्मत के लिए आर्थिक सहायता देनी प्रारम्भ की। अध्यापकों को उनके आर्थिक स्तरों के अनुरूप वेतन देने की व्यवस्था की गयी। अध्यापकों के प्रशिक्षण के लिए नॉर्मल स्कूल (Normal Schools) स्थापित किये गये। व्यक्तिगत और सामूहिक प्रयासों को प्रोत्साहन देकर स्कूल खोलने पर बल दिया गया।

विविध प्रकार की शिक्षा की आवश्यकता (The Necessity of Various Types of Education)

संयुक्त राज्य अमेरिका की प्रारम्भिक शिक्षा क्लासिकल (Classical) थी अर्थात् पुरानी परम्पराओं पर आधारित थी। स्कूलों में प्रायः पश्चिमी सभ्यता, संस्कृति और साहित्य, इतिहास, भूगोल और दर्शन शास्त्र पढ़ाया जाता था। उस समय पाठ्यक्रम में विज्ञान और व्यवसाय के शिक्षण के लिए कोई व्यवस्था नहीं थी। उस समय आर्थिक दशा अच्छी न होने के कारण इन सब विषयों के अध्ययन की व्यवस्था नहीं की जा सकती थी, जबकि अन्य मदों की अपेक्षा शिक्षा पर सबसे अधिक व्यय किया जाता था। 19वीं शताब्दी के मध्यकाल तक लोग शिक्षा पर अधिक व्यय नहीं कर पाते थे। इसके बाद जनता ने विज्ञान और व्यावसायिक प्रशिक्षण की माँग की। इसलिए स्नातकों (Graduates) को वैज्ञानिक और व्यावसायिक प्रशिक्षण देना शुरू हुआ। देश में निरक्षरता को देखते हुए सार्वजनिक प्राथमिक शिक्षा (Universal Primary Education) देने के लिए प्राथमिक स्कूल खोले गये। स्कूलों के पाठ्यक्रम में वैज्ञानिक और

व्यावसायिक विषयों को रखा गया। देश की आवश्यकता को देखते हुए कुछ प्राविधिक (Technical) विषय भी पाठ्यक्रम में रखे गये। साम्प्रदायिक स्कूलों (Denomination Schools) को सार्वजनिक स्कूलों (Public Schools) में बदला गया। परम्परागत (Traditional), कुलीनतन्त्रात्मक (Aristocratic) और प्राचीन शास्त्रीय (Classical) शिक्षा को आधुनिक, लोकतान्त्रिक (Democratic) बनाने के प्रयत्न किये गये। नागरिकों की विविध रुचियों के विषय पाठ्यक्रम मे रखे गये।

अमेरिका में यद्यपि अधिकाँश लोग यूरोप से आये थे, परन्तु उनमें अलग-अलग वर्ग, जातियाँ और परम्पराओं के समूह थे। सभी चाहते थे कि स्कूलों में उनके वर्ग को प्रमुखता दी जाये और उनकी परम्पराओं और विशेषताओं के अनुकूल शिक्षा-व्यवस्था की जाये। वे अपने धार्मिक और राजनीतिक दृष्टिकोणों को प्रमुखता देना चाहते थे। अतः उन्होंने शिक्षा के केन्द्रीयकरण का विरोध किया, परन्तु बाद में इन लोगों में राष्ट्रीयता (Nationalism) की भावना पैदा हुई और ये शिक्षा के केन्द्रीयकरण (Centralisation) को स्वीकार करने लगे। फ्रांस और इंग्लैण्ड की औद्योगिक और राजनीतिक क्रान्तियों ने भी अमेरिकी शिक्षा को प्रभावित किया। छात्रों को औद्योगिक, व्यावसायिक, तकनीकी और वैज्ञानिक शिक्षा देने के प्रयत्न हुए। पाठ्यक्रमों में विविध प्रकार के व्यावसायिक, औद्योगिक और तकनीकी विषय रखे गये। इनके साथ-साथ सामान्य शिक्षा भी दी गयी जिससे देश को पूर्ण विकसित और योग्य नागरिक मिल सकें। इसलिए स्कूलों में नागरिकों की विविध रुचियों को देखते हुए विविध प्रकार के विषय पाठ्यक्रम में रखे गये। इस प्रकार आधुनिक अमेरिकी शिक्षा बहुउद्देशीय और व्यापक है।

संयुक्त राज्य अमेरिका की शिक्षा के सामान्य उद्देश्य (The General Aims of Education of U.S.A.)

आधुनिक युग विज्ञान की प्रगति का युग है। अमेरिका ने इस क्षेत्र में बहुत प्रगति की है। वैज्ञानिक खोजों के फलस्वरूप यातायात इतना सुगम हो गया है कि पारस्परिक सम्पर्क के फलस्वरूप अब सभी देशों में विश्व-नागरिकता (World Citizenship) की भावना पैदा हो गयी है। अब प्रत्येक देश राजनीतिक, आर्थिक, सांस्कृतिक आदि कारणों से एक-दूसरे के सम्पर्क में आने लगा है। ऐसी दशा में अब केवल राष्ट्रीय नागरिकता (National Citizenship) अपर्याप्त है। अब विश्व नागरिकता (World Citizenship) का विकास करना आवश्यक है। शिक्षा इस भावना का विकास करने का सर्वोत्तम साधन है। अमेरिका में शिक्षा का एक उद्देश्य विश्व नागरिकता को भी प्रोत्साहन देना है। इस प्रकार अमेरिका में शिक्षा के सामान्य उद्देश्य निम्नलिखित माने जा सकते हैं—

1. विश्व-नागरिकता (World Citizenship) का विकास करना।
2. सहकारिता (Co-operativeness) की भावना का विकास करना।
3. व्यावसायिक (Vocational) क्षमता का विकास करना।
4. योग्य नागरिकता (Good Citizenship) का गुण पैदा करना।

विश्व-नागरिकता का विकास करना (To Develop World Citizenship)

अमेरिका में शिक्षा द्वारा नागरिकों में जिज्ञासा पैदा की जाती है कि वे विश्व के अन्य देशों और लोगों के सम्बन्ध में खुले मस्तिष्क से ज्ञान प्राप्त करें। दूसरे देश के लोगों से सफल सम्बन्ध स्थापित करने के लिए उनके सम्बन्ध में पूरी जानकारी होनी चाहिए। इससे जहाँ नागरिकों का ज्ञान (Knowledge) बढ़ता है वहाँ अन्तर्राष्ट्रीय अन्तर्बोध (International Understanding) भी विकसित होता है। इससे विश्व-नागरिकता के विकास में सहायता मिलती है।

सहकारिता की भावना का विकास करना (To Develop a Sense of Co-operativeness)

किसी भी व्यक्ति में सभी प्रकार के गुण और क्षमताएँ नहीं होतीं। एक-दूसरे के साथ मिलकर काम करने का सहयोग करने से ये अभाव दूर हो जाते हैं और कार्य बड़ी सपफलता के साथ पूरा हो जाता है । इसलिए संयुक्त राज्य अमेरिका में शिक्षा द्वारा सहकारिता की भावना का विकास करने पर बल दिया जाता है। मानवीय गुणों में सहानुभूति, दया, प्रेम के साथ-साथ सहकारिता की भावना भी होनी चाहिए। प्रत्येक मनुष्य को चाहिए कि वह दूसरों में विश्वास रखे, समानता की भावना रखे और सहयोग का हाथ बढ़ाये । तभी सामूहिक और सामाजिक विकास अच्छा हो सकता है। इसलिए शिक्षा-क्षेत्र में प्राचीन और नवीन दोनों में समन्वय स्थापित करके सहयोग और सहकारिता के कार्यक्रमों को प्रोत्साहित किया जाता है।

व्यावसायिक क्षमता का विकास करना (To Develop a Vocational Skill)

अमेरिका में शिक्षा का प्रमुख उद्देश्य है कि व्यक्ति शिक्षा द्वारा जीवन के लिए तैयार हो। इसके लिए आवश्यक है कि उसे कोई न कोई रोचक और सार्थक व्यवसाय शिक्षा काल में छात्रों को सिखाया जाय। इसलिए अमेरिकी स्कूलों में सामान्य शिक्षा के साथ-साथ व्यावसायिक और तकनीकी शिक्षा (Vocational and Technical Education) की व्यवस्था की जाती है। इसी दृष्टि से देश में बहुउद्देशीय तकनीकी

स्कूल (Multipurpose Technical Schools) स्थापित किये गये हैं। छात्रों को व्यावसायिक निदेशन (Vocational Guidance) देने के लिए, निदेशन केन्द्र (Guide Centres) स्थापित किये गये हैं। छात्रों को उनकी रुचि, अभिरुचि, आवश्यकता के अनुकूल व्यावसायिक शिक्षा देने की व्यवस्था की जाती है। ऐसी शिक्षा प्राप्त करने पर शिक्षार्थी जहाँ स्वयं का आर्थिक स्तर ऊँचा करता है वहाँ वह समाज और देश की आर्थिक समृद्धि में भी पर्याप्त योग देता है।

योग्य नागरिकता के गुणों का विकास करना (To Develop Qualities of able Good Citizenship)

लोकतान्त्रिक शासन-व्यवस्था में देश की सम्पत्ति उसके योग्य नागरिक ही होते हैं। अतः लोकतान्त्रिक (Democratic) देश संयुक्त राज्य अमेरिका में शिक्षा द्वारा छात्रों को योग्य नागरिक बनाने का प्रयत्न किया जाता है। सहनशीलता (Tolerance), कर्त्तव्यों और अधिकारों का ज्ञान, दूसरों के कर्त्तव्यों, अधिकारों और विचारों का आदर करना, निःस्वार्थ समाज-सेवा की भावना आदि गुण शिक्षा द्वारा छात्र-छात्राओं में उत्पन्न किये जाते हैं। ऐसा करने से शिक्षित नागरिक समाज और राष्ट्र की परम्पराओं का निर्वाह करते हुए लोकतान्त्रिक आचरण करता है।

अमेरिका की शिक्षा की विशेषताएँ
(Characteristics of Education of U.S.A.)

लोकतान्त्रिक समाज (Democratic Society) में व्यक्ति (Individual) और समाज (Society) दोनों को महत्त्व दिया जाता है। वैयक्तिकता (Individuality) का विकास करना लोकतान्त्रिक व्यवस्था का भारी उत्तरदायित्व है। इसके लिए प्रत्येक व्यक्ति को शिक्षा के समान अवसर मिलने आवश्यक हैं। अमेरिका में उपर्युक्त बातों पर विशेष ध्यान दिया जाता है। अमेरिका की शिक्षा की निम्नलिखित तीन प्रमुख विशेषताएँ मानी जा सकती हैं—

1. शिक्षा की सार्वजनिकता (Universalness of Education)
2. शिक्षा की अनिवार्यता (Compulsoriness of Education)
3. शिक्षा की निःशुल्कता एवं स्वतन्त्रता (Free and Freedom of Education)

संयुक्त राज्य अमेरिका में शिक्षा सार्वजनिक (Universal) है, अर्थात् वहाँ बिना वर्ग-भेद के प्रत्येक नागरिक को स्कूलों तथा कॉलेजों या विश्वविद्यालयों में प्रवेश पाने

का अधिकार है। सभी को समान रूप से शैक्षिक अवसर प्राप्त होते हैं। अमेरिका की सभी शिक्षा संस्थाएँ अमेरिका के सामान्य नागरिक की आवश्यकता को पूरा करती हैं। लड़के-लड़की सभी को शिक्षा पाने की सुविधाएँ प्राप्त हैं। रंग-भेद, जाति-भेद, वर्ग-भेद, धर्म-भेद या प्रादेशिकता के आधार पर किसी को प्रवेश से वंचित नहीं रखा जा सकता। ऐसा करने से देश से निरक्षरता प्रायः चली गयी है।

अमेरिका में शिक्षा को अनिवार्य (Compulsory) बनाने का मुख्य प्रयोजन देश में साक्षरता (Literacy) का प्रसार करना और अधिक-से-अधिक बालकों और बालिकाओं को स्कूलों में उपस्थित होने के लिए बाध्य करना है। इसी दृष्टि से अमेरिका में एक अधिनियम (कानून) बनाया गया जिसे अनिवार्य उपस्थिति क़ानून (Compulsory Attendance Law) कहा जाता है। जब यह क़ानून बना तो लोगों ने इसका विरोध किया और कहा कि यह अभिभावकीय अधिकार (Parental Right) के विरुद्ध है, परन्तु कुछ दिनों बाद यह विरोध कम हो गया और लोगों ने इस क़ानून को स्वीकार कर लिया। इस प्रकार शिक्षा अनिवार्य (Compulsory) तथा सार्वजनिक (Universal) बन गयी। अमेरिका में 7 वर्ष से 16 वर्ष तक के सभी बालकों और बालिकाओं के लिए शिक्षा अनिवार्य कर दी गयी है। कुछ राज्यों में तथा एक ही राज्य के कुछ स्थानों पर यह अनिवार्यता 4 या 5 वर्ष से प्रारम्भ करके 18 वर्ष तक कर दी गयी है।

संयुक्त राज्य अमेरिका में हुई गणना के आधार पर 20वीं शताब्दी के अन्तिम दशक में छात्र-छात्राओं की कुल संख्या कुल आबादी का 50 प्रतिशत थी। इन छात्र-छात्राओं के लिए शिक्षा को केवल अनिवार्य और सार्वजनिक ही नहीं बनाया गया, वरन् उसे सुविधाजनक बनाया गया। प्रत्येक स्तर पर शिक्षा-सुविधाओं का विस्तार किया गया है और शिक्षा को निःशुल्क भी बनाने का प्रयास किया गया है। 19वीं शताब्दी से ही प्राथमिक शिक्षा को अनिवार्य बनाने का प्रयत्न किया गया था। छात्र-छात्राओं को केवल शिक्षा ही निःशुल्क नहीं मिलती, वरन् घर से स्कूल तक जाने और वापिस आने की यातायात सुविधाएँ और चिकित्सा-सुविधाएँ तक निःशुल्क हैं। स्कूलों में छात्र-छात्राओं को मध्याह्न आहार (Mid-day Meal) भी निःशुल्क दिया जाता है। पूर्व-प्रचलित एककक्षीय स्कूलों (One-roomed Schools) को बहुकक्षीय स्कूलों (Multi-roomed Schools) में परिवर्तित कर दिया गया है। खेलकूद की अच्छी व्यवस्था के लिए जहाँ उपयुक्त मैदान तैयार किये गये हैं वहाँ केन्द्रीय वृहत् कक्ष (Central Hall) भी बनाये गये हैं। इन मुख्य कक्षों में शारीरिक व्यायाम और प्रदर्शन (Gymnastics) के लिए पृथक् कक्ष बनाये गये हैं।

अमेरिका में पूर्व-प्राथमिक शिक्षा (Pre-primary Education) से लेकर विश्वविद्यालय शिक्षा (University Education) तक की अच्छी व्यवस्था है। सभी

बालक 16 वर्ष की आयु तक अनिवार्य शिक्षा प्राप्त करते हैं। यहाँ 75 प्रतिशत छात्र माध्यमिक स्तर तक और 16 प्रतिशत छात्र कॉलेज स्तर तक शिक्षा पाते हैं। तकनीकी और व्यावसायिक स्कूल 40 प्रतिशत छात्रों को शिक्षा देते हैं। वहाँ व्यक्तिगत (Private) स्कूलों के अतिरिक्त, सम्प्रदाय विशेष के भी स्कूल (Denominational Schools) और पब्लिक स्कूल हैं। कुल छात्रों की 12 प्रतिशत संख्या व्यक्तिगत (Private) स्कूलों में प्रवेश पाती है। प्राथमिक स्कूलों की अपेक्षा व्यक्तिगत माध्यमिक स्कूल अधिक आकर्षक नहीं हैं, परन्तु व्यक्तिगत कॉलेजों और विश्वविद्यालयों ने अमेरिका में बहुत अच्छी प्रगति की है। पब्लिक स्कूलों और कॉलेजों की तुलना में व्यक्तिगत कॉलेजों और स्कूलों में छात्रों की संख्या कम नहीं है। अमेरिका में व्यक्तिगत व्यावसायिक और तकनीकी कॉलेज और स्कूल पर्याप्त हैं। व्यक्तिगत प्रशिक्षण कॉलेज भी अमेरिका में कम नहीं हैं। सम्प्रदाय विशेष (Denominational) के स्कूल अमेरिका में पर्याप्त हैं परन्तु उनकी दशा आकर्षक नहीं है। यही कारण है कि इन स्कूलों में व्यक्तिगत स्कूलों की अपेक्षा छात्रों की संख्या कम रहती है।

अमेरिका में शिक्षा की सार्वजनिकता (Universality) का एक कारण यह भी है कि यहाँ यातायात की सुविधाएँ बहुत उपलब्ध हैं। मोटर गाड़ियाँ देश के सबसे अधिक बच्चों को लाती और ले जाती हैं। लगभग 10 मिलियन बच्चे इन्हीं में आते जाते हैं। 1993 ई. के आँकड़ों के अनुसार 60 मिलियन बच्चों को शिक्षा की सुविधाएँ उपलब्ध हैं। देश के लगभग 95 प्रतिशत बालक शिक्षा प्राप्त करते हैं। अमेरिका में संध्याकालीन, रात्रिकालीन, अंशकालीन, ग्रीष्मकालीन सभी प्रकार के स्कूल हैं।

अमेरिका के पब्लिक स्कूल सार्वजनिक शिक्षा देने में बहुत योगदान दे रहे हैं। इन स्कूलों की शिक्षा में अनिवार्यता की झलक मिलती है। निःशुल्कता और सार्वजनिकता का गुण भी इनकी शिक्षा में मिलता है। यहाँ शिक्षा बिना किसी भेदभाव के, वर्ग-भेद के दी जाती है। प्रवेश पर कोई प्रतिबंध नहीं है। पब्लिक स्कूलों में छात्र-छात्राओं को शिक्षा बिना किसी वर्ग-भेद के उनकी रुचि, अभिरुचि, आवश्यकता और योग्यता के अनुरूप दी जाती है। इससे बालकों का स्वाभाविक विकास होता है।

सारांश

अमेरिकन शिक्षा का सामान्य स्वरूप—अमेरिकी लोगों का आगमन यूरोप से। यूरोप की सभ्यता और संस्कृति का अमेरिकी लोगों के जीवन पर प्रभाव। शिक्षा-व्यवस्था भी वहाँ से प्रभावित। अमेरिका की भौगोलिक दशाओं के प्रभाव से अमेरिकी लोगों की आवश्यकताओं में अन्तर। अतः शिक्षा में भी अन्तर। 17वीं शताब्दी के बाद शिक्षा-विकास। स्वतन्त्रता के लिए किए गये दूसरे संघर्ष का, यूरोप और फ्रांस की

औद्योगिक और राजनीतिक क्रान्तियों का अमेरिका की शिक्षा पर प्रभाव।

विविध प्रकार की शिक्षा की आवश्यकता—'व्यक्ति' का आदर। वैयक्तिक विकास के लिए व्यक्ति की रुचि, अभिरुचि, आवश्यकता के अनुकूल शिक्षा की व्यवस्था। अतः शिक्षा में विविधता। शिक्षा में लोकतान्त्रिक मूल्यों का समावेश।

संयुक्त राज्य अमेरिका की शिक्षा के सामान्य उद्देश्य—(1) विश्व-नागरिकता का विकास करना। (2) व्यावसायिक क्षमता का विकास। (3) सहकारिता की भावना का विकास करना। (4) योग्य नागरिकता का विकास।

अमेरिका की शिक्षा की विशेषताएँ

(1) **शिक्षा की सार्वजनिकता**—निरक्षरता दूर करने, अनिवार्य उपस्थिति के लिए। पब्लिक स्कूलों का तथा व्यक्तिगत स्कूलों का योगदान।

(2) **शिक्षा की अनिवार्यता**—4-5 वर्ष से 18 वर्ष तक के बच्चों के लिए शिक्षा अनिवार्य। सामान्य आयु 7 से 16 वर्ष।

(3) **शिक्षा की निःशुल्कता**—सभी शिक्षा सुविधाएँ उपलब्ध। निःशुल्क भोजन, चिकित्सा और यातायात की सुविधाएँ प्राप्त।

अभ्यासार्थ प्रश्न

1. संयुक्त राज्य अमेरिका की शिक्षा के सामान्य रूप का वर्णन कीजिए।
2. संयुक्त राज्य अमेरिका की शिक्षा के सामान्य उद्देश्य क्या हैं ?
3. अमेरिका की शिक्षा-सम्बन्धी विशेषताओं का वर्णन कीजिए।
4. अमेरिका में शिक्षा की विविधता क्यों पायी जाती है ?

अध्याय 2

संयुक्त राज्य अमेरिका में शिक्षा प्रशासन
[The Educational Administration in U.S.A.]

(अ) केन्द्रीय प्रशासन
(The Central Administration)

संयुक्त राज्य अमेरिका में बसने वाले लोग यूरोप के विभिन्न देशों से आये थे। इनका सम्बन्ध अलग-अलग सम्प्रदायों, धर्मों और आर्थिक विश्वासों (Beliefs) से था। वे रूढ़िवादी और परम्पराओं पर विश्वास रखने वाले (Conservative) थे। अपने धर्म और आर्थिक विचारों के साथ उनका भारी लगाव था। भौतिकवादी दृष्टिकोण ने उन्हें व्यक्तिवादी (Individualist) बना दिया था। दूसरों के विश्वासों को वे स्वीकार नहीं करना चाहते थे। फलतः जब भी शिक्षा के केन्द्रीयकरण (Centralisation) का प्रश्न उठा इन्होंने इसका विरोध किया। सन् 1789 ई॰ में केन्द्रीयकरण के विरोधियों और समर्थकों ने मिलकर विचार-विमर्श किया और उन्होंने 1789 ई॰ का संयुक्त राज्य अमेरिका का संघात्मक संविधान (Federal Constitution of U.S.A. of 1789) तैयार किया। इस संविधान के अनुसार संघात्मक (Federal) केन्द्रीय सरकार और राज्य की सरकारें (State Governments) बनायी गयीं। संघात्मक केन्द्रीय सरकार की शक्तियों (Powers) को भली प्रकार परिभाषित किया गया।

प्रारम्भ में अमेरिका ने यूरोपीय शिक्षा-प्रणाली को अपनाया और विशेष कर ब्रिटिश शिक्षा-प्रणाली पर बल दिया, परन्तु धीरे-धीरे अमेरिकी लोगों की आवश्यकताएँ बदलीं और प्रचलित शिक्षा-प्रणाली में परिवर्तन किये गये। फिर भी ब्रिटिश शिक्षा-प्रणाली का प्रभाव बना रहा। अमेरिका में लोग एक राष्ट्रीय शिक्षा-प्रणाली (National System of Education) के स्वरूप की बात कहते हैं, परन्तु ऐसा इसलिए नहीं माना जा सकता कि वहाँ शिक्षा का केन्द्रीयकरण नहीं है। इंग्लैंड की भाँति अमेरिका में भी शिक्षा-उत्तरदायित्व वैयक्तिक प्रयासों पर छोड़ा गया है। केन्द्र (Centre) और

राज्यों (States) के बीच शिक्षा सम्बन्धी उत्तरदायित्वों का बँटवारा संवैधानिक रूप से स्पष्ट न होने के कारण शिक्षा का उत्तरदायित्व अधिकतर राज्यों (States) पर आ पड़ा है। संयुक्त राज्य अमेरिका के 50 राज्यों में शिक्षा प्रणाली स्वतन्त्र है और समान नहीं है। अमेरिका में कोई निश्चित राष्ट्रीय शिक्षा प्रणाली (National System of Education) नहीं है। इसका दोष वहाँ के शिक्षाशास्त्रियों और नेताओं को नहीं दिया जा सकता। वास्तव में प्रत्येक राज्य की अपनी निजी आवश्यकताएँ हैं जिन्हें समान शिक्षा प्रणाली से पूरा नहीं किया जा सकता। अमेरिका प्रजातान्त्रिक देश है। अतः वहाँ राज्यों को स्वतन्त्रता प्राप्त है कि वे निजी आवश्यकताओं के अनुरूप शिक्षा व्यवस्था कर सकते हैं। संविधान में शिक्षा प्रशासन और संगठन को निश्चित स्थान नहीं दिया गया है, क्योंकि संघात्मक सरकार बनते समय अमेरिका में पृथक्-पृथक् बस्तियाँ (Colonies) थीं जिनके अपने पब्लिक स्कूल, सरकारी स्कूल, व्यक्तिगत स्कूल और सम्प्रदाय विशेष के (Denominational) स्कूल थे, जो उनकी आवश्यकताओं को पूरा करते थे। अतः उन्हें एक इकाई (Unit) का स्वरूप निर्धारित किया गया।

संयुक्त राज्य अमेरिका (U.S.A.) में संविधान में बहुत परिवर्तन हुए, परन्तु केन्द्र और राज्यों के बीच शैक्षिक उत्तरदायित्वों (Educational Responsibilities) का बँटवारा नहीं हुआ। संविधान के 10वें संशोधन (Amendment) में इतना संकेत दिया गया है कि राज्य उन शक्तियों का उपयोग करने में स्वतन्त्र है जिनके लिए राज्यों को वंचित नहीं किया गया है या संघ सरकार के लिए जिन्हें सुरक्षित नहीं रखा गया है। इस प्रकार राज्यों (States) पर शिक्षा सम्बन्धी उत्तरदायित्व आ गये। शिक्षा सम्बन्धी समस्याओं से केन्द्रीय सरकार (Federal Government) का कोई सम्बन्ध नहीं है। फिर भी संघात्मक सरकार राज्यों की शिक्षा को अप्रत्यक्ष रूप से अवश्य प्रभावित करती है।

संविधान में समय-समय पर किये गये संशोधनों के बल पर राज्यों को शिक्षा सम्बन्धी सत्ता का उपभोग करने का अवसर नहीं मिला। इसका कारण यह था कि संयुक्त अमेरिका की जनता पुरानी परम्पराओं से जुड़ी हुई पुरातनवादी (Conservative) जनता स्वयं शिक्षा-व्यवस्था के लिए उत्तरदायी बन गयी थी। यद्यपि समय-समय पर जनता को सचेत किया गया कि शिक्षा-व्यवस्था में समरूपता (Uniformity) आनी चाहिए, संस्थाओं को सभी शैक्षिक सुविधाओं से युक्त करना चाहिए। वैज्ञानिक अन्वेषणों (Inventions) तथा आधुनिक अनुसंधान कार्यों की व्यवस्था भी शिक्षा संस्थाओं में की जानी आवश्यक मानी गयी। केवल लैबोडोर राज्य (Labodor State) ऐसा है जहाँ समूची शिक्षा का उत्तरदायित्व राज्य ने वहन किया। सरकार के हाथ में शिक्षा प्रशासन है और सारा आर्थिक उत्तरदायित्व सरकार का है। अन्यथा अमेरिका के अन्य राज्यों में सरकार शिक्षा व्यवस्था के लिए पूर्णतः उत्तरदायी नहीं है। लगभग 30 लाख स्थानीय शैक्षिक परिषदों (Local Educational Councils) ने शिक्षा के

प्रशासन और उत्तरदायित्व को अपने हाथ में ले रखा है।

शिक्षा में संघात्मक सरकार का सहयोग (Co-operation of the Federal Government in Education)

संयुक्त राज्य अमेरिका में केन्द्रीय सरकार राज्यों की शिक्षा व्यवस्था को अप्रत्यक्ष रूप से प्रभावित करती है। राज्य स्वतन्त्र है कि वे अपनी सीमा में जैसी शिक्षा प्रणाली चाहें, अपनायें। संघात्मक सरकार राज्यो को निम्नलिखित सहायता देती है—

1. राज्यों को समय-समय पर भूमि अनुदान (Land Grants) देना।
2. तकनीकी (Technical), औद्योगिक (Industrial) तथा कृषि सम्बन्धी (Agricultural) विषयों में प्रशिक्षण के लिए राज्यों को वित्तीय सहायता देना।
3. शिक्षा व्यवस्था के लिए व्यक्तिगत साधनों (Private Agencies) तथा सामुदायिक साधनों (Community Agencies) को प्रोत्साहित करना तथा उनकी सहायता करना।
4. भूतपूर्व नौकरों और सेवानिवृत्त सेना के व्यक्तियों को रोज़गार देने के लिए व्यावसायिक प्रशिक्षण देने वाली संस्थाओं को सहायता देना।

राज्यों को भूमि-अनुदान (Land Grants) देना—18वीं शताब्दी में वह भूमि जिस पर जनता का अधिकार नहीं था, वह संघ सरकार के अधिकार में थी। संघ सरकार ने वह भूमि सम्बन्धित राज्यों को शिक्षा संस्थाएँ स्थापित करने के लिए दी। 1830 ई॰ में भी संयुक्त राज्य कांग्रेस ने इस भूमि अनुदान को आगे तक दिया। द्वितीय विश्व युद्ध की अवधि में संघ सरकार ने भूमि अनुदान का अधिकार राज्यों को दे दिया जिससे वे अपनी सीमा में बनने वाली शिक्षा संस्थाओं को वह भूमि अनुदान में दे सकें।

तकनीकी, औद्योगिक और कृषि-प्रशिक्षण के लिए अनुदान—उन्नीसवीं शताब्दी के अन्त में दा स्मिथ ह्यूग्स अधिनियम (The Smith Hughes Act) के अन्तर्गत संघ सरकार ने राज्यों को तकनीकी, व्यावसायिक, औद्योगिक और कृषि सम्बन्धी व्यवसाय के प्रशिक्षण देने वाली संस्थाओं को वित्तीय सहायता दी। यह प्रशिक्षण माध्यमिक स्तर पर दिया जाता था। इस शताब्दी के अन्तिम वर्ष में संघ सरकार के राज्यों को भूमि अनुदान दिया, ताकि वे तकनीकी, व्यावसायिक, औद्योगिक और कृषि के प्रशिक्षण देने वाली नयी संस्थानों की स्थापना कर सकें।

संघ सरकार का अपना एक शिक्षा कार्यालय है जहाँ से वह शैक्षिक कार्यक्रमों

(Educational Programmes) का संचालन करती है। यही कार्यालय शिक्षा-कार्यक्रमों पर नियन्त्रण भी रखता है। 1939 ई॰ में इस स्वतन्त्र शिक्षा कार्यालय को संघात्मक सुरक्षा एजेन्सी (Federal Security Agency) के साथ सम्बद्ध कर दिया गया। इस कार्यालय को अन्य संघात्मक विभाग अपने से सम्बन्धित शिक्षा कार्यक्रमों के लिए सहायता देते रहे। जैसे—1897 ई॰ में मॉरिल और हैच एक्ट (Morril and Hatch Act) के अनुसार कृषि विभाग ने इस कार्यालय को कृषि व्यवसाय की शिक्षा के सुधार के लिए भूमि अनुदान और वित्तीय सहायता दी। 1917 ई॰ में संघात्मक सरकार ने संघात्मक व्यावसायिक शिक्षा बोर्ड (Federal Vocational Education Board) की स्थापना की और तकनीकी तथा व्यावसायिक शिक्षा के कार्यक्रम प्रस्तुत किए। इन कार्यक्रमों के संचालन के लिए संघ सरकार ने वित्तीय सहायता दी। 1920 ई॰ में यही वित्तीय सहायता राज्यों को हस्तान्तरित कर दी गयी और कार्यक्रम में अवसामान्य (Abnormal) व्यक्तियों की शिक्षा व्यवस्था को भी सम्मिलित कर लिया गया। 1912 ई॰ में इसी प्रकार चिल्ड्रन्स ब्यूरो ऑफ एजूकेशन (Children's Bureau of Education) की स्थापना की गयी जो वाणिज्य और श्रम विभाग (Commerce and Labour Department) की ओर से स्थापित हुआ। यह कार्यालय (Bureau) जनता के उपभोग की समस्याओं का अध्ययन करने और बाल कल्याण योजना (Child Welfare Plan) बनाने के लिए स्थापित हुआ था। इसने राज्यों को इस कार्य के लिए पर्याप्त वित्तीय सहायता दी। इस प्रकार संघ सरकार के अनेक विभागों ने अपने से सम्बन्धित शिक्षा की व्यवस्था करने के लिए राज्यों को आर्थिक सहायता दी।

व्यक्तिगत और सामुदायिक एजेन्सियों को प्रेरणा एवं सहायता—संघात्मक सरकार व्यक्तिगत और सामुदायिक साधनों (Private and Community Agencies) को शिक्षा कार्य की प्रेरणा देने के लिए विभिन्न प्रकार की सहायता देती है। इस प्रेरणा से प्रेरित होकर कुछ व्यक्तिगत और सामुदायिक साधनों (Agencies) ने शिक्षा प्रसार में योग दिया और अन्त में वे स्वयं शिक्षा संस्थान (Educational Institutions) बन गयीं।

1933 ई॰ में सरकार ने एक कोर, सिविलियन कन्जरवेशन कोर (Civilian Conservation Corps) के नाम से गठित किया। इसने बेरोजगार व्यक्तियों को रोजगार दिलाया और उन्हें व्यावसायिक प्रशिक्षण भी दिया। 1935 ई॰ में संघात्मक सरकार की प्रेरणा से एक 'राष्ट्रीय युवा प्रशासन' (National Youth Administration) की स्थापना की गयी जिसने शिक्षा प्राप्त करने वाले छात्र-छात्राओं को अंशकालीन नौकरियाँ (Part-time Jobs) दिलायीं। 8-9 वर्ष के बाद समर्थन और सहायता के अभाव में यह संगठन बन्द करना पड़ा। द्वितीय विश्व युद्ध के समय केन्द्रीय सरकार ने दो और संस्थाएँ स्थापित कीं—(1) पब्लिक वर्क्स एडमिनिस्ट्रेशन (Public Works Administration), (2) सिविल ऐरोनॉटिक अथॉरिटी (Civil Aeronautic Authority)।

इन्हें संघात्मक सरकार से सम्बद्ध रखा गया और उन्हें काम सौंपा गया कि ये अवमूल्यन (Devaluation) तथा राष्ट्रीय सुरक्षा (National Defence) की क्षति पूर्ति करें। राष्ट्रीय सुरक्षा संगठन ने सुरक्षा के लिए व्यक्तियों को प्रशिक्षित किया और अपने उद्‌देश्यों की पूर्ति की।

सेवा निवृत्त लोगों और शैक्षिकों को रोजगार देना—जो लोग सेवा निवृत्त होते थे या विसैन्यकृत होते थे उन्हें रोजगार देने तथा व्यावसायिक प्रशिक्षण देने वाली संस्थाअ। को संघात्मक सरकार ने अभी तक पर्याप्त सहायता दी है। 1844 ई॰ में सेवारत व्यक्तियों का पुनर्व्यवस्थापन अधिनियम (Servicemens Readjustment Act) पास करके रोजगार और व्यावसायिक प्रशिक्षण देने की व्यवस्था संघ सरकार ने की। इच्छुक अभ्यर्थियों को छात्रवृत्तियाँ दी गयीं। 1948 में पुनः संघ सरकार ने ऐसी संस्थाओं को पर्याप्त आर्थिक सहायता देने की योजना चलायी। यह आज भी चल रही है।

संघ-सरकार के प्रेरक शैक्षिक कार्यक्रम (The Educational Programmes of Federal Government for Encouragement)

संघात्मक सरकार राज्यों (States) को जहाँ भूमि-अनुदान (Land Grants) और वित्तीय सहायता देती है, वहाँ कुछ ऐसे शैक्षिक कार्यक्रम भी प्रस्तुत करती है जो दूसरों को शैक्षिक कार्य के लिए प्रोत्साहित करते हैं। ये कार्यक्रम निम्नलिखित समूहों में बाँटे जा सकते हैं—

(1) ***राज्य सरकारों को सहायता देना***—संयुक्त राज्य अमेरिका की संघात्मक सरकार राज्य सरकारों को ऋण (Loans), प्रतिशत सहायता (Percentage Grants), शैक्षिक व्यय के लिए अनुदान (Grant for Educational Expenditure), सहायता अनुदान (Grant-in-aid), व्यावसायिक पुनर्वास अनुदान (Vocational Rehabilitation Grant), वन आरक्षण एवं खनिज रॉयल्टी अनुदान (Forest Reserve and Mineral Royalty Grant); इसी प्रकार भूमि अनुदान (Land Grant) में कृषि और तकनीकी भूमि अनुदान (Agricultural and Technical Land Grants); सैटिन ग्रांट (Satine Grant), सेक्शन ग्रांट (Section Grant), सरूप ग्रांट (Surrup Grant)। राज्य सरकारें सम्बन्धित संस्थाओं को इन प्राप्त अनुदानों का बँटवारा करती हैं।

(2) ***संघात्मक सरकार द्वारा प्रशासित क्षेत्रों को अनुदान***—संघ सरकार अपने अधीन क्षेत्रों में शिक्षा प्रसार के लिए शिक्षा संस्थाओं के कर्मचारियों

को, सरकार की संस्थाओं को और व्यक्तिगत संस्थाओं को वित्तीय अनुदान देती है।

(3) ***संघात्मक सरकार द्वारा आंशिक अनुदान***—संघ सरकार संयुक्त राज्य अमेरिका की सीमा में या संघ-सरकार की सीमा में जो स्थान होते हैं उन्हें वह शैक्षिक कार्यक्रमों के लिए आंशिक (Partial) सहायता या पूर्ण सहायता देती है।

(4) ***रेड इण्डियनों की शिक्षा के लिए सहायता***—संघात्मक सरकार अमेरिका के रेड इण्डियनों की शिक्षा की समस्त जिम्मेदारी अपने ऊपर लेती है।

(5) ***अपने कर्मचारियों को प्रशिक्षण देना***—संघात्मक सरकार अपने अधीन काम करने वाले लोगों को प्रशिक्षण देने का समूचा उत्तरदायित्व अपने ऊपर लेती है।

(6) ***विदेशों में शैक्षिक कार्यक्रमों में सहयोग देना***—विश्व के अन्य देशों में सम्बन्धित देश और संयुक्त राज्य अमेरिका के मिले-जुले प्रयास से जो शैक्षिक कार्यक्रम संचालित होते हैं, उनमें संघ सरकार पूरी सहायता करती है।

(7) ***राज्यों की शैक्षिक सूचनाओं का प्रकाशन***—राज्यों (States) में जो भी शैक्षिक प्रगतियाँ होती हैं उनकी सूचनाओं को संघात्मक सरकार प्रकाशित करती है।

(8) ***विविध राज्यों की शिक्षा में समरूपता लाना***—संघ सरकार सभी राज्यों की शिक्षा में एकरूपता (Uniformity) लाने का प्रयास करती है, परन्तु किसी भी राज्य को इसके लिए विवश नहीं करती।

संघात्मक सरकार राज्यों को शैक्षिक कार्यक्रमों के लिए बिना पूर्व शर्त के या नियन्त्रण के अनुदान और सहायता देती है, परन्तु यह अवश्य देखती है कि निर्धारित नियमों और दशाओं का अनुपालन अवश्य हो।

शिक्षा-कार्यालय (Education Office)

संयुक्त राज्य अमेरिका (U.S.A.) की संघात्मक सरकार ने शिक्षा-संगठन को 19वीं शताब्दी के मध्यकाल से नियोजित किया। 1867 ई॰ में इस सरकार ने एक केन्द्रीय शिक्षा विभाग (Central Department of Education) की स्थापना की। जिसे 1930 ई॰ में शिक्षा कार्यालय (Education Office) नाम दिया गया। हेनरी बर्नार्ड (Henary Bernard) को इस कार्यालय का सबसे पहला शिक्षा आयुक्त (Education Commissioner) नियुक्त किया गया। प्रारम्भ में यह कार्यालय संघात्मक सरकार की

योजना को कार्यान्वित करता था। बाद में इसे संघात्मक सुरक्षा एजेन्सी (Federal Security Agency) के साथ सम्बद्ध कर दिया गया। शिक्षा-आयुक्त (Education Commissioner) की नियुक्ति राष्ट्रपति (President) करता है। इसका कार्यकाल अनिश्चित होता है। प्रारम्भ में शिक्षा-कार्यालय के निम्नलिखित कार्य थे—

1. शैक्षिक सुधार के लिए योजना के कर्त्तव्यों का पालन करना।
2. नीग्रो और अयूरोपीय लोगों की शिक्षा का प्रबन्ध करना।
3. कोलम्बिया नगर (Columbia City), हवाई द्वीप (Hawai Island), अलास्का (Alaska) और अन्य स्थानों पर शिक्षा की व्यवस्था करना।
4. संघात्मक सरकार के विभिन्न विभागों (Departments) में समन्वय स्थापित करना, अन्तर्राज्य-सम्बन्ध स्थापित करके उनका सहयोग पाना जिससे पृथक्-पृथक् राज्यों में शिक्षा-व्यवस्था की जा सके।

बाद में शिक्षा कार्यालय ने व्यावसायिक और औद्योगिक विकास के लिए शिक्षा योजनाओं का संचालन करना शुरू किया। साथ ही साथ इसने राज्यों (States) में हुई शैक्षिक प्रगति के आँकड़े एकत्रित करके उनकी सूचना प्रकाशित करने, प्रगति का प्रचार करने और शिक्षा प्रणाली में सुधार लाने के कार्य भी अपने हाथ में लिए। अतिरिक्त प्रशिक्षण विषयों के स्कूलों का संगठन करके उन पर अपना नियन्त्रण रखना भी इस कार्यालय का उत्तरदायित्व हो गया है।

द्वितीय विश्व युद्ध के समय शिक्षा-कार्यालय का सम्बन्ध संघात्मक सुरक्षा एजेन्सी (Federal Security Agency) के साथ कर दिया गया। अतः इसने सुरक्षा-विभाग के कार्यों को भी करना शुरू किया। युद्ध (War), सुरक्षा (Security), रक्षा (Defence), औद्योगिक विकास के लिए शिक्षा, लोक सुरक्षा दल (Civil Security Force). का संगठन, राष्ट्रीय युवक प्रशासन (National Youth Administration), बेरोज़गार लोगों को व्यावसायिक प्रशिक्षण देकर उनके रोज़गार की व्यवस्था करना आदि कार्य भी इस कार्यालय के द्वारा सम्पादित करना प्रारम्भ हुआ। यद्यपि कार्यालय अपने कर्त्तव्यपालन में दक्ष था फिर भी इसे वांछित सफलता नहीं मिली। इसका कारण राज्यों द्वारा इस कार्यालय में अविश्वास रखना और इसके साथ बेरुखी अपनाना था। राज्यों को भय था कि कहीं संघ-सरकार उनकी स्वतन्त्रता का अपहरण करके स्वयं शिक्षा प्रशासन को अपने हाथ में न ले ले। ऐसा सन्देह राज्यों के मन में इसलिए आया कि पर्याप्त संवैधानिक संशोधनों के होने पर भी शैक्षिक उत्तरदायित्व राज्य के होंगे या संघ के यह स्पष्ट नहीं किया गया था। शैक्षिक उत्तरदायित्व संविधान में न तो केन्द्र सरकार को सौंपे गये थे न राज्यों को ही दिये गये थे। अतः जनता ने यही अनुमान लगाया कि शिक्षा प्रसार का उत्तरदायित्व राज्य सरकारों का और जनता

का ही है। परिणाम यह निकला कि राज्य सरकारें केन्द्रीय सरकार को कोई सूचना दिए बिना संघ के विभिन्न विभागों के साथ सीधी बातचीत करने लगीं। ऐसा करने से केन्द्रीय शिक्षा कार्यालय का महत्व घट गया। इसलिए संयुक्त राज्य अमेरिका के शैक्षिक उत्तरदायित्व बहुत ही सीमित हो गये। अब शिक्षा आयुक्त (Education Commissioner) राज्यों के स्कूलों से प्रगति सम्बन्धी आँकड़े एकत्रित कराकर उन्हें प्रकाशित कराता है और प्रगति सम्बन्धी प्रचार करता है।

(ब) राज्य का शिक्षा-प्रशासन (The State Educational Administration)

राज्य (State) में शैक्षिक नियोजन (Educational Planning) और नियन्त्रण (Control) के लिए राज्य शिक्षा परिषद् (State Education Board) की स्थापना की गयी है। इस परिषद् का अध्यक्ष राज्य शिक्षा आयुक्त (State Education Commissioner) होता है। राज्य शिक्षा विभाग के अधीन काउण्टी परिषदें (County Boards) होती हैं। काउण्टी परिषद् का अध्यक्ष 'स्कूलों का अधीक्षक' (Superintendent of Schools) कहलाता है। काउण्टी परिषद् (County Board) शिक्षा टाउनशिप (Education Tounship) स्कूल बोर्ड और स्थानीय परिषद् (Local Board) के कार्य की देखभाल करती है। प्रारम्भ में शिक्षा-संगठन का दायित्व राज्य सरकार का था बाद में यह दायित्व स्थानीय परिषद् (Local Board) को सौंप दिया गया। जनता ने यह सुझाव दिया कि स्थानीय परिषद् के पास आय साधन सीमित हैं, इसलिए यह शिक्षा-संगठन और नियोजन का कार्य सफलतापूर्वक नहीं चला सकती। स्थानीय जनता के प्रभाव के कारण शिक्षा-क्षेत्र में वैयक्तिक दृष्टिकोण विकसित होने लगा और वैयक्तिक प्रभाव बढ़ने लगा। फलतः राज्य शिक्षा-परिषद् के स्कूलों के लिए नियम निर्धारित करने, शैक्षिक कार्यक्रम तैयार करने और शिक्षा-संस्थाओं पर नियन्त्रण रखने का दायित्व अपने ऊपर लिया। यह परिषद् अन्य देशों की केन्द्रीय सरकारों के समान स्कूलों में कार्य का न्यूनतम स्तर निर्धारित करती है, परन्तु स्कूलों के आन्तरिक मामलों में निरर्थक हस्तक्षेप नहीं करती।

(स) स्थानीय स्कूल परिषद् (Local School Board)

यूरोप से आकर बसने वालों में अधिकाँश कैथोलिक (Catholic) सम्प्रदाय के थे। वे धार्मिक और सामाजिक दृष्टि से कट्टर (Orthodox) थे। अतः उन्होंने अपनी बस्तियों (Colonies) में अपने धार्मिक और सामाजिक विश्वासों के अनुरूप स्कूलों

की स्थापना की। इन स्कूलों का प्रबन्ध उनकी धार्मिक संस्थाओं, पादरियों (Priests) और मिशनरियों (Missionaries) के हाथ में था। स्कूलों का सारा खर्चा बस्तियों के लोग ही वहन करते थे, परन्तु समय बदलने पर इन स्कूलों का प्रशासन धीरे-धीरे स्थानीय स्कूल परिषद् (Local School Board) के हाथ में आ गया। आज भी यही परिषद् स्कूलों का प्रशासन चलाती है।

इन स्थानीय परिषदों (Local Boards) के सदस्य जनता द्वारा निर्वाचित (Elected) होते हैं। ये निर्वाचित सदस्य अपने में से प्रशासन-अधिकारी (Administrative Officer) का चुनाव कर लेते हैं। इसी प्रशासन अधिकारी को 'स्थानीय स्कूलों का अधीक्षक' (Superintendent of Local Schools) कहा जाता है। इन सभी सदस्यों और अधिकारियों का कार्यकाल अनिश्चित होता है। इस परिषद् में अधिक से अधिक 9 सदस्य हो सकते हैं। ऐसी स्थानीय स्कूल परिषदें पूरे संयुक्त राज्य अमेरिका में 20 लाख के लगभग हैं। स्थानीय और सामाजिक परम्पराओं तथा आवश्यकताओं को ध्यान में रखते हुए ये परिषदें स्कूलों का पाठ्यक्रम निर्धारित करती हैं। राज्य सरकार या परिषद् का नियन्त्रण इन पर केवल शिक्षा-स्तर के सुधार और व्यावसायिक विषयों के निर्धारण के लिए रहता है। अन्यथा परिषदें ऐच्छिक विषयों को चुनने, पाठ्येत्तर अध्ययन (Extra-curricular Studies) और धार्मिक विषयों को चुनने में पूर्णतः स्वतन्त्र हैं। कुछ स्कूलों में बाइबिल सम्बन्धित टिप्पणी सहित अनिवार्य रूप से पढ़ायी जाती है, जबकि कुछ स्कूलों में इसकी अनुमति नहीं है। संयुक्त राज्य अमेरिका के अधिकाँश विद्यालय स्थानीय परिषदों के अधीन हैं। वे क्षेत्र जो संघात्मक सरकार (Federal Government) के अधीन हैं, उनके स्कूलों पर संघ सरकार का प्रशासन है। डेवेरेयर राज्य (Deverair State) में स्कूलों का प्रशासन राज्य सरकार के हाथ में है। अमेरिकी स्कूलों के पाठ्यक्रम में राष्ट्रीयता (Nationalism) की प्रवृत्ति को विशेष स्थान प्राप्त है, क्योंकि अमेरिकी लोग राष्ट्रीयता की भावना दृढ़ता से रखते हैं।

अमेरिका की लोकतान्त्रिक शिक्षा-प्रणाली
(Democratic American System of Education)

अमेरिका में लोकतन्त्र (Democracy) की स्थापना स्वर्गीय राष्ट्रपति अब्राहम लिंकन के कथनानुसार जनता की सरकार जनता द्वारा और जनता के लिए की गयी है। इस धारणा के अनुसार व्यक्ति (Individual) राज्य (State) के लिए नहीं है, वरन् राज्य व्यक्ति के लिए है। राज्य का कर्त्तव्य है कि वह नागरिकों की वैयक्तिकता (Individuality) का हर सम्भव उपाय से विकास करे। राष्ट्र की सम्पत्ति उसके नागरिक होते हैं। इन नागरिकों को नैतिक और सांस्कृतिक दृष्टि से चरित्रवान

बनाना आवश्यक है। अमेरिकी लोकतान्त्रिक दृष्टिकोण के अनुसार प्रत्येक व्यक्ति को उसकी रुचि, अभिरुचि (Aptitude) तथा आवश्यकता (Need) के अनुसार विकसित होने के लिए राज्य की ओर से सभी सम्भव सहायता बिना रंग, जाति, धर्म, भेदभाव आदि के मिलनी चाहिए। अमेरिका में लोग राष्ट्रीयता और राष्ट्रीय भलाई के लिए सभी सामाजिक संगठन स्वतन्त्र हैं। शिक्षा इस काम में बहुत सहायता करती है। अमेरिका की राष्ट्रीय शिक्षा प्रणाली में निम्नलिखित तीन परम्पराओं (Traditions) का अनुपालन करती है—

(1) शिक्षा का माध्यम राष्ट्रभाषा अंग्रेजी को बनाना।
(2) अंग्रेजी साहित्य सार्वभौमिक (Universal) होगा।
(3) शिक्षा राष्ट्रीय आदर्शों (National Ideals) का पोषण करें।

अमेरिका की समूची शिक्षा चार प्रमुख स्तरों (Stages) में विभक्त की गयी है। ये स्तर हैं—(1) प्राथमिक स्तर (Primary Stages), (2) माध्यमिक स्तर (Secondary Stage), (3) उच्च शिक्षा स्तर (College or Higher Education Stage), (4) व्यवस्थापिका स्तर (Vocational Stage)।

प्राथमिक शिक्षा स्तर की संस्थाओं से लेकर उच्च शिक्षा स्तर की संस्थाएँ स्थानीय स्कूल परिषदों द्वारा राज्य के उत्तरदायित्व पर प्रशासित होती हैं। माध्यमिक और कॉलेज स्तर की शिक्षा के बाद व्यावसायिक शिक्षा दी जाती है। पब्लिक स्कूल व्यावसायिक शिक्षा नहीं देते। व्यावसायिक स्कूल (Vocational Schools) राज्य सरकार या संघ सरकार द्वारा संचालित होते हैं और पब्लिक स्कूलों से पृथक् होते हैं। इन व्यावसायिक स्कूलों में सामान्य विषयों के अतिरिक्त औद्योगिक पाठ्यक्रम (Industrial Course), व्यावसायिक पाठ्यक्रम (Vocational Course) और जीविका के व्यवसाय की विशिष्ट शिक्षा (Professional Education) के विषयों की भी शिक्षा सुविधाएँ दी जाती हैं।

अमेरिकी शिक्षा प्रणाली के प्रमुख स्तम्भ वहाँ के पब्लिक स्कूल हैं जो स्थानीय स्कूल परिषदों द्वारा प्रशासित होते हैं। ये स्कूल नागरिकों की वैज्ञानिक (Scientific) तथा व्यावसायिक (Vocational) शिक्षा की आवश्यकताओं को क्षमता के साथ, सफलतापूर्वक पूरा करते हैं। इतनी क्षमता से केन्द्रीय सरकार के स्कूल भी काम नहीं करते। पब्लिक स्कूलों के संगठन और स्वरूप में राष्ट्रीय आवश्यकताओं और आदर्शों के परिवर्तन के साथ-साथ परिवर्तन होता गया है। यह पब्लिक स्कूलों की एक विशेषता है। जैसे ही राष्ट्रीय शिक्षा प्रणाली का आधुनिक स्वरूप निश्चित हुआ, वैसे ही पब्लिक स्कूलों के पाठ्यक्रम और संगठनों में परिवर्तन आ गया। ये स्कूल राष्ट्रीय आवश्यकताओं के अनुसार वाणिज्य (Commerce) तथा विशिष्ट व्यावसायिक

विषयों (Special Professional Subjects) में भी सफल शिक्षा देते हैं। इस प्रकार ये स्कूल महत्वपूर्ण सिद्ध हुए हैं।

अमेरिकी शिक्षा की मूलभूत प्रवृत्तियाँ
(The Fundamental Tendencies of American Education)

यद्यपि अमेरिका में सभी राज्य (States) अपनी-अपनी आवश्यकता के अनुरूप शिक्षा व्यवस्था करने में स्वतन्त्र हैं, फिर भी इस प्रकार की विविधता (Diversity) में कुछ बातों में समानताएँ हैं। ये अमेरिकी शिक्षा की मूलभूत प्रवृत्तियाँ मानी जा सकती हैं। जैसे—

1. शिक्षा सार्वजनिक (Universal) तथा निःशुल्क (Free) है।
2. शिक्षा लोकतान्त्रिक आदर्शों (Democratic Ideals) पर आधारित है।
3. शिक्षा के सभी स्तर राज्यों के समान हैं।
4. शिक्षा के आर्थिक स्रोत (Financial Resources) समान हैं।
5. शिक्षा की प्रवृत्ति गत्यात्मक (Dynamic) है और प्रयोगात्मक सुविधाएँ (Experimental Facilities) उपलब्ध हैं।

अमेरिका में शिक्षा धर्मनिरपेक्ष (Secular), वर्गविहीन (Classless), निःशुल्क (Free) और सार्वजनिक (Universal) है। शिक्षा सभी बच्चों के लिए अनिवार्य है और उपलब्ध है। शिक्षा में एक राष्ट्रीयता (Nationality) को प्रोत्साहित किया जाता है। इससे अमेरिका के नागरिक देशभक्त (Patriotic) और योग्य नागरिक बनते हैं।

अमेरिका के स्कूल जनता द्वारा चुने गये प्रतिनिधियों की परिषदों (Boards) द्वारा प्रशासित होते हैं। स्कूल जनता द्वारा, जनता के लिए स्थापित होते हैं। लोगों को समान शैक्षिक अवसर और सुविधाएँ मिलती हैं। यद्यपि शिक्षा राज्य का दायित्व है फिर भी स्थानीय परिषदें इसके संगठन में पूर्ण योग देती हैं। इस प्रकार अमेरिका की शिक्षा को पूर्णतः लोकतान्त्रिक आदर्शों (Democratic Ideals) की देन माना जाता है।

अमेरिका के सभी राज्यों में शिक्षा के समान स्तर (Stages) पाये जाते हैं। सभी राज्यों में प्राथमिक, माध्यमिक, उच्च और व्यावसायिक शिक्षा के निर्धारित स्तर हैं। तकनीकी और व्यावसायिक शिक्षा माध्यमिक और कॉलेज-स्तर के बाद दी जाती है। निम्न स्तर पर छात्रों को उच्च स्तर के लिए तैयार किया जाता है।

अमेरिका के सभी राज्यों के स्कूल जनता से, राज्य सरकार से आर्थिक सहायता प्राप्त करते हैं और केन्द्रीय सरकार इन्हें आर्थिक अनुदान देती है।

अमेरिका की शिक्षा अमेरिकी लोकतान्त्रिक आदर्शों पर आधारित है। अमेरिका में शिक्षा पर विविध प्रकार के प्रयोग और अनुसंधान होते रहते हैं जिससे शिक्षाशास्त्री राष्ट्र की आवश्यकता और आदर्शों के अनुकूल शिक्षा को गत्यात्मक (Dynamic) रूप देते रहते हैं। शिक्षा का स्वरूप वहाँ गत्यात्मक है जो लोगों की वर्तमान आवश्यकताओं को पूरा करने में समर्थ है। शिक्षा पूर्णतः जीवनोपयोगी और जीवन से सम्बन्धित है। अमेरिका में प्रयोजनवादी (Pragmatistic) दृष्टिकोण उपयोग में लाया जाता है।

सारांश

(अ) केन्द्रीय प्रशासन

अमेरिका में प्रारम्भ से ही शिक्षा के केन्द्रीयकरण का भारी विरोध। संविधान में स्पष्ट नहीं कि शिक्षा केन्द्र या राज्य में किसका दायित्व। अतः शिक्षा राज्यों का दायित्व।

शिक्षा में केन्द्रीय शासन का सहयोग

1. राज्यों को समयानुसार भूमि अनुदान देना।
2. तकनीकी, औद्योगिक, कृषि शिक्षा के लिए राज्यों को आर्थिक सहायता।
3. व्यक्तिगत और सामूहिक प्रयासों के शिक्षा-प्रसार के लिए प्रोत्साहन देना।
4. सेवा निवृत्त सैनिक और असैनिक लोगों को व्यवसाय देना।

संघ-सरकार के प्रेरक शिक्षा-कार्यक्रम

(1) राज्य सरकारों को सहायता देना
(2) संघात्मक क्षेत्रों के प्रशासित स्कूलों को अनुदान देना
(3) संघीय स्कूलों को आंशिक अनुदान
(4) रेड इण्डियनों की शिक्षा के लिए सहायता
(5) अपने कर्मचारियों को प्रशिक्षण देना
(6) विदेशों में शैक्षिक कार्यों के लिए सहायता
(7) राज्यों की शैक्षिक सूचनाओं का प्रशासन
(8) राज्यों की शिक्षा में समरूपता लाना।

शिक्षा कार्यालय

केन्द्र में शैक्षिक योजनाओं के लिए शिक्षा कार्यालय, बाद में इसे संघीय सुरक्षा एजेन्सी

के साथ सम्बद्ध। शिक्षा कार्यालय के निम्नलिखित कार्य—

1. शिक्षा-योजनाओं का कार्यान्वयन।
2. नीग्रो और अयूरोपीय लोगों की शिक्षा का प्रबन्ध करना।
3. कोलम्बिया, हवाई द्वीप, अलास्का में शिक्षा व्यवस्था करना।
4. संघात्मक सरकार के विभिन्न विभागों में समन्वय स्थापित करना।
5. द्वितीय युद्ध के बाद से राष्ट्रीय सुरक्षा और व्यवसाय के कार्यक्रमों का संचालन।

(ब) राज्य का शिक्षा-प्रशासन

डेलेवेयर राज्य को छोड़कर सभी राज्यों में शिक्षा-प्रशासन राज्य द्वारा स्थानीय परिषदों द्वारा चलाना। राज्य शिक्षा स्तर, पाठ्यक्रम, स्कूलों पर नियन्त्रण, तथा शिक्षा नियमों के निर्धारण के लिए उत्तरदायी। व्यावसायिक और तकनीकी शिक्षा राज्यों द्वारा। राज्य शिक्षा परिषद् की स्थापना। चेयरमैन स्टेट एजूकेशन कमिश्नर। काउण्टी बोर्ड्स टाउनशिप, स्थानीय परिषदें राज्य परिषद् के अधीन।

(स) स्थानीय स्कूल परिषदें

आम जनता द्वारा इन परिषदों के सदस्यों का चयन। अधिकाँश स्कूलों का प्रशासन इन परिषदों के हाथ में। राज्य और केन्द्रीय सरकारों का किंचित मात्र हस्तक्षेप, लगभग 20 लाख परिषदें। परिषद् का अध्यक्ष स्कूलों का अधीक्षक। यही प्रमुख शिक्षा-प्रशासक, इसका चयन परिषद् के सदस्यों द्वारा।

अमेरिका की लोकतान्त्रिक शिक्षा-प्रणाली

अमेरिकी शिक्षा लोकतान्त्रिक। (1) शिक्षा का माध्यम राष्ट्रभाषा अंग्रेजी, (2) अंग्रेजी साहित्य सार्वभौमिक, (3) शिक्षा राष्ट्रीय आदर्शों के अनुकूल, (4) शिक्षा वर्गभेद विहीन सभी के लिए, जीवनोपयोगी, व्यक्ति-प्रधान, व्यक्ति को राज्य से अधिक महत्व, शिक्षा जनता के लिए जनता द्वारा, पब्लिक स्कूल अमेरिकी शिक्षा के प्रमुख आधार।

अमेरिकी शिक्षा की मूलभुत प्रवृत्तियाँ

(1) शिक्षा सार्वजनिक तथा निःशुल्क
(2) शिक्षा लोकतान्त्रिक आदर्शों पर

(3) शिक्षा के सभी स्तर राज्यों में समान
(4) शिक्षा के आर्थिक स्रोत समान
(5) शिक्षा की प्रवृत्ति गत्यात्मक और प्रयोगात्मक।

अभ्यासार्थ प्रश्न

1. संयुक्त राज्य अमेरिका में शिक्षा व्यक्ति प्रधान और लोकतान्त्रिक है। कैसे ? इसकी मूलभूत प्रवृत्तियों का वर्णन कीजिए।
2. शिक्षा-संगठन और प्रशासन में केन्द्रीय सरकार अप्रत्यक्ष और प्रत्यक्ष रूप से कैसे योग देती है ?
3. संयुक्त राज्य अमेरिका में शिक्षा राज्यों का दायित्व है। कैसे ? राज्य शिक्षा के प्रशासन में क्या योग देता है ?
4. संयुक्त राज्य अमेरिका में स्थानीय स्कूल परिषदें (Local School Boards) ही अधिकाँश स्कूलों का प्रशासन चलाती हैं। कैसे ?
5. निम्नलिखित को समझाइए—
   (अ) शिक्षा कार्यालय
   (ब) राज्य शिक्षा परिषद्।
   (स) अमेरिकी शिक्षा संगठनों में पूर्ण स्वतन्त्रता।
   (द) अमेरिका में शैक्षिक प्रशासन का विकास।

अध्याय 3

संयुक्त राज्य अमेरिका में राज्यीय शैक्षिक प्रशासन [State Educational Administration in U.S.A.]

शैक्षिक प्रशासन का विकास (Development of Educational Administration)

संयुक्त राज्य अमेरिका के संविधान में शिक्षा प्रशासन और शैक्षिक उत्तरदायित्व का स्पष्ट उल्लेख नहीं है। ऐसी स्थिति में यह मान लिया गया है कि शिक्षा प्रशासन और शिक्षा का उत्तरदायित्व राज्य (State) पर ही है। राज्य ने अपनी शक्तियाँ स्थानीय स्कूल परिषदों (Local School Boards) को सौंप रखी हैं। ये ही परिषदें स्थानीय आवश्यकताओं, परम्पराओं और रुचियों के अनुकूल शिक्षा व्यवस्था करती हैं। ये परिषदें शिक्षा व्यवस्था की दृष्टि से पूर्णतः स्वतन्त्र हैं। राज्य सरकार केवल इतना हस्तक्षेप करती है कि शिक्षा के राष्ट्रीय लक्ष्य की पूर्ति होती रहे और शिक्षा का स्तर बना रहे। राज्य की सरकारें अपना पृथक् शैक्षिक प्रशासन रखती हैं, परन्तु यह प्रशासन प्रत्येक राज्य में समान नहीं है और सभी राज्य शिक्षा प्रशासन में स्वतंत्र हैं।

पहले भी इस बात की चर्चा की जा चुकी है कि अमेरिका के लोगों ने प्रारम्भ से ही एक राष्ट्रीय शिक्षा प्रणाली और केन्द्रीयकरण को स्वीकार नहीं किया, क्योंकि उन्हें अपनी परम्पराओं और स्वतन्त्रता के नष्ट होने का भय था। बाद में अमेरिकी लोग राज्य (State) के शिक्षा प्रशासन को स्वीकार करने योग्य बने। संघात्मक सरकार (Federal Government) राज्यों को वित्तीय सहायता देती है और राज्य ही अपनी सीमा में शिक्षा उत्तरदायित्व का निर्वाह करते हैं। राज्य सरकारें इस उत्तरदायित्व का निर्वाह स्थानीय स्कूल परिषदों की सहायता से करती हैं। इन

परिषदों में जनता के प्रतिनिधि ही सदस्य होते हैं। राज्य सरकारें अपनी-अपनी राज्य शिक्षा परिषदें (State Boards of Education) रखती हैं जो शैक्षिक नीतियों (Educational Policies) के निर्धारण, बजट की स्वीकृति, अनुदान का बँटवारा और सामान्य देखभाल के काम करती रहती हैं।

प्रारम्भ में यूरोप के विभिन्न भागों से आये लोगों ने अमेरिका में बसकर अपनी-अपनी बस्तियों में निजी परम्पराओं, विश्वासों और आवश्यकताओं के अनुरूप स्कूल खोले थे। बाद में जैसे-जैसे अमेरिकी वातावरण में परिवर्तन आया, राष्ट्रीय आवश्यकताएँ बदलीं, बस्तियों में पारस्परिक सम्पर्क बढ़ता गया, इनके शैक्षिक संगठनों में भी परिवर्तन और सुधार आता गया। स्थानीय स्कूल परिषदों (Local School Boards) की स्थापना की गयी जिसने स्थानीय आवश्यकताओं के अनुकूल शिक्षा व्यवस्था की। यद्यपि संघीय सरकार और राज्य सरकारों ने आवश्यकता पड़ने पर ही इस व्यवस्था में साधारणसा हस्तक्षेप किया। राज्यों और संघात्मक सरकार के बीच केवल नैतिक स्तर पर एक राष्ट्रीयता के दृष्टिकोण से सम्बन्ध बना रहा। स्थानीय परिषदों को संघ सरकार और राज्य सरकार ने बिना किसी शर्त के आर्थिक सहायता दी जिससे ये अपने-अपने क्षेत्रों में स्वतन्त्रतापूर्वक अनुकूल शिक्षा की व्यवस्था कर सकें। इस प्रकार इन स्थानीय स्कूल परिषदों को संवैधानिक स्वीकृति प्राप्त हो गयी।

स्थानीय परिषदों के पास आर्थिक साधन सीमित थे। अतः ये परिषदें स्थानीय रुचियों, परम्पराओं और आवश्यकताओं के अनुरूप शिक्षा व्यवस्था नहीं कर सकीं। फलतः राज्य सरकारों ने इन परिषदों को आर्थिक सहायता इस सहमति के साथ दी कि वे शिक्षा स्तर को नहीं गिरने देंगे। वह अनुदान संघ सरकार और राज्य सरकार से उसी अनुपात में मिलता था जिस अनुपात में कोई स्कूल धन का संचय कर सकता था। अतः अधिक से अधिक अनुदान पाने के लिए स्थानीय जनता ने स्कूलों को पर्याप्त आर्थिक सहायता दी, परन्तु इससे पहले की अपेक्षा राज्य सरकार का नियन्त्रण इन पर बढ़ गया।

1820 ई॰ से 1830 ई॰ की अवधि में संयुक्त राज्य अमेरिका की शिक्षा-व्यवस्था में भारी परिवर्तन आया। इस समय यूरोप से आकर बसने वाले लोगों की संख्या बढ़ती जा रही थी और बस्तियों में स्कूल जाने वाले बच्चों की संख्या भी बढ़ती जाती थी। पूर्व स्थापित स्कूल इनके प्रवेश की आवश्यकता को पूरा नहीं कर पा रहे थे। फलतः जनता ने राज्य सरकारों से निवेदन किया कि वह शिक्षा की व्यवस्था करे, क्योंकि राज्य सरकार ही जन शिक्षा के लिए उत्तरदायी है। इससे सरकार ने स्थानीय स्कूलों को अपने नियन्त्रण में लिया और नये स्कूल खोले और स्थानीय परिषदों को उनका उत्तरदायित्व सौंपा। इससे राज्य का शिक्षा पर नियन्त्रण बढ़ा, परन्तु स्थानीय परिषदों को राजकीय स्वीकृति मिल गयी।

शैक्षिक प्रशासन की दृष्टि से पहली बार 1784 ई॰ में राज्य-स्तर पर शिक्षा

नियमों का निर्धारण करने, शिक्षा नीति बनाने के लिए रेजेण्ट्स बोर्ड (Rezents Board) की स्थापना की गई, परन्तु इसका कोई प्रभाव नहीं पड़ा। 1812 ई॰ में न्यूयार्क में पहली बार शिक्षा अधीक्षक (Superintendent of Education) की नियुक्ति की गयी। इस अधीक्षक का काम था कि वह राज्य के स्कूलों को अनुदान का बँटवारा कराये। इसके बाद मैसाचुसैट्स (Massachusetts) और कनक्टिकट (Connecticut) में शिक्षा अधीक्षकों की नियुक्ति हुई। शिक्षा सचिव (Secretary of Education) होरसमैन (Horraceman) तथा हेनरी बर्नार्ड (Henry Bernard) ने शिक्षा प्रसार में बहुत योग दिया। उन्होंने शिक्षा पर विभिन्न लेख और सूचनाएँ प्रकाशित करके जनता में शिक्षा के प्रति जागरूकता पैदा की।

इस प्रकार के प्रयासों का इतना अच्छा परिणाम निकला कि संयुक्त राज्य अमेरिका के उत्तरी और दक्षिणी राज्यों में 1850 ई॰ को शिक्षा नियन्त्रण इकाइयों (Units of Education Control) की स्थापना हुई। सभी राज्यों में शिक्षा अधीक्षकों (Superintendent of Education) की नियुक्ति हुई। राज्य सरकारों को संवैधानिक संघर्षों के परिणामस्वरूप शैक्षिक संस्थाओं पर प्रशासनिक नियन्त्रण रखने का अधिकार मिल गया। 1890 ई॰ में पहली बार इण्डियाना राज्य के शिक्षा अधीक्षक को पाठ्यक्रम के लिए पुस्तकें चुनने का अधिकार मिला। 1897 ई॰ में न्यूयार्क के उच्च न्यायालय ने एक मुकदमें के निर्णय के फलस्वरूप शिक्षा अधीक्षक को अधिकार दिया कि वह स्कूलों की स्थापना कर सकता है।

राज्य का शैक्षिक प्रशासन
(The State Educational Administration)

संयुक्त राज्य अमेरिका के प्रत्येक राज्य में शिक्षा प्रशासन की सर्वोच्च संस्था राज्य शिक्षा परिषद् (State Board of Education) होती है जिसकी सहायता के लिए राज्य शिक्षा विभाग (State Department of Education) की स्थापना की गयी है। यहाँ हम इन्हीं के संगठन का अध्ययन करेंगे।

राज्य शिक्षा परिषद एवं शिक्षा आयुक्त (State Board of Education and Education Commissioner).

राज्य शिक्षा परिषद, राज्य की सर्वोच्च प्रशासनिक संस्था है। नमब्रास्का (Nambraska), मैन (Man), इलिन्वॉस (Illinois), ऑबिल (Obil), रॉड आइलैण्ड (Rhode Island), आयोवा (Iowa), विस्कॉन्सिन (Wisconsin) और दक्षिणी डकोटा (Southern Dakota) को छोड़कर सभी राज्यों में परिषदें बनी हुई हैं। इन आठ राज्यों में

व्यावसायिक शिक्षा परिषदें (Board of Vocational Education) बनी हैं जो राज्य शिक्षा परिषदें ही कहलाती है। न्यूयार्क (New York) में राज्य शिक्षा परिषद् रेजेण्ट्स बोर्ड (Rezents Board) के नाम से विख्यात है। राज्य शिक्षा परिषद् के अतिरिक्त राज्यों में व्यावसायिक शिक्षा परिषद् भी बनी हैं जो राज्य की व्यावसायिक शिक्षा की देखभाल करती हैं। राज्य शिक्षा परिषद् में सदस्यों की संख्या निश्चित नहीं होती। यह सदस्य संख्या 3 से लेकर 12 तक है। सामान्यतः यह संख्या 6 है। न्यूयॉर्क में विधानसभा सदस्यों (Legislative Members) द्वारा राज्य शिक्षा परिषद् के सदस्य चुने जाते हैं। 35 राज्यों में इन सदस्यों का मनोनयन (Nomination) राज्यपाल (Governer) द्वारा होता है। 8 राज्यों में ये सदस्य सरकारी पदों से पदेन (*Ex offcio*) होते हैं और 4 राज्यों में इन सदस्यों का चुनाव जनता द्वारा मताधिकार का उपयोग करते हुए किया जाता है। अधिकांश राज्यों में जनता द्वारा चुने गये लोग ही सदस्य बनते हैं, परन्तु कुछ राज्यों में शिक्षा व्यवसाय में लगे लोगों को राज्य शिक्षा परिषद् का सदस्य मनोनीत किया जाता है।

राज्य शिक्षा परिषद् का सर्वोच्च अधिकारी प्रमुख राज्य स्कूल अधिकारी (Chief State School Officer) या राज्य शिक्षा आयुक्त (State Education Commisioner) या जन शिक्षा आयुक्त (Commissioner of Public Instructions) कहा जाता है। 27 राज्यों में यह राज्य शिक्षा परिषद् का सदस्य होता है, 30 राज्यों में यह प्रशासनिक अधिकारी (Administrative Officer), 13 राज्यों में यह प्रशासनिक अधिकारी या परिषद्-सचिव (Secretary of the Board), 20 राज्यों में परिषद् का सदस्य (Member of the Board) और सचिव (Secretary) तथा 90 राज्यों में यह अध्यक्ष (Chairman) और सदस्य (Member) कहलाता है।

इस प्रशासनिक अधिकारी या शिक्षा-आयुक्त की नियुक्ति सभी राज्यों में समान रूप से नहीं होती। 8 राज्यों में इसे राज्यपाल (Governer) नियुक्त करता है। अन्य 8 राज्यों में राज्य शिक्षा परिषद् के सदस्य अपने में से इसका चुनाव करते हैं। शेष राज्यों में इसका चुनाव जनता के द्वारा होता है। इस अधिकारी की न्यूनतम योग्यता के सम्बन्ध में 50 प्रतिशत राज्यों ने योग्यता का निर्धारण किया है। 33 प्रतिशत राज्यों ने इसके लिए कोई न्यूनतम योग्यता निर्धारित नहीं की है और शेष 17 प्रतिशत राज्यों के चुनाव नियमों (Election Laws of the State) द्वारा इस अधिकारी की योग्यता निर्धारित हो जाती है।

राज्य के प्रशासनिक अधिकारी का कार्यकाल सभी राज्यों में समान नहीं है। 13 राज्यों में 2 वर्ष, 25 राज्यों में 4 वर्ष, 5 राज्यों में एक वर्ष से लेकर 6 वर्ष है और शेष राज्यों में कार्यकाल निश्चित नहीं है। यह अधिकारी शिक्षा का कार्यकारी अधिकारी (Executive Officer) भी माना जाता है।

राज्य शिक्षा आयुक्त के कर्त्तव्य (Duties of the Education Commissioner)

राज्य शिक्षा परिषद् का अध्यक्ष (Chairman) ही राज्य शिक्षा आयुक्त (State Education Commissioner) कहलाता है। इसके शैक्षिक कर्त्तव्य अग्रांकित प्रकार से हैं–

1. स्कूल या संस्थाओं की आवश्यकताओं के अनुकूल शिक्षा अनुदान का बँटवारा करना।
2. शैक्षिक प्रगति के आँकड़े इकट्ठे करना।
3. स्कूलों का सामान्य परिवेक्षण (Supervision) करना।
4. स्कूलों के लिए शिक्षा का न्यूनतम स्तर (Standard) निर्धारित करना।
5. स्थानीय स्कूलों के लिए सामान्य नियम बनाना।
6. निर्धारित न्यूनतम स्तर के लिए पाठ्यक्रम का निर्धारण करना।
7. अध्यापक प्रशिक्षण स्कूलों के लिए पाठ्यक्रम बनाना और प्रशिक्षित अध्यापकों को प्रमाण-पत्र देना।
8. स्कूलों को सार्वजनिक (Public) रूप देकर अल्पसंख्यकों के शिक्षा अधिकारों को सुरक्षित रखना।
9. विभिन्न शिक्षा स्तरों के लिए पाठ्य पुस्तकों को चुनना।
10. राज्य शिक्षा परिषद् की अध्यक्षता करना और बजट बनाना।
11. राज्य के शिक्षा कार्यालयों का परिवेक्षण (Supervision) करना और परिवेक्षकों (Supervisors) की नियुक्ति करना।
12. विभिन्न प्रशासनिक संस्थाओं (Administrative Bodies) को निर्देश देना। जैसे–काउण्टी बोर्ड, टाउनशिप और स्कूल डिस्ट्रिक्ट को निर्देश देना और सुझाव देना कि वे शिक्षा सुधार कैसे करें ?
13. राज्य की शिक्षा संस्थाओं में एकता और समानता लाने का प्रयत्न करना।
14. शिक्षा को अन्तर्राष्ट्रीय (International) बनाने के लिए संघात्मक शिक्षा आयुक्त (Federal Education Commissioner) से सम्पर्क स्थापित करना। राज्यों और केन्द्र की सरकारों द्वारा आयोजित शिक्षा सम्मेलनों (Educational Conferences) में भाग लेना।

शिक्षा आयुक्त की नियुक्ति, कार्यकाल और योग्यता

सभी राज्यों में नियुक्ति, कार्यकाल और न्यूनतम योग्यता समान नहीं है। इस सम्बन्ध में पीछे लिखा जा चुका है। योग्यता की दृष्टि से इसे स्नातक (Graduate Degree),

उत्तर स्नातक (M.A.), या अनुभव या अनुभव के साथ उपाधि आदि संयुक्त होना आवश्यक है।

राज्य शिक्षा परिषद् के सदस्यों की नियुक्ति, कार्यकाल और योग्यता—राज्य के नागरिक ही सदस्यों को चुनते हैं, परन्तु सभी राज्यों में ऐसा नियम नहीं है। कहीं राज्यपाल (Governer) इन्हें मनोनीत करता है, कहीं ये मनोनीत और चुने हुए दोनों होते हैं और कहीं राज्यपालों, मन्त्रियों और विधायकों को पदेन (Ex-officio) सदस्य बनाया जाता है। कहीं-कहीं राजनीतिक दलों, भौगोलिक इकाइयों तथा सामाजिक इकाइयों के प्रतिनिधियों की संख्या निश्चित करके उन्हें सदस्य बना लिया जाता है। इनकी न्यूनतम योग्यता के लिए कोई नियम नहीं है। इनका कार्यकाल भी अनिश्चित है जो 1 वर्ष से लेकर 6 वर्ष तक कुछ भी हो सकता है।

राज्य शिक्षा विभाग (State Department of Education)

स्टेट स्कूल ऑफिसर या शिक्षा प्रशासक या शिक्षा आयुक्त की सहायता के लिए राज्य में एक शिक्षा विभाग होता है। इस विभाग के सदस्य शिक्षा व्यवस्था के विशेषज्ञ (Experts in Education), व्यावसायिक लोग होते हैं। इन सदस्यों की संख्या सभी राज्यों में समान नहीं है। 1993 ई॰ के आँकड़ों के अनुसार इनकी संख्या न्यूयार्क में 1000 जो अधिकतम थी और दक्षिणी डेकोटा में 25 थी जो न्यूनतम थी। इन सदस्यों के अतिरिक्त लिपिक (Clerks) होते हैं जिनकी संख्या विभाग के आकार-प्रकार और कार्य पर निर्भर करती है। ये सदस्य अपने-अपने क्षेत्र के प्रति उत्तरदायी होते हैं इसलिए इन्हें क्षेत्राधिकारी (Divisional Officer) भी कहा जाता है। ये क्षेत्राधिकारी शिक्षा विभाग के अधीन कार्य करते हैं। उपक्षेत्रों या क्षेत्रों (Sub-divisions or Divisions) की संख्या निश्चित नहीं होती। ये राज्य की आवश्यकताओं के अनुकूल निर्धारित होते हैं।

राज्य के शैक्षिक उत्तरदायित्व
(Educational Responsibility of the State)

राज्य अपने शैक्षिक उत्तरदायित्वों का निर्वाह राज्य शिक्षा परिषद (State Board of Education), शिक्षा आयुक्त (Education Commissioner) तथा शिक्षा विभाग (Education Department) के माध्यम से करता है। शिक्षा विभाग नर्सरी शिक्षा से लेकर प्रौढ़ शिक्षा (Adult Education) की व्यवस्था करके सर्व साधारण मनुष्य से लेकर विशिष्ट व्यक्ति तक के लिए शिक्षा सुविधायें जुटाता है। शिक्षा विभाग व्यक्तिगत, राजकीय और अन्य सम्बन्धित साधनों (Agencies) की सहायता से

जनता का सहयोग पाकर शिक्षा प्रसार और विकास करता है।

पहले भी यह कहा जा चुका है कि संयुक्त राज्य अमेरिका के सभी राज्यों में शिक्षा का ढाँचा (Pattern of Education) समान नहीं है। कहीं संविधान स्पष्ट है तो कहीं स्पष्ट नहीं है। कहीं शिक्षा संस्थाओं पर राज्य का नियंत्रण मान्य है तो कहीं मान्य नहीं है। वास्तव में वहाँ शिक्षा का स्वरूप स्थानीय जनता की आवश्यकता, परम्परा और रुचि पर निर्भर है। राज्यों की शिक्षा व्यवस्था में निम्नलिखित विशेषताएँ देखने में आती हैं :

विभिन्न शिक्षा प्रणालियों में कुछ समानताएँ (Similarities)—सभी राज्यों में प्रचलित शिक्षा प्रणालियाँ समान नहीं हैं, फिर भी उनमें स्वतन्त्रता (Freedom), अधिकता, व्यावसायिक प्रशिक्षण की बहुलता, वैयक्तिक और सामूहिक विकास तथा प्रगति की समान बातें मिलती हैं। सभी राज्यों में निम्नलिखित बातें समान पायी जाती हैं—

1. शिक्षा सार्वजनिक, निःशुल्क और अनिवार्य है।
2. शिक्षा का एक आदर्श स्तर निर्धारित रहता है।
3. न्यूनतम पाठ्यक्रम के माध्यम से अन्तर्राज्य समानता लायी जाती है।
4. सामान्य नियमों की अनिवार्यता है।
5. शिक्षा के केन्द्रीयकरण की ओर प्रयत्न है।

राज्य सरकारों और स्थानीय परिषदों द्वारा संचालित सभी स्कूलों में शिक्षा निःशुल्क, अनिवार्य और सार्वजनिक है। सभी बच्चों को एक निश्चित आयु सीमा तक बिना किसी वर्गभेद या भेदभाव के सभी प्रकार की शिक्षा सुविधाएँ मिलती हैं।

यद्यपि राज्य सरकारों ने अपने अधिकार स्थानीय स्कूल परिषदों को हस्तान्तरित कर दिये हैं, फिर भी राज्य सरकारों की ओर से स्थानीय परिषदों पर दबाव डाला जाता है कि वे शिक्षा का निर्धारित न्यूनतम स्तर बनाये रखें। यदि किसी परिषद् के अधीन स्कूलों में शिक्षा का स्तर गिर जाता है तो उससे सरकार हस्तान्तरित अधिकारों को छीन लेती है। ऐसी परिषदों को आर्थिक सहायता (Grant-in-aid) भी नहीं दी जाती।

सभी राज्यों में शिक्षा सम्बन्धी समानता बनी रहे इसके लिए अन्तर्राज्य स्तर (Inter-state Level) पर एक न्यूनतम पाठ्यक्रम निर्धारित कर दिया है। इससे कम स्कूली पाठ्यक्रम मान्य नहीं होता।

राज्य सरकारों ने अपने क्षेत्र के सभी स्कूलों की शिक्षा प्रणाली में समानता के लिए प्रवेश सम्बन्धी, स्कूल छोड़ने से सम्बन्धित, आयु-सीमा, निःशुल्क शिक्षा की व्यवस्था, आयु और अध्यापकों की योग्यता तथा न्यूनतम पाठ्य-सामग्री से सम्बन्धित

सामान्य नियम (General Rules) बना रखे हैं जिनका अनुपालन सभी स्कूलों को करना पड़ता है।

यद्यपि सभी स्थानीय परिषदों को यह अधिकार प्राप्त है कि वे स्थानीय आवश्यकताओं, रुचियों और परम्पराओं के अनुकूल शिक्षा व्यवस्था कर सकती हैं, फिर भी राज्य इन पर प्रशासनिक अधिकार रखता है। सरकार सभी काउण्टी बोर्डों, टाउनशिप्स, स्कूल डिस्ट्रिक्टों और अन्य स्थानीय शिक्षा संस्थाओं पर अपना नियन्त्रण बनाये रखती है।

सारांश

शैक्षिक प्रशासन का विकास

अमेरिका में प्रारम्भिक स्कूल बस्तियों की निजी परम्पराओं के अनुकूल थे। उन पर सरकारी नियन्त्रण और समानता का गुण नहीं था। केन्द्रीयकरण का विरोध। बाद में केन्द्रीयकरण पर बल। संविधान द्वारा शैक्षिक अधिकारों का विभाजन नहीं। स्पष्ट व्याख्या न होने से शिक्षा राज्यों का ही कर्त्तव्य। राज्यों में राज्य शिक्षा परिषदों का गठन, स्कूलों के अधीक्षकों की नियुक्ति; स्थानीय प्रशासकों को सरकारी सत्ता का हस्तान्तरण।

राज्य का शैक्षिक प्रशासन

राज्य शिक्षा-परिषद और शिक्षा आयुक्त—राज्य शिक्षा परिषद् सर्वोच्च प्रशासनिक संस्था। इसका अधिकारी, अध्यक्ष शिक्षा आयुक्त या शिक्षा प्रशासक। इसके सदस्यों और अध्यक्ष की नियुक्ति, कार्यकाल और योग्यता का कोई निश्चित नियम नहीं।

शिक्षा आयुक्त के कर्त्तव्य—शिक्षा अनुदान देना, प्रगतिसूचक आँकड़े एकत्रित करना, परिवेक्षण करना, स्कूलों के लिए न्यूनतम स्तर और पाठ्यक्रम बनाना, पाठ्य पुस्तकें चुनना; प्रशासनिक निर्देश देना, परिषद की अध्यक्षता करके बजट बनाना आदि। इसकी नियुक्ति कार्यकाल और योग्यता अनिश्चित।

राज्य शिक्षा विभाग

शिक्षा आयुक्त की सहायता के लिए, शिक्षा विशेषज्ञ इसके सदस्य। क्षेत्राधिकारियों की नियुक्ति।

राज्य के शैक्षिक उत्तरदायित्व

पूर्व प्राथमिक शिक्षा से प्रौढ़ शिक्षा तक की व्यवस्था करना। सभी राज्यों में कुछ समानताएँ लाना। जैसे–शिक्षा सार्वजनिक, अनिवार्य, निःशुल्क, न्यूनतम स्तर का निर्माण, न्यूनतम पाठ्यक्रम देना, सामान्य नियम बनाना, शिक्षा प्रशासन का केन्द्रीयकरण।

अभ्यासार्थ प्रश्न

1. संयुक्त राज्य अमेरिका में राज्यों को शिक्षा-प्रशासन का अधिकार कैसे प्राप्त हुआ ?
2. राज्य की सर्वोच्च प्रशासनिक संस्था क्या है ? उसके सर्वोच्च अधिकारी के दायित्वों का वर्णन कीजिए।
3. संवैधानिक व्याख्या स्पष्ट न होने पर भी राज्यों में कुछ शैक्षिक समानताएँ हैं। कैसे ?
4. निम्नलिखित पर संक्षिप्त टिप्पणियाँ लिखिए–
   (i) राज्य शिक्षा विभाग,
   (ii) राज्य शिक्षा परिषद्,
   (iii) क्षेत्राधिकारी (Divisional Officer)।

अध्याय 4

स्थानीय स्कूलों का प्रशासन एवं संगठन [Administration and Organisation of Local Schools]

संयुक्त राज्य अमेरिका लोकतान्त्रिक देश है। यहाँ व्यक्ति को अपने विकास की पूर्ण स्वतन्त्रता है। यही बात शिक्षा क्षेत्र में भी पायी जाती है। वहाँ जनता स्वतन्त्र है कि वह अपनी स्थानीय परम्पराओं, आवश्यकताओं और रुचियों के अनुकूल स्कूलों की स्थापना करे। राज्य सरकार इसमें निरर्थक हस्तक्षेप नहीं करती। संघात्मक सरकार और राज्य सरकार सभी शैक्षिक अधिकार स्थानीय स्कूल परिषदों (Local School Boards) को सौंप देती हैं जिससे वे निजी स्थानीय आवश्यकताओं की पूर्ति के लिए स्वतन्त्रतापूर्वक शिक्षा व्यवस्था कर सकें।

संयुक्त राज्य अमेरिका के सभी राज्यों में किसी-न-किसी प्रकार का स्थानीय शिक्षा प्रशासन (Local Educational Administration) अवश्य मिलता है। केवल डेलावेयर राज्य (Delawair State) ऐसा है जहाँ स्कूलों की व्यवस्था राज्य के हाथ में है। सभी राज्यों में स्थानीय शैक्षिक प्रशासन इकाइयाँ हैं। 12 दक्षिणी राज्यों में काउण्टी बोर्ड (County Boards), 9 राज्यों में टाउनशिप (Townships), पश्चिमी और मध्य राज्यों में स्कूल डिस्ट्रिक्ट्स (School Districts) तथा कुछ राज्यों में काउण्टी बोर्ड्स और लोकल बोर्ड्स दोनों तथा शेष में केवल स्थानीय परिषदें (Local Boards) ही स्कूलों का संगठन और प्रशासन चलाती हैं। भौगोलिक भेद, सांस्कृतिक भेद और स्थानीय आवश्यकताओं में भेद होने के कारण ये सभी स्थानीय प्रशासन इकाइयाँ एक-दूसरे से भिन्न हैं।

स्थानीय शिक्षा प्रशासन की इकाइयों के स्वरूप पर जनसंख्या का विशेष प्रभाव तो नहीं पड़ता, फिर भी बड़े राज्यों में जैसे दक्षिणी राज्यों में सभी प्रशासन इकाइयाँ अपेक्षाकृत बड़ी हैं। प्रारम्भ में लोगों ने घनी बस्तियों में स्कूल खोले और उनके प्रशासन

के लिए टाउनशिप बनायी। बाद में जनसंख्या बढ़ने पर स्कूल बस्तियों के निकट और गाँवों में खुले। गाँवों में एक-कक्षीय (Single Room) और एक अध्यापकीय (Single Teacher) स्कूल खुले। बाद में इन्हें विकसित करके बड़ा कई कक्षीय और कई अध्यापकीय बनाया गया। इनकी प्रशासन इकाइयों को भी बड़ा रूप दिया गया।

स्थानीय शिक्षा परिषद्
(Local Education Board)

संयुक्त राज्य अमेरिका (U.S.A.) में शिक्षा प्रशासन और संगठन की सबसे बड़ी इकाइयाँ स्थानीय शिक्षा परिषदें (Local Education Boards) हैं। ये स्थानीय समाज की सामाजिक, सांस्कृतिक, भौगोलिक, मनोवैज्ञानिक सभी प्रकार की आवश्यकताओं के अनुरूप शिक्षा व्यवस्था करने, स्कूल खोलने के लिए स्वतन्त्र हैं। ये स्थानीय शिक्षा परिषदें अलग-अलग नामों से पुकारी जाती हैं। इनके नाम हैं–(1) बोर्ड ऑफ ट्रस्टी (Board of Trustee), (2) शिक्षा परिषद् (The Education Board), (3) स्कूल परिषद् (The School Board), (4) स्कूल समिति (The School Committee), (5) काउण्टी या काउण्टी बोर्ड (County or County Board), (6) टाउन या टाउनशिप बोर्ड (Town or Township Board) इत्यादि।

ये सभी परिषदें (Boards) लोकतान्त्रिक प्रणाली (Democratic System) पर कार्य करती हैं। इसके सदस्यों का चुनाव जनता करती है। इस प्रकार ये जनता की, जनता के लिए, जनता द्वारा संगठित प्रशासन इकाइयाँ हैं। इनके नाम भले ही अलग-अलग हों परन्तु कार्य-प्रणाली में सभी समान हैं। ये स्थानीय परिषदें पूरी संयुक्त राज्य अमेरिका में 20 लाख हैं जिन्हें निम्नलिखित चार प्रकारों में विभक्त किया जा सकता है–

1. ***बुनियादी (Basic) स्थानीय शिक्षा परिषद्***–यह स्थानीय जनता से नियन्त्रित और प्रभावित होती हैं। आज भी इसी प्रकार की परिषदें कार्यरत हैं।
2. ***माध्यमिक (Intermediate) स्थानीय शिक्षा परिषद्***–इस परिषद् पर स्थानीय जनता और सरकार दोनों का प्रभाव और नियन्त्रण रहता है।
3. ***कॉटरमाइनस (Coterminous) स्थानीय शिक्षा परिषद्***–इस परिषद् पर सरकारी प्रभाव और नियन्त्रण रहता है।
4. ***नॉन-कॉटरमाइनस (Non-Coterminous) स्थानीय शिक्षा परिषद्***–इस पर न तो जनता का और न सरकार का ही प्रभाव एवं नियन्त्रण रहता है। ये पूर्णतः मुक्त रहती हैं।

स्थानीय शिक्षा परिषद् के कार्य (Functions)

स्थानीय शिक्षा परिषद् के कार्य विधायकीय (Legislative) होते हैं। शिक्षा परिषद् शिक्षा नीति (Educational Policy) का निर्धारण करती है, छात्रों की प्रगति का परीक्षण करती है और उनके कार्य का मूल्यांकन करती है। स्थानीय शिक्षा परिषद् अध्यापकों की आवश्यकताओं और सुविधाओं में, स्थानीय जनता की आवश्यकताओं और सुविधाओं में, कक्षाओं और विविध समूहों की आवश्यकताओं और सुविधाओं में समन्वय (Coordination) स्थापित करती है जिससे स्थानीय परम्पराओं, आवश्यकताओं और रुचियों की पूर्ति हो सके। साथ ही साथ यह राष्ट्रीय लक्ष्य (National Goal) की प्राप्ति के समय राज्य के निर्देशों का पालन करते हुए स्थानीय स्वातन्त्र्य की रक्षा भी करती है।

स्थानीय शिक्षा परिषद् समय-समय पर शिक्षा अधिवेशन (Educational Conferences) का आयोजन करती है जिसमें स्कूल बोर्डों के सदस्यों को, शिक्षा क्षेत्र में कार्य करने वालों को और प्रतिष्ठित नागरिकों को आमन्त्रित किया जाता है। जब राज्य शिक्षा परिषद् ऐसा कोई अधिवेशन बुलाती है तो स्थानीय शिक्षा परिषद् के सदस्यों को इसमें आमन्त्रित किया जाता है। इससे राज्य-स्तर पर शैक्षिक नीतियों पर स्थानीय जनता का परामर्श मिल जाता है। इस अधिवेशन के फलस्वरूप राज्य शिक्षा परिषद् (State Board of Education) जो कार्यक्रम निर्धारित करती है; स्थानीय शिक्षा परिषदें उसे कार्यान्वित (Execute) कराती हैं। इस प्रकार स्थानीय शिक्षा परिषदें सरकारी कार्यक्रमों के अनुसार अपने कार्यक्रम और शिक्षा नीतियाँ निर्धारित कर लेती हैं। ऐसे सदस्यों की संख्या अमेरिका में लगभग 3 लाख है जो जनता के मान्य प्रतिनिधि होते हैं।

सदस्यों का चुनाव, योग्यताएँ और कार्यकाल—स्थानीय शिक्षा-परिषद् का सर्वोच्च अधिकारी शिक्षा-अधीक्षक (Education Superintendent) कहलाता है। यह परिषदों के सदस्यों में से ही नियुक्त होता है। परिषद् के सदस्यों की नियुक्ति जनता या स्थानीय प्रशासनिक परिषदों (Local Administrative Boards) द्वारा किए गए चुनाव से होती हैं। स्थानीय प्रशासनिक परिषदों का शिक्षा से कोई सम्बन्ध नहीं होता। सभी राज्यों में ऐसी परम्परा नहीं है। जहाँ राज्य सरकारें शिक्षा पर नियन्त्रण रखती हैं वहाँ शिक्षा आयुक्त परिषद् के सदस्यों को मनोनीत करता है। कहीं-कहीं नगरपालिकाओं या निगमों की कायकारी समितियों (Executive Committee) द्वारा परिषद् के सदस्यों का मनोनयन (Nomination) होता है। नगरपालिकाओं या निगमों (Corporations) के अध्यक्ष (Chairmen) इन सदस्यों को अपने-अपने क्षेत्रों से मनोनीत किया करते हैं। ग्रामीण काउण्टी बोर्डों के भी इसमें प्रतिनिधि होते हैं।

परिषद् के सदस्यों की संख्या परिषदों में समान नहीं होती। अधिकतम संख्या

9 होती है। क्षेत्र के विस्तार के अनुरूप सदस्यों की संख्या निर्धारित हो जाती है। इनका कार्यकाल (Term Period) भी निश्चित नहीं होता। प्रायः यह 5 वर्ष से 7 वर्ष तक माना जाता है। सदस्यों का चुनाव (Election) या मनोनयन (Nomination) करते समय यह ध्यान रखा जाता है कि किसी वर्ग, समाज, राजनीतिक दल विशेष का प्रतिनिधित्व कम या अधिक न हो।

स्थानीय शिक्षा-परिषद् के सदस्यों के लिये कोई निम्नतम योग्यता निर्धारित नहीं होती। कोई भी नागरिक जो राज्य का मान्य नागरिक है और जनता का बहुमत उसे प्राप्त होता है वह सदस्य चुन लिया जाता है। वैसे वह व्यक्ति ही सामान्यतः चुना जाता है जो सरकार को कर देता है, शिक्षा कार्य में रुचि लेता है, शिक्षा विकास में मौलिक सुझाव दे सकता है, शिक्षित और अच्छे चरित्र वाला होता है, जनकल्याण के कार्यों में भाग लेता है, छात्रों का अभिभावक (Guardian) होता है, सामाजिक और शैक्षिक सुधार में रुचि रखता है।

स्थानीय स्कूल अधीक्षक (Local School Superintendent)

स्कूल अधीक्षक के कर्त्तव्य (Duties)—स्थानीय शिक्षा परिषद् का सर्वोच्च प्रशासनिक अधिकारी स्कूल अधीक्षक होता है। वह जनता और सरकार, शिक्षकों, छात्रों, विविध समुदायों, अभिभावकों, स्थानीय प्रशासकों, राजनीतिक और सामाजिक समुदायों के सम्पर्क मे आकर उनके बीच कड़ी का काम करता है। राज्य द्वारा जो शैक्षिक लक्ष्य, निर्देश, शैक्षिक कार्यक्रम परिषद् को मिलते हैं, उन्हें वह कर्त्तव्यपरायणता के साथ कार्यान्वित कराता है। संक्षेप में उसके कर्त्तव्य इस प्रकार हैं—

1. वह शैक्षिक विकास के लिए राज्य शिक्षा परिषद्, राज्य शिक्षा विभाग, शिक्षा अधिकारियों, जन समितियों और सामाजिक संगठनों, राजनीतिक दलों, स्कूलों, प्रशासकों, अध्यापकों, छात्रों, नागरिकों आदि से सम्पर्क स्थापित करता है।
2. वह शैक्षिक नीति, सामान्य नियमों और कार्यक्रमों को लागू कराता है।
3. वह स्कूलों के प्रशासन, भवनों, आवश्यकताओं और प्रगतियों की देखभाल करता है। वह स्कूल की समस्त कार्य विधियों पर अपना नियन्त्रण रखता है।
4. वह स्थानीय जनता की सामाजिक प्रवृत्तियों, परम्पराओं, आवश्यकताओं, रुचियों और आदर्शों की सूचना राज्य को देता है।
5. वह स्कूलों से शैक्षिक प्रगति के आँकड़े एकत्रित करके उनका मूल्यांकन करता है।

6. वह जनता से पूर्ण सहयोग प्राप्त करता है और उसे विश्वास दिलाता है कि शिक्षा व्यवस्था उसकी आवश्यकताओं की पूर्ति के लिए की गयी है।

अधीक्षक का चुनाव, योग्यता और कार्यकाल—जनता अपने बच्चों को राष्ट्रीय आवश्यकता के अनुकूल योग्य नागरिक बनाने के लिए स्कूलों की स्थापना करती है। इस उद्देश्य की पूर्ति के लिए एक प्रभावशाली व्यक्तित्व वाले, अपने उत्तरदायित्व को सफलतापूर्वक निभाने वाले योग्य व्यक्ति को स्कूल अधीक्षक (School Superintendent) चुना जाता है। इसलिए एक योग्य शिक्षाशास्त्री (Educationist), अध्ययनशील, कुशल, सक्षम, कर्त्तव्यपरायण, शिक्षण में अनुभवी, अच्छा परिवेक्षक (Supervisor), जन-सम्पर्क अच्छे बनाने वाले, स्नातकोत्तर उपाधि प्राप्त, चरित्रवान, कुशल भाषणकर्ता, कुशल प्रशासक को ही इस पद के लिए चुना जाता है।

कार्यकाल की दृष्टि से अधीक्षक का कार्यकाल निश्चित नहीं होता। उसकी लगन, कर्त्तव्यपरायणता और सफलता को ध्यान में रखते हुए उसका कार्यकाल बढ़ाया जा सकता है। यह आवश्यकतानुसार घटाया भी जा सकता है।

अन्य प्रशासनिक इकाइयाँ
(Other Units of Educational Administration)

संयुक्त राज्य अमेरिका के कुछ राज्यों में स्थानीय शिक्षा परिषद् (Local Education Board) के स्थान पर अन्य प्रकार की संस्थाएँ बनी हुई हैं जो राज्य की ओर से शिक्षा-संगठन और प्रशासन चलाती हैं। ये संस्थाएँ (Bodies) जनसंख्या, क्षेत्र, आकार, नाम और कार्य के अनुसार अलग-अलग स्वरूप धारण करती हैं। ये संस्थाएँ इस प्रकार हैं—

1. काउण्टी बोर्ड (County Board),
2. टाउनशिप (Township) या टाउन बोर्ड (Town Board),
3. स्कूल डिस्ट्रिक्ट (School District),
4. सिटी एजूकेशन बोर्ड (City Education Board)।

काउण्टी बोर्ड (County Board)

ये बोर्ड ग्रामीण क्षेत्रों (Rural Areas) में बनी होती हैं जिनका टाउन या नगर की बोर्ड से कोई सम्बन्ध नहीं होता। ये स्थानीय शिक्षा परिषद् की अपेक्षा अधिक बड़ी, विस्तृत और सफल होती हैं। ये 3 हजार से अधिक हैं। ये जार्जिया (Georgia),

टेनेसी (Tennessee), केन्टकी (Kentucky) और वर्जीनिया (Verginia) राज्यों में पायी जाती हैं। ये सबसे अधिक सफल और नियमित प्रशासन इकाई (Administrative Unit) है।

काउण्टी परिषद् का सर्वोच्च अधिकारी शिक्षा अधीक्षक (Superintendent of Education) कहलाता है। काउण्टी परिषद् के सदस्य ही इसे चुनते हैं। यह कस्बे (Town) की परिषदों की अपेक्षा अधिक सक्षम, सफल, उपयोगी और विकसित व्यवस्था के लिए प्रसिद्ध है। इसके कर्त्तव्यों में स्कूलों को शैक्षिक सुविधाएँ देना, पाठ्यक्रम तैयार करना, अध्यापकों का चुनाव करना, शैक्षिक कार्यक्रम तैयार करना, ग्रामीण शिक्षा के विकास की योजनाएँ बनाना और शिक्षा योजनाओं (Educational Projects) को ग्रामीण क्षेत्रों में लागू करना है।

काउण्टी परिषदों ने ग्रामीण क्षेत्रों की शिक्षा का केन्द्रीयकरण और संघनन (Consolidation) किया है। बोर्ड ने एक-कक्षीय स्कूल (One-Room School) को अधिक बड़ी और उपयोगी इकाई बनाने का प्रयत्न किया है। एक काउण्टी परिषद् के अधीन कई स्कूल डिस्ट्रिक्ट होते हैं। इस काउण्टी बोर्ड प्रणाली को लोकतान्त्रिकता पर सन्देह नहीं किया जा सकता, परन्तु इतना दोष अवश्य है कि काउण्टी बोर्ड के गठन में राजनीतिक दल भाग लेते हैं। इसलिए चुनाव दलबन्दी के प्रभाव में रहते हैं। परिणाम यह होता है कि दलबन्दी के कारण बड़ी अच्छी-अच्छी शिक्षा योजनाएँ बोर्ड द्वारा स्वीकार नहीं की जातीं। लोग इस कमी से परिचित हैं और धीरे-धीरे राजनीतिक लोगों के स्थान पर शिक्षाशास्त्रियों (Educationists) को काउण्टी परिषद् में लाने का प्रयत्न कर रहे हैं। इस परिवर्तन से काउण्टी परिषद् और भी अधिक सफल संस्था सिद्ध हो सकेगी।

टाउनशिप (Township)

छोटे नगरों (Cities) और कस्बों (Towns) में बनी शैक्षिक प्रशासन की इकाई को टाउनशिप (Township) कहा जाता है। इसका संगठन और आकार टाउन या क्षेत्र के आकार पर निर्भर करता है। कहीं-कहीं तो टाउनशिप के अन्तर्गत वह क्षेत्र भी आ जाता है जो टाउन के निकटवर्ती ग्रामीण क्षेत्र में आता है। न्यू जर्सी (New Jersy), पेंसिलवैनिया (Pencilvania), आयोवा (Iowa), मिशिगन (Michigan), इलीन्वॉय (Illinois) और इण्डियाना (Indiana) राज्यों में यही टाउनशिप प्रणाली अपनायी गयी है। न्यू इंग्लैंड (New England) में भी टाउन प्रणाली है। यह प्रणाली प्रगतिशील सिद्ध हुई है, क्योंकि कस्बे घने बसे क्षेत्र हैं जहाँ छात्र-छात्राओं का अभाव नहीं रहता। यहाँ पढ़े-लिखे नागरिक अधिक हैं। इसलिए जनता के प्रतिनिधि भी शिक्षित होते हैं। इससे टाउनशिप अधिक सफल सिद्ध होती है। यहाँ नवीन और

आधुनिक शिक्षा योजनाओं को लागू करने में कठिनाई नहीं होती। यहाँ के स्कूल सभी उपकरणों से सुसज्जित रहते हैं। इस संस्था को शिक्षा समिति (Education Committee) भी कहते हैं। चुनाव द्वारा इसके सदस्यों का चयन होता है। सदस्य ही टाउनशिप स्कूल के अधीक्षक (Superintendent) या टाउनशिप स्कूल प्रिंसिपल (Township School Principal) का चुनाव करते हैं। यही प्रशासन का सम्बन्धित बड़ा अधिकारी होता है।

स्कूल डिस्ट्रिक्ट (School District)

स्कूल डिस्ट्रिक्ट सबसे प्रारम्भिक प्रशासनिक इकाई है। यह सबसे छोटी इकाई है। इसमें एक-कक्षीय स्कूल और एक-अध्यापकीय स्कूल (Single Teacher Schools) होते हैं। कहीं-कहीं तो ये स्कूल डिस्ट्रिक्ट इतने छोटे होते हैं कि उसमें एक ही परिवार के 8-10 बच्चे शिक्षा प्राप्त करते हैं। शिक्षा विकास (Educational Development) के साथ-साथ अब ये स्कूल डिस्ट्रिक्ट स्थानीय शिक्षा परिषद् (Local Education Board) के अंग बन गये हैं। इनकी संख्या एक लाख से कम नहीं है। ये स्कूल जनता में लोकप्रिय नहीं हैं। ये स्कूल अलगाव (Isolation) और साम्प्रदायिकता (Communalism) की संकीर्ण प्रवृत्ति से ग्रस्त हैं। कुछ ही परिवार इनसे लाभ उठाते हैं। गरीब परिवारों को इनसे कोई लाभ नहीं पहुँचता। इसलिये लोग इन स्कूलों को बड़े स्कूलों में बदलने का प्रयत्न कर रहे हैं।

स्कूल डिस्ट्रिक्ट के स्कूलों की व्यवस्था डिस्ट्रिक्ट एजूकेशन बोर्ड (District Education Board) द्वारा की जाती है। यह बोर्ड पूर्णतः स्वतन्त्र होता है। ये शिक्षा-सम्बन्धी सभी मामलों को स्वतन्त्रतापूर्वक हल करता है। शिक्षा नीति का निर्धारण, पाठ्यक्रम का गठन, पुस्तकों का चयन, अध्यापकों का चुनाव और उनके वेतन, स्कूल भवनों में परिवर्तन तथा अन्य वित्तीय मामलों में यह बोर्ड निश्चित निर्णय लेता है।

जब यूरोप के लोग अपनी बस्ती बनाकर अमेरिका में बसे थे उन्होंने एक-कक्षीय (Single Room) स्कूलों की स्थापना की थी। ये स्कूल छोटी-सी कॉलोनी की शैक्षिक आवश्यकताओं को पूरा करते थे। ये स्कूल बहु-उद्देशीय (Multipurpose) और कम खर्चीले (Economic) थे। इन एक-कक्षीय स्कूलों को विकसित किया गया और प्रशासन की सुविधा के लिए स्कूल डिस्ट्रिक्ट बनाये गये। न्यू इंग्लैंड में सबसे अधिक स्कूल डिस्ट्रिक्ट हैं। यहीं अमेरिका की सबसे पुरानी बस्तियाँ बसी थीं।

नगर स्कूलों का संगठन और नगर शिक्षा परिषद् (Organisation of City Schools and City Education Board)

शिक्षा क्षेत्र में वह क्षेत्र नगर (City) कहलाता है जहाँ 25 से 30 हजार लोग बसते हैं, परन्तु अब संघात्मक सरकार (Federal Government) ने 2500 से अधिक आबादी वाले क्षेत्र को नगर (City) स्वीकार किया है। नगर के स्कूलों के संगठन और प्रशासन की व्यवस्था टाउनशिप प्रणाली से बिल्कुल भिन्न है।

नगरों में शिक्षित लोगों की संख्या बहुत है। अतः नगरों के स्कूलों का संगठन और प्रशासन ग्रामीण क्षेत्रों की अपेक्षा अच्छा है। नगरों में अच्छे राजनीतिक लोग, नेता, शिक्षाशास्त्री उपलब्ध हैं और सभी प्रकार की शिक्षा सुविधाएँ उपलब्ध होती हैं। इसलिये यहाँ आधुनिक और वैज्ञानिक शिक्षा की अच्छी व्यवस्था है। यातायात की अच्छी सुविधाओं के फलस्वरूप नगर के स्कूलों की शिक्षा अच्छी, सुलभ और उपयोगी है।

सिटी एजूकेशन बोर्ड (City Education Board)

नगर के स्कूलों के प्रशासन और व्यवस्था के लिए सिटी एजूकेशन बोर्ड (City Education Board) की स्थापना की गयी है। इस परिषद् (Board) का अध्यक्ष (Chairman) ही शिक्षा अधीक्षक (Education Superintendent) कहलाता है। कुछ राज्यों में नगर शिक्षा परिषद् (City Education Board) तथा शिक्षा अधीक्षक अलग-अलग होते हैं और फिर मिलकर (Jointly) काम करते हैं। नगर शिक्षा परिषद् के सदस्यों तथा अधीक्षक के चुनाव की परम्पराएँ सभी राज्यों में समान नहीं हैं। जहाँ आबादी 20 हजार से ऊपर है वहाँ इनका चुनाव मतों द्वारा होता है। कुछ स्थानों पर इनकी नियुक्ति नगर प्रबन्धक (City Manager), नगर परिषद् (City Council) तथा विधायकों (Legislative Members) द्वारा की जाती है। नगर की शिक्षा का अधीक्षक नगर शिक्षा परिषद् द्वारा ही चुना जाता है। जहाँ सिटी एजूकेशन सुपरिण्टेण्डेण्ट और सिटी एजूकेशन बोर्ड दोनों की व्यवस्था है वहाँ परिषद् एक विधायक की शक्ति से काम करती है। वही बोर्ड का अध्यक्ष होता है। अधीक्षक, नगर शिक्षा परिषद् द्वारा निर्धारित शिक्षा नीति को लागू करता है। इसका कार्य राज्य शिक्षा परिषद् के समान है। जहाँ शिक्षा परिषदें हैं वहाँ अधीक्षक (Superintendent) का कर्त्तव्य परिषद् द्वारा निर्धारित होता है।

नगर के क्षेत्र के आकार और जनसंख्या के ऊपर नगर शिक्षा परिषद् (City Education Board) के सदस्यों की संख्या निश्चित रहती है। यह संख्या 3 से लेकर 21 तक होती है। जहाँ एक लाख की जनसंख्या है वहाँ 7 या 8 सदस्य होते हैं इनका

कार्यकाल 2 वर्ष से 4 वर्ष होता है; परन्तु ज़हाँ जनसंख्या अधिक होती है वहाँ कार्यकाल 7 वर्षीय होता है। यह कार्यकाल कहीं तो एक वर्ष भी है। परिषद् (Board) के सदस्यों के लिए कोई निश्चित योग्यता नहीं हैं। फिर भी सदस्यों के रूप में बहुत योग्य और विद्वान लोग ही चुने जाते हैं।

शिक्षा अधीक्षक (Education Superintendent) के काम—नगर शिक्षा के प्रशासन और व्यवस्था के लिए नगर शिक्षा अधीक्षक (City Education Superintendent) ही उत्तरदायी होता है। इस पद के लिये संयुक्त राज्य अमेरिका का कोई भी नागरिक बिना किसी भेदभाव के चुना जा सकता है, परन्तु इतना आवश्यक है कि उसने विश्वविद्यालय का 4 वर्षीय डिग्री पाठ्यक्रम पूरा कर लिया हो। कहीं-कहीं यह योग्यता भिन्न भी है। इसका कार्यकाल 1 वर्ष से लेकर 21 वर्ष तक का हो सकता है। उसका कार्यकाल उतना ही अधिक होता है जितना वह योग्य, कर्त्तव्यपरायण और सफल होता है। जहाँ कहीं अधीक्षक अधिक महत्व का दायित्व निर्वाह करता है वहाँ उसका आर्थिक स्तर ऊँचा होता है। उसका वार्षिक वेतन 3 हजार डालर से 14 हजार डालर प्रतिवर्ष हो सकता है।

नगर शिक्षा अधीक्षक नगर की शिक्षा व्यवस्था के लिए उत्तरदायी होता है। वह अपने कार्यालय के अधिकारियों को नियुक्त करता है और अपनी ओर से उन्हें कुछ अधिकार भी सौंपता है। वह संघ सरकार और राज्य सरकार की शिक्षा नीतियों, शिक्षा परियोजनाओं (Educational Projects) को लागू करता है। वह परिषद् के सदस्यों, विभागीय कर्मचारियों और दूसरे कर्मचारियों से सम्पर्क स्थापित करके नीतियों को कार्यान्वित कराता है। वह शिक्षा संगठन के लिए सामान्य शैक्षिक नियम, शिक्षा नीति और कार्यक्रम तैयार करता है। वह स्कूलों के प्रबन्ध और निरीक्षण, स्कूल भवनों के सुधार, उनकी बिक्री और निर्माण, स्वास्थ्य और चिकित्सा सुविधाओं, उपस्थिति, खेलकूद और शारीरिक व्यायाम की व्यवस्था के लिए तथा अध्यापकों की नियुक्ति और पदच्युति के लिए उत्तरदायी है।

नगर स्कूलों का संगठन (Organisation of City Schools)—नगर शिक्षा परिषद् अपनी सीमा के सभी स्कूलों के लिए सामान्य नियम, शिक्षा नीति और शैक्षिक परियोजनाएँ (Projects) बनाती है। शिक्षा अधीक्षक और उसका कार्यालय इन्हें कार्यान्वित करता है। उप-शिक्षा अधीक्षक (Assist. Superintendent), मुख्याध्यापक और शिक्षक, शिक्षा अधीक्षक का पूर्ण सहयोग करते हैं। नगर शिक्षा परिषद् स्कूलों की शिक्षण प्रक्रिया (Educational Process) के लिए उत्तरदायी है। शिक्षा अधीक्षक के अधीन स्वास्थ्य शिक्षा, चिकित्सा, मनोविज्ञान सम्बन्धित अधिकारी अपने विषयों में शिक्षण देते हैं। शिक्षा अधीक्षक नगर शिक्षा परिषद् का प्रतिनिधि होता है। अधीनस्थ अधिकारियों की संख्या नगर की जनसंख्या और क्षेत्र के आकार पर निर्भर करती है।

सारांश

संयुक्त राज्य अमेरिका में शिक्षा संगठन और प्रशासन का दायित्व स्थानीय जनता पर छोड़ा गया है। स्थानीय परिषदें तथा उस जैसी अन्य प्रशासनिक इकाइयाँ राज्य की ओर से शिक्षा व्यवस्था का काम चलाती हैं। डेलेवेयर राज्य को छोड़कर शेष सभी राज्यों में स्वतन्त्र प्रशासनिक इकाइयों का गठन हुआ है।

स्थानीय शिक्षा परिषद्

इसे विविध नामों से सम्बोधित किया जाता है। ये परिषदें 1½। लाख से भी अधिक। इनके चार प्रकार—बुनियादी, माध्यमिक, कॉटरमाइनस, नान-कॉटरमाइनस आदि। स्थानीय परिषद् का सर्वोच्च अधिकारी शिक्षा अधीक्षक। परिषद् के सदस्यों का चुनाव अलग-अलग ढंग से। सभी राज्यों में समान नहीं। इसका कार्यकाल निश्चित नहीं, सामान्यतः 5-7 वर्ष। शैक्षिक योग्यता निश्चित नहीं। योग्य और शिक्षा-प्रेमी व्यक्ति का ही चुनाव, शिक्षा नीतियों और प्रयोजनाओं का कार्यान्वयन, शिक्षा कार्यक्रमों और सामान्य नियमों का निर्धारण, स्थानीय आवश्यकताओं के अनुकूल शिक्षा व्यवस्था करना इसका काम। शिक्षा अधीक्षक जनता, संगठनों, सरकार आदि के बीच सम्पर्क की कड़ी।

स्थानीय शिक्षा अधीक्षक—शिक्षा-परिषद् के नियमों को लागू करना, शिक्षा कार्यक्रमों और प्रयोजनाओं का संचालन। कोई योग्यता, कार्यकाल निश्चित नहीं। योग्य व्यक्ति का चुनाव।

अन्य प्रशासनिक इकाइयाँ

1. *काउण्टी बोर्ड*—यह ग्रामीण क्षेत्रों के स्कूल के प्रशासनार्थ।
2. *टाउनशिप*—यह कस्बों और छोटे नगरों की शिक्षा के प्रशासन के लिए।
3. *स्कूल डिस्ट्रिक्ट*—छोटे एक-कक्षीय स्कूलों की व्यवस्था। पुरानी बस्तियों में स्थापित।
4. *सिटी एजूकेशन बोर्ड*—बड़े नगरों की शिक्षा के प्रशासन के लिए इनका गठन। शिक्षा अधीक्षक सभी प्रशासनिक इकाइयों का प्रमुख अधिकारी। वही शिक्षा नीतियों, कार्यक्रमों और प्रयोजनाओं के कार्यान्वयन के लिए उत्तरदायी।

अभ्यासार्थ प्रश्न

1. संयुक्त राज्य अमेरिका में स्वतन्त्र और स्थानीय प्रशासनिक इकाइयों द्वारा शिक्षा प्रशासन चलता है। कैसे ? क्या इससे राष्ट्रीय लक्ष्य पूरा हो जाता है ?
2. स्थानीय शिक्षा परिषद् के उत्तरदायित्वों और संगठन का वर्णन कीजिए।
3. स्थानीय शिक्षा परिषद् के अतिरिक्त अमेरिका की अन्य शिक्षा प्रशासन की इकाइयों का वर्णन कीजिए।
4. (अ) टाउनशिप, (ब) स्कूल डिस्ट्रिक्ट, (स) सिटी एजूकेशन बोर्ड, (द) काउण्टी बोर्ड संगठन और कार्य-प्रणाली का वर्णन कीजिए।

अध्याय 5

संयुक्त राज्य अमेरिका में पूर्व-प्राथमिक शिक्षा [Pre-Primary Education in U.S.A]

पूर्व-प्राथमिक शिक्षा का विकास (Development of Pre-Primary Education)

बालक अपने जन्म के बाद से तभी गुणों को ग्रहण करने लगता है जब वह अपने वातावरण के प्रति सचेत होकर उससे कुछ सीखने लगता है। बालक का इस प्रकार से सीखना अनौपचारिक (Informal) है, परन्तु इसके परिणामस्वरूप वह अपने व्यवहार (Behaviour) की अभिव्यक्ति करने लगता है जिससे उसकी अभिरुचि (Aptitude) का ज्ञान हो जाता है। बच्चा अपने व्यवहार का अच्छी प्रकार प्रदर्शन कर सके और अपनी अभिरुचि (Aptitude) को भली प्रकार अभिव्यक्त कर सके, इसके लिए आवश्यक समझा गया कि 6 वर्ष से पूर्व ही बालक को औपचारिक (Formal) शिक्षा दी जाय। इस प्रकार 6 वर्ष से पूर्व की औपचारिक शिक्षा को हम शिशु-शिक्षा (Infant Education) कहते हैं। चूंकि यह शिक्षा प्राथमिक शिक्षा (Primary Education) से पहले दी जाती है, अतः इसे हम पूर्व-प्राथमिक (Pre-primary) शिक्षा भी कहते हैं।

फ्रोबेल (Froebel) ने इस पूर्व-प्राथमिक शिक्षा को महत्वपूर्ण माना है और इस शिक्षा पर विशेष बल दिया है। सन् 1709 ई० में जीन ऑबर्लिन (Gean Oberlin) ने फ्रांस में पहली बार शिशु शिक्षा (Infant Education) के लिए स्कूल खोला। इसी प्रकार रॉबर्ट ऑवन (Robert Owen) ने स्कॉटलैंड के लैनार्क (Lanark) नगर में एक शिशु विद्यालय (Infant School) स्थापित किया। फ्रोबेल (Froebel) की शिशु शिक्षा से सम्बन्धित विचारधारा ने यूरोप तथा निकटवर्ती देशों को बहुत प्रभावित किया। अतः यूरोप और दूसरे देशों में 'एकोल मैटरनल्स' (Ecols Maternells) की स्थापना हुई। कुछ देशों ने अपनी-अपनी आवश्यकता की पूर्ति के लिये इस शिक्षा पर प्रयोग किये। जर्मनी में प्रयोगों के परिणामस्वरूप बालोद्यान पद्धति (Kindergarten System) का

आविष्कार हुआ। जर्मनी में इस पद्धति के बहुत से स्कूल खुले और इंग्लैंड ने भी शिशुओं की शिक्षा के लिये इस पद्धति को अपनाया। इंग्लैंड में नर्सरी पद्धति के बहुत से स्कूल खुले।

अमेरिका में किण्डरगार्टन पद्धति (Kindergarten System) का सबसे पहला स्कूल 1856 ई॰ को विस्कॉन्सिन स्टेट (Wisconsin State) में खुला। यहाँ नर्सरी (Nursery) शिक्षा का विकास 20वीं शताब्दी में हुआ। 1919 ई॰ में न्यूयार्क में सबसे पहला नर्सरी स्कूल खुला। अमेरिका के लोगों ने इस पूर्व-प्राथमिक शिक्षा को ठीक नहीं समझा, क्योंकि वे नहीं चाहते थे कि अपरिपक्व मस्तिष्क (Immatured Brain) पर शिक्षा का निरर्थक भार पड़े। 1920 ई॰ में कोलम्बिया विश्वविद्यालय के अध्यापक कॉलेज में बाल-शिक्षा की व्यवस्था की गयी। 1920 ई॰ से 1930 ई॰ तक संयुक्त राज्य अमेरिका संकट की स्थिति से गुजरा। अतः किण्डरगार्टन और नर्सरी प्रणाली की शिक्षा योजनाएँ बीच में ही रूक गयीं। अब यह संकट समाप्त हो गया तो न्यू डील अधिनियम (New Deal Act) के अनुसार संघ-सरकार (Federal Government) ने इन शिशु-शिक्षा योजनाओं को पर्याप्त वित्तीय सहायता दी। इसके परिणामस्वरूप 1930 ई॰ से 1940 ई॰ के 10-वर्षीय समय में नर्सरी स्कूलों में बच्चों की संख्या 3 लाख और किण्डरगार्टन स्कूलों में बच्चों की संख्या 6 लाख 75 हजार तक पहुँच गयी। 20वीं शताब्दी के अन्तिम दशक में पूर्व-प्राथमिक शिक्षा में आशातीत प्रगति हुई। इसी समय औद्योगिक विकास होने से नर्सरी शिक्षा और किण्डरगार्टन शिक्षा को अधिक प्रोत्साहन मिला। इन स्कूलों से उन माताओं को बड़ी सहायता मिली जो किन्हीं औद्योगिक संस्थानों में काम करती थीं। वे अपने काम के समय में अपने बच्चों को इन स्कूलों में छोड़कर स्वयं चिन्ता-मुक्त हो जाती थीं। इस प्रकार जनता ने इन स्कूलों को लाभकारी समझते हुए इनके विकास में भारी योगदान दिया।

पूर्व-प्राथमिक शिक्षा प्रणाली
(Pre-primary Education System)

अभिभावकों का शिशु-शिक्षा के सम्बन्ध में ज्ञान

सभी माता पिता अपने बच्चे के जन्म के बाद उपयुक्त वातावरण और पालन-पोषण की अच्छी दशाओं की व्यवस्था करते हैं, परन्तु गर्भावस्था (Fetal Stage) में माता-पिता कैसा मनोवैज्ञानिक और दैहिक (Physiological) वातावरण तैयार करें, इस पर भी ध्यान देना आवश्यक है। बच्चा गर्भस्थ स्थिति में बहुत से गुण (Traits) ग्रहण करता है जो माता के आचार-विचार और व्यवहार से पैदा होते हैं। इसलिए माता-पिता का कर्त्तव्य है कि वे गर्भावस्था के समय से ही सतर्कतापूर्वक आचरण करें और

अपने संस्कार इस प्रकार के बनायें कि बालक अच्छे गुण ग्रहण कर सकें। माता-पिता को शिशु-मनोविज्ञान, माता-पिता मनोविज्ञान (Parental Psychology) का पर्याप्त ज्ञान होना चाहिए। इस मनोविज्ञान के बल पर ही माता-पिता अपने भावी बच्चे के लिए उपयुक्त और स्वस्थ वातावरण तैयार कर सकते हैं। इसके लिए आवश्यक है कि माता-पिता को मनोवैज्ञानिक और शारीरिक विकास एवं स्वास्थ्य का प्रशिक्षण देने के लिए कुछ केन्द्र खोले जायें। बच्चे के पालन-पोषण की दृष्टि से बच्चे की आयु का पहला वर्ष बहुत ही महत्वपूर्ण होता है। इस समय माता-पिता को बच्चे के स्वास्थ्य के प्रति सचेत, कर्त्तव्यपरायण, शिशु-मनोविज्ञान के सिद्धान्तों से परिचित होना चाहिए। इसके लिए माता-पिता के प्रशिक्षण और निर्देशन (Guidance) के लिए मनोविज्ञान केन्द्र और स्वास्थ्य विज्ञान केन्द्र खोलने आवश्यक हैं।

अमेरिका में माता-पिता को शिशु-पालन, सेवा-सुश्रूषा, स्वास्थ्य-विज्ञान, बाल-मनोविज्ञान आदि का व्यावहारिक ज्ञान देने के लिए बहुत से केन्द्र स्थापित किये गये हैं। इस प्रशिक्षण के बल पर वे अपने बच्चों के लिए अच्छा वातावरण तैयार कर लेते हैं और बालक के प्रत्येक विकास पर ध्यान देते हैं। इस व्यवस्था से अमेरिका की सभी जनता लाभ नहीं उठा रही है। केवल एक विशेष प्रबुद्ध वर्ग ही इससे लाभान्वित हो रहा है। कुछ स्थानीय केन्द्रों पर लोगों को बाल-पोषण का उपयुक्त निदेशन और मनोवैज्ञानिक ज्ञान दिया जाता है। अच्छा हो यदि यह व्यवस्था सर्वसाधारण तक के लिए हो, फिर भी अन्य देशों की अपेक्षा यहाँ के लोग बाल-विकास के प्रति सतर्क हैं।

संयुक्त राज्य अमेरिका में आयु-वर्ग के अनुसार बाल-शिक्षा को निम्नलिखित 3 वर्गों में विभक्त किया जा सकता है–

1. 2 या 3 वर्ष की आयु से दी जाने वाली शिक्षा।
2. 3 से 5 या 6 वर्ष तक के बच्चों को दी जाने वाली शिक्षा।
3. 6 से 14 वर्ष की आयु तक दी जाने वाली शिक्षा।

इन आयु वर्गों को ध्यान में रखते हुए अमेरिका में दो प्रकार के पूर्व-प्राथमिक स्कूल स्थापित हैं–

1. नर्सरी शिक्षा (Nursery Education) के स्कूल।
2. किण्डरगार्टन स्कूल (Kindergarten Schools)।

नर्सरी शिक्षा (Nursery Education)

संयुक्त राज्य अमेरिका में तीन प्रकार के नर्सरी स्कूल पाये जाते हैं–(1) व्यक्तिगत (Private), (2) वे स्कूल जो धार्मिक संगठनों द्वारा चलाये जाते हैं, (3) वे स्कूल जो स्थानीय शिक्षा प्रशासन (Local Education Board), राज्य सरकार या संघ सरकार द्वारा चलाये जाते हैं। फिर भी इन स्कूलों की संख्या अपर्याप्त है। इनकी कमी को पूरा करने के लिए स्थानीय लोगों ने शिशु शिक्षा सदनों (Infant Education Schools) की स्थापना स्थान-स्थान पर की है। इन स्कूलों को सहकारी नर्सरी स्कूल्स (Co-operative Nursery Schools) कहा जाता है।

अमेरिका के नर्सरी स्कूलों में प्रवेश की आयु निश्चित नहीं है। कहीं 2 वर्ष के बालक तो कहीं 4 वर्ष के बालक इन स्कूलों में प्रवेश पाते हैं। कुछ ऐसे नर्सरी स्कूल भी हैं जहाँ 1 वर्ष या 18 मास की आयु के बालक भी प्रवेश पा जाते हैं। ऐसे बच्चे उन्हीं लोगों के होते हैं जो किन्हीं कारणों से अपने बच्चों को सही संरक्षण नहीं दे पाते और बच्चों को अपने साथ नहीं रख पाते। इस प्रकार प्रवेश की आयु 1 से 4 वर्ष तक मानी जा सकती है। 3000 के लगभग नर्सरी स्कूल संयुक्त राज्य अमेरिका में जनता की सेवा कर रहे हैं। ये स्कूल व्यक्तिगत (Private) हैं जो घनी आबादी वाले औद्योगिक और श्रमिक क्षेत्रों में स्थापित हैं। इनकी अमेरिका में भारी आवश्यकता है।

अमेरिका के लोग बहुत ही व्यस्त जीवन व्यतीत करते हैं। समय की कमी और अधिक कार्य-भार होने के कारण अमेरिकी दम्पत्ति बच्चों की देखभाल ठीक से नहीं कर पाते। अतः वे आवश्यकता अनुभव करते हैं कि कोई उत्तरदायी और योग्य व्यक्ति उनके बच्चों को वांछित संरक्षण दे सके, उनका पालन-पोषण ठीक ढंग से कर सके और अच्छा वातावरण देकर उनके बालकों में सद्गुणों का विकास कर सके। बच्चों को माता-पिता का अभाव न हो। शैशव में बालक प्रत्येक प्रकार का सहारा चाहता है। बच्चा प्रायः अपने साथियों के साथ रहना तथा खेलना चाहता है। बच्चा जब से बैठने लगता है उसमें सामाजिक और सहकारी गुणों का विकास होने लगता है। कुछ और बड़ा होने पर बालक स्वयं खाना खाने, नहाने, शौच और मूत्र त्यागने, दाँत साफ करने और कपड़े पहनने का प्रयास करता है। छोटा बच्चा बिना किसी की सहायता के इन कर्त्तव्यों का पालन नहीं कर सकता। ऐसे में माता-पिता ही बच्चे को संरक्षण देते हैं, परन्तु जब माता-पिता के पास समय का अभाव होता है या कोई विवशता होती है तो वे बच्चों को किसी अच्छे नर्सरी स्कूल में भर्ती करना आवश्यक समझते हैं। नर्सरी और किण्डरगार्टन स्कूलों में बच्चों को भर्ती करके अमेरिकन दम्पत्ति निश्चिन्त हो जाते हैं, क्योंकि उनके बच्चों का पालन, शिक्षण इन स्कूलों में अच्छी प्रकार हो जाता है। इस प्रकार वे अपने काम में निश्चिन्त होकर

लग जाते हैं। काम से लौटने पर वे अपने बच्चों को स्कूल से घर ले आते हैं। स्कूलों में बच्चों को मनोवैज्ञानिक ढंग से अपने काम अपने आप करने की, खेलकर सामाजिक गुण प्राप्त करने की शिक्षा दी जाती है। बच्चों को स्वस्थ आहार और मनोरंजन मिलता है।

सहकारी नर्सरी स्कूल्स (Co-operative Nursery Schools)—पहले स्पष्ट किया जा चुका है कि जनता के कुछ लोगों द्वारा खोले गये नर्सरी स्कूल्स सहकारी स्कूल कहे जाते हैं। ये कुछ परिवारों द्वारा मिल-जुलकर खोले जाते हैं जिनमें उनके छोटे बच्चे संरक्षण और शिक्षण प्राप्त कर सकें और वे निश्चिन्त होकर अपने काम पर जा सकें। ये स्कूल इन्हीं परिवारों के खर्चे से चलते हैं और बच्चों को स्वावलम्बी, सदाचारी और अच्छे व्यक्तित्व का बनाने का प्रयास किया जाता है। स्कूलों में खेलों, सामूहिक कार्यों, मनोरंजन के स्वस्थ अवसरों द्वारा बच्चों को शिक्षा प्राप्त होती है। बाहरी वातावरण का ज्ञान भ्रमण (Excursion) द्वारा या पर्यटन द्वारा दिया जाता है। बच्चों को अवसर दिया जाता है कि वे महत्वपूर्ण स्थानीय स्थानों को, प्रसिद्ध भवनों को, परियोजनाओं (Projects) को, संग्रहालयों (Museums) को तथा विभिन्न संगठनों को देखें।

ये स्कूल सहकारी प्रयासों से चलते हैं। कुछ परिवार मिलकर इन्हें चन्दा (Subscription) देकर चलाते हैं। सभी परिवार इन स्कूलों के कार्यक्रमों में भाग लेते हैं जिससे बच्चों का साहस बढ़े और बच्चों की स्वाभाविक प्रवृत्तियों का पता चले। इन स्कूलों के अध्यापकों का चयन, पाठ्यक्रम का गठन, शैक्षिक कार्यक्रमों का निर्धारण, पुस्तकों का चयन, आदि का कार्य एक जन समिति (Public Committee) द्वारा किया जाता है। यही समिति इस स्कूल की प्रबन्धक भी होती है। बच्चों के पिता अवकाश के समय कक्षाओं को सजाते हैं और खेल के मैदान को ठीक करते हैं। माताएँ स्कूल की अध्यापिकाओं के साथ मिलकर नाश्ता तैयार करने, बच्चों को कपड़े पहनाने, मनोरंजन कराने, खेल खिलाने में सहयोग करके अपना अवकाश (Leisure) व्यतीत करती हैं। समय-समय पर माता-पिता स्कूल को अच्छे कार्यक्रमों का सुझाव देते रहते हैं। प्रति माह माता-पिता स्कूल जाकर अपने बच्चे की प्रगति की सूचना प्राप्त करते हैं और भावी कार्यक्रमों की योजना बनाते हैं। वे कभी-कभी स्कूल के कार्यक्रमों, खेलों, मनोरंजन कार्यक्रमों में भाग लेते हैं और स्वयं को सम्बन्धित ज्ञान से लाभान्वित करते हैं और सन्तुष्ट होते हैं। इस प्रकार ये स्कूल माता-पिता वर्ग के लोगों को शिशु-शिक्षा (Infant Education) का व्यावहारिक ज्ञान देकर उन्हें शिक्षित करते हैं और प्रौढ़-शिक्षा (Adult Education) के विकास में योग देते हैं।

किण्डरगार्टन शिक्षा (Kindergarten Education)

संयुक्त राज्य अमेरिका में प्राथमिक स्कूलों की भाँति किण्डरगार्टन स्कूल्स भी पूर्व-

प्राथमिक शिक्षा देते हैं। यह शिक्षा नर्सरी शिक्षा के बाद दी जाती है। इसलिए इसे उत्तर-नर्सरी शिक्षा (Post-Nursery Education) भी कहा जाता है। इसमें प्रवेश की आयु 3 वर्ष है और 6 वर्ष की आयु तक यहाँ शिक्षा दी जाती है। कहीं-कहीं 3 वर्ष से कम आयु के बच्चे भी इनमें प्रवेश पा जाते हैं।

उद्देश्य *(Aims)*—किण्डरगार्टन स्कूलों की पूर्व-प्राथमिक शिक्षा के दो प्रमुख उद्देश्य हैं—(1) नर्सरी शिक्षा के स्वरूप को अपनाते हुए बच्चों में स्वाभाविक गुणों का विकास करना और शिक्षा के प्रति बच्चों में जिज्ञासा पैदा करना। (2) बच्चों को विषयवार शिक्षा देकर प्राथमिक शिक्षा के लिए तैयार करना। पहले उद्देश्य की प्राप्ति के लिए स्कूलों में खेलकूद और मनोरंजन के सामूहिक कार्यों द्वारा समूह-भावना, सहयोग की भावना, स्वावलम्बन और स्वस्थ रहने की शिक्षा दी जाती है। इन क्रियाओं से बच्चों की जिज्ञासा (Curiosity) भी पैदा होती है जो ज्ञान बढ़ाने में सहायक है। दूसरे उद्देश्य की पूर्ति के लिए इन स्कूलों में विषयों की शिक्षा दी जाती है जिससे वे प्राथमिक स्कूलों में प्रवेश पाने की योग्यता ग्रहण कर सकें। बच्चों को अक्षरों और अंकों का सामान्य ज्ञान कराया जाता है। अमेरिका में औद्योगिक विकास के फलस्वरूप किण्डरगार्टन स्कूलों की स्थापना हुई। औद्योगिक और भौतिक सुखों की उपलब्धियों के कारण यहाँ के लोगों का जीवन बहुत ही व्यस्त हो गया। उन्हें अपनी व्यस्तता के कारण अपने बच्चों के भविष्य और शिक्षा की चिन्ता हुई। फलतः इन स्कूलों की स्थापना पर बल दिया गया। किण्डरगार्टन शिक्षा प्रणाली अमेरिका में बहुत ही लोकप्रिय है, परन्तु अनिवार्य नहीं है।

अमेरिका में किण्डरगार्टन स्कूलों की स्थापना 19वीं शताब्दी से ही होने लगी थी, परन्तु इस प्रकार के स्कूलों का विकास 20वीं शताब्दी में हुआ। 20वीं शताब्दी के प्रारम्भ में सैकड़ों स्वैच्छिक संगठनों (Voluntary Organisations) ने व्यक्तिगत किण्डरगार्टन स्कूल खोले। अब जनता द्वारा संचालित किण्डरगार्टन स्कूलों को सरकार वित्तीय सहायता देती है। राज्य सरकार इन व्यक्तिगत सहायता प्राप्त स्कूलों को आवश्यक निर्देश देती है जिनका अनुपालन करना स्कूलों का कर्त्तव्य है। शिक्षा स्तर और उचित वातावरण बनाये रखने के लिए शिक्षा विभाग के अधिकारी इन स्कूलों का निरीक्षण करते हैं। वे शिक्षकों को उचित स्तर बनाये रखने की प्रेरणा भी देते हैं। नियमित अध्यापकों के अतिरिक्त कहीं-कहीं स्कूलों में एक अतिरिक्त अध्यापक और नियुक्त किया जाता है जो स्कूल की गतिविधियों का ठीक से निरीक्षण करके अतिरिक्त स्कूल कार्यक्रमों के लिए स्वीकृति देता है। इन व्यक्तिगत शिशु-स्कूलों में लगभग 20 लाख बच्चे शिक्षा प्राप्त करते हैं। इस प्रकार इस शिक्षा क्षेत्र में व्यक्तिगत प्रयास प्रशंसनीय हैं।

अमेरिका के सभी बाल विद्यालय स्थानीय कोष से वित्तीय सहायता प्राप्त करते हैं। राज्य सरकार भी इन्हें आर्थिक अनुदान देती है। स्थानीय शिक्षा परिषद् को भी

पूर्व-प्राथमिक शिक्षा की व्यवस्था करने का अधिकार प्राप्त है। अतः वह स्थानीय आवश्यकताओं को ध्यान मे रखते हुए पूर्व-प्राथमिक शिक्षा की व्यवस्था करती है। राज्य सरकार को विधायी शक्तियाँ (Legislative Powers) प्राप्त हैं जिनसे वह किण्डरगार्टन शिक्षा की सुरक्षा कर सकती है। अभी भी यहाँ अधिक किण्डरगार्टन स्कूलों को स्थापित करने की आवश्यकता है।

सारांश

पूर्व-प्राथमिक शिक्षा का विकास

18वीं शताब्दी में फ्रोबेल की विचारधारा से पूर्व प्राथमिक शिक्षा को प्रोत्साहन। पहले यूरोप के देशों में नर्सरी और किण्डरगार्टन स्कूलों की स्थापना। बाद में 19वीं शताब्दी में अमेरिका में इस शिक्षा की व्यवस्था। 20वीं शताब्दी में इस शिक्षा का अधिक विकास। औद्योगिक विकास से इस शिक्षा का अधिक विकास, क्योंकि व्यस्त दम्पत्ति बच्चों का पालन और शिक्षण करने में असमर्थ। 'न्यू डील एक्ट' का शिक्षा विकास पर अच्छा प्रभाव।

पूर्व-प्राथमिक शिक्षा-प्रणाली

अभिभावकों को शिशु-शिक्षा का ज्ञान—अमेरिकी दम्पत्ति गर्भावस्था से लेकर 6 वर्ष की अवस्था तक शिशु-पालन और शिक्षण के लिए ज्ञान प्राप्त करने के इच्छुक। इसके लिए व्यवस्था है, परन्तु कमी है। यहाँ पूर्व-प्राथमिक शिक्षा के 3 वर्ग हैं।

नर्सरी शिक्षा—(1) व्यक्तिगत, (2) धार्मिक संस्थाओं द्वारा, (3) सरकार द्वारा संचालित तीन प्रकार के स्कूल। 1 वर्ष से 4 वर्ष तक के बच्चों का प्रवेश। लोगों का जीवन व्यस्त। उनके बच्चों के लिए शिक्षा की आवश्यकता। खेलने-कूदने, अपना काम करने, मनोरंजन करने, संतुलित आहार देने की ज्ञानेन्द्रिय शिक्षा पर बल।

सहकारी नर्सरी स्कूल—कुछ परिवारों द्वारा अपनी आवश्यकताओं के लिए सहकारिता के आधार पर इन स्कूलों को खोला। अभिभावकों का सहयोग। अभिभावक स्कूलों के प्रति सचेत और कर्त्तव्यपरायण। व्यस्त परिवार के बच्चों की शिक्षा का प्रबंध।

किण्डरगार्टन शिक्षा—पूर्व-प्राथमिक या उत्तर नर्सरी शिक्षा। (1) नर्सरी शिक्षा के संरक्षण द्वारा अच्छे गुणों का विकास करना। (2) प्राथमिक स्कूलों के लिए बच्चों को तैयार करना। इनकी संख्या पर्याप्त फिर भी अधिक स्कूलों की आवश्यकता। 20वीं शताब्दी में इनका अधिक विकास।

अभ्यासार्थ प्रश्न

1. संयुक्त राज्य अमेरिका में पूर्व-प्राथमिक शिक्षा के विकास का संक्षिप्त परिचय दीजिए।
2. अमेरिका में नर्सरी शिक्षा की व्यवस्था का वर्णन कीजिए।
3. अमेरिका में किण्डरगार्टन शिक्षा कैसे दी जाती है ?

अध्याय 6

संयुक्त राज्य अमेरिका में प्राथमिक शिक्षा [Primary Education in U.S.A.]

प्राथमिक शिक्षा और उसके उद्देश्य (Primary Education and Its Aims)

शिक्षा व्यवस्था में प्राथमिक शिक्षा को वैसा ही स्थान प्राप्त है जैसा कि भवन-निर्माण में दृढ़ नींव (Foundation) को स्थान प्राप्त होता है। जब बालक 6 वर्ष की आयु का होता है तब उसका स्नायुमंडल (Nervous System) बड़ा ही कोमल होता है, परन्तु बहुत सुग्राहक (Good Reseptive) होता है। इसी समय बालक में आत्मानुशासन, कठोर परिश्रम की आदत, सहकारिता की भावना, समूह-प्रवृत्ति, स्वावलम्बन और आत्मप्रदर्शन की प्रवृत्ति का विकास होता है। वास्तव में यह आयु अच्छे व्यक्तित्व के निर्माण का प्रमुख समय है। इसी समय बालक में समाजीकरण (Socialization) की प्रवृत्ति पैदा होती है। यदि किसी बालक ने पूर्व-प्राथमिक शिक्षा भी ग्रहण की होती है तो प्राथमिक शिक्षा-स्तर पर उस बालक में ज्ञान और वातावरण के प्रति विशेष जिज्ञासा (Curiosity) उत्पन्न होती है। इसीलिए प्राथमिक शिक्षा को अनिवार्य बनाया गया है इसी शिक्षा-व्यवस्था से साक्षरता (Literacy) का भी विकास होता है।

प्राथमिक शिक्षा के उद्देश्य (Aims)

संयुक्त राज्य अमेरिका में प्राथमिक शिक्षा को उत्तर किण्डरगार्टन शिक्षा (Post-Kindergarten Education) भी कहा जाता है। यह मूलभूत शिक्षा की प्रथम इकाई है। वहाँ किण्डरगार्टन स्कूल की शिक्षा को प्राथमिक शिक्षा से पृथक् नहीं किया जा सकता, क्योंकि प्राथमिक शिक्षा-स्तर पर भी किण्डरगार्टन शिक्षण-विधि को अपनाया जाता है। नर्सरी प्रणाली भी प्राथमिक शिक्षा-स्तर पर अपनायी जाती है। इससे बालक को उसके स्तर और आयु के अनुरूप उपयुक्त शिक्षा मिलती है।

प्राथमिक शिक्षा का प्रमुख उद्देश्य बच्चों को नागरिकता की शिक्षा देना है और

उनका समाजीकरण करना है। इससे बच्चे अपनी सामाजिक आवश्यकताओं के अनुकूल जीवन व्यतीत करने में सफल सिद्ध होते हैं। बच्चों में लोकतान्त्रिक और सामाजिक मूल्यों (Social Values) को पैदा करना मुख्य प्रयोजन होता है। बच्चे का समाजीकरण करने के लिए स्कूलों में सामूहिक और सामाजिक क्रियाओं को प्रधानता दी जाती है। बच्चे मिल-जुलकर खेलते हैं, काम करते हैं और अध्ययन करते हैं। उनके चरित्र में सामाजिक मूल्यों को लाने का प्रयत्न किया जाता है। विभिन्न शैक्षिक कार्यों और कार्यक्रमों के माध्यम से बच्चों में समय और अवसर का सदुपयोग करने की प्रवृत्ति, स्वास्थ्य के नियमों के अनुकूल आचरण करना, विचारों का विनिमय करना, दूसरों के विरोधी विचारों को सहन करना और उनका समुचित आदर करना तथा कर्त्तव्य का उचित निर्वाह करना आदि के गुण उत्पन्न किये जाते हैं। राज्यों में प्राथमिक शिक्षा के उद्देश्यों के सम्बन्ध में पर्याप्त भेद होते हैं फिर भी सभी राज्यों की प्राथमिक शिक्षा में निम्नलिखित उद्देश्यात्मक समानताएँ देखने को मिलती हैं—

1. ***सामाजिकता (Sociability) तथा राष्ट्रीयता (Nationality) की भावना का विकास करना***—बच्चा एक सामाजिक प्राणी है। उसे सामाजिक बनाना प्राथमिक शिक्षा का काम है। वह समाज के अनुकूल आचरण करे, राष्ट्र के निर्माण में योगदान दे और समाज में अच्छाइयाँ लाये। उसमें विश्व नागरिकता (World Citizenship) की भावना भी विकसित हो। वह सामाजिक कर्त्तव्यों का निर्वाह करे और अपने अधिकारों का समाज के हित में उपयोग करे। ऐसी प्रवृति प्राथमिक शिक्षा द्वारा पैदा करने का प्रयत्न किया जाता है।
2. ***स्वास्थ्य के प्रति चेतना (Consciousness) लाना***—प्राथमिक शिक्षा द्वारा अमेरिका में खेलकूद, व्यायाम तथा स्वास्थ्य के नियमों का पालन करने की दृष्टि से पर्याप्त प्रयास किया जाता है। इससे बच्चा बड़ा होकर अपने, समाज के और राष्ट्र के स्वास्थ्य तथा स्वच्छ वातावरण के प्रति सचेत रहने लगता है।
3. ***स्वतन्त्रता (Freedom) की भावना का विकास करना***—प्राथमिक शिक्षा की विभिन्न क्रियाओं और कार्यक्रमों द्वारा बालकों को स्वतन्त्रता का अर्थ समझाया जाता है और अवसर दिया जाता है कि वह स्वतन्त्रतापूर्वक अपने कर्त्तव्य का निर्वाह उत्तरदायी बनकर करे। वह स्वतन्त्र वातावरण में लोकतान्त्रिक ढंग से अपने कर्त्तव्यों का निर्वाह करे और अधिकारों का उपभोग करे। स्वतन्त्रतापूर्वक कार्य करते समय बालकों में सहकारिता की भावना भी पैदा हो, इसका भी प्रयास किया जाता है।
4. ***व्यक्तिवादी (Individualistic) तथा समाजवादी (Socialistic)***

विचारधाराओं में समन्वय स्थापित करना—स्वतन्त्रता का अर्थ केवल वैयक्तिकता (Individuality) को प्रोत्साहित करना नहीं है, वरन् वैयक्तिकता और सामाजिकता (Sociability) में समन्वय स्थापित करना है। बच्चों की वैयक्तिकता का विकास सामाजिक वातावरण में किया जाता है जिससे वैयक्तिकता और सामाजिकता के समन्वित गुण बालकों में पैदा होते हैं।

5. ***आत्मनिर्भरता (Self-reliance) का विकास करना***—प्राथमिक शिक्षा द्वारा बालकों में आत्मनिर्भरता लाने का प्रयत्न किया जाता है। किण्डरगार्टन पद्धति द्वारा बच्चों में ऐसी आदतें डाली जाती हैं कि वे अपनी दैनिक क्रियाओं को स्वयं सफलतापूर्वक कर लेते हैं। इस प्रकार की शिक्षा पाकर बालक अपनी वैयक्तिक, सामाजिक और घरेलू समस्याओं को स्वयं हल करने में सफल हो जाते हैं।
6. ***समाजीकरण (Socialization) का विकास***—अमेरिका की प्राथमिक शिक्षा का एक प्रमुख उद्देश्य बालक का समाजीकरण करना है। बच्चों में लिखने, पढ़ने, हिसाब लगाने, सामूहिक कार्य करने, सामाजिक आदर्शों के अनुकूल आचरण करने, सामाजिक सम्पर्क स्थापित करने के अवसरों द्वारा सामाजिक आचरण की नींव डाली जाती है।
7. ***मौलिक-निर्माण (Creativity) का विकास करना***—प्राथमिक स्कूलों में अध्यापकों द्वारा आधुनिक वैज्ञानिक उपकरणों और सामग्रियों का उपयोग करके शिक्षा दी जाती है। इनसे बालकों में जिज्ञासा (Curosity) पैदा होती है और वे मौलिक निर्माण (Creativity) की ओर प्रवृत्त होते हैं। निर्माण की प्रवृत्ति श्रव्य-दृश्य सामग्री (Audio-visual Aids) की सहायता से बहुत जल्दी पैदा होती है। अतः बच्चों को इसी प्रकार की सहायक सामग्री का प्रयोग करके शिक्षा दी जाती है। सूचनात्मक फिल्मों (Documentary Films), समाचार चित्र (News-reels), मैजिक लेण्टर्न, फोटोग्राफ्स, टेलिविज़न, रेडियो, नाटक आदि के माध्यम से, व्याख्यान, भाषण, वाद-विवाद और गोष्ठियों के माध्यम से बालकों को निर्माण की प्रवृत्ति (Creativity) की ओर मोड़ा जाता है।

प्राथमिक शिक्षा का स्वरूप
(Nature of Primary Education)

प्राथमिक शिक्षा का उद्देश्य बच्चों को माध्यमिक शिक्षा के लिए तैयार करना है। अमेरिका में जूनियर हाई-स्कूल का स्तर नहीं होता। यह स्तर भी प्राथमिक शिक्षा के अन्तर्गत आ जाता है। प्राथमिक शिक्षा पूरी कर लेने पर छात्र सीधा माध्यमिक

शिक्षा के लिए प्रवेश ले लेता है। ये स्कूल जहाँ, 6 वर्ष से 14 वर्ष की आयु तक प्राथमिक शिक्षा दी जाती है ग्रेड स्कूल्स (Grade Schools) और ग्रामर स्कूल्स (Grammer Schools) कहे जाते हैं। इन स्कूलों को ग्रेड स्कूल्स इसलिए कहा जाता है कि प्राथमिक शिक्षा के पूरे पाठ्यक्रम को एक-एक वर्ष की श्रेणी (Grade) में विभाजित कर दिया जाता है। इन्हें ग्रामर स्कूल्स इसलिए कहा जाता है कि इन स्कूलों में लिखने, पढ़ने और गणित लगाने की पूरी सुविधाएँ रहती हैं।

अमेरिका की प्राथमिक शिक्षा स्थानीय लोगों की आवश्यकताओं से बहुत प्रभावित होती हैं। इसलिए यह शिक्षा बाह्य स्वरूप में सभी राज्यों में भिन्न पायी जाती है। इसका पाठ्यक्रम, शिक्षण, शिक्षा-अवधि, परम्पराओं के भेद के कारण राज्यों में अलग-अलग मिलती है। कहीं पुरानी आवश्यकताओं को तो कहीं नयी परम्पराओं को प्रधानता दी जाती है। वैसे स्कूलों में नवीन और पुरानी दोनों परम्पराओं का मिश्रण पाया जाता है।

वर्गीकरण (Classification) तथा शिक्षा-अवधि (Duration of Education)—अमेरिका की शिक्षा-प्रणाली प्रारम्भ में पुरानी परम्पराओं पर आधारित थी; परन्तु अब अनुसंधान कार्यों के फलस्वरूप उपलब्ध नयी परम्पराओं का निर्वाह करते हुए शिक्षा-प्रणाली को आधुनिक बनाने का प्रयत्न किया गया है। नवीन परम्पराओं और नवीन परियोजनाओं (Projects) को अपनाते हुए भी स्थानीय जनता की आवश्यकताओं, रुचियों और परम्पराओं की पूर्ति का ध्यान रखा जाता है। पाठ्यक्रम-निर्माण, शिक्षा-नीति के निर्धारण और शिक्षण-विधियों की दृष्टि से इन स्कूलों में कोई राष्ट्रीय प्रणाली नहीं अपनायी जाती।

अमेरिका में 6 से 8 वर्ष के बालक प्राथमिक स्कूलों में प्रवेश लेते हैं और 12 से 14 वर्ष की अवस्था तक प्राथमिक शिक्षा पाते हैं। कुछ राज्यों में यह आयु-विभाजन नयी प्रणाली अपनाने के कारण स्वीकार नहीं की जाती। इस प्रकार अमेरिका में दो प्रकार के स्कूल प्रचलित हैं—

1. वे स्कूल जो बालकों को 6 वर्ष की आयु में प्रवेश देकर 14 वर्ष की आयु तक प्राथमिक शिक्षा देते हैं। इस आठ वर्षीय अवधि में पहली तीन कक्षाएँ किण्डरगार्टन प्रणाली के समकक्ष और बाद की पाँच कक्षाएँ प्राथमिक कक्षाओं के समकक्ष मानी जाती हैं। कुछ राज्यों में पहली 5 कक्षाएँ प्राथमिक शिक्षा के स्तर की और बाद तीन कक्षाएँ जूनियर हाईस्कूल स्तर की मानी जाती हैं। कहीं-कहीं पहली तीन कक्षाएँ (कक्षा I, II तथा III) किण्डरगार्टन स्तर की, कक्षा IV, V तथा VI प्राथमिक स्तर की और कक्षा VII, VIII जूनियर हाईस्कूल स्तर की मानी जाती हैं। ये स्कूल परम्परागत स्कूल माने जाते हैं।

2. दूसरे प्रकार के स्कूलों में 6 या 8 वर्ष के बालक प्रविष्ट किये जाते हैं और उन्हें 6-वर्षीय प्राथमिक शिक्षा दी जाती है। कक्षा VII और VIII को माध्यमिक स्कूलों के साथ सम्बद्ध कर दिया जाता है। पहली 2 या 3 कक्षाएँ किण्डरगार्टन कक्षाओं के समकक्ष मानी जाती हैं और बाद की 4 या 3 कक्षाएँ प्राथमिक स्तर की स्वीकार की जाती हैं। ये स्कूल नवीन योजनाओं (New Schemes) पर आधारित हैं।

अमेरिका के स्कूलों में 5 कार्य दिवस प्रति सप्ताह होते हैं और स्कूल दो दिन शनिवार और रविवार के दिन बन्द रहते हैं। ऊपर की कक्षाओं में स्कूल 9 बजे प्रातः से 12 बजे दोपहर तथा 1 बजे दोपहर से 3 बजे शाम तक 5 या 5½ घंटे लगता है। छोटी कक्षाओं की पढ़ाई केवल 4 या 4½ घंटे होती है। वर्ष के कार्य-दिवस (Working days) राज्यों में तो भिन्न हैं ही एक राज्य के विभिन्न स्थानों पर भी समान नहीं हैं। प्रायः वर्ष के कार्य-दिवस 152 से लेकर 187 तक होते हैं। 1993 ई॰ तक वर्ष भर के कार्य-दिवसों की संख्या का औसत 180 दिन रहा। कक्षा-शिक्षण की अवधियों में भी अन्तर है। 15 मिनट से लेकर 30 मिनट तक का घंटा (Period) होता है। अध्यापक को 25 या 30 घंटे प्रति सप्ताह पढ़ाने होते हैं। सभी राज्यों में समानता लाने के लिए प्रयास किये गये और निश्चित किया गया कि वर्ष भर में 171 दिन पढ़ायी अवश्य होनी चाहिए। अब भी इन सभी बातों में पर्याप्त असमानता है। गाँव के स्कूलों में शहरी स्कूलों की अपेक्षा कम दिन स्कूल लगता है और पढ़ाई के घंटे भी छोटे होते हैं।

शिक्षा की अनिवार्यता (Compulsoriness) और सार्वजनिकता (Universality) —संयुक्त राज्य अमेरिका की प्राथमिक शिक्षा अनिवार्य (Compulsory), सार्वजनिक (Universal) तथा निःशुल्क (Free) है। 1930 ई॰ में प्राप्त आँकड़ों के अनुसार 6-वर्षीय 63.3 प्रतिशत बालक और 7 से 13 वर्ष तक के 95.3 प्रतिशत बालक स्कूलों में पढ़ते थे, परन्तु जन्म दर में कमी होने के फलस्वरूप 1930 से 1936 तक यह प्रतिशत भी घट गया। यह कमी निम्न कक्षाओं में ही देखी गयी; 1934 ई॰ तक ऊँची कक्षाओं में प्रतिशत बढ़ा। 1934 ई॰ के बाद अवश्य ही उपस्थिति में गिरावट आयी। 1930 से 1936 ई॰ तक 6 वर्षों में 4.2 प्रतिशत उपस्थिति की गिरावट पायी गयी। 1934 से 1936 ई॰ तक केवल 1.8 प्रतिशत ही गिरावट आयी। द्वितीय विश्वयुद्ध के बाद छात्र-उपस्थिति पुनः बढ़ी, क्योंकि इसमें जन्म दर बढ़ी। यह प्रतिशत इतना बढ़ा कि जनता और सरकार दोनों को शिक्षा-प्रसार की दृष्टि से नये स्कूल खोलने पड़े। एक-कक्षीय (Single Room) स्कूलों को पूर्ण प्राथमिक स्कूलों में बदल दिया गया।

छात्रों की उपस्थिति की कमी को देखते हुए 1918 ई॰ में अनिवार्य उपस्थिति

अधिनियम (Compulsory Attendance Act) बनाया गया और दृढ़ता से लागू किया गया। इस कारण जनता और सरकार ने शिक्षा-प्रसार के साथ यातायात की सुविधाओं में भी विस्तार किया। इस प्रकार शिक्षा सार्वजनिक (Universal) और अनिवार्य (Compulsory) बन गयी। सर्वोच्च न्यायालय (Supreme Court) के 1954 के निर्णय के अनुसार कोई भी बालक रंग-भेद, वर्ग-भेद, जाति-भेद या किसी भी भेदभाव के कारण स्कूली शिक्षा से वंचित नहीं किया जा सकता। अमेरिका के 33 राज्यों में 7 से 17 वर्ष की आयु के बच्चों के लिए शिक्षा अनिवार्य हो गयी। पश्चिमी वर्जीनिया (Western Virginia) में रंग-भेद के कारण गोरे और काले बच्चों के लिए पृथक् स्कूल स्थापित हुए।

पाठ्यक्रम और शैक्षिक कार्यक्रम

अमेरिका में प्राथमिक शिक्षा का लक्ष्य बच्चों को योग्य नागरिक बनाना है। लोकतन्त्र में योग्य नागरिकता का गुण महत्वपूर्ण होता है। इसी गुण के विकास के लिए स्कूलों में पाठ्यक्रम और शैक्षिक कार्यक्रम निर्धारित किए जाते हैं। 19वीं शताब्दी तक केवल लिखना-पढ़ना और हिसाब लगाना ही शिक्षा के लक्ष्य थे। 20वीं शताब्दी से पाठ्यक्रम को व्यापक और उपयोगी बनाया गया जिससे बालक योग्य नागरिक बन सकें। अब 3 आर्स (3 Rs) के स्थान पर 5 आर्स (5 Rs) को पाठ्यक्रम में स्थान दिया गया। लिखने (Writing), पढ़ने (Reading), गणित (Arithmatic) के साथ-साथ मनोरंजन (Recreation) तथा सम्बन्ध स्थापित करना (Relationship) को भी स्थान दिया गया। इससे सामाजिक सम्बन्धों (Social Relationship) के बढ़ने में मदद मिली। बालक का समाजीकरण (Socialisation) सरल हो गया। अब योग्य नागरिकता के गुणों के विकास पर विशेष बल दिया गया। इस उद्देश्य की पूर्ति के लिए स्थानीय परिषदें और राज्य सरकार दोनों प्रयत्नशील हैं। ग्रामीण क्षेत्रों की अपेक्षा नगर क्षेत्रों में स्थानीय परिषदों को अधिक सुविधायें प्राप्त हैं। गाँवों में राज्य सरकार पाठ्यक्रम लगाती है। अतः वहाँ सरकार का हस्तक्षेप है। अब जैसे-जैसे मनोवैज्ञानिक प्रयोग और अनुसंधान हो रहे हैं स्कूलों के पाठ्यक्रमों में सुधार हो रहा है। अमेरिकी शिक्षाशास्त्री (Educationists) विषय के अभ्यास, शैक्षिक विकास के लिए प्रशिक्षण और परियोजनाओं (Projects) को विशेष आधार बनाते हैं। विषय-सामग्री और संगठन पर आज भी पर्याप्त ध्यान दिया जाता है।

पाठ्यक्रम के गठन में पाठ्य पुस्तकों के प्रकाशक भी योग देते हैं। वे संशोधित और परिवर्तित योजना के अनुसार पुस्तकों को प्रकाशित करते हैं। वे शिक्षा-प्रगति में रुचि लेते हैं।

अमेरिकी लोग धर्मनिरपेक्षता (Secularism) में विश्वास रखते हैं। वे धार्मिक

शिक्षा को पाठ्यक्रम का अंग नहीं बनाना चाहते। धार्मिक शिक्षा इसलिए दी जाती है कि बच्चों में मानवीय गुणों का विकास हो सके।

प्राथमिक स्कूलों का संगठन और प्रशासन
(Organisation and Administration of Primary Schools)

संयुक्त राज्य अमेरिका में प्रत्येक राज्य, क्षेत्र और उपक्षेत्रों में शिक्षा-संगठन समान नहीं है। वहाँ स्थानीय आवश्यकताओं के अनुरूप शिक्षा-संगठन में भेद पाया जाता है। संगठन (Organisation) की दृष्टि से प्राथमिक स्कूलों का वर्गीकरण इस प्रकार किया जा सकता है–

1. विभागीय संगठन (Departmental Organisation),
2. परम्परागत संगठन (Traditional Organisation),
3. प्लाटून (समूह) प्रकार का संगठन (Platoon Type Organisation)।

विभागीय संगठन (Departmental Organisation)

इस संगठन में प्रत्येक विषय के अलग-अलग अध्यापक होते हैं और उनके अपने अलग कक्ष होते हैं। इन कक्षों में सभी प्रकार की शिक्षा-सामग्री और सुविधायें होती हैं। अध्यापक अपने कक्ष में ही रहता है और छात्र उस विषय को पढ़ने उस कक्ष में आते हैं। 20वीं शताब्दी में यह संगठन पहली बार न्यूयॉर्क में अपनाया गया। यह प्रणाली कक्षा 7, 8 और 9 में पायी जाती है और केवल शिक्षा-विभाग के स्कूलों में पायी जाती है।

परम्परागत संगठन (Traditional Organisation)

परम्परागत स्कूल जो एक-कक्षीय (Single Room) होते हैं इस संगठन में आते हैं। अब आधुनिक परिवर्तन और आवश्यकताओं को ध्यान में रखते हुए इनमें सुधार कर लिया गया है। इस संगठन में एक ही अध्यापक होता है जो प्रत्येक विषय को उसी कक्ष में पढ़ाता है। ऐसे स्कूल ग्रामीण क्षेत्रों में और बस्ती के घने बसे अन्दरूनी भागों में पाये जाते हैं। अब परिवर्तन करके इनमें अन्य अध्यापकों की नियुक्ति की गयी है और अन्य कई कक्ष बनवा दिये हैं। अब एक कक्ष में एक अध्यापक बैठकर एक कक्षा को सभी विषय पढ़ाते हैं। इन अध्यापकों की नियुक्ति कक्षाओं की संख्या के आधार पर की जाती है, विषयों के आधार पर नहीं की जाती। एक अध्यापकीय और

एक-कक्षीय स्कूल के अध्यापक को अध्यापक-मुख्याध्यापक (Teacher-Principal) कहा जाता है। जहाँ एक कक्षा के लिए एक अध्यापक नियुक्त किया जाता है वहाँ एक अध्यापक केवल परिवेक्षण (Supervision) ही करता है। वह अध्यापक परिवेक्षक-मुख्याध्यापक (Supervisor-Principal) कहलाता है।

प्लाटून (समूह) प्रकार (Platoon Type) का संगठन

इसे पहले प्राथमिक और माध्यमिक दोनों स्तरों पर लागू किया जाता था, परन्तु अब यह केवल प्राथमिक स्कूलों के संगठन में ही प्रयुक्त होता है। इस संगठन के अनुसार स्कूल के छात्र 2-3 समूहों (Platoons) में बाँट लिए जाते हैं। अब एक समूह कक्षा में अध्ययन करता है तब दूसरा समूह बाहर खेलकूद, मनोरंजन, प्रयोगात्मक कार्य, समाज सेवा, पर्यटन, ऑडिटोरियम (Auditorium), स्कूल शॉप (School shop) की क्रियाओं में लगा रहता है। काम समाप्त होने पर पहला समूह दूसरे का और दूसरा पहले का स्थान ले लेता है।

पहले यह संगठन इण्डियाना राज्य (Indiana State) में लागू हुआ। बाद में यह डीट्रायट (Detroit) में भी सफलतापूर्वक चला। यह 20वीं शताब्दी के पहले दशक में लागू किया गया और तीसरे दशक में विकसित हो गया। इस संगठन को भवन की कमी के कारण प्रयोग में लाया जाता है। इस समय तक यह 41 राज्यों के 202 कस्बों में और 1068 स्कूलों में प्रयुक्त किया गया। यह प्रणाली मितव्ययी (Economical) है, इससे छात्रों की कार्यक्षमता बढ़ती है और भवनों के अभाव की पूर्ति करती है। इससे बालकों का वैयक्तिक विकास होता है और उनके स्वाभाविक गुणों का विकास होता है।

प्रशासनिक एवं वित्तीय नियन्त्रण (Administrative and Financial Control)

प्रशासन और वित्तीय नियन्त्रण की दृष्टि से संयुक्त राज्य अमेरिका में अग्रांकित प्रकार के स्कूल पाये जाते हैं—

1. पहले प्रकार के वे स्कूल हैं जो धार्मिक संगठनों (Religious Organisations) द्वारा संचालित, प्रशासित और वित्तीय दृष्टि से व्यवस्थित होते हैं। इन स्कूलों में बाइबिल का शिक्षण होता है, चर्च के धार्मिक कृत्यों को महत्व दिया जाता है और धर्म पाठ्यक्रम का एक विषय होता है।
2. दूसरे प्रकार के वे स्कूल होते हैं जो स्थानीय जनता की परम्पराओं और आवश्यकताओं को ध्यान में रखते हुए कैथोलिक,लोगों द्वारा चलाये जाते हैं। ये स्थानीय शिक्षा परिषदों (Local Education Boards) तथा स्थानीय

संगठनों (Local Organisations) द्वारा चलाये जाते हैं। ये अधिक धार्मिक रूप से कट्टर नहीं होते। धर्म पाठ्यक्रम का अनिवार्य अंग नहीं होता। नैतिक शिक्षा द्वारा बच्चों का चरित्र निर्माण किया जाता है। ये व्यक्तिगत (Private) होते हैं। इन्हें कुछ धार्मिक संस्थाएँ भी चलाती हैं। दान और शिक्षण-शुल्क इनके आर्थिक स्रोत होते हैं।

3. तीसरे प्रकार के स्कूल पब्लिक स्कूल (Public Schools) कहलाते हैं। ये ही अमेरिकन शिक्षा के प्रमुख आधार माने जाते हैं। ये अमेरिकी शिक्षा के मेरुदंड हैं। इनकी वित्तीय व्यवस्था जनता पर कर लगाकर की जाती है। ये जनता के प्रतिनिधियों (Representatives of Public) द्वारा प्रशासित और नियन्त्रित होते हैं।

अमेरिका के स्कूलों के प्रशासन की यह बड़ी विशेषता है कि इन स्कूलों के प्रशासन में सरकार, सरकारी अधिकारी, जनता के प्रतिनिधि, अभिभावकगण, अध्यापक और प्रशासन सभी सहयोग करते हैं। स्कूल के प्रधानाचार्य इन सभी व्यक्तियों को अवसर देते हैं कि वे स्कूल में आकर बच्चों की प्रगति को देखें, स्कूल की आवश्यकताओं और समस्याओं को समझें। ऐसा करने से सभी लोग स्कूल की समस्याओं को समझ कर उसकी आवश्यकताओं को पूरा करते हैं। वे सभी लोग स्कूल की प्रगति के लिए सुझाव देते हैं और अपना योग देते हैं।

अमेरिका के सभी प्राथमिक स्कूल आधुनिक साज-सज्जा से, शिक्षण-सहायक सामग्री से युक्त होते हैं। छात्र-छात्राओं को यातायात की पर्याप्त सुविधायें मिलती हैं। स्कूलों में रुचि के अनुसार छात्र-छात्राओं को चित्रकला, नृत्य, संगीत और हस्तशिल्प में भाग लेने के पूर्ण अवसर दिये जाते हैं।

सारांश

प्राथमिक शिक्षा और उसके उद्देश्य

अमेरिका की प्राथमिक शिक्षा का प्रमुख उद्देश्य बालक को राष्ट्र का योग्य नागरिक बनाना है। सामान्यतः प्राथमिक शिक्षा के निम्नलिखित उद्देश्य होते हैं—

1. सामाजिकता और राष्ट्रीयता की भावना का विकास करना।
2. स्वास्थ्य के प्रति चेतना पैदा करना।
3. स्वतन्त्रता की भावना का विकास करना।
4. व्यक्तिवाद और समाजवाद के विचारों में समन्वय स्थापित करना।

5. आत्मनिर्भरता लाना।
6. समाजीकरण करना।
7. मौलिक निर्माण करने की प्रवृत्ति का विकास करना।

प्राथमिक शिक्षा का स्वरूप

प्राथमिक शिक्षा या उत्तर-किण्डरगार्टन या नर्सरी शिक्षा, 6 वर्ष से 14 वर्ष तक। दो प्रकार के स्वरूप—(1) 6 या 8 वर्ष से 14 वर्ष तक शिक्षा देने वाले, (2) 6 या 8 वर्ष से 6-वर्षीय शिक्षा देने वाले। इनमें पहली कक्षाएँ के॰ जी॰ के समकक्ष, बाद की जूनियर हाईस्कूल के समकक्ष। राज्यों में समानता नहीं। कार्यदिवसों में भी असमानता। 171 दिन न्यूनतम कार्यदिवस। गाँवों में शहरों की अपेक्षा छोटे घंटे, कम कार्यदिवस।

शिक्षा की अनिवार्यता और सार्वजनिकता—सरकार द्वारा 1918 ई॰ के एक्ट द्वारा बल।

पाठ्यक्रम और शैक्षिक कार्यक्रम—3 आर्स के स्थान पर 5 आर्स का उपयोग।

प्राथमिक स्कूलों का संगठन और प्रशासन

अमेरिका में तीन प्रकार के संगठन—(1) विभागीय, (2) परम्परागत, (3) प्लाटून प्रकार का।

प्रशासनिक एवं वित्तीय नियन्त्रण—प्रशासन और वित्तीय नियन्त्रण के आधार पर तीन प्रकार के स्कूल—(1) धार्मिक शिक्षा देने वाले धार्मिक संगठनों के स्कूल, (2) व्यक्तिगत स्कूल, (3) पब्लिक स्कूल।

प्रशासन में अधिकारियों, जन-प्रतिनिधियों, छात्रों, अध्यापकों, अभिभावकों का योग।

अभ्यासार्थ प्रश्न

1. संयुक्त राज्य अमेरिका में प्रचलित प्राथमिक शिक्षा के उद्देश्यों का वर्णन कीजिए। ये योग्य नागरिकता का गुण पैदा करने में कैसे सहायक हैं ?
2. अमेरिका की प्राथमिक शिक्षा के स्वरूप की विवेचना कीजिए।
3. अमेरिका के प्राथमिक स्कूलों का संगठन किस प्रकार होता है ? इन स्कूलों के प्रशासनिक और वित्तीय नियन्त्रण की व्याख्या कीजिए।
4. प्राथमिक स्कूलों में अमेरिकन लोकतन्त्र की रक्षा के लिए पाठ्यक्रम और शैक्षिक कार्यक्रमों में क्या परिवर्तन लाये गये हैं ?

अध्याय 7

संयुक्त राज्य अमेरिका में माध्यमिक शिक्षा [Secondary Education in U.S.A.]

स्वभावतः अमेरिका के लोग स्वतन्त्रता और लोकतन्त्र के प्रेमी हैं। वहाँ इसी कारण प्राथमिक शिक्षा अनिवार्य और सार्वजनिक बन सकी। प्राथमिक शिक्षा के अनिवार्य बन जाने से और औद्योगिक विकास होने से माध्यमिक शिक्षा का विकास हुआ। जब अमेरिका के लोगों को नौकरी की तलाश हुई तो केवल साक्षर व्यक्ति को नौकरी देना संभव नहीं था। इसलिए ऐसे व्यक्तियों को तथा प्राथमिक शिक्षा प्राप्त बालकों को आगामी शिक्षा देने की आवश्यकता अनुभव हुई। अल्प आयु के बच्चों को सरकारी नीति के अनुसार नौकरी देना वर्जित है। अतः उनके प्रौढ़ होने तक उनके लिए माध्यमिक शिक्षा देने की व्यवस्था हुई।

माध्यमिक स्कूलों के संगठन का विकास (Development in Organisation of Secondary Schools)

अमेरिका के निवासी यूरोप के देशों से आकर बसे थे। अपने बच्चों की शिक्षा के लिए उन्होंने अपनी बस्तियों में अपनी परम्पराओं, धर्म और आवश्यकताओं के अनुकूल स्कूलों की व्यवस्था की और इंग्लैंड एवं यूरोप की शिक्षा-प्रणाली को अपनाया। प्रारम्भ में अमेरिका में तीन प्रकार के माध्यमिक स्कूल पाये जाते थे–

1. लैटिन ग्रामर स्कूल्स (Latin Grammar Schools)
2. एकेडेमीज (Academies)
3. पब्लिक स्कूल्स (The Public Schools)

लैटिन ग्रामर स्कूल्स (Latin Grammar Schools)

अमेरिका में नागरिकों को यूरोप से आकर बसने पर लगा कि उनके बच्चे शिक्षा के

अभाव में अपनी पुरानी संस्कृति, सभ्यता, साहित्य और धर्म से वंचित रह जायेंगे। फलतः उन्होंने अपनी बस्तियों में लैटिन ग्रामर स्कूलों की स्थापना की। इन स्कूलों का खर्च धार्मिक संघों (Religious Organisations) तथा धार्मिक लोगों ने वहन किया। इन स्कूलों में वर्ग-भेद और ऊँच-नीच का भेद रखा जाता था। शुल्क अधिक था, शिक्षा खर्चीली थी। अतः इनसे केवल एक विशिष्ट सम्पन्न वर्ग ही लाभान्वित हुआ।

शिक्षा धार्मिक पाठ्यक्रम के माध्यम से दी जाती थी। ऐसा लैटिन ग्रामर स्कूल सबसे पहले बोस्टन में 1635 ई॰ को स्थापित हुआ। 19वीं शताब्दी के अन्त तक लैटिन ग्रामर स्कूलों का संगठन पुरानी परम्पराओं पर आधारित रहा, परन्तु वातावरण में परिवर्तन आने से लोगों ने धार्मिक नेताओं और पुजारियों के हस्तक्षेप का विरोध किया। इन स्कूलों के संगठन में परिवर्तन की माँग की। इसी कारण अन्त में बहुत से लैटिन ग्रामर स्कूल एकेडेमीज में बदल गये।

एकेडेमीज (Academies)

अमेरिकन एकेडेमीज का संस्थापक (Founder) बेंजामिन फ्रेंकलिन (Benjamin Franklin) को माना जाता है। उसके अनुसार माध्यमिक शिक्षा रुढ़िवादी (Conservative) तथा परम्परागत (Traditional) नहीं होनी चाहिए। उसे जनता की व्यावसायिक (Vocational) आवश्यकताओं को भी पूरा करना चाहिए। फलतः 1751 ई॰ में सबसे पहली एकेडेमीज (Academy) फिलेडेल्फिया (Philadelphia) में स्थापित हुई।

इन माध्यमिक स्कूलों को जनता ने बहुत पसन्द किया, क्योंकि इनमें पढ़ने के बाद युवकों को रोजगार मिलने लगा और उनकी व्यावसायिक क्षमता (Vocational Efficiency) भी बढ़ी। 1830 ई॰ तक इसी लोकप्रियता के कारण देश में 500 एकेडेमीज (Academies) स्थापित हो गयीं। इन संस्थाओं की सबसे बड़ी विशेषता थी कि ये बच्चों को भावी जीवन के लिए तैयार करती थीं और बेरोजगारी से बचाती थीं इसी कारण लैटिन ग्रामर स्कूलों का महत्व नष्ट हो गया और ये एकेडेमीज (Academies) अधिक प्रचलित हो गयीं।

इन स्कूलों में दर्शनशास्त्र (Philosophy), राजनीतिशास्त्र (Political Science), सैन्य शिक्षा (Military Studies) तथा व्यावसायिक शिक्षा (Vocational Education) की व्यवस्था की गयी। इनमें स्त्री-शिक्षा की भी व्यवस्था की गयी। इन स्कूलों का प्रबन्ध लोकतान्त्रिक और अर्द्ध जन-प्रशासित (Semi Public) था। छात्र-छात्राओं से एकत्रित शुल्क और जनता द्वारा दिये गये चन्दे से इनका खर्च चलता था। इन स्कूलों के पाठ्यक्रम में जैसा कि न्यूयार्क की एकेडेमीज से पता चलता है—अंग्रेजी

साहित्य, ग्रीक, हेब्रू (Hebrew) और रोमन (Roman) भाषाओं को भी रख लिया गया। ऐसा 1837 ई॰ से किया गया। ये एकेडेमीज छात्र-छात्राओं को नवीन परम्पराओं के अनुसार उच्च शिक्षा के लिए तैयार करती थी। इनमें विज्ञान, भूगोल और अंग्रेजी भाषा को शास्त्रीय भाषाओं (Classical Language) के साथ रखा गया। लोकतान्त्रिक दृष्टिकोण से अब स्त्री-शिक्षा पर ध्यान दिया गया और माना गया कि स्त्रियाँ भी पुरुषों की भाँति शारीरिक और मानसिक योग्यताएँ रखती हैं। अतः एकेडेमीज द्वारा स्त्रियों को भी शिक्षा दी जाने लगी। स्त्रियों को भी सार्वजनिक रूप में शिक्षा मिलने लगी।

पब्लिक स्कूल (Public Schools)

जब 19वीं शताब्दी का प्रारम्भ था तभी लोगों में लैटिन ग्रामर स्कूलों के प्रति विरोध की भावना जाग गयी थी। लोगों ने प्रचलित प्राचीन परम्पराओं पर आधारित, अनुपयोगी शिक्षा का विरोध किया और सोचा कि स्कूल स्थापित किये जायें जिनमें एकेडेमीज (Academies) की विशेषताएँ हों और छात्र-छात्राएँ भावी जीवन के लिए तैयार होते हों। अतः पब्लिक स्कूलों की स्थापना पर बल दिया गया। 1824 ई॰ में पहला स्कूल न्यूयार्क में और 1826 ई॰ को बोस्टन (Boston) में स्थापित हुआ। बोस्टन का स्कूल स्त्रियों के लिये था। इन स्कूलों में लोगों की आवश्यकताओं की पूर्ति के लिए न्यूनतम स्तर पर कॉलेज शिक्षा देना लक्ष्य रखा गया। इन पब्लिक स्कूलों का पाठ्यक्रम नया और उपयोगी बनाया गया।

19वीं शताब्दी के अन्त में इन स्कूलों को उच्च शिक्षा (Higher Education) देने के लिए भी सक्षम बनाने का प्रयत्न किया गया। अतः इनमें प्रथम स्नातक उपाधि पाठ्यक्रम देने की व्यवस्था भी की गयी। इस प्रकार ये पब्लिक स्कूल छात्र-छात्राओं को उच्च शिक्षा (Higher Education) के लिए तैयार करने लगे। अब ये स्कूल दानदात्ताओं द्वारा चलाये जाने लगे और अपनी इच्छा के पाठ्यक्रम लागू किये गये। इससे इनकी लोकप्रियता (Popularity) घटने लगी। 1827 ई॰ को अमेरिका की मैसाचुसेट्स स्टेट (Massachusetts State) मे एक अधिनियम द्वारा माध्यमिक शिक्षा को सार्वजनिक (Universal) बनाया गया जिससे बिना भेदभाव के सभी बच्चे स्कूलों में प्रवेश पा सकें। 500 परिवारों की जनसंख्या पर एक सार्वजनिक पब्लिक स्कूल खोलने की व्यवस्था की गयी। इस प्रकार देश में माध्यमिक शिक्षा को सार्वजनिक (Universal) और निःशुल्क (Free) बनाने पर बल दिया जाने लगा।

माध्यमिक शिक्षा का सार्वजनिक, निःशुल्क और व्यावसायिक होना—मिशिगन (Michigan) में कालामाजू (Kalamazoo) मामले के निर्णय से माध्यमिक शिक्षा के सार्वजनिक और निःशुल्क बनाने के लिए प्रेरणा मिली। इस निर्णय के अनुसार यह निश्चय हुआ कि सरकारी कोष (Government funds) का उपयोग माध्यमिक शिक्षा

को निःशुल्क (Free) और सार्वजनिक (Universal) बनाने पर किया जाय। धन की पूर्ति जनता पर एक शिक्षा-कर (Education Tax) लगाकर की जाय, परन्तु जनता ने इस निर्णय का विरोध किया और मामला सर्वोच्च न्यायालय (Supreme Court) को सौंप दिया गया। सर्वोच्च न्यायालय ने पहले ही निर्णय को स्वीकार करते हुए कहा कि स्थानीय संस्थाएँ (Local Bodies) और स्कूल डिस्ट्रिक्ट प्राथमिक शिक्षा को छोड़कर माध्यमिक शिक्षा के विकास के लिए चाहें तो जनता पर कर (Tax) लगाकर धन की व्यवस्था कर सकती हैं, परन्तु ऐसा तभी सम्भव होगा जब उसे बहुसंख्यक (Majority) लोग चाहते हों। इस प्रकार स्थानीय संस्थाओं और स्कूल डिस्ट्रिक्ट्स को शिक्षा-विकास के लिए कर लगाने का अधिकार मिल गया।

19वीं शताब्दी के अन्त में नये स्कूलों की स्थापना पर बल दिया गया जहाँ सार्वजनिक रूप से सभी छात्र-छात्राओं को बिना किसी भेदभाव के व्यावसायिक और सामान्य शिक्षा मिलने लगी। इन स्कूलों के पाठ्यक्रम में एकेडेमीज (Academies) तथा लैटिन ग्रामर स्कूलों के पाठ्यक्रमों को समन्वित रूप में रखा गया। इस प्रकार के स्कूलों के सम्बन्ध में कुछ लोगों ने माँग की कि इनमें विशिष्ट वर्ग के बच्चों के स्थान भी सुरक्षित होने चाहिए। 1982 ई० को टेन कमेटी (Ten Committee) ने एक रिपोर्ट प्रस्तुत की जिसमें कहा गया कि "कुल छात्रों की संख्या का एक निश्चित भाग जिनके अभिभावक उन्हें स्कूलों में रखने की सामर्थ्य रखते हों और उच्च शिक्षा देना चाहते हों, को 18 वर्ष की आयु तक सभी शैक्षिक सुविधाएँ मिलनी चाहिए।" इस रिपोर्ट से शिक्षा-व्यवस्था प्रभावित हुई। सभी राज्यों में 16 वर्ष की आयु तक माध्यमिक शिक्षा को अनिवार्य बना दिया गया और कुछ राज्यों में 18 वर्ष की आयु तक माध्यमिक शिक्षा को अनिवार्य स्वरूप दे दिया।

20वीं शताब्दी के प्रारम्भ होते ही अमेरिका में एक आर्थिक (Economic), राजनीतिक (Political), सामाजिक (Social) और वैयक्तिक (Individual) दशाओं में परिवर्तन आया। लोगों में आर्थिक और औद्योगिक विकास की चेतना जागी। कल-कारखानों के लिए कुशल श्रमिकों (Skilled Labourers) की आवश्यकता अनुभव हुई और अकुशल श्रमिकों (Unskilled Labourers) के सामने बेरोज़गारी की समस्या प्रस्तुत हुई। लोगों को आर्थिक समृद्धि प्राप्त हुई जिससे वे शिक्षा-व्यवस्था को भी आर्थिक दृष्टिकोण से स्वीकार करने लगे। लोकतान्त्रिक दृष्टिकोण को सबल और स्वच्छ बनाने के लिए योग्य नागरिकों की आवश्यकता अनुभव हुई। अतः स्कूलों में लोकतान्त्रिक दृष्टिकोण में विश्वास रखने वाले योग्य नागरिकों की तैयारी पर ध्यान दिया जाने लगा। अब केवल मानसिक विकास पर बल देना और छात्र-छात्राओं को उच्च शिक्षा (Higher Education) के लिए तैयार करना निरर्थक माना गया।

अब यह अनुभव किया गया कि माध्यमिक स्कूलों में छात्र-छात्राओं को योग्य नागरिकता (Good Citizenship), व्यावसायिक क्षमता (Vocational Efficiency),

मूलभूत प्रक्रियाओं के नियन्त्रण (Control of Fundamental Processes), घरेलू सदस्य बनने की दक्षता (Worthy Home-membership), नैतिक चरित्र का गठन (Formation of Ethical Character), अवकाश के सदुपयोग की स्वस्थ प्रकृति प्राप्त करने की शिक्षा दी जाय। इससे शिक्षा-व्यवस्था में भारी परिवर्तन हुआ और कॉलेजों में प्रवेश का प्रतिशत 75 से घटकर 25 प्रतिशत रह गया।

माध्यमिक शिक्षा के संगठन में परिवर्तन
(Change in the Organisation of Secondary Education)

संयुक्त राज्य अमेरिका की माध्यमिक शिक्षा में 20वीं शताब्दी के मध्यकाल में भारी संगठनात्मक परिवर्तन आया। तब यह अनुभव किया गया कि 8-वर्षीय प्राथमिक शिक्षा की अवधि लम्बी है। अतः इस व्यवस्था के अन्तिम दो वर्षों की कक्षाओं, कक्षा 7 तथा 8 को चारवर्षीय माध्यमिक कक्षाओं, कक्षा 9 से 12 तक के साथ जोड़ दिया गया। इस प्रकार प्राथमिक शिक्षा 6 वर्ष की आयु से 12 वर्ष की आयु तक 6-वर्षीय और माध्यमिक शिक्षा 12 वर्ष से 18 वर्ष की आयु तक 6-वर्षीय हो गयी। इसी समय माध्यमिक शिक्षा में व्यावसायिक प्रशिक्षण (Professional Training) की दृष्टि से कॉलेज शिक्षा के दो वर्ष और जोड़ दिये गये। अब व्यावसायिक माध्यमिक शिक्षा 12 वर्ष की आयु से 20 वर्ष की आयु तक हो गयी। यह शिक्षा 4 वर्ष से 8 वर्ष की बना दी गयी। अब शिक्षा 6-वर्षीय प्राथमिक स्तर की, 8-वर्षीय माध्यमिक स्तर की तथा 2-वर्षीय कॉलेज स्तर की हो गयी। पहले सामान्य माध्यमिक शिक्षा 6-वर्षीय थी वहाँ कॉलेज स्तर की शिक्षा 4-वर्षीय हो गयी थी।

अब अमेरिका में यह अनुभव किया जा रहा है कि 8-वर्षीय माध्यमिक शिक्षा अधिक लम्बी है। पहले परिवर्तन की माध्यमिक शिक्षा जो 6-वर्षीय थी, 3-वर्षीय जूनियर हाईस्कूल और 3-वर्षीय माध्यमिक स्तर की बन गयी। दूसरे स्तर पर जब माध्यमिक शिक्षा 8-वर्षीय हो गयी तो उसके पहले 4 वर्ष जुनियर हाईस्कूल के और अन्तिम 4 वर्ष सीनियर हाईस्कूल शिक्षा के माने गये। 8-वर्षीय माध्यमिक शिक्षा को दो योजनाओं द्वारा परिवर्तित करने का प्रयत्न हुआ। पहली योजनानुसार 4-4-वर्षीय जूनियर और सीनियर हाईस्कूल कक्षाएँ बनायी गयीं। दूसरी योजना के अनुसार 3-वर्षीय जूनियर हाईस्कूल, 3-वर्षीय सीनियर हाईस्कूल और 2-वर्षीय जूनियर कॉलेज शिक्षा में बदलने की बात कही गयी। फलतः 1902 ई॰ में पहली बार इलीन्वॉय (Illinois) में जूनियर कॉलेज योजना लागू की गयी। सबसे पहला जूनियर हाईस्कूल 1910 में कैलीफोर्निया राज्य (California State) में लागू किया गया।

संयुक्त राज्य अमेरिका की माध्यमिक शिक्षा के उद्देश्य (Aims of Secondary Education in U.S.A.)

यूरोप से आकर बसे अमेरिकी लोगों ने अपने बच्चों को धर्म के प्रति आस्थावान बनाने और कॉलेज शिक्षा के लिए तैयार करने के लिए लैटिन ग्रामर स्कूलों की स्थापना की थी। इन स्कूलों से निकले लोग राजकीय पदों, राजनीतिक, सामाजिक और व्यावसायिक नेतृत्व के लिए लालायित रहते थे। बाद में एकेडेमीज़ द्वारा लैटिन ग्रामर स्कूलों के पाठ्यक्रमों को उपयोगी और व्यावसायिक बनाया गया।

अमेरिका में माध्यमिक शिक्षा स्थानीय वातावरण से प्रभावित है और स्थानीय संगठनों द्वारा प्रशासित है। 1892 ई॰ को राष्ट्रीय शिक्षा संघ (National Education Association) ने एक 'कमेटी ऑफ टेन' (Committee of Ten) की नियुक्ति की। इस समिति ने सुझाव दिया कि माध्यमिक शिक्षा द्वारा कॉलेज शिक्षा की सामाजिक पृष्ठभूमि तैयार की जाय। शास्त्रीय विषयों (Classical Subjects), गणित (Arithmetic) को माध्यमिक स्कूलों के पाठ्यक्रम में रखा जाय। 1899 ई॰ में एक दूसरी समिति 'कमेटी ऑफ थर्टीन' (Committee of Thirteen) की नियुक्ति की गयी जिसने 'कमेटी ऑफ टेन' (Committee of Ten) के सुझावों की पुष्टि की। इस समिति को 'कॉलेज प्रवेश की आवश्यकताओं की समिति' (Committee on College Entrance Requirements) भी कहते हैं। इसने माध्यमिक शिक्षा-सम्बन्धी विशिष्ट संस्तुतियाँ कीं। 1911 ई॰ को एक अन्य समिति 'कमेटी ऑफ द आर्टिकुलेशन ऑफ हाईस्कूल्स एण्ड कॉलेज' (Committee of the Articulation of High Schools and Colleges) की स्थापना की गयी। इसने भी प्रचलित माध्यमिक शिक्षा के सुधार और अधिक उपयोगी बनाने के लिए बहुमूल्य सुझाव दिये।

1912 ई॰ को 'राष्ट्रीय शिक्षा संघ' (National Education Association) ने 'माध्यमिक शिक्षा के पुनर्संगठन' (Reorganisation of Secondary Education) के लिए एक आयोग (Commission on Reorganisation of Secondary Education) नियुक्त किया। इसने 6 वर्ष के गहन अध्ययन और निरीक्षण के फलस्वरूप माध्यमिक शिक्षा के प्रमुख सिद्धान्त प्रस्तुत किए। इसने माध्यमिक शिक्षा के उद्देश्यों की ओर भी संकेत दिया। ये उद्देश्य संक्षेप में इस प्रकार हैं—

(1) ***स्वास्थ्य शिक्षा द्वारा स्वास्थ्य का विकास करना***—इस आयोग ने संस्तुति की कि छात्र-छात्राओं के शारीरिक और मानसिक स्वास्थ्य को अच्छा बनाने के लिए पाठ्यक्रम में स्वास्थ्य शिक्षा (Health Education) को रखा जाय। स्वस्थ नागरिक ही राष्ट्रीय, सामाजिक, कौटुम्बिक और वैयक्तिक कर्त्तव्यों का निर्वाह सफलतापूर्वक कर सकते हैं।

(2) ***मूलभूत शैक्षिक प्रक्रियाओं पर नियन्त्रण रखना***—आयोग ने संस्तुति की कि माध्यमिक शिक्षा को अधिक उपयोगी और विकसित बनाने के लिए शिक्षा पर आवश्यक प्रयोग (Experiments) किये जायें। ये प्रयोग प्राथमिक स्तर की शैक्षिक मूलभूत प्रक्रियाओं (Educational Fundamental Processes) पर आधारित हों जिससे इनमें अभ्यास कराया जा सके।

(3) ***योग्य कौटुम्बिक सदस्य बनाया***—माध्यमिक शिक्षा प्राप्त युवक कुशल कौटुम्बिक सदस्य (Family Member) बन सकें, वे घरेलू कर्त्तव्यों को निष्ठा के साथ पालन कर सकें, सहकारिता, सहनशीलता, सद्भाव आदि के साथ पारिवारिक व्यवहार कर सकें, ऐसी शैक्षिक क्रियाओं को पाठ्यक्रम में स्थान दिया जाय।

(4) ***व्यावसायिक शिक्षा देना***—माध्यमिक शिक्षा का उद्देश्य है कि वह सभी छात्र-छात्राओं को व्यावसायिक कुशलता (Vocational Efficiency) दे। इससे वे भावी जीवन के लिए तैयार हो सकेंगे और समाज, राष्ट्र, परिवार की समृद्धि में योग देकर उच्च जीवन-स्तर व्यतीत कर सकेंगे। इसलिए माध्यमिक स्कूलों के पाठ्यक्रम में व्यावसायिक विषयों को रखा जाय।

(5) ***नागरिकता की शिक्षा (Civil Education) देना***—माध्यमिक शिक्षा का प्रमुख उद्देश्य है कि वह छात्र-छात्राओं को अमेरीका का योग्य नागरिक बनाये। वे केवल राष्ट्र के प्रति ही अपने कर्त्तव्यों का निर्वाह न करें वरन् वे विश्व के प्रति भी कर्त्तव्यनिष्ठ बनें। ऐसी विश्व-नागरिकता छात्र-छात्राओं में लानी चाहिए।

(6) ***अवकाश का सदुपयोग करने की क्षमता बढ़ाना***—माध्यमिक शिक्षा द्वारा नागरिकों में अपने अवकाश (Leisure) का सदुपयोग करने की क्षमता आनी चाहिए। शिक्षा के कार्यक्रमों का ऐसा आयोजन हो कि वे अपने व्यक्तित्व का विकास करते हुए, शारीरिक और मानसिक विकास करते हुए अच्छी आदतों और रुचियों का विकास कर सकें।

(7) ***नैतिक चरित्र (Ethical Character) का गठन करना***—इस शिक्षा का संगठन इस प्रकार हो कि छात्र-छात्राएँ अपना नैतिक-चरित्र ऊँचा कर सकें और राष्ट्र को भी नैतिक आधार दे सकें।

उपर्युक्त शैक्षिक सिद्धान्तों को ध्यान में रखते हुए सभी राज्यों के स्कूलों ने शिक्षा-संगठन में परिवर्तन किए और वैयक्तिक प्रयासों को समाजीकृत (Socialized) किया। 1933 ई॰ को माध्यमिक शिक्षा के पुनर्संगठन की आवश्यकता अनुभव की गयी। इस पुनर्संगठन के लिए एक 'अमेरिका के सामाजिक-आर्थिक लक्ष्य की समिति' (A Committee on Socio-econimic Goals of America) की नियुक्ति

हुई। 1918 ई॰ में इस समिति ने वैयक्तिक शिक्षा (Individualistic Education) के आधार पर वैयक्तिक विकास (Individual Development) पर बल दिया, परन्तु इसने सुझाव दिया कि यह वैयक्तिक विकास सामाजिक और सहकारी (Social and Co-operative) शैक्षिक कार्यक्रमों के माध्यम से किया जाय। अतः शिक्षा को अधिक सार्वजनिक, सामाजिक और आर्थिक बनाया जाय। इस दृष्टि से समिति ने निम्नलिखित उद्देश्य निश्चित किए–

1. शारीरिक सुरक्षा का लक्ष्य (The Objective of Physical Security),
2. अवसरों की समानता का लक्ष्य (The Objective of Equality of Opportunity),
3. आर्थिक सुरक्षा का लक्ष्य (The Objective of Economic Security)
4. स्वतन्त्रता का लक्ष्य (The Objective of Freedom),
5. मानसिक सुरक्षा का लक्ष्य (The Objective of Mental Security),
6. जीवन में ईमानदारी का लक्ष्य (The Objective of Fair Play)
7. समुचित व्यवसाय का लक्ष्य (The Objective of Suitable Occupation),
8. क्रियाशील और लचीले व्यक्तित्व का लक्ष्य (The Objective of Active and Flexible Personality),
9. वंशानुक्रमित शक्ति का लक्ष्य (The Objective of Hereditary Strength),
10. विकासशील संस्कृति में भाग लेने का लक्ष्य (The Objective of Participation in Evolving Culture)।

1932 ई॰ में इसी प्रकार 'माध्यमिक शिक्षा की ओरियन्टेशन समिति' (Committee on Orientation of Secondary Education) का भी गठन हुआ। इसने दो मुख्य रिर्पोटें दीं। पहली रिपोर्ट के अनुसार 'शिक्षा' को पारिभाषित किया गया और सामाजिक सदस्यता, सामाजिक आदर्शों, सामाजिक योग्यताओं और सामाजिक चरित्रों के विकास के लिए माध्यमिक शिक्षा की पुनर्व्यवस्था पर बल दिया गया। इसके लिए आवश्यक समझा गया कि एक सामान्य नागरिक (Normal Citizen) के विकास के लिए सभी सम्भव निदेशन सुविधाएँ (Guidance Facilities) जुटायी जानी आवश्यक हैं। ऐसी नागरिकता की क्षमता लाने के लिए प्रचलित माध्यमिक शिक्षा को ही प्रमुख साधन बनाया जा सकता है। प्राथमिक शिक्षा द्वारा ऐसी क्षमताएँ और गुण नागरिकों में नहीं लाये जा सकते। इस माध्यमिक शिक्षा द्वारा छात्र-छात्राओं को भावी जीवन के लिए तैयार किया जाना आवश्यक है। इसके लिए माध्यमिक शिक्षा द्वारा छात्र-छात्राओं में इतनी क्षमता आ जानी चाहिए कि वे लिबरल आर्ट्स कॉलेजों (Liberal Arts Colleges) तथा विशिष्ट व्यावसायिक शिक्षा देने वाले स्कूलों में

सफलतापूर्वक अध्ययन कर सकें।

माध्यमिक शिक्षा के कार्य (Functions of Secondary Education)

सेकण्डरी एजूकेशन के ओरियन्टेशन की कमेटी (Committee on Orientation of Secondary Education) ने 'माध्यमिक स्कूल के प्रधानाध्यापकों का विभाग' (Department of Secondary School Principles) की स्थापना पर बल दिया और स्पष्ट किया कि माध्यमिक शिक्षा के कार्य क्या होने चाहिए। वे कार्य अग्रांकित इस प्रकार से हैं—

(1) ***ज्ञान और समन्वय का विकास (Development of Knowledge and Integration) करना***—माध्यमिक शिक्षा द्वारा छात्र-छात्राओं में ज्ञान की वृद्धि हो और वे निश्चित शैक्षिक कार्यक्रमों के साथ समन्वय (Integration) स्थापित कर सकें। माध्यमिक स्कूलों में प्रचलित कार्यक्रम अनुपयुक्त और कम हैं। इन शैक्षिक कार्यक्रमों की अभ्यासात्मक व्यवस्था इस प्रकार की हो कि उनसे छात्र-छात्राओं का बौद्धिक स्तर बढ़े, वांछित साधारण आदर्शों, प्रवृत्तियों, रसानुभूतियों, ज्ञान और प्रशिक्षण में स्थायित्व आ सके।

(2) ***भावी सम्भावित आवश्यकताओं की पूर्ति हो***—माध्यमिक शिक्षा का पुनर्संगठन इसलिए आवश्यक है कि इस शिक्षा से छात्रों की भावी आवश्यकताएँ पूरी हों। उन्हें स्पष्ट किया जाय कि उनकी आवश्यकताओं के व्यक्तिगत (Personal) और सामाजिक मूल्य क्या हैं, उनकी रुचि, क्षमता और परिपक्वता (Maturity) क्या है।

(3) ***परम्पराओं, संस्कृति और तात्कालिक सामाजिक कर्त्तव्यों का ज्ञान देना***—माध्यमिक शिक्षा द्वारा छात्रों को उनकी परम्पराओं (Traditions), संस्कृति (Culture) और तात्कालिक सामाजिक कर्त्तव्यों का ज्ञान (Knowledge of Contemporary Social Duties) मिलना चाहिए। छात्र-छात्राओं में जाति-धर्म, परम्पराओं, संस्कृति-समाज और व्यक्तिगत क्षमताओं का ठीक-ठीक ज्ञान हो। उनका दृष्टिकोण उदार और व्यापक हो। शैक्षिक कार्यक्रमों में छात्रों को सम्बन्धित अवसर दिये जायें।

(4) ***विशिष्टीकरण (Specialization) के प्रति जागरूकता (Awakening) आये***—छात्र माध्यमिक शिक्षा के माध्यम से विशिष्ट शिक्षा और प्रशिक्षण के लिए प्रेरित हों। अतः इस शिक्षा को प्रेरक बनाया जाय।

(5) ***पूर्व-ज्ञान के साथ नवीन ज्ञान का सह-सम्बन्ध हो***—नवीन ज्ञान का सम्बन्ध पूर्व ज्ञान से इस प्रकार किया जाय कि छात्र नवीन ज्ञान को सरल

समझते हुए उसमें रुचि लें और उनकी ज्ञान के प्रति जिज्ञासा बढ़े। वह अधिक से अधिक ज्ञान प्राप्त करके उसका जीवन में लाभ उठायें। उसे ज्ञान के सिद्धान्त, महत्व और नियमों का ठीक-ठीक पता भी चले।

(6) ***मानवीय क्रियाओं (Human Activities) में रुचि पैदा करना***—शिक्षा द्वारा छात्रों में मानवीय क्रियाओं के क्षेत्र में रुचि पैदा करना आवश्यक है छात्र व्यक्तिगत प्रसन्नता (Personal Happiness) तथा सामाजिक प्रगति से मानवीय क्रियाओं में रुचि लें। इसके लिये माध्यमिक शिक्षा पुनर्गठित हो।

(7) ***प्रगतिशील शिक्षण-विधियों, स्वतन्त्र चिन्तन और अनुसंधान के सिद्धान्तों का उपयोग हो***—माध्यमिक शिक्षा-स्तर पर शैक्षिक कार्यक्रम इस प्रकार से चलाये जायें कि अध्यापक प्रगतिशील शिक्षण-विधियाँ अपनाये और अनुसंधान के सिद्धान्तों का अनुसरण करें। वह स्वतन्त्र विचारों का उपयोग करते हुए आत्मनिर्दिष्ट (Self-directed) अभ्यास और व्यक्तिगत बुद्धि के उपयोग का अवसर छात्र-छात्राओं को दें।

(8) ***छात्रों को स्कूल में न्यूनतम उपलब्धि स्तर (Diminishing Return Level) तक रोकना (Retention)***—जब तक छात्र यह न समझ ले कि स्कूल उनके लिए लाभप्रद है और वह अब स्वतन्त्र अध्ययन (Independent Study) कर सकता है, तब तक उसे स्कूल में रोकें। ऐसी स्थिति में बालक का स्कूल बदल दिया जाय वहाँ वह अपनी व्यक्तिगत क्षमता, योग्यता और स्वभाव के अनुकूल शिक्षा प्राप्त कर सके।

1934 ई॰ में एक प्रगतिशील शिक्षा समाज (Progressive Education Society) की स्थापना की गयी जिसने कोई ठोस सुझाव 1942 तक प्रस्तुत नहीं किये। माध्यमिक शिक्षा का उत्तरदायित्व राज्य सरकारों पर डालने का प्रस्ताव आया। राज्य सरकारें इस शिक्षा की नीतियों और उद्देश्यों का निर्धारण करें। 1944 ई॰ में माध्यमिक शिक्षा की नीतियों का निर्धारण करने के लिये एक आयोग (Commission) नियुक्त किया गया। इसने सुझाव दिया कि माध्यमिक शिक्षा को यौन-भेद, रंग-भेद, स्थान, वातावरण, राज्य का भेद किए बिना सन्तुलित बनाया जाय। 1947 ई॰ में जीवन व्यवस्थापन शिक्षा आयोग (Life Adjustment Education Commission) की स्थापना हुई। इसने निम्नलिखित सुझाव दिये जिससे जीवन व्यवस्थापन (Life Adjustment) के लिए शिक्षा दी जा सके—

1. माध्यमिक शिक्षा मुख्यतः योग्य नागरिकता का गुण पैदा करने के लिए दी जाय।

2. शिक्षा द्वारा छात्र दैनिक जीवन की क्रियाओं से भली प्रकार परिचित हों।
3. शिक्षा द्वारा छात्रों में समुचित कौटुम्बिक सदस्यता (Worthy Home Membership) आये।
4. नागरिक इस शिक्षा से अपने अवकाश का सदुपयोग कर सकें।
5. नागरिक इस शिक्षा द्वारा अधिगम (Learning) के साधनों से परिचित हों।
6. नागरिक माध्यमिक शिक्षा से व्यावसायिक प्रशिक्षण प्राप्त कर सकें।
7. छात्र काल और प्रकृति को समझ सकें और सौन्दर्य की रसानुभूति (Appreciation) कर सकें। यह गुण माध्यमिक शिक्षा द्वारा पैदा हो।
8. छात्र इस शिक्षा से विज्ञान की विशेषता और विधियों को समझ सकें।
9. शिक्षा द्वारा छात्रों में शारीरिक और मानसिक स्वास्थ्य प्राप्त हो।
10. इस शिक्षा द्वारा छात्र-छात्राओं में ऐसा गुण पैदा हो कि उनमें नैतिक चिन्तन (Ethical Thinking) तथा नैतिक सिद्धान्तों के मूल्यांकन (Evaluation of Ethical Principles) की क्षमता उत्पन्न हो।

ये संस्तुतियाँ जो जीवन-व्यवस्थापन (Life Adjustment) के लिए दी गयी थीं, सभी स्कूल प्रशासकों ने स्वीकार कीं और इनके उद्देश्य की पूर्ति के लिए माध्यमिक शिक्षा के पुनर्संगठन (Reorganisation) पर ध्यान दिया। जीवन-व्यवस्थापन की क्रियाओं को पाठ्यक्रम और नीतियों में प्रमुख स्थान मिला। इस आयोग ने जीवन-व्यवस्थापन में स्थानीय वातावरण, आवश्यकताओं और परम्पराओं को प्रमुख स्थान दिया। सभी प्रशासकों ने स्कूलों का संगठन, भवन-निर्माण, पाठ्यक्रम-संगठन, शिक्षण-प्रक्रिया, अधिगम-सुविधाएँ इस प्रकार से सुव्यवस्थित कीं कि छात्र-छात्राओं को जीवन-व्यवस्थापन में सरलता अनुभव हो।

माध्यमिक शिक्षा का स्वरूप एवं संगठन (Nature and Organisation of Secondary Education)

अपने आयोगों की नियुक्ति के फलस्वरूप जो सुझाव और संस्तुतियाँ माध्यमिक शिक्षा के पुनर्संगठन के सम्बन्ध में प्राप्त हुईं, उनके अनुरूप आज की अमेरिकन माध्यमिक शिक्षा का स्वरूप निर्धारित हुआ है।

शिक्षा-संस्थाओं के प्रकार और उनका वर्गीकरण (Types of Schools and Their Classification)

प्रारम्भिक माध्यमिक स्कूल 19वीं शताब्दी तक स्थानीय आवश्यकताओं और परम्पराओं

पर आधारित होने के कारण व्यापक (Comprehensive) तथा विस्तृत (Wide) रहे, परन्तु 20वीं शताब्दी से माध्यमिक शिक्षा का पुनर्संगठन किया गया और उन बातों को अपनाया गया, जिन्हें समय-समय पर नियुक्त किये गये आयोगों और समितियों ने प्रस्तावित किया था। इस शताब्दी में पाठ्यक्रमों का पुनर्गठन करके उन्हें विशिष्ट और सामयिक रूप दिया गया। सामान्य शिक्षा देने वाले माध्यमिक स्कूलों के अतिरिक्त व्यावसायिक शिक्षा देने वाले स्कूल भी स्थापित हुए। जैसे—प्रैक्टिकल आर्ट्स हाई स्कूल्स (Practical Arts High Schools), हाई स्कूल ऑफ कॉमर्स (High Schools of Commerce), तकनीकी हाई स्कूल (Technical High Schools), शारीरिक प्रशिक्षण हाई स्कूल (Manual Training High Schools) इत्यादि।

संयुक्त राज्य अमेरिका में माध्यमिक स्कूलों के संगठन और स्वरूप में समानता नहीं है। साधारण माध्यमिक स्कूलों में 4-वर्षीय पाठ्यक्रम कक्षा 9 से 12 तक चलाया जाता है। पुनर्संगठित (Re-organised) माध्यमिक स्कूलों में 6-वर्षीय शिक्षण कक्षा 7 से कक्षा 12 तक होता है। इनमें पहली 3-वर्षीय कक्षाएँ (कक्षा 7 से 9 तक), जूनियर हाई स्कूल कक्षाएँ कहलाती हैं और बाद की 3-वर्षीय कक्षाएँ (कक्षा 10 से 12 तक) उच्चतर माध्यमिक (Higher Secondary) कहलाती हैं। इन स्कूलों के विकास के आँकड़े अग्रांकित प्रकार से हैं—

सन् 1922 में	—	नई प्रणाली के 11 प्रतिशत स्कूल खुले
सन् 1926 में	—	नई प्रणाली के 19 प्रतिशत स्कूल खुले
सन् 1930 में	—	नई प्रणाली के 26 प्रतिशत स्कूल खुले
सन् 1934 में	—	नई प्रणाली के 29 प्रतिशत स्कूल खुले
सन् 1935 में	—	नई प्रणाली के 30 प्रतिशत स्कूल खुले

इन आँकड़ों से पता चलता है कि 12-14 वर्षों में स्कूल का पुनर्संगठन धीमी गति से हुआ।

4-वर्षीय माध्यमिक स्कूलों की अपेक्षा 6-वर्षीय माध्यमिक स्कूलों में छात्रों की संख्या अपेक्षाकृत बहुत अधिक थी। 1935 ई० तक दोनों के स्कूलों में 51 प्रतिशत छात्र-छात्राएँ पढ़ती थीं, जबकि अकेले पुनर्संगठित 6-वर्षीय मान्यताप्राप्त नये माध्यमिक स्कूलों में 49 प्रतिशत छात्र-छात्राएँ शिक्षा पाते थे। 4-वर्षीय पाठ्यक्रम वाले स्कूलों में 2 प्रतिशत छात्र पढ़ते थे। यह अनुमान लगाया गया है कि नवीन संगठन के 6-वर्षीय माध्यमिक स्कूलों में यदि 266 छात्र पढ़ते हैं तो 4-वर्षीय पाठ्यक्रम के स्कूलों में केवल 85 छात्र शिक्षा पाते हैं। इस प्रकार नये स्कूलों में पुराने स्कूलों की अपेक्षा तीन गुने छात्र पढ़ते हैं। सन् 1993 के आँकड़ों से पता चलता है कि—

1. जुनियर हाईस्कूल कक्षाओं में छात्रों का औसत 982 प्रति स्कूल।
2. हायर सैकण्डरी कक्षाओं में छात्रों का औसत 617 प्रति स्कूल।
3. जूनियर हाईस्कूल एवं हायर सेकण्डरी (दोनों) छात्रों का औसत 509 प्रति स्कूल।

पाठ्यक्रम के आधार पर अमेरिका के माध्यमिक स्कूलों को सामान्य (Common) नहीं माना जा सकता। कहीं 4-वर्षीय तो, कहीं 6-वर्षीय पाठ्यक्रम है। इसका प्रभाव प्राथमिक स्कूलों और कॉलेजों के संगठन पर सीधा पड़ता है। जैसे—निम्न तालिका से स्पष्ट होता है—

	प्राथमिक स्कूल	माध्यमिक स्कूल	कॉलेज
1.	6-वर्षीय पाठ्यक्रम	4-वर्षीय पाठ्यक्रम (कक्षा 7 से 10 तक)	4-वर्षीय
2.	6-वर्षीय पाठ्यक्रम	6-वर्षीय पाठ्यक्रम (कक्षा 7 से 12 तक) (3-वर्षीय जूनियर हाई-स्कूल, 3-वर्षीय हायर सेकण्डरी स्कूल)	2-वर्षीय
3.	8-वर्षीय पाठ्यक्रम	4-वर्षीय पाठ्यक्रम (कक्षा 9 से 12 तक)	2-वर्षीय

सामान्यतः अमेरिका में मध्य वाला संगठन प्रचलित है जिसमें प्राथमिक शिक्षा 6-वर्षीय (3-वर्षीय जूनियर हाईस्कूल और 3-वर्षीय हायर सेकण्डरी कक्षाएँ) तथा 2-वर्षीय डिग्री शिक्षा दी जाती है।

अमेरिका के माध्यमिक स्कूलों में जूनियर हाईस्कूल कक्षाएँ इसलिये चलाई गयी थीं कि कोई जूनियर हाईस्कूल के बाद आगे न पढ़ना चाहे तो वह व्यावसायिक शिक्षा लेकर कुशल कारीगरों की कमी को पूरा कर सकते हैं। बाद में यह अनुभव किया गया कि जूनियर हाईस्कूल कक्षाओं की कक्षा 7 व 8 जो प्राथमिक स्कूलों में जोड़ दी गयी थीं; हटाकर माध्यमिक स्कूलों के साथ जोड़ दी जायें और प्राथमिक शिक्षा 8 वर्ष के स्थान पर 6-वर्षीय ही रहने दी जाय। इस प्रकार जूनियर हाई स्कूल कक्षाओं को स्थान दिया गया। अमेरिका में 6-वर्षीय माध्यमिक शिक्षा सभी स्थानों और राज्यों में नहीं चलती। यह व्यवस्था केवल उन बड़े नगरों या स्थानों पर है जहाँ सभी माध्यमिक कक्षाएँ स्थानाभाव के कारण एक साथ नहीं चल सकतीं। वहाँ एक बार जूनियर कक्षाएँ तो दूसरी बार माध्यमिक कक्षाएँ चलती हैं। जूनियर हाई स्कूल कक्षाओं और हायर सेकण्डरी कक्षाओं की व्यवस्था यद्यपि अलग-अलग होती है, परन्तु जूनियर हाई स्कूल कक्षाएँ, हायर सेकण्डरी कक्षाओं की पूरक ही होती हैं। कहीं

कॉलेज की पहली दो कक्षाएँ सेकण्डरी स्कूलों के साथ जोड़कर जूनियर कॉलेज (Junior College) की स्पष्ट की हैं तो कहीं हायर सेकण्डरी की दो कक्षाएँ कॉलेज में जोड़कर 4-वर्षीय डिग्री कॉलेज स्थापित किये गये हैं।

संयुक्त राज्य अमेरिका में अभी तक माध्यमिक शिक्षा प्रयोगात्मक स्थिति (Experimental Stage) पर है इस व्याख्या में परिवर्तन यकायक नहीं होते। समय के परिवर्तन के साथ-साथ इसमें आवश्यक परिवर्तन होते रहते हैं। स्थानीय वातावरण और आवश्यकता के अनुसार माध्यमिक शिक्षा-संस्थानों का संगठन किया जाता है। 1993 ई॰ में विविध प्रकार के स्कूलों के आँकड़े इस प्रकार हैं—

स्कूल	**स्कूलों की संख्या**	**स्कूलों का प्रतिशत**
जूनियर हाई स्कूल	12,000	15 प्रतिशत
हायर सेकण्डरी स्कूल	10,000	10 प्रतिशत
हायर तथा जूनियर हाई स्कूल	15,000	30 प्रतिशत
8-4-4 प्रणाली के माध्यमिक स्कूल	30,000	45 प्रतिशत
कुल योग	67,000	100 प्रतिशत

जूनियर हाई स्कूलों का संगठन
(Organisation of Junior High Schools)

अमेरिका के शिक्षाशास्त्रियों ने यह अनुभव किया कि 8-वर्षीय प्राथमिक शिक्षा के अन्तिम दो वर्ष छात्र-छात्राओं की आवश्यकताओं को ठीक से पूरा नहीं करते। 8-वर्षीय प्राथमिक शिक्षा लेने के बाद जब छात्र माध्यमिक स्कूल में 4-वर्षीय पाठ्यक्रम लेने जाता है तो उसे वह पाठ्यक्रम बिल्कुल नया लगता है और उसे ठीक से समझ नहीं पाता। अतः प्राथमिक शिक्षा की अन्तिम दो कक्षाएँ (कक्षा 7 तथा 8) माध्यमिक कक्षा में जोड़ देना ठीक समझा गया। इस प्रकार माध्यमिक शिक्षा 6-वर्षीय कर दी गई। प्राथमिक शिक्षा भी 6-वर्षीय हो गयी। माध्यमिक शिक्षा के पहले तीन वर्ष जूनियर हाईस्कूल कक्षाओं और अन्तिम 3 वर्ष हायर सेकण्डरी कक्षाओं में गिने गये। इस प्रकार अमेरिका में जूनियर हाईस्कूल कक्षाओं और स्कूलों का प्रारम्भ हुआ।

उपर्युक्त परिवर्तन लाने में बहुत सी समितियों के सुझावों का अनुपालन किया गया। 1880 ई॰ में हारवर्ड विश्वविद्यालय (Harvard University) के अध्यक्ष इलियट (Eliot) ने 8-वर्षीय प्राथमिक शिक्षा को कम अवधि का बनाने का सुझाव दिया। 1888 ई॰ में प्राथमिक शिक्षा के पुनर्संगठन की प्रवृत्ति पैदा हुई जिससे 8-वर्षीय प्राथमिक शिक्षा को 6-वर्षीय शिक्षा में बदलने की बात स्पष्ट की। 1893 ई॰ में कमेटी ऑफ

टेन (Committee of Ten) ने तथा 1899 ई० में कॉलेज रिक्वायरमेंट कमेटी (College Requirement Committee) ने सुझाव दिया कि प्राथमिक शिक्षा को घटाकर और माध्यमिक शिक्षा-अवधि को बढ़ाकर दोनों को 6-वर्षीय कर दिया जाय। अतः कक्षा 7 और 8 को माध्यमिक कक्षाओं के साथ जोड़ा गया। प्रारम्भ में ये दो कक्षाएँ ही जूनियर हाईस्कूल कक्षाएँ कहलाती थीं, बाद में कक्षा 7, 8 तथा 9 को जूनियर हाईस्कूल कक्षाएँ कहा गया। सबसे पहले मैसाचुसेट्स (Massachusetts) तथा स्प्रिंग फील्ड (Spring Field) में, 1909 को कोलम्बिया (Columbia) और ओहायो (Ohio) में और 1910 को कैलिफोर्निया (California) और बर्कले (Berkley) में जूनियर हाईस्कूल प्रणाली लागू हुई।

इस प्रणाली को लागू करने का प्रमुख उद्देश्य प्राथमिक और माध्यमिक कक्षाओं के बीच एक समन्वित पाठ्यक्रम (Integrated Course) की कक्षाओं को कड़ी के रूप में लाना था। इससे पूर्व ज्ञान और नवीन ज्ञान में सह-सम्बन्ध (Correlation) हो जाता है। माध्यमिक पाठ्यक्रम छात्रों के लिए सरल हो जाता है। इन कक्षाओं के पाठ्यक्रम से यह भी आशा की गयी कि यह बालकों का शारीरिक, मानसिक और सामाजिक विकास सरलता से हो सकता है। इस जूनियर स्तर (Junior Stage) को हम एक मील का पत्थर (Corner Stone) भी कह सकते हैं, क्योंकि यहाँ से छात्र अपनी सीमाओं (Limitations) और सम्भावनाओं (Possibilities) को सरलता से समझ सकता है। अध्यापक को भी छात्र-छात्राओं की वैयक्तिक सम्भावनाओं, रुचियों, आवश्यकताओं और योग्यताओं को समझने में आसानी हो सकती है। शिक्षण के समय अध्यापक बालकों का स्वाभाविक विकास करने की दृष्टि से वैयक्तिक (Individual Differences) को भी ध्यान में रख सकता है। इस स्तर पर पूर्व-वैज्ञानिक (Pre-Scientific) तथा पूर्व-व्यावसायिक (Pre-vocational) विषयों का समावेश कर पाठ्यक्रम को नवीन, आकर्षक, उपयोगी और व्यावसायिक बनाया गया।

जूनियर हाईस्कूल कक्षाओं के गठन की बात 1918 ई० में माध्यमिक शिक्षा-पुनर्संगठन समिति (The Secondary Education Re-organisation Committee) ने भी कही थी। ये जूनियर कक्षाओं वाले स्कूल किशोरों की आवश्यकताओं को पूरा करते हैं, अतः इन्हें किशोरों के स्कूल (School of Adolescents) भी कहा जाता है। इस स्तर पर छात्रों को व्यवस्थापन (Adjustment) की शिक्षा दी जाती है। उन्हें बताया जाता है कि वे अपने व्यक्तिगत, सामाजिक, आर्थिक, कौटुम्बिक जीवन में कैसे व्यवस्थित हो सकते हैं और अवकाश (Leisure) का सदुपयोग कर सकते हैं।

इस स्तर पर छात्रों या छात्राओं की आयु 12 से 14 वर्ष तक होती है। यह किशोरावस्था है। इसमें सभी विषयों की समन्वित (Integrated) शिक्षा दी जाती है। शिक्षा विस्तृत, व्यापक और उदार है। ये किशोरों की आवश्यकता को पूरा करते हैं।

अंग्रेजी, सामाजिक अध्ययन, सामान्य विज्ञान और गृह-अर्थशास्त्र, औद्योगिक कला, संगीत, चित्रकला अतिरिक्त विषय हैं। 3-वर्षीय जूनियर हाई स्कूल कक्षाएँ हायर सेकण्डरी कक्षाओं के भवन से अलग भवन में चलती हैं।

नेशनल सर्वे ऑफ हायर सेकण्डरी एजूकेशन के अनुसार इन कक्षाओं की विशेषताएँ ये हैं—(1) प्रगतिशील शिक्षण-विधि, (2) अध्ययन-निरीक्षण, (3) अध्ययन-कार्यक्रम, (4) प्रवेश एवं प्रगति-सुविधाएँ, (5) शैक्षिक और व्यावसायिक परामर्श, (6) विशेष विषयों का मेल, (7) अतिरिक्त कार्यक्रमों का संगठन, (8) पृथक् स्कूल भवन और सहायक सामग्री, (9) विशिष्ट प्रशिक्षित अध्यापक।

माध्यमिक स्कूलों का संगठन
(Organisation of Higher Secondary Schools)

नवीन संगठन के अनुसार कक्षा 10 से 12 तक की कक्षाएँ हायर सेकण्डरी स्कूल में आती हैं। अमेरिका में प्रचलित शिक्षा-प्रणाली 6+(3+3)+2 के अन्तर्गत है। माध्यमिक कक्षाओं में प्रवेश के लिए कोई परीक्षण (Test) नहीं लिया जाता, परन्तु छात्र-छात्राओं की आयु, आवश्यकता, रुचि, योग्यता और वैयक्तिक भेदों को ध्यान में रखा जाता है। माध्यमिक छात्र-छात्रा के लिए उपयोगी होगी या नहीं, इसके लिए छात्र-छात्रा का बुद्धि-परीक्षण (Intelligence Test) लिया जाता है, उसकी मानसिक आयु जानी जाती है, अध्यापक के निर्णय और उपलब्धि के प्राप्तांकों को ध्यान में रखा जाता है। प्रवेश के समय छात्र-छात्रा की ऊँचाई, भार, स्वास्थ्य आदि पर भी ध्यान दिया जाता है। छात्रों की सामाजिक, सांस्कृतिक और वैयक्तिक पृष्ठभूमियों का अध्ययन करके पता लगाया जाता है कि उसकी सामाजिक आयु, समाजीकरण और सांस्कृतिक क्रियाएँ क्या हैं?

संयुक्त राज्य अमेरिका में प्रायः तीन प्रकार के हायर सेकण्डरी स्कूल पाये जाते हैं। ये स्थान-स्थान और राज्य-राज्य में समान नहीं हैं। ये हैं—

1. 3-वर्षीय जूनियर हाई स्कूल और 3-वर्षीय हायर सेकण्डरी कक्षा वाले।
2. 4-वर्षीय जूनियर हाई स्कूल और 4-वर्षीय हायर सेकण्डरी कक्षा वाले।
3. 4-वर्षीय जूनियर हाई स्कूल और 2-वर्षीय हायर सेकण्डरी कक्षा वाले।

इन सभी जूनियर हाई स्कूलों और हायर सेकण्डरी स्कूलों का संगठन अलग-अलग भवनों में किया जाता है। 4-वर्षीय जूनियर हाई स्कूल+4-वर्षीय हायर सेकेण्डरी प्रणाली को स्थानीय आवश्यकताओं को ध्यान में रखते हुए चलाया गया है। लोगों की आर्थिक स्थिति, स्थानीय दशा और सामाजिक दृष्टिकोण को इसके

संगठन के समय ध्यान में रखा जाता है। जहाँ 3-वर्षीय जूनियर हाई स्कूल हैं उन्हें हायर सेकण्डरी स्कूलों से अलग रखकर उत्तर-प्राथमिक (Post-Primary) स्तर का मानकर प्राथमिक स्कूल डिस्ट्रिक्ट में रखा गया है। इलिन्वायस (Illinois) में ये कक्षाएँ प्राथमिक स्कूल डिस्ट्रिक्ट से सम्बद्ध हैं, परन्तु इनका प्रशासन अलग होता है।

पाठ्यक्रम की दृष्टि से 3-वर्षीय और 4-वर्षीय माध्यमिक कक्षाओं के पाठ्यक्रमों में पर्याप्त समानता है। जहाँ माध्यमिक शिक्षा को जूनियर हाई स्कूल और हायर सेकण्डरी वर्गों में विभक्त नहीं किया है, वहाँ के पाठ्यक्रम पर्याप्त उदार (Liberal) और अग्रिम (Advanced) हैं। उद्देश्य, शिक्षण-विधियाँ, निदेशन (Guidance), अध्यापक व्यवस्था और छात्र व्यवहार की दृष्टि से ये पाठ्यक्रम उदार और अग्रिम है। सामान्य शिक्षा की दृष्टि से छात्रों को अच्छी शिक्षा मिलती है और व्यावसायिक एवं तकनीकी विषयों में भी उपयोगी शिक्षा दी जाती है। टेक्निकल हाई स्कूल मेमी (Maimi), फ्लोरिडा (Florida), कला और संगीत के हाई स्कूल, स्वचालन-व्यापार (Automatic Trade) के हाई स्कूल न्यूयार्क में प्रसिद्ध हैं। बहुत से हायर सेकण्डरी स्कूलों में अच्छे स्तर की व्यावसायिक और औद्योगिक (Industrial) शिक्षा दी जाती है।

पाठ्यक्रम के अनुसार माध्यमिक स्कूलों का वर्गीकरण (Classification of Higher Secondary Schools According to Curriculum)

उच्चतर माध्यमिक विद्यालय
(Higher Secondary Schools)

(1) सर्व-सामान्य स्कूल (Common Schools)
- (अ) व्यापक स्कूल (Compre hensive Schools)
- (ब) सीमित स्कूल (Limited Schools)

(2) विशिष्ट विषयों के स्कूल (Schools of Specialization)

(3) अंशकालीन स्कूल (Part-time Schools)

(1) सर्वसामान्य स्कूल (Common School)

संयुक्त राज्य अमेरिका (U.S.A.) में सबसे अधिक प्रचलित स्कूल सर्वसामान्य (Common) स्कूल हैं। ये स्कूल दो प्रकार के हैं—(अ) व्यापक स्कूल, (ब) सीमित स्कूल। यहाँ हम क्रमशः दोनों स्कूलों का अध्ययन करेंगे।

(अ) व्यापक स्कूल (Comprehensive School)—अमेरिका की 8+(4+4) तथा 8+(2+2) योजना के सभी स्कूल व्यापक स्कूल (Comprehensive Schools) कहलाते हैं। ये स्कूल परम्परागत विधियों पर आधारित हैं। इन स्कूलों में 8-वर्षीय प्राथमिक शिक्षा के बाद छात्र-छात्राओं को प्रवेश मिलता है। इन स्कूलों में विभिन्न प्रकार के विषय पढ़ाये जाते हैं और ये कक्षा 9 से 12 तक लगते हैं। विषयों की व्यापकता के कारण इन्हें व्यापक स्कूल कहा जाता है। इन स्कूलों की निम्नलिखित विशेषताएँ हैं—

1. ये स्कूल सार्वजनिक (Universal) तथा लोकतान्त्रिक (Democratic) हैं। इनमें सभी वर्गों, जातियों, सम्प्रदायों और लिंगों के बालक प्रवेश पाते हैं। शिक्षा में कोई वर्ग-भेद स्वीकार नहीं किया जाता।
2. शिक्षा सामाजिक (Social) और निःशुल्क (Free) है। यहाँ सभी सम्प्रदायों, वर्गों के लड़के-लड़कियाँ निःशुल्क सामाजिक शिक्षा पाते हैं। बच्चों को सहकारी और सामाजिक क्रियाओं में अनिवार्यतः भाग लेना होता है।
3. एकता (Solidarity) के लिए शैक्षिक अवसर देना इन स्कूलों की विशेषता है। यहाँ शैक्षिक कार्यक्रमों द्वारा छात्र-छात्राओं में रुचियों, अभिरुचियों को लोकतान्त्रिक बनाकर एकता का भाव लाने का प्रयत्न होता है।
4. ग्रामीण आवश्यकताओं के अनुकूल मितव्ययी (Economical) तथा उपयोगी (Useful) हैं। ये ग्रामीण आवश्यकताओं की पूर्ति के लिए पुनर्संगठित किये गये हैं। ये गाँव के कम से कम छात्रों को भी शिक्षा देते हैं।
5. ये विविध प्रकार के विषयों में शिक्षण की व्यवस्था करते हैं जिससे छात्र-छात्राएँ अपनी रुचि, आवश्यकता और योग्यता के अनुकूल विषय चुन सकें। कला, व्यापार, व्यवसाय, कृषि, विज्ञान आदि सभी विषय यहाँ पढ़ाये जाते हैं, परन्तु ग्रामीण क्षेत्रों में इन सभी विषयों की व्यवस्था करना सम्भव नहीं होता। ग्रामीण क्षेत्रों में ये स्कूल निम्नलिखित अभाव रखते हैं—
   (अ) यहाँ शिक्षकों का अभाव रहता है। सभी विषयों के अध्यापक नहीं मिलते।
   (ब) अध्यापक और छात्र के बीच सम्पर्क का अभाव रहता है, क्योंकि छात्रों की संख्या बहुत अधिक होती है और अध्यापक कम होते हैं।
   (स) अनुशासन और नियन्त्रण का अभाव है, क्योंकि ग्रामीण लोगों में शहरी लोगों की अपेक्षा शिक्षा-रुचि कम है और सुविधाओं का अभाव है।
   (द) अध्यापकों में भी पारस्परिक सम्पर्क का अभाव है, क्योंकि अधिक विषयों के कारण विभाग, उपविभागों में टूटते जा रहे हैं।

(य) यहाँ धर्म-भेद और वर्ग-भेद (Sectarian View) पाया जाता है।
(र) ये शास्त्रीय विधियों (Classical Methods) को अधिक वरीयता देते हैं। प्रगतिशील विधियाँ नहीं अपनायी जाती हैं।

6. इनमें आकर्षक शिक्षण-विधियों और आकर्षक संगठन-सिद्धान्तों को उपयोग में लाया जाता है। पाठ्यक्रम कोई समस्या पैदा नहीं करता।
7. सह-शिक्षा (Co-education) का दोष है। छात्र-छात्राओं में यौन-आकर्षण और सम्बन्ध होने से अनुशासनहीनता की समस्या आती है।
8. शिक्षा अत्यधिक ज्ञान-प्रधान (Academic) है। इस पर विश्वविद्यालयीय प्रणाली का प्रभाव है।
9. यहाँ शिक्षा-उद्देश्य सीमित हैं, क्योंकि छात्र-छात्राएँ केवल कॉलेज शिक्षा के लिये तैयार होते हैं।
10. पाठ्यक्रम भी संकीर्ण (Narrow) है क्योंकि इसका छात्र-जीवन से सम्बन्ध नहीं है।
11. सामान्य शिक्षा (General Education) अनुपयोगी है, क्योंकि यहाँ व्यावसायिक और प्रयोगात्मक शिक्षा पर अधिक बल दिया जाता है।
12. यहाँ वैयक्तिक शिक्षण (Individual Teaching) की व्यवस्था नहीं है। शिक्षण में वैयक्तिक भेद को ध्यान में नहीं रखा जाता।
13. व्यावसायिक और सह-पाठ्यगामी क्रियाओं (Co-curricular Activities) पर अधिक बल दिया जाता है। आधुनिक भाषाओं, विज्ञान, कला और शारीरिक श्रम को अधिक महत्व नहीं दिया जाता।
14. आधुनिक शिक्षण-पद्धत्तियाँ प्रयोग में नहीं लायी जातीं।
15. दूसरे स्कूलों की तुलना में शिक्षण-विधियाँ समान नहीं हैं, क्योंकि यहाँ आधुनिक मनोवैज्ञानिक पद्धत्तियाँ प्रयोग में नहीं लायी जातीं।
16. इन स्कूलों में मनोरंजन (Recreation) का अभाव है। इसीलिये छात्र-छात्राएँ इन्हें बीच में छोड़कर अच्छे स्कूल में चले जाते हैं।

(ब) सीमित स्कूल (Limited School)—इन स्कूलों की स्थापना स्थानीय जनता द्वारा स्थानीय आवश्यकताओं की पूर्ति के लिए की गयी थी। ये स्कूल सभी विषयों में शिक्षा नहीं देते। ये विशिष्टीकरण (Specialization) और रुचि के विषयों की शिक्षण व्यवस्था नहीं कर पाते। स्कूल का आकार स्थानीय आर्थिक स्रोतों और आवश्यकताओं पर निर्भर करता है। जैसे ही इन स्कूलों में छात्र-छात्राओं की संख्या बढ़ती है अन्य विषयों के शिक्षण की सुविधाओं का विस्तार कर लिया जाता है। इस स्थिति में व्यावसायिक और विशिष्टीकरण के विषयों की व्यवस्था भी की जाती है। सामान्य शिक्षा की दृष्टि से इन स्कूलों में अंग्रेजी, सामाजिक अध्ययन (Social

Studies) और विज्ञान (Science) की शिक्षा अच्छी प्रकार दी जाती है। जिन स्कूलों में तकनीकी शिक्षा या विशिष्ट व्यावसायिक शिक्षा दी जाती है, वे तकनीकी या उप-तकनीकी स्कूल (Technical or Vice-Technical Schools) कहे जाते हैं। ओहम (Oham) का टेक्निकल स्कूल बहुत प्रसिद्ध है।

(2) विशिष्टीकरण के स्कूल (Specialized School)

इन स्कूलों की स्थापना छात्र-छात्राओं को विशिष्ट व्यावसायिक शिक्षा देने के लिए हुई है। तकनीकी, वाणिज्य (Commerce), कला (Arts) आदि विषयों में तकनीकी (Technical) और विशेष (Special) प्रशिक्षण देने के लिए ये स्कूल स्थापित किये गये हैं। इन स्कूलों की निम्नलिखित विशेषताएँ हैं—

1. इन स्कूलों में सामान्य रुचियों (Common Interests) के छात्र-छात्राएँ शिक्षा पाते हैं।
2. यहाँ विशिष्ट रुचि पर आधारित शिक्षा दी जाती है, जिससे शिक्षण-प्रक्रिया बड़ी गत्यात्मक रहती है।
3. इन स्कूलों में योग्य-प्रशिक्षित और कुशल अध्यापक रखे जाते हैं जो विशिष्ट विषयों में ज्ञानवर्द्धक शिक्षा देते हैं।
4. ये विद्यालय छात्र-छात्राओं को विशिष्ट व्यवसाय की शिक्षा देकर उन्हें भावी जीवन के लिये तैयार करते हैं।

परन्तु ये स्कूल भी दोषों से मुक्त नहीं हैं। इन स्कूलों में सामान्य शिक्षा का अभाव रहता है जिससे बच्चों का सर्वांगीण (Alround) विकास नहीं हो पाता। इन स्कूलों के मुख्य दोष निम्नलिखित हैं—

1. इन स्कूलों में बच्चों को परिपक्वता से पूर्व (Pre-mature) ही व्यावसायिक शिक्षा दे दी जाती है।
2. इन स्कूलों में शिक्षा व्यापक (Comprehensive) नहीं है। यहाँ सभी विषयों के शिक्षण की व्यवस्था नहीं होती।
3. यहाँ शिक्षण-पद्धत्तियाँ लोकतान्त्रिक (Democratic) नहीं हैं। केवल विशिष्ट विषय पर ही अधिक ध्यान दिया जाता है। अन्य विषयों की उपेक्षा हो जाती है।
4. इन स्कूलों में वर्ग-भेद (Sectarian) की भावना पैदा होती है।
5. अब जो पुनर्संगठित प्रगतिशील स्कूल (Re-organised Progressive

Schools) हैं उनकी अपेक्षा ये स्कूल कम महत्वपूर्ण हैं, क्योंकि ये आधुनिक आवश्यकताओं की पूर्ति में समर्थ नहीं हैं।

इन दोषों के होते हुए भी इन स्कूलों की संख्या बहुत है।

व्यावसायिक एवं औद्योगिक स्कूल (Vocational and Industrial Schools)

जब अमेरिका में औद्योगिक क्रान्ति आयी तब कुछ शिक्षाशास्त्रियों और उद्योगी लोगों ने औद्योगिक शिक्षा (Industrial Education) के विकास के लिए एक राष्ट्रीय समिति (National Society for the Promotion of Industrial Education) की 1906 ई॰ में स्थापना की। इस समिति ने माँग की कि सभी माध्यमिक स्कूलों में व्यावसायिक और औद्योगिक विषयों के प्रशिक्षण की व्यवस्था की जाय और इस योजना को केन्द्रीय संघात्मक सरकार (Federal Government) की स्वीकृति मिले। अतः 1917 ई॰ में स्मिथ ह्यूग्स अधिनियम (Smith Hughe's Act) पास हुआ जिसके अनुसार व्यावसायिक और औद्योगिक शिक्षा देने वाले स्कूलों की स्थापना हुई।

ये व्यावसायिक और औद्योगिक स्कूल, व्यावसायिक और औद्योगिक केन्द्रों पर स्थापित किए गए हैं। इनका संगठन एक अतिरिक्त ढाँचे (Pattern) पर किया गया है। इनमें 3-4 घंटे (Periods) व्यावसायिक और औद्योगिक विषयों के शिक्षण के लिए निर्धारित हुए हैं। ये स्कूल छात्र-छात्राओं को भावी और वर्तमान जीवन के लिए तैयार करते हैं। ये स्कूल छात्र-छात्राओं को व्यावसायिक, व्यापारिक और औद्योगिक विषयों में प्रशिक्षण देते हैं।

(3) अंशकालीन स्कूल (Part-time Schools)

जो नागरिक दिन भर किसी कार्य में व्यस्त रहते हैं उनकी शिक्षा के लिए अमेरिका में अंशकालीन (Part-time) स्कूलों की स्थापना की गयी है। ये स्कूल निम्नलिखित प्रकार के होते हैं—

(अ) अनवरत स्कूल (Continuation Schools),
(ब) प्रौढ़ संध्याकालीन स्कूल (Adult Evening Schools)।

(अ) अनवरत स्कूल (Continuation Schools)—जो बालक या बालिकाएँ या प्रौढ़ माध्यमिक शिक्षा प्राप्त किए बिना ही पढ़ना छोड़ चुके हैं और किसी कार्य में लगने के कारण स्कूलों में नियमित प्रवेश लेकर शिक्षा नहीं ले सकते, उनके लिए

इन स्कूलों की स्थापना की गयी है। इन स्कूलों में प्रति सप्ताह 3-4 घंटे शिक्षण दिया जाता है। इन स्कूलों में व्यावसायिक और सांस्कृतिक दोनों प्रकार की शिक्षा दी जाती है। इनका सम्बन्ध प्रौढ़ शिक्षा प्रणाली (Adult Education System) के साथ कर दिया गया है और इनका प्रबन्ध सामान्य स्कूलों की अपेक्षा भिन्न प्रकार से होता है।

(ब) प्रौढ़ संध्याकालीन स्कूल (Adult Evening Schools)—ये स्कूल उन प्रौढ़ों के लिए स्थापित हुए हैं जो दिन भर किसी व्यवसाय में व्यस्त रहते हैं। इन स्कूलों में प्रौढ़ों को उनके व्यवसायों में शिक्षा दी जाती है और सामान्य सामाजिक, सांस्कृतिक तथा नागरिकता सम्बन्धी शिक्षा भी दी जाती है।

अमेरिका में जूनियर कॉलेज प्रणाली (Junior College System in U.S.A.)

माध्यमिक शिक्षा के पुनर्संगठन (Re-organisation) के सम्बन्ध में कुछ लोगों का विचार है कि कॉलेज प्रणाली (College System) के पहले दो वर्ष माध्यमिक स्कूलों के साथ जोड़ दिये जायें। इस प्रकार माध्यमिक शिक्षा के स्थानीय प्रबन्ध के हाथों में जूनियर कॉलेजों की स्थापना की जाय।

एक दूसरा मत इस सम्बन्ध में यह है कि इंग्लैण्ड, जर्मनी, और दूसरे देशों की भाँति माध्यमिक शिक्षा के अन्तिम दो वर्ष (कक्षा 11 और 12) उच्च शिक्षा (Higher Education) के साथ जोड़कर इनका सम्बन्ध विश्वविद्यालय से कर दिया जाय। ये दोनों विचार अमेरिका में स्थानीय जनता की रुचि, आवश्यकता पर छोड़ दिये गये हैं।

1882 ई॰ में मिशिगन (Michigan) के हेनरी टैप्पन (Henry Tappen) ने माध्यमिक कक्षाओं के साथ कॉलेज शिक्षा के दो वर्ष जोड़ने की बात सबसे पहले रखी थी। लोगों का कहना है कि 4-वर्षीय माध्यमिक शिक्षा लोगों की आवश्यकता को भली प्रकार पूरा नहीं करती। अतः कॉलेज शिक्षा के पहले दो वर्ष माध्यमिक शिक्षा के साथ जोड़ दिये जायें और व्यावसायिक शिक्षा की व्यवस्था भी इन कक्षाओं में कर दी जाय तो यह प्रणाली जनता का अधिक लाभ कर सकती है। इस प्रकार के जूनियर कॉलेजों की स्थापना पर इलीन्वाय (Illinois) में सबसे पहले ध्यान दिया गया। पूर्वी राज्यों में जूनियर कॉलेजों की स्थापना कम हुई। सबसे अधिक जूनियर कॉलेज, पश्चिम और मध्य-पश्चिमी राज्यों में स्थापित हुए।

संकटकालीन अवधि में अमेरिका में जूनियर कॉलेजों की स्थापना सबसे अधिक हुई। इस समय देश की व्यावसायिक, औद्योगिक और व्यापारिक क्षमता गिर गयी थी। द्वितीय विश्व युद्ध के बाद इन कॉलेजों का अच्छा विस्तार हुआ। युद्ध से लौटने

वाले युवकों और युवतियों के लिए प्रचलित जूनियर कॉलेज कम पड़ गये। अतः नगरपालिकाओं और स्थानीय संगठनों (Local Organisations) ने अधिक से अधिक जूनियर कॉलेज स्थापित किए। इन कॉलेजों के पाठ्यक्रम उच्च शिक्षा से प्रभावित रहे। फिर भी इलिन्वाय (Illinois) तथा कैलिफोर्निया (California) में प्रगतिशील पाठ्यक्रम (Progressive Curriculum) चलता रहा।

कैलिफोर्निया (California) में जूनियर कॉलेजों की स्थापना सबसे अधिक हुई और इन्होंने प्रगति भी बहुत की। विश्वविद्यालयों ने भी इन कॉलेजों की स्थापना में इस भय से सहयोग किया कि कहीं छात्र विश्वविद्यालयों में प्रवेश के लिए भीड़ न लगा दें। अधिकाँश जूनियर कॉलेज बड़ी शीघ्रता में 1930 ई॰ के आसपास खुले। प्राइवेट संगठनों ने इनकी स्थापना में सर्वाधिक योगदान दिया। 1993 ई॰ में पब्लिक जूनियर कॉलेजों की संख्या सर्वाधिक लगभग 979 थी। इनमें लगभग 6,72,834 छात्र-छात्राएँ पढ़ते थे। प्राइवेट जूनियर कॉलेज भी संख्या में 400 थे जिनमें लगभग 80,060 छात्र-छात्राएँ शिक्षा पाते थे।

प्राइवेट तथा पब्लिक जूनियर कॉलेजों की वित्तीय व्यवस्था समान नहीं होती। इसलिए वित्तीय सहायता के आधार पर ही इन स्कूलों का वर्गीकरण किया गया है। पब्लिक जूनियर कॉलेजों को अनुदान के रूप में सरकारी सहायता मिलती है और शिक्षा कर (Education Tax) द्वारा पैसे की व्यवस्था की जाती है, परन्तु सभी राज्यों के पब्लिक जूनियर कॉलेज ऐसी अर्थव्यवस्था नहीं रखते। जैसे कैलिफोर्निया में छात्रों की संख्या के ऊपर और टैक्सास (Taxas) एवं दूसरे राज्यों में शिक्षा कर की मात्रा के ऊपर सरकारी अनुदान देने की व्यवस्था है 1930 ई॰ के एक न्यायिक मामले में उत्तरी कैरोलिना (Northern Carolina) को यह अधिकार मिला कि स्थानीय टाउनशिप (Local Township) जूनियर कॉलेजों को चलाने के लिए शिक्षा कर (Education Tax) लगा सकती है। यदि इससे कार्य पूरा न हो तो स्थानीय कोष (Local Fund) से भी आर्थिक सहायता ली जा सकती है। यह प्रणाली सभी राज्यों में लागू हो गयी।

यूरोप के देशों में जूनियर स्कूल से लेकर जूनियर कॉलेज तक 8-वर्षीय पाठ्यक्रम चलता है। यही पाठ्यक्रम अमेरिका में भी चलाया जाता है। इस प्रकार कक्षा 13 और 14 भी जूनियर कॉलेजों का अंग बन गयी हैं। स्थानीय सामाजिक और व्यावसायिक आवश्यकता की पूर्ति के लिए इन कॉलेजों में पूर्व-व्यावसायिक (Pre-vocational) शिक्षा भी दी जाती है। जूनियर कॉलेजों के स्थापित होने से विश्वविद्यालय के कॉलेजों का शिक्षा-स्तर ऊँचा हो गया। इन्होंने अपने पाठ्यक्रम 2-2 वर्षों में विभक्त कर लिए। जूनियर कॉलेजों की स्थापना कॉलेजों के निकट की गयी जिससे उन्हें आगामी विश्वविद्यालय शिक्षा का लाभ मिल सके। अतः लोगों ने अपने बच्चों

को जूनियर कॉलेजों में ही भेजना आवश्यक समझा। इससे जूनियर कॉलेजों का महत्व और अधिक बढ़ गया।

जूनियर कॉलेजों का पाठ्यक्रम आधुनिक और उपयोगी है। ये कॉलेज छात्र-छात्राओं को केवल उच्च शिक्षा के लिए ही तैयार नहीं करते, बल्कि उन्हें भावी रोजगार के लिए भी तैयार करने की दृष्टि से व्यावसायिक और औद्योगिक शिक्षा देते हैं। इन कॉलेजों का महत्व इसलिए भी बढ़ा है कि ये वैज्ञानिक (Scientific), तकनीकी (Technical) तथा कलात्मक (Arts) समूहों (तीनों समूहों) की व्यवस्था करके शिक्षा देते हैं। पहले पाठ्यक्रम उपयोगी नहीं थे, परन्तु अब उच्च कौशल और ज्ञान के विषय पाठ्यक्रम में रखकर इन्हें अधिक उपयोगी बना लिया गया है। प्राइवेट जूनियर कॉलेज, पब्लिक जूनियर कॉलेजों की अपेक्षा अच्छी व्यावसायिक और औद्योगिक शिक्षा देते हैं। समाज-सेवा की दृष्टि से कार्यक्रम में प्रौढ़ शिक्षा (Adult Education) के कार्यक्रम भी सम्मिलित कर लिये गये हैं। ये कॉलेज प्रौढ़ों को अल्पकालीन और मध्यकालीन पाठ्यक्रम देते हैं। प्रौढ़ शिक्षा के महत्व को ध्यान में रखते हुए कुछ जूनियर कॉलेज सामुदायिक केन्द्रों (Community Centres) के रूप में विकसित किए गये हैं। इन केन्द्रों पर हाई स्कूल के बाद की शिक्षा दी जाती है। जूनियर कॉलेजों का महत्व निम्नलिखित कारणों से अधिक बढ़ गया है–

जूनियर कॉलेजों का महत्व

1. वे प्रौढ़, युवक और युवतियाँ जो माध्यमिक शिक्षा के बाद बेरोजगार रहते हैं और आगे की 4-वर्षीय उच्च शिक्षा लेना चाहते हैं, उन्हें इन कॉलेजों से बहुत लाभ हैं।
2. वे युवक-युवतियाँ जो माध्यमिक शिक्षा पाने के बाद कॉलेजों के दूर होने के कारण, पढ़ाई का खर्च सहन न करने के कारण कॉलेजों में प्रवेश नहीं ले पाते उन्हें इन जूनियर कॉलेजों में प्रवेश मिल जाता है।
3. ये शैक्षिक सुविधाओं की दृष्टि से सुगम है और सभी वर्गों को इनसे लाभ है।
4. जूनियर कॉलेजों में पढ़ाने वाले अध्यापक कॉलेजों में पढ़ाने वाले समान योग्यता और स्तर के अध्यापकों की अपेक्षा अच्छा पढ़ाते हैं।
5. ये जूनियर कॉलेज महत्वपूर्ण शैक्षिक कार्यक्रमों के चलाने के कारण, पूरक शिक्षा (Supplementary Education) देने के कारण और विज्ञान, कला और व्यापार तीनों वर्गों की शिक्षा देने के कारण लोकप्रिय हैं।
6. ये कॉलेज उन सभी युवकों और युवतियों को व्यावसायिक दृष्टि से सक्षम बनाते हैं जो आगामी शिक्षा (Further Education) नहीं लेना चाहते।

कुछ लोग जूनियर कॉलेजों की आलोचना करते हुए कहते हैं कि जो पैसा माध्यमिक स्कूलों पर खर्च होना चाहिए था वह इन कॉलेजों पर खर्च हो रहा है। इसलिए माध्यमिक स्कूल अपना स्तर नहीं सुधार पा रहे हैं। जनता द्वारा दिये गये शिक्षा कर (Education Tax) का अधिकाँश भाग इन्हीं पर खर्च होता है।

ये जूनियर कॉलेज बार-बार शिक्षा कर (Education Tax) बढ़वाने के लिए उत्तरदायी हैं और ये 4-वर्षीय कॉलेज शिक्षा का विरोध करते हैं। फिर भी जूनियर कॉलेज अब माध्यमिक शिक्षा और उच्च शिक्षा (Higher Education) के बीच की कड़ी बन गये हैं और कॉलेज शिक्षा की पूरक (Complementary) संस्थाएँ बनकर अधिक लोकप्रिय हो गये हैं।

माध्यमिक शिक्षा का पाठ्यक्रम और शैक्षिक कार्यक्रम (Curriculum and Educational Programme of Secondary Education)

संयुक्त राज्य अमेरिका के माध्यमिक स्कूलों में लगभग सभी विषय अनिवार्य होते हैं। माध्यमिक स्कूलों में कुछ विषयों की विशेष कक्षाएँ (Special Classes) चलायी जाती हैं। इन विशेष कक्षाओं का आकार और आवश्यकता स्थानीय आवश्यकताओं (Local Needs) और दशाओं पर निर्भर करती है। शहरी क्षेत्रों में इन विशेष कक्षाओं की संख्या 20 से 30 तक पायी जाती है, परन्तु ग्रामीण क्षेत्रों में एक विशेष कक्षा के माध्यमिक स्कूल पाये जाते हैं। माध्यमिक स्कूलों का पाठ्यक्रम उदार (Liberal) और उपयोगी है।

अमेरिका के माध्यमिक स्कूलों में तीन प्रकार का पाठ्यक्रम पाया जाता है—

1. अनिवार्य (Compulsory) पाठ्यक्रम जो सभी छात्र-छात्राएँ ग्रहण करते हैं।
2. अर्द्ध-अनिवार्य (Semi-Compulsory) पाठ्यक्रम जो सभी के लिए अनिवार्य नहीं है, परन्तु विशेष विषय के रूप में उसे ले सकता है।
3. ऐच्छिक (Optional) पाठ्यक्रम जिसे छात्र-छात्राएँ अपनी रुचि और आवश्यकता के अनुकूल इच्छानुसार चुनते हैं। इसमें बहुत से विषय होते हैं।

पाठ्यक्रम में कई समूह (Groups) होते हैं जिनमें से छात्र को कोई एक समूह छाँटना होता है। ये समूह (Groups) स्थानीय आवश्यकताओं और स्थानीय व्यवस्थाओं और सुविधाओं के अनुकूल निर्धारित किये जाते हैं। ऐच्छिक विषय या तो जूनियर कक्षाओं के अंतिम वर्ष में या माध्यमिक कक्षाओं के प्रथम वर्ष में चुने जाते हैं।

4-वर्षीय माध्यमिक कक्षाओं के प्रथम वर्ष में ही ये विषय चुन लिये जाते हैं।

माध्यमिक स्तर पर लगभग 290 विषयों के शिक्षण की व्यवस्था है। इन विषयों की व्यवस्था स्थानीय आवश्यकताओं, छात्र-छात्राओं की आवश्यकताओं, रुचियों और योग्यताओं को ध्यान में रखते हुए की गयी है। शहरी माध्यमिक स्कूलों में लगभग 100 विषयों की व्यवस्था होती है। अमेरिका में अधिकाँश व्यक्ति माध्यमिक शिक्षा के बाद पढ़ना छोड़ देते हैं। इन्हें व्यावसायिक शिक्षा देकर भावी जीवन के लिये तैयार किया जाता है। अतः माध्यमिक स्तर पर वाणिज्य (Commerce), कृषि (Agriculture), उद्योगों (Industries) में प्रशिक्षण देने की व्यवस्था है। इस प्रशिक्षण के पहले वर्ष समाजशास्त्र, प्रयोगात्मक विज्ञान, शारीरिक शिक्षा, गणित और अंग्रेजी भाषा की शिक्षा दी जाती है। इन विषयों के अतिरिक्त छात्र-छात्राएँ हस्तशिल्प (Handicrafts), धातु कार्य (Metal Work), विद्युत कार्य (Electric Work), टंकण (Typing), पशु-चिकित्सा (Animal Husbandry), भूमि-संरक्षण (Soil-Conservation), संगीत वाद्य-यन्त्रों का निर्माण (Musical Instruments Manufacturing), वेश-विन्यास रूपकारी (Fashion Designing), चित्रकला, गृह-विज्ञान आदि विषय भी चुनते हैं।

पाठ-सहगामी (Co-curricular) और व्यावसायिक क्रियाएँ—अमेरिका में सामान्य शिक्षा (General Education) तथा व्यावसायिक शिक्षा (Vocational Education) साथ-साथ दी जाती है। कहीं-कहीं सामान्य शिक्षा और व्यावसायिक शिक्षा के स्कूल अलग-अलग हैं। वास्तव में संयुक्त शिक्षा प्रणाली अच्छी रहती है। इसमें छात्र अपनी रुचि का एक समूह छाँटकर जहाँ व्यावसायिक दृष्टि से निपुण होते हैं सामान्य शिक्षा से उनका व्यक्तित्व भी अच्छा बनता है।

माध्यमिक स्कूलों में निर्धारित पाठ्यक्रम के अतिरिक्त पाठ-सहगामी (Co-Curricular) क्रियाओं पर ध्यान दिया जाता है। इन क्रियाओं के अन्तर्गत स्वतन्त्र वाद-विवाद (Free-discussion), छात्रों की स्वतन्त्र सरकार (Students Self Government), मॉक संसद (Mock Parliament), सामूहिक विचार-विनिमय (Group or Collective Exchange of Views), आत्माभिव्यक्ति (Self-expression) को स्थान मिलता है। इससे छात्र-छात्राएँ योग्य नेता और नागरिक बनते हैं। छात्र स्कूलों के प्रशासन में भाग लेते हैं और अध्यापकों के कार्य का मूल्यांकन करते हैं जिससे अध्यापक-व्यवहार (Teacher Behaviour) सुधर सके। ऐसी बहुत-सी संस्थाओं (Institutions) का गठन होता है जो छात्र-छात्राओं को सामूहिक खेलकूद-साहित्यिक-प्रयोजनाओं (Literary Projects), मनोरंजन और अवकाश के सदुपयोग की शिक्षा देते हैं। छात्र रचनात्मक क्रियाओं द्वारा मानवीय गुणों को ग्रहण करते हैं। छात्रों के लिए भवनों और अध्यापकों की सहायता प्रत्येक अवसर पर सुलभ रहती है। स्कूल, अध्यापक, विभाग, प्रशासक सभी इन क्रियाओं को प्रोत्साहित करते हैं।

छात्र अपनी रुचि के अनुसार संगीत, साहित्य, चित्रकला, नाटक, वाद-विवाद, समाचार पत्र-प्रकाशन, सामाजिक व्यवहार, मनोरंजन और खेलकूद आदि की गोष्ठियाँ (Clubs) बनाते हैं और उनमें स्वतंत्रतापूर्वक भाग लेते हैं।

सारांश

माध्यमिक स्कूलों के संगठन का विकास

अमेरिका में तीन प्रकार के माध्यमिक स्कूल—(1) **लैटिन ग्रामर स्कूल**—यूरोपीय भाषा, साहित्य, राजनीति, धर्म और संस्कृति की रक्षा के लिए धार्मिक शिक्षा देने वाले स्कूल। अब इनमें आधुनिक आवश्यकताओं के अनुकूल परिवर्तन। (2) **एकेडेमीज़**—सामान्य शिक्षा के साथ औद्योगिक और व्यावसायिक शिक्षा देने के लिए इनकी स्थापना। बेंजमिन फ्रेंकलिन द्वारा इनकी स्थापना पर बल। 1830 तक 500 एकेडेमीज़। (3) **पब्लिक माध्यमिक स्कूल**—इनमें निःशुल्क, सार्वजनिक शिक्षा। 19वीं शताब्दी से इनका प्रारम्भ। 1821 ई. में पहला पब्लिक स्कूल, 1826 में छात्राओं का पब्लिक स्कूल खुला। 'कमेटी ऑफ टेन' की सिफारिश पर शिक्षा सार्वजनिक।

माध्यमिक शिक्षा सार्वजनिक—कालामाजू रेस तथा कमेटी ऑफ टेन की सिफारिश पर शिक्षा की व्यवस्था द्वारा शिक्षा सार्वजनिक।

माध्यमिक शिक्षा-संगठन में परिवर्तन

8-वर्षीय माध्यमिक शिक्षा असुविधाजनक और लम्बी थी। अतः इसे 6-वर्षीय शिक्षा में बदलने का प्रयास। 6-वर्षीय प्राथमिक शिक्षा के बाद तीन वर्षीय जूनियर हाईस्कूल कक्षाएँ और 3-वर्षीय माध्यमिक कक्षाएँ प्रारम्भ। बाद में 2-वर्षीय जूनियर कॉलेज कक्षाएँ प्रारम्भ।

संयुक्त राज्य अमेरिका की माध्यमिक शिक्षा के उद्देश्य

प्रारम्भ में शिक्षा के उद्देश्य संकीर्ण। पुनर्संगठन के बाद उद्देश्यों का निर्धारण।

(1) स्वास्थ्य शिक्षा द्वारा स्वास्थ्य का विकास करना, (2) शैक्षिक प्रक्रियाओं पर नियन्त्रण रखना, (3) योग्य कौटुम्बिक सदस्य बनाना, (4) व्यावसायिक शिक्षा देना, (5) नागरिकता की शिक्षा देना, (6) अवकाश के सदुपयोग की शिक्षा, (7) नैतिक चरित्र का गठन। 'अमेरिका के सामाजिक आर्थिक लक्ष्यों की समिति' के अनुसार 10 लक्ष्य। माध्यमिक शिक्षा के पुनर्गठन की समिति द्वारा लक्ष्य सम्बन्धी दो रिपोर्टें।

माध्यमिक शिक्षा के कार्य

(1) ज्ञान और समन्वय का विकास, (2) भावी, सम्भावित आवश्यकताओं की पूर्ति, (3) परम्पराओं, संस्कृति और आवश्यकताओं का ज्ञान, (4) विशिष्टीकरण पर बल, (5) पूर्व-ज्ञान और नवीन ज्ञान में सह-सम्बन्ध, (6) मानवीय क्रियाओं में रुचि, (7) प्रगतिशील शिक्षण, स्वतन्त्र चिन्तन, अनुसंधान सिद्धान्तों का उपयोग, (8) छात्रों को न्यूनतम उपलब्धि कराना। जीवन व्यवस्थापन समिति द्वारा 10 कार्यों की व्याख्या।

माध्यमिक शिक्षा का स्वरूप और संगठन

शिक्षा संस्थाओं के प्रकार और वर्गीकरण—पहला वर्गीकरण 4+4-वर्षीय, दूसरा 3+3-वर्षीय। पहले वर्ग में कक्षा 9 से 12 तक 4-वर्षीय माध्यमिक शिक्षा, 8-वर्षीय प्राथमिक शिक्षा, 2-वर्षीय जूनियर कॉलेज और 2-वर्षीय कॉलेज शिक्षा। दूसरे वर्ग में 6-वर्षीय प्राथमिक, 3-वर्षीय जूनियर हाई स्कूल, 3-वर्षीय माध्यमिक, 2-वर्षीय जूनियर कॉलेज और 2-वर्षीय कॉलेज शिक्षा।

पाठ्यक्रम के अनुसार स्कूलों का संगठन।

जूनियर हाई स्कूलों का संगठन

कहीं-कहीं ये कक्षाएँ माध्यमिक कक्षाओं के साथ जुड़ी हैं तो कहीं ये पूर्ण स्वतन्त्र हैं। 8 वर्षीय प्राथमिक शिक्षा में परिवर्तन लाकर 6-वर्षीय प्राथमिक शिक्षा तथा 3-वर्षीय जूनियर हाई-स्कूल व्यवस्था और 3-वर्षीय हायर सेकण्डरी कक्षाओं की व्यवस्था। ये 1918 से विकसित। ये किशोरों के स्कूल। किशोरावस्था की सभी आवश्यकताएँ पूर्ण।

माध्यमिक स्कूलों का संगठन

अमेरिका में इनकी व्यवस्था में भेद। कहीं 3-वर्षीय जूनियर हाईस्कूल+3-वर्षीय हायर सेकण्डरी; कहीं 4-वर्षीय जूनियर+ 4-वर्षीय हायर सेकण्डरी। कहीं 4-वर्षीय हायर जूनियर+2-वर्षीय हायर सेकण्डरी।

पाठ्यक्रम के अनुसार स्कूलों का वर्गीकरण

उच्चतर माध्यमिक विद्यालय

- (1) कॉमन स्कूल
  - व्यापक स्कूल
  - लिमिटेड स्कूल
- (2) स्कूल ऑल स्पेशलाइजेशन
- (3) पार्ट-टाइम स्कूल

जूनियर कॉलेज प्रणाली

कक्षा 13 और 14 की पढ़ाई जूनियर कॉलेज में, ये कॉलेज शिक्षा के ही अंग माने जाते हैं। कहीं-कहीं इन्हें सेकण्डरी एजूकेशन का भाग बनाया गया है। 1882 ई. में मिशिगन में फिर कैलिफोर्निया में खुले। 1930 के निकट सबसे अधिक जूनियर कॉलेजों की स्थापना। प्राइवेट और पब्लिक दो प्रकार के जूनियर कॉलेज। इनमें सामान्य शिक्षा के साथ व्यावसायिक शिक्षा भी। इनका अधिक महत्व, विश्वविद्यालयों द्वारा भी इनकी स्थापना में सहयोग।

माध्यमिक शिक्षा के पाठ्यक्रम और कार्यक्रम

तीन प्रकार के पाठ्यक्रम–

(1) अनिवार्य पाठ्यक्रम, (2) अर्द्ध अनिवार्य, (3) ऐच्छिक पाठ्यक्रम।

अर्द्ध अनिवार्य पाठ्यक्रम में विशेष विषयों की शिक्षा। शहरों में विशेष शिक्षा के अधिक स्कूल। गाँवों में इनकी संख्या कम। ऐच्छिक विषयों में पृथक्-पृथक् समूहों की रचना (कला+विज्ञान+वाणिज्य); छात्रों द्वारा इच्छा, रुचि, योग्यता, आवश्यकता के अनुसार विषयों का चयन। विषयों की अधिकता, 290 विषय तक।

पाठ-सहगामी और व्यावसायिक क्रियाएँ–सामान्य शिक्षा पाठ्यक्रम के साथ-साथ पाठ-सहगामी और व्यावसायिक क्रियाओं की व्यवस्था। छात्र-छात्राओं को अपनी रुचि और आवश्यकताओं के अनुकूल क्रियाओं में भाग लेने का अवसर, नेतृत्व और योग्य नागरिकता की शिक्षा। अच्छी आदतों का निर्माण जिसमें अवकाश के सदुपयोग की प्रवृत्ति को जन्म, छात्रों द्वारा विभिन्न कार्यक्रमों में भाग लेने की आजादी। शिक्षकों, प्रशासकों और जनता का पूर्ण सहयोग। सभी सुविधाएँ उपलब्ध, सभा आयोजन, खेलकूद, सांस्कृतिक, साहित्यिक, वैज्ञानिक, कलात्मक, समाज सेवा के कार्यक्रमों का संगठन, क्लबों का गठन।

अभ्यासार्थ प्रश्न

1. संयुक्त राज्य अमेरिका की माध्यमिक शिक्षा के संगठन से सम्बन्धित विकास का वर्णन कीजिए।
2. अमेरिका में विभिन्न समितियों, आयोगों आदि की सिफारिशों के अनुसार माध्यमिक शिक्षा के संगठन में क्या-क्या परिवर्तन हुए ?
3. संयुक्त राज्य अमेरिका की माध्यमिक शिक्षा के उद्देश्यों का वर्णन कीजिए।
4. "माध्यमिक शिक्षा अपने कार्यों के बल पर अमेरिकावासियों के लिये बड़ी उपयोगी सिद्ध हुई है।" इस कथन को समझाइए।
5. अमेरिका में माध्यमिक शिक्षा के संगठन और स्कूलों के वर्गीकरण की सविस्तार व्याख्या कीजिए।
6. "माध्यमिक स्कूलों के पाठ्यक्रम, शैक्षिक कार्यक्रम और पाठ-सहगामी क्रियाएँ इतनी उपयोगी हैं कि अमेरिका के माध्यमिक स्कूल नागरिकता के विकास में भरपूर योग देते हैं।" इस कथन की समीक्षा कीजिए।
7. निम्नलिखित को स्पष्ट कीजिए—
   (अ) जूनियर कॉलेज प्रणाली।
   (ब) जूनियर हाईस्कूल कक्षाएँ।
   (स) व्यापक स्कूल (Comprehensive Schools)।
   (द) शिक्षा कर (Education Tax)।
   (य) माध्यमिक स्तर पर प्रौढ़ शिक्षा कार्यक्रम।

अध्याय 8

संयुक्त राज्य अमेरिका में प्रौढ़ शिक्षा [Adult Education in U.S.A.]

प्रौढ़ शिक्षा (Adult Education)

सामान्यतः प्रौढ़ (Adult) से हमारा तात्पर्य उस व्यक्ति विशेष से है जो शारीरिक और मानसिक दृष्टि से परिपक्व और वयस्क होता है, परन्तु अधिक आयु होने के कारण वह प्राथमिक शिक्षा की संस्थाओं में प्रवेश नहीं ले पाता। किन्हीं कारणों से इन प्रौढ़ों का बाल्यकाल बिना नियमित शिक्षा (Formal Education) के व्यतीत हो जाता है। शिक्षा के आधार पर प्रौढ़ और बालक समान होते हैं, परन्तु बालक मानसिक और शारीरिक दृष्टि से परिपक्व नहीं होता। इसलिये प्रौढ़ और बालक को समान ढ़ंग से पढ़ाना ठीक नहीं होता। प्रौढ़ों को मनोवैज्ञानिक ढ़ंग से उनके अनुभवों का लाभ उठाते हुए पढ़ाया जाना आवश्यक है।

अधिगम (Learning) केवल बालकों के लिये ही नहीं है। इसे तो प्रौढ़ और वृद्ध व्यक्ति तक आजीवन प्राप्त करता ही रहता है। अधिगम तब अच्छा और सुगम होता है, जब शरीर के साथ-साथ मस्तिष्क भी परिपक्व हो जाता है। इसीलिए प्रौढ़ लोग बच्चों की अपेक्षा शीघ्र सीख लेते हैं। वास्तव में व्यवहार में परिवर्तन लाना (To Bring Change in Behaviour) ही अधिगम और शिक्षा है। परीक्षणों और खोजों के आधार पर निष्कर्ष निकला है कि प्रौढ़-जीवन (Adult-life) केवल आयु का मध्य बिन्दु नहीं है, यह तो अधिगम (Learning), कुशलता (Skill), क्षमता (Efficiency) और चिन्तन (Thinking) का भी मध्य बिन्दु है। यह भी सिद्ध हुआ है कि विशिष्ट बौद्धिक योग्यता (Specific Intellectual Ability) भी प्रौढ़ों में, बालकों की अपेक्षा अधिक पायी जाती है। 30-40 वर्ष के बीच और 10-20 वर्ष के बीच अधिगम-सम्बन्धी कोई अन्तर नहीं होता। यदि 45 वर्ष की अवस्था में व्यक्ति को शिक्षा दी जाय तो वह 15-वर्षीय युवक से कहीं अधिक और शीघ्र सीख लेता है, क्योंकि उसके पास अनुभवों की पृष्ठभूमि होती है।

प्रौढ़ शिक्षा का अर्थ एवं विकास
(The Meaning and Development of Adult Education)

प्रौढ़ शिक्षा का अर्थ (The Meaning of Adult Education)

प्रौढ़ शिक्षा (Adult Education) उस क्रियात्मक अध्ययन का कार्यक्रम है जिसमें सामान्य आयु या अनिवार्य स्कूल आयु से अधिक आयु के व्यक्ति भाग लेते हैं। ये व्यक्ति निरक्षर (Illiterate) या अर्द्ध साक्षर (Semi-literate) या पूर्ण साक्षर (Literate) भी हो सकते हैं। इसमें स्कूली बच्चों की अपेक्षा प्रौढ़ का रुझान (Attitude), स्वैच्छिक (Voluntary) तथा भिन्न (Different) होता है। अतः प्रौढ़ शिक्षा में ऐसे बहुत से कार्यक्रम रखे जाते हैं जो प्रौढ़ के अधिगम और व्यक्तित्व को सर्वांगीण बना सकें। प्रायः उन प्रौढ़ों के लिए प्रौढ़ शिक्षा दी जाती है जो या तो पहले किसी स्कूल में नहीं पढ़े या जिन्होंने बीच में ही पढ़ना छोड़ दिया हो। वे एक अनवरत प्रक्रिया (Continuous Process) द्वारा अपनी अधूरी पढ़ाई को पूरा करना चाहते हैं। प्रौढ़ शिक्षा प्रौढ़ को नीरसता (Monotony) और थकान (Fatigue) से छुटकारा दिलाती है। इस शिक्षा से प्रौढ़ में उदारता (Generosity), सहानुभूति (Sympathey), सहयोग (Cooperation) तथा विविध प्रकार के लोगों से सम्पर्क की भावना पैदा होती है। प्रौढ़ इस शिक्षा से उपयुक्त न्याय, मूल्यों की रसानुभूति (Appreciation of Values) की आदत आती है और उसका सांस्कृतिक विकास भली प्रकार हो जाता है।

प्रौढ़ शिक्षा का विकास (Development of Education)

स्कूलों में नियमित शिक्षा पाने वाले बालक प्रौढ़ शिक्षा में भाग लेने वाले प्रौढ़ों की अपेक्षा अधिक सुविधाएँ प्राप्त करते हैं। प्रौढ़ अपने मानसिक सन्तोष के लिए पढ़ते हैं। नियमित शिक्षा पाने वाले बालक अच्छी शिक्षा प्राप्त करते हैं, क्योंकि उन्हें जीविकोपार्जन की चिन्ता नहीं होती। प्रौढ़ किसी न किसी व्यवसाय में रहकर जीविकोपार्जन पर ध्यान देते हैं। शिक्षा के लिये उन्हें कम समय मिलता है। कुछ को तो चाहते हुए भी शिक्षा सुविधाएँ नहीं मिलतीं। प्रौढ़ आगामी शिक्षा की इच्छा रखता है उसे भी पढ़ने में सन्तोष प्राप्त होता है। वे अपनी इस भूख को सन्तुष्ट करने के लिए सांस्कृतिक (Cultural), आध्यात्मिक (Spiritual), सामाजिक (Social) तथा स्वैच्छिक (Voluntary) संगठन बनाते हैं और प्रौढ़ों की शैक्षिक इच्छाओं की पूर्ति के साधन जुटाते हैं। अमेरिका में प्रायः प्रौढ़ ऐसे ही संगठन (Organisation) बनाते रहते हैं। 18वीं शताब्दी से लोगों के ऐसे प्रयास प्रारम्भ हो गये थे, परन्तु 19वीं शताब्दी

में ये प्रयास बहुत उपयोगी सिद्ध हुए। 1820 ई॰ को सबसे पहले प्रौढ़ों के लिए लीसेयम (Lyceums) ने शैक्षिक प्रयास किया। 1826 ई॰ के इस प्रयास ने एक-शैक्षिक आन्दोलन (Educational Movement) का रूप धारण कर लिया। यह शिक्षा प्रयास व्याख्यान प्रणाली (Lecture Method) पर आश्रित था। इसे लीसेयम व्याख्यान शिक्षा आन्दोलन (Lyceums Lecture Education Movement) का नाम दिया जाता है। राज्य गृह-युद्ध (States Civil War) के प्रारम्भ होने से पूर्व ही यह शिक्षा आन्दोलन बड़ी तीव्रता से फैला। इसके परिणामस्वरूप चर्चों, मिकेनिक्स इन्स्टीट्यूट्स (Mechanics Institutes), दर्शन से सम्बन्धित (Philosophical) और ऐतिहासिक समितियों ने व्याख्यान और वाद-विवाद के प्रौढ़ शिक्षा कार्यक्रम प्रारम्भ किये। 4000 के लगभग समूहों (Groups) ने इन कार्यक्रमों को चलाया।

न्यूयार्क में प्रौढ़ शिक्षा-सम्बन्धी प्रयत्न—1847 ई॰ को चोटोका (Chautauqua) पश्चिमी न्यूयार्क में एक प्रौढ़ शिक्षा संगठन की स्थापना की गयी। इसे चोटोका इन्स्टीट्यूट् मूवमेंट (Chautauqua Institute Movement) कहा जाता है। यह ग्रीष्मकालीन शिविर (Camp) व्यवस्था थी जो लीसियम पद्धति (Lyceums Method) पर आधारित थी। इन शिविर (Camp) में बाह्य जीवन क्रियाएँ, व्याख्यान, वाद-विवाद, मनोरंजन, प्रदर्शनी, गोष्ठियाँ, उच्चशिक्षा कक्षाएँ, गृह अध्ययन कक्षाओं का निर्देशन तथा अन्य शैक्षिक कार्यक्रमों की व्यवस्था थी। ये सभी कार्यक्रम आकर्षक, रोचक एवं मनोरंजक थे। जब यह शिविर एक स्थान से दूसरे स्थान को ले जाया जाता था तो खेलकूद, गायन-वादन जो सार्वजनिक स्थानों पर होते थे, के साथ शिविर समाप्त होता था। अमेरिका के प्रौढ़ों ने इन कार्यक्रमों में भली प्रकार भाग लिया। प्रथम विश्व युद्ध के छिड़ने पर ये सभी कार्यक्रम रद्द हो गये और युद्ध समाप्ति पर नई-नई प्रयोजनाएँ (Projects) तैयार किये गये। इस प्रकार प्रौढ़ शिक्षा-क्षेत्र के ये प्रयास उल्लेखनीय माने जा सकते हैं।

अन्य प्रौढ़-शिक्षा प्रयास

उपर्युक्त लीसेयम तथा चोटोका आन्दोलनों ने विश्वविद्यालयों को भी प्रभावित किया। 1820 ई॰ में विश्वविद्यालयों ने पत्राचार शिक्षा प्रणाली (Correspondence Education System) की नींव डाली। 1892 ई॰ में शिकागो विश्वविद्यालय ने व्याख्यानों द्वारा प्रौढ़ शिक्षा देने के प्रयास किये। अन्य विश्वविद्यालयों ने भी इसी प्रकार प्रौढ़ शिक्षा कार्यक्रम चलाये। ये सभी प्रयास ब्रिटिश विश्वविद्यालयों की योजना का अनुसरण कर रहे थे।

19वीं और 20वीं शताब्दी के बीच में ब्रिटिश श्रमिक अमेरिका आकर बसे। ये सभी श्रमिक अशिक्षित थे। अतः उन श्रमिकों को शिक्षित करने और उनकी श्रम-

कुशलता को बढ़ाने के लिए सोचना आवश्यक हुआ। उन्हें अमेरिकी नागरिकता की शिक्षा देना आवश्यक समझा गया। इसके लिये जनता द्वारा, सम्प्रदायों और समूहों द्वारा, वैयक्तिक प्रयासों द्वारा निःशुल्क प्रौढ़ शिक्षा की व्यवस्था की गयी। इन प्रयासों से अर्द्ध-साक्षर लोगों को अधिक लाभ पहुँचा।

प्रारम्भ में अमेरिकी लोगों का विचार था कि उन्हीं प्रौढ़ों के लिये शिक्षा की व्यवस्था की जाय जो किन्हीं कारणों से अनिवार्य शिक्षा पूरी नहीं कर सके और व्यवसायों में लग गये। 19वीं शताब्दी के अन्त तक ऐसे ही प्रयास चलते रहे। बाद में लोगों ने विचार किया कि शिक्षा तो जन्म से मृत्यु पर्यन्त चलती रहती है। अतः प्रौढ़ शिक्षा कार्यक्रमों में बालकों, युवकों और प्रौढ़ों (सभी) को लिया गया। अब यह आवश्यक समझा गया कि अब तक शिक्षा देने वाले संगठन इतना अच्छा काम नहीं कर सकते जिनता अच्छा कार्य स्कूल और कॉलेज कर सकते हैं। अतः प्रौढ़ शिक्षा के स्कूलों की स्थापना की जानी चाहिए। फलतः 1897 ई॰ को प्युपलस इन्स्टीट्यूट ऑव न्यूयार्क (Peoples Institute of New York) की स्थापना की गयी। इसमें प्रौढ़ों के लिये एक समन्वित शिक्षा (Integrated Education) लीसेयम पद्धति और दूसरे सामाजिक कार्यक्रमों के आधार पर देने की व्यवस्था की गयी। इसे केवल प्रौढ़ शिक्षा-संस्था घोषित किया गया। वास्तविक प्रौढ़ शिक्षा कार्यक्रम प्रथम विश्व युद्ध के बाद प्रारम्भ हुए। 1924 ई॰ को क्लीवलैंड (Cleaveland) में समन्वित, प्रयोगात्मक प्रौढ़ शिक्षा कार्यक्रम प्रारम्भ हुआ। इसी समय निरक्षर और अर्द्ध-साक्षर यूरोप से आये श्रमिकों के लिए प्रौढ़ शिक्षा विभागों (Departments of Adult Education) की स्थापना की गयी। स्थान-स्थान पर प्रौढ़ शिक्षा की व्याख्यान संस्थाएँ और प्रौढ़ शिक्षा संस्थाएँ खुलीं। न्यूयार्क के ब्रुकलिन इन्स्टीट्यूट ऑफ आर्ट्स एंड साइंस (Brooklyn Institute of Arts and Science) ने प्रौढ़ शिक्षा के व्यावसायिक और सामाजिक कार्यक्रम भी प्रारम्भ किये। 1839 ई॰ को बोस्टन (Boston) में लायल इन्स्टीट्यूट (Lyall Institute) की स्थापना हुई जिसमें विभिन्न साक्षरता-सम्बन्धी, सामाजिक और राजनीतिक विषयों पर व्याख्यानों की व्यवस्था की गयी।

1925 से 1993 ई॰ के बीच प्रौढ़ शिक्षा का अच्छा विकास हुआ। अब इस शिक्षा-कार्यक्रम में युवा, वृद्ध और बालक सभी भाग लेने लगे। इस समय प्रौढ़ शिक्षा उद्देश्यों का पुनरावलोकन किया गया। शिक्षा को आधुनिक आवश्यकताओं की पूर्ति का आधार बनाया गया। इस शिक्षा से व्यक्ति को योग्य नागरिक बनाने का प्रयास हुआ जिसके अनुसार उसके परिवार, व्यवसाय, समुदाय और देश के प्रति उसके कर्त्तव्यों और अधिकारों का बोध कराया गया। उसे राष्ट्र और अन्तर्राष्ट्रीय स्तर की राजनीतिक, सामाजिक, वैज्ञानिक गतिविधियों का परिचय देकर उसे विश्व नागरिक बनाने पर बल दिया। प्रत्येक नगर, कस्बे और गाँव में प्रौढ़ शिक्षा के लिए रात्रि

स्कूल, संग्रहालय, पुस्तकालय, वाचनालय स्थापित किये गये। ये सभी प्रयास प्रौढ़ शिक्षा स्कूल कहलाये। इन्हें व्यक्तिगत, धार्मिक और सार्वजनिक स्थान पर लगाया गया।

अमेरिका के लोग शिक्षा प्रेमी हैं। सभी व्यस्त निरक्षर, अर्द्ध-साक्षर, साक्षर बालकों, युवकों, प्रौढ़ों और वृद्धों को उनके अवकाश में प्रौढ़ शिक्षा के कार्यक्रम दिये जाते हैं। यह अवकाश प्रौढ़ों को दिन भर के कार्य के बाद प्राप्त होता है। इस प्रकार के कार्यक्रमों में पुरुष और महिलाएँ समान रूप से भाग लेते हैं। प्रारम्भ में प्रौढ़ शिक्षा के कार्यक्रम लोगों को बड़े अजीब लगे थे, परन्तु बाद में उन्हें पता चला कि वे कैसे उनकी क्रियात्मक और मूलभूत आवश्यकताओं को पूरा करते हैं।

अमेरिका में प्रौढ़ शिक्षा विभाग की स्थापना अमेरिकी लोगों को योग्य नागरिक बनाने के लिए की गयी थी। इसने लोगों को योग्य नागरिकता और नेतृत्व की सफल शिक्षा दी। अब अमेरिकन प्रौढ़ शिक्षा विकसित और उपयोगी बन गयी है। प्रौढ़ शिक्षा प्राप्त करने के अतिरिक्त, वाचनालयों, पुस्तकालयों, संग्रहालयों, धार्मिक स्थानों के कार्यक्रमों, रेडियो और टेलीविजन आदि के कार्यक्रमों से भी लाभ उठाते हैं। पिछले आँकड़ों के अनुसार कोई 3 करोड़ अमेरिकी प्रौढ़ अपने व्यवसाय में लगे हुए प्रौढ़ शिक्षा के कार्यक्रमों से लाभान्वित हो रहे हैं। उच्च शिक्षा क्षेत्र में भी लगभग 50 लाख स्त्री-पुरुष प्रौढ़ शिक्षा प्राप्त कर रहे हैं।

प्रौढ़ शिक्षा की वित्तीय व्यवस्था—प्रौढ़ शिक्षा को संघात्मक और राज्य सरकारें आर्थिक अनुदान देती हैं। लगभग 30 राज्य इस शिक्षा को अनुदान देते हैं। यह समूचे शिक्षा-व्यय का एक भाग होता है। सरकार स्कूलों में पढ़ने वाले छात्र-छात्राओं, प्रौढ़ों को व्यावसायिक शिक्षा के लिए अनुदान देती है। इस अनुदान का लाभ व्यवसायरत प्रौढ़ों को अधिक मिलता है। लगभग 65 प्रतिशत प्रौढ़ इस अनुदान व्यवस्था से लाभ पाते हैं। 1993 ई॰ के आँकड़ों के अनुसार 60 लाख प्रौढ़ व्यक्तियों में से 40 लाख प्रौढ़ इस अनुदान के बल पर अच्छी व्यावसायिक और सामान्य शिक्षा प्राप्त कर रहे थे। इस व्यावसायिक शिक्षा अनुदान के अतिरिक्त राज्य-सरकारें प्रौढ़ों के लिए कृषि, भवन, वाणिज्य और व्यापार आदि की व्यवस्था का उत्तरदायित्व अपने ऊपर लेती हैं और प्रौढ़ों को सभी प्रकार की सम्बन्धित सुविधाएँ देती हैं।

प्रौढ़ शिक्षा प्रशासन (Administration)

प्रौढ़ शिक्षा से सम्बन्धित व्यावसायिक शिक्षा के लिए एक निदेशक (Director) की नियुक्ति की जाती है। अमेरिका में पर्याप्त प्रशिक्षित अध्यापकों, पैसों और इन्स्ट्रक्टर्स की आवश्यकता है, ताकि प्रौढ़ शिक्षा अच्छी प्रकार चल सके। इस दृष्टि से वहाँ बहुत-सी समस्याएँ हैं। सभी प्रशिक्षित निर्देशक (Instructors) प्रौढ़ शिक्षा केन्द्रों पर

नियुक्त हो चुके हैं जो कर्त्तव्यपरायणता के साथ प्रौढ़ों को निर्देश देते हैं। अध्यापकों की पूर्ति के लिए शिक्षकों, प्राध्यापकों, शिक्षाशास्त्रियों, सम्पादकों, विशेषज्ञों, बैंक के प्रबन्धकों, दन्त चिकित्सकों, कुशल गृहणियों और दूसरे लोगों से सम्बन्धित क्षेत्रों में प्रौढ़ों के लिए शिक्षा सेवाएँ ली जाती हैं। अमेरिका में प्रौढ़ शिक्षा निःशुल्क है। यदि कहीं शुल्क है भी तो वह नाममात्र का है। प्रौढ़ शिक्षा के कार्यक्रमों का लाभ वर्ग-भेद बिना, सार्वजनिक रूप से, अनिवार्य और निःशुल्क व्यवस्था के साथ सभी प्रौढ़ों तक पहुँचाया जाता है।

प्रौढ़ शिक्षा की आवश्यकता और प्रक्रिया
(The Need and Process of Adult Education)

प्रौढ़ शिक्षा क्यों आवश्यक है ?

प्रौढ़ शिक्षा की आवश्यकता क्यों है यह जानने के लिए आवश्यक है कि हम उसके उद्देश्यों और प्रयोजनों को समझें। सामयिक आवश्यकता को ध्यान मे रखते हुए 'प्रौढ़' शब्द को अलग-अलग रूपों में पारिभाषित किया गया। इसकी चर्चा पीछे की जा चुकी है। प्रौढ़ शिक्षा की व्यवस्था निम्नलिखित आवश्यकताओं की पूर्ति के लिए की गयी है–

1. जिससे अमेरिकन प्रौढ़ व्यक्तिगत, कौटुम्बिक, सामाजिक, आर्थिक, राजनीतिक उत्तरदायित्वों को समझें और उनका सफलता से निर्वाह करें।
2. प्रौढ़ों को योग्य नागरिकता की शिक्षा देना जिससे वे लोकतान्त्रिक जीवन व्यतीत कर सकें।
3. जीवन भर शिक्षा (अधिगम) ग्रहण कर सकें।
4. वे अंग्रेजी, भाषा, साहित्य, गणित, भूगोल, इतिहास जैसे सामान्य और संगीत, चित्रकला, भवन-निर्माण कला, विज्ञान, स्वास्थ्य शिक्षा आदि विषयों में भी ज्ञान प्राप्त कर सकें।
5. परिवार के कुशल सदस्य बनने की दृष्टि से गृह-विज्ञान, गृह-प्रबन्ध, गृह-कला में प्रशिक्षण पा सकें।
6. सांस्कृतिक और सामाजिक भेदों के होते हुए भी वे सामान्य सामाजिक गुणों को ग्रहण कर सकें।
7. वे अपने व्यवसाय में कुशल और सक्षम हों, नया व्यवसाय भी अपना सकें।
8. वे राष्ट्रीय, अन्तर्राष्ट्रीय तथा अन्य समस्याओं को समझ सकें।
9. अपंग लोग अपनी जीविका के लिए कोई शिक्षा प्राप्त कर सकें।

प्रौढ़ शिक्षा के कार्य (Functions)

1. अवकाश के सदुपयोग, एकान्तवास को रोचक और सुखद बनाने की क्षमता लाना।
2. विभिन्न वर्गों, समाजों, धर्मों के लोगों में सामाजिक गुणों के माध्यम से सहनशीलता लाना, प्रौढ़ों में विचार-विनिमय की क्षमता पैदा करना और व्यावसायिक एवं व्यावहारिक कुशलता लाना।
3. लोगों में सामाजिक अवसरों पर तात्कालिक समस्याओं पर विचार करने और सम्बन्धित सूचनाओं को एकत्रित करने की क्षमता पैदा करना।
4. प्रौढ़ों को कृषि और व्यापार से सम्बन्धित समस्याओं, जैसे—प्राकृतिक विपत्तियों के कारण फसल नष्ट होने, माँग-पूर्ति के कारण मूल्यों में परिवर्तन होने, युद्ध और शान्ति की राजनीतिक घटनाओं के फलस्वरूप कृषि-उपज में हानि होने की समस्याओं से जूझने और कृषि एवं व्यापार के व्यवसायों में प्रसार-शिक्षा (Extension Education) देना।
5. कला, साहित्य, प्रकृति-अध्ययन, भ्रमण, नाटक और चलचित्रों आदि की सहायता से शिक्षण देना जिससे वे सांस्कृतिक और सभ्य-व्यवहार में कुशल हो जाएँ।
6. प्रौढ़ों में राजनीतिक जागरण लाना, नागरिकता की भावना लाना तथा यह विचार लाना कि प्रशासन और सरकार के संचालन में वे अच्छी, उपयोगी राय दे सकें और मदद कर सकें।

1941 ई॰ में स्थापित कार्नेजिक कॉरपोरेशन (Carnegic Corporation) ने उपर्युक्त उद्देश्य और कार्य निर्धारित किए थे। यह कॉर्पोरेशन प्रौढ़ शिक्षा-क्षेत्र में अनुसंधान कार्य (Researches) करती है और प्रौढ़ शिक्षा की समस्याओं का अध्ययन करके उनके हल करने, उनके संगठन, विधियों, स्रोतों, सहायक सामग्रियों, कार्यकर्ताओं के प्रशिक्षण, संदर्शन, अवसरों और खोज कार्यों के उत्तरदायित्वों का निर्वाह करती है। इसने 80 नगरों की प्रौढ़ शिक्षा-व्यवस्था का निरीक्षण करके 400 प्रौढ़ शिक्षा नेताओं के साथ परामर्श किया जिससे प्रौढ़ शिक्षा समस्याओं का निराकरण हो सके।

प्रौढ़ शिक्षा का स्वरूप और संगठन
(The Nature and Organisation of Adult Education)

संयुक्त राज्य अमेरिका में प्रौढ़ शिक्षा का स्वरूप और संगठन दो रूपों (Forms) में देखा जाता है—(अ) औपचारिकता (Formal), (ब) अनौपचारिक (Informal)।

औपचारिक प्रौढ़ शिक्षा (Formal Adult Education)

प्रौढ़ शिक्षा को औपचारिक रूप देने के लिए प्रौढ़ शिक्षा प्रसार कार्यक्रम संस्थाएँ (Adult Education Extension Programme Institutions), रात्रि पाठशालाएँ (Night Schools), सांध्य स्कूल (Evening Schools) तथा अन्य शिक्षा-प्रसार संस्थाएँ (Education Extension Institutions) हैं। यहाँ कुछ प्रमुख संस्थाओं का वर्णन किया जा रहा है—

(अ) **प्रौढ़ स्कूल (School for Adults)**—प्रारम्भ में ये स्कूल प्रौढ़ शिक्षा पर व्याख्यान और सामाजिक कार्यक्रम संचालित करते थे। बाद में इन्हें प्रौढ़ शिक्षा की नियमित संस्था बना दिया गया। न्यूयार्क में पिपुल्स इन्स्टीट्यूट (People's Institute) की स्थापना इसी दृष्टिकोण से हुई। ऐसे अन्य स्कूल भी हैं जो प्रौढ़ शिक्षा को नियमित रूप से देते हैं। इन स्कूलों की व्यवस्था विश्वविद्यालयों के अध्यापकों और अन्य व्यक्तियों द्वारा चलायी जाती है। इन स्कूलों में स्थानीय आवश्यकताओं के अनुसार प्रौढ़ों की व्यावसायिक आवश्यकता के लिए व्याख्यान प्रणाली से शिक्षा दी जाती है। ये स्कूल पहले प्रौढ़ों की स्थानीय आवश्यकताओं, परम्पराओं और उनकी योग्यताओं का अध्ययन करते हैं और फिर उन्हें पूरा करने के लिए उपयुक्त शिक्षा दी जाती है। प्रौढ़ शिक्षा कार्यक्रम पाठ्यक्रम और संगठन में सहयोग स्थापित करते हुए दिए जाते हैं।

(ब) **प्रौढ़ शिक्षा-संस्थाएँ (Institutions for Adult Education)**—1839 ई॰ को बोस्टन का लावेल इन्स्टीट्यूट (Lowell Institute of Boston) की स्थापना हुई। यह एक आदर्श संस्था है जो व्याख्यान प्रणाली के अतिरिक्त यहाँ तकनीकी और व्यावसायिक शिक्षा भी दी जाती है। यह संस्था इस दृष्टि से महत्वपूर्ण है। ब्रुकलिन इन्स्टीट्यूट ऑफ आर्ट एंड साइंस (Brooklyn Institute of Arts and Science) दूसरी संस्था है जो 1823 ई॰ में स्थापित हुई थी। यह धनिक संस्था है। इसमें साहित्य, विज्ञान और कला के अलग-अलग विभाग हैं। संगीत प्रशिक्षण के लिए अमेरिका भर में प्रसिद्ध है। यहाँ कला और विज्ञान के संग्रहालय, बोटनिकल गार्डेन (Botanical Garden) हैं जिनसे बालक, युवा और वृद्ध सभी लाभान्वित होते हैं।

(स) **सामाजिक अनुसंधान के नवीन स्कूल्स (New Schools for Social Research)**—ये स्कूल उन प्रौढ़ों के लिए स्थापित हुए थे जो स्नातक और उत्तर स्नातक स्तर की प्रौढ़ शिक्षा लेना चाहते हैं। 1919 ई॰ में पहली बार इन स्कूलों की स्थापना हुई। प्रारम्भ में ये शैक्षिक और सामाजिक कार्यक्रमों का संचालन करते थे। ये स्कूल सामाजिक समस्याओं से सम्बन्धित

अनुसंधान, मुख्य सामाजिक अध्ययन, सामाजिक कार्यक्रमों, वाद-विवाद, व्याख्यान और परियोजनाओं (Projects) के आधार पर किये जाते हैं। शिक्षण में पत्राचार प्रणाली (Correspondence System), व्याख्यान-प्रणाली का उपयोग होता है। सामाजिक अध्ययन के अन्तर्गत इतिहास, समाज मनोविज्ञान, श्रम, व्यवहारवाद (Behaviourism), राजनीति शास्त्र, अपराध विज्ञान (Criminology) तथा मानसिक स्वास्थ्य रक्षा (Mental Hygiene) को रखा जाता है।

अनौपचारिक प्रौढ़ शिक्षा (Informal Adult Education)

अनौपचारिक प्रौढ़ शिक्षा का कोई नियमित (Regular) पाठ्यक्रम नहीं होता। अनौपचारिक प्रौढ़ शिक्षा लीसेयम पब्लिक क्लब (Lyceums Public Club), संग्रहालय (Museum), पुस्तकालय, वाचनालय, नाट्य क्लब (Dramatic Clubs), रेडियो, चलचित्र, समाचारपत्र तथा विभिन्न खेलकूद की व्यवस्थाओं द्वारा दी जाती है। 1914 ई॰ में स्मिथ लीवर एक्ट (Smith Lever Act) के अनुसार कृषि विभाग ने कृषि-साधन-प्रणाली (Agriculture Agent System) को लागू करने का प्रयत्न किया। इस प्रणाली से ग्रामीण लोगों को कृषि-शिक्षा देकर शिक्षित करने का प्रयास किया गया। उन्हें आधुनिक वैज्ञानिक कृषि साधनों, मनोविज्ञान, गृह-व्यवस्था तथा अन्य उपयोगी विषयों की शिक्षा देकर सामाजिक जीवन के लिए तैयार किया गया।

सभी प्रौढ़ शिक्षा केन्द्र नियमित साधनों की भाँति शिक्षा नहीं देते। इसलिए इन्हें भी अनौपचारिक साधन (Informal Agency) माना जा सकता है। इन संस्थाओं में या केन्द्रों पर नागरिक समितियाँ (Citizen Committees), श्रमिक संघ, व्यापार मंडल, प्रौढ़-क्लब आदि भाग लेते हैं। ये केन्द्र इन्हें व्यावसायिक प्रशिक्षण देकर उनकी कार्यक्षमता को बढ़ाते हैं। इस प्रौढ़ शिक्षा को हम श्रमिक शिक्षा (Labour Education) की संज्ञा देते हैं। इस शिक्षा-योजना में रेडियो स्टेशन और समाचार पत्र भी अपना पूरा सहयोग देते हैं।

अमेरिकन प्रौढ़ शिक्षा जन-सहयोग द्वारा चलती है। प्रौढ़ अपनी शैक्षिक आवश्यकताओं के प्रति सचेत और सजग रहते हैं। वहाँ पुस्तकालयों और वाचनालयों की पर्याप्त संख्या है। लगभग 100,000 पुस्तकालय और वाचनालय किराये पर व्यवस्थित किये गये हैं। ग्रामीण क्षेत्रों में बड़े-बड़े पुस्तकालयों और वाचनालयों की शाखाएँ स्थापित की गयी हैं। ग्रामीण लोगों की प्रौढ़ शिक्षा के लिए समाचारपत्र, पत्र-पत्रिकाएँ, सूचना-पत्र, सूचनात्मक चलचित्र, शैक्षिक चलचित्र, दूरदर्शन और आकाशवाणी के कार्यक्रमों की व्यवस्था की जाती है। एक स्थान से दूसरे स्थान के लिए पुस्तकालयों की व्यवस्था करने की दृष्टि से चल-पुस्तकालय (Mobile Libraries)

की व्यवस्था की जाती है। ये पुस्तकालय अलग-अलग ग्रामीण क्षेत्रों में पुस्तकों का वितरण करते हैं। सभी प्रौढ़ों को वाद-विवाद (Discussion) और व्याख्यान द्वारा अच्छी प्रौढ़ शिक्षा दी जाती है।

नगरों में बड़े पुस्तकालयों, संग्रहालयों का अधिक लाभ उठाया जाता है। संग्रहालयों में प्रदर्शित वस्तुओं, भवन-निर्माण कला (Archaeology), आर्किटेक्चर (Architecture), चित्रकला, मूर्तिकला आदि की सहायता से शैक्षिक क्रान्ति लायी जाती है। वर्ष भर कोई न कोई शैक्षिक कार्यक्रम चलता ही रहता है जिससे विविध प्रकार के प्रौढ़ लाभान्वित होते हैं।

प्रौढ़ शिक्षा संस्थाएँ (Institutions for Adult Education)

अमेरिका में विश्वविद्यालय, जूनियर कॉलेज, श्रमिक संस्थाएँ (Labour Institutes), पत्राचार शिक्षा संस्थाएँ (Correspondence Educational Institutions), प्रौढ़ शिक्षा सामुदायिक परियोजनाएँ (Adult Education Community Projects) तथा अन्य संस्थाएँ प्रौढ़ शिक्षा देने में लगी हैं।

(1) ***विश्वविद्यालय (Universities) और प्रौढ़ शिक्षा***—वे प्रौढ़ जो उच्च शिक्षा प्राप्त करने के इच्छुक हैं विश्वविद्यालयों में शिक्षा प्राप्त करते हैं। ये विश्वविद्यालय राज्य, जनता या सामुदायिक संगठनों (Community Organisations) द्वारा स्थापित किये जाते हैं। 1993 ई॰ में लगभग 400 विश्वविद्यालय स्तर की संस्थाएँ थीं जो कि 95 लाख प्रौढ़ों को शिक्षा देती थीं। न्यूयार्क विश्वविद्यालय इस कार्य में अग्रणी रहा।

न्यूयार्क विश्वविद्यालय—इस विश्वविद्यालय का सामान्य शिक्षा विभाग (General Education Department) प्रौढ़ शिक्षा की व्यवस्था करता है। यहाँ प्रौढ़ों से शुल्क लिया जाता है, परन्तु कुछ संस्थान (Institutes) जैसे कोई औद्योगिक संस्थान (Industrial Institute) अपने कार्यकर्ताओं को प्रौढ़ शिक्षा के लिए विश्वविद्यालय में भेजता है तो प्रौढ़ों का स्तर व्यय यही संस्थान वहन करता है। यहाँ व्यावसायिक और सामान्य दोनों प्रकार की उच्च शिक्षा दी जाती है। पाठ्यक्रम पूरा होने पर परीक्षा ली जाती है, परन्तु किसी पर प्रतिबंध नहीं है कि वह परीक्षा में बैठे। इसके लिए कोई प्रमाण-पत्र भी नहीं दिया जाता।

विश्वविद्यालयों के पाठ्यक्रम सामान्यतः दो प्रकारों में बाँटे जाते हैं—

(1) सांस्कृतिक अध्ययन (Cultural Study) के पाठ्यक्रम।

(2) व्यावसायिक प्रशिक्षण (Vocational Training) के पाठ्यक्रम।

सांस्कृतिक अध्ययन के अन्तर्गत विदेशी भाषाएँ, साहित्य, जीवन-दर्शन, आदि विषयों का अध्ययन कराया जाता है। व्यावसायिक पाठ्यक्रम के अन्तर्गत चित्रकला, टंकण (Typing), छपाई (Printing), इलेक्ट्रोप्लेटिंग (Electroplating), रेडियो और दूरदर्शन-यन्त्रों में प्रशिक्षण दिया जाता है। प्रौढ़ों को इन सबकी मरम्मत करना भी सिखाया जाता है। फिर भी 40 प्रतिशत प्रौढ़ इनमें भाग लेते हैं। सामान्य शिक्षा के पाठ्यक्रम की अपेक्षा व्यावसायिक शिक्षा अधिक नीरस और थकाने वाली होती है। प्रायः प्रौढ़ सामान्य सांस्कृतिक पाठ्यक्रम के साथ पुस्तक-आलेखन (Book Designing), पुस्तक ग्रन्थन (Book binding), चित्रण और चित्रकला, छपाई, स्याही बनाना, पुस्तक-प्रकाशन, मान-चित्रण (Calligraphy), टाइपोग्राफी (Typography) और लिथोग्राफी (Lithography) आदि के व्यावसायिक विषय भी चुनते हैं।

न्यूयार्क विश्वविद्यालय के सामान्य शिक्षा विभाग द्वारा श्रम, उद्योग और विशेषीकरण (Specialisation) से सम्बन्धित बहुत से कार्यक्रम प्रमुख स्थानों पर संचालित होते हैं। श्रम-सम्बन्धी शिक्षा में श्रमिकों को श्रम-इतिहास, श्रम का दर्शन और उद्देश्य तथा समस्याओं से परिचित कराया जाता है। उन्हें यह भी समझाया जाता है कि राज्य, समाज और देश के साथ श्रम-सम्बन्धी सम्बन्ध किस प्रकार के रखे जायें। औद्योगिक (Industrial) प्रशिक्षण और व्यावसायिक प्रशिक्षण में प्रौढ़ों के पदों और कार्यों के अनुरूप, इन्स्ट्रक्टर्स, सुपरवाइज़र्स और फोरमैन आदि के प्रशिक्षण दिए जाते हैं। समय-समय पर श्रमिकों और अधिकारियों के प्रशिक्षण के लिए औद्योगिक संस्थानों की प्रार्थना पर व्यावसायिक प्रशिक्षण की व्यवस्था की जाती है। 1993 ई॰ में 9000 प्रौढ़ों ने, जो 20 से 50 वर्ष की आयु के बीच के थे, प्रशिक्षण पाया। लगभग 20 प्रतिशत प्रौढ़ों ने स्नातक और उत्तर स्नातक तक की शिक्षा प्राप्त की। विश्वविद्यालय कानून (Law), कर-निर्धारण (Taxation) और बहीखाता (Accountancy) के प्रशिक्षण भी देता है। शिक्षण योग्य अध्यापकों द्वारा व्याख्यान और प्रदर्शन विधि का उपयोग किया जाता है। अमेरिका के लगभग 75-80 विश्वविद्यालय प्रौढ़ शिक्षा देने की व्यवस्था करते हैं। इनके अतिरिक्त क्रेडिट (Credit) तथा नॉन-क्रेडिट (Non-credit) संस्थाएँ भी हैं जो पत्राचार (Correspondence) द्वारा प्रौढ़ शिक्षा देते हैं।

(2) ***पत्राचार प्रौढ़ शिक्षा-संस्थाएँ***—जो प्रौढ़ किन्हीं कारणों से स्कूलों में जाकर शिक्षा ग्रहण नहीं कर सकते हैं, वे पत्राचार द्वारा शिक्षा ग्रहण करते हैं। 2,100 के लगभग ऐसी प्रौढ़ शिक्षा-संस्थाएँ और 600 के लगभग उच्च

शिक्षा के विश्वविद्यालय, कॉलेज तथा अन्य संस्थाएँ हैं जो अमेरिका के प्रौढ़ों को पत्राचार द्वारा शिक्षा देते हैं। पैन्सिलवानिया (Pensylavania) राज्य के स्क्रेन्टन (Scranton) नगर में एक अन्तर्राष्ट्रीय पत्राचार स्कूल (International Correspondence School) जो प्रतिदिन 1900 प्रश्नोत्तर-पुस्तकें प्रौढ़ों को वितरित करता है। इसने पिछले 80 वर्षों में लगभग दो करोड़ प्रौढ़ों को पत्राचार (Correspondence) द्वारा शिक्षित किया है। सूचना-पत्र (Pamphlets) विषयानुसार विषय के विशेषज्ञों द्वारा तैयार किये जाते हैं।

पत्राचार से प्रौढ़ों के अधिगम की इच्छा पूरी होती है और उनमें विशेष ज्ञान और योग्यता आती है। कुछ के लिए यह एक मनोरंजन है तो कुछ के जीवन के लक्ष्य की इसी से पूर्ति होती है।

(3) ***रात्रि प्रौढ़ शिक्षा स्कूल (Night Adult Schools)***—जो प्रौढ़ अपने जीविकोपार्जन में व्यस्त रहते हैं उन्हें अंशकालीन (Part Time) व्यवस्था के अन्तर्गत शिक्षा दी जाती है। ये स्कूल वैयक्तिक और सामूहिक प्रयास से स्थापित किए जाते हैं और अब सामुदायिक केन्द्र (Community Centres) बन गये हैं। ये स्कूल प्राथमिक स्तर से उच्च स्तर की शिक्षा देने की व्यवस्था करते हैं। इसके अतिरिक्त व्यावसायिक, व्यापारिक, साहित्यिक, मनोरंजन और संस्कृति-सम्बन्धी एवं घरेलू (Domestic) उपयोग के सभी विषयों में यहाँ प्रौढ़ शिक्षा दी जाती है। स्थानीय आवश्यकताओं को ध्यान में रखते हुए इन स्कूलों में प्रशिक्षण और शैक्षिक कार्यक्रमों की व्यवस्था की जाती है।

(4) ***जूनियर कॉलेज और प्रौढ़ शिक्षा***—अमेरिका के कुछ राज्यों में जूनियर कॉलेजों द्वारा प्रौढ़ शिक्षा के कार्यक्रम चलाये जाते हैं। इन कॉलेजों में उच्च-शिक्षा के पहले दो वर्षों की शिक्षा आधुनिकतम राष्ट्रीय आवश्यकताओं, परम्पराओं और स्थानीय आवश्यकताओं के अनुकूल दी जाती है। सांध्य शिक्षा-व्यवस्था (Evening Education Arrangement) के लिए ये कॉलेज बहुत प्रसिद्ध हैं। इन स्कूलों को रात्रि-स्कूलों की भाँति सामुदायिक केन्द्र (Community Centre) बनाया गया है जहाँ दिवा छात्रों (Day Students) से भी अधिक छात्र शिक्षा प्राप्त करते हैं। मोडेस्टो (Modesto) के सांध्य केन्द्रों का निरीक्षण करने से पता लगता है कि यहाँ कुल प्रौढ़ों के 1/3 भाग से भी अधिक लगभग 15,000 प्रौढ़ इन कॉलेजों के केन्द्रों पर शिक्षा प्राप्त करते हैं। कैलिफोर्निया के जूनियर कॉलेजों का सर्वेक्षण (Survey) करने से भी पता चलता है कि वहाँ दिवा-छात्रों (Day Students) की

संख्या 95,000 और सांध्य छात्रों (Evening Students) की संख्या 90,000 थी। अमेरिका में लगभग 2000 जूनियर कॉलेज प्रौढ़ शिक्षा देते हैं और राष्ट्र की भारी सेवा करते हैं। इन कॉलेजों में सभी व्यावसायिक, सामाजिक और सांस्कृतिक विषय पढ़ाये जाते हैं।

(5) **श्रम-संघ (Labour Unions) तथा प्रौढ़ शिक्षा**—केवल जन-प्रयास से ही नहीं, श्रमिकों के श्रम-संघों ने भी प्रौढ़ शिक्षा के लिए कुछ कॉलेज और स्कूल खोले हैं। ये व्यावसायिक, व्यापारिक और सामान्य सभी प्रकार की शिक्षा देते हैं। 1921 ई॰ में अमेरिकन श्रमिक-संघ (American Federation of Labour) ने एक कर्मकार प्रौढ़ शिक्षा कार्यालय (Workers Education Bureau for Adult Education) की स्थापना की जिसे श्रमिक शिक्षा सेवा ने सहायता दी। कार उत्पादक और प्रसिद्ध उद्योगपति हेनरी फोर्ड (Henery Ford) ने इस दिशा में सहयोग देकर फोर्ड फाउंडेशन फंड (Ford Foundation Fund) स्थापित किया जिससे श्रमिकों की प्रौढ़ शिक्षा का आर्थिक प्रभाव नहीं रहा। 1930 में उसने श्रमिकों के लिए सुधरे पाठ्यक्रम को औद्योगिक क्षेत्रों में लागू करने के लिए पर्याप्त आर्थिक सहायता दी।

श्रमिक-संघ समय-समय पर गोष्ठियाँ, अधिवेशन, सभाओं का आयोजन प्रौढ़ शिक्षा-विकास के लिए करता रहता है। यह प्रौढ़ों के लिए पुस्तकों और अध्ययन सामग्री का प्रकाशन कराकर विशिष्ट तकनीकी परिवर्तन, सामाजिक सुरक्षाओं, श्रमिक नियमों, विधियों और अन्तर्राष्ट्रीय व्यापार की सूचना देता है।

प्रौढ़ शिक्षा की सामुदायिक परियोजनाएँ एवं उनका संगठन (Adult Education Community Projects and their Organisations)

संयुक्त राज्य अमेरिका ने अपनी प्रौढ़ शिक्षा योजनाओं की सफलता से प्रभावित होकर प्रौढ़ शिक्षा की सामुदायिक परियोजनाएँ (Community Projects) स्थान-स्थान पर संगठित किये। साथ ही साथ इनके संचालन के लिए सामुदायिक प्रौढ़ शिक्षा परिषदें (Community Adult Education Councils) भी स्थापित कीं। इन परिषदों का कर्त्तव्य परियोजनाओं को स्थानीय आवश्यकताओं के अनुकूल परिवर्तित और संगठित करना था। इन परिषदों के प्रतिनिधि जनता के अशैक्षिक और अर्द्ध शैक्षिक संगठनों से चुने गये सदस्य थे।

कार्य-प्रणाली (Mode of Working)

सामुदायिक विकास की शैक्षिक परियोजनाएँ स्थानीय शिक्षा अधिकारी, लोक पुस्तकालय के अध्यक्ष (President of Public Library) तथा समुदाय के प्रभावशाली नेताओं की प्रेरणा से तैयार की गयी। जब भी कोई नेता प्रौढ़ शिक्षा के कार्यक्रमों की कोई योजना बनाता है तो वह समुदाय के सदस्यों को एकत्रित करके उनकी सहायता से कार्यक्रम की रूपरेखाएँ (Outlines) तैयार कर लेता है। स्थानीय जनता की आवश्यकता का निश्चय होने पर यह इस योजना को अपनी संस्तुति के साथ प्रस्तुत करता है। इस योजना पर निर्णय लेने के लिए प्रतिनिधियों को आमन्त्रित करके परिषद् (Council) का गठन किया जाता है। तब उस प्रस्ताव के आधार पर स्थानीय आवश्यकताओं को ध्यान में रखते हुए यह परिषद् एक सामुदायिक शिक्षा परियोजना (Community Education Project) का निर्धारण करती है।

कभी-कभी शिक्षा अधीक्षक (Education Superintendent) निर्वाचित सदस्यों और विभिन्न संस्थाओं के नेताओं को आमन्त्रित करके उनकी राय से परियोजना की रूपरेखाएँ तैयार करता है। वही इन सदस्यों और नेताओं में से एक परिषद् (Council) बना देता है। यही परिषद् इस परियोजना को स्वीकृत कर उसे लागू कराने का प्रयत्न करती है।

आयोवा (Iowa) के मध्य-पश्चिमी क्षेत्र में 35 वर्षों से मनोरंजन परियोजनाओं (Recreational Projects) के माध्यम से सामुदायिक विकास की प्रौढ़ शिक्षा योजनाएँ चलायी जा रही हैं। ये योजनाएँ छोटी होते हुए भी अपनी उपयोगिता के कारण बहुत लोकप्रिय हैं। परियोजनाएँ कहीं-कहीं केवल 40 लोगों के सहयोग से चलायी जा रही हैं। इन सदस्यों में से 20 सदस्य कृषि-व्यवस्था से सम्बन्धित होते हैं। इन परियोजनाओं के कार्यान्वयन (Execution) में शिक्षा अधीक्षक, शिक्षा-बोर्ड और प्रौढ़-शिक्षा परिषद् (Council of Adult Education) आपसी सहयोग देते हैं। छोटे-छोटे समुदाय इस प्रणाली को अपने-अपने क्षेत्रों में लागू करते हैं। मिशिगन (Michigan) राज्य के ऑलिवट (Olivet) नगर में 1946 ई॰ से ऐसी परियोजनाएँ चल रही हैं। विषय-विशेषज्ञ (Subject Specialists) भी इनमें सहयोग करते हैं। सभी से समान शुल्क लिया जाता है।

प्रौढ़ शिक्षा की ये सामुदायिक परियोजनाएँ बहुउद्देशीय (Multipurpose) और विस्तृत (Extensive) होती हैं। इन परियोजनाओं में निम्नलिखित विषयों को महत्व दिया जाता है—

1. रचनात्मक कार्यों की शिक्षा जो रोचक और मनोरंजक हो।
2. परिवर्तित सामाजिक आवश्यकताओं के अनुकूल परिवर्तित तकनीकी शिक्षा।

3. अमेरिकन राज्यों की तत्कालीन समस्याएँ, देश और विश्व की समस्याएँ।
4. विशिष्ट समुदायों और विकलांग लोगों की शिक्षा।
5. व्यावसायिक शिक्षा और प्रशिक्षण।
6. श्रमिकों के लिये शिक्षा और श्रम-शिक्षा।
7. नागरिक सुरक्षा की शिक्षा।
8. पदों के कार्यों और प्रोन्नति (Promotion) के लिए शिक्षा।
9. गृह-विकास और कुशल पारिवारिक सदस्यता की शिक्षा।

परियोजनाओं के कार्यान्वयन में सावधानियाँ (Precautions)

इन प्रयोजनाओं के कार्यान्वयन में अग्रांकित सावधानियाँ बरती जाती हैं—

(1) ***वैयक्तिक, स्थानीय और सामाजिक रुचियों का समावेश करना***—समाज, स्थान और व्यक्तियों की रुचियों को जानकर उन्हें परियोजनाओं में समाविष्ट किया जाता है। कोई व्यक्ति विज्ञान में, कोई व्यापार में, कोई व्यावसायिक और तकनीकी शिक्षा में, तो कोई सामान्य शिक्षा में रुचि रखता है। इन सबकी आवश्यकताओं को पूरा करने का प्रयत्न किया जाता है।

(2) ***शिक्षण और संगठन की अवधि से सम्बन्धित सावधानी***—शिक्षा की परियोजनाएँ उबा देने वाली लम्बी, अधिक लम्बे शिक्षण चाहने वाली न हों। 8 या 10 सप्ताह के लिए एक दिन प्रति सप्ताह की अवधि पर्याप्त है। इसी अवधि के अनुरूप कार्यकर्ता तैयार हों।

(3) ***अर्थ और अध्यापकों की व्यवस्था***—अध्यापकों का स्थान क्रियाशील समाज सेवकों को देकर परियोजना सस्ती बन सकती है। वेतनभोगी अध्यापक बड़े समुदायों में योग्यता के अनुसार खपाये जा सकते हैं। परिषद् सदस्यों का चुनाव भी इसी प्रकार होता है।

प्रौढ़ शिक्षा के लिए वित्तीय व्यवस्था (Finance for Adult Education)

अमेरिका में प्रचलित प्रौढ़ शिक्षा के लिए संघ सरकार (Federal Government), राज्य सरकार (State Government), स्थानीय समुदाय (Local Community) और वैयक्तिक प्रयास (Individual Efforts) से वित्तीय व्यवस्था की जाती है।

(1) संघ सरकार द्वारा आर्थिक सहायता

संघ सरकार राष्ट्र में चलने वाली सभी परियोजनाओं के लिए आर्थिक सहायता देती है। यह सहायता लाखों डालर की होती है। समय-समय पर बहुत से अधिनियम पास करके प्रौढ़ शिक्षा कार्यक्रमों की पूर्ति के लिए संघ सरकार आर्थिक अनुदान देती है। इन अधिनियमों में स्मिथ हूग्स एक्ट (Smith Hughes Act), ज्यार्ज बार्डन एक्ट (George Barden Act) और स्मिथ लीवर एक्ट (Smith Lever Act) उल्लेखनीय और प्रशंसनीय हैं। संघ सरकार किसानों की शिक्षा पर जैसे—कृषि उपज बढ़ाने, भंडारण (Storage), संरक्षण (Preservation), पशु-प्रजनन (Cattle-breeding), गृह व्यवस्था तथा विविध व्यावसायिक क्रियाओं और घरेलू उद्योग धन्धों पर कृषि-प्रसार-सेवा (Agriculture Extension Service) के अन्तर्गत पर्याप्त आर्थिक सहायता देती है। केन्द्र सरकार स्थानीय नेताओं, कृषि विकास क्लबों, 4-एच क्लबों, गृह प्रदर्शन एजेंट (Home Demonstration Agent), काउंटी एग्रीकल्चर एजेंट और प्रोजेक्ट काउन्सिलों को भी 120 लाख डालर तक की सहायता देती है। समुदायों के नेताओं, सरकारी विशेषज्ञों, स्थानीय समितियों और बहुत से कृषि प्रतिनिधियों को केन्द्र सरकार इसलिए सहायता देती है कि वे स्थान-स्थान पर जाकर कृषकों को सामाजिक, राष्ट्रीय, सांस्कृतिक वैयक्तिक और पारिवारिक सदस्यता की योग्यता पैदा करने की शिक्षा देते हैं। इनकी संख्या 3 हजार से कम नहीं है। ये कृषकों को नवीन वैज्ञानिक खोजों, नवीन उपकरणों, कृषि-पद्धतियों से परिचित कराकर उन्हें निर्देशन (Guidance) देते हैं और प्रदर्शनियों (Exhibition) की व्यवस्था करते हैं।

संघ सरकार रेडियो, दूरदर्शन तथा सस्ते प्रकाशनों को आर्थिक सहायता देकर प्रौढ़ों की शिक्षा के लिए उपयुक्त कार्यक्रमों का संचालन कराती है। प्रति सप्ताह 70 लाख प्रौढ़ ऐसी श्रव्य-दृश्य सहायक सामग्रियों से लाभ उठाते हैं। वाद-विवाद, व्याख्यान, प्रश्नोत्तर के कार्यक्रम आयोजित होते हैं और उन्हें प्रकाशित भी कराया जाता है। इससे सूचनात्मक साहित्य भी तैयार हो जाता है।

(2) राज्य सरकार द्वारा आर्थिक सहायता

अमेरिका की 50 प्रतिशत राज्य सरकारें प्रौढ़ शिक्षा के लिए आर्थिक सहायता देती हैं। शेष 50 प्रतिशत राज्य सरकारों में से 15 राज्य आंशिक सहायता देते हैं। कैलिफोर्निया, पेंसिलवानिया, न्यूयार्क तथा अन्य 10 राज्य प्रौढ़ शिक्षा पर होने वाले अधिकाँश व्यय को वहन करते हैं। कैलिफोर्निया में 64 प्रतिशत सहायता राज्य सरकार से, 20 प्रतिशत स्थानीय स्रोतों से, 2 प्रतिशत शुल्क से और 14 प्रतिशत अन्य स्रोतों से आर्थिक सहायता प्राप्त होती है। मिशिगन में राज्य सरकार केवल 5

प्रतिशत, 43 प्रतिशत स्थानीय कर (Local Tax) से तथा 42 प्रतिशत शुल्क से खर्च की पूर्ति होती है। जहाँ की सरकारें कम व्यय करती हैं वहाँ प्रौढ़ शिक्षा का प्रसार कम है और जहाँ प्रौढ़ शिक्षा के लिए अधिक सहायता दी जाती है वहाँ प्रौढ़ शिक्षा का प्रसार अधिक होता है।

(3) प्रौढ़ शिक्षा पर आर्थिक जन-सहयोग

संयुक्त राज्य अमेरिका में ऐसी बहुत सी पब्लिक संस्थाएँ हैं जो प्रौढ़ शिक्षा देने में महत्वपूर्ण योग देती हैं। धार्मिक केन्द्र, पुस्तकालय, वाचनालय, संग्रहालय और क्लब ऐसी ही जन संस्थाएँ हैं। इनकी आर्थिक दशा के अनुरूप इनका आकार और कार्य होता है। सांध्य स्कूल (Evening Schools) प्रौढ़ों को व्यावसायिक और तकनीकी शिक्षा देते हैं। न्यूयार्क का सिटी ईवनिंग ट्रेड स्कूल (City Evening Trade School), फ्रैंक विजिन्स ट्रैड स्कूल (Frank Vigins Trade School) जो लॉस एंजेल्स (Los Angels) में स्थापित हैं। व्यावसायिक, व्यापारिक और तकनीकी शिक्षा प्रदान करते हैं। यहाँ छोटी-छोटी मशीनों से लेकर वायुयान तक की यान्त्रिकी (Mechanism) सिखाई जाती है। स्थानीय शिक्षा अधिकारी शिक्षा बोर्ड द्वारा संचालित स्कूलों, व्यापारिक और धार्मिक स्कूलों, स्थानीय समुदायों की संस्थाओं को भी अपने आर्थिक सहयोग से नियन्त्रित करते हैं। इन संस्थाओं को जितना आर्थिक सहयोग मिलता है, उतने ही प्रौढ़ शिक्षा कार्यक्रम यहाँ चलाये जाते हैं।

(4) विश्वविद्यालयों द्वारा सहायता

उच्च शिक्षा-संस्थाएँ तथा व्यक्तिगत विश्वविद्यालय प्रौढ़ों को स्नातक व उत्तर स्नातक स्तर की शिक्षा देते हैं। ये विश्वविद्यालय अल्पकालीन (Short Term) तथा दीर्घकालीन (Long Term) दोनों प्रकार की शिक्षा देते हैं। विश्वविद्यालय स्तर की उच्च शिक्षा संस्थाएँ समय-समय पर संघ और राज्य सरकारों से सहायता प्राप्त करती हैं। 1993 ई. में उच्च शिक्षा देने वाली प्रौढ़ शिक्षा संस्थाएँ 817 थीं। इनकी संख्या अन्य प्रौढ़ शिक्षा संस्थाओं से अधिक थी। ये सामान्य शिक्षा, व्यावसायिक, तकनीकी, व्यापारिक और विशिष्ट योग्यता की शिक्षा देते हैं। ग्रामीण क्षेत्रों में प्रौढ़ शिक्षा सम्बन्धी प्रसार कार्यक्रम (Extensive Programmes) चलाये जाते हैं। कृषि शिक्षा इन कार्यक्रमों का प्रमुख आधार होता है। केन्द्र सरकार, राज्य सरकार की आर्थिक सहायता से कृषि स्कूल और कृषि अधिगम प्रसार केन्द्र (Agriculture Learning Extensive Centres), कृषि विभाग (Agriculture Department) द्वारा चलाये जाते हैं। प्रसार पाठ्यक्रम का निर्देशक (Director of Extensive Courses)

द्वारा कृषि स्कूलों और प्रसार केन्द्रों का निरीक्षण किया जाता है। वह ग्रामीण क्षेत्रों में कृषि व्यवसाय की उन्नति के लिये तथा लोगों को पारिवारिक कुशलता प्राप्त करने में सहायता करता है।

(5) व्यक्तिगत, सामुदायिक तथा अन्य प्रौढ़ शिक्षा संस्थानों की अर्थव्यवस्था

ये सभी प्रौढ़ शिक्षा संस्थाएँ, दान, चन्दा और उपहारों पर आधारित हैं। इन स्कूलों का कार्यक्रम पूर्णतः पब्लिक स्कूलों के समान है, परन्तु इन्हें अपनी आर्थिक व्यवस्था स्वयं करनी होती है, जबकि पब्लिक संस्थाओं को संसद द्वारा अनुदान दिलाया जाता है। यदि पब्लिक स्कूलों को अनुदान कम पड़ता है तो शिक्षार्थियों से शुल्क लेकर उसे पूरा कर लिया जाता है। 1990 ई. में अमेरिका के राष्ट्रीय शिक्षा संघ (National Education Association) तथा अमेरिका के प्रौढ़ शिक्षा संघ (Adult Education Association of America) दोनों ने मिलकर प्रौढ़ शिक्षा कार्यक्रम चलाये। फलतः दोनों ने अमेरिका के प्रौढ़ शिक्षा संघ (Adult Education Association of America) के नाम से प्रौढ़ शिक्षा दायित्व निभाया। इस संघ द्वारा प्रौढ़ शिक्षा पत्रिका (Adult Education Magazine) प्रकाशित की गयी। इसके प्रयास से अधिकाँश क्षेत्रों में प्रौढ़ शिक्षा के कार्यक्रमों में समानता आ सकी।

रूपया कमाने की दृष्टि से बहुत-सी व्यक्तिगत संस्थाएँ पत्राचार द्वारा प्रौढ़ शिक्षा देती हैं। इनकी अपनी शैली और टैक्निक (Technique) होती है। हरवार्ड विश्वविद्यालय के ट्रेड यूनियन फेलोशिप कार्यक्रम, लुसविला (Lusevilla) विश्वविद्यालय के कार्यक्रम, रेडियो और पत्राचार द्वारा प्रसारित होते हैं। न्यूयार्क विश्वविद्यालय भी प्रौढ़ शिक्षा की इस प्रणाली को अपनाता है।

सारांश

प्रौढ़ और शिक्षा

शारीरिक और मानसिक दृष्टि से परिपक्व वे व्यक्ति जो अनिवार्य शिक्षा-आयु को लाँघ चुके हैं और किसी व्यवसाय में लग गये हैं, वे सभी प्रौढ़ हैं। शिक्षा का अर्थ आजीवन अधिगम से है जो प्रौढ़ों में वांछित व्यवहारिक परिवर्तन लाती है। यह शिक्षा सामान्य और व्यावसायिक दोनों प्रकार की होती है।

प्रौढ़ शिक्षा का अर्थ एवं विकास

निरक्षर, अर्द्धसाक्षर और साक्षर प्रौढ़ों की शिक्षा जो व्यस्त रहने के कारण नियमित

रूप में नहीं प्राप्त कर पाते। शिक्षा योग्य नागरिकता के लिए तथा भावी जीवन की तैयारी के लिये।

18वीं शताब्दी से यह शिक्षा प्रारम्भ। सामाजिक, सांस्कृतिक, राजनीतिक और धार्मिक संस्थाओं द्वारा इसकी व्यवस्था। 1820 में लायसेन्स प्रणाली का प्रारम्भ। इसी के द्वारा प्रौढ़ शिक्षा की व्यवस्था। 1890 तक विश्वविद्यालयों और उच्च शिक्षा संस्थाओं ने पत्राचार द्वारा प्रौढ़ शिक्षा दी। द्वितीय विश्व युद्ध के बाद प्रौढ़ शिक्षा का विकास तीव्र। इस समय पुस्तकालयों, वाचनालयों, संग्रहालयों और अंशकालीन शिक्षा देने वाले स्कूलों की स्थापना। 1950 ई॰ के बाद प्रौढ़ शिक्षा सार्वजनिक, अनिवार्य और निःशुल्क कर दी गई। लगभग 60 प्रतिशत राज्यों में शिक्षा सार्वजनिक, अनिवार्य और निःशुल्क। इन संस्थाओं को राज्य और संघ की सरकारों से अनुदान प्राप्त। सांस्कृतिक, सामाजिक, सामान्य और व्यावसायिक शिक्षा के कार्यक्रम प्रौढ़ शिक्षा में। लगभग 500 लाख व्यक्ति इस शिक्षा से लाभान्वित। शुल्क भी दिया जाता है।

प्रौढ़ शिक्षा की आवश्यकता और प्रक्रिया

व्यक्तिगत, कौटुम्बिक, सामाजिक, राष्ट्रीय, अन्तर्राष्ट्रीय उत्तरदायित्वों का निर्वाह करने योग्य बनाना, नागरिकों को योग्य नागरिक बनाकर भावी जीवन के लिए तैयार करना। अवकाश के सदुपयोग की क्षमता पैदा करना, तात्कालिक समस्याओं को समझकर उनका हल खोजना। कार्नेजिक कॉर्पोरेशन द्वारा इसके उद्देश्य निर्धारित।

प्रौढ़ शिक्षा का स्वरूप और संगठन

औपचारिक शिक्षा—प्रौढ़-स्कूल, प्रौढ़ शिक्षा-संस्थाएँ, सामाजिक खोज के नवीन स्कूल।

अनौपचारिक प्रौढ़ शिक्षा—इसमें व्यक्तिगत संस्थाएँ, पुस्तकालय, वाचनालय, संग्रहालय, चल-पुस्तकालय, पत्राचार संस्थाएँ स्थापित।

प्रौढ़ शिक्षा-संस्थाएँ

(1) विश्वविद्यालय, न्यूयार्क विश्वविद्यालयों आदि प्रमुख संस्थाएँ,
(2) पत्राचार प्रौढ़ शिक्षा संस्थाएँ,
(3) रात्रि प्रौढ़ शिक्षा स्कूल,
(4) जूनियर कॉलेजों द्वारा प्रौढ़ शिक्षा,
(5) श्रमिक संघों द्वारा।

प्रौढ़ शिक्षा की सामुदायिक परियोजनाएँ एवं संगठन

प्रौढ़ शिक्षा की सफलता को देखकर सामुदायिक परियोजनाओं की व्यवस्था।

कार्य-प्रणाली—स्थानीय शिक्षा अधिकारी, लोक पुस्तकालय अध्यक्ष, समुदाय के प्रभावशाली नेताओं के सहयोग से प्रौढ़ शिक्षा परियोजनाएँ तैयार। नेता या शिक्षा अधिकारी द्वारा बनायी योजना को एक परिषद् द्वारा स्वीकृति। आयोवा (Iowa) में अधिक परियोजनाएँ संचालित। परियोजनाओं का महत्व निम्नलिखित कारणों से—

(1) रोचक रचनात्मक कार्य,
(2) परिवर्तित सामाजिक आवश्यकताओं के लिए तकनीकी शिक्षा,
(3) देश, राज्य, समाज की समस्याएँ,
(4) विशिष्ट समुदायों और विकलांगों की शिक्षा,
(5) व्यावसायिक शिक्षा,
(6) श्रमिकों के लिए शिक्षा,
(7) नागरिक सुरक्षा,
(8) पदों की प्रोन्नति,
(9) गृह-विकास और पारिवारिक सदस्यता के लिए शिक्षा।

परियोजनाओं के कार्यान्वयन में सावधानियाँ—(1) वैयक्तिक, स्थानीय और सामाजिक रुचियाँ का समावेश करना, (2) शिक्षण एवं संगठन की अवधि में सावधानी, (3) धन और अध्यापकों की व्यवस्था।

प्रौढ़ शिक्षा के लिए वित्तीय व्यवस्था

(1) संघ सरकार द्वारा,
(2) राज्य सरकारों द्वारा,
(3) जन सहयोग द्वारा व्यवस्था,
(4) विश्वविद्यालयों द्वारा,
(5) व्यक्तिगत, सामुदायिक और अन्य अर्थव्यवस्था।

अभ्यासार्थ प्रश्न

1. अमेरिकन दृष्टिकोण से प्रौढ़ और प्रौढ़ शिक्षा से क्या तात्पर्य है ?
2. अमेरिका में हुए प्रौढ़ शिक्षा-विकास का वर्णन कीजिए।

3. प्रौढ़ शिक्षा किन आवश्यकताओं को पूरा करती है ? उसकी प्रक्रिया का भी वर्णन कीजिए।
4. अमेरिका में प्रौढ़ शिक्षा के स्वरूप और संगठन की व्याख्या कीजिए।
5. अमेरिका की विविध प्रौढ़ शिक्षा-संस्थाओं का वर्णन कीजिए।
6. अमेरिका में प्रौढ़ शिक्षा की सामुदायिक परियोजनाएँ कैसे बनती हैं ? उनका कार्यान्वयन कैसे होता है ? इन परियोजनाओं में किन सावधानियों को ध्यान में रखा जाता है ?
7. प्रौढ़ शिक्षा संस्थाएँ अपनी अर्थव्यवस्था की पूर्ति कैसे करती है ?

अध्याय 9

संयुक्त राज्य अमेरिका में अध्यापक शिक्षा [Teacher Education in U.S.A.]

अमेरिका में अध्यापक शिक्षा का विकास (Development of Teacher Education in U.S.A.)

संयुक्त राज्य अमेरिका में अध्यापक शिक्षा की व्यवस्था बहुत पुरानी नहीं है। 19वीं शताब्दी के मध्य में अध्यापक शिक्षा-सम्बन्धी सुझाव सामने आये थे। इससे पूर्व शिक्षक का स्तर समाज में सम्मानित नहीं था। इसीलिए विद्वान लोग शिक्षण कार्य की ओर प्रवृत्त नहीं होते थे। वे कम वेतन पर सामाजिक प्रतिष्ठा बिना काम करना पसन्द नहीं करते थे। निम्न स्तर के लोग ही इस काम को करना पसन्द करते थे। शिक्षण उस समय अच्छा व्यवसाय नहीं माना जाता था।

जब लोगों में शिक्षा के प्रति जागृति आयी और शिक्षा का प्रसार हुआ तो शिक्षकों का अभाव प्रतीत हुआ। अतः अध्यापन-कला में लोगों को प्रशिक्षित करने का विचार आया। फलतः 1839 ई॰ को मैसाचुसेट्स (Messachusetts) राज्य में एक राजकीय अध्यापक प्रशिक्षण संस्था (Government Teacher's Training Institute) की स्थापना की गयी। देखादेखी अन्य राज्यों में भी अध्यापक प्रशिक्षण स्कूलों की स्थापना हुई। 1857 ई॰ को इलीन्वाय (Illinois) राज्य के लेक्सिंग्टन (Lexington) शहर में एक राज्य नॉर्मल स्कूल (State Normal School) की स्थापना की गयी। इसका पाठ्यक्रम 1860 ई॰ में एक वर्ष से दो वर्ष का कर दिया गया। यह स्कूल प्राथमिक स्कूलों और माध्यमिक स्कूलों के अध्यापकों को प्रशिक्षण देता था। उस समय अध्यापक प्रशिक्षण में प्रवेश के कोई नियम निर्धारित नहीं थे। केवल पढ़े-लिखे और शिक्षण के इच्छुक व्यक्ति ही प्रशिक्षण के लिये चुने जाते थे।

अभी तक विश्वविद्यालयों और कॉलेजों में अध्यापक प्रशिक्षण की व्यवस्था नहीं थी। जब योग्य और प्रशिक्षित अध्यापकों की आवश्यकता अनुभव हुई तो विश्वविद्यालयों में अध्यापक प्रशिक्षण विभाग स्थापित हुए जिन्होंने अध्यापकों को प्रशिक्षण देना शुरू

किया। 1873 ई॰ में आयोवा (Iowa) विश्वविद्यालय में अल्पकालीन (Short Time) तथा अंशकालीन (Part-time) अध्यापक प्रशिक्षण की व्यवस्था हुई। 1879 ई॰ को मिशिगन विश्वविद्यालय ने पूर्णकालीन अध्यापक-प्रशिक्षण की व्यवस्था करके प्रशंसनीय कार्य किया। 1887 ई॰ को न्यूयार्क के कोलम्बिया विश्वविद्यालय में केवल पूर्णकालीन प्रशिक्षण अध्यापकों को ही नहीं, वरन् स्कूल के प्रबन्धकों को भी प्रशिक्षण दिया गया। यह प्रशिक्षण व्यवस्था बड़ी लाभप्रद सिद्ध हुई और इस प्रशिक्षण के लिए अध्यापक प्रशिक्षण कॉलेज खोलने के प्रयत्न किये गये।

20वीं शताब्दी के दूसरे दशक में शिक्षाशास्त्रियों ने अध्यापक प्रशिक्षण को एक कला (Art) न मानकर विज्ञान (Science) स्वीकार किया और प्रयास किया कि अध्यापक प्रशिक्षण को तकनीकी स्वरूप (Technical Shape) दिया जाय। अब अध्यापक प्रशिक्षण (Teacher's Training) को अध्यापक शिक्षा (Teacher's Education) का नाम दिया गया । इस प्रकार अध्यापकों की शिक्षा में शिक्षण की तकनीकी (Technology of Teaching) को पाठ्यक्रम का अनिवार्य अंग बनाया गया।

प्रशिक्षण-प्रवेश की योग्यता और चुनाव (Admission Requirement and Selection)

20वीं शताब्दी के प्रथम चतुर्थांश में नार्मल स्कूलों का स्तर माध्यमिक स्कूलों के समकक्ष माना जाता था और अध्यापकों को प्रशिक्षण में प्रवेश देने की कोई योग्यता निर्धारित नहीं थी। उस समय प्राथमिक शिक्षा पास अभ्यर्थी नार्मल स्कूलों में प्रवेश ले लेते थे । 1922 ई॰ तक 2 वर्षीय प्रशिक्षण पाठ्यक्रम चलता था और प्रशिक्षण के स्तर को ऊँचा उठाने के लिये उन लोगों को प्रशिक्षण के लिये चुना गया जो 2 वर्षीय माध्यमिक शिक्षा भी पास कर लेते थे। इसके बाद प्रशिक्षण पाठ्यक्रमों को चार वर्षीय बनाया गया। प्रशिक्षण पद्धति का संशोधन किया गया और उसे आधुनिक बनाया गया। 1922 ई॰ में कोलम्बिया विश्वविद्यालय ने अध्यापक-शिक्षा और शिक्षा प्रविधियों (Teaching Techniques) को संशोधित करके आधुनिक बनाने का प्रयास किया। छात्राध्यापकों (Pupil Teachers) को अच्छा प्रशिक्षण देने पर बल दिया गया।

अमेरिकी अध्यापक एवं कॉलेज संघ (American Association of Teachers and Colleges) ने एक प्रस्ताव पारित किया कि प्रत्येक राज्य में अध्यापक-शिक्षा की व्यवस्था हो । संकटकालीन स्थिति में अध्यापकों की संख्या बढ़ी और अध्यापक शिक्षा का स्तर भी सुधारा गया । परिणामस्वरूप अध्यापक प्रशिक्षण संस्थाएँ और केन्द्र स्थापित किये गये।

अमेरिका में अन्य प्रकार की व्यावसायिक प्रशिक्षण व्यवस्था की भाँति अध्यापक प्रशिक्षण को भी पर्याप्त महत्व दिया गया है। वहाँ अन्य व्यवसायों के प्रशिक्षण की भाँति अध्यापक प्रशिक्षण के लिए न्यूनतम प्रवेश योग्यता निर्धारित की गयी है।

अध्यापक प्रशिक्षण में अभ्यर्थी को प्रवेश देते समय उसकी शैक्षिक योग्यता ही ध्यान में नहीं रखी जाती, उसकी सामान्य योग्यताओं को भी ध्यान में लाया जाता है। प्रवेश के समय अंतिम संस्था के प्रधानाचार्य की संस्तुति, शैक्षिक योग्यता, चरित्र प्रमाणपत्र, अतिरिक्त पाठ्यक्रम सम्बन्धी क्रियाओं में भाग लेने, बुद्धि, व्यक्तित्व, बोलने का ढंग, शारीरिक और मानसिक स्वास्थ्य आदि बातों को ध्यान में लाना आवश्यक माना गया है। प्रवेश से पहले अभ्यर्थी की शिक्षण अभिरुचि (Teaching Aptitude), मनोवैज्ञानिक क्षमता और उसकी व्यावसायिक रुचि एवं सूचनाओं को ठीक-ठीक पता लगाया जाता है। उचित पाने पर ही अभ्यर्थी प्रवेश पाता है। उत्तरस्नातक (Post-graduate) उपाधि के बाद माध्यमिक स्कूलों के अध्यापकों को 4 वर्ष का प्रशिक्षण लेना होता है। मास्टर्स डिग्री को न्यूनतम योग्यता माना गया है। प्राथमिक स्कूलों के अध्यापकों के लिए आवश्यक है कि वे 2-वर्षीय जूनियर कॉलेज परीक्षा पास कर चुके हों। कहीं-कहीं तो माध्यमिक स्कूलों के अध्यापकों के प्रशिक्षण के लिए पी॰एच॰डी॰ आवश्यक है।

राष्ट्रीय शिक्षा संघ (National Education Association) ने 1938 ई॰ में प्रस्तावित किया कि अध्यापक और अध्यापिकाएँ राष्ट्रीय कल्याण की दृष्टि से योग्य हों इसके लिए संघ ने 'अमेरिका के भावी अध्यापक' (Future Teachers of America) नाम की संस्था स्थापित की। इस संस्था के योग्य अध्यापकों को अपने यहाँ सूचीबद्ध किया। नॉर्मल स्कूलों में इन्हीं सूचीबद्ध अभ्यर्थियों को प्रशिक्षण दिया।

अमेरिकी नागरिक शिक्षा-प्रेमी हैं और वे अध्यापकों के प्रशिक्षण के लिए सुविधाओं की माँग करते रहते हैं। प्रवेश देते समय अभ्यर्थियों के सामाजिक-आर्थिक, सामाजिक-सांस्कृतिक और राजनीतिक विश्वासों को भी जाना जाता है।

अध्यापक प्रशिक्षण संस्थाएँ
(Teacher Training Institutions)

सामान्य शिक्षा व्यवस्था की भाँति अध्यापक शिक्षा के क्षेत्र में भी व्यक्तिगत और सामूहिक प्रयास (Individual and Collective Efforts) किये जाते हैं। 1823 ई॰ में सरकारी प्रयासों से 15 वर्ष पूर्व व्यक्तिगत प्रयासों से ही अध्यापक शिक्षा (Teacher Education) की व्यवस्था की जा चुकी थी। वरमॉण्ट (Vermont) में व्यक्तिगत नॉर्मल स्कूल खुल चुका था। 1827 में मेसाचुसेटस राज्य के लंकास्टर्स (Lancasters) में भी नार्मल स्कूल स्थापित हुआ। 19वीं शताब्दी के मध्य तक काउंटी बोर्डों से अपनी-अपनी सीमा में नॉर्मल स्कूल स्थापित किये। 20वीं शताब्दी के प्रारम्भ होने से पूर्व ही अमेरिका में 170 नॉर्मल स्कूल जन प्रयास (Public Effort) तथा वैयक्तिक प्रयास (Individual Effort) से स्थापित हो चुके थे। इन प्रयासों में यूरोपीय प्रगति

और वातावरण का प्रभाव स्पष्ट था, परन्तु अमेरिकी आवश्यकताओं को ध्यान में रखते हुए इन नॉर्मल स्कूलों में आवश्यक परिवर्तन कर लिये गये थे।

संयुक्त राज्य अमेरिका में निम्नलिखित प्रकार की संस्थाएँ पायी जाती हैं—

(1) नॉर्मल स्कूल्स (Normal Schools)
(2) अध्यापक प्रशिक्षण कॉलेज (Teacher's Training College)
(3) शिक्षाशास्त्र के स्कूल्स (Schools of Education)
(4) शिक्षा विभाग (Department of Education)

नॉर्मल स्कूल्स (Normal Schools)

नॉर्मल (Normal) शब्द फ्रांसिसी भाषा का है जिसका अर्थ है 'नियम के अनुसार' (According to the Rules)। अतः नार्मल स्कूल वह स्कूल है जहाँ शिक्षण नियम (Teaching Rules) सिखाये जाते हैं। विक्टर कजिन (Victor Cousin) द्वारा प्रकाशित रिपोर्ट 'पब्लिक एजूकेशन इन प्रशिया' (Public Education in Prussia) पर आधारित बातों को लेकर अमेरिका में नॉर्मल स्कूलों की स्थापना की गयी है। प्रारम्भ में इन स्कूलों का अध्यापक प्रशिक्षण एक-वर्षीय था। पाठ्यक्रम में परिवर्तन कर लेने पर यह प्रशिक्षण 2-वर्षीय कर दिया गया। पहले वर्ष में शिक्षाशास्त्र (Education) और दूसरे वर्ष में शिक्षण के नियम पढ़ाये गये।

इस समय, अध्यापक प्रशिक्षण के लिए प्राथमिक शिक्षा उत्तीर्ण छात्र चुने जाते थे और प्रशिक्षण के बाद वे प्राथमिक स्कूलों में अध्यापक हो जाते थे। ये नॉर्मल स्कूल्स निम्न माध्यमिक कक्षाओं की शिक्षा देते थे। शिक्षण के विशेष नियमों का अध्ययन यहाँ नहीं कराया जाता था। कहीं-कहीं तो निम्न माध्यमिक कक्षाओं की शिक्षा भी नहीं दी जाती थी और प्राथमिक शिक्षा प्राप्त व्यक्तियों को शिक्षक नियुक्त कर लिया जाता था।

20वीं शताब्दी के प्रारम्भिक 25 वर्षों में नॉर्मल स्कूलों में प्राथमिक स्तर की शिक्षा दोहराई जाती थी और प्रशिक्षण सम्बन्धी दो बातों पर ध्यान दिया जाता था : (1) शिक्षण-विधियों और शिक्षण-सिद्धान्तों का प्रशिक्षण देना, (2) शिक्षण अभ्यास (Practice of Teaching) पर बल देना, परन्तु जब राष्ट्र ने योग्य अध्यापकों की आवश्यकता का अनुभव किया तो शिक्षण-सिद्धान्तों और शिक्षण-विधियों के प्रशिक्षण पर अधिक बल दिया गया। सामान्य शिक्षा पर अधिक बल नहीं दिया गया। 1920 ई॰ से नॉर्मल स्कूलों का पाठ्यक्रम 2 वर्ष के स्थान पर 4-वर्षीय कर दिया गया और 1925 ई॰ तक सभी नॉर्मल स्कूल 4-वर्षीय प्रशिक्षण देने वाले अध्यापक प्रशिक्षण कॉलेजों (Teachers Training Colleges) में बदल गये।

अध्यापक प्रशिक्षण कॉलेज (Teacher's Training College)

4-वर्षीय प्रशिक्षण पाठ्यक्रम प्रारम्भ होने पर नॉर्मल स्कूल टीचर्स ट्रेनिंग कॉलेज में बदल दिये गये और भविष्य में टीचर्स ट्रेनिंग कॉलेज ही स्थापित किये गये। 1857 ई॰ में इलीन्वाय (Illinois) में, राजकीय अध्यापक प्रशिक्षण कॉलेज (Government Teachers Training College) खोला गया था। यह कॉलेज अध्यापकों को उच्चस्तरीय शिक्षण व्यवसाय की शिक्षा देता था। गृह युद्ध के समय तक यह कॉलेज, कॉलेज के अध्यापकों को शिक्षण कला (Art of Teaching) में प्रशिक्षण देता रहा। इसी समय कुछ लिबरल आर्ट्स कॉलेजों में शिक्षण कला (Art of Teaching) पर भाषण दिये गये। 1888 ई॰ को निकोलस मरे बटर (Nicholas Murray Butter) ने न्यूयार्क में एक अध्यापक प्रशिक्षण कॉलेज खोला। 10 वर्ष तक काम करने पर इसे कोलम्बिया विश्वविद्यालय के साथ सम्बद्ध कर दिया गया। 1920 ई॰ तक ऐसे कॉलेजों की संख्या 45 तक हो गयी। अगले 20 वर्षों तक इन कॉलेजों की संख्या तेजी से बढ़ती गयी। इनकी संख्या पहले ही तीन गुनी हो गयी।

1920 से 1993 ई॰ के बीच अमेरिका की अध्यापक शिक्षा में भारी परिवर्तन हुए। अब 'शिक्षाशास्त्र' की अपेक्षा शिक्षण-प्रविधियों (Teaching Techniques) के प्रशिक्षण पर अधिक बल दिया गया। और माध्यमिक स्तर के प्रशिक्षण को कॉलेज स्तर के प्रशिक्षण में बदल दिया गया। अब पाठ्यक्रम में ऐसे परिवर्तन किये गये कि प्रशिक्षण पाकर अध्यापक शिक्षण-कुशल, विद्वान, मानवीय गुणों से सम्पन्न और अच्छे व्यक्तित्व वाला बन जाय। अब पाठ्यक्रम में सामान्य शिक्षा (General Education), विशेषीकरण (Specialisation), शिक्षण-प्रविधियों (Teaching Techniques) द्वारा शिक्षण-व्यवसाय के प्रशिक्षण और शिक्षण अभ्यास को रखकर प्रशिक्षण को अधिक उपयोगी बनाया गया। पाठ्यक्रम में मानवशास्त्र (Humanitics) के विषय विभागीय शिक्षा (Departmental Education), स्वास्थ्य रक्षा (Hygiene), सामाजिक अध्ययन (Social Studies), प्राकृतिक विज्ञान (Natural Science), कला, शैक्षिक समाजशास्त्र (Educational Sociology), शैक्षिक मनोविज्ञान (Educational Psychology), शिक्षा-दर्शन (Educational Philosophy) तथा शिक्षा-सिद्धान्त (Principles of Education) रखे गये। इनके अतिरिक्त भी सामान्य विकास के पाठ्यक्रम चलाकर शिक्षक की कार्यकुशलता बढ़ायी गयी। अब शिक्षकों को अधिक अच्छा प्रशिक्षण देने के लिये तथा प्रशिक्षण की उपयोगिता बढ़ाने के लिए पर्यवेक्षकों (Supervisors), निदेशकों (Guides) तथा परामर्शदाताओं (Counsellors) की नियुक्ति की गयी है। शिक्षण-अभ्यास राष्ट्रीय आवश्यकताओं के अनुकूल अधिक उपयोगी और मनोवैज्ञानिक बनाया गया है।

यहाँ सभी अध्यापक प्रशिक्षण कॉलेजों का प्रशासन राज्यों के हाथ में है।

प्राथमिक और माध्यमिक स्कूलों के अध्यापकों को स्नातक (Bachelors) उपाधि दी जाती है। कुछ संस्थाएँ 5-वर्षीय प्रशिक्षण देकर शिक्षण को विशिष्टीकृत पाठ्यक्रम देते हैं और अन्त में स्नातकोत्तर (Post-Graduate) उपाधि या पी॰एच॰डी॰ देते हैं। ऐसी संस्थाएँ अन्तर्राष्ट्रीय स्तर पर प्रशिक्षण के लिए विख्यात हैं।

शिक्षाशास्त्र के स्कूल (Schools of Education)

शिक्षाशास्त्र के स्कूल, अध्यापक प्रशिक्षण कॉलेजों जैसे ही हैं, परन्तु उन्हें किसी न किसी विश्वविद्यालय से सम्बद्ध रखा जाता है। 1879 ई॰ में सबसे पहले मिशिगन विश्वविद्यालय ने पूर्णकालीन प्रशिक्षण की व्यवस्था की। इससे पहले ब्राउन और न्यूयार्क विश्वविद्यालयों ने अंशकालीन (Part-time) अध्यापक प्रशिक्षण की व्यवस्था की थी। मिशिगन ने प्रशिक्षण पूरा होने पर अध्यापक को स्नातक उपाधि (Graduation Degree) दी। न्यूयार्क विश्वविद्यालय ने 1888 ई॰ में शिक्षणशास्त्र (Pedagogy) को व्यावसायिक स्वरूप दिया और स्नातक उपाधि दी। इससे सभी प्रशिक्षण केन्द्रों को प्रेरणा मिली और उन्होंने भी अपने प्रशिक्षण के स्तर को ऊँचा उठाने का प्रयत्न किया।

ये स्कूल स्वरूप में ऐसे ही हैं जैसे विश्वविद्यालय के शिक्षा विभाग (Department of Education) होते हैं। जब अभ्यर्थी 2-वर्षीय स्नातक पाठ्यक्रम पूरा कर लेता है तो उसे अध्यापक प्रशिक्षण में प्रवेश मिलता है। पाठ्यक्रम में शिक्षाशास्त्र (Education) के अतिरिक्त सामान्य शिक्षा, शैक्षिक मनोविज्ञान, भाषा, साहित्य और संस्कृति का शिक्षण भी दिया जाता है। शिक्षण की व्यावसायिक दक्षता बढ़ाना ही इस प्रशिक्षण का उद्देश्य है। ट्रेनिंग कॉलेज की भाँति पाठ्यक्रम देकर प्रशिक्षार्थी को प्रशिक्षण के बाद स्नातक की उपाधि दी जाती है।

शिक्षा विभाग (Department of Education)

1873 ई॰ में आयोवा (Iowa) विश्वविद्यालय ने अध्यापन विज्ञान (Teaching Science) को पृथक् विषय मानकर एक शिक्षाशास्त्र विभाग खोला और अध्यापक प्रशिक्षण की व्यवस्था की। बाद में मिशिगन विश्वविद्यालय ने पूर्णकालीन प्रशिक्षण देने की व्यवस्था की। इसी का अनुसरण करते हुए अन्य विश्वविद्यालयों ने भी अपने यहाँ पृथक् शिक्षा विभाग खोले और पूर्ण अध्यापक प्रशिक्षण की व्यवस्था की।

अमेरिका में शिक्षण और प्रशिक्षण को विज्ञान मानते हुए अधिक से अधिक तकनीकी (Technical) बनाने का प्रयास होता रहता है। सभी विश्वविद्यालय अपने शिक्षा विभागों द्वारा उपयोगी प्रशिक्षण की व्यवस्था करते हैं। इन विभागों में स्कूल प्रशासकों और शिक्षा प्रशासकों के प्रशिक्षण की भी व्यवस्था की गयी है। शिक्षाशास्त्र

में शोध कार्य करने की व्यवस्था भी इन विभागों में सुलभ है। इस प्रकार ये प्रशिक्षण के उच्च केन्द्र बन गये हैं।

शिक्षणशास्त्र का पाठ्यक्रम (Curriculum of Pedagogy)

पीछे यह बताया गया है कि सभी प्रशिक्षण केन्द्रों पर सामान्य शिक्षा (General Education) के साथ-साथ अध्यापन की व्यावसायिक कुशलता बढ़ाने के लिये प्रशिक्षण की व्यवस्था की जाती है। इस शिक्षण-विज्ञान (Science of Teaching or Education) को दो भागों में बाँटा जा सकता है—

1. सामान्य शिक्षा का पाठ्यक्रम (General Education Course)
2. अध्यापक प्रशिक्षण पाठ्यक्रम (Teacher Training Course)

पाठ्यक्रम का संगठन (Organisation)

सामान्यतः सभी राज्यों में अध्यापक प्रशिक्षण 4-वर्षीय है। कहीं-कहीं 4-वर्षीय प्रशिक्षण पूरा कर लेने पर एक वर्ष का विशिष्ट पाठ्यक्रम भी चलाया गया है जिससे पाठ्यक्रम 5-वर्षीय बन गया है। यद्यपि सभी राज्यों में सामान्य शिक्षा और अध्यापक प्रशिक्षण दिया जाता है, परन्तु इनमें कोई क्रम निश्चित नहीं है। कहीं-कहीं चारों वर्ष सामान्य शिक्षा तथा व्यावसायिक साथ-साथ दी जाती हैं तो कहीं-कहीं ये शिक्षाएँ 2-2 वर्षों तक आगे-पीछे दी जाती हैं।

अमेरिका में लगभग 1500 ऐसी संस्थाएँ हैं जो अध्यापक प्रशिक्षण देकर अध्यापकों में आजीवन शिक्षण के प्रति रुचि पैदा करने के लिए अग्रिम पाठ्यक्रम (Advanced Courses) देती हैं। इन संस्थाओं द्वारा अध्यापकों में उच्च उपाधि पाठ्यक्रमों में प्रवेश लेने की क्षमता पैदा कर दी जाती है। इन अग्रिम पाठ्यक्रमों में कॉलेज अध्यक्ष (Presidents), प्रशासन अधिकारी, विशेषज्ञ (अध्यापक) आदि को प्रवेश पाने के अवसर मिलते हैं। ये सब उच्च श्रेणी की उपाधि प्राप्त करते हैं।

अमेरिका का 4-वर्षीय अध्यापक-प्रशिक्षण पाठ्यक्रम निम्नलिखित ढंग से विभाजित किया जाता है—पहले 2 वर्ष लिबरल आर्ट्स सोसायटी (Liberal Arts Society) में लगाये जाते हैं और बाद के 2 वर्ष विस्तृत अध्ययन में लगाये जाते हैं। सामान्य शिक्षा के साथ-साथ अध्यापक प्रशिक्षण देने की व्यवस्था है। सामान्य शिक्षा (General Education) के अन्तर्गत राष्ट्रीय और विदेशी भाषाएँ, साहित्य, गणित, संगीत, विज्ञान, अर्थशास्त्र, सामाजिक विज्ञान आदि को स्थान दिया जाता है। अध्यापक

प्रशिक्षण में स्वास्थ्य शिक्षा (Health Education), मानसिक स्वास्थ्य रक्षा (Mental Hygiene), बाल मनोविज्ञान (Child Psychology), अन्तर्राष्ट्रीयता के लिए शिक्षा (Education for Internationalism), सांस्कृतिक विषय को रखा गया है। ये विषय वाद-विवाद (Discussion) और व्याख्यानों (Lectures) की सहायता से छात्राध्यापकों (Pupil Teachers) तक पहुँचाये जाते हैं। छात्राध्यापकों को नवीन और पुरातन सभी शिक्षण विधियों से परिचित कराया जाता है। शिक्षण अभ्यास में इन विधियों का भली प्रकार उपयोग करने का अवसर दिया जाता है।

अध्यापक नागरिकों का निर्माता है। यदि शिक्षक स्वयं लोकतन्त्र (Democracy) में विश्वास नहीं रखता और लोकतान्त्रिक व्यवहार (Democratic Behaviour) नहीं करता तो वह अपने छात्रों में लोकतान्त्रिक आस्था कैसे ला सकता है? इसलिए लोकतान्त्रिक ढंग से व्यवहार करने की शिक्षा अध्यापक को पृथक् कार्यक्रमों द्वारा दी जाती है। संघात्मक आधार पर छात्राध्यापकों और छात्राध्यापिकाओं को विभिन्न परिषदें (Associations), सामाजिक समितियाँ (Social Committees) और क्लब (Clubs) बनाने का अवसर दिये जाते हैं। उन्हें सामुदायिक विकास के कार्यों के लिए सामान्य सूचनाएँ, निर्देशन (Guidance) देने के लिए उपयोगी साहित्य प्रकाशित किया जाता है। उन्हें खेलकूद और समाज-सेवा (Social Service) के अच्छे अवसर मिलते हैं। छात्राध्यापक प्रशिक्षण के बाद जहाँ अध्यापन करना चाहेंगे वे वहाँ के वातावरण के साथ भली प्रकार समंजित या अनुकूलित हो जायें इसके लिए प्रशिक्षण की व्यवस्था की जाती है। मनोरंजन के लिए, वाद्य और गायन संगीत का नृत्य और अभिनय का प्रशिक्षण भी मिलता है। इस प्रकार अमेरिका में राष्ट्रीय, सामाजिक और व्यावसायिक जीवन में आदर्श, उपयोगी और कुशल व्यवहार करने के लिए अध्यापक को तैयार किया जाता है।

प्रशिक्षणोपरान्त मान्यताप्राप्त उपाधि का वितरण
(Distribution of Recognised Degree after Training)

अमेरिका के लोग और प्रशासक दोनों ही शिक्षा के प्रति प्रगतिशील (Progressive) विचार रखते हैं। जो अध्यापक आत्म-नियन्त्रण (Self-control) और शक्तिशाली सामाजिक अभिज्ञान (Social Sense) रखते हैं उन्हें ही अध्यापन के लिये नियुक्त किया जाता है। अध्यापक में धैर्य (Patience), दृढ़ संकल्प शक्ति (Strong Will), प्रभावशाली प्रवृत्तियाँ (Effective Tendencies), स्वस्थ प्रसन्नचित्त व्यवहार (Healthy Sense of Humour) आदि गुण भी उसकी नियुक्ति में सहायक माने जाते हैं। ये सभी गुण अध्यापक के मान्य गुण (Recognised Capabilities) हैं।

सभी राज्यों में एक ही स्तर पर अध्यापक और अध्यापिकाओं की शैक्षिक

योग्यताएँ समान नहीं होतीं। लगभग 36 राज्यों में प्राथमिक स्तर पर निर्धारित योग्यताएँ समान नहीं हैं। कुछ राज्यों में प्राथमिक स्कूल के अध्यापक के लिये 2-वर्षीय जूनियर कॉलेज की उपाधि पर्याप्त है। कहीं अध्यापक के लिये 2-वर्षीय प्रशिक्षण को आवश्यक माना गया है। अन्य राज्यों में स्नातक उपाधि (Graduation Degree) के साथ-साथ 4-वर्षीय प्रशिक्षण को भी आवश्यक माना जाता है। माध्यमिक स्तर के शिक्षकों की नियुक्ति के लिए स्नातक उपाधि के साथ 4-वर्षीय प्रशिक्षण को आवश्यक समझा गया है। ऐसा 48 राज्यों में मान्य है। शेष राज्यों में 4-वर्षीय प्रशिक्षण के अतिरिक्त एक-वर्षीय विशिष्ट प्रशिक्षण को भी आवश्यक माना जाता है। कहीं-कहीं नर्सरी पद्धति, किण्डरगार्टन पद्धति, डाल्टन योजना पद्धति में, निर्देशन (Guidance) और परामर्शन (Counselling) में भी अध्यापक की प्रशिक्षण योग्यता देखी जाती है। माध्यमिक स्तर पर अध्यापक की नियुक्ति करते समय शैक्षिक योग्यताओं, प्रशिक्षण योग्यता के साथ-साथ अध्यापक की विशिष्ट शिक्षण योग्यता, अतिरिक्त प्रशिक्षण और उच्च उपाधियों पर अवश्य ध्यान दिया जाता है। उन अध्यापकों को नियुक्ति के समय वरीयता दी जाती है जो 5-वर्षीय प्रशिक्षण प्राप्त किये होते हैं।

राज्य के शिक्षा विभाग (Education Department) अध्यापकों को प्रशिक्षण के बाद उपाधि (Degree) या प्रमाण-पत्र (Certificates) देने के लिए उत्तरदायी हैं। शिक्षा विभाग के अतिरिक्त राज्य शिक्षा अधीक्षक (State Education Superintendent), या राज्य शिक्षा परिषदें (State Boards of Education) भी प्रशिक्षण के बाद उपाधियाँ और प्रमाण-पत्र देते हैं। लगभग 20 राज्यों में अध्यापक की नियुक्ति से पूर्व एक परीक्षा ली जाती है। उसमें उत्तीर्ण अध्यापकों को एक प्रमाण-पत्र दिया जाता है। अध्यापकों की योग्यताओं की श्रेणी के आधार पर ये प्रमाण-पत्र मिलते हैं। कुछ स्थानों पर परीक्षण काल (Probation Period) के लिए प्रमाण-पत्र दिये जाते हैं। जब परीक्षण काल समाप्त हो जाता है तो यह प्रमाण-पत्र भी रद्द हो जाता है। ये प्रमाण पत्र अध्यापक को जीवन भर के लिए भी दिया जाता हे। कहीं-कहीं ये प्रमाण-पत्र शर्तों पर आधारित (Conditional) होते हैं तो कहीं-कहीं ये परीक्षणकालीन (Probationary) होते हैं।

विश्वविद्यालयों और कॉलेजों के अध्यापकों के लिए ये प्रमाण-पत्र आवश्यक नहीं होते। इनके लिए आवश्यक है कि ये कॉलेज शिक्षा के बाद 2-वर्षीय पाठ्यक्रम पूरा कर चुके हैं। कहीं-कहीं उत्तर-स्नातक (Post-Graduate) उपाधि और 3-वर्षीय अतिरिक्त अध्ययन की भी आवश्यकता समझी गयी है। कुछ स्थानों पर विश्वविद्यालयों के शिक्षकों के लिए पीएच.डी. की उपाधि रखना आवश्यक है।

शिक्षाशास्त्र में शोध कार्य की व्यवस्था
(Provision of Research in Education)

अध्यापक को नवीनतम ज्ञान देने और नवीन शिक्षण पद्धतियों का उपयोग करने के लिए शिक्षाशास्त्र में शोध कार्य (Research Work) करने की सुविधाएँ अधिकाँश अमेरिकी विश्वविद्यालयों में उपलब्ध हैं। उन अध्यापकों के लिए जो शिक्षण कार्य में रत हैं अभिनव पाठ्यक्रम (Refresher Courses) तथा फैलोशिप पाठ्यक्रम (Fellowship Coures) की व्यवस्था की जाती है। हारवार्ड (Harward) विश्वविद्यालय इस दिशा में महत्वपूर्ण कार्य कर रहा है। अन्य विश्वविद्यालय उसी से प्रेरणा प्राप्त करते हैं! इस विश्वविद्यालय में विद्वान पर्यवेक्षकों (Supervisors) तथा निदेशकों (Guides) की व्यवस्था रहती है जो व्यावसायिक क्षमता (Professional Efficiency), योग्यता विशिष्टीकरण (Specialisation), उच्च उपाधि के लिए व्यक्तियों को तैयार करते हैं। जो अध्यापक 4 वर्षीय प्रशिक्षण पूरा कर चुके हैं, परन्तु एक-वर्षीय विशिष्ट योग्यता (Special Qualification) प्राप्त न की हो उसे विशिष्ट योग्यता का प्रशिक्षण इस विश्वविद्यालय में दिया जाता है। हारवार्ड विश्वविद्यालय सेवारत अध्यापकों को विशिष्ट प्रशिक्षण देने की दृष्टि से अन्तर्राष्ट्रीय ख्याति प्राप्त कर चुका है।

ओहायो राज्य (Ohio State) का एण्टिओच (Antioch) कॉलेज औद्योगिक और व्यावसायिक में शिक्षा देने वाले अध्यापकों को प्रशिक्षण देता है। इस प्रशिक्षण को प्राप्त करने के बाद प्रशिक्षित लोग परामर्शदाताओं (Counsellors) और संदर्शकों (Guides) के रूप में व्यवसाय पाने के इच्छुक लोगों को निदेशन (Guidance) देते हैं। यह कार्य इनके द्वारा समाज-सेवा के लिए अवकाश (Leisure) की अवधि में किया जाता है। यह समाज-सेवा 'राष्ट्रीय युवक कल्याण' (National Youth Welfare) का अंग है। यह कार्य शिविर लगाकर किया जाता है। ये शिक्षक एक शिविर से दूसरे शिविर में स्थानान्तरित होते रहते हैं और युवकों का मार्ग-प्रदर्शन करते हैं। शिविर प्रणाली में अध्यापक 2 वर्गों में विभक्त होते हैं—(1) कॉलेज में काम करने वाले, (2) शिविर में काम करने वाले। ये बारी-बारी से शिविर में या कॉलेज में काम करते रहते हैं।

संयुक्त राज्य अमेरिका में अध्यापकों की दशा
(Conditions of Teachers in U.S.A.)

अधिकांशतः अमेरिकी लोगों का जीवन प्रारम्भ से ही प्रायः भौतिकवादी (Materialistic) रहा है। वहाँ व्यक्ति का स्तर उसकी आर्थिक दशा से ही जाना जाता है। यही बात वहाँ के शिक्षक के सम्बन्ध में भी है। प्रारम्भ में कम वेतन पाने के कारण और आर्थिक

संकट के समय अर्थ-संकट में धैर्य दर्शाने के कारण उसे सामाजिक आदर नहीं मिला, क्योंकि वह आर्थिक विपन्नता में अपना जीवन व्यतीत करता था। 19वीं शताब्दी के बाद से अध्यापक की दशा और सामाजिक सम्मान में सुधार हुआ, क्योंकि शिक्षा के प्रति लोगों में जागरूकता आयी थी और अध्यापक शिक्षा-प्रक्रिया का प्रमुख स्तम्भ था। बीसवीं शताब्दी के प्रारम्भ से ही अध्यापक के वेतन, अध्यापक की शैक्षिक स्वतन्त्रता, सेवा-सुरक्षा, चिकित्सा-अवकाश, साप्ताहिक विश्राम के दिन, पेंशन और दूसरी भौतिक सुविधाओं की ओर ध्यान दिया गया। प्रारम्भ में छोटी अवधि के लिए अध्यापकों को शिक्षण कार्य के वेतन के आधार पर ठेके दिए गए। बाद में उन्हें स्थायी ठेके मिले। आज का शिक्षक अमेरिकी वातावरण में अत्यन्त सुरक्षा, सुख और आनन्द का अनुभव कर रहा है, क्योंकि उसे अधिकतम सुविधायें प्राप्त हैं। वे अन्य पेशे वाले लोगों की भाँति अपने संघ बनाये हुए हैं और सभी सुविधाओं और सुरक्षाओं का लाभ उठा रहे हैं।

अमेरिका में अध्यापक की नियुक्ति प्रबन्ध (Manager or Management) तथा अध्यापक के बीच एक अनुबंध (Agreement) द्वारा होती है। इस अनुबंध (Agreement) के नियम सरकार द्वारा निर्धारित होते हैं। इनका दोनों को अनिवार्यतः पालन करना पड़ता है। लगभग 45 राज्यों में अध्यापक की सेवाएँ सुरक्षित हैं और विशिष्ट परिस्थिति में ही उसे सेवा से हटाया जा सकता है। लगभग सभी राज्यों में अध्यापकों की सेवाएँ सुरक्षित हैं और उन्हें सभी सुविधाएँ प्राप्त हैं। 39 राज्यों में अध्यापकों के लिए बीमारी की छुट्टी और सेवानिवृत्ति (Retirement) के वैधानिक नियम हैं।

अमेरिका में फ्रांस और आस्ट्रेलिया की भाँति संघ सरकार और राज्य सरकारों ने अध्यापकों की नियुक्ति के कोई सार्वभौमिक (Universal) नियम नहीं बनाये हैं। अमेरिका में प्रशिक्षण प्राप्त अध्यापक अपना प्रार्थना-पत्र अध्यापक रोजगार कार्यालय (Teacher Employment Agency) को भेजता है कि उसे नौकरी चाहिए। यह रोजगार कार्यालय अध्यापक के प्रार्थना-पत्र के आधार पर उसकी शैक्षिक योग्यता, प्रशिक्षण योग्यता, अनुभव आदि का रिकॉर्ड रखता है और स्थानीय शिक्षा परिषदों (Local Education Boards) से सम्पर्क स्थापित करता है कि उन्हें किस प्रकार के अध्यापक चाहिए। वांछित योग्यता के अनुसार कार्यालय परिषद् को अध्यापक का नाम भेज देता है। स्थानीय शिक्षा परिषद् की नियन्त्रण इकाई (Control Unit) अध्यापक का चयन कर लेती है। कुछ अध्यापक प्रशिक्षण के बाद अपना प्रार्थना-पत्र सीधे स्थानीय शिक्षा परिषद् की नियन्त्रण इकाई (Control Unit) को भेज देते हैं। रोजगार कार्यालय अध्यापक की नियुक्ति के लिए उसका प्रार्थना-पत्र शिक्षा अधीक्षक (Education Superintendent) के पास अपनी संस्तुति (Recommendation) के साथ भेज देती है और शिक्षा अधीक्षक स्थानीय शिक्षा नियन्त्रण इकाई (Local Education Control Unit) को नियुक्ति के लिए भेज देता है। ये रोजगार कार्यालय

(Employment Agencies) व्यक्तिगत, सामुदायिक और सरकारी सभी प्रकार के होते हैं। कुछ रोजगार कार्यालय (Agencies) अध्यापक संघों और प्रशिक्षण संस्थाओं द्वारा भी नियन्त्रित होते हैं।

अध्यापक का वेतन उस स्थानीय शिक्षा परिषद् की आर्थिक दशा पर निर्भर करता है जहाँ वह कार्य करता है। ये परिषदें अपनी आवश्यकता, आर्थिक दशा के अनुकूल वेतन निर्धारित करती हैं। ग्रामीण क्षेत्रों के अध्यापकों का वेतन नगर के अध्यापकों की अपेक्षा कम रहता है। इसलिए अध्यापक गाँवों से शहरों की ओर आ जाते हैं। कहीं-कहीं अध्यापकों का वेतन स्कूली छात्रों की औसत संख्या और औसत आमदनी के आधार पर निर्धारित होता है। समयानुकूल वेतनमान और कार्यदक्षता रोक (Efficiency Bar) को वेतन निर्धारण में कोई महत्व नहीं दिया जाता। राज्य की आमदनी के बढ़ने पर वेतन वृद्धि भी अधिक होती है। वेतन का भुगतान स्थानीय परिषदों के कोष (Fund) से ही होता है।

अमेरिका में न्यूनतम वेतन अवश्य निश्चित होता है। इसलिए एक स्तर पर योग्यता के अनुसार न्यूनतम वेतन से कम वेतन किसी भी अध्यापक को नहीं दिया जा सकता। नियम के अनुसार निर्धारित वेतन इस प्रकार हैं–

1. विश्वविद्यालय अध्यक्ष और स्थानीय शिक्षा अधीक्षक का वेतन–25,000 डालर से 50,000 डालर प्रतिवर्ष।
2. उत्तर-स्नातक कक्षाओं के अध्यापकों का वेतन–10,000 से 20,000 डालर प्रतिवर्ष।
3. स्नातक कक्षाओं के अध्यापकों का वेतन–7,000 डालर से 10,000 डालर प्रतिवर्ष।
4. स्नातक कक्षाओं के 10-वर्षीय अनुभव रखने वाले अध्यापकों का वेतन–8,000 डालर से 9,500 डालर प्रतिवर्ष तक।
5. विश्वविद्यालयों के विभागाध्यक्षों और निदेशकों का वेतन–15,000 डालर से 25,000 डालर प्रतिवर्ष।

सेवा-निवृत्त (Retired) अध्यापकों को यदि वे शिक्षण-कार्य कर रहे हैं, पेंशन का लाभ अलग से मिलता है। जहाँ वेतनमान निर्धारित नहीं है वहाँ वार्षिक वेतन का औसत भिन्न है। 1990 ई॰ में वार्षिक वेतन का औसत-मान 7,000 डालर रहा। कैलिफोर्निया में यह औसत 8,000 डालर और मिसिसिपी (Mississippi) में यह औसत मान 5,000 डालर रहा। 1990 ई॰ में राष्ट्रीय वेतन-स्तर बढ़ा परन्तु सभी राज्यों में ये समान नहीं रहे। अभी कुछ वर्षों पहले राष्ट्रीय आय का वार्षिक औसत 9,000 डालर प्रतिवर्ष रहा, परन्तु कैलिफोर्निया में वेतन का वार्षिक औसत 10,000 डालर रहा।

अध्यापकों की सेवा दशाएँ (Service Conditions)

अमेरिका की सभी संस्थाओं में शनिवार और रविवार के दिन का अवकाश प्रति सप्ताह रहता है। शिक्षा-सत्र (Session) 9 मास का होता है। वर्ष के कार्य-दिवस 160 से 200 तक होते हैं। अध्यापक प्रति सप्ताह (5 दिन में) 35 घंटे (Periods) पढ़ाता है। कक्षा में 25 से अधिक छात्र नहीं होते। दिन भर की पढ़ायी पूरी होने पर शेष समय में अगले दिन की पढ़ाई की योजना तैयार की जाती है। पिछड़े और मन्द-बुद्धि बालकों को सामान्य बालकों के समकक्ष लाने के लिए अतिरिक्त समय में शिक्षण और निदेशन दिया जाता है।

छात्र-सम्बन्धी समस्याओं का हल अध्यापक छात्रों के अभिभावकों (Guardians) के सम्पर्क से खोजता है। अध्यापक का पद अब प्रतिष्ठित और सम्मानित माना जाता है। अध्यापक छात्र-छात्राओं के साथ सामाजिक और जन-सम्पर्क की क्रियाओं में अधिक भाग लेते हैं। वे समाज और समुदाय के प्रतिष्ठित और शिक्षा प्रेमी लोगों के साथ इस सम्बन्ध में विचार-विनिमय करते हैं। वे शिक्षा-परियोजनाओं (Projects), शिक्षा-समस्याओं (Problems) पर चर्चा करने के लिए समय-समय पर सभाएँ आयोजित करते हैं।

अमेरिका में महिला वर्ग ही अध्यापन-कार्य में अधिक लगा है। पुरुष अध्यापकों की अपेक्षा युवा और प्रौढ़ महिलाएँ अधिक हैं। प्रायः अविवाहिता लड़की विवाह होने से 2 वर्ष पूर्व शिक्षण-कार्य के लिए अवश्य देती है। सेवा-सुविधाओं और वेतनमान में यौन-भेद (Sex-difference) को महत्व नहीं दिया जाता है। चाहे महिला हो या पुरुष, लड़का हो या लड़की सभी को समान अवसर, सुविधाएँ और पारिश्रमिक लोकतान्त्रिक ढंग से मिलता है। 1991 ई॰ के आँकड़ों के अनुसार 29,85,743 अध्यापकों में से 1,84,337 महिला अध्यापक और शेष पुरुष अध्यापक थे। सभी स्तरों के अध्यापकों के लिए राष्ट्रीय शिक्षा संघ (National Education Association) की स्थापना की गयी है। लगभग 50 प्रतिशत अध्यापक इस संघ के सदस्य होते हैं। इसमें पुरुष और महिला सभी अध्यापक सदस्यता ग्रहण करते हैं। यह (Association) अध्यापकों के व्यावसायिक और दार्शनिक दृष्टिकोणों को ध्यान में रखते हुए शिक्षा के विकासात्मक कार्यक्रमों का सम्पादन करता है। अध्यापकों की सेवा-सुरक्षा और कल्याण के लिए स्थान-स्थान पर अध्यापक संघ (Teachers Union) का गठन होता है। अध्यापकों का एक राष्ट्रीय संगठन जिसे अमेरिकन अध्यापक संघ (American Federation of Teachers) कहते हैं, भी गठित किया गया है। यह अन्य व्यवसायों के संघों (Unions) के सहयोग से अपने कर्त्तव्यों का निर्वाह करता है।

सारांश

अमेरिका में अध्यापक शिक्षा का विकास

विकास नया। प्रारम्भ में शिक्षक का स्तर प्रतिष्ठित नहीं था। शिक्षा के प्रति जागरूकता आने पर शिक्षक की प्रतिष्ठा बढ़ी। लोगों में इस व्यवसाय के प्रति आकर्षण नहीं। 1839 में पहली बार मैसाचुसेट्स में नॉर्मल स्कूल स्थापित। 1857 ई० में इलीन्वाय में भी नॉर्मल स्कूल, 1873 ई० में आयोवा विश्वविद्यालय में अंशकालीन प्रशिक्षण की व्यवस्था। 1879 ई० को मिशिगन, 1887 में कोलम्बिया विश्वविद्यालयों में शिक्षा विभागों की स्थापना।

प्रशिक्षण-प्रवेश की योग्यता और चुनाव—प्रारम्भ में प्राथमिक शिक्षा उत्तीर्ण व्यक्तियों को एक-वर्षीय प्रशिक्षण। माध्यमिक स्तर पर 2-वर्षीय प्रशिक्षण प्राथमिक शिक्षा प्राप्त व्यक्ति के लिए। जब प्रशिक्षण 4-वर्षीय हुआ तो प्रवेश-योग्यता स्नातक परीक्षा, उत्तर-स्नातक परीक्षा। प्रवेश के समय अभ्यर्थी के व्यक्तित्व, शैक्षिक योग्यता, स्वास्थ्य, चरित्र, शिक्षण अभिरुचि, बुद्धि, सामाजिकता आदि योग्यताओं की जानकारी आवश्यक। गत संस्था के प्रधानाचार्य की संस्तुति को महत्व। सभी राज्यों में समान प्रणाली नहीं। माध्यमिक स्तर पर डिग्री के बाद 4-वर्षीय प्रशिक्षण, प्राथमिक स्तर पर जूनियर कॉलेज की 2-वर्षीय शिक्षा के बाद 2-वर्षीय प्रशिक्षण।

अध्यापक प्रशिक्षण संस्थाएँ

नॉर्मल स्कूल, अध्यापक प्रशिक्षण स्कूल, स्कूल ऑफ एजूकेशन तथा शिक्षा विभाग, ये चार प्रकार की अध्यापक प्रशिक्षण संस्थाएँ।

नॉर्मल स्कूल—माध्यमिक स्कूलों के समकक्ष। 2-वर्षीय माध्यमिक शिक्षा के बाद 2-वर्षीय प्रशिक्षण। नॉर्मल का अर्थ 'नियमों के अनुसार'। शिक्षण नियमों का प्रशिक्षण देना इनका उद्देश्य। बाद में प्रशिक्षण में सुधार। नॉर्मल स्कूलों का ट्रेनिंग कॉलेजों में परिवर्तन।

अध्यापक ट्रेनिंग कॉलेज—न्यूयार्क में 1888 को पहला ट्रेनिंग कॉलेज। 1920 तक सामान्य प्रशिक्षण कॉलेज खुले। 1950 तक इनकी तीव्र प्रगति। शिक्षण प्रशिक्षण को विज्ञान का रूप दिया गया। शिक्षण-प्रविधियों का विकास सामान्य शिक्षा के साथ शिक्षण व्यवसाय की शिक्षा।

शिक्षाशास्त्र के स्कूल—ये विश्वविद्यालयों के शिक्षा विभागों के समान। इनका विश्वविद्यालयों से सम्बद्धीकरण।

शिक्षा विभाग—विश्वविद्यालयों द्वारा पृथक् विभागों द्वारा अध्यापकों को प्रशिक्षण देना। अध्यापन प्रविधियों में विशेष बल। शोध कार्य पर बल।

शिक्षणशास्त्र का पाठ्यक्रम

(1) सामान्य शिक्षा,
(2) शिक्षण व्यवसाय की शिक्षा। पूरे अमेरिका में सामान्य पद्धति नहीं। 4 वर्ष के पहले दो वर्ष में सामान्य शिक्षा तो अन्तिम दो वर्षों में शिक्षण व्यवसाय की शिक्षा। कहीं-कहीं सामान्य और व्यावसायिक शिक्षा साथ-साथ। 5वें वर्ष में विशिष्टीकरण की शिक्षा और पीएच.डी.। शोध कार्य पर बल।

प्रशिक्षणोपरान्त मान्यताप्राप्त उपाधि का वितरण

स्थानीय शिक्षा परिषद्, राज्य शिक्षा परिषद्, शिक्षा विभाग द्वारा प्रमाण-पत्रों का वितरण। उपाधि विश्वविद्यालयों और ट्रेनिंग कॉलेजों द्वारा। प्रमाणपत्र राज्य शिक्षा परिषद् द्वारा। अध्यापक को परीक्षण काल के लिए प्रमाणपत्र। नियुक्ति से पूर्व परीक्षा के आधार पर प्रमाणपत्र की व्यवस्था। प्रोबेशन समय समाप्त होने पर प्रमाणपत्र भी रद्द। कुछ दशाओं में जीवनभर के लिए शिक्षण-प्रमाणपत्र।

शिक्षाशास्त्र में शोधकार्य की व्यवस्था

4-वर्षीय प्रशिक्षण के बाद एक-वर्षीय विशेषीकरण और शोधकार्य की व्यवस्था, सभी विश्वविद्यालयों के शिक्षा विभागों में इसकी पूर्ण सुविधाएँ। सेवारत अध्यापकों के लिए भी पूर्ण सुविधाएँ। शोधकार्य के शिविरों की व्यवस्था। समाज-सेवा को भी महत्व।

संयुक्त राज्य अमेरिका में अध्यापकों की दशा

अध्यापकों को न्यूनतम वेतन स्वीकृत, वेतन परिषदों की आर्थिक दशा और छात्र-संख्या पर निर्भर। उच्चतम वेतनमान, सेवा-सुरक्षा, चिकित्सा अवकाश, चिकित्सा सुविधाएँ उपलब्ध। आर्थिक दशा अच्छी। रोजगार कार्यालयों के माध्यम से नियन्त्रण इकाइयों द्वारा शिक्षकों की नियुक्ति। सप्ताह में 5 दिन पढ़ाई, 35 घंटे प्रति सप्ताह। राष्ट्रीय स्तर पर अध्यापक संघ। लोकतान्त्रिक ढंग से कर्त्तव्य निर्वाह।

अभ्यासार्थ प्रश्न

1. अमेरिका में अध्यापक-शिक्षा के विकास का वर्णन कीजिए।
2. अमेरिका की विभिन्न अध्यापक-शिक्षा संस्थाओं का वर्णन कीजिए और बताइए इनमें पाठ्यक्रम की क्या व्यवस्था है ?
3. अमेरिका में अध्यापकों की दशा का विवेचन कीजिए।
4. अमेरिका में शिक्षण एवं प्रशिक्षण का स्तर ऊँचा उठाने के लिए क्या प्रयत्न किये गये हैं ?

अध्याय 10

संयुक्त राज्य अमेरिका में उच्च शिक्षा
[Higher Education in U.S.A.]

अमेरिका में उच्च शिक्षादर्शन
(Philosophy of Higher Education in America)

अमेरिका के लोग यूरोप से आकर बसे थे। उन्होंने अपनी शिक्षा की व्यवस्था यूरोप के देशों के अनुरूप रखी। उच्च शिक्षा का स्वरूप भी इंग्लैंड की शिक्षा की भाँति था। उच्च शिक्षा केवल विशिष्टीकरण (Specialisation) तथा शोध कार्य (Research) के लिये थी, परन्तु जैसे-जैसे अमेरिका की आवश्यकताओं में और परिस्थितियों में परिवर्तन होता गया, उच्च शिक्षा के स्वरूप में भी परिवर्तन आ गया। फलतः शिक्षादर्शन में ही परिवर्तन आ गया। लोगों ने उच्च शिक्षा के इस दृष्टिकोण को कि यह केवल विशिष्टीकरण और शोध कार्य के लिये होगी, स्वीकार नहीं किया। उनके अनुसार इसका उद्देश्य व्यक्ति को भावी जीवन के लिए तैयार करने की दृष्टि से व्यावसायिक शिक्षा देना भी होना था। लोकतान्त्रिक दृष्टिकोण से किसी भी नागरिक को उच्च शिक्षा में प्रवेश से रोका नहीं जा सकता था, जबकि उच्च शिक्षा सभी के लिए नहीं थी।

सन् 1949 ई॰ में न्यूयार्क और न्यूजर्सी राज्यों में यह कानून बनाया गया कि सभी को शिक्षा के समान अवसर मिलने चाहिए। कोई भी व्यक्ति जाति, धर्म, यौन-भेद, राष्ट्रीयता और वर्ग के आधार पर उच्च शिक्षा से वंचित नहीं किया जा सकता। प्रवेश-फार्मों में से वर्ग-भेद, जाति-भेद और धर्म-भेद आदि की सभी सूचनाएँ समाप्त कर दी गयीं। प्रारम्भ में इसे उच्च शिक्षा पर लागू किया गया, बाद में इसे सभी शिक्षा-स्तरों पर लागू कर दिया गया। विशिष्टीकरण और शोध कार्य के लिए केवल प्रतिभाशाली व्यक्ति ही उपयुक्त होते हैं। इसलिए उन्हें ही प्रवेश मिलता था। अन्य सामान्य छात्र-छात्राओं को प्रवेश वर्जित था, परन्तु कानून के परिणामस्वरूप सभी छात्रों को उपयोगितावादी दृष्टि से औसत छात्र भी प्रवेश पाने लगे। अध्यापकों को

उनकी आवश्यकता के अनुसार शिक्षण-पद्धति में परिवर्तन लाना पड़ा।

उच्च शिक्षा की सार्वजनिकता (Univarsality) का इसके विकास पर अच्छा प्रभाव पड़ा। 1993 ई० तक संयुक्त राज्य अमेरिका में विश्वविद्यालयों की संख्या लगभग 350 और उच्च शिक्षा देने वाले कॉलेजों की संख्या लगभग 3,200 तक पहुँच गयी। उदार कला कॉलेजों में छात्रों की संख्या 300 लाख और व्यावसायिक कॉलेजों में 50 लाख तक पहुँची। इन सभी उच्च शिक्षा संस्थाओं में 40 प्रतिशत संस्थाएँ राजकीय हैं शेष 60 प्रतिशत संस्थाएँ व्यक्तिगत (Private), सामुदायिक (Community), सामूहिक, दान पर चलने वाली (Damonational), नगरपालिकाओं द्वारा संचालित और वैयक्तिक (Individual) हैं। इतनी संस्थाएँ होने पर भी इनमें छात्रों के प्रवेश की भीड़ लगी रहती है।

अमेरिका की उच्च शिक्षा के दर्शन ने वहाँ के स्नातकों के जीवन में भारी परिवर्तन ला दिया है। पहले छात्र विशिष्टीकरण (Specialization) और शोध-कार्य (Research work) द्वारा एक विद्वान (Scholar) बनना चाहता था, अब वह एक कुशल अध्यापक बनना चाहता है। इस परिवर्तन से शिक्षा का स्तर गिरा, परन्तु शिक्षा लाभप्रद और व्यावहारिक बन गयी। प्रवेश समस्या को हल करने के लिए पाक्षिक शिक्षा (Terminal Education), पूरक पाठ्यक्रम (Supplementary Courses) तथा अतिरिक्त विशिष्ट व्यवस्थाएँ की गयी हैं। वहाँ सरल प्रवेश परीक्षा की व्यवस्था करके इस समस्या को हल किया जा सकता है। अब वहाँ शिक्षा-स्तर की गिरावट को रोकने के लिए जहाँ शिक्षकों द्वारा शिक्षण विधियों को छात्र-छात्राओं की रुचि, स्वभाव और आवश्यकता के अनुकूल रोचक बनाना है, वहाँ पूर्व प्रचलित पाठ्यक्रम में परिवर्तन भी लाना है। कॉलेजों और विश्वविद्यालयों में बहुउद्देशीय पाठ्यक्रम और शैक्षिक कार्यक्रम चलाना है। छात्र-छात्राओं की आवश्यकता को ध्यान में रखते हुए आवश्यक है कि पाठ्यक्रम में विविधता लाने के लिए प्रयत्न किये जायें और पाठ्यक्रम को कुछ भागों में बाँट दिया जाये। इससे मूल्यांकन और शिक्षा-स्तर के बनाये रखने में भारी सुविधा होगी।

विश्वविद्यालयों के प्रकार एवं संगठन (Kinds and Organisation of Universities)

विश्वविद्यालयों के प्रकार (Kinds of Universities)

संयुक्त राज्य अमेरिका में दो प्रकार के विश्वविद्यालय पाये जाते हैं—

(1) ***व्यक्तिगत विश्वविद्यालय (Private Universities)***—ये विश्वविद्यालय

प्राचीन परम्पराओं पर आधारित हैं और व्यक्तिगत प्रयासों से संचालित हैं। इनकी परम्पराएँ इंग्लैंड की परम्पराओं की देन हैं। इनमें प्रायः केवल प्रतिभाशाली छात्र-छात्राओं को प्रवेश मिलता है और शोध कार्य एवं विशिष्टीकरण (Specialization) पर ध्यान दिया जाता है। शोध-कार्य की व्यवस्था होने तथा सरकारी नियन्त्रण न होने से इन विश्वविद्यालयों को धनाभाव का सामना करना पड़ता है। इसे छात्रों से शुल्क (Fees) लेकर पूरा किया जाता है। शुल्क पर्याप्त होता है। इसलिए सामान्य आर्थिक स्थिति का व्यक्ति अपने बालक को इनमें शिक्षा नहीं दिला सकता। ऐसे विश्वविद्यालयों में स्टैनफोर्ड (Stanford), उत्तरी-पश्चिमी राज्य के हॉपकिन्स (Hopkins), कोलम्बिया (Columbia), प्रिंस्टन (Prinston), ऐल (Ale) और हारवार्ड (Harvard) के नाम उल्लेखनीय हैं।

(2) ***राज्य के विश्वविद्यालय (State Universities)***—ये विश्वविद्यालय राज्य सरकार के नियन्त्रण में रहते हैं और इनका आर्थिक व्यय भार राज्य वहन करता है। इनमें शुल्क कम लिया जाता है। इसलिये इनमें छात्रों की भीड़ रहती है। दूसरे देशों से या राज्यों से आने वाले छात्र-छात्राओं से अधिक शुल्क लिया जाता है। यह शुल्क लगभग सामान्य से 5 गुना अधिक होता है। राज्य के छात्रों को अधिक वरीयता दी जाती है और नवीन, संशोधित पाठ्यक्रम में शिक्षा दी जाती है। राष्ट्रीय लक्ष्यों की पूर्ति के लिये इन विश्वविद्यालयों में शिक्षा मिलती है। इन विश्वविद्यालयों के सम्बद्ध (Affiliated) कॉलेजों में पर्याप्त सहयोग और सम्पर्क रहता है। ये दोनों मिलकर शिक्षा-स्तर और व्यवस्था को ठीक बनाये रखने का प्रयत्न करते हैं। शिक्षा जनता के हित के लिए व्यावसायिक और उपयोगी बनायी जाती है। विशिष्टीकरण और शोध कार्य की व्यवस्था का इन विश्वविद्यालयों में लोप होता जा रहा है।

विश्वविद्यालयों का संगठन
(Organisation of Universities)

अमेरिकी विश्वविद्यालयों का संगठन जनता की आवश्यकताओं को पूरा करने और उसे नवीन, परिवर्धित ज्ञान देने के लिये किया जाता है। संस्कृति, समाजशास्त्र, विज्ञान तथा परमाण्विक शोध कार्य (Atomic Research) की व्यवस्था इन विश्वविद्यालयों में स्वायत्त शासन (Autonomy) के माध्यम से की जाती है। यद्यपि अमेरिका के विश्वविद्यालय विशिष्टीकरण की शिक्षा के लिये प्रसिद्ध हैं, फिर भी ये नवीन ज्ञान (New Knowledge) के प्रसार का प्रयत्न करते हैं।

उच्च शिक्षा के लिए आय के स्रोत (Sources of Income of Higher Education)

विश्वविद्यालयों और कॉलेजों के संचालन के लिये पर्याप्त धन की आवश्यकता होती है। यह धन न हो तो विश्वविद्यालय ठीक से नहीं चल सकते। अमेरिका में उच्च शिक्षा की व्यवस्था के लिये अग्रांकित स्रोतों से धन जुटाया जाता है—

(1) ***व्यक्तिगत आय-स्रोत (Private Income-Source)***—व्यक्तिगत स्रोत के अन्तर्गत संचित सम्पत्ति (Endowment), शिक्षण-शुल्क (Tuition Fees) तथा दान (Donations) आते हैं।

(अ) *संचित सम्पत्ति (Endowment)*—संस्थाओं के साथ जुड़ी हुई या संस्थाओं के नाम चल और अचल संपत्ति के आधार पर उन्हें सरकारी मान्यता मिल जाती है। इसी से आमदनी करके ये विश्वविद्यालय और कॉलेज अपना खर्च चलाते हैं। यह सम्पत्ति बढ़ायी भी जा सकती है। इनके पास धन पर्याप्त नहीं रहता। अतः ये सोच-समझकर खर्च करती हैं।

(ब) *शिक्षण-शुल्क (Tuition Fées)*—व्यक्तिगत विश्वविद्यालय और कॉलेज सरकारी विश्वविद्यालयों और कॉलेजों की अपेक्षा अधिक शिक्षण-शुल्क वसूल करते हैं। ये शुल्क वार्षिक (Annual) होते हैं। व्यक्तिगत संस्थाएँ इस शुल्क का निर्धारण बहुत सोच-समझकर करते हैं। इसका निर्धारण करते समय छात्र-संख्या, शिक्षा-स्तर (Standard of Education), स्थानीय लोगों के आर्थिक स्तर तथा संस्था की प्रसिद्धि और लोकप्रियता। यदि व्यक्तिगत विश्वविद्यालयों में शिक्षण-शुल्क अधिक कर दिया जाता है तो छात्र-छात्राएँ दूसरे विश्वविद्यालयों या कॉलेजों में चले जाते हैं। इससे उनकी प्रवेश संख्या घटती है। फलतः वे अपने खर्चे को घटाते हैं जिससे शिक्षा का स्तर गिर जाता है। व्यक्तिगत संस्थाओं में राजकीय संस्थानों की अपेक्षा शिक्षण-शुल्क अधिक रहता है। यदि व्यक्तिगत संस्थाओं में यह 1,000 से 1,500 डालर होता है तो राजकीय संस्थाओं में यह केवल 800 डालर होता है। व्यक्तिगत संस्थाओं में शिक्षण-शुल्क के अतिरिक्त वाचनालय-शुल्क, कक्षा-व्यवस्थापन (Class Maintenance Fees), प्रकाश, जलपान, आहार और यातायात की सुविधाओं से सम्बन्धित शुल्क भी वसूल किये जाते हैं।

(स) *तात्कालिक दान (Immediate Donation)*—व्यक्तिगत संस्थाएँ

समय-समय पर दान भी प्राप्त करती हैं। इस दान को उपहार (Gift) कहा जाता है। यह उपहार दो प्रकार का होता है—(1) लागत-उपहार (Investment Gift) तथा (2) अप्रत्यक्ष उपहार (Indirect Gift)। लागत-उपहार से संस्था की सम्पत्ति और संचित-राशि (Endowment) को बढ़ाया जाता है जिससे प्रत्यक्ष रूप में संस्था को आर्थिक लाभ पहुँचे। अप्रत्यक्ष-उपहार संस्था के तात्कालिक व्यय (Immediate Expenditure) की पूर्ति के लिये धन (Money) के रूप में या सामग्री के रूप में दिया जाता है। उपहार (Gift) का मूल्य एक डालर से लेकर 10 लाख डालर तक हो सकता है। जनता इस उपहार को तब देती है जब उसका आर्थिक स्तर कुछ ऊँचा हो जाता है, या कोई उत्सव होता है या परिवार के सदस्यों को कुछ शैक्षिक सुविधाएँ देनी होती हैं। यह दान वाचनालय, पुस्तकालय, प्रयोगशाला, व्याख्यान कक्ष आदि के लिये दिया जाता है। कभी-कभी बिना प्रयोजन स्पष्ट किये ही यह दान विश्वविद्यालय या कॉलेज को दे दिया जाता है। इस दान को संस्था का अध्यक्ष (President) तथा कोषाध्यक्ष (Treasurer) ही खर्च करते हैं। अब अमेरिका में विश्वविद्यालयों या कॉलेजों को स्मृति-उपहार (Memory Gift) देने की प्रथा चल पड़ी है। यह उपहार लोग जन्म दिन या मृत्यु दिवस पर अपने किसी प्रिय की स्मृति में संस्था को देते हैं। इसकी कोई सीमा नहीं होती। इसी कोष से स्मृति छात्रवृत्तियाँ (Memory Scholarships) छात्र-छात्राओं को दिये जाते हैं। व्यक्तिगत संस्थाओं को यह दान या उपहार सम्बन्धित औद्योगिक संस्थानों या व्यापारिक संस्थानों से प्राप्त होता है। आर्थिक संकट के समय ये संस्थाएँ व्यक्तिगत विश्वविद्यालयों को समय-समय पर सहायता देती रहती हैं। बदले में ये विश्वविद्यालय इन संस्थानों के कर्मचारियों को प्रशिक्षण देते हैं।

यद्यपि व्यक्तिगत संस्थाओं को सरकार भी आर्थिक सहायता और अनुदान देती है, परन्तु ये संस्थाएँ अपनी स्वायत्तता (Autonomy) की रक्षा के लिये इस अनुदान को नहीं लेती। वे सरकारी हस्तक्षेप से बचना चाहती हैं। फिर भी अप्रत्यक्ष रूप से इन संस्थाओं को आर्थिक सहायता मिलती रहती है। दान या उपहार और संस्था की संचित सम्पत्ति (Endowment) पर कोई कर नहीं लगाया जाता। 600 डालर प्रतिवर्ष के उपहार जो संचित सम्पत्ति या स्मृति-छात्रवृत्तियों में खर्च होती है, कर-मुक्त (Tax-free) होती है। छात्र

किसी व्यक्तिगत संस्था से पढ़ायी पूरी कर लेता है जो वह भी प्रतिवर्ष कुछ न कुछ इस संस्था को अपना कर्त्तव्य समझते हुए उपहार स्वरूप देता रहता है।

(2) ***राजकीय संस्थाओं के आर्थिक स्रोत***—सभी विश्वविद्यालय और कॉलेज जो राज्य द्वारा चलाये जाते हैं, लोक-कर (Public-Tax) के कोष से तथा नगरपालिकाओं के कोष से धन प्राप्त करते हैं। अधिकाँश विद्यालय राज्य सरकारों द्वारा संचालित होते हैं जिनमें सामान्यसा शुल्क लिया जाता है। यद्यपि इन संस्थाओं को सरकार से बहुत-सी आर्थिक सहायता मिलती है, फिर भी वे धनाभाव में जनता से दान या उपहार लेकर अपनी स्थिति सम्भालती हैं। यह धन शुल्क या दान के रूप में उन छात्र-छात्राओं से अधिक वसूल किया जाता है जो दूसरे राज्यों से इनमें अध्ययन करने आते हैं।

विश्वविद्यालय का केन्द्रीय प्रशासन
(Central Administration of the University)

विश्वविद्यालय का प्रमुख प्रशासक अध्यक्ष (President) कहलाता है। इस अध्यक्ष का चुनाव बोर्ड ऑफ ट्रस्टीज (Board of Trustees) द्वारा होता है जिसमें राजनीतिज्ञ, अध्यापक और मान्य जन-प्रतिनिधि सदस्य होते हैं। अध्यक्ष का कार्यकाल अनिश्चित होता है जो कुछ वर्षों तक चलता रहता है। वैसे तो अध्यक्ष योग्य व्यक्ति होता है, परन्तु कभी-कभी वह विश्वविद्यालय के प्राध्यापक से कम योग्यता का भी हो सकता है। वह विश्वविद्यालय की अर्थव्यवस्था को चलाता है और सम्बन्धित समस्याओं को हल करता है। वह उन स्नातकों (Graduates) से अपना सम्पर्क बनाये रखता है जो उस विश्वविद्यालय में पढ़ चुके हैं। वह स्थानीय प्रशासकों, राज्य-प्रशासकों, व्यापारियों, उद्योगपतियों और अन्य उदार संस्थाओं से सम्बन्ध बनाये रखता है जिससे वे आवश्यकता पड़ने पर विश्वविद्यालय को उपहार, दान या आर्थिक सहायता दे सकें।

विश्वविद्यालय के संकाय (Faculties)

विश्वविद्यालय के आन्तरिक प्रशासन को चलाने के लिए उसे कई संकायों में विभक्त कर दिया जाता है। संकाय का प्रमुख डीन (Dean) कहलाता है। वह कानूनी दृष्टि से वैयक्तिक और आर्थिक समस्याओं को हल करने वाला होता है। वह सम्बद्ध कॉलेज (Affiliated College) के सम्बन्धित विषय के विभाग (Department) का प्रमुख (Head) होता है। कुछ विश्वविद्यालयों में विषय के विभाग का प्रमुख (Head)

डीन (Dean) नहीं होता, वरन् कोई अन्य व्यक्ति होता है। कभी-कभी एक विभाग सम्बन्धित विषय में दो-दो सम्बद्ध कॉलेजों के लिए उत्तरदायी हो जाता है। जैसे—हारवर्ड विश्वविद्यालय (Harvard University) का चिकित्सा-विभाग (Medical Department), दन्त चिकित्सा (Dental Medicine) तथा चिकित्सा-स्कूल (Medical School) दोनों को अपने निरीक्षण में चलाता है। विज्ञान और कला संकायों की देख-रेख में कॉलेजों के कला और विज्ञान विभाग चलते हैं। इस व्यवस्था की सबसे बड़ी कमी यह है कि अध्यापक केवल स्नातक कॉलेजों पर तो ध्यान देते हैं, परन्तु अन्य कॉलेजों पर ध्यान नहीं देते। इस समस्या को हल करने के लिए कोलम्बिया विश्वविद्यालय ने दो स्तरों के कॉलेजों को अलग-अलग संकायों के अधीन रखा है और पृथक् अध्यापकों की व्यवस्था भी की है।

यह व्यवस्था खर्चीली है और यह भय भी बना रहता है कि एक स्तर की अपेक्षा दूसरे स्तर के कॉलेज को हानि न पहुँच जाए।

ये संकाय छात्रों की प्रत्येक शिक्षा-व्यवस्था के लिए उत्तरदायी हैं। छात्रों के प्रवेश, परीक्षा, शैक्षिक नीति-निर्धारण, व्यावसायिक और नागरिकता के निर्देशन (Guidance) तथा परामर्शन (Counselling) के लिए संकाय ही उत्तरदायी है। वास्तव में इस प्रकार की व्यवस्था से छात्रों को भारी लाभ पहुँचता है। विश्वविद्यालयों में बड़े संकाय उप-संकायों (Sub-Faculties) में तोड़ दिये जाते हैं। ये उप-संकाय आर्थिक व्यवस्था और बजट के उत्तरदायित्व को सम्भालते हैं। प्रशासन की व्यवस्था इससे अच्छी हो जाती है। शिकागो विश्वविद्यालय में ऐसी ही व्यवस्था की गयी है।

अन्तर्संकाय कार्यक्रमों का संचालन—जब कोई ऐसा कार्यक्रम संचालित करना होता है जिसका सभी उप-संकायों से सम्बन्ध होता है, तो डीन सभी उप-संकायों के सहायक डीनों (Assistant Deans) की एक सभा बुलाता है और कार्यक्रम के संचालन के लिए कोई निर्णय लेता है। जब उप-संकाय अपना-अपना कार्यक्रम पृथक् चलाना चाहते हैं, तब संकाय का 'डीन' अपने विभागाध्यक्षों (Head of Department) या सह-विभागाध्यक्षों (Joint Heads) की सहायता लेकर उसका संचालन कराता है।

बोर्ड ऑफ ट्रस्टीज एवं विभागों के अध्यक्ष (Heads)

बोर्ड ऑफ ट्रस्टीज (Board of Trustees) का गठन, राजनीतिज्ञों, व्यापारियों, वकीलों, अध्यापकों आदि के प्रतिनिधियों से होता है। यही बोर्ड पूरे विश्वविद्यालय पर नियन्त्रण रखती है। इसकी ओर से विश्वविद्यालय का अध्यक्ष (President) या कुलपति (Vice Chancellor) विश्वविद्यालय का प्रमुख बनता है जिसे बोर्ड ऑफ ट्रस्टीज के सदस्य अपने में से ही चुनते हैं। यह बोर्ड विभागाध्यक्षों (Head of Departments) या डीनों (Deans) के साथ घनिष्ठ सम्पर्क रखता है। शिक्षा नीति

के निर्धारण में डीन या विभाग के अध्यक्ष सीधा भाग लेते हैं। बोर्ड के सदस्यों और डीनों या विभाग प्रमुख में कोई संघर्ष नहीं होता।

विश्वविद्यालय पाठ्यक्रम

संयुक्त राज्य अमेरिका के विश्वविद्यालयों में 4-वर्षीय स्नातक उपाधि (Bachelors Degree), एक-वर्षीय उत्तर-स्नातक उपाधि (Post Graduate Degree) तथा चार-वर्षीय पीएच.डी. उपाधि (Doctorate Degree) के पाठ्यक्रम स्वीकृत हैं। इस प्रकार विश्वविद्यालय पाठ्यक्रम 12-वर्षीय है।

विश्वविद्यालय के सम्बद्ध कॉलेज (Affiliated College)

अमेरिका के विश्वविद्यालयों के साथ तीन प्रकार के कॉलेज सम्बद्ध होते हैं—

(1) ***उदार साहित्यिक कॉलेज (Liberal Arts College)***—ये सामान्यतः धार्मिक संस्थाओं द्वारा चलाये जाते हैं और 4-वर्षीय स्नातक उपाधि पाठ्यक्रम चलाते हैं।

(2) ***उप-स्नातक कॉलेज (Under-Graduate College)***—ये कॉलेज स्वतन्त्र और विश्वविद्यालय प्रणाली से भिन्न कार्य करने वाले होते हैं, परन्तु विश्वविद्यालय क्षेत्र में कार्यरत कॉलेज भी उप-स्नातक स्तर के होते हैं जो विश्वविद्यालय से नियन्त्रित होते हैं। जैसे—ललित कला कॉलेज (Fine Arts College), कृषि कॉलेज (Agriculture College), संगीत कॉलेज (Music College), गृह-विज्ञान कॉलेज (Home Science College), स्वास्थ्य रक्षा एवं शारीरिक व्यायाम कॉलेज (Hygiene and Gymnastics College) इत्यादि।

(3) ***स्नातक कॉलेज (Graduate College)***—जो छात्र स्नातक परीक्षा (Bachelors Examination) पास कर लेते हैं, उन्हें इन कॉलेजों में प्रवेश मिलता है। ये विभिन्न प्रकार के होते हैं। जैसे—लॉ कॉलेज (Law College), चिकित्सा कॉलेज (Medical College), कला और विज्ञान कॉलेज (Arts and Science College)। इन कॉलेजों का प्रशासन वैयक्तिक और सामूहिक तथा अलग-अलग भी होता है। सामूहिक दृष्टि से विश्वविद्यालय इन कॉलेजों का प्रशासन चलाता है और कुल-सचिव (Registrar) इस प्रशासन कार्यालय का प्रमुख (Head) होता है।

विश्वविद्यालय प्रशासन में छात्रों का योगदान
(Contribution of Students in University Administration)

अमेरिका के विश्वविद्यालय प्रशासन में छात्र केवल अपने सुझाव दे सकते हैं, परन्तु कोई हस्तक्षेप नहीं कर सकते। छात्रों को अपनी रुचि के अनुकूल विषय चुन कर पढ़ने की सुविधा मिलती है। लिबरल आर्ट्स कॉलेज के छात्र संघ (Student's Union) द्वारा प्रस्तुत की गयी वार्षिक रिपोर्ट पर डीन (Deans) विशेष ध्यान देते हैं। यदि पुरातन छात्र संस्था के लिए चन्दा एकत्रित करके देते हैं तो पुरातन छात्र (Old Students) उस संचित धन के व्यय का हिसाब माँग सकते हैं।

विश्वविद्यालय की आन्तरिक व्यवस्थाएँ
(Internal Arrangements of University)

विश्वविद्यालयों में प्रौढ शिक्षा की व्यवस्था

विश्वविद्यालय का सत्र (Session) सितम्बर के अन्तिम सप्ताह से प्रारम्भ होकर जून के मध्य तक चलता है। शेष मध्य जून से सितम्बर के तीसरे सप्ताह की ग्रीष्मावधि में प्रौढ़ शिक्षा (Adult Education) समर कोर्सेज के कार्यक्रम चलते हैं। शिक्षा-परामर्शन (Educational Counselling) व्यावसायिक निदेशकों (Vocational Guidance) के लिए अंग्रेजी शिक्षण और चिकित्सा-सम्बन्धी व्यवस्थाएँ छात्रों और अध्यापकों के सहयोग से संचालित होते हैं। इससे छात्र-छात्राओं के ज्ञान की पुनरावृत्ति होती है।

उच्च शिक्षा-स्तर पर छात्र जीवन (Student Life)

अमेरिका के शिक्षा-दर्शन से वहाँ की समूची शिक्षा व्यवस्था संचालित होती है। इस शिक्षा व्यवस्था से छात्र-जीवन प्रत्यक्ष रूप से प्रभावित होता है। छात्रों के लिए आवश्यक है कि वे अमेरिका के शिक्षा दर्शन को समझें। छात्रों को अपने शारीरिक, मानसिक, सामाजिक और आध्यात्मिक विकास के लिए छात्रावासों (Hostels) में रहना पड़ता है। नगर पालिकाओं के कुछ कॉलेजों को छोड़कर शेष सभी कॉलेजों और विश्वविद्यालयों में छात्रावास की अच्छी व्यवस्था है। छात्रावासों में शयन-कक्षों, भोजन-कक्ष, पुस्तकालयों, खेल के मैदान आदि की अच्छी व्यवस्था है। एक कमरे में दो छात्र सहयोगी बनकर रहते हैं और सांस्कृतिक विकास करते हैं। छात्रावास जीवन एक कौटुम्बिक जीवन जैसा है। दैनिक आवश्यक कार्य सहकारिता के बल

पर पूरे किये जाते हैं। यह प्रणाली महँगी अवश्य है, इसलिए इसमें सभी छात्र भाग नहीं ले पाते। छात्रावास का व्यय वहन न कर सकने वाले छात्र विश्वविद्यालय के निकट ही किराये के कमरे लेकर रहते हैं। इन छात्र-छात्राओं के लिए एक सामुदायिक विकास-केन्द्र (Community Development Centre) की स्थापना की जाती है। इसमें जाकर ये छात्र-छात्राएँ अपना सर्वांगीण विकास करने का प्रयत्न करते हैं।

उच्च शिक्षा के पाठ्यक्रम और छुट्टियाँ (Courses and Holidays)

छात्रों को अपनी रुचियों के अनुकूल विषय चुनने और पढ़ने की सभी सुविधाएँ उपलब्ध हैं। सप्ताह में प्रति सप्ताह (5 दिन) 3 घंटे (Periods) प्रत्येक विषय के अध्ययन के लिये दिये जाते हैं। एक घंटा (Period) 50 मिनट का होता है। इन घंटों के अतिरिक्त प्रत्येक छात्र स्वाध्याय (Self-study) के लिए प्रति सप्ताह 2 घंटे का समय अवश्य देता है। यह समय प्रत्येक विषय के लिए होता है। स्नातक स्तर पर प्रत्येक छात्र-छात्रा को कक्षा-शिक्षण के 120 घंटे (Periods) अवश्य पढ़ने होते हैं। प्रयोगशाला कार्य के लिए पर्याप्त समय चाहिए, इसलिए कभी-कभी पढ़ाई के घंटों की संख्या भी बढ़ा दी जाती है। सभी विषयों को प्रति सप्ताह (5 दिन) 40 घंटे अवश्य देने पड़ते हैं। एक अवधि (Term) 15 सप्ताह की होती है। अप्रैल के महीने में एक सप्ताह का और क्रिसमस पर दो सप्ताह का अवकाश होता है।

शिक्षण (Teaching)

विश्वविद्यालयों और कॉलेजों में प्रायः व्याख्यान प्रणाली (Lecture Method) का उपयोग होता है। शिक्षक 500 छात्रों के सामने अपना भाषण पढ़ता है। इस विधि को अच्छा नहीं माना जाता। एक दूसरी पद्धति में 15-20 छात्रों की कक्षा में विषय-सम्बन्धी व्याख्यान दिया जाता है। इसके बाद विषय पर वाद-विवाद (Discussion) होता है। यह विधि अधिक खर्चीली मानी जाती है। इसलिये इन दोनों पद्धतियों को छोड़कर एक अन्य तीसरी पद्धति प्रयुक्त की जाती है। इस तीसरी पद्धति में शिक्षक बहुत बड़ी छात्र-संख्या के सामने अपना व्याख्यान पढ़ता है। फिर छात्रों के समूह बनाकर सहायक-शिक्षकों की सहायता से वाद-विवाद किया जाता है। ये सहायक शिक्षक पुरातन छात्र (Old Students) होते हैं जो पहले से स्नातक (Graduate) होते हैं। यह विधि सम्बद्ध कॉलेजों (Affiliated Colleges) में प्रयुक्त होते हैं।

उदार साहित्यिक कॉलेजों (Liberal Arts Colleges) में पाठ्यक्रम समाप्त करने का प्रयास किया जाता है। वहाँ इस बात पर बिल्कुल ध्यान नहीं दिया जाता

कि छात्रों ने विषय को समझा भी है या नहीं। यहाँ प्रत्येक कॉलेज में प्रयोगशाला प्रणाली (Laboratory System) का प्रचलन है। प्रत्येक कॉलेज में भाषा-विज्ञान की प्रयोगशालाएँ और कर्मशालाएँ हैं जहाँ लिंग्वाफोन (Linguaphone) तथा टेपरिकॉर्ड्स (Tape-Recorders) का भली-भाँति उपयोग होता है। इन सभी सुविधाओं की व्यवस्था के कारण छात्र भाषा-सम्बन्धी ज्ञान भली प्रकार प्राप्त कर लेते हैं।

स्त्री शिक्षा प्रणाली (Women Education System)

अमेरिका में पहले सह-शिक्षा (Co-education) प्रचलित नहीं थी। आज भी कुछ कॉलेज ऐसे हैं जो केवल महिला छात्रों को ही प्रवेश देते हैं। जैसे—वेलेजली कॉलेज (Wellesly College), स्वीट ब्रायर कॉलेज (Sweet Briar College), वासन कॉलेज (Vasson College), माउंट हॉलियॉक कॉलेज (Mount Holyoke College), मिल्स कॉलेज (Mills College), ब्रायन कॉलेज (Bryn College), मावान एवं स्मिथ कॉलेज (Mawan and Smith College) केवल महिलाओं को ही अपने यहाँ प्रवेश देते हैं। इसी प्रकार विलियम्स कॉलेज (Williams College), एम्बर्स्ट कॉलेज (Amberst College), बाउॅडिन कॉलेज (Bowdin College), केनियन कॉलेज (Kenyon College) तथा डार्ट माउथ कॉलेज (Dart Mouth College) केवल पुरुष छात्रों को ही अपने यहाँ प्रवेश देते हैं, परन्तु अब सारे देश में सह-शिक्षा (Co-education) का प्रचलन हो गया है। पुरुषों के छात्रावासों में महिलाओं के छात्रावासों की अपेक्षा अधिक सुविधाएँ उपलब्ध हैं। अभी भी वहाँ छात्राओं को 10 बजे रात्रि के बाद बाहर नहीं जाने दिया जाता।

परीक्षा प्रणाली (Examination System) एवं श्रेणियाँ (Grades)

आधा पाठ्यक्रम पूरा होने पर सभी स्थानों पर समान परीक्षा प्रणाली अपनायी जाती है। परीक्षा लिखित (Written) होती है। एक घंटे का एक प्रश्न-पत्र होता है। पाठ्यक्रम पूरा होने पर तीन घंटे अवधि का प्रश्न-पत्र बनाया जाता है। प्रत्येक 4 या 5 वर्ष के बाद विशिष्टीकरण की शिक्षा के लिए अतिरिक्त परीक्षा ली जाती है। सभी सावधानियाँ बरतने पर भी कुछ छात्र परीक्षा में अनुचित साधनों (Unfair Means) का उपयोग करते हैं। इसके लिए उन्हें दंडित किया जाता है। परीक्षा के पश्चात् मूल्यांकन (Evaluation) के फलस्वरूप 5 श्रेणियाँ निश्चित की जाती हैं और योग्यतानुसार प्रमाण-पत्र दिये जाते हैं—

'ए' श्रेणी (A-Grade)—90% या अधिक अंक प्राप्त करने वाले छात्र।

'बी' श्रेणी (B-Grade)—80% से 90% तक अंक प्राप्त करने वाले छात्र।

'सी' श्रेणी (C-Grade)—70% से 80% तक अंक प्राप्त करने वाले छात्र।

'डी' श्रेणी (D-Grade)—62% से 70% तक अंक प्राप्त करने वाले छात्र।
'ई' श्रेणी (E-Grade)—62% से कम अंक प्राप्त करने वाले छात्र।
60% से कम अंक पाने वाले छात्र अनुत्तीर्ण माने जाते हैं।

शुल्क, छात्रवृत्तियाँ और अन्य सुविधाएँ (Fees, Scholarships and Other Facilities)

राजकीय सावासिक कॉलेजों (State Resedential Colleges) में छात्रों से 1000 डालर प्रतिवर्ष और व्यक्तिगत सावासिक कॉलेजों में 3000 से 4000 डालर प्रतिवर्ष शुल्क (Fees) लिया जाता है। छात्रावास अधिक महँगे हैं। निर्धन छात्रों को उनकी योग्यता, चरित्र, शारीरिक और अन्य क्षमताओं के आधार पर छात्रवृत्तियाँ दी जाती हैं। यदि छात्र कॉलेज में कोई अतिरिक्त श्रम (Labour) करता है तो उसके लिए उसे पारिश्रमिक (Remuneration) दिया जाता है। छात्र-छात्राओं को उच्च शिक्षा सहायता निगम (Higher Education Assistance Corporation) से ऋण (Loan) भी दिया जाता है। विदेशी छात्रों को केवल 12 माह के लिए ही ऋण दिया जाता है। सामुदायिक कॉलेजों (Community Colleges) में शिक्षा सस्ती पड़ती है। ऋण की वापसी अल्प ब्याज की दर पर किश्तों में की जाती है।

छात्र-छात्राओं को खेलकूद, शारीरिक व्यायाम तथा अन्य बातों की सुविधाएँ विविध प्रकार की परिषदों द्वारा दी जाती हैं। पाठ-सहगामी क्रियाओं (Co-curricular Activities) पर ध्यान दिया जाता है। वर्ष का दीक्षान्त समारोह (Convocation Function) सर्वोत्तम समारोह होता है।

छात्रों का स्थानान्तरण (Transfer of Students)

स्वतन्त्र कॉलेजों में छात्रों की पर्याप्त संख्या होती है, परन्तु अध्यापक अधिक योग्य नहीं होते। फिर भी शिक्षकों को ठेके के आधार पर नियुक्त किया जाता है। यहाँ छात्र-शिक्षक सम्पर्क घनिष्ठ होता है। फिर भी छात्र उपयोगी शिक्षा नहीं पाते। सम्बद्ध कॉलेजों में योग्य शिक्षक होते हैं, परन्तु छात्र सम्पर्क कम होता है। अतः अभिभावक निर्णय नहीं ले पाते कि वे बच्चों को किस कॉलेज में भेजें।

स्वतन्त्र कॉलेज और सम्बद्ध कॉलेज दोनों ही अपनी उपाधि के स्तर को बनाये रखने का प्रयत्न करते हैं, परन्तु दोनों की उपाधियों का स्तर समान नहीं होता। दोनों के स्तरों में असमानता होने से छात्र एक कॉलेज से दूसरे कॉलेज में स्थानान्तरित होने से डरते हैं। दोनों प्रकार की संस्थाओं में निर्धारित योग्यता के ही छात्र प्रवेश पाते हैं और दोनों की उपाधियाँ व्यावसायिक और शैक्षिक दृष्टि से मान्य होती हैं।

सारांश

अमेरिका में उच्च शिक्षा दर्शन

प्रारम्भ में यूरोप की भाँति अमेरिकन उच्च शिक्षा विशिष्टीकरण और शोध एवं अनुसंधान के लिए थी, बाद में उसे जीवनोपयोगी बनाया गया। उच्च शिक्षा भावी जीवन की तैयारी और ज्ञान के लिए।

विश्वविद्यालयों के प्रकार

(1) व्यक्तिगत विश्वविद्यालय,
(2) राज्य के विश्वविद्यालय।

विश्वविद्यालयों का संगठन

जनता की आवश्यकताओं की पूर्ति के लिए, स्वायत्त शासन पर बल। जनता का सहयोग, सभी विषयों की व्यवस्था, संगठन जीवनोपयोगी शिक्षा के लिए।

उच्च शिक्षा के आय के स्रोत—(1) व्यक्तिगत आय के स्रोत—एंडोमेंट, दान और शुल्क तथा (2) राजकीय संस्थाओं के आर्थिक स्रोत—लोक कर और शुल्क से आय। उपहार की भी व्यवस्था।

विश्वविद्यालय का केन्द्रीय प्रशासन

(1) **विश्वविद्यालय संकाय**—'डीन' या अध्यक्ष इसका प्रमुख, इनका उप-संकायों में विभाजन। अन्तर्संकाय और अन्तः उप-संकायों के इन्चार्जों द्वारा इनके कार्यों का संचालन।
(2) **बोर्ड ऑफ ट्रस्टीज़ एवं विभागों के अध्यक्ष**—बोर्ड ऑफ ट्रस्टीज़ का गठन। इसमें सभी वर्गों के जन प्रतिनिधि, इन्हीं में से विश्वविद्यालय का अध्यक्ष, सम्बद्ध कॉलेजों में विभागों का गठन, उनके अध्यक्ष विभाग के प्रमुख।

पाठ्यक्रम—12-वर्षीय, 4-वर्षीय डिग्री, 1-वर्षीय उत्तर-स्नातक, 4-वर्षीय पीएच.डी. तथा 3-वर्षीय जूनियर कॉलेजों का शिक्षण।

विश्वविद्यालय के सम्बद्ध कॉलेज—(1) लिबरल आर्ट्स कॉलेज, (2) उप-स्नातक कॉलेज, (3) स्नातक कॉलेज।

विश्वविद्यालय प्रशासन में छात्रों का योगदान

छात्रों का प्रशासन में हस्तक्षेप स्वीकार्य नहीं। छात्र संघ की वार्षिक रिपोर्ट पर ध्यान देना आवश्यक। छात्र सुझाव मात्र देने वाले।

विश्वविद्यालय की आन्तरिक व्यवस्थाएँ

विश्वविद्यालय में प्रौढ़ शिक्षा-व्यवस्था—शिक्षक और छात्रों द्वारा ग्रीष्म अवकाश का उपयोग निरक्षर या साक्षर प्रौढ़ों को शिक्षा देने में। प्रौढ़ों के लिए अंशकालीन, पत्राचार पाठ्यक्रम की व्यवस्था।

उच्च शिक्षा-स्तर पर छात्र जीवन—शैक्षिक दर्शन और शैक्षिक उद्देश्यों के अनुकूल छात्र-जीवन, छात्रावासों की व्यवस्था, खर्चीली व्यवस्था होने से सभी को लाभ नहीं। सर्वांगीण विकास की पूर्ण व्यवस्था।

पाठ्यक्रम और छुट्टियाँ—पाठ्यक्रम विस्तृत; विषय-चयन की व्यवस्था, 15 सप्ताह का एक सेमेस्टर। प्रत्येक विषय के 3 घंटे प्रति सप्ताह। 50 मिनट का घंटा। 2 घंटे प्रति विषय स्वाध्याय। अप्रैल में एक सप्ताह की और क्रिसमस पर 2 सप्ताह की छुट्टियाँ।

शिक्षण—व्याख्यान पढ़ना, वाद-विवाद और भाषण देना, प्रयोगशाला कार्य पर बल। व्याख्यान, वाद-विवाद और कर्मशाला अभ्यास पर बल। कॉलेजों में पाठ्यक्रम पूर्ति पर ध्यान। शिक्षा-स्तर पर ध्यान नहीं।

स्त्री-शिक्षा—पृथक् महिला और पुरुष कॉलेज। अब सह-शिक्षा का प्रचलन। पुरुष छात्रावास महिला छात्रावास से अधिक सुविधाजनक।

परीक्षा प्रणाली—आधा पाठ्यक्रम होने पर एक घंटे की परीक्षा। पूरा पाठ्यक्रम होने पर 3 घंटे की परीक्षा। मूल्यांकन के अनुसार 5 ग्रेड (ए, बी, सी, डी, ई ग्रेड)। 60 प्रतिशत प्राप्तांकों से कम पर छात्र अनुत्तीर्ण।

शुल्क, छात्रवृत्तियाँ और अन्य सुविधाएँ—राजकीय कॉलेजों में शुल्क कम, व्यक्तिगत में अधिक। योग्यता और चरित्र के आधार पर छात्रवृत्तियाँ। विदेशी छात्रों को वर्ष भर के लिए छात्रवृत्ति। खेलकूद आदि की सभी सुविधाएँ उपलब्ध।

छात्रों का स्थानान्तरण—असमान स्तर के कारण छात्रों का स्थानान्तरण नहीं।

अभ्यासार्थ प्रश्न

1. अमेरिका का उच्च शिक्षा दर्शन क्या है? वहाँ की उच्च शिक्षा की संस्थाओं के प्रकारों का वर्णन कीजिए।

2. अमेरिका में उच्च शिक्षा संस्थाओं का संगठन कैसे होता है?
3. अमेरिका के विश्वविद्यालयों और कॉलेजों का प्रशासन कैसे चलता है?
4. उच्च शिक्षा स्तर पर शिक्षा की आन्तरिक व्यवस्थाओं का वर्णन कीजिए।
5. भारतीय उच्च शिक्षा की समस्याओं को ध्यान में रखते हुए बताइए कि अमेरिका की उच्च शिक्षा व्यवस्था से क्या अपनाया जा सकता है?

ग्रेट ब्रिटेन में शिक्षा

अध्याय 11

ब्रिटिश लोगों का राष्ट्रीय चरित्र और शिक्षा [National Character of British People and Education]

किसी देश की भौगोलिक दशाएँ, जाति का चरित्र (Racial Character), सांस्कृतिक परम्पराएँ (Cultural Traditions) इत्यादि कारक वहाँ के लोगों के जीवन-दर्शन को प्रभावित करते हैं। इस जीवन-दर्शन से वहाँ की शिक्षा प्रभावित होती है। ऐसा सभी देशों के सम्बन्ध में कहा जा सकता है। ग्रेट ब्रिटेन का राष्ट्रीय चरित्र वहाँ की शिक्षा को प्रभावित करता है।

ग्रेट ब्रिटेन के निकट गल्फस्ट्रीम की गर्मधारा बहती है, जिससे ग्रेट ब्रिटेन का समुद्री तट वर्ष भर खुला रहता है। वहाँ का पानी जम नहीं पाता। इस प्रकार ब्रिटेन की जलवायु स्वास्थ्यप्रद है। इसी भौगोलिक सुविधा के कारण यहाँ अच्छे बन्दरगाह हैं जिनसे विश्व के सभी देशों को सफलतापूर्वक आना-जाना लगा रहता है। इसी स्वास्थ्यप्रद जलवायु के कारण यहाँ के लोग उद्यमी और पुरुषार्थी हैं। इस राष्ट्रीय चरित्र का प्रभाव वहाँ के स्कूलों के पाठ्यक्रम तथा अतिरिक्त कार्यक्रमों पर सीधा पड़ता है। वहाँ के कार्यक्रमों में उद्यम की प्रवृत्ति को सन्तुष्ट होने का अवसर मिलता है और बच्चों की ज्ञान-वृद्धि भली प्रकार होती है।

कृषि-भूमि के अभाव और विस्तृत भू-भाग के अभाव में ग्रेट ब्रिटेन के लोग औद्योगिक विकास (Industrial Development) पर विशेष ध्यान देते हैं। उनकी राष्ट्रीय सभ्यता इसी औद्योगिक विकास की देन है। औद्योगिक विकास के कारण ग्रेट ब्रिटेन में बहुत-सी प्राविधिक और औद्योगिक शिक्षा-संस्थाएँ (Technical and Industrial Education Institutes) हैं। ये संस्थाएँ अच्छे इंजीनियर, तकनीकी विशेषज्ञ और उद्योग-कुशल व्यक्ति तैयार करती हैं।

ग्रेट ब्रिटेन के लोग प्रायः फैक्ट्रियों और औद्योगिक संस्थाओं में काम करते हैं जिससे वे अधिक से अधिक कमाकर अपना जीवन-स्तर ऊँचा उठा सकें। जब माता-पिता बाहर नौकरी करते हैं तो उनके बच्चे घरों पर न रहें इसके लिए वहाँ पूर्व-

प्राथमिक शिक्षा की व्यवस्था की गयी है। ये बच्चे इन स्कूलों में रहकर अपना शारीरिक, मानसिक और सामाजिक विकास प्राप्त करते हैं। शिक्षक और सरकार इस प्रकार समाज के बच्चों की अच्छी सेवा करते हैं। इसलिए ब्रिटिश समाज में अध्यापक और सरकार के प्रति बहुत सम्मान और श्रद्धा की भावना है। सरकार भी अध्यापकों के जीवन-स्तर को ऊँचा उठाने का प्रयत्न करती रहती है। इसीलिए विश्व के किसी भी देश की अपेक्षा ग्रेट ब्रिटेन में अध्यापक को अधिक प्रतिष्ठा और सम्मान मिलता है।

ब्रिटेन के लोगों में पुरानी और नवीन परम्पराओं के बीच सामंजस्य लाने की अच्छी प्रवृत्ति है। वे स्वभाव से रूढ़िवादी (Conservative) हैं, परन्तु आदर्शों से प्रगतिशील (Progressive) हैं। वे शीघ्र ही किसी नवीनता की ओर आकर्षित होकर पुरानी परम्पराओं का तिरस्कार नहीं करते और न ही किसी नवीन बात को एकदम ही स्वीकार करते हैं। यही बात उनकी शिक्षा-व्यवस्था में भी मिलती है। पुरानी सांस्कृतिक परम्पराओं की शिक्षा के साथ-साथ नवीन आदर्शों का समन्वय करने का प्रयत्न ग्रेट ब्रिटेन में चलता रहता है। रूढ़िवादी दृष्टिकोण के कारण लोग नवीन विचारधाराओं का विरोध करते रहते हैं और धीरे-धीरे पुरानी परम्पराओं के साथ सामंजस्य लाकर उसे ग्रहण करते हैं। 1944 के शिक्षा अधिनियमों के अनुसार स्कूलों के भवन नये प्रकार के होने चाहिए, परन्तु लोगों ने उसे पूर्णतः स्वीकार नहीं किया है। अभी भी लोग स्कूलों के भवन पुराने ढंग से ही बनाते हैं। यद्यपि इससे कानून की अवहेलना व्यक्त होती है, फिर भी सरकार इसे सहन करती है। इस अधिनियम के अनुसार नये प्रकार के स्कूल खुलने चाहिए, परन्तु आज भी पुराने स्कूल पुराने ढंग से काम कर रहे हैं जिन्हें सरकार मान्यता देती है।

ब्रिटिश लोगों में वैयक्तिक स्वतन्त्रता (Individual Freedom) की प्रवृत्ति बहुत बलवती है। इसीलिए वे किसी भी कार्य में सरकारी हस्तक्षेप पसन्द नहीं करते। यही बात ब्रिटिश लोगों की शिक्षा-व्यवस्था में भी पायी जाती है। इसी स्वतन्त्रता प्रेम के कारण कुछ संस्थाओं ने सरकारी सहायता स्वीकार नहीं की, इस भय से कि कहीं सरकार संस्थाओं में निरर्थक हस्तक्षेप न करने लगे। 1833 ई॰ में बहुत से स्कूलों ने सरकारी सहायता लेना पसन्द किया, परन्तु उन्होंने यह प्रतिबन्ध अवश्य लगाया कि सरकार उनके कार्य में निरर्थक हस्तक्षेप नहीं करेगी। स्कूलों में इसी विशेषता के कारण बच्चों को वैयक्तिक स्वतन्त्रता दी जाती है और वातावरण को दमनात्मक अनुशासन से मुक्त रखा जाता है।

ग्रेट ब्रिटेन के लोगों में यह राष्ट्रीय और जातीय चरित्र भी मिलता है कि वे सत्ता का केन्द्रीयकरण (Centralization) पसन्द नहीं करते। वे किसी भी प्रकार की सत्ता में साझा (Partnership) तो पसन्द कर सकते हैं, परन्तु दूसरे का पूर्ण स्वामित्व या अधिकार स्वीकार नहीं कर सकते। ग्रेट ब्रिटेन के लोग यद्यपि ताज (Crown) अर्थात्

रानी या राजा में बहुत श्रद्धा रखते हैं, परन्तु उसके नियन्त्रण को स्वीकार नहीं करते। उनका दृष्टिकोण पूर्णतः लोकतान्त्रिक (Democratic) ही रहता है। उसी का वे अपने जीवन में पालन भी करते हैं। वे संसद को प्रत्येक कार्य के लिए उत्तरदायी मानते हैं। वे किसी एक व्यक्ति के आधिपत्य या सत्ता को स्वीकार नहीं करते। वे सत्ता का किसी परिषद् या समिति में विकेन्द्रीकरण (De-centralisation) कर लेते हैं। यही बात ब्रिटेन की शिक्षा-व्यवस्था में भी देखी जाती है। शैक्षिक अधिकार किसी एक व्यक्ति के हाथ में नहीं सौंपे जाते। शिक्षामंत्री संसद के प्रति उत्तरदायी होता है और स्थानीय शिक्षा अधिकारी (Local Education Authorities) स्थानीय निकायों के प्रति उत्तरदायी होते हैं। यही कारण है कि स्थानीय निकायों (Local Bodies) के सहयोग के बिना कोई शिक्षा-अधिकारी काम नहीं कर सकता। यही बात स्कूलों के प्रशासन में पायी जाती है। प्रधानाचार्य और अध्यापक एक दूसरे के सहयोग से काम करते हैं। प्रशासन की सत्ता अकेले प्रधानाचार्य के हाथ में केन्द्रित नहीं रहती। सभी शिक्षा-समितियाँ, प्रधानाचार्य, शिक्षक और शिक्षा अधिकारी एक-दूसरे पर निर्भर रहते हैं। इस प्रकार ब्रिटिश लोग उत्तरदायित्वों के निर्वाह में साझेदारी निभाते हैं।

ब्रिटिश लोग अपने धर्म के प्रति बहुत आस्थावान होते हैं। अतः धर्म शिक्षा के विकास में महत्वपूर्ण योग देता है। इसीलिए धार्मिक संघों ने शिक्षा-संस्थाओं के खोलने में बहुत योगदान दिया है, परन्तु इसका अर्थ यह नहीं है कि वहाँ धर्मनिरपेक्षता (Secularism) नहीं है। स्कूलों में धर्मनिरपेक्ष वातावरण तैयार किया जाता है। सभी नागरिक दूसरे धर्मों का आदर करते हैं, परन्तु अपने धर्म का अनुपालन करने में स्वतन्त्र होते हैं। धार्मिक सद्भाव के कारण ही स्कूलों को स्वैच्छिक स्कूलों (Voluntary Schools) तथा राष्ट्रीय स्कूलों (Country Schools) में बाँटा गया है, जिससे एक-दूसरे की धार्मिक भावनाओं को प्रतिष्ठा मिल सके।

सारांश

राष्ट्रीय चरित्र का शिक्षा व्यवस्था पर सीधा प्रभाव पड़ता है।

ग्रेट ब्रिटेन की भौगोलिक दशाएँ स्वस्थ जलवायु के लिए उपयुक्त। अतः ब्रिटेन के लोग उद्यमी। शिक्षा में उद्यमशीलता।

कृषि भूमि का अभाव होने के कारण उद्योगों का विकास। इसलिए शिक्षा में तकनीकी और प्राविधिक शिक्षा की संस्थाएँ पर्याप्त।

माता-पिता फैक्ट्रियों या कार्यालयों में काम करने वाले, फलतः बच्चों की देखभाल के लिए पूर्व प्राथमिक शिक्षा की व्यवस्था।

ग्रेट ब्रिटेन के लोग स्वभाव से रूढ़िवादी परन्तु विचारों से आदर्शवादी। सभी नवीन बातें स्वीकार्य नहीं। पुरानी और नयी बातों में समन्वय। 1944 के शिक्षा

अधिनियम के अनुसार नवीन विचारों की अवहेलना फिर भी सरकार द्वारा पुराने स्कूलों को मान्यता।

ग्रेट ब्रिटेन में वैयक्तिक स्वतन्त्रता पर अधिक बल। लोकतान्त्रिक विचारधारा का अनुपालन। शिक्षा-संस्थाओं में राजकीय हस्तक्षेप स्वीकार नहीं।

ग्रेट ब्रिटेन के लोग धार्मिक। अपने धर्म के प्रचार में स्वतन्त्र परन्तु दूसरे धर्मों के आदर की भावना से पूर्ण। शिक्षा में धर्मनिरपेक्षता।

अभ्यासार्थ प्रश्न

1. ग्रेट ब्रिटेन की भौगोलिक, सांस्कृतिक, आर्थिक, सामाजिक और राजनीतिक परम्पराएँ वहाँ की शिक्षा को कैसे प्रभावित करती हैं?
2. ग्रेट ब्रिटेन के लोगों के राष्ट्रीय चरित्र की विशेषताएँ क्या हैं? इनसे ग्रेट ब्रिटेन की शिक्षा कैसे प्रभावित होती है?

अध्याय 12

ग्रेट ब्रिटेन में शिक्षा पर नियन्त्रण
[Control on Education in Great Britain]

किसी देश की शिक्षा-व्यवस्था तभी अच्छी हो सकती है, जब वहाँ की शिक्षा पर नियन्त्रण अच्छा हो और प्रशासन ठीक ढंग का हो। ग्रेट ब्रिटेन में शिक्षा अधिकारों का केन्द्रीयकरण (Centralization) नहीं किया गया है। शिक्षा-प्रशासन और नियन्त्रण के लिए विकेन्द्रीकरण (Decentralization) की नीति को अपनाया गया है। वहाँ शिक्षा की विविध समितियाँ, शिक्षा अधिकारी, प्रधानाचार्य, शिक्षक और समाज के लोग साझेदारी के साथ शिक्षा प्रशासन के उत्तरदायित्व को निभाते हैं। शिक्षा पर किसी एक व्यक्ति का नियन्त्रण नहीं है। इस अध्याय में हम ग्रेट ब्रिटेन के शिक्षा प्रशासन और नियन्त्रण को समझेंगे।

ग्रेट ब्रिटेन में शिक्षा प्रशासन का उत्तरदायित्व निभाने में निम्नलिखित संस्थाएँ योग देती हैं–

1. शिक्षा मंत्री और उसकी सहायक समितियाँ।
2. राजकीय विद्यालय निरीक्षक।
3. स्थानीय शिक्षा प्रशासन संस्थाएँ।
4. काउंटी शिक्षा प्रशासन एवं खंडीय कार्यकारिणी।
5. प्रबन्ध परिषद् एवं गवर्नर परिषद्।

इस अध्याय में हम इन सभी शिक्षा प्रशासन से सम्बन्धित संस्थाओं को क्रमशः समझेंगे।

शिक्षा मंत्री और उसकी सहायक समितियाँ
(Education Minister and his Auxiliary Units)

ग्रेट ब्रिटेन में देश भर की शिक्षा व्यवस्था के लिए शिक्षा मंत्री संसद के प्रति उत्तरदायी

होता है। उसके माध्यम से शिक्षा अधिनियम और नियमों का निर्धारण होता है। प्रतिवर्ष शिक्षा मंत्री संसद के सामने देश भर में हुई शिक्षा प्रगति या असफलताओं का ब्यौरा प्रस्तुत करता है। इस समय लोक सभा (House of Commons) इस ब्यौरे पर पूरी तरह बहस करती है। इस अवसर पर कोई भी संसद सदस्य किसी भी शिक्षा विषय को उठा सकता है और बहस के लिए प्रस्तुत कर सकता है। शिक्षा मंत्री शिक्षा प्रशासन को ठीक ढंग से चलाने के लिए संसद में नियम और कानून सम्बन्धी प्रस्ताव प्रस्तुत करता है। संसद 40 दिन तक इन नियमों या कानूनों का निर्धारण करने के लिए बहस करती है। संसद का कोई भी सदस्य शिक्षा मंत्री से प्रश्न पूछ सकता है और उससे कह सकता है कि वह अपने प्रस्ताव वापस ले ले। इस प्रकार शिक्षा मंत्री संसद की प्रतिष्ठा रखते हुए संसद के प्रति उत्तरदायित्व निभाता रहता है। वास्तव में शिक्षा नियन्त्रण संसद (Parliament) के हाथ में ही रहता है, परन्तु यह बात निश्चित है कि संसद शिक्षा संस्थाओं की स्वायत्तता को चुनौती नहीं दे सकती। पाठ्यक्रम, शिक्षण विधि, पाठ्य पुस्तकों आदि के सम्बन्ध में स्थानीय शिक्षा प्रशासन (Local Education Authorities), प्रधानाचार्य, अध्यापक आदि ही उत्तरदायी होते हैं, संसद इनमें कोई हस्तक्षेप नहीं करती।

शिक्षा मंत्री के कर्तव्य और अधिकार

शिक्षा अधिनियम 1944 ई0 के अनुसार शिक्षा मंत्री के निम्नलिखित अधिकार और कर्तव्य निर्धारित किये गये हैं—

1. शिक्षा मंत्री इंग्लैंड और वेल्स के लिए एक राष्ट्रीय शिक्षा नीति का निर्धारण करेगा। इस शिक्षा नीति का अनुपालन सभी शिक्षा संस्थाएँ करेंगी, शिक्षा मंत्री देखेगा कि सभी संस्थाएँ इस शिक्षा नीति का पालन कर रही हैं अथवा नहीं।

   शिक्षा मंत्री अपने कर्तव्यों का पालन करने में अपने राजनीतिक दल (Political Party) से अवश्य प्रभावित होता है। वह शिक्षा नीतियों का निर्धारण करते समय अपने साथियों और प्रधानमंत्री से अवश्य ही परामर्श करता है। उसे वित्त विभाग के प्रमुख 'चांसलर ऑफ एक्सचैकर' से अवश्य सलाह लेनी पड़ती है और उसकी सलाह को उसे मानना होता है। वह शिक्षा नीति का निर्धारण करने से पूर्व स्थानीय शिक्षा प्रशासन के अधिकारियों, अध्यापकों आदि से भी राय लेता है। तब एक निष्कर्ष पर पहुँचकर वह शिक्षा नीति का प्रस्ताव संसद में रखता है। वह शिक्षा मंत्रालय का अध्यक्ष होता है। संसद द्वारा शिक्षा नीति पारित होते ही वह

सरकार के प्रति उत्तरदायी हो जाता है।

2. शिक्षा मंत्री संसद का प्रतिनिधित्व करता है। वह केवल माध्यमिक शिक्षा (Secondary Education) के क्षेत्र में ही कुछ हस्तक्षेप कर सकता है। उसके अधिकार क्षेत्र में विश्वविद्यालय शिक्षा, बाल अपराधी स्कूल, वरिष्ठ अपराधी शिक्षा संस्थाएँ, सैनिक स्कूलों और सेना स्कूलों की व्यवस्था नहीं आती। विश्वविद्यालय स्वायत्तशासी और स्वतन्त्र होते हैं और सीधे वित्त विभाग के एक्सचेकर (Exchequer) से अनुदान प्राप्त करते हैं। सैनिक और सह-सैनिक संस्थाएँ भी सीधे अपने-अपने विभाग से अनुदान प्राप्त करती हैं और शिक्षा मंत्री पर निर्भर नहीं करती।
3. शिक्षा मंत्री स्कूलों के दैनिक कार्यों में कोई हस्तक्षेप नहीं कर सकता। वह शिक्षकों की नियुक्ति, शिक्षकों के त्यागपत्र, पाठ्यक्रम निर्धारण, पाठ्य पुस्तकों के चयन, सहायक सामग्री की व्यवस्था आदि के मामले में भी कोई हस्तक्षेप नहीं कर सकता।
4. शिक्षा मंत्री लोक पुस्तकालयों (Public Libraries), संग्रहालयों (Museums) तथा कला दीर्घाओं (Art-galaries) पर कोई नियन्त्रण नहीं रखता और न इन्हें कोई अनुदान ही स्वीकृत करता है, परन्तु राष्ट्रीय महत्व के संग्रहालयों आदि पर शिक्षामंत्री का नियन्त्रण रहता है और उन्हें वह अनुदान (Grants) भी स्वीकृत करता है। इस अधिकार के अनुसार पूर्वी लंदन (राजधानी) का बेथलन ग्रीन म्यूजियम (Bethnal Green Museum), दक्षिण केन्सिंगटन का साइंस म्यूजियम, विक्टोरिया म्यूजियम और अलबर्ट म्यूजियम शिक्षामंत्री के नियन्त्रण में हैं।

संसद की एक समिति ने शिक्षामंत्री के अधिकार क्षेत्र का परिसीमन निम्नलिखित विषयों में किया–

(1) शिक्षामंत्री शैक्षिक सुविधाओं की व्यवस्था करने पर पूरा-पूरा ध्यान देगा।
(2) शिक्षामंत्री देखे कि सभी शिक्षा संस्थाएँ सुचारू रूप से कार्य कर रही हैं। इसके लिए वह इन संस्थाओं को सभी साधन जुटायेगा।
(3) शिक्षा-मंत्री शिक्षा संस्थाओं में पर्याप्त अध्यापक और चिकित्सा अधिकारी नियुक्त कराये। वह देखे कि इनकी कमी न हो ताकि छात्रों की आवश्यकताएँ और रुचियाँ भली प्रकार पूरी की जा सकें।
(4) वह शिक्षा-स्तर को प्रत्येक प्रकार से बनाये रखने का प्रयास करे।
(5) शिक्षामंत्री देखे कि छात्रों से उपयुक्त शुल्क लिया जाय और अध्यापकों को उपयुक्त वेतन और भत्ता मिले।

(6) शिक्षामंत्री ध्यान दें कि अध्यापक, अभिभावक और शिक्षा के मामले से सम्बन्धित लोग पर्याप्त स्वतन्त्रता का उपभोग करें।

समिति के इस अधिकार परिसीमन को सरकार ने मान्यता दी और निश्चित किया गया कि शिक्षामंत्री निम्नलिखित 9 नियम बना सकता है—

1. स्कूल की सीमाओं के अनुसार स्कूल में शिक्षा का स्तर बनाये रखने का नियम।
2. प्राथमिक और माध्यमिक स्कूलों के लिए नियम।
3. अग्रिम शिक्षा (Further Education) के लिए नियम।
4. स्थानीय शिक्षा प्रशासन (Local Educational Authorities) के लिए नियम।
5. स्कूल में दूध और दोपहर के भोजन की व्यवस्था के लिए नियम।
6. स्कूलों में स्वास्थ्य सेवा से सम्बन्धित नियम।
7. विकलांग बच्चों की शिक्षा के लिए नियम।
8. छात्रवृत्तियों और अन्य सुविधाओं से सम्बन्धित नियम।
9. अध्यापक प्रशिक्षण के लिए नियम।

इन 9 नियमों के अतिरिक्त शिक्षामंत्री 20 नियम और बना सकता है। उपर्युक्त नियमों का सम्बन्ध छात्रों के रजिस्ट्रेशन तथा छात्रवृत्तियों से हो सकता है। वह अपने निर्धारित नियमों में सुधार और परिवर्तन कर सकता है। वह अपने नियमों को स्पष्ट करने के लिए समय-समय पर पत्र भेजता है और शिक्षा नीतियों को भी स्पष्ट करता है। ये पत्र आदेश (Orders) नहीं होते इसलिए शिक्षा संस्थाएँ तथा शिक्षा अधिकारी उन्हें उसी रूप में मानने को बाध्य नहीं होते। वे एक प्रकार के सुझाव होते हैं। शिक्षा मंत्रालय जो भी शिक्षा सम्बन्धी निर्णय लेता है उसे सभी शिक्षा संस्थाएँ और अधिकारी मानते हैं, परन्तु उन्हें शिक्षामंत्री अपने पत्रों (Circulars) में नहीं लिखता।

शिक्षामंत्री समय-समय पर स्कूल के दैनिक कार्यों से सम्बन्धित प्रशासनिक निर्देश भी स्कूलों को भेजता रहता है। इनमें शिक्षा मंत्रालय द्वारा लिये गये निर्णय भी प्रकाशित होते हैं।

शिक्षामंत्री की सहयोगी इकाइयाँ (Helping Units)—शिक्षामंत्री अपने उत्तरदायित्वों का निर्वाह अपने सहयोगियों की सहायता से ही करता है। उसकी सहायता के लिये एक संसद-सचिव (Parliament Secretary) होता है जो संसद सदस्य और राजा (Crown) के प्रति उत्तरदायी कनिष्ठ मंत्री (Junior Minister) भी होता है। शिक्षामंत्री को शिक्षा के मामलों पर परामर्श देने के लिए एक संसदीय निजी

सचिव (Parliamentary Private Secretary) भी होता है। 1944 के शिक्षा अधिनियम के अनुसार शिक्षामंत्री को यह अधिकार प्राप्त है कि वह परामर्श के लिए एक परामर्शदात्री समिति (Advisory Committee) की नियुक्ति कर सकता है। इस समिति के अतिरिक्त शिक्षामंत्री की सहायता के लिए माध्यमिक विद्यालय परीक्षापरिषद् (Secondary Schools Examination Council), प्रशिक्षार्थी शिक्षकों के लिए राष्ट्रीय परामर्शदात्री समिति (Natioanl Advisory Committee for Teachers Under Training), उद्योग और व्यापार की शिक्षा के लिए राष्ट्रीय परामर्शदात्री समिति (National Advisory Committee on Education for the Industry and Commerce) आदि समितियाँ भी होती हैं। शिक्षामंत्री चाहे तो अपनी सहायता के लिए कोई भी कामचलाऊ या तदर्थ समिति (Adhoc Committee) नियुक्त कर सकता है। शिक्षामंत्री के अधीन उसकी सहायता के लिए नागरिक सेवा अधिकारी (Civil Servants), राजकीय विद्यालय निरीक्षक (Her Majesty's Inspectors of Schools), कार्यकारी अधिकारी (Excutive Officers) तथा शिक्षा मंत्रालय के शाखा अधिकारी (The Branch Officers of Education Ministry) होते हैं। इनकी नियुक्ति लंदन तथा राष्ट्र के अन्य भागों में की जाती है। इंग्लैंड का प्रमुख शिक्षा मंत्रालय लंदन की कर्जन स्ट्रीट पर स्थित है।

शिक्षा मंत्रालय में एक स्थायी शिक्षा सचिव होता है जो शिक्षा मंत्रालय के सभी विभागों की देखभाल किया करता है। उसकी सहायता के लिए उप-शिक्षा सचिव (Deputy Secretary of Education), अवर सचिव (Under Secretary) तथा सहायक सचिव (Assistant Secretary) होते हैं जो शिक्षा सचिव की सहायता करते हुए शिक्षामंत्री के अच्छे सहयोगी सिद्ध होते हैं।

महारानी के विद्यालय निरीक्षक
(Her Majesty's Inspectors of Schools)

ग्रेट ब्रिटेन की शिक्षा व्यवस्था में राजकीय विद्यालय निरीक्षकों का महत्वपूर्ण स्थान होता है। माध्यमिक शिक्षा-स्तर तक इन निरीक्षकों का शिक्षा प्रशासन में विशेष योगदान है। इनकी नियुक्ति शिक्षामंत्री नहीं करता। इनकी नियुक्ति राजा (Crown) द्वारा की जाती है। प्रमुख विद्यालय निरीक्षक (Senior Chief Inspector of Schools) तथा लोक सेवा आयोग (Civil Service Commission) कुछ व्यक्तियों के नामों की सूची बनाकर राजा (Crown) के पास भेजते हैं और संस्तुति करता है कि इन व्यक्तियों को विद्यालय निरीक्षक नियुक्त किया जाय। राजा (Crown) इन्हीं व्यक्तियों को विद्यालय निरीक्षक नियुक्त करता है और उनके प्रशिक्षण की व्यवस्था करता है। प्रत्येक प्रमुख विद्यालय निरीक्षक के अधीन छः विद्यालय निरीक्षक काम करते हैं जो

निम्नलिखित छः विभागों का उत्तरदायित्व वहन करते हैं—

1. प्राथमिक एवं विशिष्ट शिक्षा विभाग (Primary and Special Education Department)
2. माध्यमिक शिक्षा विभाग (Secondary Education Department)
3. व्यावसायिक एवं आगामी शिक्षा विभाग (Vocational & Further Education Department)
4. अव्यावसायिक आगामी शिक्षा विभाग (Non-Vocational Futher Education Department)
5. अध्यापक प्रशिक्षण विभाग (Teachers' Training Department)
6. शिक्षा विकास विभाग (Education Development Department)

इंग्लैंड प्रांत (England Province) को निरीक्षण सम्बन्धी सुविधा के लिए 10 प्रखंडों (Divisions) में बाँट दिया गया है। प्रत्येक खंड का निरीक्षक प्रखंडकीय विद्यालय निरीक्षक (Divisional Inspector) कहलाता है। प्रत्येक खंड को जिलों (Districts) में बाँट दिया गया है। प्रत्येक जिले का विद्यालय निरीक्षक, महारानी का विद्यालय निरीक्षक (Her Majesty's Inspector of Schools) कहलाता है जो अपने जिले के विद्यालयों के निरीक्षण के लिए उत्तरदायी होता है। क्षेत्रीय विद्यालय निरीक्षक (Regional Inspectors of Schools) समय-समय पर स्थानान्तरित होते रहते हैं। वेल्स (Wales) के लिए अलग से निरीक्षण व्यवस्था (Inspectorate) है इसका बड़ा अधिकारी प्रमुख विद्यालय निरीक्षक (Chief Inspector of Schools) होता है।

महारानी के विद्यालय निरीक्षक के कार्य (Functions)—महारानी विद्यालय निरीक्षक (Her Majesty's Inspector of Schools) को निम्नलिखित उत्तरदायित्वों को निभाना होता है—

1. विद्यालयों के कार्य का निरीक्षण करना तथा उनकी उपलब्धियों का मूल्यांकन करना।
2. प्रशासनिक दृष्टि से शिक्षा मंत्रालय का प्रतिनिधित्व करना।
3. शिक्षा मंत्रालय की ओर से विद्यालयों को सैद्धान्तिक तथा व्यावहारिक परामर्श देना।

जिला विद्यालय निरीक्षक का कार्य विद्यालयों के कार्यों के निरीक्षण तक ही सीमित है। वह अध्यापकों को कोई आदेश (Order) नहीं दे सकता, परन्तु उसके

कार्य की प्रशंसा या आलोचना कर सकता है और शिक्षण सम्बन्धी सुझाव दे सकता है। निरीक्षक मंडल (Board of Inspectors) को अपनी निरीक्षण रिपोर्ट देने से पूर्व विद्यालय निरीक्षक विद्यालय की सभी बातों का गहराई से निरीक्षण करता है। रिपोर्ट तैयार करने से पूर्व निरीक्षक विद्यालय के प्रबन्धक, प्रधानाचार्य, शिक्षकों आदि से आवश्यक सूचनाएँ प्राप्त करता है, स्वयं निरीक्षण करता है और बड़ी ही गोपनीयता (Confidentiality) के साथ उसे तैयार करता है। इस प्रकार उसकी रिपोर्ट विश्वस्त (Reliable) और न्यायपूर्ण (Just) होती है। इसकी एक प्रति विद्यालय को भेज दी जाती है। अध्यापक इसे पढ़ सकते हैं और जान सकते हैं कि उनकी क्या आलोचना की गयी है। शिक्षक उसका प्रत्युत्तर देता है और निरीक्षक चाहे तो उस रिपोर्ट में परिवर्तन या संशोधन कर सकता है।

विद्यालय निरीक्षक के अतिरिक्त कार्य—निरीक्षण के अतिरिक्त विद्यालय निरीक्षक निम्नलिखित कार्य भी करता है—

1. अध्यापकों के लिए अभिनव पाठ्यक्रम या अल्पकालीन प्रशिक्षण की व्यवस्था करना।
2. अध्यापकों के निर्देशन (Guidance) के लिए शिक्षामंत्री द्वारा प्रसारित सूचनाओं को एकत्रित करके शिक्षकों तक पहुँचाना।
3. शिक्षा संस्थाओं और शिक्षा मंत्रालय के बीच कड़ी का काम करना तथा शैक्षिक मामलों के लिए गणित समितियों और सभाओं में भाग लेते रहना।

स्थानीय शिक्षा प्रशासन संस्थाएँ (Local Education Authorities)

ग्रेट ब्रिटेन में शिक्षा मंत्रालय, महारानी के विद्यालय निरीक्षकों आदि के बाद स्थानीय शिक्षा प्रशासन संस्थाएँ (Local Education Authorities) भी होती हैं जो अपने-अपने क्षेत्रों में शैक्षिक उत्तरदायित्वों का निर्वाह करती हैं। इनकी संख्या 200 से अधिक है। इनमें से 170 संस्थाएँ इंग्लैंड के लिए तथा 30 वेल्स के लिए हैं। इन 200 संस्थाओं का गठन 70 प्रशासनिक समितियाँ (Administrative Committiees), 90 काउंटी बोरोज (County Boroughs) तथा एक संयुक्त प्रतिनिधि परिषद् (Joint Board of Representatives) से होता है। 70 प्रशासनिक समितियों का गठन क्षेत्र के वित्तीय स्रोतों को ध्यान में रखते हुए तथा जनसंख्या को देखते हुए किया जाता है। उदाहरण के लिए, लंदन की परिषद् का क्षेत्रफल 303 वर्ग किलोमीटर है, जबकि लंकाशायर की परिषद् का क्षेत्रफल 5200 वर्ग किलोमीटर है। फिर भी लंदन की प्रशासनिक समिति, लंकाशायर की प्रशासनिक समिति से अधिक बड़ी है, क्योंकि लंदन क्षेत्र की

जनसंख्या और वित्तीय स्रोत लंकाशायर क्षेत्र की जनसंख्या और वित्तीय स्रोतों से अधिक है।

स्थानीय शिक्षा प्रशासन संस्थाओं का संगठन (Organisation)—अपने-अपने क्षेत्र की स्थानीय शिक्षा प्रशासन संस्था (Local Education Authority) का चुनाव क्षेत्र के नागरिक और करदाता करते हैं। यह आवश्यक नहीं है कि नागरिक शिक्षा समस्याओं को भली प्रकार समझते हुए इसका चुनाव करते हों। इस बात को ध्यान में रखते हुए क्षेत्र में एक प्रमुख शिक्षा समिति (Chief Education Committee) बना दी जाती है और आवश्यकता होने पर इसकी उप-समितियाँ भी बना दी जाती हैं जो शिक्षा की प्रमुख समस्याओं पर विचार कर सकती हैं। इन समितियों में वे ही सदस्य रखे जाते हैं जो प्राथमिक, माध्यमिक और उच्च शिक्षा की समस्याओं से परिचित हों और कुछ अनुभव भी रखते हों। कुछ मामलों में उप-समितियाँ निर्णय ले लेती हैं जिन्हें प्रमुख शिक्षा समिति मान लेती है, परन्तु कुछ अन्य मामलों में ये उप समितियाँ खेल परामर्श देने का काम करती हैं और प्रमुख शिक्षा समिति ही निर्णय लेती है। स्थानीय शिक्षा प्रशासन (Local Education Authorities) द्वारा लिए गए निर्णय पर शिक्षामंत्री की स्वीकृति पाना आवश्यक होता है। परिषदों (Councils), काउंटीज, कंट्री बोरोज के चुनाव (Elections) राजनीतिक आधार पर ही होते हैं। इन चुनावों और संगठनों का शिक्षा नीति पर सीधा प्रभाव पड़ता है, परन्तु इतना अवश्य है कि राष्ट्रीय शिक्षा नीति के एक बार लागू हो जाने पर कोई भी स्थानीय राजनीतिक दल उस शिक्षा नीति में कोई परिवर्तन नहीं ला सकता।

संसद जो भी शिक्षा नीति निर्धारित करती है, स्थानीय शिक्षा प्रशासन को उसी के अनुकूल काम करना पड़ता है। स्थानीय शिक्षा प्रशासन के कार्यालय का गठन स्थानीय स्वायत्त शासन को ध्यान में रखते हुए स्वायत्तशासी निकायों द्वारा किया जाता है। इस कार्यालय का सबसे बड़ा अधिकारी शिक्षा निदेशक (Director of Education) कहलाता है। यही शिक्षा का प्रमुख अधिकारी होता है। इसके अतिरिक्त अन्य प्रशासन अधिकारी और कार्यकारी अधिकारी (Executive Officers) भी होते हैं जो अपने-अपने लिपिकों (Clerks) की सहायता से शिक्षा प्रशासन का संचालन करते हैं। इस शिक्षा कार्यालय के प्राथमिक शिक्षा (Primary Education), माध्यमिक शिक्षा (Secondary Education) तथा अग्रिम शिक्षा (Further Education) नामक विभाग होते हैं। शिक्षा-निदेशक की नियुक्ति शिक्षा-मंत्री करता है। शिक्षा निदेशक (Director of Education) के पद के लिए इच्छुक अभ्यर्थियों की एक सूची शिक्षामंत्री के पास पहुँचती है जिनमें से वह उपयुक्त व्यक्ति को चुनकर शिक्षा निदेशक के पद पर नियुक्त कर देता है; संविधान की दृष्टि से यह अनिवार्य है कि प्रत्येक स्थानीय शिक्षा प्रशासन (L.E.A.) एक शिक्षा निदेशक (Director of Education), प्रमुख विद्यालय चिकित्सा अधिकारी (Chief School Medical Officer) तथा प्रमुंख विद्यालय दंत

चिकित्सा अधिकारी (Chief School Dental Officer) की नियुक्ति कराये। शिक्षा निदेशक सभी शैक्षिक मामलों की देखभाल करता है।

स्थानीय शिक्षा प्रशासन [Local Education Authority (L.E.A)] की कार्य-प्रणाली—कोई भी शिक्षा सम्बन्धी मामला क्यों न हो उसे स्थानीय शिक्षा-प्रशासन (L.E.A.) द्वारा प्रमुख शिक्षा समिति को भेज दिया जाता है। यह शिक्षा-समिति इस मामले को सम्बन्धित उप शिक्षा समिति (Sub-Committee) के पास आवश्यक टिप्पणी (Remark) के लिए भेज देती है। उप-समिति गहराई के साथ मामले का अध्ययन करके अपनी संस्तुतियों (Recommendations) के साथ उसे प्रमुख समिति को लौटा देती है। प्रमुख शिक्षा समिति उप समिति की संस्तुतियों को स्वीकार या अस्वीकार कर सकती है अथवा संस्तुतियों में सुधार कर सकती है। इस प्रमुख समिति द्वारा लिया गया निर्णय ही स्थानीय शिक्षा प्रशासन का निर्णय होता है। यदि मामला वित्त सम्बन्धी होता है तो इस निर्णय पर प्रमुख समिति को काउंटी परिषद् (County Council) या काउंटी बॉरोज (County Boroughs) की सहमति (Approval) लेनी पड़ती है। कुछ स्थानीय शिक्षा प्रशासन अपने भवनों, विद्यालय के भवनों के निर्माण के लिए शिल्पकार (Architects) तथा स्थानीय निरीक्षक (Local Inspectors) भी नियुक्त करते हैं। इस प्रकार प्रत्येक क्षेत्र का स्थानीय शिक्षा प्रशासन आकार में समान नहीं होता।

शिक्षा मंत्रालय एवं स्थानीय शिक्षा प्रशासन—शिक्षा मंत्रालय और स्थानीय शिक्षा प्रशासन (L.E.A.) में राष्ट्रीय शिक्षा नीति के कार्यान्वयन (Execution) के सम्बन्ध घनिष्ठ और सहकारी सम्बन्ध होता है। शिक्षा मंत्रालय में कुछ क्षेत्रीय प्रधानाचार्य (Territorial Principals) नाम के अधिकारी होते हैं जो स्थानीय शिक्षा प्रशासन की कार्य प्रणाली पर निगाह रखते हैं। एक टेरिटोरियल प्रिंसिपल के आधीन एक या अधिक स्थानीय शिक्षा प्रशासन (L.E.A.) होते हैं। स्थानीय शिक्षा प्रशासन शिक्षा सम्बन्धी सूचनाएँ इन टेरिटोरियल प्रिंसिपल के पास भेजती है जिनसे वह पता लगा लेता है कि राष्ट्रीय शिक्षा नीति को ठीक ढंग से क्रियान्वित किया जा रहा है या नहीं। यदि कोई स्थानीय शिक्षा प्रशासन (L.E.A.) शिक्षामंत्री द्वारा निर्धारित राष्ट्रीय शिक्षा नीति की अवहेलना करता है तो उसे कहा जाता है कि वह उसे सुधारे और यथावत् राष्ट्रीय शिक्षा नीति का अनुपालन करे। जब कभी टेरिटोरियल प्रिंसिपल और स्थानीय शिक्षा प्रशासन (L.E.A.) में मतान्तर हो जाता है तो मामला शिक्षामंत्री के पास भेज दिया जाता है, परन्तु ऐसा कदाचित् ही होता है। टेरिटोरियल प्रिंसिपल स्थानीय शिक्षा प्रशासन (L.E.A.) तथा शिक्षा मंत्रालय के बीच की वास्तविक कड़ी का काम करता है।

पारस्परिक सहयोग और सम्पर्क को अधिक दृढ़ और मधुर बनाने के लिए शिक्षा

मंत्रालय के विभिन्न विभाग स्थानीय शिक्षा प्रशासन के सदस्यों और अधिकारियों को सभाओं, अधिवेशनों और गोष्ठियों में आमन्त्रित करते रहते हैं।

काउंटी शिक्षा प्रशासन एवं इसकी खंडीय शिक्षा कार्यकारिणी (County Education Authority and its Divisional Executives)

इंग्लैंड और वेल्स दोनों में 1944 ई॰ के शिक्षा अधिनियम से पूर्व लगभग 169 म्युनिसिपल बोरोज (Municipal Boroughs) थीं। ये नगर क्षेत्रों में प्राथमिक शिक्षा की व्यवस्था के लिए उत्तरदायी थीं। इन्हें तृतीय भाग (Part Third) के प्रशासन अधिकारी के रूप में जाना जाता था। 1944 ई॰ के अधिनियम के बनते समय संसद में इन बॉरोज का भारी विरोध हुआ। फलतः इस अधिनियम के फलस्वरूप इन काउंटी बोरोज को खंडीय कार्यकारिणियों (Divisional Executives) में बाँट दिया गया। अब ये खंडीय कार्यकारिणियाँ अपने-अपने खंड (Division) में प्राथमिक और माध्यमिक शिक्षा की व्यवस्था करती हैं। ये अपना उत्तरदायित्व स्थानीय शिक्षा प्रशासन (L.E.A.) की ओर से पूरा करती हैं। शिक्षा मंत्रालय की ओर से स्थानीय शिक्षा प्रशासन को खंडीय विभाजन का उत्तरदायित्व नहीं सौंपा गया है। नगर जिला परिषदों (Urban District Councils) तथा म्यूनिसिपल बोरोज (Municipal Boroughs) को यह शक्ति दी गयी है कि वे स्थानीय शिक्षा प्रशासन की योजनाओं को अपनाएँ। उन्हें यह भी अधिकार प्राप्त है कि वे स्थानीय प्रशासन से खंडीय योजनाओं के निर्माण के लिए प्रार्थना कर सकते हैं, परन्तु इस प्रार्थना के साथ अग्रलिखित दो शर्तें (Conditions) जुड़ी हुई हैं—

1. 1939 में काउंटी और बोरोज की जनसंख्या 60,000 से कम न हो तथा प्राथमिक विद्यालयों में छात्रों की संख्या 7,000 से कम न हो।
2. इस प्रार्थना के लिए 1944 ई॰ से पूर्व ही आज्ञा प्राप्त कर ली हो। इस प्रकार 45 म्युनिसिपल बोरोज तथा जिला परिषदों (District Councils) ने इसके लिए प्रार्थना की और 1962 ई॰ में संवैधानिक रूप से खंडीय कार्यकारिणियों (Divisional Executives) का गठन कर दिया गया।

प्रबन्धक परिषद् एवं गवर्नर परिषद्
(Board of Managers and Board of Governers)

1944 ई0 के शिक्षा अधिनियम के अनुसार उन प्राथमिक और माध्यमिक स्कूलों के संचालन के लिए प्रबन्धक परिषद् (Board of Managers) तथा गवर्नर परिषद् (Board of Governers) का संगठन किया गया जो पूर्णरूप से स्थानीय शिक्षा प्रशासन (L.E.A.) से प्राप्त अनुदान पर निर्भर रहते हैं। इन स्कूलों को मेनटेंड स्कूल (Maintained School) कहा जाता है।

प्रबन्धक परिषद् में कम से कम 6 सदस्य होने आवश्यक हैं, जबकि गवर्नर परिषद् के लिए यह नियम आवश्यक नहीं है। गवर्नर परिषद् में प्रबन्धक परिषद् की अपेक्षा अधिक सदस्य होते हैं। स्थानीय शिक्षा प्रशासन (L.E.A.) उन प्राथमिक स्कूलों की परिषदों (Boards) के लिए एक तिहाई सदस्यों को नियुक्त करता है जो किसी छोटे अधिकारी (Minor Authority) के अधीन चलते हैं। शेष 2/3 सदस्य निर्वाचन से आते हैं। उन प्राथमिक और माध्यमिक स्कूलों की परिषदों के लिए जो स्वैच्छिक संस्थाओं (Voluntary Bodies) द्वारा संचालित होते हैं, 2/3 सदस्य नियुक्त किये जाते हैं और 1/3 सदस्य सम्बन्धित स्वैच्छिक संगठन द्वारा चुने जाते हैं। 1944 ई0 के शिक्षा अधिनियम के अनुसार एक प्रबन्धक परिषद् या गवर्नर परिषद् के अधीन एक स्कूल से अधिक होने चाहिए। कुछ सामान्य दशाओं में स्थानीय शिक्षा प्रशासन की उप शिक्षा समितियाँ (Sub Committees of Education) भी प्रबन्धक परिषद् और गवर्नर परिषद् का काम करती हैं, परन्तु ऐसा बहुत कम ही होता है।

परिषदों की सीमाएँ–इन परिषदों को बहुत सीमित अधिकार प्राप्त हैं। स्थानीय शिक्षा प्रशासन यदि चाहे तो अध्यापकों की नियुक्ति के समय इन परिषदों के सदस्यों को आमन्त्रित कर सकता है; परन्तु अध्यापकों की नियुक्ति स्थानीय शिक्षा प्रशासन (L.E.A.) ही करता है और वही उनके त्यागपत्र भी स्वीकार करता है। स्वैच्छिक संगठनों द्वारा संचालित और विशिष्ट अनुबंध (Special Agreement) स्कूल, धार्मिक शिक्षा देने वाले आरक्षित (Reserved) अध्यापकों की नियुक्ति के समय इन परिषदों का पूरा सहयोग लेते हैं, परन्तु ये परिषदें इन अध्यापकों के त्यागपत्र को स्वीकार नहीं कर सकतीं। सरकारी नियमों के अनुसार सहायता प्राप्त स्कूलों के अध्यापकों की नियुक्ति स्थानीय शिक्षा प्रशासन (L.E.A.), प्रबन्धक परिषद् तथा गवर्नर परिषद् द्वारा अवश्य प्रभावित होती है।

शिक्षा विकास के सम्बन्ध में प्रबन्धक परिषद् और गवर्नर परिषद् दोनों एक दूसरे के साथ पूरी तरह सहयोग करती हैं। ये परिषदें स्थानीय शिक्षा प्रशासन (L.E.A.) तथा स्कूलों के बीच सम्पर्क स्थापित करने की मुख्य कड़ी का काम करती हैं।

विभिन्न सभाओं में तथा स्कूल के वार्षिक उत्सव के अवसर पर दोनों परिषदों के अध्यक्ष (Chairman) अपने सदस्यों के साथ स्कूल में उपस्थित होते हैं। इससे स्कूल के प्रधानाचार्य और अध्यापकों को प्रोत्साहन मिलता है। स्कूल के प्रमुख कार्यक्रमों में भी ये परिषदें भाग लेती रहती हैं।

स्कूलों के संचालन में स्कूलों के हेडमास्टर तथा अध्यापकों का भारी योगदान होता है। वे स्कूल की दिनचर्या निर्धारित करके उसे भली प्रकार सम्पादित करते हैं। वे अपने कर्तव्य का पालन नैतिक सम्बल के साथ करते हैं और स्कूल का वातावरण भी नैतिक बनाये रखते हैं। स्कूल के दैनिक कार्यों के मामले में स्थानीय शिक्षा प्रशासन या कोई भी परिषद् हस्तक्षेप नहीं करती। पाठ्यक्रम, शिक्षण तथा सभी कार्यक्रमों के संचालन के लिए स्कूल का हेडमास्टर और अध्यापक स्वतन्त्र होते हैं।

निष्कर्ष

इंग्लैंड के शिक्षा प्रशासन के अध्ययन से पता चलता है कि इंग्लैंड की शिक्षा की व्यवस्था के लिए शिक्षामंत्री ही उत्तरदायी होता है, परन्तु वह शिक्षा प्रशासन में स्थानीय शिक्षा प्रशासन (L.E.A.), प्रबन्धक परिषद् तथा गवर्नर परिषद्, हेडमास्टर तथा अध्यापकों का सहयोग लेना नहीं भूलता।

सारांश

शिक्षा मंत्री, उसकी सहायक समितियाँ, स्थानीय शिक्षा प्रशासन, हर मैजेस्टीज विद्यालय निरीक्षक, बोर्ड ऑफ मैनेजर्स तथा गवर्नर्स आदि का शिक्षा प्रशासन में योगदान।

शिक्षा मंत्री और उसकी सहायक समितियाँ—ग्रेट ब्रिटेन में शिक्षा मंत्री और उसका मंत्रालय देश की शिक्षा के लिए उत्तरदायी। संसद द्वारा उसके द्वारा प्रस्तावित नियमों का निर्धारण।

शिक्षा मंत्री के कर्तव्य और अधिकार—(1) एक राष्ट्रीय शिक्षा नीति का निर्धारण संसद द्वारा पूरा कराना और देखना कि सभी संस्थाएँ उसका ठीक से अनुपालन करें। (2) शिक्षामंत्री संसद का प्रतिनिधित्व करने वाला। (3) उसका स्कूल के दैनिक कार्यों में कोई हस्तक्षेप नहीं। (4) लोक पुस्तकालयों, संग्रहालयों, कला दीर्घाओं पर शिक्षामंत्री का नियन्त्रण नहीं, परन्तु राष्ट्रीय महत्व की इन संस्थाओं पर नियन्त्रण। संसद की समिति द्वारा शिक्षामंत्री के अधिकारों का परिसीमन। वह केवल 9 प्रकार के नियम बना सकता है। वह छात्र सम्बन्धी 20 अतिरिक्त नियम भी बनाने के लिए अधिकृत। नीति सम्बन्धी निर्देश स्कूलों को देना उसका अधिकार।

शिक्षा मंत्री की सहयोगी इकाइयाँ—संसद सचिव, निजी सचिव, एक परामर्श दात्री समिति, माध्यमिक और प्राथमिक शिक्षा परिषदें, शिक्षकों तथा उनके प्रशिक्षण के लिए परामर्शदात्री समितियाँ, हर मैजेस्टीज विद्यालय निरीक्षक, आदि सहयोगी संस्थाएँ।

हर मैजेस्टीज विद्यालय निरीक्षक—माध्यमिक स्तर तक इनका महत्व अधिक। प्रमुख विद्यालय निरीक्षक के अधीन 6 विभाग। इनके 6 हर मैजेस्टीज विद्यालय निरीक्षक। ये शिक्षामंत्री और राजा के प्रति उत्तरदायी। स्कूलों के सुधार के लिए निरीक्षण।

स्थानीय शिक्षा प्रशासन—इंग्लैंड और वेल्स में इनकी संख्या 200। सत्तर प्रशासनिक समितियाँ, 90 काउंटी बोरोज, एक संयुक्त प्रतिनिधि परिषद् के योग से स्थानीय शिक्षा प्रशासन।

संगठन—नागरिकों और करदाताओं द्वारा इसकी एक प्रमुख शिक्षा समिति, सहायता के लिए उप-समितियों का गठन। इसका सबसे बड़ा शिक्षा अधिकारी शिक्षा निदेशक। प्रमुख चिकित्सा अधिकारी और दन्त चिकित्सक की नियुक्ति शिक्षामंत्री द्वारा।

कार्य-प्रणाली—प्रमुख शिक्षासमिति, उपसमितियों के सहयोग से निर्णय लेने वाली।

शिक्षा मंत्री और स्थानीय प्रशासन—टेरिटोरियल प्रिंसिपल, शिक्षामंत्री और स्थानीय प्रशासन के सम्पर्क की कड़ी। दोनों में पारस्परिक सहयोग।

काउंटी प्रशासन और खंडीय कार्यकारिणी—1944 के अधिनियम से पूर्व काउंटी कॉउंसिल्स तथा म्युनिसिपल बोरोज। बाद में इनका खंडीय विभाजन। जहाँ 1939 ई0 तक 60,000 जनसंख्या और 7,000 तक की छात्र संख्या वहाँ खंडीय कार्यकारिणी स्थापित।

प्रबन्धक परिषद् और गवर्नर परिषद्—प्राथमिक और माध्यमिक स्कूलों के प्रशासन के लिए परिषदों का गठन। स्थानीय प्रशासन से पूर्ण सहायता पाने वाली संस्थाओं में 1/3 सदस्य स्थानीय प्रशासन द्वारा नियुक्त, शेष निर्वाचित। स्वैच्छिक संस्थाओं के स्कूलों में 2/3 सदस्य नियुक्त और 1/3 निर्वाचित। इनसे केवल परामर्श लेने, स्कूलों के कार्यों में कोई हस्तक्षेप नहीं। अध्यापकों की नियुक्ति पर इनका साधारण प्रभाव, परन्तु त्यागपत्र पर कोई प्रभाव नहीं।

अभ्यासार्थ प्रश्न

1. "ग्रेट ब्रिटेन की प्राथमिक और माध्यमिक शिक्षा की व्यवस्था के लिए शिक्षामंत्री ही उत्तरदायी हैं।" कैसे?
2. "हर मैजेस्टीज विद्यालय निरीक्षक ग्रेट ब्रिटेन की प्राथमिक और माध्यमिक शिक्षा के आधार स्तम्भ हैं।" कैसे? इनकी नियुक्ति और कर्तव्यों की व्याख्या कीजिए।
3. ग्रेट ब्रिटेन की शिक्षा व्यवस्था और प्रशासन में स्थानीय शिक्षा प्रशासन का प्रमुख योगदान है। स्पष्ट कीजिए तथा इसके संगठन, अधिकार और कर्तव्यों का वर्णन कीजिए।
4. निम्नलिखित को स्पष्ट कीजिए–
   (अ) काउंटी काउन्सिल तथा म्यूनिसिपल बोरोज,
   (ब) खंडीय कार्यकारिणियाँ,
   (स) प्रबन्धक परिषद्,
   (द) गवर्नर परिषद्।

अध्याय 13

ग्रेट ब्रिटेन में प्राथमिक शिक्षा का विकास [Development of Primary Education in Great Britain]

अठारहवीं शताब्दी तक विकास (Development up to Eighteenth Century)

ग्रेट ब्रिटेन में 18वीं शताब्दी तक स्कूलों की व्यवस्था अच्छी नहीं थी। अठारहवीं शताब्दी के अन्तिम 50 वर्षों में स्कूलों का वातावरण कठोर नियन्त्रण के अन्तर्गत था। अमनोवैज्ञानिक ढंग से शिक्षण दिया जाता था और कठोर अनुशासन द्वारा छात्रों को नियन्त्रण में रखा जाता था। इस समय इंग्लैंड में निजी दिवा विद्यालय (Private Day Schools) तथा सामान्य दिवा विद्यालय (Common Day Schools) प्रचलित थे। प्रति सप्ताह छात्रों से शुल्क लेने की प्रथा थी। कुछ स्कूलों का प्रबन्ध महिलाओं के हाथ में था। इन स्कूलों की दशा अच्छी नहीं थी।

इस अवधि में निम्नलिखित स्कूल इंग्लैंड में प्रचलित थे–

(1) कॉमन डे स्कूल तथा डेम स्कूल (Common Day Schools and Dame Schools)
(2) चैरिटी स्कूल (Charity Schools)
(3) औद्योगिक स्कूल (Industrial Schools)
(4) रविवासरीय स्कूल (Sunday Schools)
(5) चल-विद्यालय (Circulating Schools)

सामान्य दिवा विद्यालय तथा डेम स्कूल (Common Day Schools and Dame Schools) बड़े बच्चों के लिए कॉमन डे स्कूल और दूसरे बच्चों के लिए डेम स्कूल प्रचलित थे। इनमें केवल वे ही बच्चे पढ़ सकते थे जो सामान्य शुल्क दे सकते

थे। निर्धन छात्र इन स्कूलों में प्रवेश नहीं पा सकते थे। वे चैरिटी स्कूल (Charity Schools) में प्रवेश पाते थे।

चैरिटी स्कूल (Charity Schools)

ईसाई मत का ज्ञान देने के लिए 1698 ई0 में कुछ चैरिटी स्कूल खोले गये। इन स्कूलों के अध्यापक बड़े उदार, धार्मिक और किसी न किसी चर्च के सदस्य होते थे। ये स्कूल दान (Charity) से चलते थे। इसलिए इनकी आर्थिक स्थिति अच्छी नहीं थी।

पाठ्यक्रम (Curriculum)—लिखना-पढ़ना, गणित तथा धार्मिक शिक्षा इन स्कूलों के पाठ्यक्रम के अंग थे। बच्चों को कृषि, हल चलाना, बागवानी, कातना, बुनना, सिलना आदि व्यावहारिक काम भी सिखाये जाते थे जिससे वे पढ़ाई छोड़ने पर इन कामों से अपनी जीविका कमा सकें।

चैरिटी स्कूलों की वित्तीय व्यवस्था—प्रायः भवनों के अभाव में ये स्कूल चर्चों की दीर्घाओं (Gallaries) में लगते थे। शिक्षा निःशुल्क थी। 'दान' ही इन स्कूलों की अर्थव्यवस्था का आधार था। अध्यापक जनता से दान माँगते थे और रविवार की प्रार्थना-सभा में इन स्कूलों के लिए दान एकत्रित किया जाता था।

चैरिटी स्कूलों का महत्त्व—ये स्कूल उन क्षेत्रों में स्थापित थे जहाँ निर्धन लोग बसते थे। अतः गरीब लोग इन स्कूलों से बहुत लाभ उठाते थे। निरक्षर और निर्धन जनता की सेवा करने में ये स्कूल आगे थे। इनमें से कुछ स्कूल 19वीं शताब्दी में कक्षानायक प्रणाली (Monitorial System) पर चलने लगे थे। जर्मन में भी लोगों ने इन स्कूलों से प्रेरणा ली और वहाँ भी पीटीज्म आंदोलन (Pietism) के समय बहुत से चैरिटी स्कूल खुले। 1760 ई0 तक इंग्लैंड में चैरिटी स्कूलों में 30,000 छात्र पढ़ते थे। बाद में इनकी संख्या गिरती गयी।

इन स्कूलों के अतिरिक्त भी कुछ अन्य चैरिटी स्कूल थे जो दान से चलते थे, परन्तु उनका सम्बन्ध किसी चर्च से नहीं था। ये स्कूल रोमन कैथोलिक्स (Roman Catholics) तथा नान-कनफर्मिस्ट् (Non-Confirmist) द्वारा चलाये जाते थे। इनका कोई केन्द्रीय प्रबंध (Management) नहीं था। अतः इनकी ठीक से देखभाल नहीं हो पाती थी। बाद में इसी कारण इन स्कूलों की आलोचना की गयी। प्रबंध अच्छा न होने के कारण इनकी दशा गिरती गयी।

औद्योगिक स्कूल (Industrial Schools)

इन विद्यालयों में उन लोगों के बच्चे पढ़ते थे जो किसी उद्योग में काम करते थे।

ये स्कूल औद्योगिक बस्तियों में स्थापित होते थे। छात्रों के लिए शिक्षा निःशुल्क थी और उन्हें कातना, बुनना, सिलना, बागवानी और कृषि आदि के काम भी सिखाये जाते थे। औद्योगिक क्रान्ति (Industrial Revolution) के फलस्वरूप इन स्कूलों की स्थापना हुई थी। छात्रों द्वारा जो वस्तुएं बनायी जाती थी उन्हें बेचकर स्कूलों का खर्च चलाया जाता था। छात्रों को लिखना, पढ़ना, गणित लगाना सिखाया जाता था तथा धार्मिक शिक्षा भी दी जाती थी। दोपहर को छात्रों के लिए भोजन की भी व्यवस्था थी। 1769 ई॰ में सरकार का ध्यान इन स्कूलों की ओर गया। 'पिट सरकार' ने इन स्कूलों में छात्रों के प्रवेश के लिए प्रोत्साहन दिया, परन्तु लोगों ने अपने बच्चों को उद्योग (Industries) में भेजना शुरू कर दिया, क्योंकि उद्योगों ने उन्हें अपने यहाँ काम देना स्वीकार किया। इस प्रकार लोगों ने अपने बच्चों को स्कूल न भेजकर उद्योगों में लगा दिया। इससे औद्योगिक स्कूलों की स्थिति दुर्बल हो गयी।

1786 ई॰ में औद्योगिक स्कूल समिति (Industrial School Society) ने औद्योगिक स्कूलों की दशा सुधारने का प्रयत्न किया और एक आदर्श औद्योगिक स्कूल (Ideal Industrial School) स्थापित किया। 1804 ई॰ तक इन स्कूलों में केवल 20,336 बच्चे शिक्षा प्राप्त करते थे। इन स्कूलों में 5 से 14 वर्ष की आयु के बच्चे शिक्षा पाते थे। बाद में धीरे-धीरे इन स्कूलों का विकास रुक गया।

रविवासरीय स्कूल (Sunday Schools)

औद्योगिक क्रान्ति (Industrial Revolution) के फलस्वरूप अधिकाँश बच्चे उद्योगों में लग गये। शिक्षा के लिए उनके पास समय ही नहीं बचा। इन बच्चों की शिक्षा-समस्या को हल करने के लिए रविवासरीय स्कूलों की स्थापना की गयी, क्योंकि केवल रविवार का दिन ही इन बच्चों के पास अवकाश का था। ग्लोसेस्टर (Gloucester) के निकट 1785 ई॰ में रॉबर्ट रेकीज (Robert Raikes) ने पहली बार इन बच्चों के लिए रविवासरीय स्कूल स्थापित किया। इन स्कूलों की स्थापना के लिए रविवासरीय स्कूल सोसायटी की स्थापना भी की गयी। 1803 ई॰ में इस सोसायटी को 'सोसायटी फॉर एस्टेब्लिशमेंट एंड सपोर्ट फॉर सन्डे स्कूल' का नाम दिया गया।

वास्तव में इन स्कूलों का लक्ष्य था कि ये काम में लगे बच्चों का सामाजिक और धार्मिक विकास करें। इसलिए लिखने, पढ़ने और गणित लगाने के साथ-साथ इन्हें धार्मिक शिक्षा तथा उद्योग-धन्धों की शिक्षा भी दी जाती थी। कुछ उच्च श्रेणी के लोग इन स्कूलों के साथ सहानुभूति रखते थे और इन्हें आर्थिक सहायता देते थे। प्रारम्भ में इन स्कूलों के अध्यापकों को मामूली पारिश्रमिक दिया जाता था। बाद में जब स्वयं-सेवी (Volunteer) शिक्षकों की संख्या बढ़ने लगी तो यह पारिश्रमिक घटा दिया गया।

प्रारम्भिक शिक्षा की दृष्टि से सन्ड़े स्कूलों का महत्व—इन स्कूलों के माध्यम

से निःशुल्क और सार्वजनिक (Free and Universal) शिक्षा की प्रथा चली। इन स्कूलों के माध्यम से मिल मालिक, श्रमिक तथा उद्योगों के फोरमैन एक स्थान पर मिलने का अवसर पा सके। 1787 ई॰ में इन स्कूलों में 2,50,000 छात्र पढ़ते थे। 1801 ई0 तक अकेले लंदन में इन छात्रों की संख्या 1,56,000 थी। इन स्कूलों के विकास में कुछ उदार मिल मालिकों ने बड़ा योगदान दिया। इन स्कूलों ने उद्योगों में काम करने वाले बच्चों को प्रारम्भिक शिक्षा देने का महत्वपूर्ण कर्तव्य निभाया।

चल विद्यालय (Circulating Schools)

1737 ई0 में 'वेल्स' के ग्रिफिथ जोन्स (Griffith Zones) ने पहली बार गरीब बच्चों को बाइबिल की शिक्षा उनकी मातृभाषा में देने के लिए चल विद्यालय (Circulating School) की स्थापना की। पहला स्कूल वेल्स (Wales) में ही खोला गया। इन स्कूलों को चल विद्यालय इसलिए कहा जाता है कि इन स्कूलों के अध्यापक एक स्थल से दूसरे स्थल पर जाकर बच्चों को पढ़ाते थे। 4-6 माह तक अध्यापक किसी एक खाली मकान में रहता था और उस क्षेत्र के बच्चों को पढ़ाता था। बाद में वह दूसरे स्थान पर रहने लगता था और 4-6 माह तक उस स्थान के बच्चों को पढ़ाता था। इनमें बच्चे और बड़े सभी पढ़ते थे। ये स्कूल दिन में या शाम को चलाये जाते थे। ये स्कूल दान (Charity) से चलते थे और 'ईसाई धर्म को प्रोत्साहन देने वाली संस्था' (The Society for the Promotion of Christian Knowledge) से इन्हें अनुदान मिलता था। बाद में ग्रिफिथ जोन्स के उत्तराधिकारियों में झगड़ा बढ़ने लगा और ये स्कूल नहीं चल सके। इसके स्थान पर रविवासरीय स्कूल (The Sunday Schools) चलाये गये। ये स्कूल अठारहवीं शताब्दी के अन्तिम 20 वर्षों से लेकर 19वीं शताब्दी के पहले पचास वर्षों तक चलते रहे।

मॉनीटोरियल प्रणाली (Monitorial System)

एण्ड्रयू बेल (Andrew Bell) तथा जोसेफ लैंकास्टर (Joseph Lencaster) ने इंग्लैंड के स्कूलों में इस प्रणाली को भारत से ले जाकर लागू किया। निर्धन बच्चों को शिक्षा देने के लिए इस प्रणाली को अपनाया गया। वरिष्ठ छात्र कनिष्ठ छात्रों को पढ़ाकर अध्यापकों की कमी को पूरा करते थे।

एण्ड्रयू बेल तथा जोसेफ लैंकास्टर का योगदान—एण्ड्रयू बेल (1753-1832) तथा जोसेफ लैंकास्टर (1778-1829) शान्ति समिति (Peace Committee) के सदस्य थे। एण्ड्रयू बेल मद्रास में मुख्याध्यापक रहे और वहाँ उन्होंने कक्षानायक प्रणाली अर्थात् मॉनीटोरियल प्रणाली (Monitorial System) को अपनाया। इसमें इन्हें

पर्याप्त सफलता मिली। इस प्रणाली को उन्होंने इंग्लैंड के स्कूलों में चलाया। लैंकास्टर ने साउथ वर्क (South Work) में इस प्रणाली द्वारा बच्चों को शिक्षा दी। यह प्रणाली सफल सिद्ध हुई। एक ही अध्यापक की देख-रेख में वरिष्ठ छात्र अपने से कनिष्ठ छात्रों को भली प्रकार शिक्षा दे पाते थे।

'बेल और लैंकास्टर' की मॉनीटोरियल प्रणाली से प्रारम्भिक शिक्षा का अच्छा विकास हुआ। इससे नवीन प्राथमिक शिक्षा प्रणाली शुरू हुई, परन्तु इस प्रणाली के कुछ कुप्रभाव भी देखे गये। शिक्षक अपने छात्रों के साथ सम्पर्क घनिष्ठता के साथ नहीं रख सके। वरिष्ठ छात्र अपने अधीन कनिष्ठ छात्रों को नया ज्ञान नहीं दे सके। इससे शिक्षा का स्तर गिरता गया, परन्तु इस प्रणाली में वरिष्ठ और कनिष्ठ छात्र घनिष्ठ सम्पर्क में आ सके।

प्रारम्भिक शिक्षा और रॉबर्ट ओवन (Robert Owen)

रॉबर्ट ओवन (1771-1858) एक व्यावहारिक व्यक्ति था उसने फैक्टरी के अज्ञान व्यक्तियों का एक समुदाय बनाया। जो बालक 10 वर्ष के हो जाते थे उन्हें उद्योगों में काम मिल जाता था। ओवन ने 5 से 10 वर्ष के उन बच्चों को जो उद्योगों में काम करने वाले श्रमिकों के थे प्रारम्भिक शिक्षा देना चाहा। प्रारम्भ में उसने भी कक्षानायक प्रणाली अपनायी, बाद में अधिक अध्यापक नियुक्त करके इस प्रणाली को समाप्त कर दिया।

प्रारम्भिक शिक्षा और वाइल्डर स्पिन (Wilder Spin)

वाइल्डर स्पिन (Wilder Spin) (सन् 1792 से 1866 ई॰ तक) कक्षानायक प्रणाली (Monitorial System) को पसन्द नहीं करते थे। वह बच्चों को क्रियाओं और मनोरंजक कार्यों के माध्यम से पढ़ाना चाहते थे। उनके विचारों से शिक्षक को बच्चे के स्तर पर आकर ही बच्चे को शिक्षा देनी चाहिए।

डेविड स्टो (David Stow) (सन् 1793 से 1866)—1816 में इन्होंने रविवासरीय स्कूल स्थापित किये जिन्हें सफलता नहीं मिली। 1826 ई0 में इन्होंने ग्लास्ग्रो इनफैंट सोसायटी की स्थापना की और शिशु-शिक्षा का विकास किया।

19वीं शताब्दी में प्रारम्भिक शिक्षा का विकास (Development of Elementary Education During 19th Century)

पीछे हमने देखा कि प्रारम्भिक शिक्षा क्षेत्र में एण्ड्रयू बेल, लैंकास्टर, रॉबर्ट ओवन,

वाइल्डर स्पिन तथा डेविड स्टो ने पर्याप्त योग दिया; परन्तु निम्नलिखित दशाओं के फलस्वरूप उनके प्रयास सफल नहीं हो सके—

1. उच्च वर्ग के लोगों ने प्रारम्भिक शिक्षा को प्रोत्साहन नहीं दिया। वे नहीं चाहते थे कि निम्न वर्ग के निर्धन बालक शिक्षित हों। उनके पढ़-लिख जाने से उच्च वर्ग के लोग उन पर अपना शासन नहीं चला सकते थे।
2. पूँजीवादी और व्यापारी वर्ग के लोगों ने इस शिक्षा को प्रोत्साहित नहीं किया। उन्हें भय था कि निम्न वर्ग और निर्धन वर्ग के बालक उनके कल-कारखानों में या उद्योगों में काम करने नहीं आयेंगे, क्योंकि उन्हें पढ़ने-लिखने में अपना समय देना पड़ेगा।
3. प्रारम्भिक शिक्षा के विकास में बड़ी बाधा यह भी थी कि विभिन्न धर्म-संघ (Churches) समान धार्मिक शिक्षा नहीं देते थे। उनकी शिक्षाओं में विरोध था।
4. लोगों ने कक्षानायक प्रणाली (Monitorial System) को अनुपयुक्त बताया, क्योंकि उससे छात्रों में रटने की प्रवृत्ति पैदा होती थी। उससे बालक का सर्वांगीण विकास नहीं होता था।
5. प्रारम्भिक शिक्षा के विकास में राज्य (State) भी रुचि नहीं ले रहा था, क्योंकि वह व्यक्तिगत प्रयासों में बाधक नहीं बनना चाहता था।

राज्य और प्रारम्भिक शिक्षा

18वीं शताब्दी तक राज्य (State) ने शिक्षा के विकास में कोई रुचि नहीं ली थी, परन्तु औद्योगिक क्रान्ति (Industrial Revolution) के फलस्वरूप लोगों में शिक्षा के प्रति चेतना जाग्रत हो चुकी थी। इसलिए राज्य (State) को शिक्षा के विकास में रुचि लेने के लिए विवश होना पड़ा। शिक्षा-प्रेमियों ने राज्य तथा संसद का ध्यान उन अभागे बच्चों की दुर्दशा की ओर खींचा जो कल-कारखानों में काम करते थे। अतः संसद ने भी इस ओर ध्यान देना आवश्यक समझा।

1802 ई॰ का रॉबर्ट पील्स का विधेयक—फैक्ट्रियों और कल-कारखानों में काम करने वाले बच्चों के साथ पशुतापूर्ण व्यवहार किया जाता था। इस स्थिति को समाप्त कराने के लिए रॉबर्ट पील (Robert Peel) ने 1802 ई॰ को संसद में एक विधेयक रखा। बहुत से मिल मालिकों ने तथा शोषण की प्रवृत्ति वाले सांसदों ने इस बिल का विरोध किया, परन्तु इसे फैक्टरी एक्ट (Factory Act) के नाम से पास कर दिया गया। इस अधिनियम (Act) की यद्यपि अपनी सीमाएँ थीं, फिर भी इससे प्रारम्भिक शिक्षा बहुत प्रभावित हुई और बच्चे मिल मालिकों के पशुवत व्यवहार से

बच सके। इस अधिनियम के बाद और भी कई विधेयक (Act) बने। रॉबर्ट पील का यह अधिनियम सूती और ऊनी मिलों में काम करने वाले शोषित बच्चों को शोषण से छुटकारा दिलाने वाला था। इसका सम्बन्ध सभी प्रकार के मिलों वाले बच्चों से नहीं था। इसमें कुछ निम्नलिखित सुधार (Reforms) भी किये गये–

1. बच्चे रात्रि में काम नहीं करेंगे और उनसे 12 घंटों से अधिक काम नहीं लिया जा सकेगा।
2. मिल-मालिक अपने कारखानों में स्वास्थ्यप्रद वातावरण तैयार करेंगे, स्वच्छ वायु और पर्याप्त प्रकाश की व्यवस्था करेंगे।
3. अप्रेंटिसशिप (Apprenticeship) में काम करने वाले बच्चों को काम के साथ-साथ लिखना, पढ़ना और गणित लगाना भी सिखाया जाएगा।
4. अप्रेंटिसशिप (Apprenticeship) में व्यस्त बच्चों को प्रत्येक रविवार को एक घंटा धार्मिक शिक्षा दी जाएगी और महीने में कम-से-कम एक बार चर्च भी भेजा जाएगा।

यह अधिनियम (Act) बड़ा ही उपयोगी सिद्ध हुआ और इसने 1807 ई॰ के अधिनियम के लिए एक आधारशिला प्रदान की।

1807 ई॰ का पैरोशियल स्कूल विधेयक (Parochial School Bill)–यह विधेयक 7 से 14 वर्ष की आयु के ग्रामीण बच्चों की दो-वर्षीय निःशुल्क शिक्षा की व्यवस्था के लिए ह्वाइट ब्रेड (White Bread) द्वारा संसद में रखा गया, परन्तु पूँजीवादियों (Capitalists) तथा चर्चों ने इस विधेयक का विरोध किया और यह अधिनियम (Act) का रूप नहीं ले सका।

1815 ई॰ का रॉबर्ट पील का विधेयक–रॉबर्ट पील ने 1815 ई॰ को संसद में एक विधेयक रखा जिसमें मिल में काम करने वाले बच्चों की दशा का सुधार करना था। संसद ने इस सम्बन्ध में एक गुप्त अध्ययन समिति (Secret Study Committee) की नियुक्ति की जिससे वह मिल में काम करने वाले बच्चों की दशा का अध्ययन करके सूचना दे सके। इस समिति ने रिपोर्ट दी कि मिलों में बच्चों से 16 घंटे काम कराया जाता है और उनके साथ अमानवीय व्यवहार किया जाता है। कहीं-कहीं तो बच्चों से प्रति सप्ताह 100 घंटे भी काम कराया जाता है। भूल होने पर बच्चों को कठोर दंड दिया जाता है। उन्हें भोजन और आराम के लिए पर्याप्त समय नहीं दिया जाता। 1819 ई॰ में संसद ने रॉबर्ट पील के इस विधेयक को कुछ संशोधनों के साथ स्वीकार कर लिया, परन्तु यह अधिनियम (Act) भी 1802 ई॰ के अधिनियम की भाँति ठीक से लागू नहीं हो सका। यह विधेयक भी केवल सूती मिलों तक ही सीमित था। इसमें स्पष्ट किया गया था कि 9 वर्ष से कम आयु के बच्चों को मिलों में नहीं रखा

जा सकता और 9 से 13 वर्षों के बालकों से 12 घंटे से अधिक समय तक काम नहीं कराया जा सकता।

सन् 1816 की संसदीय समिति (Parliamentary Committee)—इंग्लैंड में सेमुअल ह्वाइट ब्रेड (Samual White Bread) ने लोकप्रिय शिक्षा आन्दोलन (Popular Education Movement) चलाया, परन्तु उसकी मृत्यु होने पर हेनरी ब्रोघम (Henry Brougham) (1778 से 1869 ई॰ तक) ने इस आन्दोलन को आगे बढ़ाया। इस आन्दोलन को संसद तक ले जाया गया। हेनरी ब्रोघम के प्रयास के फलस्वरूप संसद ने 1816 ई॰ में एक संसदीय समिति (Pariliamentry Committee) की नियुक्ति की जिसका काम निम्न वर्ग के बच्चों के लिए स्थापित स्कूलों की दशा का अध्ययन करना था। इस समिति ने निम्नलिखित रिपोर्ट संसद को दी—

1. बच्चों को स्कूलों में पढ़ने-लिखने की पर्याप्त सुविधाएँ नहीं थीं।
2. बच्चों की उपस्थिति स्कूलों में नियमित नहीं थी।

हेनरी ब्रोघम ने माँग की कि स्कूलों के एंडोमेंट (Endowment) का निरीक्षण किया जाए। इस धन (Endowment) के सदुपयोग से शिक्षा का अच्छा विकास किया जा सकता था और जनता पर कोई अतिरिक्त कर भी नहीं लगाना था। 1820 ई॰ में इसी विधेयक को हेनरी ब्रोघम पुनः पेरिश स्कूल बिल (Parish School Bill) के नाम से लाया।

1920 ई॰ का पेरिश स्कूल बिल (Parish School Bill)—इस विधेयक (Bill) का उद्देश्य इंग्लैंड और वेल्स में एक ऐसी राष्ट्रीय शिक्षा प्रणाली लाना था जो निर्धन छात्रों को शिक्षा दे सके, परन्तु रोमन कैथोलिकों तथा दूसरे चर्चों ने इस विधेयक का कड़ा विरोध किया। परिणामस्वरूप यह बिल अस्वीकृत हो गया। जिसे जॉन आर्थर रोबैक (John Arthur Roeback) ने पुनः संसद में प्रस्तुत किया।

जॉन आर्थर रोबैक तथा लोकप्रिय शिक्षा (Popular Education)—जॉन आर्थर रोबैक के अनुसार संस्थाओं का संगठन (Organisation) कर देना मात्र शिक्षा का विकास नहीं होता। शिक्षा का उद्देश्य तो बच्चों का नैतिक और बौद्धिक (Moral and Intellectual) विकास करना है। केवल सूचना मात्र देना शिक्षा नहीं है। रोबैक ने चार प्रकार के विद्यालयों की स्थापना पर बल दिया—

1. शिशु-विद्यालय (Infant School)
2. उद्योग विद्यालय (School of Industry)
3. संध्याकालीन विद्यालय (Evening School)—प्रौढ़ों के लिए।
4. नॉर्मल स्कूल (Normal School)—अध्यापकों के प्रशिक्षण के लिए।

रोबैक ने इन स्कूलों की व्यवस्था पर बल देते हुए कहा कि एंडोमेंट (Endowment), कर (Taxations) तथा शिक्षा शुल्क (Tuition fees) तथा स्कूलों के संचालन के लिए वित्तीय व्यवस्था पर विशेष ध्यान दिया जाए। पूरे देश को स्कूल डिस्ट्रिक्ट्स (School Districts) में बाँट दिया जाए और प्रत्येक स्कूल डिस्ट्रिक्ट के लोगों को अधिकार दिया जाए कि वे एक स्कूल समिति (School Committee) का चयन कर लें। शिक्षा मंत्री (Education Minister) राष्ट्र की सभी शिक्षा व्यवस्था के लिए उत्तरदायी हो। वही शिक्षा का पर्यवेक्षण (Supervision) तथा नियन्त्रण (Control) करे। संसद सदस्यों ने इससे सहमति व्यक्त की, परन्तु फिर भी विधेयक (Bill) अधिनियम (Act) का रूप नहीं ले सका।

1833 से 1859 ई॰ तक शिक्षा का विकास (The Progress of Education between 1833 and 1859)—इस अवधि में सरकार ने शिक्षा विकास की ओर ध्यान दिया और पहली बार स्कूलों के भवनों के लिए 20,000 पौंड की आर्थिक सहायता दी। धीरे-धीरे यह अनुदान बढ़ता गया। 1846 ई॰ में यह एक लाख पौंड तथा 1859 ई॰ तक आठ लाख छत्तीस हजार पौंड तक पहुँच गया।

1833 ई॰ की प्रारम्भिक शिक्षा प्रेच्छा (Elementary Education Enquiry)—देश में प्रारम्भिक शिक्षा के सम्बन्ध में प्रेच्छा (Enquiry) करने के लिये यह व्यवस्था की गयी। इस प्रेच्छा के फलस्वरूप पता चला कि देश के स्कूलों में शिक्षा-व्यवस्था अच्छी नहीं थी। केवल 10 प्रतिशत बालक अच्छी शिक्षा प्राप्त कर रहे थे, 20 प्रतिशत बालक अनुपयुक्त शिशु शिक्षा प्राप्त कर रहे थे, 30 प्रतिशत निजी स्कूलों (Private Schools) में शिक्षा पा रहे थे और शेष 40 प्रतिशत किसी भी प्रकार की शिक्षा नहीं पा रहे थे। जो लोग शिक्षा में रुचि ले रहे थे उन्हें 'शिक्षा उन्मत्त समूह' (Education Mad Group) कहा जाता था। इस समूह को उपर्युक्त प्रेच्छा परिणाम से भारी आश्चर्य हुआ। उन्होंने तत्काल राजकीय स्कूलों (State Schools) की स्थापना करने की माँग की। उनकी माँग थी कि केन्द्रीय स्तर पर एक शिक्षा प्रशासन (Education Authority) की स्थापना की जाए जो शिक्षा-कर लगा सके और अनुदान (Grants) का वितरण कर सके। इनकी यह भी माँग थी कि अध्यापकों के प्रशिक्षण के लिए एक केन्द्रीय अध्यापक प्रशिक्षण महाविद्यालय (Central Teachers Training College) तथा एक आदर्श विद्यालय (Model School) की स्थापना की जाए। इससे अध्यापक प्रशिक्षण में बहुत सुविधा होगी। इन शिक्षा-प्रेमियों ने धार्मिक शिक्षा (Religious education) देने के लिए दो प्रकार की धार्मिक शिक्षा की व्यवस्था करने को कहा—

1. विशिष्ट (Denominational or Special)
2. सामान्य (Undenominational or General)

पहली प्रकार की विशिष्ट धार्मिक शिक्षा उन्हें दी जाए जो धार्मिक संस्थाओं के संचालक या सचिव हों या धार्मिक शिक्षा देने वाले हों। दूसरे प्रकार की सामान्य धार्मिक शिक्षा सभी अध्यापकों को दी जाए। सन् 1836 ई॰ में इन सुझावों को लागू करने के लिए एक केन्द्रीय शिक्षा संस्था (Central Society of Education) की स्थापना हुई।

1839 ई॰ की प्रीवी कॉउंसिल की समिति (Committee of Privy Council)—इस समिति की नियुक्ति महारानी (Queen) ने की। इसने उन सभी मामलों का अध्ययन किया जो राष्ट्र की प्रारम्भिक शिक्षा को प्रभावित करते थे। इस समिति के अधिकार क्षेत्र में एंडोमेंट्स (Endowments) के सदुपयोग का मामला भी था। इस समिति ने जो भी सुझाव दिये उनका विरोध हुआ, परन्तु इन्हें स्वीकृत कर लिया गया और एक केन्द्रीय प्रशासनात्मक अधिकारी (Central Administrative Authority) की स्थापना कर दी गयी।

1843 ई॰ का फैक्टरी विधेयक (Factory Bill)—सदन के सचिव (Secretary) सर जेम्स ग्राह्मस (Sir James Grahms) ने निर्धनों की दशा सुधारने के लिए संसद में एक विधेयक (Bill) 1843 ई॰ में प्रस्तुत किया जिसमें निम्नलिखित प्रमुख बातें थीं—

1. 8 से 13 वर्ष के बालक, जो सूती मिलों में या कर्मशालाओं में काम करते हैं, उन्हें केवल 6 घंटे प्रतिदिन काम करना होगा और आवश्यक होगा कि उन्हें प्रतिदिन 3 घंटे शिक्षा दी जाए।
2. स्कूल के प्रबन्धक (Trustees) अध्यापकों की नियुक्ति कर सकते हैं परन्तु बिशप (Bishop) से उनकी स्वीकृति लेनी होगी। स्कूल के प्रबन्धक मंडल (School Trustee Committee) में ग्रामीण क्षेत्र का क्लर्जी मैन (Clergy man) तथा चर्चों का निदेशक (Director) भी सदस्य होंगे।
3. छात्रों को इंग्लैंड के चर्च द्वारा प्रतिदिन धार्मिक शिक्षा दी जाएगी और वे प्रत्येक रविवार को चर्च में प्रस्तुत होंगे।
4. स्कूलों की वित्तीय आवश्यकताओं की पूर्ति सरकारी ऋणों (State loans), स्कूल का शुल्क (Fees) से होगी तथा स्कूल के भवन सरकारी ऋणों से बनेंगे।

उपर्युक्त बातों से चर्च को शिक्षा प्रणाली में प्रमुख स्थान दिया गया। चर्च के संरक्षकों (Wardens) ने इस विधेयक का विरोध किया। अन्त में यह विधेयक वापस लेना पड़ा।

स्वयं सेवी आन्दोलन (The Voluntarists' Movements)

स्वयं सेवी संस्थाओं ने धार्मिक शिक्षा को शिक्षा का प्रमुख आधार माना, परन्तु यह स्वीकार नहीं किया कि सरकार शिक्षा क्षेत्र में कोई बाधा पैदा करे। वे शिक्षा क्षेत्र में भी मुक्त व्यापार (Free trade) के सिद्धान्त को लागू करना चाहते थे। शिक्षा सुधार के लिए उनकी दृष्टि में स्वतन्त्रता (Freedom) तथा प्रतियोगिता (Competition) दोनों का होना आवश्यक था। उन्होंने जनता से धन इकट्ठा करके स्कूलों की स्थापना की। उन्होंने सरकार से कोई सहायता नहीं ली। 1851 ई॰ तक इंग्लैंड तथा वेल्स में 394 स्कूल थे। बाद में इन स्कूलों की दशा में गिरावट आती गयी और लोगों को इन स्कूलों की सफलता पर संदेह होने लगा।

1846 ई॰ की के-योजना (K-Plan)—1846 ई॰ में डॉ॰ के ने एक योजना बनायी जिसमें निम्नलिखित बातें थीं—

1. पाँच वर्ष की अनुभव प्राप्ति या अप्रेंटिसशिप (Apprenticeship) के लिए चुने गये छात्राध्यापकों (Pupil Teachers) को छात्र-वृत्तियाँ (Stipends) दी जायें।
2. छात्राध्यापकों का निरीक्षण हर मैजेस्टीज इन्स्पैक्टर्स ऑफ स्कूल्स करें।
3. अध्यापकों को प्रशिक्षण देने वाले महाविद्यालयों को अनुदान मिले।
4. जब छात्राध्यापक 5-वर्षीय अनुभव प्राप्त कर लें तो वे महारानी की छात्रवृत्ति परीक्षा में बैठें।
5. छात्राध्यापकों को प्रशिक्षण देने वाले अध्यापकों को कुशलता या प्रोफिसियेन्सी अनुदान (Proficiency Grants) मिले।
6. यदि 15 वर्ष की सेवा करने के बाद अध्यापक सेवा निवृत्त (Retire) होना चाहे तो उसे पेंशन (Pension) दी जाए।
7. प्रशिक्षण महाविद्यालयों को सरकार वार्षिक अनुदान (Grants) दे।

इस योजना को पर्याप्त समर्थन मिला और सरकार ने एक लाख पौंड की राशि शिक्षा विकास के लिए स्वीकृत कर दी। सरकार ने शिक्षा विकास में योग दिया। 1848 ई॰ से 1850 ई॰ की दो-वर्षीय अवधि में यह अनुदान सवा लाख पौंड तक पहुँच गया।

1850 ई॰ का डब्ल्यू॰ जे॰ फॉक्स विधेयक—1850 में बिना धार्मिक शिक्षा के एक शिक्षा योजना प्रस्तुत की गयी जिसे डब्ल्यू॰ जे॰ फॉक्स (W.J. Fox) ने संसद में विधेयक के रूप में रखा। इसमें विशिष्ट धार्मिक शिक्षा देने वाले स्कूलों को महत्व नहीं दिया गया और करदाताओं को यह अधिकार दिया गया था कि वे अपनी आवश्यकतानुसार किसी भी स्थान पर सामान्य धार्मिक शिक्षा (Non-denominational)

के स्कूल खोल सकते हैं। वे चाहें तो शिक्षा को निःशुल्क (Free) तथा सामान्य धार्मिक शिक्षा वाली बनाने के लिए अपने क्षेत्र में कर (Tax) भी वसूल कर सकते हैं, परन्तु विशिष्ट धार्मिक शिक्षा के पक्ष वाले लोगों की अधिकता के कारण यह विधेयक स्वीकृत नहीं हो सका।

शिक्षा विभाग (Education Department) की स्थापना—सन् 1956 ई0 में प्रिवी काउंसिल समिति के स्थान पर एक शिक्षा विभाग (Education Department) की स्थापना की गयी। इस विभाग का अध्यक्ष (Chairman) प्रिवी काउंसिल समिति के ही अध्यक्ष (Chairman) को बनाया गया। यह प्रायः एक लार्ड (Lord) ही होता था। इसका उपाध्यक्ष (Vice Chairman) सत्तादल से सम्बन्धित एक हाउस ऑफ कॉमन्स के सदस्य को बनाया गया। आर्थिक मामलों में उपाध्यक्ष ही संसद के प्रति उत्तरदायी होता था।

1858 ई॰ का रॉयल आयोग (Royal Commission)—दो प्रमुख प्रयोजनों को ध्यान में रखते हुए 'न्यू कैसेल के ड्यूक' (The Duke of New Castle) की अध्यक्षता में, 1858 ई॰ में एक रॉयल आयोग नियुक्त किया गया। ये प्रयोजन थे—

(1) देश में प्रारम्भिक शिक्षा की वर्तमान दशाओं का अध्ययन करना।

(2) प्रारम्भिक शिक्षा को स्वस्थ, सत्ता और सर्व सुलभ बनाने के लिए सुझाव देना।

इस आयोग ने अध्ययन करने के बाद प्रारम्भिक शिक्षा के विकास और सुधार के लिए निम्नलिखित संस्तुतियाँ (Recommendations) दीं—

1. 1833 ई॰ के अनुदान से वांछित परिणाम प्राप्त नहीं हुए, क्योंकि अनुदान अपर्याप्त था। अतः प्रारम्भिक शिक्षा के व्यय को देखते हुए अनुदान बढ़ाया जाए।
2. यद्यपि 1833 की शिक्षा प्रणाली दोषपूर्ण थी, फिर भी आज वह उपयोगी है।
3. राष्ट्रीय शिक्षा प्रणाली को सरल और अधिक स्पष्ट बनाया जाए।
4. परीक्षा परिणाम के आधार पर अनुदान देना अधिक अच्छा होगा।
5. उन स्कूलों को अनुदान दिया जाए जो हर मैजेस्टीज इन्सपैक्टर ऑफ स्कूल की दृष्टि में अच्छे हों, परन्तु यह अनुदान उससे अतिरिक्त होगा जो वहाँ के छात्राध्यापकों को दिया गया है।
6. काउंटीज और बोरोज को जो स्थानीय अनुदान (Local grants) दिये जाये वह निश्चित और निर्धारित (Prescribed) हो।
7. शुल्क और दान से स्कूल को जितना धन मिलता हो, अनुदान उससे

अधिक होना चाहिए।

8. काउंटीज और बॉरोज की परिषदों को अधिकार मिले कि वे स्कूलों में शिक्षण शुल्क लें और स्थानीय अनुदान का उपभोग करें, परन्तु ये परिषदें स्कूल की दिनचर्या में कोई हस्तक्षेप न करें और न धार्मिक शिक्षा में बाधा डालें।

वास्तव में उपर्युक्त संस्तुतियाँ (Recommendations) एक प्रकार के सुझाव (Suggestions) ही थे, परन्तु भारी विरोध के कारण इन्हें स्वीकार नहीं किया गया।

शिक्षा में मुक्त व्यापार का सिद्धान्त (Principle of Free Trade in Education)

1869 ई० में शिक्षा विभाग का उपाध्यक्ष रॉबर्ट लो (Robert Lowe) को बनाया गया। वह शिक्षा क्षेत्र में स्वतन्त्रता चाहता था। अतः उसने शिक्षा विकास में मुक्त व्यापार (Free Trade) के सिद्धान्त को महत्व दिया। इससे शिक्षा के मामले उन व्यक्तियों के हाथों में आ गये जो डॉ० के (Dr. Kay) के विचारों के विरोधी थे। छात्र की योग्यता की परख उसके परीक्षा परिणाम के आधार पर की जाने लगी। इससे परीक्षाओं का महत्व बढ़ा। ऑक्सफोर्ड और कैम्ब्रेज में पहली बार 1859 ई० को परीक्षाएँ प्रारम्भ हुई। 1865 ई० में विज्ञान तथा अन्य विषयों में भी परीक्षाएँ प्रारम्भ की गयीं। 1855 ई० में सिविल सेवाओं (Civil Services) के लिए प्रतियोगिताएँ (Competitions) प्रारम्भ हुई। माँग और पूर्ति (Supply and Demand) को ध्यान में रखते हुए रॉबर्ट लो शिक्षा को विशिष्ट (Denominational) ही बनाना चाहता था। उसने रॉयल आयोग के सुझावों को शैक्षिक अनुदान का आधार नहीं बनाया।

1870 ई० का अधिनियम (Act of 1870)—1865 ई० में उदार दल (Liberal Party) को संसद में बहुमत मिला और इसी दल की सरकार बनी। दल ने प्रारम्भिक शिक्षा में बहुत परिवर्तन किये। स्कूल परिषदों (School Boards) को शिक्षा प्रसार की स्वतन्त्रता दी गयी। इस समय स्कूल परिषदें और स्वयं सेवी संगठन दोनों समान रूप से स्कूलों की स्थापना कर रहे थे। वास्तव में स्वयं सेवी संगठनों के स्कूल परिषदों के स्कूलों से अधिक थे। 1870 ई तक कुल 17,614 स्कूलों में से स्वयं सेवी संगठनों के स्कूल 14,181 थे, जबकि 3,433 स्कूल परिषदों के थे। 1897 ई० तक शिक्षा में पर्याप्त परिवर्तन हुए फिर भी स्वयं सेवी संगठनों के स्कूलों में छात्रों की संख्या अपेक्षाकृत अधिक ही रही, परन्तु स्कूल परिषदों के स्कूलों में प्रशासनिक सुधार होने से उनके स्कूलों में छात्रों की संख्या भी बढ़ने लगी। 19वीं शताब्दी के अन्त तक स्वयं सेवी संगठनों के स्कूलों में छात्रों की संख्या केवल 46 प्रतिशत रह

गयी। स्वयं सेवी संस्थाओं को अनुदान नहीं मिलता था, जबकि स्कूल परिषदों को स्कूलों के लिए पर्याप्त अनुदान मिलता था। कर (Tax) से उन्हें अधिक लाभ नहीं था। परिणामतः स्वयं सेवी संगठनों के स्कूल पिछड़ने लगे।

पब्लिक प्रारम्भिक स्कूल्स (The Public Elementary Schools)—1882 ई॰ के कानून से शिक्षा अनुदान की प्रणाली में बहुत परिवर्तन हुए। इसके अनुसार अब अनुदान स्कूलों में छात्रों की उपस्थिति के आधार पर दिया जाने लगा। अनुदान देने के लिए हर मैजेस्टीज इन्सपैक्टर ऑफ स्कूल की रिपोर्ट को आधार बनाया गया। ये निरीक्षक निम्नलिखित तीन आधारों पर अपनी रिपोर्ट दिया करते थे—

1. स्कूल का संगठन और अनुशासन कैसा है ?
2. अध्यापकों की शिक्षण विधि कैसी है ?
3. स्कूल के कार्य का सामान्य स्तर कैसा है ?

स्कूल के सम्बन्ध में ये निरीक्षक सामान्य अच्छा (Fair), अच्छा (Good) तथा अति उत्तम (Excellent) तीन प्रकार की टिप्पणियाँ दिया करते थे। निरीक्षक (Inspector) की रिपोर्ट पर स्कूलों को दो प्रकार का अनुदान मिलता था— (1) योग्यता अनुदान (Merit Grant) तथा (2) निश्चित अनुदान (Fixed Grant)। यह अनुदान स्कूल परिषदों को अधिक मिलता था। स्वयंसेवी संगठनों के स्कूलों को बहुत कम अनुदान मिलता था। इससे स्वयंसेवी संस्थाओं का स्तर गिरने लगा। अति उत्तम कोटि के स्कूल स्वयंसेवी संगठनों के पास गिनती के रह गये।

बालोद्यान स्कूल्स (Kindergarten Schools) की स्थापना—फ्रॉकल (Frochel) के अनुयायियों में से एक के द्वारा 1854 ई॰ को ब्लूम्सबरी में एक किंडरगार्टन स्कूल खोला गया। लगभग 20 वर्ष बाद लंदन के अन्य क्षेत्रों में भी किंडरगार्टन स्कूल खुले। इन स्कूलों में अमीर घर के बालक ही पढ़ सकते थे। 1874 ई॰ में मेरिया ग्रे (Maria Grey) द्वारा फ्रोबेल सोसायटी (Frobel Society) की स्थापना की गयी और कई कन्या पब्लिक दिवा स्कूल (Girl's Public Day Schools) खोले गये। इन स्कूलों में से प्रत्येक के साथ एक किंडरगार्टन स्कूल भी सम्बन्धित होता था। ऐसे स्कूलों में क्रोयडन हाई स्कूल (Croydon High School) प्रसिद्ध था। इन स्कूलों को प्रोत्साहन मिलने पर ऐसे बहुत से स्कूल निजी प्रयासों से खोले गये। इन स्कूलों में उच्च वर्ग और मध्यम वर्ग के बालक शिक्षा पाने लगे। प्रारम्भ में इन स्कूलों में फ्रोबेल्स मेथड्स (Frobel's Methods) भी ठीक ढंग से नहीं अपनाया जा सका, परन्तु बाद में इन विधियों को भली प्रकार अपनाया गया।

1886 ई॰ का रॉयल आयोग (Royal Commission)—वर्तमान प्रारम्भिक स्कूलों की दशा का अध्ययन करने के लिए सर रिचार्ड क्रॉस (Sir Richard Cross)

की अध्यक्षता में दूसरा रॉयल आयोग नियुक्त किया गया। 2 वर्ष के कठिन परिश्रम के बाद आयोग ने (1) बहुसंख्यक रिपोर्ट (Majority Report), (2) अल्पसंख्यक रिपोर्ट (Minority Report) के दो स्वरूपों में सम्बन्धित रिपोर्ट प्रस्तुत की। आयोग के सभी सदस्य धार्मिक शिक्षा के सम्बन्ध में एकमत थे।

आयोग ने देखा कि कुछ स्कूल परिषदें उच्चतर स्तर के स्कूल चला रहीं थीं जो माध्यमिक स्कूल (Secondary Schools) कहलाते थे। अल्पसंख्यक रिपोर्ट इन स्कूलों को भी अनुदान देने के पक्ष में थी; जबकि बहुसंख्यक रिपोर्ट इन्हें अनुदान देने के पक्ष में नहीं थी। उसका कहना था कि इन स्कूलों को चाहिए कि ये अपना आर्थिक प्रबन्ध स्कूलों से प्राप्त शुल्क से करें।

इस आयोग की संस्तुतियों पर कार्यान्वयन—इस आयोग की संस्तुतियों के आधार पर प्रारम्भिक स्कूलों की व्यवस्था में बहुत से परिवर्तन लाये गये। लिखने, पढ़ने और गणित लगाने (3Rs) के आधार पर अनुदान देना बन्द कर दिया गया। इस प्रकार परीक्षा परिणाम की अनुदान प्रणाली समाप्त हो गयी। अब विज्ञान, भौतिक भूगोल तथा ऐसे अन्य वैज्ञानिक विषयों को पढ़ाने वाले स्कूलों को अनुदान दिया गया। अध्यापकों के प्रशिक्षण की व्यवस्था विश्वविद्यालयों में या सम्बद्ध कॉलेजों (Affiliated Colleges) में की गयी। शेष संस्तुतियों (Recommendations) को लागू नहीं किया जा सका, क्योंकि उनका संसद में पर्याप्त विरोध हुआ था।

सारांश

18वीं शताब्दी तक विकास—इंग्लैंड के प्राथमिक स्कूलों की दशा शोचनीय थी। इस समय प्रायः पांच प्रकार के स्कूल प्रचलित थे—(1) कामन डे स्कूल तथा डेम स्कूल्स, (2) चैरिटी स्कूल, (3) औद्योगिक स्कूल, (4) रविवासरीय स्कूल, (5) चल स्कूल। चैरिटी स्कूलों का प्रारम्भ में अधिक महत्व। औद्योगिक बस्तियों में औद्योगिक स्कूलों की स्थापना। काम में लगे बालकों के लिए रविवासरीय स्कूल तथा धार्मिक शिक्षा देने वाले चल स्कूल जिनमें शिक्षक एक स्थान से दूसरे स्थान पर जाकर शिक्षा देते थे।

मॉनीटोरियल प्रणाली—भारतीय कक्षानायक प्रणाली का इंग्लैंड में प्रारम्भ। एंड्रबेल तथा लैंकास्टर के प्रयत्न सराहनीय। इसमें वरिष्ठ छात्र, कनिष्ठ छात्रों को शिक्षण देने वाले। रॉबर्ट ओवन, वाइल्डर स्पिन तथा डेविड स्ट्रो द्वारा प्रारम्भिक शिक्षा के विकास में योगदान।

19वीं शताब्दी में प्रारम्भिक शिक्षा का विकास—औद्योगिक क्रान्ति के फलस्वरूप 10 से 14 वर्ष के फैक्टरी में लगे बालकों की शिक्षा के लिए प्रयत्न। मिल मालिकों तथा पूँजीपतियों द्वारा इसका विरोध।

राज्य और प्रारम्भिक शिक्षा

1802 ई॰ में रॉबर्ट पील्स का विधेयक—अनुभव उपलब्धि अधिनियम तथा ग्रामीण शिक्षा अधिनियम, 1807 ई॰ (पेरोशियल स्कूल विधेयक); 1815 रॉबर्ट पील का विधेयक; 1816 की संसदीय समिति; पेरिस स्कूल बिल 1820 ई॰। जॉन आर्थर रोबैक की जनप्रिय शिक्षा।

1833 से 1859 ई॰ तक शिक्षा प्रगति—1833 ई॰ की प्राथमिक शिक्षा प्रेच्छा, 1839 ई॰ की प्रिवी काउंसिल की समिति; 1843 का फैक्टरी बिल।

स्वयंसेवी आन्दोलन—1846 का के॰ प्लान; डब्ल्यू॰ जे॰ फॉक्स का 1850 का विधेयक।

शिक्षा-विभाग की स्थापना—1856 ई॰ में प्रिवी काउंसिल कमेटी के स्थान पर शिक्षा विभाग की स्थापना।

रॉयल आयोग 1858 ई॰; मुक्त व्यापार का शिक्षा में सिद्धान्त।

1870 ई॰ का अधिनियम।

पब्लिक प्रारम्भिक विद्यालय।

किंडरगार्टन स्कूल की स्थापना।

1886 ई॰ का रॉयल आयोग।

अभ्यासार्थ प्रश्न

1. इंग्लैंड और वेल्स में 18वीं शताब्दी में हुई प्रारम्भिक शिक्षा की प्रगति का उल्लेख कीजिए।
2. उन्नीसवीं शताब्दी में प्रारम्भिक शिक्षा के इतिहास में इंग्लैंड और वेल्स में क्या परिवर्तन हुए? स्पष्ट कीजिए।
3. निम्नलिखित को स्पष्ट कीजिए—
   (अ) इंग्लैंड और वेल्स में मॉनीटोरियल प्रणाली।
   (ब) शिक्षा में मुक्त व्यापार।
   (स) स्वयंसेवी संगठनों द्वारा प्रारम्भिक शिक्षा प्रसार।
   (द) इंग्लैंड और वेल्स में राज्य और शिक्षा।
   (य) इंग्लैंड और वेल्स में प्रारम्भिक शिक्षा की अनुदान प्रणाली।
   (र) प्रारम्भिक शिक्षा स्तर पर धार्मिक शिक्षा।
   (ल) शिक्षा पर औद्योगिक क्रान्ति का प्रभाव।

अध्याय 14

ग्रेट ब्रिटेन में आधुनिक पूर्व-प्राथमिक एवं प्राथमिक शिक्षा

[The Modern Pre-Primary and Primary Education in Great Britain]

ग्रेट ब्रिटेन में पूर्व-प्राथमिक और प्राथमिक शिक्षा को एक-दूसरे से पृथक् नहीं किया जा सकता, क्योंकि सभी पूर्व-प्राथमिक शिक्षा संस्थाएँ बच्चों को प्राथमिक शिक्षा के लिए तैयार करती हैं। इस प्रकार पूर्व-प्राथमिक शिक्षा, प्राथमिक शिक्षा की पूरक है। फिर भी अध्ययन की दृष्टि से हम ग्रेट ब्रिटेन की प्राथमिक शिक्षा को दो प्रकार के स्कूलों में व्यवस्थित पाते हैं—

(1) पूर्व-प्राथमिक शिक्षा (Pre-Primary Education)

इस शिक्षा के अन्तर्गत—(1) नर्सरी स्कूल्स (Nursery Schools) तथा (2) शिशु विद्यालय (Infant Schools) आते हैं।

नर्सरी स्कूल्स (Nursery Schools)—इन स्कूलों में 2 वर्ष के बालक प्रवेश पाते हैं और 2 या 3 वर्ष तक (5 वर्ष की आयु तक) शिक्षा ग्रहण करते हैं। इसमें उपस्थितियाँ स्वैच्छिक (Voluntary) होती हैं अनिवार्य नहीं होतीं। इनमें 60 से 80 छात्र होते हैं। एक कक्षा में केवल 20 छात्र रखे जाते हैं। इनका आयु-वर्ग 2 से 5 वर्ष होता है। अध्यापक महिलाएँ होती हैं। वे बच्चों के व्यवहार का सुधार करती हैं। उन्हें अपने कपड़े पहनना सिखाती हैं और शिष्टाचार सिखाती हैं। वे उनके खाने का प्रबन्ध करती हैं और खेलों द्वारा बहुतसी बातें सिखाती हैं। ये स्कूल प्रायः सूती मिलों के निकट होते हैं, ताकि मिलों में काम करने वाली महिलाएँ अपने बच्चों को इन स्कूलों में छोड़ सकें।

इन्हें कोई पुस्तकीय शिक्षा नहीं दी जाती। खेल, गायन, चित्रकारी, नृत्य और मॉडल बनाने की क्रियाओं से बच्चों का शारीरिक, मानसिक और सामाजिक विकास

किया जाता है। इन स्कूलों की शिक्षा से बच्चे आत्म-निर्भर (Self-Reliant) बन जाते हैं। क्रिया-प्रधान और खेल-प्रधान शिक्षण में बच्चे अच्छी आदतें और अच्छा स्वास्थ्य प्राप्त करते हैं। बच्चों की आवश्यकता के अनुसार स्कूल का भवन सभी साधनों से युक्त रखा जाता है।

ग्रेट ब्रिटेन में स्कूल दो प्रकार के होते हैं–

(1) **मेंटेंड स्कूल्स (Maintained Schools)**–ये स्कूल्स स्थानीय प्रशासन (L.E.A.) से पूरी आर्थिक सहायता प्राप्त करते हैं।
(2) **सामान्य नर्सरी स्कूल्स (Common Nursery Schools)**–इन्हें स्थानीय प्रशासन से आंशिक सहायता मिलती है और ये स्वैच्छिक संस्थाओं द्वारा या व्यक्तियों द्वारा चलाये जाते हैं।

ये नर्सरी स्कूल व्यवस्था की दृष्टि से दो प्रकार के होते हैं–(1) स्वतन्त्र (Independent) जिनका शिशु-विद्यालयों (Infant Schools) से सम्बन्ध नहीं होता, (2) शिशु विद्यालय (Infant School) से सम्बन्धित।

शिशु विद्यालय (Infant Schools)–इन स्कूलों में 5 वर्ष के बालक प्रवेश पाते हैं और 7 वर्ष की आयु तक शिक्षा प्राप्त करते हैं। इनमें उपस्थितियाँ अनिवार्य होती हैं। इनमें बालकों को लिखना (Writing), पढ़ना (Reading) तथा गणित (Arithmetic) सिखाया जाता है। इस प्रकार यहाँ औपचारिक (Formal) शिक्षा शुरू हो जाती है। ये प्राथमिक शिक्षा की तैयारी करने वाले स्कूल्स हैं। इनमें मांटेसरी (Montessory) और किंडरगार्टन प्रणाली (Kindergarten system) का अधिक उपयोग किया जाता है। प्रायः ये विद्यालय जूनियर स्कूलों (Junior schools) अथवा अन्य समकक्ष स्कूलों से सम्बन्धित होते हैं।

इस प्रकार के विद्यालयों में अर्जित ज्ञान (Acquired Knowlege) और जीवन में सम्बन्ध स्थापित किया जाता है। स्कूलों का वातावरण रोचक और स्वतन्त्र बनाया जाता है। प्रयास किया जाता है कि बच्चों का ज्ञानेन्द्रिय विकास (Sense Development), निरीक्षण शक्ति का विकास और शब्दकोश (Vocabulary) की वृद्धि हो। इनमें सह-शिक्षा (Co-education) चलायी जाती है। बच्चों को आत्मप्रकाशन (Self-expression) के विकास के लिए मातृभाषा और गायन (Singing) का अच्छा अभ्यास कराया जाता है।

(2) प्राथमिक शिक्षा (Primary Education)

प्राथमिक शिक्षा और पूर्व-प्राथमिक शिक्षा का आपस में घनिष्ठ सम्बन्ध होता है। प्राथमिक शिक्षा जूनियर स्कूलों (Junior Schools) में दी जाती है।

जूनियर स्कूल्स (Junior Schools)—7 वर्ष के बालक जो पूर्व-प्राथमिक शिक्षा ग्रहण कर लेते हैं, प्राथमिक शिक्षा के लिए जूनियर स्कूल में प्रवेश लेते हैं। 4-वर्षीय शिक्षा प्राप्त कर लेने के बाद बालक को प्राथमिक परीक्षा का प्रमाण-पत्र दे दिया जाता है। यहाँ बालक के लिए उपस्थितियाँ अनिवार्य होती हैं। इन स्कूलों में सह-शिक्षा (Co-education) प्रचलित है। ये जूनियर स्कूल स्वतन्त्र (Independent) रूप में अथवा शिशु-शिक्षा और नर्सरी शिक्षा की संस्थाओं से सम्बन्धित हो सकते हैं।

इन स्कूलों के पाठ्यक्रम में प्रकृति-अध्ययन (Nature Study), मातृभाषा (Mother Tongue), गणित (Mathematics), विज्ञान (Science), इतिहास (History), भूगोल (Geography), संगीत (Music), चित्रकला (Painting), बागवानी (Gardening) और स्वास्थ्य-शिक्षा (Health Education) आदि विषयों को रखा गया है। स्कूलों के पाठ्यक्रम स्थानीय आवश्यकताओं के अनुरूप ढाल लिये जाते हैं। इसलिए इनके पाठ्यक्रम में समानता नहीं पायी जाती।

जूनियर स्कूलों में सह-शिक्षा (Co-education) चलती है। बच्चे स्कूल की सीमा में मुक्त रहते हैं। आत्म-प्रकाशन (Self-expression) के लिए कहानी सुनाने और अभिनय (Dramatization) को महत्व दिया जाता है। बच्चों की निरीक्षण शक्ति तथा प्रयोगात्मक कुशलता को बढ़ाने का प्रयत्न किया जाता है। बच्चों को शिल्प कार्य भी सिखाये जाते हैं। जैसे—टोकरी बनाना, मिट्टी का काम, अन्य हस्त कार्य आदि। बच्चों के लिए उपर्युक्त क्रियाएँ भली प्रकार संगठित की जाती हैं। इनका संगठन नर्सरी स्कूलों और शिशु-विद्यालयों की अपेक्षा अच्छी प्रकार किया जाता है। कक्षा में छात्रों की संख्या 40 से अधिक नहीं होती। स्कूलों में पुरुष और महिला दोनों अध्यापन कार्य करते हैं।

सारांश

पूर्व-प्राथमिक एवं प्राथमिक शिक्षा आपस में सम्बन्धित और एक-दूसरे की पूरक।

(1) पूर्व-प्राथमिक शिक्षा

नर्सरी स्कूल—2 से 4 या 5 वर्ष की अवस्था तक उपस्थिति अनिवार्य नहीं। शिष्टाचार और अच्छी आदतों की शिक्षा, मिलों के निकट स्कूलों की स्थापना। औपचारिक शिक्षा नहीं। शिशु-विद्यालय 5 वर्ष से 7 वर्ष की अवस्था तक दो-वर्षीय शिक्षा। उपस्थितियाँ अनिवार्य; लिखने, पढ़ने और गणित लगाने की शिक्षा; मांटेसरी और किंडरगार्टन पद्धतियों का उपयोग। निरीक्षण शक्ति का विकास, ज्ञानेन्द्रिय प्रशिक्षण।

(2) प्राथमिक शिक्षा

जूनियर स्कूल—7-वर्षीय बालक का प्रवेश। सह-शिक्षा। 4-वर्षीय शिक्षा। उपस्थिति अनिवार्य; अभिनय, कहानी-कथन, प्रकृति अध्ययन, मातृभाषा, गणित, विज्ञान, भूगोल, इतिहास, शिल्प कार्य, संगीत, चित्रकला, स्वास्थ्य शिक्षा आदि विषयों का शिक्षण। कक्षा में 40 छात्र। पाठ्यक्रम परिवर्तनशील।

अभ्यासार्थ प्रश्न

1. ग्रेट ब्रिटेन में पूर्व-प्राथमिक शिक्षा प्राथमिक शिक्षा से पृथक् क्यों रही है? ये पूरक कैसे हैं?
2. ग्रेट ब्रिटेन में पूर्व-प्राथमिक शिक्षा की व्यवस्था कैसे होती है? विविध स्कूलों का वर्णन कीजिए।
3. ग्रेट ब्रिटेन की प्राथमिक शिक्षा का वर्णन कीजिए।

अध्याय 15

ग्रेट ब्रिटेन में माध्यमिक शिक्षा का विकास [Development of Secondary Education in Great Britain]

ग्रेट ब्रिटेन में माध्यमिक स्तर की शिक्षा देने के लिए प्रायः दो प्रकार के विद्यालय प्रचलित थे—(1) ग्रामर स्कूल (Grammar Schools) या एंडोड स्कूल (Endowed Schools), (2) व्यक्तिगत स्कूल (Private Schools)। यहाँ हम इन स्कूलों के विकास का अध्ययन करेंगे।

(1) ग्रामर स्कूल (Grammar Schools or Endowed Schools)

ग्रेट ब्रिटेन में माध्यमिक शिक्षा के लिए सबसे पहले कुछ चर्च के बिशप (Bishops) ने इन स्कूलों की स्थापना की थी। सिटी लाइवरी कम्पनी (City Livery Company of Guild) ने भी इन स्कूलों की स्थापना में योग दिया। ये स्कूल रोमन काल में भी विद्यमान थे। इन स्कूलों में शास्त्रीय भाषाएँ (Classical Languages) पढ़ायी जाती थीं। 14वीं और 15वीं शताब्दी में टूडर काल (Tudor Period) में कुछ व्यापारियों ने इन स्कूलों की स्थापना में सहयोग दिया। आम जनता ने भी इन स्कूलों की स्थापना में रुचि ली, परन्तु व्यक्तिगत प्रयासों से इन स्कूलों की स्थापना सबसे अधिक हुई। जैसे—बेक वैल (Bake Well) का लेडी मैनर्स स्कूल (Lady Manner's Schools) जो एक उदार लेडी मैनर ने स्थापित किये, विकेहम (Wikaham), के० विलियम (K. William) द्वारा विंचेस्टर पब्लिक स्कूल (Winchester Public School) तथा हेनरी छः (Henry VI) द्वारा स्थापित एटन पब्लिक स्कूल (Eton Public School)। ये स्कूल आज भी आवासीय स्कूल (Boarding Schools) के रूप में उसी प्रकार चल रहे हैं। ये स्कूल अन्य पब्लिक स्कूलों से भिन्न हैं। इस प्रकार के अन्य स्कूलों में रूली हैरो (Rughly Harrow) तथा श्रीयुसबरी (Shrewsbory) का नाम लिया जा सकता है।

ग्रामर स्कूलों का संगठन (Organisation)—इन स्कूलों का संगठन निम्नलिखित विशेषताओं (Characteristics) के साथ होता है—

अध्यापक—जिन लोगों पर शिक्षण का लाइसेंस (Teaching Licence) है वे ही इन स्कूलों में अध्यापक हो सकते हैं। 18वीं शताब्दी तक ऐसा प्रत्येक अध्यापक के लिये अनिवार्य था। प्रारम्भ में चर्च शिक्षण-लाइसेंस देते थे। बाद में बिशप्स (Bishops) को शिक्षण-लाइसेंस देने का अधिकार मिल गया। शिक्षक की कुशलता (Efficiency), नैतिकता (Morality) और धार्मिक दृष्टिकोण (Religious Outlook) को देखकर यह लाइसेंस दिया जाता था।

ग्रामर स्कूलों का पाठ्यक्रम—प्रारम्भ में ग्रामर शब्द का अर्थ उस स्थान से लगाया जाता था जहाँ शास्त्रीय भाषाएँ (Classical Languages) पढ़ायी जाती थीं। इसलिए इन स्कूलों के पाठ्यक्रम में शास्त्रीय भाषाओं (Classical Languages) को प्रमुख स्थान मिलता था, क्योंकि आगामी ज्ञान की कुन्जी ये ही भाषाएँ होती थीं। इंग्लैंड में शास्त्रीय भाषा के रूप में लैटिन (Latin) को प्रमुख स्थान मिला। ग्रीक भाषा भी पाठ्यक्रम में रखी गयी। एंडोड स्कूल और ग्रामर स्कूल में इस दृष्टि से कोई अंतर नहीं था। बाद में मर्चेण्ट टेलर्स स्कूल (The Merchant Taylor' School) में हिब्रयू (Hebrew) भाषा भी रखी गयी। 1805 ई॰ में आधुनिक भाषाओं को भी पाठ्यक्रम में स्थान दिया गया। लीड्स (Leeds) के ग्रामर स्कूल में गणित को भी पाठ्यक्रम का अंग बनाया गया। 1840 ई॰ में पाठ्यक्रम को अधिक लचीला और उपयोगी बनाने के लिए एक अधिनियम (Act) बनाया गया, फिर भी पाठ्यक्रम अधिक परिवर्तित नहीं हुआ। 1840 ई॰ के अधिनियम से स्कूल के प्रधानाध्यापक को यह अधिकार मिल गया था कि वह चाहे तो कोई भी विषय पाठ्यक्रम में रख सकता है, परन्तु वह किसी अध्यापक को विवश नहीं कर सकता था कि वह उस विषय को अवश्य ही पढ़ाये। इसी कारण से इन स्कूलों की बहुत कड़ी आलोचनाएँ की गयीं। ऐसे दोषों की ओर सिडनी स्मिथ (Sidney Smitth) और लॉक (Locke) ने जनता का ध्यान आकर्षित किया।

ग्रामर स्कूलों का अनुशासन (Discipline)—ग्रामर स्कूलों का अनुशासन अच्छा नहीं था। उनके भोजनालय और छात्रावास अव्यवस्थित थे। छात्रों को कठोर शारीरिक दंड दिया जाता था और भय द्वारा अनुशासित रखा जाता था। प्रधानाध्यापक शारीरिक दंड देने के लिए प्रसिद्ध थे। बच्चों के शारीरिक और सामाजिक विकास पर ध्यान नहीं दिया जाता था। छात्र अपने अवकाश का सदुपयोग नहीं कर पाते थे। कुछ छात्रावासों में तो जुआ खेलने, शराब पीने, अन्य अनैतिक आचरणों के अड्डे थे, परन्तु कुछ ग्रामर स्कूल इन बुराइयों से मुक्त थे।

(2) व्यक्तिगत स्कूल (Private Schools)

यद्यपि ग्रेट ब्रिटेन में ग्रामर स्कूल थे, परन्तु निम्नलिखित कारणों से प्राइवेट या व्यक्तिगत स्कूलों की भी आवश्यकता अनुभव की गयी–

1. निर्धन परिवारों के छात्र ग्रामर स्कूलों में प्रवेश नहीं ले पाते थे।
2. ग्रामर स्कूलों में दूषित वातावरण के कारण अच्छे परिवार अपने बच्चों को इन स्कूलों में भेजना नहीं चाहते थे।
3. प्रायः व्यापारी वर्ग के बच्चे ग्रामीण स्कूलों में पढ़ते थे। कुछ लोग नहीं चाहते थे कि उनके बच्चे व्यापारी वर्ग के बच्चों के सम्पर्क में आयें।
4. व्यक्तिगत (Private) स्कूलों का वातावरण अच्छा था, ग्रामर स्कूलों की अपेक्षा अधिक विषय पढ़ाये जाते थे। इतिहास, भूगोल, आधुनिक भाषाएँ, गणित और कला अतिरिक्त विषय थे, जो व्यक्तिगत स्कूलों में पढ़ाये जाते थे। अँग्रेजी और फ्रेंच दोनों भाषाओं के अध्ययन को व्यक्तिगत स्कूलों में विशेष स्थान प्राप्त था। बच्चों की रुचियों (Interests) तथा अभिरुचियों (Aptitude) का विकास करने के लिए चित्रकला, संगीत, मॉडलिंग, छपायी और सर्वेक्षण (Survey) आदि के अवसर बच्चों को मिलते थे। इस प्रकार बच्चों का स्वाभाविक विकास होता था।
5. व्यक्तिगत स्कूलों में प्रगतिशील और आधुनिक शिक्षण-विधियों का प्रयोग किया जाता था। यहाँ प्रयोगात्मक (Experimental) तथा शोध कार्य (Research Work) की व्यवस्था भी थी। स्कूलों का प्रबन्ध अच्छा था।
6. व्यक्तिगत स्कूलों में लोकतान्त्रिक (Democratic) ढंग से अनुशासन स्थापित होता था। छात्र अनुशासन स्थापित करने के लिए स्वयं उत्तरदायी थे। छात्र अपनी एक अनुशासन समिति बनाते थे और अनुशासनात्मक नियमों को बनाते थे। सभी छात्र इन नियमों का पालन करते थे। दोषी छात्रों को एक न्यायमंडल (Jury) के समक्ष प्रस्तुत किया जाता था। इस न्यायमंडल का न्यायाधीश और सदस्य छात्र ही होते थे। दोषी छात्रों को दंडस्वरूप अंधेरे कमरे में बंद कर दिया जाता था, या उन्हें कुछ सुविधाओं से वंचित कर दिया जाता था। छात्रों की अन्य समितियाँ भी थीं जो सम्बन्धित समस्याओं का हल खोजती थीं, परन्तु आलोचक इस व्यवस्था को भी बुरा बताते थे कि छात्र आयु से पहले ही प्रौढ़ बन जाते हैं।
7. छात्राएँ भी इन स्कूलों में पढ़ती थीं जिन्हें कुशल गृहणी बनाने का प्रयत्न किया जाता था। इसलिए पाठ्यक्रम में गृह-विज्ञान (Home Science) वाद्य एवं गायन (संगीत), चित्रकारी, कढ़ाई, सामान्य ज्ञान, फ्रेंच तथा इटेलियन भाषाएँ पढ़ाने की व्यवस्था की गयी थी।

एण्डोड (Endowed) तथा पब्लिक स्कूलों में 1840 ई॰ तक कोई विशेष अन्तर नहीं था। बेन्थम (Bentham), जर्मी (Jermy) और मिल्स (Mills) के अनुसार लोगों ने इन स्कूलों की आलोचना शुरू कर दी थी। बेन्थम और मिल्स उपयोगितावादी थे। अतः उनकी दृष्टि में स्कूलों का पाठ्यक्रम उपयोगितावादी नहीं था। ईसाई मिशनरीज भी इन स्कूलों के पाठ्यक्रम को अच्छा नहीं मानते थे। औद्योगिक क्रान्ति (Industrial Revolution) के फलस्वरूप लोगों में वैयक्तिकता (Individualism) की प्रवृत्ति पैदा हुई जिसे एण्डोड तथा पब्लिक स्कूल पैदा नहीं कर सके। अतः इन स्कूलों में सुधार की आवश्यकता अनुभव की गयी।

पब्लिक स्कूलों में सुधार (Reforms)—पब्लिक स्कूलों के सुधार के लिए श्रीयुस्बरी पब्लिक स्कूल (Shrewsbury Public School) के प्रधानाध्यापक सेमुअल बटलर (Samuel Butler) तथा रग्बी पब्लिक स्कूल (Rugby Public School) के प्रधानाध्यापक टॉमस आरनॉल्ड (Thomas Arnold) ने पर्याप्त प्रयत्न किया। सबसे पहले स्कूलों के पुराने और अनुपयोगी पाठ्यक्रम में परिवर्तन लाने का तथा रूढ़िवादी शिक्षण-पद्धतियों को बदलने का प्रयत्न किया गया। आरनॉल्ड ने स्कूलों में आत्म-प्रकाशन (Self-expression) तथा स्वक्रिया (Self-activity) के अवसर जुटाकर प्रगतिशील शिक्षण-पद्धतियों पर बल दिया। वह शास्त्रीय भाषाओं (Classical Languages) को पढ़ाना आवश्यक समझते थे, परन्तु वह परम्परागत शिक्षण विधियों को अनुपयुक्त मानते थे। दर्शनशास्त्र (Philosophy), इतिहास, राजनीतिशास्त्र आदि विषयों का गहन अध्ययन करने के लिए इन शास्त्रीय भाषाओं का अध्ययन आवश्यक था। वह ईसाईमत (Christianity) के शिक्षण को सामान्य शिक्षा (General Education) का आधार बनाना चाहते थे।

शिक्षा सुधार के प्रयत्न
(Efforts to Reform Education)

ग्रेट ब्रिटेन में माध्यमिक शिक्षा के सुधार के लिए प्रयत्न किये जाते रहे और प्रचलित स्कूलों को उपयोगी बनाया जाता रहा। इस सम्बन्ध में निम्नलिखित प्रयत्न उल्लेखनीय हैं—

1861 ई॰ का रॉयल आयोग (Royal Commission)—प्रदर्शनियों (Exhibitions) द्वारा जब इंग्लैंड के लोगों को पता चला कि ग्रेट ब्रिटेन जर्मनी और फ्रांस की अपेक्षा प्राथमिक, माध्यमिक और प्राविधिक (Technical) शिक्षा के क्षेत्र में बहुत पिछड़ा हुआ है तो उनमें एक विद्रोह और सुधार लाने की भावना पैदा हुई। 1851 ई॰ की प्रदर्शनी से लोगों में अधिक चेतना पैदा हुई। प्रधानाध्यापक आरनॉल्ड अपने प्रयासों में सफलता प्राप्त नहीं कर सके। जनता के आग्रह पर तत्कालीन प्रधानमंत्री (Prime

Minister) लार्ड पामरटॉन (Lord Palmerton) ने 1861 ई० में एक रॉयल आयोग (Royal Commission) की नियुक्ति की। इसके अध्यक्ष लार्ड क्लॉर्पुडन (Lord Clarpudon) थे। इस आयोग को वित्तीय मामलों (Financial Matters), पाठ्यक्रम, शिक्षण-विधियों तथा क्रमशः ईस्टन (Easton), वेस्ट-मिनस्टर (West-Minster), हैरो चार्टर हाउस (Harrow Charter House), श्रीयुस्बरी (Shrewsbury), रग्बी (Rugby), मर्चेण्ट टेलर्स (Merchant Taylors) तथा सेण्ट पॉल (St. Paul) पब्लिक स्कूलों की व्यवस्था का अध्ययन करने और उपयुक्त सुझाव देने का काम सौंपा गया। इस आयोग ने 1864 ई० में अपनी रिपोर्ट प्रधानमंत्री को दी। आयोग ने बाकी सभी मामले अच्छे पाये परन्तु पाठ्यक्रम और शिक्षण-विधियों को दोषयुक्त पाया।

आयोग की संस्तुतियाँ (Recommendations)—आयोग ने सिफारिश की कि पब्लिक स्कूलों के पाठ्यक्रम और व्यवस्थापक समितियों के गठन में सुधार लाने के लिए या तो जर्मन क्लासिकल सेकण्ड्री स्कूल्स (German Classical Secondary Schools) की व्यवस्था अपनायी जाए या जिमनाज़ियम (Gymnasium) के स्वरूप को अपनाया जाए। आयोग ने शास्त्रीय भाषाओं और धार्मिक शिक्षा देने की आवश्यकता पर बल दिया, परन्तु यह भी कहा कि इन स्कूलों के पाठ्यक्रम में अंकगणित, विज्ञान, जर्मन और फ्रेंच भाषाएँ, प्रकृति अध्ययन (Nature Study), संगीत (Music) तथा कला (Art) को भी रखा जाए।

1868 ई० के शिक्षा अधिनियम के अनुसार ये सभी बातें स्वीकार की गयीं। सेंट पॉल तथा मर्चेण्ट टेलर्स के पब्लिक स्कूलों को छोड़कर सभी पब्लिक स्कूलों ने इन सुझावों पर अमल किया। इन सभी पब्लिक स्कूलों की व्यवस्थापक समितियों का पुनर्गठन हुआ और उन्हें अधिकार दिया गया कि वे प्रधानाध्यापक को नियुक्त कर सकते हैं, उसे हटा सकते हैं, पाठ्यक्रम का गठन कर सकते हैं और शुल्क निर्धारण कर सकते हैं। प्रधानाध्यापक व्यवस्था के लिए उत्तरदायी बनाया गया और उसे अपने सहयोगी शिक्षकों की नियुक्ति करने का अधिकार दिया गया। उसका निर्णय अपने सहयोगी शिक्षकों के सम्बन्ध में अन्तिम माना गया।

1864 ई० का स्कूल-प्रेच्छा आयोग (School Enquiry Commission)—लार्ड टाण्टन (Lord Tannton) की अध्यक्षता में 1864 ई० को एक स्कूल-प्रेच्छा-समिति की नियुक्ति की गयी जिसे पब्लिक स्कूलों के अतिरिक्त अन्य स्कूलों के सम्बन्ध में अध्ययन करने का काम सौंपा गया। ये वे स्कूल थे जिनके सम्बन्ध में पूर्व नियुक्त न्यू कैसल आयोग (New Castle Commission) तथा क्लेरेण्डन आयोग (Clarendon Commission) ने कोई सुझाव नहीं दिया था। इस आयोग ने 800 सहायता प्राप्त (Endowed) तथा 942 अन्य स्कूलों की दशा का अध्ययन किया और 1868 ई० में इसने 21 भागों की अपनी रिपोर्ट प्रस्तुत की। इसके कुछ सुझाव इन स्कूलों के सम्बन्ध में इस प्रकार थे—

1. ये स्कूल केवल धनिक बच्चों के लिए थे।
2. ये स्कूल उन अभिभावकों के बच्चों के लिए थे जिनकी जीविका के साधन सीमित थे और जो अपने बच्चों को कोई व्यावसायिक शिक्षा देना चाहते थे।
3. इन स्कूलों का उद्देश्य श्रमिक वर्ग, कृषक वर्ग और सामान्य व्यापारी वर्ग के बच्चों को शिक्षित करना था।

उपर्युक्त तीन प्रकार के स्कूलों के लिए आयोग ने अलग-अलग संस्तुतियाँ प्रस्तुत कीं–

पहले प्रकार के स्कूलों में शास्त्रीय भाषाओं (Classical Languages), आधुनिक अंकगणित और विज्ञान पढ़ाने के लिए आयोग ने बल दिया। इन स्कूलों के छोड़ने तक बच्चों की आयु 18 या 19 वर्ष हो जानी आवश्यक थी।
दूसरे प्रकार के स्कूलों के लिए आयोग ने अँग्रेजी भाषा, प्रकृति अध्ययन, आधुनिक भाषा और लैटिन पढ़ाने की राय दी। स्कूल छोड़ने पर बच्चों की आयु 16 वर्ष स्वीकार की गयी।
तीसरे प्रकार के स्कूलों के पाठ्यक्रम में अँग्रेजी के साथ एक और भाषा, प्रकृति अध्ययन, आधुनिक गणित को भी रखने का सुझाव आयोग ने दिया।

तीनों प्रकार के स्कूलों में धार्मिक शिक्षा देना आवश्यक समझा गया, परन्तु यह भी कहा गया कि कोई चाहे तो अपने बच्चे को धार्मिक शिक्षा देने से हटा सकता है। यह सुझाव दिया गया कि धर्म संघों के आदेशों (Holy Orders) पर लगे प्रतिबन्ध को हटा दिया जाए।

माध्यमिक स्कूलों की स्थापना से सम्बन्धित संस्तुतियाँ–इस आयोग ने माध्यमिक शिक्षा के प्रशासन और व्यवस्था से सम्बन्धित संस्तुतियाँ भी कीं। जो इस प्रकार हैं–

1. एक केन्द्रीय प्रशासन-परिषद् (Administrative Board) स्थापित किया जाए जो देश के सभी माध्यमिक स्कूलों पर प्रशासन करे। इसका गठन दो प्रकार से हो–(1) एक तो चैरिटी आयोग को अधिक व्यापक अधिकार मिलें जिससे वह केन्द्रीय प्रशासन का उत्तरदायित्व निभा सके, (2) दूसरे कोई नई परिषद् बनायी जाए।
2. इस प्रशासन परिषद् को अधिकृत किया गया कि वह सहायता प्राप्त स्कूलों (Endowed Schools) का निरीक्षण करने के लिए निरीक्षकों (Inspectors)

की नियुक्ति करे। इस परिषद् का क्षेत्र रजिस्ट्रार जनरल डिवीजन (Registrar General Division) तक सीमित था। इसके अधिकारी जो सहायता प्राप्त स्कूल (Endowed Schools) का निरीक्षण करेंगे जिला अधिकारी (District Officers) कहलायेंगे। ये प्रति तीसरे वर्ष इन स्कूलों का निरीक्षण करके अपनी रिपोर्ट देंगे कि इन माध्यमिक स्कूलों की दशा कैसी है?

3. व्यक्तिगत स्कूलों (Private Schools) के सम्बन्ध मे सिफारिश की गयी कि उनके अपने नियन्त्रक (Governers) होंगे जो प्रधानाध्यापकों की नियुक्ति करेंगे। ये प्रधानाध्यापक पाठ्यक्रम को अन्तिम रूप देंगे और वित्तीय व्यवस्था करेंगे। इन पर स्थानीय प्रशासन (L.E.A.) का नियन्त्रण होगा, परन्तु ये स्कूल अपने आन्तरिक प्रबन्ध में पूर्ण स्वतन्त्र होंगे। इन स्कूलों के ट्रस्टीज (Trustees) स्कूलों के आन्तरिक मामलों में भी हस्तक्षेप कर सकते हैं। संसद इन स्कूलों के सम्बन्ध में कानून बनाये कि वे कैसे संचित धन (Endowments) का उपयोग कर सकते हैं। नियन्त्रक (Governers) इन स्कूलों का शुल्क भी निर्धारित करेंगे। जो छात्र शिक्षा का जीवन में लाभ उठा सकें उन्हें ही निःशुल्क शिक्षा दी जाए।

अध्यापकों के सम्बन्ध मे संस्तुतियाँ—आयोग ने इन माध्यमिक स्कूलों के अध्यापकों के सम्बन्ध में संस्तुति की कि उन्हें अच्छा वेतन मिले जिससे योग्य व्यक्ति इस व्यवसाय में आ सकें। परीक्षा पद्धति के आधार पर अध्यापकों को अध्यापन प्रमाणपत्र दिये जायें और इस प्रकार पंजीकृत (Registered) अध्यापकों का ब्यौरा रखा जाए। जिन अध्यापकों को चिकित्सा सहायता मिले उसका भी ब्यौरा एक रजिस्टर में रखा जाए। सेवा-निवृत्ति (Retirement) की आयु 60 से 65 वर्ष रखी जाए।

परीक्षाओं से सम्बन्धित संस्तुतियाँ—आयोग ने एक परीक्षा परिषद् (Examination Council) के पुनर्संगठन की संस्तुति की। इस सम्बन्ध में केन्द्रीय प्रशासन द्वारा एक निरीक्षक की नियुक्ति की जाए जो परीक्षाओं के समय स्कूलों का निरीक्षण करके रिपोर्ट दे सके, परन्तु ये सुझाव स्वीकार नहीं किये गये।

1869 ई॰ का संचित कोष विद्यालय अधिनियम (The Endowment Schools Act of 1869) संचित कोष (Endowment) स्कूलों के मामलों को नियमित बनाने के लिए ग्लैडस्टोन सरकार (Gladstone Government) ने 1869 ई॰ में एक शिक्षा अधिनियम पास किया। इन्क्वायरी आयोग की किसी भी संस्तुति पर ध्यान नहीं दिया गया था। इस अधिनियम द्वारा इन स्कूलों द्वारा संचित कोष (Endowment) का सदुपयोग करने और 3 विशिष्ट संचित कोष आयुक्त (Three Special Endowment

Commissioners) नियुक्त करने का नियम बनाया गया। छात्राओं के स्कूलों के संचित कोष (Endowment) को पूर्णतः उपयोग में लाने का सुझाव दिया गया। जो स्कूल 50 वर्ष पुराने नहीं हैं उनके संचित कोष (Endowment) पर उपर्युक्त आयुक्तों का अधिकार होगा। जब नियन्त्रक (Governers) इन आयुक्तों को आज्ञा देंगे तभी वे इस संचित कोष (Endowment) का सदुपयोग कर सकेंगे। इन आयुक्तों का प्रारम्भिक स्कूलों और माध्यमिक स्कूलों पर कोई नियन्त्रण नहीं होता था। संसद इस सम्बन्ध में आयुक्तों की कोई सहायता नहीं कर सकती थी। ग्रेट ब्रिटेन में अध्यापकों के पंजीकरण (Registration) की कोई व्यवस्था नहीं थी। पिछले रॉयल आयोग, इनक्वायरी आयोग की संस्तुतियों पर कोई ध्यान नहीं दिया गया था, इसलिए 1969 ई॰ का संचित कोष विद्यालय अधिनियम उपयोगी सिद्ध नहीं हो सका। फिर भी इसका प्रभाव जनता पर इतना अवश्य पड़ा कि जनता माध्यमिक शिक्षा के प्रति सचेत हो गयी और इसके विकास में रुचि लेने लगी।

प्रथम विश्व युद्ध के बाद माध्यमिक शिक्षा
(Secondary Education after the First World War)

प्रथम विश्व युद्ध का ग्रेट ब्रिटेन की शिक्षा व्यवस्था पर घातक प्रभाव पड़ा। प्रारम्भिक शिक्षा तो विश्व युद्ध से इतनी अधिक प्रभावित नहीं हुई जितनी माध्यमिक शिक्षा प्रभावित हुई। युद्ध की अवधि में बहुत से स्कूली भवन और शिक्षण सहायक सामग्री एवं उपकरण नष्ट हो गये। बहुत से अध्यापकों को सेना में भर्ती होना पड़ा। इससे जहाँ स्कूलों का अभाव हुआ वहाँ शिक्षकों का भी अभाव हो गया। ग्रेट ब्रिटेन में युद्ध के परिणामस्वरूप आर्थिक संकट छा गया।

प्राथमिक शिक्षा युद्ध की अवधि में भी चलती रही और प्राथमिक स्कूलों के शिक्षक राष्ट्र की कृषि तथा समाज-सेवा में योग देते रहे। वास्तव में प्राथमिक स्कूलों के शिक्षकों का कार्य इस अवधि में प्रशंसनीय रहा।

1918 ई॰ का फिशर अधिनियम (Fisher Act of 1918)–8 अगस्त 1918 ई॰ को ग्रेट ब्रिटेन की संसद ने शिक्षा परिषद् (Education Board) के अध्यक्ष फिशर के नाम पर फिशर अधिनियम पास कर दिया। यद्यपि अभी ग्रेट ब्रिटेन युद्ध से मुक्त नहीं था फिर भी राष्ट्रीय शिक्षा प्रणाली (National System of Education) की आवश्यकता समझते हुए यह अधिनियम बनाया गया।

इस अधिनियम के अनुसार प्रारम्भिक शिक्षा निःशुल्क की गयी, अनुदान प्रणाली (Grant System) के पुनर्संगठन पर बल दिया गया, शिक्षण शुल्क (Tuition Fees) का निर्धारण किया गया और स्थानीय प्रशासन (L.E.A.) के अधिकारों को स्पष्ट किया

गया। इस अधिनियम के अनुसार केवल वही धन वैधानिक (Legal) माना गया जो शिक्षा परिषद् (Education Board) द्वारा निर्धारित और स्वीकृत था। इस अधिनियम के अनुसार स्थानीय शिक्षा प्रशासन (L.E.A.) को इसके द्वारा शिक्षा पर होने वाले कुल व्यय का 50 प्रतिशत अनुदान मिलना निश्चित हुआ। इसे यह अधिकार भी मिला कि यह कोई भी उपयुक्त शिक्षा योजना बना सकती है, परन्तु शिक्षा परिषद् द्वारा इसे स्वीकृति के लिए भेजना आवश्यक है। इस शैक्षिक योजना में यह स्पष्ट करना आवश्यक हुआ कि कौन शिक्षा अधिकारी इसमें क्या काम करेगा, विभिन्न शिक्षा इकाइयाँ क्या कार्य करेंगी, ताकि शिक्षा परिषद् यह पता लगा ले कि फिशर अधिनियम का किस सीमा तक पालन किया गया है। शिक्षा परिषद् से पूर्व स्वीकृति लेने पर स्थानीय शिक्षा प्रशासन (L.E.A.) स्कूल शिविर (School Camp) लगा सकता था, शारीरिक शिक्षा की व्यवस्था कर सकता था, तैरने, खेलने, सामाजिक और शारीरिक प्रशिक्षण के केन्द्र स्थापित कर सकता था।

फिशर अधिनियम के अनुसार 12 वर्ष से कम आयु का कोई भी बालक मजदूरी पर नहीं रखा जा सकता था। 12 वर्ष की आयु से अधिक आयु के बालकों को रोजगार पर रखने के नियम भी इस अधिनियम द्वारा स्पष्ट कर दिये गये थे। स्थानीय शिक्षा प्रशासन (L.E.A.) को निर्देश दिया गया कि वह दिवा अनवरत स्कूलों (Day Continuation Schools) और पूर्णकालीन अनिवार्य स्कूलों (Full Time Compulsory Schools) के लिए छात्रों की आयु निर्धारित करें। लड़कों के लिए 18 वर्ष और लड़कियों के लिए यह आयु 15 वर्ष निश्चित की गयी। 16 वर्ष के लड़कों और लड़कियों के लिए दिवा अनवरत स्कूलों (Day Continuation Schools) में शिक्षा निःशुल्क थी और प्रत्येक को 320 घंटे प्रतिवर्ष स्कूल जाना पड़ता था। पहले 7 वर्ष की शिक्षा अवधि में स्थानीय शिक्षा प्रशासन (L.E.A.) को अधिकार मिला कि वह 320 घंटों के स्थान पर शिक्षा का समय 280 घंटे कर सकता है। इस प्रकार इस अधिनियम के फलस्वरूप कर्मशाला (Work House) तथा स्कूल के बीच सम्पर्क स्थापित होने लगा, क्योंकि बालक कर्मशाला में काम करके दिन में कुछ घंटे स्कूल में पढ़ता था, परन्तु निम्नलिखित कारणों से फिशर अधिनियम को पूर्णतः लागू नहीं किया जा सका–

1. इस समय स्कूल भवनों और अध्यापकों का अभाव था।
2. उद्योगपति शिक्षा सुधार में कोई रुचि नहीं ले रहे थे।

फिर भी इस अधिनियम के फलस्वरूप लोगों ने नर्सरी स्कूलों और दिवा अनवरत स्कूलों (Day Continuation Schools) के महत्व को अनुभव किया और छात्रों की आयु-सीमा में वृद्धि हुई।

श्रमिक दल और माध्यमिक शिक्षा (The Labour Party and Secondary Education)

श्रमिक दल (Labour Party) 1924 ई॰ में सत्ता में आया। इसने माध्यमिक शिक्षा के सामाजिक विकास-सम्बन्धी महत्व को समझते हुए उसे सार्वजनिक (Universal) बनाने पर बल दिया। यह दल मानता था कि प्राथमिक और माध्यमिक शिक्षा आपस में सह-सम्बन्धित शिक्षा व्यवस्थाएँ हैं। इन्हें एक-दूसरे से पृथक् नहीं किया जा सकता। इस सम्बन्ध में शिक्षा परिषद् की परामर्श समिति (Consultative Committee) को निर्देश दिया कि वह प्राथमिक, उत्तर-प्राथमिक तथा माध्यमिक शिक्षा के विकास के सम्बन्ध में खोज और प्रयोग करे। वह पता लगाये कि इन शिक्षा स्तरों पर पाठ्यक्रम का स्वरूप क्या हो सकता है। इस सम्बन्ध में जो रिपोर्ट माँगी गयी उसे प्रचलित माध्यमिक शिक्षा से सम्बन्धित न रखने का सुझाव दिया गया। 15 वर्ष के बालकों के लिए क्या शिक्षा व्यवस्था हो सकती है, इस पर भी रिपोर्ट माँगी गयी। इस रिपोर्ट के माध्यम से श्रमिक दल दो लक्ष्यों (Objectives) की पूर्ति चाहता था—

1. राष्ट्र को उपयुक्त सामान्य शिक्षा दी जा सके।
2. बच्चों की रुचियों के अनुकूल विविध प्रकार के पाठ्यक्रमों की व्यवस्था की जा सके।

1926 ई॰ की हैडो समिति रिपोर्ट (Hadow Committee Report)—शिक्षा परिषद् (Education Board) की परामर्श समिति (Consultative Committee) के अध्यक्ष डब्ल्यू॰ एच॰ हैडो (W.H. Hadow) को शिक्षा सुधार से सम्बन्धित सुझाव देने का काम सौंपा गया। उनकी अध्यक्षता में हैडो समिति का गठन किया गया। 1926 ई॰ में इस समिति ने शिक्षा सुधार से सम्बन्धित रिपोर्ट प्रस्तुत की जिसमें बाल अपराधियों (Juveniles) की शिक्षा के सम्बन्ध में भी सुझाव दिये गये। इस समय देश के 10 प्रतिशत बालक-बालिकाएँ ही माध्यमिक शिक्षा प्राप्त कर रहे थे। समिति ने सुझाव दिया कि 11 से 15 वर्ष के सभी बालक प्राथमिक शिक्षा के बाद उत्तर-प्राथमिक शिक्षा (Post-Primary Education) प्राप्त करें। इसके लिए अधिक माध्यमिक स्कूल खोलने पर बल दिया गया। इन सभी माध्यमिक स्कूलों को आधुनिक स्कूल (Modern School), ग्रामर स्कूल (Grammar School), वरिष्ठ कक्षाएँ (Senior Classes), जूनियर तकनीकी स्कूल (Junior Technical Schools) तथा व्यापार स्कूल (Trade Schools) के नाम दिये गये। इन स्कूलों में विज्ञान अथवा साहित्य के शिक्षण को प्रमुखता दी गयी। आधुनिक स्कूल (Modern Schools) 1911 ई॰ को लंदन में तथा 1912 ई॰ को मैनचेस्टर (Manchester) में चयनित (Selective)

अथवा अचयनित (Non-selective) केन्द्र स्कूलों के रूप में स्थापित किये गये। ये स्कूल 11 से 15 वर्ष के बालकों के लिए जो पूर्व तैयारी कराने वाले (Preparatory) स्कूलों से आते थे, खोले गये। इन आधुनिक स्कूलों की स्थापना पर हैडो समिति ने बहुत बल दिया, क्योंकि ये स्कूल उद्योग केन्द्रित (Industry Centred) थे और व्यापक पाठ्यक्रम वाले थे। समिति ने सुझाव दिया कि ऐसा पाठ्यक्रम बालकों को प्रतिदिन 4 घंटे अवश्य दिया जाए। जहाँ पूर्व तैयारी वाले (Preparatory) स्कूल नहीं हैं वहाँ वरिष्ठ कक्षाएँ (Senior Classes) लगायी जायें। राय दी गयी कि कुछ पब्लिक स्कूल इन कक्षाओं को अपने यहाँ लगायें। इस समिति ने तकनीकी और व्यावसायिक (Technical and Vocational) शिक्षा देने के लिए तकनीकी स्कूल (Technical Schools) तथा व्यापार स्कूल (Trade Schools) खोलने का सुझाव भी दिया। इन स्कूलों में 13 वर्ष के या अधिक आयु के इच्छुक बालकों को प्रवेश दिया जा सकता था।

जब तक प्रारम्भिक शिक्षा (Elementary Education) ही शुरू की शिक्षा के लिए प्रयुक्त होता था। इस समिति ने सुझाव दिया कि इसे प्रारम्भिक न कह कर प्राथमिक (Primary) कहा जाए। 11 वर्ष की आयु तक यह शिक्षा अनिवार्य हो। इसके लिए चयनित (Selective) तथा अचयनित (Non-selective) केन्द्र स्कूलों (Centre Schools) की स्थापना को आवश्यक समझा गया। जूनियर तकनीकी स्कूलों में 13 वर्ष की अवस्था पर प्रवेश देने के लिए प्रवेश-परीक्षा (Entrance Examination) लिखित और मौखिक दोनों ली जायें। सभी उत्तर-प्राथमिक (Post-primary) स्कूलों को माध्यमिक स्कूल (Secondary Schools) कहा जाए। चयनित केन्द्र स्कूल (Selective Centre School), अचयनित केन्द्र स्कूल (Non-selective Centre School) और वरिष्ठ कक्षाओं (Senior Classes) की पढ़ायी समाप्त होने पर एक स्कूल परित्याग परीक्षा (School Leaving Examination) की व्यवस्था की जाए।

हैडो समिति की संस्तुतियों का अनुपालन—हैडो समिति द्वारा दी गयी संस्तुतियों (Recommendations) के अनुपालन (Implementation) का प्रयत्न किया गया। इससे माध्यमिक शिक्षा लोकप्रिय बन सके। शिक्षा परिषद् ने एक सूचना-पत्र (Pamphlet) '1928 में शिक्षा की नवीन सम्भावनाएँ' (The New Prospects in Education in 1928) के नाम से प्रकाशित किया जिसमें पूछा गया कि हैडो समिति के सुझावों को लागू करते समय क्या-क्या कठिनाईयाँ सामने आयीं। माध्यमिक शिक्षा का विकास करने में बहुत-सी व्यावहारिक कठिनाइयाँ सामने आयीं। पहली कठिनाई स्कूलों के भवनों के निर्माण की थी। आर्थिक संकट के कारण स्कूलों के भवन बनने सम्भव नहीं थे। इसका समाधान केवल यही था कि वर्तमान स्कूलों के भवनों को प्रयोग में लाया जाए; परन्तु सम्बन्धित अधिकारियो ने ऐसा करने की स्वीकृति नहीं दी। स्थानीय शिक्षा प्रशासन संस्थाओं (L.E.As.) को एक्सचेकर (Exchequer) से जो

सीधा ही अनुदान 1 सितम्बर 1929 से मिलता था उसे राष्ट्रीय आर्थिक संकट के कारण 1931 ई॰ में बन्द कर दिया गया। फिर भी माध्यमिक शिक्षा-क्षेत्र में पर्याप्त सफलता मिली। 1926 ई॰ से पूर्व 11 वर्ष से अधिक आयु के केवल 10 प्रतिशत बच्चे उत्तर प्राथमिक शिक्षा पा रहे थे; परन्तु अब इन बच्चों की संख्या 63.5 प्रतिशत तक पहुँच गयी। स्वैच्छिक या स्वयंसेवी संस्थाओं (Voluntary Organisations) से स्कूलों के भवन बनाने को कहा गया, परन्तु आर्थिक संकट के कारण उनके लिए भी ऐसा करना सम्भव नहीं हुआ।

अभी तक पुराने और नये प्रकार के दोनों स्कूल काम कर रहे थे। गाँवों में माध्यमिक शिक्षा का प्रसार करना कठिन काम था। अभी तक बड़े और छोटे चर्च स्कूल्स इंग्लैंड में विद्यमान थे। सभी उच्च श्रेणी के चर्च स्कूल जूनियर स्कूलों में बदल गये थे। जो बालक प्राथमिक स्कूल की शिक्षा पूरी कर लेने पर 11 वर्ष की अवस्था में बड़े चर्च स्कूलों (Senior Church Schools) में प्रवेश पा लेते थे अब उन्हें इन जूनियर स्कूलों में प्रवेश मिलना बन्द हो गया। अब ये बालक उत्तर-प्राथमिक काउंसिल स्कूलों (Post-Primary Council Schools) में प्रवेश पाने के लिए विवश हो गए। यह दशा अच्छी नहीं थी।

1931 का शिक्षा अधिनियम (The Education Act of 1931)—हैडो समिति (Hadow Committee) की संस्तुति पर यह शिक्षा अधिनियम बनाया गया। इस अधिनियम के अनुसार स्कूल छोड़ने (School Leaving) की आयु सितम्बर 1939 ई॰ से 15 वर्ष कर दी गयी; परन्तु उन्हें इस अधिनियम के अन्तर्गत नहीं लिया गया जो 14 वर्ष की आयु होने पर किसी रोजगार में लग जाते थे। इसी समय द्वितीय विश्व युद्ध के लक्षण दिखने लगे थे अतः इस शिक्षा अधिनियम को लागू नहीं किया जा सका।

1938 ई॰ की स्पेन्स रिपोर्ट (Spens Report of 1938)—1938 ई॰ में सर विल स्पेन्स (Sir Will Spens) शिक्षा परिषद् की परामर्श समिति (Consultative Committee) के अध्यक्ष थे। उन्होंने 11 वर्ष से ऊपर की आयु के बालकों के लिए माध्यमिक शिक्षा के पुनर्गठन के सम्बन्ध में एक रिपोर्ट तैयार की। रिपोर्ट में स्पष्ट किया गया कि माध्यमिक शिक्षा का पुनर्गठन बालकों की रुचियों को देखते हुए करना चाहिए। प्रचलित पुराने ग्रामर स्कूल केवल परीक्षा द्वारा प्राप्त प्रमाण-पत्रों पर ही ध्यान देते हैं। फिर भी ये स्कूल चलते रहें और नये माध्यमिक तकनीकी स्कूल (Secondary Technical Schools) खोले जायें। जूनियर तकनीकी स्कूलों को भी चलने दिया जाए, परन्तु माध्यमिक तकनीकी स्कूलों को अवश्य स्थापित किया जाए जिससे 11 वर्ष से ऊपर की आयु के बच्चों को 5-वर्षीय पाठ्यक्रम मिल सके। इस रिपोर्ट की कड़ी आलोचना की गयी, क्योंकि यह समझा गया कि 11 वर्ष के बच्चे तकनीकी पाठ्यक्रम के लिए उपयुक्त नहीं होते।

इस रिपोर्ट में 13 वर्ष से ऊपर के बच्चों के लिए उदार शिक्षा (Liberal Education) की आवश्यकता समझी गयी। 13 वर्ष से ऊपर के बच्चों के लिए स्कूल छोड़ने की परीक्षा का निर्धारण करने पर बल दिया गया, ताकि इस परीक्षा के आधार पर वे बालक तकनीकी स्कूलों से ग्रामर स्कूलों में स्थानान्तरित हो सकें। इस रिपोर्ट में सुझाव दिया गया कि उत्तर-प्राथमिक शिक्षा (Post-primary Education) को माध्यमिक स्तर (Secondary School) को बनाया जाए। इससे सभी स्कूलों का स्तर सुधरने की सम्भावना व्यक्त की गयी। ये सुझाव महत्वपूर्ण थे, परन्तु इन्हें भी लागू करना कठिन हो गया।

नारवुड समिति, 1941 ई० (The Norwood Committee of 1941)—इस समिति का गठन सर सीरिल नारवुड (Sir Cyril Norwood) की अध्यक्षता में किया गया जिसे अब तक बड़ी समितियों के सुझावों पर विचार करके अपनी रिपोर्ट देने का काम सौंपा गया। इस समिति ने अपनी रिपोर्ट में पूरे देश के लिए माध्यमिक शिक्षा के स्वरूप को स्पष्ट किया। इस समिति ने माध्यमिक शिक्षा स्.र के छात्रों को निम्नलिखित तीन समूहों में विभक्त किया—

1. प्रयोगात्मक कार्य में विशिष्ट रुचि रखने वाले छात्र।
2. व्यवहृत कला (Applied Art) तथा व्यवहृत विज्ञान (Applied Science) में रुचि रखने वाले छात्र।
3. ज्ञान के लिए ज्ञान प्राप्त करने वाले छात्र। अपने सामने आयी समस्या को मूल रूप में समझने वाले छात्र।

रिपोर्ट में कहा गया कि इन तीनों वर्गों के छात्रों की रुचियों को ध्यान में रखते हुए माध्यमिक स्कूलों की स्थापना की जानी चाहिए। इस समिति के अनुसार—(1) पहले वर्ग के छात्रों के लिए आधुनिक माध्यमिक स्कूल (Modern Secondary School), (2) दूसरे वर्ग के लिए माध्यमिक तकनीकी स्कूल (Secondary Technical Schools) तथा (3) तीसरे वर्ग के बालकों के लिए ग्रामर स्कूल (Grammar Schools) को उपयुक्त ठहराया गया। प्राथमिक स्कूलों के अध्यापकों को चाहिए कि वे पूर्ण क्षमता से बच्चों की रुचियों को जानकर उनका वर्गीकरण (Classification) करें। इस वर्गीकरण के लिए बुद्धि परीक्षणों (Intelligence Test) तथा क्रियात्मक परीक्षणों (Performance Test) को प्रयोग में लाने का सुझाव दिया गया।

इस समिति ने भी स्पेन्स समिति के समान सुझाव दिया कि 11 वर्ष और 13 वर्ष के बालकों को उनके स्तर का समान पाठ्यक्रम देकर इस योग्य बनाया जाए कि वे एक स्कूल से दूसरे स्कूल में स्थानान्तरित हो सकें। बच्चों के वर्गीकरण (Classification) के लिए एक अध्यापकीय निम्नतर स्कूल (Single Teacher

Lower School) की स्थापना पर भी इस समिति ने बल दिया।

इस समिति की संस्तुतियों की आलोचना—आलोचकों के अनुसार इस प्रकार की संस्तुतियों से सामाजिक असमानता (Social Disparities) उत्पन्न होने की सम्भावना थी। उनका कहना था कि 11 वर्ष की आयु में बच्चों को 3 वर्गों में बाँटना ठीक नहीं था, क्योंकि तब तक उनकी रुचियाँ अपरिपक्व रहती हैं, परन्तु इस वर्गीकरण को सरकार ने स्वीकार कर लिया।

1942 की फ्लेमिंग समिति (Fleming Committee of 1942)—इस समिति का गठन शिक्षा परिषद् के अध्यक्ष लार्ड आर॰ ए॰ बटलर (Lord R.A. Butler) द्वारा लार्ड फ्लेमिंग (Lord Fleming) की अध्यक्षता में किया गया। इस समिति को कहा गया कि वह वर्तमान पब्लिक स्कूलों और इंग्लैड तथा वेल्स की सामान्य शिक्षा (General Education) के बीच सम्बन्ध स्थापित करने की सम्भावना का पता लगाये। पब्लिक स्कूलों का अध्ययन करके इस समिति ने निम्नलिखित संस्तुतियाँ प्रस्तुत कीं—

1. छात्रों को उनकी योग्यता और रुचियों के अनुरूप पब्लिक स्कूलों में प्रवेश दिया जाए। अभिभावकों की आर्थिक दशा को प्रवेश का आधार न बनाया जाए।
2. विविध प्रकार के स्कूलों को ए (A) तथा बी (B) दो समूहों में बाँटा जाए।

'ए' समूह के स्कूल—जो स्कूल सीधे राज्य से अनुदान प्राप्त करते हैं और शिक्षा परिषद् उन्हें सहयोगी स्कूलों (Associated Schools) के रूप में मान्यता देती है, उन्हें इस वर्ग में रखा जाए। इनमें शिक्षण-शुल्क मुक्त होना चाहिए या अभिभावक की आर्थिक दशा को देखते हुए शिक्षण-शुल्क लिया जाना चाहिए। इसी प्रकार आवास (Boarding) का शुल्क भी निर्धारित किया जाए। स्थानीय शिक्षा प्रशासन (L.E.A.) इन स्कूलों में कुछ स्थान छात्रों के लिए आरक्षित (Reserved) रख सकता है और उनके लिए शुल्क दे सकता है। यही नियम आवास व्यवस्था के आरक्षण में लागू कर दिया जाए। स्थानीय प्रशासन (L.E.A.) प्रबन्धक मंडल (Management) में भी एक-तिहाई स्थान आरक्षित करा सकता है।

'बी' समूह के स्कूल—इसमें सभी प्रकार के साधारण पब्लिक स्कूल आते थे। ये स्कूल राष्ट्रीय शिक्षा नीति के अनुसार सामान्य शिक्षा देने की व्यवस्था करने वाले थे। जिन स्नातकों ने 2 वर्ष तक अनुदान पाने वाले प्राथमिक स्कूलों से शिक्षा पायी है उनके लिए 5 प्रतिशत स्थान प्रवेश के लिए आरक्षित किये जा सकते हैं। शिक्षा परिषद् इस सभूह के स्कूलों में पढ़ने वाले छात्रों के लिए वृत्तियाँ (Bursaries) दे सकती थीं। इन वृत्तियों का निर्णय एक प्रान्तीय समिति (Provincial Committee)

कर सकती थी। यह वृत्ति (Burasary) छात्र के पूरे स्कूली शिक्षा के व्यय को पूरा कर सकती थी, परन्तु यह वृत्ति छात्र को तभी मिल सकती थी जब छात्र का अभिभावक स्कूल को अपना पूर्व निर्धारित योगदान देता रहे। अभिभावक किसी भी 'बी' वर्ग के स्कूल में अपने बच्चे का प्रवेश करा सकता था। स्थानीय प्रशासन (L.E.A.) के चाहने पर 'बी' समूह के स्कूल में 'ए' समूह के बालकों के लिए कुछ स्थान आरक्षित (Reserved) कराये जा सकते थे।

इस समिति ने पुराने और नये स्कूल में एक समता (Harmony) लाने का प्रयास किया। कोई नवीन संस्तुति नहीं की। इससे जनता सन्तुष्ट नहीं हो सकी, क्योंकि उनका विश्वास था कि पब्लिक स्कूलों में कुछ सम्भ्रान्त लोगों के बच्चे ही प्रवेश पा सकते हैं। छात्रवृत्ति (Burasary) प्रणाली से वे स्कूल भी चिन्तित हो गये जो सरकार से अनुदान पाते थे। उन्हें भय था कि बर्सरी पाने पर बुद्धिमान छात्र पब्लिक स्कूलों में चले जायेंगे और उन्हें आर्थिक हानि उठानी पड़ेगी। इसलिए फ्लेमिंग समिति की संस्तुतियों की लोगों ने तथा स्कूलों ने बहुत आलोचना की। इसलिए इस समिति द्वारा पूरे किये जाने वाले लक्ष्य अपूर्ण ही रह गये।

1944 ई॰ का शिक्षा अधिनियम
(The Education Act of 1944)

शिक्षा में सुधार लाने के लिए शिक्षा परिषद् (Education Board) के अध्यक्ष आर॰ ए॰ बटलर (R.A. Butler) ने एक विधेयक 1944 ई॰ में प्रस्तुत किया। यह विधेयक पास हो गया और इसने 1944 के शिक्षा-अधिनियम (Education Act) का रूप ले लिया। इसे बटलर एक्ट भी कहते हैं। इसकी कुछ प्रमुख विशेषताएँ इस प्रकार हैं–

1. शिक्षा परिषद्, शिक्षा मंत्रालय में विलय हो गयी। शिक्षा मंत्रालय का कार्यालय ही शिक्षा परिषद् का कार्यालय बन गया।
2. स्थानीय प्रशासन (L.E.A.) की देखभाल शिक्षा मंत्री को सौंप दी गयी। वही राष्ट्रीय शिक्षा नीति का निर्धारण करेगा और प्रतिवर्ष सम्बन्धित रिपोर्ट संसद के समक्ष प्रस्तुत करेगा।
3. शिक्षा मंत्री संसद सचिव (Parliamentary Secretary) तथा अन्य अधिकारियों की नियुक्ति करेगा। वही इंग्लैंड और वेल्स के लिए पृथक् से शिक्षा परामर्शदात्री समितियों (Advisory Committee) की नियुक्ति करेगा।
4. स्थानीय शिक्षा-प्रशासन (L.E.A.) को काउंटी परिषद् (County Council) का नाम दिया जाएगा। काउंटी बोरोज की परिषदें काउंटी बोरोज परिषद्

(County Borough Councils) के नाम से जानी जायेंगी।

5. अब शिक्षा का उद्‌देश्य व्यापक होगा। शारीरिक, मानसिक, नैतिक और आत्मिक दृष्टि से बच्चों का विकास करना शिक्षा का लक्ष्य होगा, काउंटी काउंसिल तथा काउंटी बोरोज काउंसिल इस उद्‌देश्य-पूर्ति के लिए उत्तरदायी होंगी। ये प्रारम्भिक शिक्षा, प्राथमिक शिक्षा कहलायेगी और 5 से 11 वर्ष के बच्चों के लिए होगी। माध्यमिक शिक्षा 11 से 15 वर्ष के बच्चों के लिए और आगामी शिक्षा (Further Education) 15 से 18 वर्ष के बालकों के लिए होगी। स्थानीय शिक्षा प्रशासन (L.E.A.) माध्यमिक और प्राथमिक स्कूल काउंटी स्कूल के नाम से जाने जायेंगे। प्राथमिक स्कूलों का प्रबन्धक, प्रबन्धक (Manager) ही कहलाया जाएगा परन्तु माध्यमिक स्कूलों के प्रबन्धक गवर्नर (Governer) कहे जायेंगे।
6. स्कूलों में शिक्षा-व्यवस्था करते समय बालकों की आयु आवश्यक योग्यता और रुचियों के अनुकूल होगी। प्राथमिक और माध्यमिक स्कूलों के भवन अलग-अलग होंगे। 2 से 5 वर्ष के बालकों को नर्सरी शिक्षा मिलेगी। पिछले बच्चों की शिक्षा का प्रबन्ध स्थानीय प्रशासन (L.E.A.) द्वारा होगा।
7. छात्रों के लिए छात्रावासों की व्यवस्था होगी।
8. स्थानीय शिक्षा प्रशासन (L.E.A.) अपनी शिक्षा योजना शिक्षा मंत्री के पास उचित समय में निरीक्षण और परीक्षण के लिए भेजेंगे।
9. जिन स्कूलों पर स्थानीय शिक्षा प्रशासन का नियन्त्रण नहीं होगा वे स्वैच्छिक स्कूल (Voluntary Schools) कहलाये जायेंगे। तीन प्रकार के स्कूल्स होंगे–

   (अ) नियन्त्रित स्कूल (Controlled Schools)
   (ब) सहायता प्राप्त स्कूल (Aided Schools)
   (स) विशिष्ट अनुबन्ध स्कूल (Special Agreement School)

   नियन्त्रित स्कूल स्थानीय शिक्षा प्रशासन से नियन्त्रित होंगे, परन्तु इसके प्रबन्धक और गवर्नर्स स्कूलों की आन्तरिक व्यवस्था, धार्मिक शिक्षा, अध्यापकों की नियुक्ति के लिए स्वतन्त्र होंगे। सहायता प्राप्त स्कूल स्थानीय शिक्षा प्रशासन से 50 प्रतिशत सहायता पायेंगे, परन्तु उपर्युक्त स्कूलों की भाँति आन्तरिक व्यवस्था में स्वतन्त्र होंगे। विशिष्ट अनुबंध स्कूलों को केवल आंशिक सहायता मिलेगी।
10. शिक्षा मंत्री स्कूलों के भवनों की स्थिति (Site) और आकार (Size) के लिए नियम निर्धारित करेगा।

11. जो बालक अनिवार्य शिक्षा की आयु पार कर चुके हैं उनकी शिक्षा अंशकालीन (Part-time) तथा पूर्णकालीन आगामी शिक्षा (Full-time Further Education) के रूप में स्थानीय शिक्षा प्रशासन द्वारा चलायी जायेगी।
12. समय-समय पर बालकों के स्वास्थ्य का परीक्षण होगा। स्कूलों में दूध और दोपहर के भोजन की अनिवार्य व्यवस्था होगी। निर्धन बच्चों को निःशुल्क वस्त्र मिलेंगे। बच्चों को सभी स्तरों पर शारीरिक और सामाजिक विकास एवं मनोरंजन (Recreation) के अवसर मिलेंगे। ये सभी व्यवस्थाएं स्थानीय शिक्षा प्रशासन (L.E.A.) द्वारा की जाएंगी।
13. दूर से आने वाले बच्चों को यातायात की सुविधाएँ मिलेंगी।
14. अभिभावकों की इच्छा के अनुसार बच्चों को शिक्षा मिलेगी।
15. स्वैच्छिक स्कूलों (Voluntary Schools) का निरीक्षण करने के लिए शिक्षा मंत्री एक रजिस्ट्रार की नियुक्ति करेगा।
16. छात्रों को छात्र वृत्तियाँ तथा अन्य सुविधाएँ मिलेंगी।
17. शिक्षा में शोध कार्य (Research Work) की व्यवस्था होगी, शोध केन्द्र स्थानीय शिक्षा प्रशासन (L.E.A.) से वित्तीय सहायता प्राप्त करेंगे।
18. बर्नहम समिति (Bernham Committee) की संस्तुति के अनुसार अध्यापकों को वेतन मिलेगा।
19. जैसे ही आवश्यक शैक्षिक सुविधाएँ मिलेंगी, स्कूल की अनिवार्य आयु की सीमा बढ़ाकर 15 से 16 वर्ष कर दी जायेगी।
20. प्रत्येक बच्चे के लिए धार्मिक शिक्षा और सामूहिक प्रार्थना अनिवार्य होगी।
21. सभी स्थानीय शिक्षा प्रशासन (L.E.A.) अपने वर्ष भर का बजट शिक्षा मंत्री के पास भेजा करेंगे।
22. अग्रिम शिक्षा (Further Education) देने वाली संस्थाओं को प्रत्येक प्रकार की सहायता मिलेगी।

इन सभी सिफारिशों और प्रावधानों (Provisions) की जनता ने बहुत बड़ी आलोचना की। फिर भी इन प्रावधानों से प्रचलित शिक्षा व्यवस्था में पर्याप्त परिवर्तन आया और सुधार हुआ।

1946 एवं 1948 के शिक्षा अधिनियम

(अ) 1946 ई॰ का शिक्षा अधिनियम (The Education Act of 1946)

22 मई, 1946 ई॰ को सरकार ने 1944 के अधिनियम के कुछ अभावों को पूरा करने

के लिए, दूसरा शिक्षा अधिनियम बनाया।

इस शिक्षा अधिनियम की कुछ विशेषताएँ इस प्रकार रहीं–

1. यदि स्थानीय शिक्षा प्रशासन चाहें तो वे स्वैच्छिक स्कूलों (Voluntary Schools) को अस्थायी स्थान दे सकते हैं।
2. नियन्त्रित स्कूलों (Controlled Schools) के भवनों के निर्माण और मरम्मत के लिए स्थानीय शिक्षा प्रशासन ही उत्तरदायी होंगे।
3. व्यवस्थापित आवासीय स्कूल (Maintained Boarding Schools) तथा नर्सरी स्कूलों को निःशुल्क वस्त्र दिये जायेंगे।
4. यदि स्वैच्छिक संस्थाएँ स्थानीय शिक्षा प्रशासन के भवनों को स्कूलों के लिए किराये पर लेना चाहें, तो वे ऐसा कर सकती हैं। स्थानीय प्रशासन के पास इस किराये को वसूल करने के अधिकारी होंगे।
5. सामूहिक प्रार्थना सभा स्कूल के प्रांगण में ही होगी। यदि इसकी व्यवस्था के लिए 14 दिन पहले सूचना (Notice) दे दी जाए तो इन्हें स्कूल के बाहर भी कराया जा सकता है।

(ब) 1948 ई॰ का शिक्षा अधिनियम

30 जून, 1948 ई॰ को यह शिक्षा अधिनियम बनाया गया। इसका उद्देश्य था कि प्राथमिक और माध्यमिक स्कूलों के बच्चों की अनिवार्य आयु-सीमा में उपयुक्त परिवर्तन लाया जाए।

प्राथमिक स्कूल छोड़ने और माध्यमिक शिक्षा प्रारम्भ होने की आयु $10\frac{1}{2}$ वर्ष निश्चित की गयी। इस आयु-सीमा से बहुत से लोग सहमत नहीं हुए।

सारांश

(1) **ग्रामर स्कूल**–इसमें अध्यापकों के लिए लाइसेंस आवश्यक। शास्त्रीय भाषाओं का शिक्षण। इनमें अमीर घर के बालक ही प्रवेश लेने में समर्थ। शिक्षण अमनोवैज्ञानिक। दंड कठोर।

(2) **व्यक्तिगत या प्राइवेट स्कूल**–इन स्कूलों में आधुनिक भाषाएँ, कला, संगीत, इतिहास, भूगोल आदि विषयों का शिक्षण प्रगतिशील ढंग से। छात्र ही अनुशासन की स्थापना के लिए उत्तरदायी। छात्राओं के लिए गृह-कला और गृह-विज्ञान के विषयों का शिक्षण। थॉमस आरनोल्ड द्वारा ग्रामर

स्कूलों में सुधार के प्रयत्न। शिक्षण को अधिक मनोवैज्ञानिक बनाने का प्रयास।

पब्लिक स्कूलों में सुधार का प्रयत्न, सेमुअल बटलर, आरनॉल्ड आदि के प्रयत्न उल्लेखनीय।

शिक्षा सुधार के प्रयत्न

1861 ई॰ का रॉयल आयोग—9 पब्लिक स्कूलों में सुधार लाने के लिए पाठ्यक्रम और प्रबन्ध समिति में सुधार के प्रयत्न। 1868 ई॰ के शिक्षा अधिनियम द्वारा इस आयोग की संस्तुतियाँ स्वीकृत।

स्कूल प्रेच्छा-समिति 1864 ई॰—1864 में रिपोर्ट प्रस्तुत। माध्यमिक स्कूलों का पुनर्गठन, अध्यापक-प्रशिक्षण तथा परीक्षा प्रणाली सम्बन्धी सुझाव। तीन प्रकार के स्कूलों के लिए सुझाव।

1869 ई॰ का एंडोमेंट स्कूल एक्ट—संचित कोष के उपयोग के लिए।

प्रथम विश्व युद्ध के बाद माध्यमिक शिक्षा

1918 का फिशर अधिनियम—अनुदान प्रणाली में सुधार, स्थानीय प्रशासन द्वारा शुल्क निर्धारण, परन्तु उद्योगपतियों द्वारा असहयोग। 12 वर्ष से कम आयु का कोई बालक श्रमिक न बनाने का सुझाव। अध्यापकों और भवनों का अभाव।

श्रमिक दल और माध्यमिक शिक्षा

श्रमिक दल की सरकार बनने पर इस दल ने शिक्षा के माध्यम से सुधार लाने का प्रयत्न किया। इसी से सामाजिक सुधार लाने का भी प्रयत्न किया गया।

1926 की हैडो समिति की रिपोर्ट—11 से 15 वर्ष के बालकों के लिए सार्वजनिक माध्यमिक शिक्षा पर बल। ग्रामर स्कूलों की निरन्तरता का पक्ष। आधुनिक स्कूलों तथा सीनियर कक्षाओं की स्थापना पर बल। प्रारम्भिक शिक्षा के स्थान पर प्राथमिक शिक्षा का प्रयोग।

संस्तुतियों का अनुपालन—इससे माध्यमिक शिक्षा में लोकप्रियता आई। बच्चों की संख्या 10 प्रतिशत से बढ़कर 62.5 प्रतिशत। चर्च स्कूलों का जूनियर स्कूलों में परिवर्तन।

1913 का शिक्षा अधिनियम—हैडो समिति की संस्तुतियों के फलस्वरूप स्कूल छोड़ने की आयु 15 वर्ष। 1931 का अधिनियम लागू।

1938 की स्पेंस रिपोर्ट—11 वर्ष की आयु से ऊपर के बालकों की शिक्षा का पुनर्गठन; नये तकनीकी माध्यमिक स्कूलों की स्थापना। इसकी आलोचना। 13 वर्ष के बच्चों के लिए उदार शिक्षा पर बल।

नारवुड समिति 1941—देश के सभी बच्चों के लिए माध्यमिक शिक्षा का तीन वर्गों में वर्गीकरण; सामाजिक असमानता का भय। तीनों वर्गों के लिए क्रमशः तकनीकी स्कूल, मार्डन स्कूल और ग्रामर स्कूलों की आवश्यकता पर बल। समिति के सुझावों की आलोचना।

1942 की फ्लेमिंग समिति—सामान्य शिक्षा और पब्लिक स्कूलों में समन्वय लाने का प्रयत्न। 'ए' और 'बी' प्रकार के स्कूलों में आपसी स्थानान्तरण की आवश्यकता पर बल, परन्तु इससे जनता को सन्तोष नहीं।

1944 ई॰ का शिक्षा अधिनियम

शिक्षा परिषद् का शिक्षा मंत्रालय में विलय; परामर्शदात्री समिति की स्थापना। नियन्त्रित, सहायता प्राप्त और विशिष्ट अनुबंध-स्कूल के तीन प्रकार निश्चित। नियन्त्रित स्कूल स्थानीय प्रशासन से पूर्ण सहायता प्राप्त। सहायता प्राप्त स्कूलों को 50 प्रतिशत अनुदान; विशिष्ट अनुबंध स्कूलों को आंशिक सहायता। प्राथमिक शिक्षा 5 से 11 वर्ष, माध्यमिक शिक्षा 11 से 15 वर्ष और आगामी शिक्षा 15 से 18 वर्ष के बच्चों के लिए। दूध और भोजन की व्यवस्था स्थानीय प्रशासन द्वारा अनिवार्य। धार्मिक और शारीरिक शिक्षा अनिवार्य। पिछड़े बच्चों के लिए पृथक् स्कूल।

1946 और 1948 के शिक्षा अधिनियम

(अ) **1946 का शिक्षा अधिनियम**—स्वैच्छिक स्कूलों को स्थानीय प्रशासन द्वारा अस्थायी सहायता देना, भवन किराये पर देना। स्पेशल स्कूलों को भवन निर्माण के लिए सहायता देना। निःशुल्क कपड़े देने की व्यवस्था। दूर से आने वाले बच्चों को यातायात की सुविधाएँ।

(ब) **1948 ई॰ का शिक्षा अधिनियम**—$10\frac{1}{2}$ वर्ष प्राथमिक स्कूल छोड़ने और माध्यमिक शिक्षा प्रारम्भ करने की आयु।

अभ्यासार्थ प्रश्न

1. इंग्लैंड और वेल्स में प्रचलित ग्रामर स्कूलों की दशा का वर्णन कीजिए। उनकी क्या विशेषताएँ हैं?
2. इंग्लैंड और वेल्स के पब्लिक स्कूलों की विशेषताओं का वर्णन कीजिए। सरकार ने उनके सुधार के लिए क्या किया?
3. ग्रेट ब्रिटेन में व्यक्तिगत स्कूलों की अपेक्षा पब्लिक स्कूलों को अच्छा बताया जाता है। क्यों?
4. ग्रेट ब्रिटेन में उन प्रयासों का वर्णन कीजिए जिनसे वहाँ की माध्यमिक शिक्षा का विकास हुआ।
5. बीसवीं शताब्दी के प्रमुख शिक्षा अधिनियमों का वर्णन कीजिए। इनका ग्रेट ब्रिटेन की शिक्षा पर क्या प्रभाव पड़ा?
6. 1944 ई॰ के शिक्षा अधिनियम की विशेषताओं का वर्णन कीजिए।

अध्याय 16

ब्रिटेन में आधुनिक माध्यमिक शिक्षा [Modern Secondary Education in Britain]

इंग्लैंड और वेल्स की आधुनिक माध्यमिक शिक्षा ग्रेट ब्रिटेन के शिक्षा अधिनियम (Education Act) 1944 ई० की देन है। ब्रिटेन में माध्यमिक शिक्षा की अधिकतम आयु-सीमा 16 वर्ष रखी गयी है। स्थानीय शिक्षा प्रशासन (Local Education Authority) को स्थानीय क्षेत्र में माध्यमिक और प्राथमिक शिक्षा की व्यवस्था करने के लिए इस अधिनियम द्वारा उत्तरदायी ठहराया गया है। इस अधिनियम के फलस्वरूप अब ब्रिटेन की माध्यमिक शिक्षा में पर्याप्त परिवर्तन आ गया है। इस अधिनियम के फलस्वरूप ब्रिटेन में आधुनिक माध्यमिक विद्यालय के प्रकार इस प्रकार हैं–

1. ग्रामर स्कूल्स (Grammar Schools)
2. आधुनिक या मॉडर्न माध्यमिक विद्यालय (Modern Secondary Schools)
3. मॉडर्न तकनीकी स्कूल्स (Modern Technical Schools)
4. बाइलेटरल एंड कॉम्प्रिहेंसिव स्कूल्स (Bilateral and Comprehensive Schools)
5. मल्टीलेटरल एंड अदर सेकंडरी स्कूल्स (Multilateral and other Secondary Schools)

(1) ग्रामर स्कूल्स (Grammar Schools)

इन विद्यालयों की स्थापना 17वीं शताब्दी में हुई थी। ये ब्रिटेन के प्राचीनतम विद्यालय हैं। पहले इन विद्यालयों में आधुनिक भाषाएँ, विज्ञान आदि विषय नहीं पढ़ाये जाते थे। अब इनमें अंग्रेजी भाषा और साहित्य, आधुनिक विदेशी भाषाएँ जैसे–फ्रेंच, जर्मन, इटेलियन, स्पेनिश, रूसी आदि; व्यवहृत (Applied) तथा शुद्ध गणित, रसायन शास्त्र, भौतिक शास्त्र, वनस्पति विज्ञान, जन्तु विज्ञान, इतिहास,

भूगोल, चित्रकला, संगीत तथा बढ़ईगीरी (Carpentary) आदि विषय पढ़ाये जाते हैं। ये विद्यालय छात्रों को विश्वविद्यालय के लिए तैयार करते हैं। छात्राओं के लिए गृह विज्ञान (Home Science) पढ़ाने की व्यवस्था है। सभी छात्रों के लिए धार्मिक शिक्षा अनिवार्य है। छात्रों को धातु कार्य (Metal Work) का भी अभ्यास कराया जाता है। इन सभी स्कूलों में खेलकूद, स्वास्थ्य शिक्षा आदि की व्यवस्था होती है। लड़के क्रिकेट, फुटबाल, हॉकी आदि खेलते हैं तो छात्राएँ लॉन टेनिस, बास्केटबॉल और हॉकी खेलती हैं। स्कूलों में सांस्कृतिक और मनोरंजन कार्यक्रमों की व्यवस्था के लिए क्लब तथा समितियाँ (Societies) बनी रहती हैं। ये छात्र-छात्राओं की स्वैच्छिक संगठन हैं। कुछ क्लब (Circle Clubs) छात्र-छात्राओं को पर्वतारोहण (Mountaineering), शतरंज (Chess), फ्रेंच और जर्मन आदि सिखाते हैं। ये क्लब छात्र-छात्राओं को साहित्यिक कार्यक्रमों, वाद-विवाद और नाटकों में भाग लेने के अवसर देते हैं। ये कार्यक्रम स्कूलों के शैक्षिक कार्यक्रमों में कोई भी बाधा पैदा नहीं करते। इन कार्यक्रमों का संगठन छात्र-छात्रा ही स्कूल में पढ़ाई के बाद करते हैं। अध्यापक केवल मार्ग-प्रदर्शन करते हैं।

कुछ ग्रामर स्कूल छात्रों को जनरल सर्टिफिकेट आव एजूकेशन (General Certificate of Education) के लिए भी तैयार करते हैं।

जनरल सर्टिफिकेट ऑव एजूकेशन–ये पाठ्यक्रम तीन प्रकार के हैं– (1) साधारण (Ordinary), (2) एडवान्स्ड (Advanced), (3) छात्र वृत्तियाँ (Scholarship) परीक्षा। छात्र इच्छानुसार किसी भी परीक्षा में बैठ सकता है। 15 वर्ष से कम आयु के बालक इन परीक्षाओं में नहीं बैठ सकते। इन पाठ्यक्रमों के विषय भिन्न-भिन्न हैं। यदि प्रधानाध्यापक चाहे तो वह छात्र-छात्रा को 15 वर्ष की आयु से पूर्व भी इस परीक्षा में बैठने की अनुमति दे सकता है।

जनरल सर्टिफिकेट ऑव एजूकेशन की परीक्षा पास करने से बहुत लाभ होता है। छात्र-छात्राओं को इस परीक्षा के पास करने पर विश्वविद्यालयों में प्रवेश करने की परीक्षा से भी छूट मिल जाती है और कुछ व्यावसायिक पाठ्यक्रमों के प्रवेश की परीक्षा से भी छूट मिल जाती है। शर्त यह है कि छात्र जिस क्षेत्र के विश्वविद्यालय या व्यावसायिक संस्था में प्रवेश लेना चाहता है उसे उसी क्षेत्र की जनरल सर्टिफिकेट ऑव एजूकेशन की परीक्षा पास करनी होगी। छात्र को परीक्षा में वांछित स्तर भी प्राप्त करना होगा। विश्वविद्यालय में प्रवेश पाने वाले छात्रों को अंग्रेजी और अन्य 4-5 विषयों में से किन्हीं 2 विषयों में यह परीक्षा पास करनी पड़ती है। छात्रवृत्ति परीक्षा के लिए भी यही नियम लागू होता है।

(2) मॉडर्न माध्यमिक विद्यालय (Modern Secondary Schools)

1944 के शिक्षा अधिनियम के अनुसार पूर्व-प्रचलित सीनियर प्राथमिक स्कूलों को 1945 ई॰ में मॉडर्न सेकंडरी स्कूलों में बदल दिया गया। इन स्कूलों ने बहुत प्रगति की क्योंकि जनता के सभी वर्गों के छात्र-छात्राओं को अधिक लाभ पहुँचा और आवश्यकताएँ पूरी हुईं। इन स्कूलों में पूर्णकालीन (Full-time) तथा अंशकालीन (Part-time) दोनों प्रकार की व्यावसायिक शिक्षा देते हैं, जैसे—कला और शिल्प; गृह शिल्प (Home Craft); सुई का काम (Needle Work); आलेखन (Designing); प्रयोगात्मक शिल्प (Practical Craft); क्राफ्टमैनशिप (Craft-manship); यान्त्रिक व्यापार (Mechanical Trade); गृह व्यवस्था (House Maintenance and Furnishing); स्वचालित अभियन्त्रण (Automobile Engineering); ग्रामीण विज्ञान (Rural Science); कृषि; बागवानी, रोगी परिचर्या (Nursing); संगीत (Music); सामुद्रिकी (Seamanship); सामाजिक और वाणिज्यात्मक शिक्षा (Social and Commercial Education)।

ये स्कूल छात्रों को रॉयल सोसायटी ऑफ आर्ट (Royal Society of Art) द्वारा संचालित स्कूल सर्टिफिकेट, कामर्शियल सर्टिफिकेट तथा तकनीकी सर्टिफिकेट परीक्षाओं के लिए भी तैयार करते हैं। ये स्कूल छात्र-छात्राओं को जनरल सर्टिफिकेट ऑव एजूकेशन की परीक्षा के लिए तैयार करते हैं। कुछ मॉडर्न सेकंडरी स्कूल्स छात्रों को सशस्त्र सेना (Armed Forces); एच॰ एम॰ डॉकयार्ड (H.M. Dockyard) तथा अनुभव अभ्यास (Apprenticeship); स्थानीय परित्याग प्रमाण-पत्र (Local Leaving Certificates) तथा उत्तरीय काउंटीज तकनीकी परीक्षाओं (Northern Counties Technical Examinations) के लिये भी तैयार करते हैं।

ग्रेट ब्रिटेन में निम्नलिखित चार प्रकार के मॉडर्न माध्यमिक स्कूल (Modern Secondary School) प्रचलित हैं—

(1) ***सामान्य पाठ्यक्रम देने वाले मॉडर्न स्कूल (Modern Secondary Schools of General Courses)***—इन स्कूलों में कला (Art), शिल्प (Craft), सामाजिक और नैतिक क्रियाओं पर अन्य विषयों के साथ-साथ अधिक बल दिया जाता है।

(2) ***सामान्य और विशिष्ट शिक्षा वाले मॉडर्न सेकेंडरी स्कूल (Modern Secondary Schools Providing General and Special Education)***—इन स्कूलों के पहले दो या तीन वर्षों में तो सामान्य शिक्षा दी जाती है और बाद में विशिष्ट पाठ्यक्रम दिया जाता है।

(3) ***मॉडर्न माध्यमिक विद्यालय जो सीनियर प्राथमिक स्कूलों से मिलते-जुलते हैं (Modern Schools Resembling Senior Primary Schools)***—इन स्कूलों में सीनियर प्राथमिक स्कूलों का ही पाठ्यक्रम थोड़े संशोधन के साथ पढ़ाया जाता है।

(4) ***कुछ विषयों में अग्रिम शिक्षा देने वाले आधुनिक विद्यालय (Modern Secondary Schools giving Advanced Education in some Subjects)***—इन स्कूलों में सामान्य विषयों के अतिरिक्त कुछ विषयों में उच्चतर (Advanced) शिक्षा भी दी जाती है।

अब बहुत से 'मॉडर्न सेकंडरी स्कूल्स' बाइलेटरल कॉम्प्रिहेंसिव स्कूलों में बदल गये हैं।

(3) मॉडर्न तकनीकी स्कूल्स (Modern Technical Schools)

ये स्कूल ग्रामर स्कूलों की भाँति अधिक लोकप्रिय नहीं हैं। इन स्कूलों की प्रतिष्ठा को नवनिर्मित बाइलेटरल कॉम्प्रिहेंसिव स्कूलों के कारण आघात पहुँचा है। जनता इनकी अपेक्षा ग्रामर स्कूलों को पसन्द करती है। शिक्षा मंत्रालय ने भी यह स्पष्ट कर दिया है कि समान बुद्धि-लब्धि (I.Q.) के बालक टैक्निकल या ग्रामर स्कूल किसी में भी प्रवेश ले सकते हैं। अभिभावक अपने बच्चों को टैक्निकल स्कूलों में तभी प्रवेश दिलाते हैं जब उन्हें ग्रामर स्कूलों में या बाइलेटरल कॉम्प्रिहेंसिव स्कूलों में प्रवेश नहीं मिलता। इन स्कूलों में प्रवेश आयु 12 वर्ष है, जबकि अन्य स्कूलों में प्रवेश की आयु 11 वर्ष है। इसलिए लोग अपने बच्चों को इन स्कूलों में प्रवेश दिलाने के लिए प्रतीक्षा नहीं करते। इसके अतिरिक्त टैक्निकल स्कूलों की कक्षाएँ टैक्निकल कॉलेजों में भी लगती हैं जहाँ प्रौढ़ शिक्षा (Adult Education) की भाँति बच्चों को वैसा ही कार्य कराया जाता है जो प्रौढ़ों को करना होता है। इन स्कूलों में भवनों का तथा अध्यापकों का भी अभाव है। इन्हीं कारणों से ये स्कूल इतने लोकप्रिय नहीं बन सके जितने कि अन्य स्कूल लोकप्रिय हो चुके हैं।

(4) द्विपक्षीय एवं व्यापक विद्यालय (बाइलेटरल एंड काम्प्रिहेंसिव स्कूल्स) (Bilateral and Comprehensive Schools)

1950 ई॰ के बाद से ब्रिटेन में किन्हीं दो प्रकार के स्कूलों को मिलाकर एक प्रकार का स्कूल बनाने की परम्परा चली आ रही है। जैसे—ग्रामर स्कूल या मॉडर्न स्कूल, टैक्निकल स्कूल या ग्रामर स्कूल, मॉडर्न स्कूल या टैक्निकल स्कूल आपस

में मिलाकर नये स्कूल स्थापित हुए। इन्हें ही द्विपक्षीय एवं व्यापक विद्यालय (Bilateral and Comprehensive Schools) कहा जाता है। इस प्रकार के स्कूल में दोनों प्रकार के स्कूलों की विशेषताएँ आ जाती हैं।

द्विपक्षीय एवं व्यापक विद्यालय (Bilateral and Comprehensive Schools) दो प्रकार के होते हैं—

1. मान्यताप्राप्त (Recognised)
2. अमान्यताप्राप्त (Unrecognised)

ये स्कूल छात्र-छात्राओं को जनरल सर्टिफिकेट ऑफ एजूकेशन की परीक्षा के लिए तैयार करते हैं। ये अपने में मिले-जुले प्रकार के स्कूलों के पाठ्यक्रम चलाते हैं। ये स्कूल संख्या में अधिक नहीं हैं। प्रारम्भ में ये स्कूल मान्यताप्राप्त नहीं थे। 1980 ई॰ में लगभग 25,000 ऐसे स्कूलों में से केवल 2,000 स्कूलों ने 40,000 छात्रों को जनरल सर्टिफिकेट परीक्षा के लिए तैयार किया था। 1955 ई॰ से शिक्षा मंत्रालय ने इन स्कूलों को मान्यता दी थी। अब भी मान्यता प्राप्त स्कूलों की संख्या अमान्यता प्राप्त स्कूलों से बहुत कम है। वास्तव में ये सभी स्कूल व्यापक (Comprehensive) नहीं है। कुछ ही स्कूल बच्चों की वैयक्तिक आवश्यकताओं, रुचियों और योग्यताओं को ध्यान में रखते हुए शिक्षा देते हैं। इनकी लोकप्रियता भी ग्रामर स्कूलों की अपेक्षा अधिक नहीं है। अभिभावक अपने बच्चों को ग्रामर स्कूलों में भेजना पसन्द करते हैं, व्यापक (Comprehensive) स्कूलों में भेजना पसन्द नहीं करते। ये स्कूल नाममात्र के व्यापक स्कूल हैं।

(5) बहुपक्षीय एवं अन्य माध्यमिक स्कूल (Multilateral and Other Secondary Schools)

ऐसे स्कूल जो तीनों प्रकार के आधुनिक स्कूलों (Modern Schools) की विशेषताओं को लिए होते हैं बहुपक्षीय (Multilateral) कहलाते हैं। इनके पाठ्यक्रम में ग्रामर स्कूल, मॉडर्न स्कूल तथा टेक्निकल स्कूल के पाठ्यक्रमों का समावेश रहता है। इसी कारण ये स्कूल शिक्षा के साधनों को भली प्रकार नहीं जुटा पाते।

बहुपक्षीय (Multilateral) स्कूलों के अतिरिक्त ब्रिटेन में कुछ अन्य स्कूल भी हैं; जैसे—इंटरमीडिएट स्कूल (Intermediate Schools); केन्द्रीय स्कूल (Central Schools); क्षेत्रीय या उच्च श्रेणी के स्कूल (Area or High Grade Schools)। 1958 ई॰ में ही इन स्कूलों का बताये ढंग से वर्गीकरण किया गया था। इस वर्गीकरण को शिक्षा मंत्रालय ने मान्यता दी। इन स्कूलों का पाठ्यक्रम ग्रामर

स्कूलों की अपेक्षा कम शैक्षिक (Academic) है। छात्र-छात्राओं का प्रवेश यहाँ गुणवत्ता (Merit) के आधार पर होता है। इन स्कूलों में तीनों आधुनिक स्कूलों का मिला-जुला पाठ्यक्रम चलाया जाता है।

इन स्कूलों के अतिरिक्त जूनियर कॉम्प्रिहेंसिव स्कूल्स तथा हायर ग्रेड कॉम्प्रिहेंसिव स्कूल्स भी प्रचलित हैं। जूनियर कॉम्प्रिहेंसिव स्कूलों में प्राथमिक शिक्षा उत्तीर्ण छात्रों को प्रवेश मिलता है और 14 या 15 वर्ष की आयु तक उन्हें शिक्षा दी जाती है। ये स्कूल 'हाई स्कूल' भी कहे जाते हैं। हायर ग्रेड कॉम्प्रिहेंसिव स्कूलों में वे बालक प्रवेश पाते हैं जो जूनियर कॉम्प्रिहेंसिव स्कूलों का पाठ्यक्रम पूरा करने के बाद अग्रिम शिक्षा (Further Education) लेना चाहते हैं। ये दोनों प्रकार के स्कूल अपेक्षाकृत अच्छे माने जाते हैं। इनमें प्रशिक्षित अध्यापक पढ़ाते हैं। इनमें प्रवेश के लिए 11+ (Eleven Plus) परीक्षा आवश्यक नहीं समझी जाती। फिर भी इन्हें ग्रामर स्कूल आदि से अच्छा माना जाता है।

सारांश

ग्रेट ब्रिटेन के माध्यमिक विद्यालय

ग्रेट ब्रिटेन मे इस समय निम्नलिखित सेकंडरी स्कूल प्रचलित हैं—(1) ग्रामर स्कूल, (2) मॉडर्न स्कूल, (3) टेक्निकल स्कूल, (4) बाइलेटरल एंड कॉम्प्रिहेंसिव स्कूल, (5) मल्टीलेटरल और अन्य प्रकार के स्कूल।

1. **ग्रामर स्कूल**—ये स्कूल 17वीं शताब्दी में स्थापित। ये अधिक लोकप्रिय। यहाँ आधुनिक भाषाएँ, साहित्य और सभी विषयों का शिक्षण। ये जनरल सर्टिफिकेट परीक्षा के लिए तैयारी कराने वाले।

(2) **मॉडर्न स्कूल**—ये स्कूल ग्रामर स्कूलों की अपेक्षा कम लोकप्रिय। ये भी जनरल सर्टिफिकेट परीक्षा की तैयारी कराने वाले। इनका बाइलेटरल कॉम्प्रिहेंसिव स्कूल में परिवर्तन। ये चार प्रकार के।

(3) **टेक्निकल स्कूल**—ये स्कूल कम लोकप्रिय। ग्रामर स्कूलों और मॉडल स्कूलों की अधिक लोकप्रियता। इनमें टेक्निकल विषयों का शिक्षण।

(4) **बाइलेटरल कॉम्प्रिहेंसिव स्कूल**—इसमें किन्ही दो प्रकार के स्कूलों की व्यवस्था और पाठ्यक्रम का समावेश। छात्रों की रुचियों, आवश्यकताओं आदि के अनुकूल शिक्षण। साधनों का अभाव।

(5) **मल्टीलेटरल तथा अन्य स्कूल**—तीनों स्कूलों के पाठ्यक्रमों का समावेश। अन्य स्कूलों में इंटरमीडिएट, सेंट्रल, हाईग्रेड कॉम्प्रिहेंसिव स्कूल आदि।

अभ्यासार्थ प्रश्न

1. 1944 ई॰ के शिक्षा अधिनियम का ब्रिटेन की माध्यमिक शिक्षा पर क्या प्रभाव पड़ा? प्रचलित आधुनिक माध्यमिक स्कूलों के प्रकारों का वर्णन कीजिए।
2. ग्रामर स्कूलों के संगठन, व्यवस्था और कार्यक्रमों का वर्णन कीजिए।
3. मॉडर्न स्कूलों की व्यवस्था और कार्यक्रमों का वर्णन कीजिए।
4. टेक्निकल स्कूलों का वर्णन कीजिए। बताइए कि ये अपेक्षाकृत लोकप्रिय कम क्यों हैं?
5. निम्नलिखित को समझाइए—
   (i) बाइलेटरल एंड कॉम्प्रहेंसिव स्कूल।
   (ii) मल्टीलेटरल एंड अदर स्कूल।

अध्याय 17

ब्रिटिश विश्वविद्यालयीय शिक्षा
[British University Education]

विश्वविद्यालय शिक्षा का विकास
(Development of University Education)

ग्रेट ब्रिटेन में बीसवीं शताब्दी के मध्य काल तक 18 विश्वविद्यालय थे। इंग्लैंड में 12, स्काटलैंड में 4, वेल्स में 4 सम्बद्ध कॉलेजों वाला 1 विश्वविद्यालय और आयरलैंड में 1 विश्वविद्यालय थे। 19वीं शताब्दी के प्रारम्भ तक ऑक्सफोर्ड (Oxford) तथा कैम्ब्रिज (Cambridge) दो प्रसिद्ध विश्वविद्यालय थे। ये इंग्लैंड के सबसे पुराने और प्रसिद्ध विश्वविद्यालय हैं। 1932 ई॰ में डरबन (Darban) विश्वविद्यालय और 1936 ई॰ में लंदन (London) विश्वविद्यालय की स्थापना हुई। प्रारम्भ में कुछ कॉलेज, विश्वविद्यालयों से सम्बद्ध (Affiliated) थे जो 20वीं शताब्दी के प्रारम्भ में विश्वविद्यालय बन गये।

20वीं शताब्दी में बरमिंघम (Birmingham), ब्रिस्टल (Bristol), लीड्स (Leeds), लिवरपूल (Liver pool), मैनचेस्टर (Manchestar), नाटिंघम (Nattingham), शेफील्ड (Shefield) और रीडिंग (Reeding) विश्वविद्यालय स्थापित हुए। 1909 ई॰ में क्वीन्स विश्वविद्यालय, आयरलैंड (Queen's University, Ireland) की स्थापना हुई। इस प्रकार ग्रेट ब्रिटेन के अधिकांश विश्वविद्यालयों की स्थापना 20वीं शताब्दी में ही हुई।

ग्लासगो (The Glasgow), अबरडीन (Aberdeen) तथा सैंट एण्ड्रूज (St. Andrews) स्काटलैंड के विश्वविद्यालय 15वीं शताब्दी में स्थापित हुए और स्काटलैंड का चौथा विश्वविद्यालय एडिनबरा (Edinborougha) में 1583 ई॰ को स्थापित हुआ। जैसे-जैसे ग्रेट ब्रिटेन की जनसंख्या बढ़ती गयी, वहाँ विश्वविद्यालयों की संख्या भी बढ़ती गयी।

ग्रेट ब्रिटेन में विश्वविद्यालयों का सामान्य स्वरूप (The General Nature of Universities of Great Britain)

ग्रेट ब्रिटेन के विश्वविद्यालय पूर्णतः स्वायत्तशासी (Autonomous) हैं। वहाँ की सरकार विश्वविद्यालयों के प्रशासन और आन्तरिक व्यवस्था में कोई हस्तक्षेप नहीं करती। विश्वविद्यालय अध्यापकों की नियुक्ति करने में तथा वित्तीय मामलों (Financial Affairs) में पूर्णतः स्वतन्त्र हैं। विश्वविद्यालयों के सुसंचालन के लिए सरकार प्रत्येक प्रकार की आर्थिक सहायता देती है जिसके लिए कोई शर्त नहीं होती। विश्वविद्यालय स्वैच्छिक संगठन (Voluntary Organisation) हैं। ग्रेट ब्रिटेन के विश्वविद्यालय 4 प्रकारों में बाँटे जा सकते हैं।

विश्वविद्यालयों के प्रकार (Types)

(1) ऑक्सफोर्ड तथा कैम्ब्रिज विश्वविद्यालय जो उच्चस्तरीय परम्परागत उच्च शिक्षा प्रदान करते हैं।

(2) केन्द्रीय विश्वविद्यालय (Central Universities) के रूप में काम करने वाले वेल्स, आयरलैंड तथा स्काटलैंड के विश्वविद्यालय।

(3) लंदन का विश्वविद्यालय।

(4) इंग्लैंड, मैनचेस्टर, बरमिंघम आदि प्रान्तों के विश्वविद्यालय। इंग्लैंड, वेल्स और स्काटलैंड की बढ़ती जनसंख्या और आवश्यकता को देखते हुए ग्रेट ब्रिटेन में अधिक विश्वविद्यालयों की आवश्यकता है। इन विश्वविद्यालयों में छात्रावासों (Hostels) का अभाव है। केवल 25 प्रतिशत छात्र ही छात्रावास की सुविधा प्राप्त करते हैं। गुणवान (Meritorious) तथा निर्धन छात्रों को बहुत-सी छात्र-वृत्तियाँ (Scholerships), आर्थिक सहायता (Stipends) देने की व्यवस्था है। 70 प्रतिशत छात्र ऐसी आर्थिक सहायताओं से लाभ उठाते हैं। अच्छा और आकर्षक वातावरण होने के कारण विदेशों के छात्र भी इन विश्वविद्यालयों में पढ़ने आते हैं। कुछ विश्वविद्यालयों के सम्बद्ध कॉलेज (Affiliated Colleges) विदेशों तक में स्थापित हैं।

विश्वविद्यालयों का सामान्य प्रशासन (General Administration)

हमने यह जान लिया है कि ब्रिटिश विश्वविद्यालय स्वायत्तशासी (Autonomous) हैं। अब हम यहाँ के प्रबंध और प्रशासन का अध्ययन करेंगे—

प्रबंध (Management)—विश्वविद्यालय के सामान्य प्रबंध का नियन्त्रण एक अधिसभा (Senate House) द्वारा होता है। विश्वविद्यालय प्रशासन का उत्तरदायित्व नियन्त्रण परिषद् (Governing Council) या अधिकरण सभा (Governing Court) पर रहता है। विभिन्न विभागों (Departments) के अध्यक्ष (Heads) अधिसभा (Senate House) के सदस्य होते हैं। कुछ योग्य अध्यापक भी इस सभा के सदस्य होते हैं। अधिसभा शैक्षिक नियोजन (Educational Planning) करती है और कार्यक्रम (Programmes) तैयार करके अधिकरण सभा (Governing Court) को प्रशासन के लिए उपयुक्त परामर्श देती है। अधिकरण सभा (Governing Court) के सदस्य अधिसभा के सदस्यों से भिन्न होते हैं और यह सभा शैक्षिक प्रशासन-संबंधी निर्णय लेने के लिए पूर्णतः अधिकृत होती है। जब अधिकरण सभा (Governing Court) सरकार से किसी मामले में हस्तक्षेप माँगती है, सरकार तभी इसके मामले में हस्तक्षेप करती है। माँग होने पर सरकार विश्वविद्यालय के मामलों की छानबीन करने के लिए कोई आयोग (Commission) या समिति (Committee) नियुक्त कर सकती है और इसकी संस्तुतियों (Recommendations) को शीघ्र लागू कराती है।

वित्तीय व्यवस्था (Financing)—विश्वविद्यालयों को राज्य (State) तथा स्थानीय शिक्षा प्रशासन (Local Education Authorities) से आर्थिक सहयोग मिलता है। यह सहायता कभी-कभी कुल व्यय की 50 प्रतिशत हो जाती है। ब्रिटेन में एक विश्वविद्यालय अनुदान आयोग (University Grants Commission) होता है जो विश्वविद्यालय की आवश्यकता को देखते हुए उसे आर्थिक अनुदान निर्धारित करता है। इस आयोग के सदस्य शिक्षा मंत्रालय से किसी भी प्रकार सम्बन्धित नहीं होते। इसलिए वे कोई भी निर्णय लेने में स्वतन्त्र होते हैं। इस आयोग में सरकार के भी दो-चार प्रतिनिधि (Representative) सदस्य के रूप में होते हैं। आयोग प्रत्येक विश्वविद्यालय की आवश्यकताओं का अध्ययन करता है और उसके लिए आर्थिक सहायता की संस्तुति सरकार को करता है। विश्वविद्यालय शिक्षण शुल्क (Tuition Fees), संचय कोष (Endowments) तथा प्रत्यक्ष दान (Direct Donation) से शेष आवश्यकताओं को अनुदान के अतिरिक्त पूरा करता है। जैसे-जैसे आय के स्रोत घटते जा रहे हैं, सरकारी अनुदान की मात्रा बढ़ती जा रही है।

पाठ्यक्रम (Curriculum)—ब्रिटेन के विश्वविद्यालयों में स्नातक स्तर (Graduation Level) का पाठ्यक्रम 3-वर्षीय है। यह पाठ्यक्रम सामान्य (General) और सम्मानीय (Honours) दो प्रकार का होता है। आनर (Honours) पाठ्यक्रम में सामान्य पाठ्यक्रम के अतिरिक्त विशिष्ट पाठ्यक्रम भी दिया जाता है। इंग्लैंड में विज्ञान (Science) की अपेक्षा साहित्यिक (Literary) वर्ग में सम्मानीय (Honours)

पाठ्यक्रम के छात्र अधिक हैं। स्कॉटलैंड में केवल 25 प्रतिशत छात्र ही ऑनर्स (Honours) पाठ्यक्रम लेते हैं। साहित्यिक (Literary) या कला (Art) वर्ग में छात्र कानून (Law), इतिहास (History), अंग्रेजी और शास्त्रीय भाषाओं (Classical Languages) में ऑनर्स पाठ्यक्रम ले सकता है। विज्ञान विषयों के अन्तर्गत गणित, भौतिक शास्त्र, रसायन शास्त्र, प्रकृति-विज्ञान (Natural Science) में ऑनर्स पाठ्यक्रम लिया जा सकता है। बी॰ ए॰ (ऑनर्स) पाठ्यक्रम में विषयगत अध्ययन की अपेक्षा जीवन की उपयोगिता (Utility) से सम्बन्धित बातों पर विशेष बल दिया जाता है। मानव समाज के लिए जीवनोपयोगी विज्ञान विषयों का अध्ययन इस क्षेत्र में विशेष रूप से कराया जाता है। विज्ञान-स्नातकों के लिए योग्य नागरिकता तथा समाजशास्त्रीय पक्षों पर विशेष बल दिया जाता है। सभी वर्गों के छात्रों के लिए 'प्रकृति दर्शन' (Philosophy of Nature) तथा 'जीवन दर्शन' (Philosophy of Life) का अध्ययन करना अनिवार्य है।

बी॰ ए॰ के सामान्य पाठ्यक्रम में अंग्रेजी भाषा, अंग्रेजी साहित्य, आधुनिक भाषाएँ, इतिहास, अर्थशास्त्र, गणित और दूसरे विषय पढ़ाये जाते हैं। सभी विश्वविद्यालयों के पाठ्यक्रमों में थोड़ा-बहुत अन्तर अवश्य पाया जाता है। विश्वविद्यालय की एक परीक्षा परिषद् (Examination Council) होती है जो विश्वविद्यालय की परीक्षाओं का संचालन करती है। विभागों के अध्यक्ष इस परिषद् के सदस्य होते हैं। कुछ अध्यापक भी इस परिषद् के सदस्य रहते हैं। बाह्य-परीक्षकों (External Examiners) की नियुक्ति सही परीक्षण के लिए की जाती है।

स्नातकोत्तर (Post-Graduation) कक्षाओं में शोध कार्य (Research Work) पर ध्यान दिया जाता है। यह शोध पाठ्यक्रम 3-वर्षीय होता है और अन्त में डॉक्टर्स डिग्री (Doctor's Degree) दी जाती है।

अनुसंधान या शोध कार्य (Research Work)—शोध या अनुसंधान कार्य ज्ञान की अंतिम सीमा मान ली जाती है। इतनी योग्यता सभी योग्य शिक्षकों में होनी ही चाहिए। इसी कारण ब्रिटिश विश्वविद्यालयों में अध्यापक और छात्र दोनों ही अनुसंधान कार्य पर विशेष बल देते हैं। विज्ञान और कला दोनों ही वर्गों में शोध कार्य की पूरी सुविधाएँ जुटाई जाती हैं। सामान्य नागरिक भी विश्वविद्यालय में शोध कार्य कर सकता है। शोध कार्य और अन्वेषण के लिए पूर्ण सुविधाओं से युक्त कक्ष, प्रयोगशालाएँ, पुस्तकालय और पथ-प्रदर्शकों (Guides) की व्यवस्था रहती है। शोंधकर्ताओं को प्रेरित किया जाता है कि वे छात्रों और अध्यापकों को अपने कार्य से परिचित और प्रेरित करने के लिए व्याख्यान दें।

छात्र जीवन (Student Life)

कैम्ब्रिज और ऑक्सफोर्ड विश्वविद्यालयों के अतिरिक्त अन्य किसी भी विश्वविद्यालय में आवास (Residence) की व्यवस्था नहीं है। इसलिए छात्र सावासिक (Residential) तथा असावासिक (Non-residential) दोनों प्रकार के होते हैं। असावासिक छात्रों के लिए कुछ सामुदायिक केन्द्र (Community Centres) बनाये गये हैं जहाँ उन्हें मनोरंजन और सांस्कृतिक अध्ययन की सुविधाएँ मिल जाती हैं। छात्रावासों में कुछ छात्र विदेशी छात्रों के सम्पर्क में आते हैं, जिससे उनका दृष्टिकोण अधिक व्यापक हो जाता है। संगीत, नाट्य, नृत्य और वाद-विवाद आदि कार्यक्रम छात्रावासों में संगठित होते हैं। इस प्रकार छात्रावासों में रहने वाले छात्रों का सांस्कृतिक विकास अच्छा होता है। ऑक्सफोर्ड और कैम्ब्रिज विश्वविद्यालयों में छात्रों का जीवन चार प्रकार की क्रियाओं में बीतता है– (1) व्याख्यान सुनना, अध्ययन करना, (2) खेलकूद में भाग लेना, (3) पुस्तकालय और वाचनालय में अध्ययन, (4) समूह-कार्यक्रमों में भाग लेना। विश्वविद्यालयों में सह-शिक्षा (Co-education) दी जाती है। छात्राओं के लिए छात्रों से पृथक् छात्रावास की व्यवस्था रहती है। छात्र-छात्राओं के जीवन के अनुकूल उन्हें कर्तव्य निर्वाह करने के अवसर भी मिलते हैं।

विश्वविद्यालयों में शिक्षण विधियाँ (Teaching Methods)

ब्रिटिश विश्वविद्यालयों में समान शिक्षण विधियों का उपयोग नहीं किया जाता। अपने-अपने शिक्षण स्तर को ऊँचा उठाने के लिए विश्वविद्यालय उपयुक्त शिक्षण विधियों का उपयोग करते हैं। सामान्यतः व्यक्तिगत शिक्षण प्रणाली (Tutorial Class System), व्याख्यान विधि (Lecture Method), प्रदर्शन विधि (Demonstration Method) का अधिक उपयोग होता है।

छात्र-छात्राओं के व्यक्तिगत अध्ययन (Individual Study) को प्रोत्साहन दिया जाता है। सप्ताह में एक बार व्यक्तिगत शिक्षण की कक्षाएँ (Tutorial Classes) कला-छात्रों के लिए लगती हैं। विज्ञान-कक्षाओं में प्रदर्शन विधि का उपयोग किया जाता है। स्नातकोत्तर छात्रों के लिए व्यक्तिगत शिक्षण अधिकारी (Tutorial Incharge), पर्यवेक्षक (Supervisors) तथा पथ-प्रदर्शकों (Guides) की नियुक्ति की जाती है। ये सब छात्रों की व्यक्तिगत कठिनाइयों को जानकर उन्हें दूर करने का प्रयत्न करते हैं। सह-सम्बद्ध कॉलेजों में शिक्षा-स्तर और सम्पर्क अच्छा बनाने के लिए ऑक्सफोर्ड और कैम्ब्रिज विश्वविद्यालयों में ट्यूटोरियल प्रणाली को अधिक अपनाया जाता है।

सारांश

विश्वविद्यालय शिक्षा का विकास

20वीं शताब्दी में ही विश्वविद्यालयों की स्थापना सबसे अधिक। ग्रेट ब्रिटेन में 18 विश्वविद्यालय। 12 इंग्लैंड में, 4 स्कॉटलैंड में, 1 आयरलैंड में तथा 1 वेल्स में। ऑक्सफोर्ड और कैम्ब्रिज प्राचीनतम और श्रेष्ठतम विश्वविद्यालय। जनसंख्या वृद्धि के साथ-साथ विश्वविद्यालयों की संख्या में वृद्धि। विश्वविद्यालय 4 प्रकार के।

विश्वविद्यालयों का सामान्य स्वरूप

प्रकार—चार प्रमुख प्रकार के विश्वविद्यालय।

सामान्य प्रशासन—विश्वविद्यालय स्वायत्तशासी। सरकारी हस्तक्षेप नहीं। आर्थिक सहायता सरकार से।

प्रबंध—अधिसभा, अधिकरण सभा, विश्वविद्यालय अनुदान आयोग द्वारा कार्य। अधिसभा नियम व योजना बनाने वाली। अधिकरण सभा प्रशासन करने वाली।

वित्तीय व्यवस्था—विश्वविद्यालय अनुदान आयोग द्वारा अनुदान की सरकार को संस्तुति। 50 प्रतिशत (कुल खर्च का) अनुदान। शुल्क, दान, संचित कोष अलग।

पाठ्यक्रम—पाठ्यक्रम सामान्य और ऑनर्स। पाठ्यक्रम 3-वर्षीय। स्नातक कला वर्ग में ऑनर्स छात्रों की कमी। जीवन-दर्शन, प्रकृति-दर्शन सभी छात्रों के लिए अनिवार्य। परीक्षा समिति का गठन। बाह्य परीक्षकों की नियुक्ति।

शोध कार्य—पूर्ण सुविधाएँ प्राप्त। शोध कार्य के लिए प्रोत्साहन।

छात्र जीवन—सावासिक और असावासिक। सावासिक छात्र जीवन अच्छा।

शिक्षण-विधियाँ—ट्यूटोरियल कक्षाएँ। शिक्षण-व्याख्यान द्वारा, प्रदर्शन विधि का उपयोग। परिवेक्षण की व्यवस्था। कठिनाइयों का व्यक्तिगत ढग से हल।

अभ्यासार्थ प्रश्न

(1) ग्रेट ब्रिटेन के विश्वविद्यालयों के विकास को समझाइए।

(2) ग्रेट ब्रिटेन के विश्वविद्यालयों का सामान्य स्वरूप क्या है?

(3) ब्रिटिश विश्वविद्यालयों के सामान्य प्रशासन का वर्णन कीजिए।

(4) निम्नलिखित को समझाइए—

(i) ब्रिट्रिश विश्व विश्वविद्यालयों में छात्र जीवन।

(ii) ब्रिटिश विश्वविद्यालयों का पाठ्यक्रम।

(iii) ब्रिटिश विश्वविद्यालयों में सामुदायिक जीवन।

अध्याय 18

ब्रिटिश अध्यापक प्रशिक्षण एवं अध्यापकों की स्थिति [Training and Condition of Teachers]

प्रारम्भ में ग्रेट ब्रिटेन में भी शिक्षक को व्यवसायी व्यक्ति नहीं माना जाता था। शिक्षण (Teaching) उस समय कोई व्यवसाय (Profession) नहीं माना गया। लगभग एक शताब्दी पहले चिकित्सा (Medicine) व वकालत (Legal Practice) की भाँति शिक्षण (Teaching) कोई व्यवसाय नंहीं था, वरन् एक व्यक्तिगत रुचि का काम था जिसका कोई निर्धारित मानक (Standard) नहीं था। 'शिक्षक' किसी के नियन्त्रण में नहीं था और शिक्षण जीविका का साधन नहीं था।

जैसे-जैसे शिक्षा (Education) की आवश्यकता अनुभव होती गयी, शिक्षक (Teacher) की भी आवश्यकता अनुभव की जाने लगी। इंग्लैंड की अध्यापक रॉयल सोसायटी (Royal Society of Teachers) ने शिक्षकों के स्तर को ऊँचा उठाने के लिए प्रशंसनीय कार्य किया। इंग्लैंड की 'अध्यापक रॉयल सोसायटी' एक स्वैच्छिक संगठन (Voluntary Organisation) है जो शिक्षकों के स्तर को और उसके मानक (Standard) को निर्धारित करने में योगदान देता रहता है।

जनसंख्या-वृद्धि के साथ-साथ शिक्षा-विकास की आवश्यकता अनुभव की गयी और शिक्षा संस्थाओं की स्थापना के साथ-साथ योग्य और कुशल शिक्षकों की आवश्यकता की पूर्ति का प्रयत्न किया गया। सरकार ने भी अध्यापकों को तैयार करने पर ध्यान दिया। विविध समितियाँ और आयोग नियुक्त किये गये, ताकि योग्य अध्यापक तैयार किये जा सकें। इसके लिए अध्यापक प्रशिक्षण (Teacher's Training) को आवश्यक समझा गया। इसी के फलस्वरूप शिक्षण विज्ञान (Teaching Science) तथा शिक्षण तकनीक (Teaching Technique) के क्षेत्र में निरन्तर विकास होता गया।

ग्रेट ब्रिटेन में अध्यापक प्रशिक्षण
(Teacher's Training in Great Britain)

1944 ई० के शिक्षा अधिनियम से पहले ब्रिटेन में 'अध्यापक प्रशिक्षण' की व्यवस्था स्वैच्छिक संगठनों (Voluntary Organisations) के हाथ में थी। चर्च और धार्मिक संस्थाएँ अध्यापकों को प्रशिक्षण देने का काम करती थीं। 1944 ई० के शिक्षा अधिनियम के फलस्वरूप स्थानीय शिक्षा प्रशासन (L.E.A.) को अध्यापक प्रशिक्षण की व्यवस्था के लिए उत्तरदायी ठहराया गया। शिक्षा मंत्रालय का काम है कि वह शिक्षक की न्यूनतम योग्यता का निर्धारण करे। 'अध्यापक प्रशिक्षण' से सम्बन्धित समस्याओं के समाधान के लिए ग्रेट ब्रिटेन में शिक्षा मंत्रालय द्वारा 'शिक्षा की राष्ट्रीय परामर्शदात्री परिषद्' (National Advisory Council of Education) की नियुक्ति की गयी। शिक्षा मंत्रालय अध्यापक प्रशिक्षण से सम्बन्धित निम्नलिखित समस्याओं पर विचार करता है–

1. अध्यापक शिक्षण के पाठ्यक्रम का निर्धारण करना तथा प्रशिक्षण संस्थाओं में प्रवेश की न्यूनतम योग्यता निर्धारित करना।
2. देश के विभिन्न स्कूलों की आवश्यकताओं को ध्यान में रखते हुए अध्यापक प्रशिक्षण की सुविधाओं का वितरण करना।

शिक्षा का स्तर ऊँचा बनाए रखने के लिए अध्यापक प्रशिक्षण में सुधार लाना राष्ट्रीय उत्तरदायित्व है। एक 'शिक्षा संस्थान' (The Institute of Education) को सभी प्रकार के, सभी स्तर के अध्यापकों के प्रशिक्षण के लिए केन्द्र बनाया गया। इससे बहुत से अध्यापक प्रशिक्षण केन्द्र सम्बद्ध (Affiliated) करने आवश्यक समझे गये। ब्रिटेन में दो प्रकार की प्रशिक्षण संस्थाएँ पायी जाती हैं–

1. स्थानीय शिक्षा प्रशासन (L.E.A.) द्वारा नियन्त्रित और संचालित अध्यापक प्रशिक्षण संस्थाएँ।
2. लोक निधि (Public Fund) से चलाये जाने वाले और स्वैच्छिक संगठनों द्वारा नियन्त्रित अध्यापक प्रशिक्षण संस्थाएँ।

पहले प्रकार की अध्यापक प्रशिक्षण संस्थाओं को शिक्षा मंत्रालय आंशिक (Partial) अनुदान देता है और शेष अर्थव्यवस्था स्थानीय शिक्षा प्रशासन (L.E.A.) द्वारा की जाती है। दूसरे प्रकार की संस्थाओं को शिक्षा मंत्रालय 50 प्रतिशत अनुदान देता है। शेष व्यय स्वैच्छिक संगठनों द्वारा करना पड़ता है। इन संस्थाओं

में अध्यापक प्रशिक्षार्थियों से शुल्क (Fees) भी लिया जाता है।

ब्रिटेन के बहुत से विश्वविद्यालयों में अध्यापक प्रशिक्षण के विभाग (Departments) स्थापित हैं। प्रत्येक विश्वविद्यालय में एक क्षेत्रीय प्रशिक्षण संगठन (Area Training Organisation) बनाया जाता है। यह संगठन अध्यापक प्रशिक्षण की देखभाल करता है। इस संगठन में स्थानीय शिक्षा प्रशासन (L.E.A.) के अधिकारी, प्रशिक्षण कॉलेज प्रतिनिधि और प्रशिक्षण स्कूलों के प्रतिनिधि सदस्य होते हैं।

ब्रिटेन में इस समय लगभग 400 प्रशिक्षण महाविद्यालय और स्कूल हैं जिनमें प्रतिवर्ष 50,000 अध्यापक प्रशिक्षण प्राप्त करते हैं। अब इंग्लैंड में नर्सरी (Nursury), शिशु (Infant) तथा किण्डरगार्टन स्कूलों (Kindergarten Schools) के अध्यापकों की प्रशिक्षण व्यवस्था भी अत्यधिक लोकप्रिय होती जा रही है।

अध्यापकों का वर्गीकरण
(Classification of Teachers)

ग्रेट ब्रिटेन में सामान्यतः निम्नलिखित वर्गों में अध्यापकों को रखा जा सकता है:—

1. नर्सरी तथा प्राथमिक विद्यालयों के अध्यापक।
2. माध्यमिक स्कूलों के अध्यापक।
3. विशिष्ट विषयों के अध्यापक तथा कला एवं व्यावसायिक स्कूलों के अध्यापक।
4. अग्रिम शिक्षा के अध्यापक।

नर्सरी तथा प्राथमिक स्कूलों के अध्यापक—इन अध्यापकों को प्रशिक्षण विद्यालय (Training Schools) में प्रशिक्षण मिलता है। जनरल सर्टिफिकेट परीक्षा पास अभ्यर्थी इसमें प्रवेश ले सकते हैं जिनकी न्यूनतम आयु 18 वर्ष होनी आवश्यक है। प्रशिक्षण 2-वर्षीय होता है। पाठ्यक्रम में शिक्षण व्यवसाय के विषयों के साथ सामान्य पाठ्यक्रम में भी प्रशिक्षण मिलता है। सभी नर्सरी और प्राथमिक स्कूलों में प्रशिक्षित अध्यापक रखे जाते हैं।

माध्यमिक स्कूलों के अध्यापक—इन अध्यापकों को प्रशिक्षित स्नातक अध्यापक (Trained Graduate Teachers) कहा जाता है। प्रशिक्षण अवधि एकवर्षीय होती है। न्यूनतम योग्यता स्नातक (Graduate) होती है। प्रशिक्षण के बाद अध्यापक माध्यमिक स्कूलों में पढ़ाने योग्य हो जाते हैं। विश्वविद्यालय के अध्यापक को प्रशिक्षण विभागों तथा प्रशिक्षण कॉलेजों में यह प्रशिक्षण मिलता है।

विशिष्ट विषयों, व्यावसायिक विषयों के अध्यापक—कुछ विशिष्ट विषयों में प्रशिक्षण देने के लिए पृथक् प्रशिक्षण महाविद्यालय होते हैं। कला, चित्रकला, संगीत, नृत्य, शारीरिक शिक्षा, गृह विज्ञान आदि के प्रशिक्षण की व्यवस्था पृथक् कॉलेजों में होती है। इन प्रशिक्षणों में प्राप्त प्रमाण-पत्र की मान्यता रॉयल कॉलेज ऑफ आर्टस तथा म्यूजिक के प्रमाण-पत्र के समान होती है। कला और संगीत के प्रशिक्षण की अवधि 4 वर्ष और शारीरिक शिक्षा एवं गृह विज्ञान में प्रशिक्षण की अवधि 3 वर्ष होती है। इन प्रशिक्षणों में जनरल सर्टिफिकेट परीक्षा पास अभ्यर्थी प्रवेश ले सकता है।

आगामी शिक्षा देने वाले अध्यापक—अग्रिम (Further) शिक्षा देने वाले अध्यापकों का अनुभव, प्रशिक्षण के समान मान्यता रखता है। अनुभवी व्यक्तियों को सम्बन्धित व्यवसाय का प्रशिक्षण देने के लिए औद्योगिक (Industrial) एवं व्यापारिक (Commercial) संस्थाओं में नियुक्त कर दिया जाता है। राष्ट्रीय परामर्शदात्री परिषद् (National Advisory Council) की सलाह पर शिक्षा मंत्रालय ने इन अध्यापकों के लिए निम्नतम योग्यता निर्धारित कर दी है, फिर भी अध्यापकों के अनुभवों (Experiences) को अधिक वरीयता दी जाती है।

प्रशिक्षार्थियों का चयन (Selection of Trainees)

प्रशिक्षार्थियों के चयन की कोई औपचारिक व्यवस्था नहीं है। विशिष्ट विषय के अध्यापकों के प्रशिक्षण के लिए सामान्य शिक्षा प्राप्त एक-दो वर्ष का अनुभव रखने वाले व्यक्तियों को सम्बन्धित प्रशिक्षण में प्रवेश दे दिया जाता है। महिलाओं के अनुभव को वरीयता दी जाती है। अध्यापक परिषद् (Teachers' Association) भी इस काम में सहायता करती हैं। प्रशिक्षार्थियों के लिए अध्यापक परिषद् परामर्शन (Counselling) की व्यवस्था करती है।

अध्यापक की नियुक्ति और उसकी स्थिति
(Appointment of Teachers and their Condition)

अध्यापकों की नियुक्ति (Appointment) एवं सेवा-दशाएँ

ग्रेट ब्रिटेन में अध्यापकों की नियुक्ति न तो शिक्षा मंत्रालय करता है और न स्थानीय शिक्षा प्रशासन (L.E.A.) ही करता है। अध्यापकों की नियुक्ति स्कूल के प्रबन्धक (Manager) या प्रबंध समिति (Managing Committee) द्वारा की जाती है। अन्य कोई व्यक्ति या संस्था इसमें हस्तक्षेप नहीं करती। अध्यापक परिषद्

(Teachers' Association) तथा स्थानीय शिक्षा प्रशासन (L.E.A.) अध्यापकों की सेवा दशाओं (Service Conditions) से सम्बन्धित नियमों के निर्धारण में आवश्यक सहायक होते हैं। बर्नहम समिति (Burnham Committee) ने जो संस्तुतियाँ (Recommendations) की थीं उन्हें ही इन सेवा दशाओं का आधार बनाया जाता है। 1944 ई॰ के शिक्षा अधिनियम से बर्नहम समिति की संस्तुतियों को मान्यता मिल चुकी है। ऐसी दशा में अध्यापक की स्थिति सुरक्षित है। वास्तव में स्थानीय शिक्षा प्रशासन (L.E.A.) सेवा के नियम बनाता है और अध्यापक उसे स्वीकार कर लेते हैं।

किसी भी प्रधानाध्यापक को 3 माह की पूर्व सूचना (Notice) देकर तथा अध्यापक को 2 माह पूर्व सूचना देकर नौकरी से हटाया जा सकता है, परन्तु नौकरी से हटाने से पूर्व स्थानीय शिक्षा प्रशासन की स्वीकृति (Approval) लेना अत्यावश्यक है। किसी अध्यापक को हटाने से पूर्व उस पर लगाये गये आरोपों (Charges) की गुप्त जाँच होती है। जब तक स्थानीय शिक्षा प्रशासन उसको हटाने की स्वीकृति नहीं दे देता तब तक समस्त कार्यवाही गुप्त रखी जाती है। अध्यापक को सत्र (Session) के अन्त में ही हटाया जाता है। अध्यापक के हटाने की बात समाचारपत्र में नहीं दी जाती। इससे उस अध्यापक को दूसरे स्थान पर नौकरी मिलने में आसानी हो जाती है। जब अध्यापक की गतिविधियाँ स्कूल के हित में नहीं होती तभी उसे हटाया जाता है। पहले अध्यापक को चेतावनी (Warning) दी जाती है। यदि इसका अध्यापक के व्यवहार पर सुधारात्मक प्रभाव नहीं पड़ता तो उसे आरोपपत्र (Chargesheet) दिया जाता है। यदि अध्यापक संतोषजनक उत्तर नहीं दे पाता तभी उसे नौकरी से हटाया जाता है। अध्यापक परिषद् (Teachers' Association) भी ऐसे अध्यापक का पक्ष नहीं लेती और शिक्षा मंत्रालय ऐसे अध्यापक का लाइसेंस रद्द कर देता है।

यदि स्थानीय शिक्षा प्रशासन या प्रबंध समिति किसी भी अध्यापक के साथ अन्याय करते हैं तो अध्यापक परिषद् अध्यापक का पक्ष लेकर लड़ती है। स्थानीय शिक्षा प्रशासन भी अध्यापक के साथ किए गये अन्याय का विरोध करता है। इस प्रकार अध्यापक की सेवा-दशाएँ ग्रेट ब्रिटेन में संतोषजनक हैं।

अध्यापक को 3 मास का अवकाश प्रतिवर्ष मिलता है और उसे वेतन सहित चिकित्सा अवकाश (Medical Leave) मिलता है। यह चिकित्सा अवकाश स्थानीय प्रशासन की सिफारिश पर बढ़ भी जाता है। अध्यापक को आवश्यकता पड़ने पर ऋण (Loan) भी स्वीकृत हो जाता है।

अध्यापक्र का वेतन (Salary)

1944 ई॰ के शिक्षा अधिनियम के अनुसार शिक्षा मंत्रालय ने अध्यापकों के वेतन निर्धारित कर दिये हैं। वेतन-निर्धारण के लिए एक वेतन परामर्शदात्री समिति होती है जो शिक्षा मंत्रालय को परामर्श देती रहती है। स्थानीय शिक्षा प्रशासन, अध्यापक परिषद्, प्रशिक्षण कॉलेजों और विश्वविद्यालयों के प्रशिक्षण विभागों के प्रतिनिधियों की एक समिति बनायी जाती है जो प्रशिक्षण संस्थाओं और विश्वविद्यालयों के अध्यापकों के वेतन निर्धारण के सम्बन्ध में परामर्श देती है। शिक्षा मंत्रालय के सचिव हेनरी पेलहम (Henery Pelham) इस समिति के अध्यक्ष थे जिनकी सिफारिशें भविष्य के लिए स्वीकार कर ली गयी हैं।

ग्रेट ब्रिटेन में प्रधानाध्यापक, पुरुष अध्यापक एवं महिला अध्यापकों के वेतन में थोड़ा अन्तर है। वार्षिकी के आधार पर वेतन 12 भागों (Parts) में बाँटा जाता है। एक भाग एक माह के लिए माना जाता है। विशेष अनुभव या योग्यता होने पर अध्यापक को विशिष्ट वेतन-वृद्धियाँ मिलती हैं। ग्रामीण और शहरी मुख्याध्यापकों के वेतन में भी अन्तर रहता है। प्रशिक्षण कॉलेजों और विश्वविद्यालयों के अध्यापकों के वेतन भी समान नहीं होते। इन असमानताओं को बर्नहम समिति ने पर्याप्त सीमा तक दूर करने का प्रयत्न किया है।

सारांश

प्रारम्भ में अध्यापक प्रशिक्षण की व्यवस्था नहीं थी। शिक्षा विकास और शिक्षा संस्थाओं की वृद्धि से अध्यापकों की आवश्यकता में वृद्धि और अध्यापक प्रशिक्षण में विकास हुआ। शिक्षण भी एक व्यवसाय स्वीकृत।

अध्यापक प्रशिक्षण--प्रारम्भ में स्वैच्छिक संगठनों, चर्चों, धार्मिक संस्थाओं द्वारा अध्यापकों के प्रशिक्षण की व्यवस्था। बाद में प्रशिक्षण कॉलेजों, स्कूलों और विश्वविद्यालय विभागों द्वारा अध्यापकों को प्रशिक्षण। सरकार से इन्हें अनुदान। स्थानीय शिक्षा प्रशासन भी इसके लिए उत्तरदायी।

अध्यापकों का वर्गीकरण--चार प्रकार का वर्गीकरण--(1) नर्सरी और प्राथमिक स्कूलों के अध्यापक, (2) माध्यमिक स्कूलों के अध्यापक, (3) विशिष्ट विषयों और व्यावसायिक विषयों के अध्यापक, (4) आगामी शिक्षा के अध्यापक।

अध्यापकों की नियुक्ति और सेवा-दशाएँ--अध्यापकों की नियुक्ति में सरकार, शिक्षा मंत्रालय और स्थानीय शिक्षा प्रशासन का हस्तक्षेप नहीं। प्रबंधक एवं प्रबंध समिति बर्नहम समिति की संस्तुतियों पर आधारित वेतन और सेवा-दशाओं पर अध्यापक की नियुक्ति करने वाले। स्थानीय प्रशासन की पूर्व स्वीकृति पर दोषी

अध्यापक को सेवा से हटाना संभव। अन्याय के लिए अध्यापक परिषद् शिक्षक का साथ देने वाली।

वेतन—वेतन का निर्धारण परामर्शदात्री समिति के सुझाव पर शिक्षा मंत्रालय द्वारा। मुख्याध्यापक, अध्यापक, महिला और पुरुष अध्यापक, ग्रामीण और शहरी अध्यापक के वेतन में अन्तर। सेवा सुरक्षित, अब वेतन की असमानताएँ दूर।

अभ्यासार्थ प्रश्न

1. ग्रेट ब्रिटेन में अध्यापक प्रशिक्षण की व्यवस्था का वर्णन कीजिए।
2. अध्यापकों के वर्गीकरण को ध्यान में रखते हुए ग्रेट ब्रिटेन में अलग-अलग शिक्षकों का प्रशिक्षण कैसे होता है?
3. ग्रेट ब्रिटेन के अध्यापकों की नियुक्ति, सेवा से मुक्ति, सेवा की दशाओं का वर्णन कीजिए।

अध्याय 19

ग्रेट ब्रिटेन में अग्रिम शिक्षा
[Further Education in Great Britain]

ग्रेट ब्रिटेन में अग्रिम शिक्षा (Further Education) की व्यवस्था द्वारा निरक्षरता को रोकने और साक्षरता लाने तथा प्रौढ़ों को आगे की शिक्षा देने पर ध्यान दिया गया है। जो बालक अनिवार्य शिक्षा की प्रवेश आयु पार कर जाते हैं और काम में लग जाते हैं उनके लिए अंशकालीन (Part-time) तथा पूर्णकालीन (Full-time) शिक्षा की व्यवस्था की जाती है। यही शिक्षा व्यवस्था अग्रिम शिक्षा कहलाती है। इसमें प्रौढ़ की आवश्यकता, रुचि और योग्यता की पूर्ति का ध्यान रखा जाता है। यह शिक्षा व्यवस्था, प्राथमिक शिक्षा, माध्यमिक शिक्षा, उच्च शिक्षा, व्यावसायिक एवं प्राविधिक शिक्षा तथा प्रौढ़ शिक्षा (Adult Education) से भिन्न है।

इस शिक्षा की व्यवस्था स्थानीय शिक्षा प्रशासन (L.E.A.) तथा अन्य संगठनों (Organisations) द्वारा की जाती है। मुख्यतः इस शिक्षा की व्यवस्था स्थानीय शिक्षा प्रशासन (L.E.A.) के अधीन ही रहती है। स्थानीय शिक्षा प्रशासन इस शिक्षा के लिए संस्थाओं को वित्तीय सहायता देता है। 1993 ई॰ में अग्रिम शिक्षा देने वाली 100,000 संस्थाओं ने 90 लाख व्यक्तियों को अग्रिम शिक्षा दी। कुछ संस्थाएँ व्यक्तियों की आवश्यकतानुसार अल्पकालीन और दीर्घकालीन शिक्षा की व्यवस्था करती हैं। इन 90 लाख छात्रों में से 70 लाख ने संध्याकालीन कक्षाओं (Evening Classes) में शिक्षा पायी, 10 लाख ने पूर्णकालीन शिक्षा पायी और 10 लाख ने अंशकालीन (Part-time) शिक्षा प्राप्त की।

ग्रेट ब्रिटेन में ऐसी बहुत-सी स्वतन्त्र और स्वैच्छिक शिक्षा संस्थाएँ हैं जो अग्रिम शिक्षा देती हैं। इन संस्थाओं को शिक्षा मंत्रालय से आर्थिक सहायता मिलती है। कुछ व्यक्तिगत (Private) संस्थाएँ भी अग्रिम शिक्षा देती हैं, परन्तु इन्हें सरकार से कोई सहायता नहीं मिलती। 1944 ई॰ के शिक्षा अधिनियम की धारा 40 में अग्रिम शिक्षा की व्यवस्था पर विशेष बल दिया गया है।

अग्रिम शिक्षा का स्वरूप
(Nature of Further Education)

ग्रेट ब्रिटेन में प्रचलित अग्रिम शिक्षा स्वयं में पूर्ण शिक्षा होती है और इसमें तीन प्रकार की शिक्षा का समावेश होता है—

1. व्यावसायिक शिक्षा (Vocational Education)
2. औपचारिक प्रौढ़ शिक्षा (Formal Adult Education)
3. सामाजिक एवं सांस्कृतिक कार्यक्रम (Social and Cultural Programmes)

1944 के शिक्षा-अधिनियम के अनुसार औपचारिक अग्रिम शिक्षा (Formal Further Education) देने वाली संस्थाएँ अंशकालीन (Part-time) और पूर्णकालीन (Full-time) शिक्षा देती हैं। अनौपचारिक अग्रिम शिक्षा (Informal Further Education) देने वाली शिक्षा संस्थाएँ कार्यरत प्रौढ़ों को अवकाश (Leisure Time) में व्यावसायिक शिक्षा (Vocational Education) देती हैं। सभी अग्रिम शिक्षा संस्थाएँ औपचारिक और अनौपचारिक दोनों प्रकार की शिक्षा देते हैं। दोनों प्रकार की शिक्षा व्यवस्थाओं में कोई विशेष अन्तर नहीं होता। एक प्रकार की शिक्षा में दूसरी प्रकार के शिक्षार्थी भी भाग लेते हैं। उदाहरण के लिए, आधुनिक भाषाओं की शिक्षा पाने वालों में व्यावसायिक शिक्षा पाने वाले छात्र भी रहते हैं। इसी प्रकार अन्य विषयों के छात्र भी भाषाओं का अध्ययन करते हैं। स्थानीय शिक्षा प्रशासन (L.E.A.) द्वारा संचालित अग्रिम शिक्षा संस्थाओं में व्यावसायिक शिक्षा दी जाती है। कुछ तकनीकी कॉलेजों (Technical Colleges) में औद्योगिक कामगारों को व्यावसायिक शिक्षा दी जाती है। इन तकनीकी कॉलेजों में अन्य विषयों के छात्र और छात्राएँ भी शिक्षा पाते हैं। इस प्रकार तकनीकी (Technical) शब्द की व्याख्या करना कठिन हो जाता है।

तकनीकी संस्थाएँ (Technological Institutions)

1960 ई॰ की शिक्षा योजना के फलस्वरूप प्रारम्भिक और उच्च स्तर (Elementary and Advanced Level) पर तकनीकी (Technical) तथा प्रौद्योगिकी (Technological) शिक्षा की व्यवस्था की गयी। पूरे ग्रेट ब्रिटेन में इस शिक्षा की व्यवस्था है। अग्रिम तकनीकी शिक्षा (Further Technical Education) की ऐसी 10 कक्षाएँ प्रचलित हैं। प्रौद्योगिकी (Technology) में प्रथम डिग्री (Degree) देने की भी व्यवस्था है।

प्रौद्योगिकी के क्षेत्रीय महाविद्यालय (Regional College of Technology) अग्रिम शिक्षा के अन्तर्गत डिप्लोमा और उच्चतर राष्ट्रीय प्रमाण पत्र (Higher National Certificate) की परीक्षा के लिए छात्र-छात्राओं को तैयार करते हैं। इन कॉलेजों में वैज्ञानिक और प्रौद्योगिक शिक्षा मिलती है। उच्च प्रौद्योगिकी (Advanced Technology) में अग्रिम शिक्षा देने वाली संस्थाएँ प्रशिक्षार्थियों को स्नातकोत्तर (Post-Graduate) कक्षाओं और अनुसंधान (Research) के लिए तैयार करती हैं। क्षेत्रीय प्रौद्योगिकी कॉलेज (Regional College of Technology) उच्च प्रौद्योगिक कॉलेज (Advanced College of Technology) पर निर्भर नहीं करते। ये स्वतन्त्र हैं।

इन संस्थाओं के अतिरिक्त तकनीकी कॉलेज (Technical College) भी हैं जो छात्रों को इंटरमीडिएट स्तर की शिक्षा देते हैं। ये कॉलेज छात्रों को साधारण राष्ट्रीय प्रमाण-पत्र (Ordinary National Certificate) तथा लंदन के सिटी और गिल्ड्स इन्स्टीट्यूट (London Institute of City and Guilds) के प्रमाण-पत्रों के लिए तैयार करते हैं। साधारण प्रमाण-पत्र (Ordinary Certificate) के लिए छात्रों को अंशकालीन (Part-time) शिक्षा मिलती है। इसी कारण ये शिक्षार्थी टेकनिशियन्स (Technicians) कहलाते हैं। यह पाठ्यक्रम शिक्षा मंत्रालय द्वारा दिया जाता है। कुछ औद्योगिक संस्थाएँ (Industrial Institutions) भी इसी प्रमाणपत्र को देते हैं। ये संस्थाएँ कॉलेज के पाठ्यक्रम को स्वीकार करके परीक्षा की विश्वसनीयता के लिए अपने व्यक्ति नियुक्त कर देती हैं। तब ये पास शिक्षार्थियों को प्रमाण-पत्र देते हैं। निर्धारित पाठ्यक्रम की परीक्षा के परिणाम के आधार पर साधारण राष्ट्रीय प्रमाण-पत्र (Ordinary National Certificate) देते हैं। इसे प्राप्त करते समय छात्र की आयु 18 वर्ष होनी आवश्यक है। यह 3-वर्षीय पाठ्यक्रम है। उच्चतर राष्ट्रीय प्रमाण-पत्र (Higher National Certificate) को पाने के लिए प्रशिक्षार्थी को 2 वर्ष और अध्ययन करना पड़ता है। इन संस्थाओं में छात्रों की संख्या 1938 से 1993 ई॰ तक 12 से 20 गुनी हो चुकी है। इन्हें बहुत लोकप्रिय माना जाता है।

	छात्र	1938	1993
1.	साधारण राष्ट्रीय प्रमाण-पत्र	3,393	80,000
2.	उच्चतर राष्ट्रीय प्रमाण-पत्र	1,137	50,000

ग्रेट ब्रिटेन में पूर्णकालीन पाठ्यक्रम (Full-time Course) की अपेक्षा अंशकालीन पाठ्यक्रम (Part-time Course) अधिक लोकप्रिय और सफल हुआ है। राष्ट्रीय प्रमाणपत्र पाठ्यक्रमों में छात्रों को वैद्युतिक (Electrical), यान्त्रिक (Mechanical), खनन (Mining), स्थापत्य (Architectural) तथा उत्पादन (Production)

पाठ्यक्रमों की शिक्षा मिलती है। 1993 ई. में इन पाठ्यक्रमों को पाने वाले छात्र 20,000 से भी अधिक थे।

लंदन इन्स्टीट्यूट फॉर सिटी एंड गिल्ड्स (London Institute for City and Guilds)—यह विभिन्न प्रकार के पाठ्यक्रमों में शिक्षा देकर इंटरमीडिएट स्तर का प्रमाणपत्र देता है और अन्त में उच्चतर स्तर का प्रमाण-पत्र देता है। विदेशों में भी इन प्रमाण-पत्रों की मान्यता है। इंटरमीडिएट स्तर के प्रमाण-पत्र के लिए 2 वर्ष तक और अन्तिम प्रमाण-पत्र के लिए 2 वर्ष और अधिक पढ़ना पड़ता है। इन प्रमाण-पत्रों के अतिरिक्त यह संस्था अंतिम प्रमाणपत्र की परीक्षा पास करने के बाद एक वर्ष का पाठ्यक्रम विभिन्न व्यवसाय (Trades) में और देती है।

इस संस्था में वे ही छात्र शिक्षा पाते हैं जो एपरेन्टिसशिप (Apprenticeship) के अन्तर्गत सम्बन्धित व्यवसाय (Trade) में काम करते हैं। मिल मालिक या फैक्टरी का मालिक ऐसे व्यक्तियों को एक दिन का अवकाश प्रति सप्ताह देता है। 1993 ई. में ऐसे छात्रों की संख्या बढ़कर 35 गुनी हो गयी थी।

इन प्रमाणपत्रों के अतिरिक्त ये तकनीकी और प्रौद्योगिक संस्थाएँ छात्रों को जनरल सर्टिफिकेट ऑफ एजूकेशन, व्यावसायिक संस्थाओं की सदस्यता के लिए लंदन विश्वविद्यालय की परीक्षाओं के लिए तथा नेशनल बेकरीज के डिप्लोमा (Diploma in National Bakeries) के लिए भी तैयार करती हैं। कुछ वाणिज्यात्मक संस्थाएँ छात्रों को विभिन्न संगठनों (Organisations) में काम करने की शिक्षा देकर उन्हें राष्ट्रीय प्रमाण-पत्र देती हैं।

कला के महाविद्यालय (Colleges of Art)

लंदन इन्स्टीट्यूट ऑफ सिटी एंड गिल्ड्स की परीक्षा और राष्ट्रीय प्रमाण-पत्र के लिए कुछ कला महाविद्यालय (College of Art) छात्रों को विभिन्न कला-विषयों में शिक्षा देते हैं। कला महाविद्यालयों के अतिरिक्त कुछ तकनीकी महाविद्यालय भी कला विषयों में शिक्षा देते हैं। ये तकनीकी महाविद्यालय छात्रों को छपाई (Printing) तथा काँच की प्रौद्योगिकी (Glass Technology) में और कला महाविद्यालय केवल छपाई और सज्जा (Decoration) के पाठ्यक्रम देते हैं। 1958 ई. में शिक्षा मंत्री ने एक राष्ट्रीय परामर्शदात्री परिषद् (National Advisory Council) की नियुक्ति कला विषयों के शिक्षण के सम्बन्ध में की थी। परीक्षा के आधार पर दो प्रकार के प्रमाण पत्र शिक्षार्थियों को मिलते हैं—

1. कला और स्थापत्य में इंटरमीडिएट प्रमाण-पत्र (Intermediate Certification in Art and Architecture)

2. कला और स्थापत्य में राष्ट्रीय डिप्लोमा (National Diploma in Art and Architecture)।

इंटरमीडिएट डिप्लोमा का पाठ्यक्रम 2-वर्षीय और पूर्णकालीन होता है। इसके लिए न्यूनतम आयु 18 वर्ष होती है। नेशनल डिप्लोमा पाठ्यक्रम पूर्णकालीन 2-वर्षीय और अंशकालीन 3 वर्षीय होता है। इसके लिए न्यूनतम आयु 18 वर्ष होती है। नेशनल डिप्लोमा की परीक्षा दो प्रकार की होती है। एक परीक्षा विशिष्ट विषय (Special Subject) में तथा दूसरी परीक्षा मुख्य विषय (Main Subject) में ली जाती है। मुख्य विषय 40 हैं और अतिरिक्त विषयों की संख्या बहुत अधिक होती है। शिक्षा मंत्रालय की स्वीकृति मिलने पर ही इन परीक्षाओं की व्यवस्था की जाती है।

कृषि-शिक्षा (Agriculture Education)

1 अप्रैल, 1968 से कृषि शिक्षा का उत्तरदायित्व शिक्षा मंत्री को सौंपा गया। कृषि शिक्षा पूर्णकालीन और अंशकालीन दोनों प्रकार की होती है। फार्म इन्स्टीट्यूट्स (Farm-Institutes) पूर्णकालीन और तकनीकी कॉलेज अंशकालीन कृषि शिक्षा देते हैं। अन्य आगामी शिक्षा की संस्थाएँ भी कृषि शिक्षा देती हैं।

तकनीकी शिक्षा का प्रशासन (Administration)

अग्रिम तकनीकी शिक्षा का सर्वोच्च अधिकारी इंग्लैंड और वेल्स में शिक्षा मंत्री होता है। उसे इस शिक्षा के लिए परामर्श देने वाली कई समितियाँ (Committees) होती हैं। इंग्लैंड में ऐसी परामर्शदात्री समितियाँ 9 और वेल्स में एक है। स्थानीय शिक्षा प्रशासन (L.E.A.) इन परामर्शदात्री समितियों का गठन करता है और इन्हें सहारा देता है। शिक्षा मंत्री ने एक शिक्षा की राष्ट्रीय परिषद् (National Council of Education) की नियुक्ति की है जो तकनीकी शिक्षा का निरीक्षण करती है, सम्बन्धित काम करती है और राय देती है।

तकनीकी शिक्षा को अधिक आकर्षक और सुगम बनाने के लिए शिक्षा मंत्रालय ने कई छात्रवृत्तियाँ (Scholarships) भी निर्धारित की हैं। 20 वर्ष से कम आयु के ऐसे छात्रों को जो किसी तकनीकी कार्य में अनुभव रखते हैं उन्हें ही यह छात्रवृत्ति मिलती है। 1993 ई॰ में ऐसी 1200 छात्रवृत्तियाँ स्वीकृत की गयीं थीं। प्रायः अग्रिम शिक्षा के 2-वर्षीय पूर्णकालीन पाठ्यक्रम पाने वाले छात्रों को या नेशनल प्रमाण-पत्र की परीक्षा की तैयारी करने वाले छात्रों को ये छात्रवृत्तियाँ दी जाती हैं।

सारांश

1944 ई॰ के शिक्षा अधिनियम की धारा 40 में आगामी शिक्षा की व्यवस्था का प्रावधान। अनिवार्य शिक्षा की आयु लाँघने वाले और किसी काम में लगे रहने वाले प्रौढ़ों के लिए अंशकालीन या पूर्णकालीन शिक्षा की व्यवस्था ही अग्रिम शिक्षा। स्थानीय शिक्षा प्रशासन की संस्थाएँ, अर्द्ध-स्वतन्त्र, स्वैच्छिक और व्यक्तिगत संस्थाएँ इस शिक्षा को देने वाली।

अग्रिम शिक्षा का स्वरूप—(1) व्यावसायिक शिक्षा, (2) औपचारिक प्रौढ़ शिक्षा, (3) सामाजिक और सांस्कृतिक शिक्षा।

प्रौद्योगिक संस्थाएँ—प्रारम्भिक और अग्रिम तकनीकी एवं प्रौद्योगिक शिक्षा देने वाली संस्थाएँ, पूर्णकालीन और अंशकालीन अग्रिम शिक्षा देने में लीन। आर्डिनरी प्रमाणपत्र और राष्ट्रीय प्रमाणपत्र की परीक्षाओं के लिए तैयारी। इंटरमीडिएट स्टैंडर्ड के प्रमाणपत्र की तैयारी, अन्तिम प्रमाणपत्र की तैयारी। रीजनल प्रौद्योगिक संस्थाएँ, लंदन इन्स्टीट्यूट ऑफ सिटी एंड गिल्ड के प्रमाण-पत्र की तैयारी करने वाली। शिक्षा मंत्रालय तथा औद्योगिक संस्थाओं द्वारा मान्य। अंशकालीन शिक्षा अधिक लोकप्रिय।

कला महाविद्यालय—कला विषयों में शिक्षा देने वाले कॉलेज। सज्जा और छपाई या ग्लास प्रौद्योगिकी में टेक्नीकल स्कूलों द्वारा शिक्षा। नेशनल तथा जनरल प्रमाण पत्रों के लिए तैयारी। इंटरमीडिएट एवं नेशनल डिप्लोमा की पढ़ाई। विशिष्ट और मुख्य विषयों में तैयारी।

कृषि शिक्षा—शिक्षा मंत्री का उत्तरदायित्व। पूर्णकालीन शिक्षा फार्म संस्था में, अंशकालीन शिक्षा टेक्नीकल कॉलेज में।

तकनीकी शिक्षा का प्रशासन—शिक्षा मंत्री उत्तरदायी। सहायता के लिए कई परामर्शदात्री समितियाँ, कई छात्रवृत्तियाँ। दो-वर्षीय पूर्णकालीन नेशनल प्रमाण-पत्र की तैयारी करने वालों को छात्रवृत्तियाँ।

अभ्यासार्थ प्रश्न

1. ग्रेट ब्रिटेन में अग्रिम शिक्षा की क्या व्यवस्था है? इस शिक्षा से क्या तात्पर्य है? स्पष्ट कीजिए।
2. अग्रिम शिक्षा देने में प्रौद्योगिक और तकनीकी संस्थाओं का महत्त्व बताइए।
3. अग्रिम शिक्षा देने में कला महाविद्यालयों का योगदान समझाइए।

अध्याय 20

ग्रेट ब्रिटेन में तकनीकी शिक्षा
[Technical Education in Great Britain]

अग्रिम शिक्षा (Further Education) के अन्तर्गत हमने यह जानने का प्रयास किया है कि ग्रेट ब्रिटेन में पूर्णकालीन और अंशकालीन रूप में तकनीकी शिक्षा देने की क्या व्यवस्था है। यहाँ हम यह जानने का प्रयास करेंगे कि नियमित रूप से यह शिक्षा किस प्रकार से दी जाती है। तकनीकी शिक्षा (Technical Education) की संस्थाएँ दो प्रकार की होती हैं–

1. जूनियर टेक्निकल स्कूल्स और ट्रेड स्कूल्स (Junior Technical Schools and Trade Schools)
2. उच्च टेक्निकल शिक्षा और संस्थाएँ (Higher Technical Education and Institutes)

जूनियर टेक्निकल स्कूल्स एवं ट्रेड स्कूल्स (Junior Technical Schools and Trade Schools)

जो छात्र प्राथमिक शिक्षा प्राप्त कर लेते हैं और उनकी आयु 14 वर्ष की होती है उन्हें जूनियर टेक्निकल स्कूलों और ट्रेड स्कूलों में तकनीकी शिक्षा दी जाती है। इन जूनियर टेकनिकल स्कूलों में इंजीनियरिंग, आर्कीटेक्चर (Architecture), बुनाई (Weaving), सिलाई (Sewing) और जूते बनाना (Shoe Making) आदि व्यवसायों का प्रशिक्षण दिया जाता हैं। बुककीपिंग (Book-keeping), आशुलिपि (Shorthand) तथा इनसे सम्बन्धित विषयों का ज्ञान जूनियर ट्रेड स्कूलों में कराया जाता है। छात्राओं को प्री-नर्सिंग (Pre-nursing) तथा हाउस वाइफरी (House wifery) की शिक्षा ट्रेड स्कूलों में दी जाती है।

ये स्कूल छात्र-छात्राओं को रॉयल सोसायटी ऑफ आर्ट्स तथा ऐसी अन्य संस्थाओं द्वारा ली जाने वाली परीक्षाओं के लिए तैयार करते हैं। कुछ ही स्कूल

इस शिक्षा के लिए शुल्क लेते हैं। व्यवसायों के साथ-साथ छात्र-छात्राओं को सामान्य शिक्षा भी दी जाती है।

संध्याकालीन कक्षाओं (Evening Classes) की व्यवस्था—इंग्लैंड में अंशकालीन (Part-time) रूप में संध्याकालीन कक्षाएँ लगा कर तकनीकी शिक्षा दी जाती है। ये कक्षाएँ बहुत ही लोकप्रिय हैं। वे संस्थाएँ जिनमें यान्त्रिकी (Mechanics) में शिक्षा दी जाती है, वे संध्या-कक्षाएँ लगाती हैं। ये कक्षाएँ जूनियर और सीनियर (Junior andd Senior Types) प्रकार की होती हैं। जब से अग्रिम शिक्षा की संस्थाएँ खुल गयी हैं तब से इनका महत्व कुछ कम हो गया है। अब भी बहुत से स्कूल बहुत से संगठनों (Organisations) के लिए वाणिज्य (Commerce) विषयों में छात्र-छात्राओं को संध्याकालीन प्रशिक्षण देते हैं।

उच्च तकनीकी शिक्षा और संस्थाएँ (Higher Technical Education and Institutes)

ग्रेट ब्रिटेन में रॉयल कॉलेज ऑफ साइंस (Royal College of Science), सेंट्रल टेक्निकल कॉलेज (Central Technical College) तथा माइनिंग स्कूल (Mining School) में उच्च तकनीकी शिक्षा देने की व्यवस्था है। इनकी शिक्षा व्यवस्था से शिक्षा-परिषद् (Board of Education) अत्यधिक प्रभावित है। लॉर्ड हैल्डेन ;Lord Haldance) की अध्यक्षता में तकनीकी शिक्षा पर एक विभागीय समिति (Departmental Committee) नियुक्त की गयी थी। इस समिति की संस्तुतियों (Recommendations) के आधार पर एक रॉयल चार्टर (Royal Charter) जारी किया गया कि एक 'इम्पीरियल कॉलेज ऑफ साइंस एंड टेक्नॉलाजी' (Imperial College of Science and Technology) की स्थापना की जाए। इस कॉलेज को बाद में लंदन विश्वविद्यालय से सम्बद्ध कर दिया गया। इसने उच्च तकनीकी शिक्षा के विकास में भारी मदद की।

तकनीकी शिक्षा-अध्यापक (Technical Education Teacher)

जूनियर टेक्निकल स्कूलों के अध्यापक माध्यमिक स्कूलों के अध्यापकों की भाँति वेतन तथा अन्य भत्ते प्राप्त करते हैं। इन अध्यापकों के लिए कोई विशेष योग्यता निर्धारित नहीं की गयी है। अध्यापक की सम्बन्धित क्षेत्र में योग्यता और अनुभव ही प्रमुख आधार माने जाते हैं। मैकनेअर समिति (McNair Committee) ने तकनीकी अध्यापकों के प्रशिक्षण के सम्बन्ध में कुछ सुझाव दिये हैं। इनमें से प्रमुख यह है कि यदि इनके लिए पूर्णकालीन प्रशिक्षण संभव न हो तो अंशकालीन प्रशिक्षण इन्हें अवश्य मिलना चाहिए।

सारांश

तकनीकी शिक्षा देने वाली दो प्रकार की संस्थाएँ—(1) जूनियर टेक्निकल स्कूल और ट्रेड स्कूल, (2) हायर टेक्निकल एजूकेशन और संस्थाएँ।

(1) **जूनियर टेक्निकल स्कूल तथा ट्रेड स्कूल**—इनमें 14-वर्षीय प्राथमिक शिक्षा पास विद्यार्थी प्रविष्ट। इन्जीनियरी, स्थापत्य, बुनाई, सिलाई और शार्टहैंड, बुककीपिंग आदि का प्रशिक्षण। छात्राओं के लिए गृह-परिचर्या और नर्सिंग में प्रशिक्षण। रॉयल सोसायटी ऑफ आर्ट्स जैसी संस्थाओं की परीक्षाओं के लिए इनके द्वारा तैयारी।

संध्याकालीन कक्षाएँ—इन कक्षाओं की अधिक उपयोगिता; परन्तु अब अग्रिम शिक्षा संस्थाओं के खुलने से इनका महत्व कम। वाणिज्यात्मक विषयों के प्रशिक्षण में इनका योगदान अब भी पर्याप्त।

(2) **उच्च टेक्निकल एजूकेशन और संस्थाएँ**—रॉयल कॉलेज ऑफ साइंस, सेंट्रल टेक्निकल कॉलेज, माइनिंग स्कूल आदि का इस शिक्षा में योगदान अधिक। शिक्षा परिषद् इसके कार्य से प्रभावित। रॉयल चार्टर के अधीन इम्पीरियल कॉलेज ऑफ साइंस और टेक्नॉलाजी की स्थापना।

टेक्निकल शिक्षा अध्यापक—विशेष योग्यता निर्धारित नहीं। अनुभव को प्राथमिकता; स्कूलों के अध्यापकों के समान वेतन और भत्ते। मेकनेअर समिति ने माध्यमिक अंशकालीन प्रशिक्षण द्वारा शिक्षक को प्रशिक्षण देने का सुझाव।

अभ्यासार्थ प्रश्न

1. इंग्लैंड और वेल्स में प्रचलित तकनीकी शिक्षा के स्वरूप को समझाइये।

अध्याय 21

ग्रेट ब्रिटेन में प्रौढ़ शिक्षा और युवा-कल्याण सेवाएँ [Adult Education and Youth Welfare Services in Great Britain]

ग्रेट ब्रिटेन में प्रौढ़ शिक्षा (Adult Education in Great Britain)

अग्रिम शिक्षा (Further Education) देने वाली संस्थाएँ ही प्रौढ़ शिक्षा (Adult Education) देने की व्यवस्था करती हैं। ग्रेट ब्रिटेन की अग्रिम शिक्षा के सम्बन्ध में हमने पीछे पढ़ लिया है। यहाँ सम्बन्धित प्रौढ़ शिक्षा की चर्चा की जाएगी। निम्नलिखित संस्थाएँ प्रौढ़ शिक्षा की व्यवस्था करती हैं–

1. स्थानीय शिक्षा-प्रशासन (Local Education Authorities),
2. उत्तरदायी संस्थाएँ (Responsible Bodies),
3. हर मैजेस्टीज़ फोर्सेज़ (Her Majesty's Forces),
4. स्वैच्छिक संस्थाएँ (Voluntary Organisations)।

1. स्थानीय शिक्षा-प्रशासन (Local Education Authorities)

स्थानीय शिक्षा प्रशासन अग्रिम शिक्षा की संस्थाओं के सहयोग से प्रौढ़ शिक्षा की व्यवस्था करता है। यह शिक्षा व्यावसायिक शिक्षा के माध्यम से दी जाती है। स्थानीय प्रशासन अग्रिम शिक्षा संस्थाओं को आर्थिक सहायता देता है। स्थानीय शिक्षा प्रशासन इंग्लैंड के राष्ट्रीय प्रौढ़ शिक्षा संस्थान (National Institute of Adult Education) का स्थायी सदस्य होता है। इसलिए वह प्रौढ़ शिक्षा के उत्तरदायित्व को वहन करता है।

2. उत्तरदायी संस्थाएँ (Responsible Bodies)

कुछ विश्वविद्यालयों में प्रौढ़ शिक्षा विभागों (Departments of Adult Education) की स्थापना की गयी है। ये विभाग प्रौढ़ शिक्षा के प्रसार के लिए उत्तरदायी होते हैं। इन विश्वविद्यालयों में ब्रिस्टल (Bristol), हल (Hull), लीसेस्टर (Leicester), नाटिंघम (Natingham) तथा साउथम्पटन (Southampton) का नाम लिया जा सकता है। कर्मकार शिक्षा संघ (Workers' Education Association) इन विभागों का प्रौढ़ शिक्षा में हाथ बटाती है। कर्मकार शिक्षा परिषद् में लगभग 50,000 सदस्य होते हैं और 3,000 प्रौढ़ शिक्षा संस्थाएँ इसे सहयोग देती हैं। शिक्षा मंत्रालय कर्मकार शिक्षा संघ (Workers Education Association) को मान्यता देता है और इसे प्रौढ़ शिक्षा के लिए उत्तरदायी (Responsible) मानता है। यह संघ अपने-अपने क्षेत्रों में प्रौढ़ शिक्षा के वैयक्तिक (Individual) एवं सहकारी (Co-operative) कार्यक्रमों का संचालन करता है। इन कार्यक्रमों में विश्वविद्यालयों की ओर से एक व्याख्यान से लेकर 10 मीटिंगों के त्रैमासिक पाठ्यक्रम, एक वर्ष का पाठ्यक्रम तथा 3-वर्षीय ट्यूटोरियल पाठ्यक्रम की व्यवस्था रहती है। बहुत से औद्योगिक संगठनों (Industrial Organisations) के लिए 'कर्मकार शिक्षा संघ' विभिन्न प्रकार के कार्यक्रमों का आयोजन करता है। व्याख्यान के अन्तर्गत कुछ समय प्रश्नोत्तर के लिए निर्धारित होता है। 3-वर्षीय शिक्षण पाठ्यक्रम (Tutorial Course) का संचालन विश्वविद्यालय और कर्मकार शिक्षासंघ दोनों के सहयोग से होता है। यह पाठ्यक्रम विश्वविद्यालयीय स्तर का होता है। यह पाठ्यक्रम कुछ ही होनहार छात्रों को मिलता है। सभी उत्तरदायी संस्थाएँ प्रौढ़ शिक्षा सम्बन्धी योजना और बजट को शिक्षा मंत्री के पास स्वीकृति के लिए भेजती हैं। स्वीकृति मिलने पर उन्हें लागू किया जाता है।

3. हर मैजेस्टीज़ फोर्सेज़ (Her Majesty's Forces)

हर मैजेस्टीज़ फोर्सेज़ के प्रौढ़ों के लिए एडमिरलटी (Admiralty), युद्ध कार्यालय (War Office) तथा वायु सेना मंत्रालय (Air Ministry) अपने-अपने क्षेत्र में प्रौढ़ शिक्षा की व्यवस्था करते हैं। हर मैजेस्टीज़ फोर्स के प्रौढ़ लोग स्थानीय शिक्षा प्रशासन (L.E.A.) द्वारा संचालित किसी भी कार्यक्रम में भाग ले सकते हैं। कर्मकार शिक्षा संघ, स्वैच्छिक संगठनों और विश्वविद्यालयों द्वारा संचालित प्रौढ़ शिक्षा-कार्यक्रमों में भी इस फोर्स के सदस्य भाग ले सकते हैं। सेवा विभाग (Service Department) भी इन लोगों के लिए प्रौढ़ शिक्षा की व्यवस्था करते हैं। हर मैजेस्टीज़ फोर्सेज़ की प्रौढ़ शिक्षा के लिए एक केन्द्रीय प्रौढ़ शिक्षा समिति

(Central Adult Education Committee) का गठन किया गया है जो इन लोगों की प्रौढ़ शिक्षा पर अपना परामर्श सरकार और संगठनों को देती रहती है। स्थानीय शिक्षा प्रशासन, विश्वविद्यालय, सेवा विभाग और स्वैच्छिक संगठन इस समिति के सदस्य होते हैं।

4. स्वैच्छिक संगठन (Voluntary Organisations)

ग्रेट ब्रिटेन में स्वैच्छिक संगठन प्रौढ़ शिक्षा देने में सबसे अधिक योग देते हैं। ऐसी बहुत-सी स्वैच्छिक संस्थाएँ हैं जो प्रौढ़ों में कला के प्रति रसानुभूति (Appreciation) को प्रोत्साहित करती है। जैसे—लर्नेड सोसायटी (Learned Society), युवा संगठन (Youth Organisation) तथा चर्च (Churches) आदि।

प्रौढ़ शिक्षा की राष्ट्रीय संस्था (National Institute of Adult Education) —शिक्षा मंत्रालय के वार्षिक अनुदान पर चलने वाली प्रौढ़ शिक्षा की राष्ट्रीय संस्था सभी प्रकार की प्रौढ़ संस्थाओं के बीच एक कड़ी का काम करती है। यह सरकार से मिलने वाले अनुदान के अतिरिक्त अपने प्रकाशनों (Publications) की सदस्यता (Membership) और रॉयल्टी (Rolyalty) से भी धन प्राप्त करती है। इस संस्था में विश्वविद्यालय और स्थानीय शिक्षा प्रशासन भी सदस्य के रूप में रहते हैं। यह संस्था सभी प्रौढ़ शिक्षा संस्थाओं को उपयुक्त और आवश्यक परामर्श और सहायता देती रहती है। समय-समय पर सम्बन्धित सूचनाएँ (Informations) भी इससे प्राप्त होती हैं। यह एक सूची छापती है जिसमें सभी प्रौढ़ शिक्षा संस्थाओं के आवश्यक विवरण होते हैं। यह सूचना-पत्र (Bulletin) छापती है, पुस्तकालयों की व्यवस्था करती है और प्रौढ़ शिक्षा पर अनुसंधान कार्य (Research Work) भी करती है। इंग्लैंड और वेल्स में प्रौढ़ शिक्षा की व्यवस्था बहुत अच्छी है। इसलिए वहाँ निरक्षरता (Illiteracy) कम है।

ग्रेट ब्रिटेन में युवा-कल्याण सेवाएँ (Youth Welfare Services in Great Britain)

ग्रेट ब्रिटेन की सरकार ने 1939 ई. में यह निर्णय लिया कि शिक्षा परिषद् (Education Board) युवा-कल्याण की सेवाओं का उत्तरदायित्व वहन करे और स्थानीय शिक्षा प्रशासन तथा अन्य शैक्षिक संस्थाओं से इस काम के लिए सहयोग ले। इसीलिए सरकार ने एक राष्ट्रीय युवा समिति (National Youth Committee) का गठन किया और स्थानीय शिक्षा प्रशासनों को निर्देश दिया कि वे अपने-अपने क्षेत्र में ऐसी ही युवा कल्याण समितियाँ बनायें। ये समितियाँ स्वयं युवा कल्याण

कार्यों का संचालन नहीं करेंगी, वरन् वे सम्बन्धित अधिकारियों को सलाह देंगी कि वे इस कार्य को कैसे करेंगे।

1944 ई॰ के शिक्षा अधिनियम के अनुसार युवा कल्याण सेवाएँ अग्रिम शिक्षा (Further Education) का एक अंग बना दी गयीं। शिक्षा विभाग (Education Department) में एक युवा सेवा विभाग (Youth Service Department) की स्थापना की गयी। यह विभाग शिक्षा मंत्री को यह सलाह देता है कि वह युवा सेवा सम्बन्धी क्या नीतियाँ बनाए और स्थानीय शिक्षा प्रशासन को क्या अनुदान दे। स्थानीय शिक्षा प्रशासन अपने सरकारी ब्लॉक अनुदान (Block Grant) में से युवा कल्याण सेवाओं के लिए अनुदान देता है। केन्द्रीय शिक्षा मंत्रालय, सीधे स्वैच्छिक संगठनों को इस कार्य के लिए अनुदान देता है। सभी स्थानीय शिक्षा प्रशासनों के क्षेत्रों में युवा समितियाँ (Youth Committees) संगठित की जाती हैं। इन युवा समितियों में लघु स्थानीय शिक्षा प्रशासन इकाइयाँ, स्थानीय नागरिक, अध्यापक, स्वैच्छिक युवा संगठन, चर्च संघ युवा रोजगार सेवाएँ, स्वास्थ्य सेवाएँ और औद्योगिक क्षेत्रों के लोग सदस्य होते हैं। कुछ स्थानीय शिक्षा प्रशासन अपने-अपने क्षेत्रों में युवा अधिकारियों (Youth Officers) की नियुक्ति कर लेते हैं। ये अधिकारी अपने क्षेत्रों में युवा कल्याण सेवाओं के कार्यक्रमों की देखभाल करते हैं और सम्बन्धित समस्याओं की ओर स्थानीय प्रशासन का ध्यान खींचते हैं। ये अधिकारी युवा नेताओं को चुनकर उन्हें प्रशिक्षण देते हैं। वे क्लबों और स्वैच्छिक शिक्षक केन्द्रों का संगठन भी करते हैं।

युवा-कल्याण सेवाओं की संस्थाएँ (Institutions)

इंग्लैंड और वेल्स में युवा कल्याण सेवाओं को अग्रिम शिक्षा के माध्यम से निम्नलिखित संस्थाओं द्वारा दिया जाता है–

1. स्थानीय शिक्षा प्रशासन (Local Education Authorities)।
2. समान स्वैच्छिक संगठन (Uniform Voluntary Organisation)।
3. असमान गोष्ठी संगठन (Non-Uniformed Club Organisation)।

स्थानीय शिक्षा प्रशासन (L.E.A.)

अग्रिम शिक्षा के अन्तर्गत स्थानीय शिक्षा प्रशासन युवा कल्याण सेवाओं के अपने केन्द्रों और भवनों का निर्माण करते हैं। ये केन्द्र प्रायः स्कूलों में ही खोले जाते हैं। युवक इन केन्द्रों के कार्यक्रमों में भाग लें ही, यह आवश्यक नहीं होता। इन

केन्द्रों पर सांस्कृतिक क्रियाएँ, कला कार्य, संगीत, खेलकूद और शारीरिक प्रशिक्षण के कार्यक्रम संचालित होते हैं।

समान स्वैच्छिक संगठन (Uniform Voluntary Organisation)

इन संगठनों के अन्तर्गत बॉयज स्काउट संघ (Boys Scouts Association), गर्ल्स गाइड (Girls Guide), बॉयज ब्रिगेड (Boys Brigade), सैंट जॉन एम्बुलैन्स ब्रिगेड (St. John Ambulance Brigade), ब्रिटिश रेडक्रॉस (British Red Cross) आदि संगठन आते हैं। इन सभी संगठनों में बॉयज स्काउट और गर्ल्स गाइड संगठन सबसे अधिक लोकप्रिय हैं। इनके जूनियर और सीनियर दो भाग होते हैं। जूनियर भाग (Junior Section) में 8 से 11 वर्ष के बच्चे प्रविष्ट होते हैं और सीनियर भाग (Senior Section) में 15 वर्ष के बालक-बालिकाएँ प्रवेश पाते हैं। इन दोनों भागों में ब्राउनीज (Brownies), रेंजर्स (Rangers), रॉवर स्काउट (Rover Scouts) और वुल्फ कब्स (Wolf Cubs) के वर्ग (Classes) होते हैं। बॉयज ब्रिगेड राष्ट्रमंडल (Common wealth) तथा अन्य देशों में भी लोकप्रिय हैं। डेनमार्क और हॉलैंड भी ऐसे संगठनों का गठन करते हैं। ग्रेट ब्रिटेन के केन्द्र से इस बॉयज ब्रिगेड के कार्यक्रम निर्धारित होते हैं। लगभग डेढ़ लाख बालक इन कार्यक्रमों में भाग लेते हैं। इन संगठनों का उद्देश्य है कि छात्र-छात्राओं में ईसा के उपदेशों को पहुँचाया जाए। आज्ञाकारिता (Obedience), बड़ों का आदर करना, आत्मानुशासन (Self-discipline) और आत्म-सम्मान (Self-respect) आदि गुणों का विकास करने में ये संगठन उपयोगी सिद्ध होते हैं।

असमान गोष्ठी संगठन (Non-uniformed Club Organisation)

ये संगठन सामान्य (General) और विशिष्ट (Special) सुविधाओं की दृष्टि से दो प्रकार के होते हैं। सामान्य सुविधाओं की दृष्टि से बी॰ सी॰; जी॰ सी॰; एन॰ ए॰ एम॰ सी॰; वाई॰ एम॰ सी॰ ए॰; वाई॰ डब्ल्यू॰ सी॰ ए॰; गर्ल्स गिल्डरी (Girls Guildry), गर्ल्स फ्रेंडली सोसायटी (Girls Friendly Society), बॉयज वर्क सेक्शन (Boys Work Section) उल्लेखनीय हैं। विशिष्ट सुविधाओं की दृष्टि से सहकारी युवा (Cooperative Youth), युवा कृषकों के क्लब का राष्ट्रीय संघ (National Federation of Young Farmers Club); वेल्श लीग ऑफ यूथ (Welsh League of Youth) का नाम लिया जा सकता है।

इन सभी संगठनों के प्रतिनिधियों से एक राष्ट्रीय संगठन बनाया गया है जिसे स्टेंडिग कॉन्फरेन्स ऑफ नेशनल वॉलंटरी यूथ आर्गनाइजेशन (Standing

Conference of National Voluntary Youth Organisation) कहा जाता है। यह संगठन सभी संगठनों के उद्देश्यों को संरक्षण देता है और शिक्षा मंत्री को इन संगठनों के विचारों की सूचना देता है। यह संगठन शिक्षा मंत्री और सभी स्वैच्छिक संगठनों के बीच सम्पर्क स्थापित करने में कड़ी का काम करता है।

युवा कल्याण सेवाओं की असफलताओं के कारण

युवा कल्याण सेवाओं के सबसे बड़े आलोचक सर डब्ल्यू. ए. लेस्टर (W.A. Lester) हैं। उनके अनुसार सभी सम्बन्धित संगठन धनाभाव में अपने पथ से हट गये हैं। राज्य कोष (State Exchequer) से इन संगठनों को पर्याप्त सहायता नहीं मिलती। दूसरा मुख्य कारण यह भी है कि इन संगठनों में नेताओं का भी अभाव है। तीसरा कारण यह है कि अन्य कार्यक्रमों की अपेक्षा व्यावसायिक कार्यक्रमों पर अधिक ध्यान जाता है।

1958 ई. में एलबरमार्ले (Albermarle) की काउंटीज़ में एक समिति बनायी गयी जो इन सेवाओं के सुधार के लिए सिफारिश करे। इस समिति ने शिक्षा मंत्री के उत्तरदायित्व पर एक 10-वर्षीय सेवा योजना का सुझाव दिया। सरकार ने इसे स्वीकार कर लिया और लागू भी किया।

सारांश

ग्रेट ब्रिटेन में प्रौढ़ शिक्षा--ग्रेट ब्रिटेन में अग्रिम शिक्षा के माध्यम से 4 प्रकार की संस्थाएँ प्रौढ़ शिक्षा देने वाली–(1) स्थानीय शिक्षा प्रशासन, (2) उत्तरदायी संस्थाएँ, (3) एच. एम. फोर्सेज, (4) स्वैच्छिक संगठन।

ग्रेट ब्रिटेन में युवा कल्याण सेवाएँ–1939 ई. में सरकार ने युवा कल्याण सेवाओं की व्यवस्था का निर्णय लिया। 1944 ई. के अधिनियम से युवा कल्याण सेवाएँ अग्रिम सेवा का अनिवार्य अंग बनीं। तीन प्रकार की संस्थाएँ इन सेवाओं को देती हैं–(1) स्थानीय शिक्षा प्रशासन, (2) समान स्वैच्छिक संगठन, (3) असमान गोष्ठी संगठन।

इन सभी संगठनों का राष्ट्रीय स्तर पर एक संगठन जो सभी संगठनों और शिक्षा मंत्री के बीच सम्पर्क कड़ी का काम करने वाला।

युवा कल्याण सेवाओं की असफलता के कारण–(1) धनाभाव और अनुदान की कमी से पथ छोड़ना, (2) नेतृत्व का अभाव, (3) व्यवसायीकरण पर अधिक बल।

अभ्यासार्थ प्रश्न

1. ग्रेट ब्रिटेन में प्रौढ़ शिक्षा की व्यवस्था कैसे होती है?
2. ग्रेट ब्रिटेन में युवा कल्याण सेवाओं के लिए क्या व्यवस्था की जाती है?
3. निम्नलिखित का प्रौढ़ शिक्षा और युवा कल्याण सेवाओं की दृष्टि से योगदान स्पष्ट कीजिए–
   (अ) स्थानीय शिक्षा प्रशासन,
   (ब) स्वैच्छिक संगठन,
   (स) शिक्षा मंत्रालय,
   (द) शिक्षा विभाग।

अध्याय 22

ग्रेट ब्रिटेन में विशेष शिक्षा सेवाएँ [Special Services in Education in Great Britain]

ग्रेट ब्रिटेन में निम्नलिखित विशेष शिक्षा सेवाएँ प्रचलित हैं। इन सेवाओं से ग्रेट ब्रिटेन के शिक्षार्थी योग्य नागरिक बनकर राष्ट्र सेवा में भाग लेते हैं—

1. स्कूल स्वास्थ्य सेवा (School Health Service)।
2. स्कूल भोजन एवं दुग्ध व्यवस्था (School Meal and Milk Arrangement)।
3. शारीरिक और मानसिक दृष्टि से पिछड़े बच्चों की विशेष सेवाएँ (Special Services for the Physically and Mentally Retarded Children)।
4. मनोवैज्ञानिक चिकित्सालय (Psychological Clinic)।
5. 'शिक्षा' में अनुसंधान (Research in Education)।
6. युवा रोजगार सेवा (Youth Employment Service)।
7. शिक्षा कल्याण सेवा (Education Welfare Service)।

स्कूल स्वास्थ्य सेवा (School Health Service)

1944 के शिक्षा अधिनियम के अनुसार स्थानीय शिक्षा प्रशासन (L.E.A.) अपने स्कूलों में बच्चों के लिए स्वास्थ्य सेवाएँ देता है। इसमें निःशुल्क चिकित्सा दी जाती है। 1948 ई॰ की राष्ट्रीय शिक्षा योजना के अनुसार छात्रों को बहुत-सी चिकित्सा सुविधाएँ उपलब्ध हैं। दन्त चिकित्सा तथा सभी रोगों की जाँच-पड़ताल करके उपयुक्त चिकित्सा की व्यवस्था की गयी है।

स्कूल भोजन एवं दुग्ध व्यवस्था (School Meal and Milk Arrangement)

ग्रेट ब्रिटेन (इंग्लैंड और वेल्स) में जो छात्र-छात्राएँ घर पर सन्तुलित भोजन नहीं

ले पाते उन्हें स्कूलों में निःशुल्क भोजन और दूध देने की व्यवस्था की गयी है। प्रत्येक स्कूल में स्थानीय शिक्षा प्रशासन की ओर से इस व्यवस्था के लिए एक प्रबंधक नियुक्त होता है।

शारीरिक और सामाजिक दृष्टि से पिछड़े बच्चों की विशेष सेवाएँ (Special Services for the Physically and Mentally Retarted Children)

1944 के शिक्षा अधिनियम से स्थानीय शिक्षा प्रशासन और शिक्षा मंत्रालय मिलकर शारीरिक और मानसिक दृष्टि से पिछड़े बच्चों की शिक्षा के लिए विशिष्ट स्कूलों की व्यवस्था करते हैं। गूँगे (Dumb), बहरे (Deaf), अन्धे (Blind) और पिछड़े (Retarded) बच्चों के लिए पर्याप्त विशिष्ट स्कूल हैं। जो बालक पूयमेह (Gonorrhoea) और मृगी या अपस्मार (Epilepsy) से पीड़ित हैं उनके विशिष्ट स्कूल हैं। समस्या बालकों (Problem Children) और वाक्-दोष वाले बालकों के लिए भी पृथक् स्कूल खोले गये हैं। ऐसे सभी स्कूलों में प्रशिक्षित अध्यापक और कुशल चिकित्सक रखे गये हैं।

मनोवैज्ञानिक चिकित्सालय (Psychological Clinic)

बच्चों के मानसिक रोगों की चिकित्सा के लिए स्थानीय शिक्षा प्रशासन की ओर से मनोरोग चिकित्सकों की नियुक्ति की गयी है और मनोविज्ञान चिकित्सालय स्थापित किये गये हैं। शिक्षा अधिकारी अभिभावकों और मनोरोग चिकित्सकों की सहायता से मानसिक रोगी बच्चों की चिकित्सा की सुविधाएँ देते हैं।

शिक्षा में अनुसंधान (Research in Education)

प्रशिक्षण कॉलेजों, विश्वविद्यालय विभागों तथा अन्य उच्च अध्यापक प्रशिक्षण संस्थाओं को स्थानीय प्रशासन 'शिक्षा-शास्त्र' में अनुसंधान कार्य करने के लिए आर्थिक सहायता देता है।

युवा रोजगार सेवा (Youth Employment Service)

श्रम मंत्रालय और शिक्षा मंत्रालय आपसी सहयोग से बेरोजगार युवकों के लिए रोजगार सेवाएँ जुटाते हैं। प्रत्येक स्कूल में युवा रोजगार अधिकारी नियुक्त किये गये हैं। इस अधिकारी के पास बेरोजगार युवकों की सूची होती है जिन्हें उनकी रुचि, योग्यता और आवश्यकता के अनुसार रोजगार दिलाया जाता है। वह

स्कूलों और युवकों को विविध औद्योगिक और व्यापारिक संस्थाओं से परिचित कराकर रोजगार की सम्भावनाओं से परिचित कराता है। शिक्षक इन्हीं संभावनाओं के अनुरूप बच्चों को तैयार करते हैं।

शिक्षा कल्याण सेवा (Education Welfare Service)

स्कूल और समाज को एक-दूसरे के निकट लाने के लिए ये सेवाएँ दी जाती हैं। अनिवार्य उपस्थिति अधिनियम का उल्लंघन न हो, उद्योग, व्यापार संस्थाएँ, समाज और परिवार इस नियम का पालन करें, इसे समझें, इस बात का प्रयत्न किया जाता है। इससे बाल-अपराधी अपना व्यवहार सुधार लेते हैं, अभिभावक अकारण अपने बच्चों को पढ़ायी से न रोकें इस बात के लिए अभिभावकों को तैयार किया जाता है।

सारांश

ग्रेट ब्रिटेन में विशेष शिक्षा सेवाएँ

निम्नलिखित सेवाएँ उपलब्ध हैं—

1. स्कूल स्वास्थ्य सेवा।
2. स्कूल भोजन और दुग्ध व्यवस्था।
3. शारीरिक और मानसिक दृष्टि से पिछड़े बच्चों की शिक्षा-सेवा।
4. मनोवैज्ञानिक चिकित्सा।
5. 'शिक्षा-शास्त्र' में अनुसंधान कार्य।
6. युवकों के लिए रोजगार सेवा।
7. शिक्षा कल्याण सेवाएँ।

अभ्यासार्थ प्रश्न

1. ग्रेट ब्रिटेन में विभिन्न विशिष्ट शिक्षा सेवाओं का वर्णन कीजिए।
2. ग्रेट ब्रिटेन में स्कूली बच्चों को रोग-मुक्त, स्वस्थ रखने और रोजगार देने के लिए क्या व्यवस्था करते हैं?

अध्याय 23

विवृत या खुला विश्वविद्यालय*
[A University of the Air or the Open University]

उच्च शिक्षा पाने के इच्छुक सभी व्यक्तियों के लिए ग्रेट ब्रिटेन के विश्वविद्यालयों में स्थान के अभाव का अनुभव किया गया। वस्तुतः यह अभाव तो प्रत्येक देश के विश्वविद्यालयों में पाया जाता है। ग्रेट ब्रिटेन के शिक्षाशास्त्रियों ने इच्छुक प्रौढ़ों हेतु विश्वविद्यालयीय शिक्षा देने के लिए विवृत विश्वविद्यालयों (Open University) की परम्परा प्रारम्भ की। इस परम्परा का प्रारम्भ अन्य विकसित तथा विकासशील देशों में भी किया गया है।

फरवरी 1966 में एक श्वेत पेपर (White Paper) प्रकाशित करके विवृत विश्वविद्यालय की स्थापना का विचार व्यक्त किया गया। इसके उद्देश्यों और कार्यक्रमों की व्याख्या हेतु सर पीटर वीनाब्लेस (Sir Peter Venables) की अध्यक्षता में एक प्लानिंग कमेटी गठित की गई। इस कमेटी ने अपनी रिपोर्ट में इस बात पर बल दिया कि उच्च शिक्षा प्राप्त करने का प्रत्येक नागरिक को अधिकार है।

विवृत विश्वविद्यालय में शिक्षा प्राप्त करने के लिए 1966-67 में एक लाख व्यक्तियों ने अर्जी दी, परन्तु इनमें केवल पचास हजार का ही आवेदन-पत्र स्वीकार किया गया। इन 50,000 व्यक्तियों में केवल 30,000 ही प्रवेश-परीक्षा पास कर सके। ये सभी आवेदक ऐसे थे जो नियमित रूप से किसी विश्वविद्यालय में प्रवेश लेकर उच्च शिक्षा नहीं प्राप्त कर सकते थे।

जून 1969 में सरकार ने विवृत विश्वविद्यालय को मान्यता दे दी। फलतः विवृत विश्वविद्यालय एक स्वायत्तशासी संस्था बन गई। विश्वविद्यालय में प्रवेश हेतु न्यूनतम आयु-सीमा 21 वर्ष है। 1971 में 25,000 व्यक्ति इसमें शिक्षा प्राप्त कर रहे थे। इसमें विद्यार्थियों की संख्या दिन पर दिन बढ़ती रही है। 1981 के अन्त तक इसमें लगभग 50,000 व्यक्ति शिक्षा प्राप्त कर रहे थे।

---

* लेखक की तुलनात्मक शिक्षा के दूसरे खंड से।

विवृत या खुला विश्वविद्यालय के प्रति सामान्य अभिमत (General Opinion about the Open University)

चूँकि विवृत विश्वविद्यालय परम्परागत विश्वविद्यालयों की तरह नियमित रूप से सुनिश्चित पाठ्यक्रमानुसार शिक्षा देने की योजना नहीं रखते, अतः इनके प्रति जनता में बहुत अनुकूल धारणा अभी तक नहीं बन पाई है। साधारण जनता तथा अन्य विश्वविद्यालयों के अध्यापक और विद्यार्थीगण विवृत विश्वविद्यालय के विद्यार्थियों को हेय दृष्टि से देखते हैं। उनकी यह धारणा है कि विवृत विश्वविद्यालय नवीन ज्ञान और नवीन खोजों के अनुसार ज्ञान को प्रसारित करने में सक्षम नहीं हैं। कुछ अर्थों में यह धारणा ठीक भी है। अतः विवृत विश्वविद्यालय के सामने यह समस्या है कि वह अपने स्तर को कैसे ऊँचा उठाये। एतदर्थ परम्परागत विश्वविद्यालयों की सहायता से इसे समृद्ध बनाना आवश्यक है।

एक सामान्य विश्वविद्यालय दो प्रकार का ज्ञान अपने विद्यार्थियों को देता है—बौद्धिक (Intellectual) और व्यावसायिक (Professional)। विवृत विश्वविद्यालय के सामने यह समस्या है कि इन दोनों प्रकार के ज्ञान को विद्यार्थियों को कैसे दिया जाए। दूसरे शब्दों में, विद्यार्थियों का बौद्धिक पुनर्नुस्थापन (Intellectual Reorientation) और व्यावसायिक पुनर्नुस्थापन (Professional Reorientation) कैसे किया जाए? सेवारत या कार्यरत (Inservice or busy) व्यक्तियों का बौद्धिक पुनर्नुस्थापन करना विवृत विश्वविद्यालय के लिए अत्यन्त कठिन होगा। अतः यह धारणा बलवती हो चली है कि प्रौढ़ों का व्यावसायिक पुनर्नुस्थापन करना ही विवृत विश्वविद्यालय का प्रधान उद्देश्य होना चाहिए। इस उद्देश्य की पूर्ति हेतु व्यवसाय में रत प्रौढ़ों को उनके विशिष्ट व्यवसाय में रिफ्रेशर कोर्स (Refresher Course) देने की व्यवस्था होनी चाहिए। इस प्रकार सेवारत प्रौढ़ों को अपने व्यवसाय में अनौपचारिक उच्च शिक्षा मिल सकेगी, परन्तु इसका तात्पर्य यह नहीं है कि विवृत विश्वविद्यालय ने प्रौढ़ों के बौद्धिक पुनर्नुस्थापन का कार्यक्रम अपनी परिधि के अन्तर्गत नहीं लिया है। वस्तुतः यह इस क्षेत्र में भी क्रियाशील है, जैसा कि आगे के विवरण से स्पष्ट होगा।

विवृत या खुला विश्वविद्यालय का स्वरूप (Nature of Open University)

विवृत विश्वविद्यालय नीलगगन के नीचे चारों ओर बिना सीमा के फैला रहता है। इसका न कोई भौगोलिक क्षेत्र है और न सीमा। इसीलिए इसे विवृत या खुला हुआ (Open) कहा गया है। अध्यापकों के स्थान पर इस विश्वविद्यालय में श्रव्य-दृश्य सहायक सामग्री (Audio-visual aids), श्रव्य उपकरण (Audio-Aids),

रेडियो, टेपरिकार्डर तथा दूरदर्शन (Television sets) आदि होते हैं। यदा-कदा स्थानीय शिक्षण समूहों की सहायता से भी शिक्षण की कुछ व्यवस्था की जाती है। सर पीटर वीनाब्लेस की अध्यक्षता में गठित नियोजन समिति (Planning Committee) के अनुसार रेडियो विवृत विश्वविद्यालय का सबसे अधिक प्रभावशाली साधन है। रेडियो के माध्यम से विभिन्न विश्वविद्यालयों के सुयोग्य अध्यापकों द्वारा यदा-कदा विविध विषयों पर भाषण प्रसारित किये जाते हैं। उनके व्याख्यान टेपरिकार्ड किये जाते हैं तथा टेलीविजन द्वारा उन्हें भाषण देते हुए दूर-दूर तक दिखाया और सुनाया जाता है। अर्थात् टेलीविजन द्वारा उनके शिक्षण को दूर-दूर तक फैलाया जाता है। इस प्रकार श्रोता और दर्शक विद्वान अध्यापकों के ज्ञान और अनुभव का लाभ उठाते हैं। विवृत विश्वविद्यालय की शिक्षण व्यवस्था में लेखन कार्य को भी महत्व दिया गया है। पत्राचार द्वारा विद्यार्थियों को पाठ और निर्देश भेजे जाते हैं। तदनुसार विद्यार्थीगण अपना लिखित कार्य विश्वविद्यालय कार्यालय में जाँच के लिए भेजते हैं। विवृत विश्वविद्यालय के विशेषज्ञ और शिक्षक उस कार्य का मूल्यांकन करके अपनी टिप्पणी के साथ विद्यार्थियों को लौटा देते हैं। यदि आवश्यक हुआ तो कभी-कभी कुछ विद्यार्थियों को केन्द्र पर बुलाकर कुछ महत्वपूर्ण बातें शिक्षण के रूप में समझाई जाती हैं।

विवृत या खुला विश्वविद्यालय में शिक्षण विधि (Teaching Method in the Open University)

विवृत विश्वविद्यालय में किसी एक शिक्षण विधि पर निर्भर नहीं रहा जाता। इसमें बहुत-सी शिक्षण तकनीकियों (Teaching Techniques) प्रयोग में लाई जाती हैं। इनमें से कुछ प्रधान तकनीकियों का हम नीचे उल्लेख कर रहे हैं—

1. रेडियो द्वारा प्रसार सेवाएँ।
2. टेपरिकार्डर द्वारा विशेषज्ञों के अध्ययन का प्रसार करना।
3. टेलीविजन द्वारा विशेषज्ञों के अध्यापन का प्रसार करना।
4. पत्राचार द्वारा पाठ और निर्देश भेजना तथा इनके आधार पर प्राप्त कार्यों का मूल्यांकन करना।
5. अंशकालीन अध्यापन (Part-time teaching) की जब-तब व्यवस्था करना।
6. अभियोजित पुस्तकें (Programmed Text Books) तैयार करके विद्यार्थियों में वितरित करना।
7. कभी-कभी कक्षा-शिक्षण तथा सामूहिक विचार-विमर्श का आयोजन करना।

8. सम्पर्क कक्षाएँ (Contact Classes) का आयोजन करना। इन कक्षाओं में निर्दिष्ट पाठ्यक्रम पर विशेषज्ञों द्वारा व्याख्यान आयोजित किये जाते हैं।
9. खुले पुस्तकालयों, कर्मशालाओं (Word-shops) तथा प्रयोगशालाओं का आयोजन करना।

उपर्युक्त विधियों के आधार पर विवृत विश्वविद्यालय अपने कार्यक्रम को प्रौढ़ों के लिए उपयोगी बनाने की चेष्टा करता है। इन विधियों द्वारा शिक्षित विद्यार्थी नियमित विद्यार्थियों के साथ ही किसी निश्चित विश्वविद्यालय की परीक्षा में बैठता है। उत्तीर्ण हो जाने पर उसे भी नियमित विद्यार्थी के समान ही प्रमाणपत्र दिया जाता है।

विवृत या खुला विश्वविद्यालय का पाठ्यक्रम (Curriculum of the Open University)

ग्रेट ब्रिटेन के विवृत विश्वविद्यालय में पास (Pass) और ऑनर्स (Honours) दोनों प्रकार के पाठ्यक्रम होते हैं। एक सत्र के लिए निर्धारित क्रेडिट्स (Credits) को पूरा कर लेने पर विद्यार्थी को उत्तीर्ण माना जाता है। सामान्य पास कोर्स में छः क्रेडिट्स तथा ऑनर्स कोर्स में किसी विद्यार्थी को आठ क्रेडिट्स करने होते हैं। चार वर्ष की शिक्षा अवधि होती है। क्रेडिट्स आधारभूत (Basic) पाठ्यक्रम पर आधारित होते हैं। यह आधारभूत पाठ्यक्रम अथवा क्रेडिट्स पूरा कर लेने पर विद्यार्थी को विश्वविद्यालय से प्रमाणपत्र प्राप्त हो जाता है। आधारभूत पाठ्यक्रम के अन्तर्गत निम्नलिखित प्रधान शाखायें आती हैं–

1. गणित।
2. विज्ञान।
3. सामान्य सामाजिक विज्ञान, जिससे समाज के सामान्य स्वरूप को समझा जा सके।
4. साहित्य और संस्कृति।

उपर्युक्त चार शाखाएँ डिग्री पाठ्यक्रम के अनुसार निर्धारित की गई हैं। इन उप-शाखाओं का सामान्य ज्ञान डिग्री पाठ्यक्रम में दिया जाता है। डिग्री पाठ्यक्रम के बाद ये उप-शाखायें और अधिक विस्तृत कर दी जाती हैं। तब विद्यार्थी किसी भी उपशाखा का विशिष्ट ज्ञानार्जन हेतु अध्ययन कर सकता है। उदाहरणार्थ,

कोई विद्यार्थी सामान्य विज्ञान के अध्ययन के बाद, भौतिक शास्त्र, इलेक्ट्रॉनिक्स, ऐस्ट्रानॉमी तथा एक्सरे आदि का गहन अध्ययन कर सकता है।

विवृत या खुले विश्वविद्यालयों का प्रशासन (Administration of Open Universities)

1969 में सरकारी घोषणा पत्र के आधार पर ग्रेट ब्रिटेन के अन्य विश्वविद्यालयों की तरह विवृत विश्वविद्यालयों की स्थापना की गई। ये स्वायत्तशासी (Autonomous) होते हैं। इनमें अंशकालीन अध्यापन हेतु अंशकालीन अध्यापक नियुक्त किये जाते हैं। एक कुलपति के अतिरिक्त निम्नलिखित अधिकारियों की भी प्रशासन हेतु नियुक्ति की जाती है—

1. अध्ययन, गृह-शिक्षण तथा पत्राचार सेवा हेतु निदेशक (Director of Studies, Home Tuition and Correspondence Services)।
2. स्थानीय केन्द्रों और शिक्षण सेवाओं द्वारा अध्ययन के लिए निदेशक (Director of Studies at Local Centres and Tutorial Services)

ये उपर्युक्त दोनों निदेशक अपने-अपने विशिष्ट क्षेत्र में विशेषज्ञों की नियुक्ति करते हैं तथा उनके द्वारा पाठ लिखाते हैं, पुस्तकें तैयार कराते हैं, व्याख्यान दिलाते हैं, प्रदर्शन-कार्य नियोजित करते हैं, कार्य का निरीक्षण तथा मूल्यांकन कराते हैं। ये विशेषज्ञ रेडियो तथा टेलिविजन आदि का प्रौढ़ शिक्षा के लिए समुचित प्रयोग करते हैं। इन सभी सेवाओं में सहायतार्थ बहुत से शिक्षक राज्य शिक्षा महाविद्यालयों, विश्वविद्यालयों, तकनीकी महाविद्यालयों और पॉलिटेक्निकों से अंशकालीन सेवाओं के आधार पर लिये जाते हैं। इन सेवाओं के लिए निर्धारित पारिश्रमिक भी उन्हें दिया जाता है।

विवृत या खुले विश्वविद्यालयों का महत्व (Importance of Open Universities)

जैसा कि इस अध्याय के प्रारम्भ में ही कहा गया है, विवृत विश्वविद्यालय उन प्रौढ़ व्यक्तियों के लिए ही उपयोगी है जो किसी कारणवश सामान्य विश्वविद्यालयों में नाम लिखाकर शिक्षा नहीं प्राप्त कर सकते। विवृत विश्वविद्यालय ने अपनी परिधि और स्वरूप को इतना परिष्कृत कर लिया है कि अब ये बौद्धिक और व्यावसायिक दोनों प्रकार की शिक्षा प्रौढ़ों को देने में सक्षम हो रहे हैं। ऐसे

विश्वविद्यालयों का वयस्कों के लिए बड़ा ही महत्व है।

भारत में विवृत विश्वविद्यालय के रूप में हिमाचल विश्वविद्यालय (शिमला) का एक अनुभाग कई वर्षों से कार्य कर रहा है। दिल्ली, पंजाब और राजस्थान विश्वविद्यालय भी इस ओर अग्रसर हुए हैं। वस्तुतः ऐसे विश्वविद्यालयों को समुचित प्रोत्साहन मिलना चाहिए।

सारांश

जून 1969 में सरकारी मान्यता, स्वायत्तशासी संस्था।

विवृत विश्वविद्यालय के प्रति जन सामान्य की धारणा

लोकतान्त्रिक। वयस्कों के लिए शिक्षा का अच्छा साधन। यह विश्वविद्यालय ज्ञान का बौद्धिक और व्यावसायिक पुनर्स्थापन करता है।

स्वरूप—कोई भौगोलिक क्षेत्र और सीमा नहीं। नील गगन के नीचे इसका स्वच्छन्द विस्तार। इसका एक कार्यालय।

शिक्षण प्रक्रिया—रेडियो, दूरदर्शन, टेपरिकार्डर, दृश्य-श्रव्य उपकरणों का ज्ञान प्रसार के लिए उपयोग। पत्राचार, अंशकालीन शिक्षण, अभियोजित पुस्तकें, सम्पर्क कक्षाएँ, कर्मशालाएँ और प्रयोगशालाएँ।

पाठ्यक्रम—चार बुनियादी पाठ्यक्रम, इनकी उपशाखाओं का अध्ययन, क्रेडिट्स कोर्स, पास और ऑनर्स पाठ्यक्रम।

प्रशासन—कुलपति, दो निदेशक, अंशकालीन सेवाओं हेतु विशेषज्ञों की नियुक्ति।

महत्व—प्रौढ़ों के लिए अत्यन्त महत्वपूर्ण।

अभ्यासार्थ प्रश्न

1. ग्रेट ब्रिटेन में संचालित विवृत या खुला विश्वविद्यालयों के स्वरूप और महत्व पर प्रकाश डालिए।
2. विवृत या खुला विश्वविद्यालय को सुदृढ़तर बनाने के लिए हमें क्या करना चाहिए?

अध्याय 24

ब्रिटिश शिक्षा की कुछ शब्दावलियों के अर्थ [Meanings of Some Technical Terms of British Education]

[नोट—अंग्रेजी वर्णमाला के क्रम में यह सूची निर्मित हैं, अतः कोष्ठक में अंग्रेजी पर्याय अंग्रेजी-कोष के क्रम में प्रदत्त हैं। अतः अंग्रेजी वर्णमाला के क्रम में ही शब्दावलियों के अर्थ को खोजिए।]

ब्रिटिश शिक्षा में कुछ ऐसी शब्दावलियों का उपयोग होता है जिन्हें जाने बिना हम ब्रिटिश शिक्षा के स्वरूप को सही रूप में नहीं समझ सकते। इनका गलत अर्थ लगाने पर हम ब्रिटिश शिक्षा को गलत समझ सकते हैं। अतः इन शब्दावलियों का अर्थ समझना आवश्यक है। यहाँ अंग्रेजी वर्णमाला क्रम में ही कुछ शब्दावलियों के अर्थ स्पष्ट किये जा रहे हैं—

1. **परामर्शदात्री परिषद् (Advisory Council)**—इंग्लैंड और वेल्स के लिए पृथक् परामर्शदात्री परिषदें हैं जो शिक्षा मंत्री को शिक्षा सम्बन्धी परामर्श देती हैं।
2. **सहायता प्राप्त स्कूल (Aided Schools)**—ये स्वैच्छिक संगठनों द्वारा स्थापित और प्रबन्धित होते हैं। ये धार्मिक शिक्षा देने और शिक्षकों की नियुक्ति करने में स्वतन्त्र होते हैं। स्थानीय शिक्षा प्रशासन (L.E.A.) इन स्कूलों को भवन-निर्माण या मरम्मत के लिए 50 प्रतिशत अनुदान देते हैं।
3. **शिक्षा-परिषद् (Board of Education)**—1889 ई॰ में इसकी स्थापना हुई और 1944 ई॰ में इसे शिक्षा मंत्रालय में बदल दिया गया।
4. **बर्नहम मापक (Burnham Scale)**—अध्यापकों को मिलने वाला निर्धारित वेतन 'बर्नहम मापक' कहलाता है। इसे बर्नहम समिति ने सुझाया था जिसमें स्थानीय शिक्षा प्रशासन और शिक्षक सदस्य होते हैं।

5. **शिविर स्कूल (Camp School)**—समुद्री तटों और ग्रामीण क्षेत्रों में ये स्कूल लगते हैं। ग्रीष्मकाल में शहरी बच्चे इनमें पढ़ने जाते हैं।
6. **प्रमाणित अध्यापक (Certified Teachers)**—मान्यताप्राप्त स्कूलों में पढ़ाने के लिए मान्य अध्यापक प्रमाणित अध्यापक होते हैं।
7. **मुख्य शिक्षा अधिकारी (Chief Education Officer)**—स्थानीय शिक्षा प्रशासन (L.E.A.) का सर्वोच्च वेतन पाने वाला अधिकारी होता है।
8. **सामुदायिक केन्द्र (Community Centre)**—स्थानीय शिक्षा प्रशासन या स्वैच्छिक संगठनों द्वारा संचालित सामाजिक, मनोरंजन और शैक्षिक सुविधाएँ प्रौढ़ों को देने वाले केन्द्र।
9. **सलाहकार समिति (Consultative Committee)**—शिक्षा परिषद् को सलाह देने वाली 1889 ई॰ में गठित समिति।
10. **नियन्त्रित स्कूल (Controlled Schools)**—ये स्वैच्छिक संगठनों द्वारा स्थापित होते हैं। भवन-मरम्मत के लिए स्थानीय प्रशासन से इन्हें शत-प्रतिशत सहायता मिलती है। इसी कारण इनके प्रबंधक या गवर्नर धार्मिक शिक्षा और शिक्षकों की नियुक्ति में स्वतन्त्र नहीं होते। इनमें स्थानीय प्रशासन का हस्तक्षेप होने लगता है।
11. **काउंटी कॉलेज (County College)**—स्थानीय शिक्षा प्रशासन (L.E.A.) द्वारा स्थापित अंशकालीन और पूर्णकालीन शिक्षा की सुविधाएँ देने वाले कॉलेज जिनमें 15 से 18 वर्ष के बालक प्रवेश लेते हैं।
12. **दिवा स्कूल (Day Schools)**—जिनका छात्रावास नहीं होता।
13. **विकास योजना (Development Plan)**—प्राथमिक और माध्यमिक शिक्षा के लिए स्थानीय प्रशासन द्वारा बनाकर शिक्षा मंत्री को स्वीकृति के लिए भेजी गयी योजना।
14. **प्रत्यक्ष अनुदान स्कूल (Direct Grant Schools)**—जो स्कूल शिक्षा मंत्रालय से प्रत्यक्ष (सीधा) अनुदान प्राप्त करते हैं, जैसे—नर्सरी स्कूल्स, ग्रामर स्कूल्स या विशिष्ट स्कूल्स।
15. **आपातकालीन प्रशिक्षण कॉलेज (Emergency Training College)**—इसकी स्थापना शिक्षा मंत्रालय द्वारा की गयी जिसकी व्यवस्था स्थानीय शिक्षा प्रशासन (L.E.A.) के हाथ में है। राष्ट्र सेवा करने वाले व्यक्तियों को यहाँ प्रशिक्षण मिलता है।
16. **संध्याकालीन संस्थाएँ (Evening Institutes)**—ये युवकों को अग्रिम और सामान्य शिक्षा देती हैं।
17. **मुक्त जिले (Excepted Districts)**—वे बोरोज और नगर जिन्हें क्षेत्रीय (Regional) प्रशासन का अधिकार प्राप्त है और स्थानीय शिक्षा प्रशासन

(L.E.A.) के नियन्त्रण से मुक्त हैं।

18. **फिशर अधिनियम (Fisher Act)**—1918 ई॰ का शिक्षा अधिनियम।
19. **निःशुल्क स्थान छात्र (Free Place Pupils)**—जो छात्र ग्रामर स्कूलों में निःशुल्क शिक्षा पाते हैं। ये ग्रामर स्कूल सीधे अनुदान प्राप्त करते हैं।
20. **अग्रिम शिक्षा (Further Education)**—1944 के शिक्षा अधिनियम के अनुसार बालकों के लिए शिक्षा जो माध्यमिक शिक्षा पूरी नहीं कर पाते, इन्हें व्यावसायिक और तकनीकी शिक्षा भी दी जाती है। ये छात्र माध्यमिक शिक्षा पूरी किये बिना स्कूल छोड़ देते हैं, जिसे प्रौढ़ शिक्षा के रूप में पूरा किया जाता है।
21. **गवर्निंग बॉडी (Governing Body)**—हाई स्कूलों की प्रबंध-समिति।
22. **ग्रामर स्कूल्स (Grammar Schools)**—वे माध्यमिक स्कूल जिनकी शिक्षा पूरी कर लेने पर छात्र सीधे विश्वविद्यालय में प्रवेश पा लेते हैं या अच्छी नौकरी पा लेते हैं। ये प्राचीन अच्छी परम्पराओं पर चलते हैं।
23. **हैडो कमेटी रिपोर्ट (Hadow Committee Report)**—यह एक परामर्शदात्री समिति के द्वारा 1926 ई॰ में दी गयी रिपोर्ट है। इसे किशोरों की शिक्षा के नाम से प्रकाशित किया गया। जो छात्र 11 वर्ष से अधिक आयु के थे और प्राथमिक स्कूलों में पढ़ते थे उनके लिए पृथक् सीनियर स्कूलों की स्थापना का सुझाव दिया गया।
24. **हर मैजेस्टीज़ इन्स्पैक्टर ऑफ स्कूल्स (H.M.'s Inspector of Schools)**—ये शिक्षा मंत्रालय द्वारा नियुक्त होते हैं। यह स्थानीय शिक्षा प्रशासन (L.E.A.) और शिक्षा संस्थाओं के बीच सहयोग स्थापित करते हैं।
25. **हायर स्कूल सर्टिफिकेट (Higher School Certificate)**—इसे हायर सर्टिफिकेट एक्ज़ामिनेशन भी कहते हैं। यह प्रमाणपत्र उन्हें मिलता है जो ग्रामर स्कूल की अन्तिम कक्षा पास कर लेते हैं।
26. **स्वतन्त्र स्कूल (Independent Schools)**—वे स्कूल जो शिक्षा मंत्रालय और स्थानीय शिक्षा प्रशासन से कोई अनुदान प्राप्त नहीं करते।
27. **इनफैंट स्कूल (Infant School)**—5 से 7 वर्ष की आयु के बच्चों के लिए प्राथमिक स्कूल, 3 से 4 वर्ष के बच्चों के लिए नर्सरी स्कूल जिसकी कक्षाएँ प्राथमिक स्कूल के साथ जुड़ी रहती हैं।
28. **जूनियर स्कूल (Junior School)**—7 वर्ष से 11 वर्ष की आयु के बच्चों के लिए शिक्षा देने वाले प्राथमिक स्कूल्स।
29. **स्थानीय शिक्षा प्रशासन (Local Education Authority)**—अपनी

सीमा के क्षेत्र में सभी स्तरों पर शिक्षा की व्यवस्था करने वाली संस्था। काउंटी कॉउन्सिल, काउंटी बोरोज तथा संयुक्त शिक्षा परिषद् (Joint Education Board) भी स्थानीय शिक्षा प्रशासन का काम करते हैं।

30. **प्रबंध-संस्था (Managing Body)**—यह प्राथमिक स्कूल का प्रबंध करती हैं।
31. **मेंटेंड स्कूल्स (Maintained Schools)**—जो स्कूल स्थानीय शिक्षा प्रशासन से पूरी सहायता प्राप्त करते हैं।
32. **मॉडर्न स्कूल्स (Modern Schools)**—पिछले प्रचलित सीनीयर स्कूलों को माध्यमिक शिक्षा के लिए मॉडर्न स्कूलों में परिवर्तित कर लिया गया।
33. **नॉन-प्रोवाइडेड स्कूल (Non-Provided School)**—स्वैच्छिक प्रारम्भिक स्कूल का पुराना नाम।
34. **नर्सरी स्कूल (Nursery School)**—2 से 5 वर्ष की आयु के बच्चों के लिए स्कूल।
35. **नर्सरी कक्षा (Nursery Class)**—3 से 5 वर्ष के बच्चों की कक्षा जो प्राथमिक स्कूल के साथ जुड़ी हो।
36. **पार्ट-II अथारिटी (Part II Authority)**—1902 के अधिनियम के अन्तर्गत वे सभी काउंटी तथा काउंटी बोरोज बोर्ड्स जो प्राथमिक शिक्षा की व्यवस्था के लिए उत्तरदायी थीं, परन्तु इनके नियन्त्रण के बाहर बहुत से प्राथमिक स्कूल थे।
37. **पार्ट-3 अथारिटी (Part III Authority)**—1944 ई॰ के अधिनियम से पूर्व प्रारम्भिक शिक्षा के लिए उत्तरदायी म्युनिसिपल बोरोज या सिटी डिस्ट्रिक्ट्स।
38. **प्रिपरेटरी स्कूल (Preparatory School)**—वह आवासीय स्कूल (Boarding School) जिसमें 8 से 14 वर्ष के बच्चे रहकर पब्लिक स्कूलों में प्रवेश पाने के लिए तैयारी करते हैं।
39. **प्राथमिक शिक्षा (Primary Education)**—शिक्षा का वह स्तर जिसमें नर्सरी स्कूल और जूनियर स्कूल की शिक्षा दी जाती है। इस स्तर पर 12 वर्ष तक के बालक शिक्षा प्राप्त करते हैं।
40. **व्यक्तिगत स्कूल (Private School)**—किसी व्यक्ति या समूह द्वारा संचालित स्वैच्छिक स्कूल।
41. **प्रोवाइडेड या काउंसिल स्कूल (Provided or Council School)**—स्थानीय शिक्षा प्रशासन (L.E.A.) द्वारा संचालित पब्लिक प्रारम्भिक

स्कूल (Public Elementary School)।

42. **पब्लिक स्कूल (Public School)**—वे ग्रामर स्कूल और बोर्डिंग हाई स्कूल जो ग्रामर स्कूल के नाम से सीधी सरकारी सहायता प्राप्त करते हैं।
43. **माध्यमिक ग्रामर स्कूल (Secondary Grammar School)**—ग्रामर स्कूल जैसा पीछे स्पष्ट किया गया।
44. **माध्यमिक मॉडर्न स्कूल (Secondary Modern School)**—पूर्वोक्त।
45. **माध्यमिक तकनीकी स्कूल (Secondary Technical School)**—जहाँ कुछ तकनीकी शिक्षा या किसी व्यवसाय से सम्बन्धित शिक्षा दी जाती है।
46. **विशेष अनुबंध स्कूल (Special Agreement School)**—1936 के अधिनियम के अनुसार और 1944 के अधिनियम द्वारा संशोधित वे स्कूल जो भवन के लिए स्थानीय शिक्षा प्रशासन (L.E.A.) से पूरी सहायता पाते हैं।
47. **विशेष स्कूल (Special School)**—शारीरिक और मानसिक दृष्टि से रुग्ण या अपंग बच्चों के लिए स्कूल।
48. **राज्य छात्रवृत्तियाँ (State Scholarships)**—हायर सर्टिफिकेट परीक्षा के बाद विश्वविद्यालय-शिक्षा के लिए शिक्षा मंत्रालय द्वारा दी गयी छात्रवृत्ति।
49. **पूरक शिक्षक (Supplimentary Teachers)**—वे अल्प योग्यता वाले अध्यापक जो विशेष वेतन पर ग्रामीण स्कूलों में पढ़ाते हैं।
50. **तकनीकी कॉलेज (Technical College)**—अग्रिम शिक्षा के लिए कॉलेज।
51. **अप्रमाणित अध्यापक (Uncertified Teachers)**—शिक्षा मंत्री से अनुमति प्राप्त, परन्तु आवश्यक योग्यता से अपूर्ण प्राथमिक स्कूल का अध्यापक।
52. **यूनिवर्सिटी ट्रेनिंग डिपार्टमेंट (University Training Department)**—स्नातक अध्यापकों को प्रशिक्षण देने वाले विश्वविद्यालय विभाग।
53. **स्वैच्छिक स्कूल (Voluntary School)**—ये स्वैच्छिक संगठनों द्वारा संचालित होते हैं और धार्मिक शिक्षा देते हैं, परन्तु विशेष अनुबंध स्वैच्छिक स्कूल (Special Agreement Voluntary School) स्थानीय शिक्षा प्रशासन (L.E.A.) से अनुदान प्राप्त करते हैं।
54. **वर्क स्कूल (Work School)**—एक एम्पलायर द्वारा स्थापित स्कूल जो कारीगरों को अंशकालीन शिक्षा देता है।

55. **युवा-केन्द्र एवं युवा-क्लब (Youth Centres and Youth Clubs)**—स्थानीय शिक्षा प्रशासन (L.E.A.) या स्वैच्छिक संगठनों द्वारा स्थापित मनोरंजन केन्द्र जहाँ 20 वर्ष की आयु तक के युवक भाग लेते हैं। ये युवक अनिवार्य शिक्षा की आयु लाँघ जाते हैं। इन केन्द्रों पर ये युवक अपना अवकाश (Leisure) व्यतीत करते हैं।
56. **युवा समिति (Youth Committee)**—यह स्थानीय शिक्षा प्रशासन (L.E.A.) द्वारा गठित होती है और युवक केन्द्रों पर यह विभिन्न क्रियाओं का संगठन करती है।
57. **युवा-सेवा (Youth Service)**—अवकाश के घंटों का सदुपयोग करने के लिए युवकों के लिए शिक्षा मंत्रालय, स्थानीय शिक्षा प्रशासन (L.E.A.) तथा स्वैच्छिक संगठनों द्वारा नियोजित सेवा। इसमें वे ही बालक भाग लेते हैं जो अनिवार्य स्कूल की उपस्थिति आयु (Compulsory School Attendance Age) के अन्तर्गत ग्राह्य हैं।

रूस में शिक्षा

अध्याय 25

रूस की शिक्षा–एक परिचय
[Education in Russia—An Introduction]

रूस का भौगोलिक परिचय
(Geographical Introduction to Russia)

विश्व का मानचित्र देखने से पता चलता है कि रूस विश्व का एक बहुत ही बड़ा देश है। इसके पूर्व में प्रशान्त महासागर, पश्चिम में बाल्टिक सागर उत्तर में उत्तरी ध्रुव महासागर (Arctic Ocean) तक इसका विस्तार है। इसकी पूर्व से पश्चिम तक लम्बाई 10,400 किलोमीटर तथा उत्तर से दक्षिण तक लगभग 1000 किलोमीटर चौड़ाई है। इसकी जनसंख्या लगभग 15 करोड़ है। इसमें लगभग 80 जातियाँ निवास करती हैं।

रूस की जलवायु तीन प्रकारो में बाँटी जा सकती हैं–

1. ध्रुवसागरीय अतिशीतल जलवायु (Polar Climate),
2. शीत जलवायु (Cold Climate), और
3. समशीतोष्ण जलवायु (Temperature Climate)।

उत्तरी ध्रुव सागर के निकट का तटवर्ती प्रदेश टुण्ड्रा प्रदेश कहलाता है जहाँ कड़ाके की सर्दी पड़ती है, कुछ पैदा नहीं होता, बर्फ ही बर्फ रहती है, आबादी बहुत कम है। यही ध्रुवसागरीय जलवायु वाला प्रदेश है। टंगावाला प्रदेश जो टुण्ड्रा प्रदेश के दक्षिण में है, शीतल जलवायु वाला है और मध्य वाला भाग समशीतोष्ण है।

यूराल नदी इसे एशियन और यूरोपीय दो भागों में बाँटती है। यहाँ कृषि और औद्योगिक व्यवसायों पर विशेष ध्यान दिया जाता है। यूरोपीय भाग यूराल पर्वत से दो मैदानी भागों में बँट जाता है। एशियन भाग में खनिज पदार्थ (Minerals) बहुत पाये जाते हैं। यूराल प्रदेश सबसे अधिक आबाद है। यहाँ की प्रमुख नदियाँ

विशाल जल-प्रवाह रखती हैं। इन्हें यातायात, जल-विद्युत और सिंचाई का प्रमुख साधन बनाया गया है। यहाँ विस्तृत जंगल पाये जाते हैं जो रूस की समृद्धि और उद्योग में विशेष योग देते हैं। मास्को रूस की राजधानी है। यहाँ खनिज तेल की बहुतायात है। रूस में खनिज तेल का खनन ऊँचे पैमाने पर होता है। रूस की अधिकांश जलवायु ठंडी और स्वास्थ्य के लिए उत्तम है।

1917 ई॰ की क्रान्ति से पूर्व रूस की दशा—रूस का विकास 1917 ई॰ की क्रान्ति के बाद से ही हुआ। 1917 ई॰ से पूर्व रूस की दशा अत्यन्त पिछड़ी और खराब थी। यहाँ केवल खेती, चरवाही और रस्सी तथा टोकरी बनाने के व्यवसाय होते थे। कृषकों का बहुत शोषण होता था। धर्म संघ (Church) तथा मस्जिदें ही यहाँ के नागरिकों पर प्रभाव रखते थे। धार्मिक अन्धविश्वास बहुत था। यूरोप में औद्योगिक व्यवसाय के लिए रूस से कच्चा माल जाता था। कृषक मेहनती थे, परन्तु निर्धन थे; क्योंकि वे कृषि के वैज्ञानिक तरीकों से परिचित नहीं थे। रूस में इस समय जार का शासन था, जो उदार नहीं था। वह जनता का शोषण करता था। जमींदारी प्रथा थी। जमींदार किसानों का शोषण करते थे। शिक्षा का विकास नहीं था, क्योंकि प्रशासनतंत्र जनता को शिक्षित नहीं देखना चाहता था। जमींदार और जार के लोग विलासिता का जीवन व्यतीत करते थे। जनता भूखी और दुःखी थी। यद्यपि रूस में कच्चे तेल, खनिजों और कोयले के अपार भंडार थे, परन्तु उनका उपयोग नहीं किया जाता था। इस प्रकार रूस प्राकृतिक साधनों से भरा होते हुए भी निर्धन देश था। सांस्कृतिक विकास बिल्कुल नहीं था।

रूस का शिक्षा इतिहास
(Educational History of Russia)

1917 ई॰ की क्रान्ति तक रूस में 90 प्रतिशत निरक्षरता थी। ज़ार (Czar) और धर्म संघ (Church) का ही देश में प्रभुत्व था। जनता इसके प्रति ही उत्तरदायी थी, निर्धन और बेरोजगार थी। यहाँ विविध भाषाएँ, जातियाँ, वर्ग, धर्म आदि थे। पिछड़ापन अत्यधिक था। यहाँ वैज्ञानिक शिक्षा नहीं थी। केवल धार्मिक संघों द्वारा धार्मिक शिक्षा देने की व्यवस्था थी। वह भी सार्वजनिक (Universal) नहीं थी। उच्चवर्ग के लोग ही शिक्षा प्राप्त कर सकते थे। शिक्षा पर ज़ार का पूरा नियन्त्रण था। यदि कोई विद्यार्थी विद्रोह करता था तो उसे मृत्यु-दंड दिया जाता था या उसे शिक्षा संस्था से सारी आयु के लिए निकाल दिया जाता था। कुछ तो भय के कारण देश छोड़कर भाग गये थे। विश्वविद्यालयों पर भी जार का नियन्त्रण था। 1682 से 1725 ई॰ तक पीटर दी ग्रेट के शासन-काल में शिक्षा की कुछ अच्छी प्रगति हुई। उसे रूसी शिक्षा का जनक कहा जाता है। उसने अपनी

व्यक्तिगत मुद्रा (Private Seal) पर खुदा रखा था कि "मैं उन लोगों में से हूँ जिन्हें ज्ञान की खोज है जो सीखने के लिए उत्सुक है।" 1633 ई॰ में पीटर महान ने कीव (Kiev) में एक शिक्षा परिषद् (Educational Board) बनायी और चर्चमैन के 3000 बच्चों के शिक्ष के लिए 50 विद्यालय खोले। उसने अन्य प्राथमिक, माध्यमिक और समुद्र-ज्ञान देने वाले स्कूल (Naval Schools) भी खोले। 1726 ई॰ में 'विज्ञान अकादमी' की नींव डाली गयी जिससे विश्वविद्यालय और पूर्व-तैयारी (Preparatory) वाले स्कूलों को सम्बद्ध किया गया।

कैथरिन (द्वितीय) (Catherine II) (1729 से 1796 ई॰ तक) का काल—कैथरिन द्वितीय ने अपने काल में एक राज्यीय शैक्षिक नीति (State Educational Policy) निर्धारित की। इस नीति के अनुसार जिला स्कूलों में 2-वर्षीय और प्रदेश स्तर के स्कूलों में 5-वर्षीय पाठ्यक्रम चलाये गये। 1764 ई॰ में उच्च वर्ग की छात्राओं के लिए सावासिक विद्यालय (Boarding Schools) खोले गये। इस प्रकार 40 बड़े और 225 छोटे विद्यालय स्थापित हुए।

अलेक्जेंडर (Alexander) प्रथम (1801 से 1825 ई॰ तक) का काल—इसने 1802 ई॰ में एक शिक्षा मंत्रालय (Ministry of Education) स्थापित किया और शिक्षा को निःशुल्क तथा सार्वजनिक घोषित किया। अलेक्जेंडर (प्रथम) ने 1804 ई॰ के लगभग 6 विश्वविद्यालय, 4-वर्षीय पाठ्यक्रम वाले प्रादेशिक स्कूल, कुछ 2-वर्षीय पाठ्यक्रम वाले जिला स्कूल और एक-वर्षीय ग्रामीण विद्यालय (Rural Schools) खोले। कुछ स्थानों पर शिक्षा निःशुल्क की गई और छात्रों को कुछ भत्ते (Allowances) और छात्रवृत्तियाँ (Scholarships) दी गयीं। इस समय 1400 स्कूलों में लगभग 70,000 छात्र शिक्षा पा रहे थे। फिर भी सामान्य जनता शिक्षा से विमुख हो रही थी।

निकोलस (प्रथम) (1825 से 1855 ई॰ तक) का काल—निकोलस प्रथम (Nicholas I) ने शिक्षा विकास का क्रम बढ़ाया। उसने उच्च वर्ग के बच्चों के लिए विशिष्ट विद्यालय खोले और स्त्री-शिक्षा पर भी ध्यान दिया। उसने स्कूलों में कठोर अनुशासन पर बल दिया तथा स्कूलों में छात्रों से शुल्क वसूल करने की प्रथा डाली। निकोलस प्रथम ने एक आदेश द्वारा विश्वविद्यालयों में कृषकों के प्रवेश पर रोक लगा दी। शारीरिक व्यायाम (Gymanstic) में भी वे प्रवेश नहीं ले सकते थे। उसने स्कूलों में तर्कशास्त्र (Logic) पढ़ाने पर रोक लगायी। क्योंकि उसकी दृष्टि में तर्कशास्त्र पढ़ाना हानिकारक था। उसके अनुसार शिक्षार्थियों को चर्च और राजा के प्रति भक्त बनाना ही शिक्षा का लक्ष्य था। उस समय शिक्षा का आधार राष्ट्रीयता, रूढ़िवादिता (Orthodoxy) तथा एक तन्त्र की निरंकुशता (Autocracy) था। माध्यमिक स्कूल केवल उच्च वर्ग के बच्चों के लिए थे। कुछ तकनीकी स्कूल (Technical Schools) भी इस काल में खोले गये। विश्वविद्यालयों पर कठोर

नियन्त्रण स्थापित करके उनकी स्वतन्त्रता छीन ली गयी।

अलेक्जेंडर द्वितीय (Alexander II) (1855 से 1881 ई॰ तक) का काल—इस काल को रूसी शिक्षा का सुधार-काल माना जाता है। इस समय विश्वविद्यालयों पर से कठोर नियन्त्रण हटा लिये गये और माध्यमिक स्कूलों का पुनर्गठन किया गया। बहुत से राज्यों में प्राथमिक स्कूल भी खोले गये। 1863 ई॰ में स्त्री-शिक्षा के विकास के लिए एक महिला प्रशिक्षण-विद्यालय खोला गया। 1864 ई॰ के प्राइमरी एजूकेशन एक्ट के अनुसार प्राथमिक स्कूलों में प्रवेश देने के लिए सामाजिक स्तर, जाति और धर्म को महत्त्व देना बन्द किया गया। विज्ञान शिक्षा के प्रसार और ग्रामीण शिक्षा (Rural Education) के विस्तार पर ध्यान देकर नयी शिक्षण विधियाँ लागू की गयीं। पीटर्सबर्ग और अन्य नगरों में बहुत-सी स्त्री-शिक्षा संस्थाएँ खोलने के प्रयत्न किये गये। इसी समय महिला वर्ग के लिए एक चिकित्सा महाविद्यालय (Medical College) भी स्थापित किया गया। अलेक्जेंडर (द्वितीय) की मृत्यु के बाद शिक्षा-क्षेत्र में पुनः परिवर्तन किये गये। विश्वविद्यालयों पर पुनः नियन्त्रण बढ़ा दिया गया। इससे छात्रों ने हड़तालें कीं। छात्रों को कारावास में रहना पड़ा। छात्र आन्दोलनों के कारण बहुत-सी शिक्षा संस्थाएँ बन्द हो गयीं। धर्म-संघ (Church), परोशियल स्कूल्स (Parochial Schools) तथा साक्षरता स्कूलों (Alphabet Schools) के विरोध में जनता भी खड़ी हो गयी। इसी समय जेस्टोव (Jestov) ने कुछ जेस्टोव स्कूल खोले जो शिक्षकों के लिए उपयोगी थे, परन्तु शासन ने इन्हें प्रोत्साहन न देकर पुराने ही साक्षरता स्कूलों (Alphabet Schools) को प्रोत्साहित किया। 1902 ई॰ तक धार्मिक शिक्षा का चरम विकास हुआ, परन्तु जन विरोध के कारण बाद में इस शिक्षा का महत्त्व समाप्त हो गया।

जन-क्रान्ति का आरम्भ और बाद की शिक्षा—1905 ई॰ में जब जन-आक्रोश अधिक बढ़ गया तो जारशाही के विरोध में कुछ जन-समूहों ने आन्दोलन शुरू किया। सन् 1906 से 1907 ई॰ तक शैक्षिक और आर्थिक क्षेत्र में कुछ परिवर्तन हुए। प्रथम विश्व युद्ध के फलस्वरूप रूस, जर्मनी, फ्रांस और इटली में तानाशाही (Dictatorship) चल पड़ी। इससे लोकतांत्रिक प्रवृत्तियाँ दब गयीं।

जन-क्रान्ति के फलस्वरूप जारशाही को हटाकर अलेक्जेंडर केरेन्स्की (Alexander Kerensky) ने एक क्रान्तिकारी सरकार (Revolutionary Government) बनायी। सरकार बोलशेवियों (Bolshevists) की थी जिसके नेता लेनिन (Lenin) और ट्रॉटस्की (Trotsky) थे। देश के सभी वर्गों, जातियों, भाषाओं और क्षेत्रों से प्रतिनिधि लेकर एक संघात्मक सरकार (Federal Government) बनायी गयी। यही सरकार 1991 तक चली। इस समय शिक्षा की चर्च-प्रथा (Church System of Education) बिल्कुल ही समाप्त कर दी गयी।

साम्यवादी सरकार ने सबसे पहले देश से निरक्षरता दूर करने का प्रयत्न किया। इसके लिए औपचारिक और अनौपचारिक दोनों साधनों को प्रयोग में लाया गया, व्याकरण की पुस्तकें, शब्द-कोष और पाठ्यपुस्तकें विभिन्न भाषाओं में तैयार की गयीं। विभिन्न बोलचाल की भाषाओं (Dialects) को एक-दूसरे के निकट लाने का प्रयत्न किया गया और राष्ट्रीय एकता लायी गयी। देश में अनिवार्य और निःशुल्क प्राइमरी शिक्षा लागू करके उन भाषाओं को लिपि दी गयी जिनकी कोई लिपि नहीं थी। मार्क्स और लेनिन के विचारों का प्रचार करने के लिए रूसी भाषा को शिक्षा का माध्यम बनाया गया। अल्पसंख्यकों को साक्षर बनाकर उनकी भाषाओं का विकास करना आवश्यक हुआ। पिछड़े वर्ग की जातियों को रूसी भाषा पढ़ाकर इस योग्य बनाया गया कि वे व्यावसायिक, औद्योगिक और कृषि-सम्बन्धी कुशलताओं (Skills) का अध्ययन करके अपने व्यवसायों की उन्नति कर सकें।

देश का रूसीकरण (Russification) करने के लिए सरकार ने रूसी विद्यालय खोले, जो रूसी भाषा में साम्यवादी विचारधाराओं का प्रचार करते थे। होली सुओद (Holy Syuod), बिशप ऑफ डायसेज (Bishop of Diocese) तथा चर्च काउन्सिलों (Church Councils) पर प्रतिबंध लगा दिये गये। सभी के लिए रूसी स्कूलों में प्रवेश लेना अनिवार्य कर दिया गया। जेस्तोव स्कूलों, नगरपालिकाओं के स्कूलों, पोलैंड और लिथूनिया के लोगों को विवश किया गया कि वे अपने बच्चों को रूसी स्कूलों (Russian Schools) में भेजें।

रूसी शिक्षा का स्वरूप—रूसी सरकार ने समस्त सोवियत रूस में सभी बच्चों के लिए अनिवार्य और निःशुल्क शिक्षा की व्यवस्था की। इससे जनता में प्रसन्नता हुई। जनता ने इस नीति का समर्थन किया। 1917-21 ई॰ तक अस्थायी सरकार ने यद्यपि कोई विशेष शिक्षा-प्रगति नहीं की, परन्तु जो भी की गयी वह स्वयं में पूर्ण थी। 1918 ई॰ के बाद धार्मिक शिक्षा पर पूर्ण प्रतिबंध लग गया और सभी शिक्षा व्यवस्था जनशिक्षा विभाग (Department of Public Instruction) के अधीन कर दी गयी। विश्वविद्यालयों को पहले की अपेक्षा स्वायत्तशासी (Autonomous) बनाया गया और स्थानीय निकायों (Local Bodies) को अधिक शिक्षा सम्बन्धी अधिकार मिले। एजूकेशन क्यूरेटर डायरेक्टर्स (Education Curators Directors), निरीक्षक (Inspectors) तथा प्रारम्भिक शिक्षा परिषदों (Council of Primary Education) को समाप्त कर दिया गया।

13 से 17 वर्ष के बच्चों के लिए अनिवार्य और निःशुल्क शिक्षा के लिए 4-वर्षीय शिक्षा की व्यवस्था की गयी। 8 से 13 वर्ष के बच्चों के लिए भी स्कूल खुले। 8 से 17 वर्ष के बच्चों के लिए माध्यमिक शिक्षा अनिवार्य कर दी गयी। साम्यवादी आदर्शों के अनुसार परिवारों के स्थान पर शिशु-सदन (Children's

Homes) और स्कूल खोले गये। स्कूलों को अधिकार दिया गया कि वे स्वयं पाठ्यपुस्तकों का चयन करें और पाठ्यक्रम तैयार करें। स्कूल प्रशासन के लिए शिक्षकों, विद्यार्थियों और स्कूल परिषदों के प्रतिनिधित्व से एक संगठन बनाया गया, परन्तु शिशु-सदनों (Children's Homes) तथा स्कूलों पर यह प्रशासन लागू नहीं हो सका। अब देश भर में अनेक बहु-तकनीकी विद्यालय (Poly-techniques schools), बहुधन्धी विद्यालय (Multi-Occupational Schools) खोले गये।

शिक्षा में विशेष क्रान्ति लाने के लिए 1921 से 1927 ई॰ तक का समय बहुत महत्वपूर्ण रहा। इस समय माध्यमिक स्कूलों तथा व्यावसायिक स्कूलों का पुनर्गठन किया गया। प्राथमिक स्कूलों को माध्यमिक स्कूलों से जोड़ा गया और विश्वविद्यालयों का भी पुनर्गठन किया गया। राज्य विज्ञान परिषद् (State Scientific Council) ने अपने कार्यक्रमों का पुनर्गठन किया। माध्यमिक शिक्षा 7-वर्षीय या 9-वर्षीय बनायी गयी। प्राथमिक शिक्षा को 4-वर्षीय ही रखा गया। स्कूलों में साम्यवादी सिद्धान्तों और सोवियत क्रान्ति का अध्ययन अनिवार्य बनाया गया। शिक्षा का समूचा व्यय प्रादेशिक और केन्द्रीय सरकार ने वहन करना स्वीकार किया। श्रमिकों के बच्चों को स्कूलों में प्रवेश लेने के लिए प्रोत्साहित किया गया। सामाजिक प्रवृत्तियों, प्रकृति (स्वभाव) और श्रम को शैक्षिक कार्यक्रमों का आधार बनाया गया।

1928 से 1932 ई॰ तक स्टालिन ने पहली पंचवर्षीय योजना शुरू की। इस योजना में केन्द्रीय कार्यकारिणी परिषद् (Central Executive Committee) ने शैक्षिक नियोजन में 14 अगस्त, 1930 में निर्णय लिया कि 8 वर्ष से ऊपर के ग्रामीण बालक 4-वर्षीय शिक्षा ग्रहण करेंगे, जबकि इसी आयु के औद्योगिक क्षेत्र के बालक 7-वर्षीय शिक्षा ग्रहण करेंगे। निर्धन बच्चों को भोजन, वस्त्र तथा आवासीय सुविधाएँ दी गयीं। व्यावसायिक, तकनीकी और उच्च शिक्षा की अच्छी व्यवस्था की गयी। उच्च शिक्षा केन्द्रों पर प्रवेश पाने के लिए प्रतियोगितात्मक परीक्षाएँ प्रारम्भ की गयीं। विषयों की विविधता पर से प्रतिबंध हटाकर शिक्षा-स्तर को ऊँचा किया गया। 1929-33 ई॰ तक अध्यापक प्रशिक्षण संस्थाएँ खुलीं। पुराने स्कूल भवन ठीक करके नये बनाये गये। छात्रों की संख्या प्रतिवर्ष बढ़ती गयी। इस प्रकार स्टालिन की प्रथम पंचवर्षीय योजना सफल रही।

सोवियत रूस की सरकार ने माध्यमिक स्कूलों के सामान्य और सांस्कृतिक, तकनीकी और व्यावसायिक शिक्षा के पाठ्यक्रमों का पुनर्गठन किया। उच्च शिक्षा संस्थाओं के लिए प्रवेश और सम्बन्धित बातों के नियम बनाकर साम्यवादी सिद्धान्तों को सिखाने की व्यवस्था की गयी। पिछड़े वर्ग के छात्रों की शिक्षा को इस समय पर्याप्त प्रोत्साहन मिला। राष्ट्रीय औद्योगिक पुनर्रचना (National

Industrial Reconstruction) के लिए व्यवस्थात्मक अनुदान (Maintenance Grants) बढ़ायी गयीं।

द्वितीय विश्व युद्ध के समय आपातकालीन स्थिति के अनुसार सभी अध्यापकों और शिक्षकों को सेना में भर्ती होना पड़ा। परिणामतः बहुत से स्कूल बन्द हो गये। फिर भी कुछ अनिवार्य सेवाओं (Essential Services) के लिए कुछ शिक्षा संस्थाएँ चलती रहीं। इस अवधि में मास्को विश्वविद्यालय ने 16 शोध पत्र प्रकाशित किये। ये वैज्ञानिक शिक्षा से सम्बन्धित थे। इसी समय अनिवार्य शिक्षा सम्बन्धी नियमों का निर्धारण हुआ। प्रतिभाशाली बच्चों को प्रोत्साहित करने के लिए प्रमाण-पत्र, रजत पदक और स्वर्ण पदक देने का निर्णय भी इसी समय लिया गया। छात्र-छात्राओं के लिए पृथक्-पृथक् स्कूलों की व्यवस्था की गयी। 1944 ई॰ में लेनिनग्राड और रोस्टोव विश्वविद्यालयों का विकास किया गया। लगभग 500 अध्यापकों को आर्थिक क्षेत्र में विशेष प्रशिक्षण और सेवाओं के लिए पदक दिए गये। स्कूलों, विश्वविद्यालयों, प्रयोगशालाओं आदि के भवनों का निर्माण करने पर पैसा खर्च किया गया। द्वितीय विश्वयुद्ध के बाद से उच्च शिक्षा के कुछ केन्द्र स्थापित हुए। 1946 से 1950 ई॰ तक नयी पंचवर्षीय योजना शुरू की गयी। इसमें उजड़े लोगों की पुनर्वास (Rehabilitation) की समस्या को सुलझाया गया। इस योजना में विशेष वैज्ञानिक और तकनीकी योजनाओं को स्थान दिया गया। इस पंचवर्षीय योजना के अन्त तक लगभग 120 उच्च शिक्षा केन्द्र स्थापित हुए, 13 लाख छात्रों ने माध्यमिक शिक्षा प्राप्त की तथा 7 लाख छात्रों ने उच्च शिक्षा ग्रहण की। इन्हें देश के विभिन्न क्षेत्रों में प्रसार सेवाओं के लिए नियुक्त किया गया।

1952 ई॰ में 3 लाख 75 हजार छात्रों ने पत्राचार पाठ्यक्रमों में तथा उच्च शिक्षा केन्द्रों में प्रवेश लिया। सरकार ने कुल बजट का 12.6 प्रतिशत रुपया शिक्षा योजनाओं पर खर्च किया। 5वीं पंचवर्षीय योजना में 1951 से 55 ई॰ तक 19वीं काँग्रेस ने उच्च शिक्षा के लिए नयी दिशा दी। नागरिकों को सभी क्षेत्रों में विविध उपायों से शिक्षित करने के लिए तथा कार्यकुशलता बढ़ाने के लिए प्रयत्न किये गये। निःसन्देह रूस ने बहुत ही अल्प समय में अत्यधिक उन्नति की जो अनुकरणीय है।

सारांश

रूस का भौगोलिक परिचय—रूस विश्व का एक बहुत विस्तृत देश है। 3 प्रकार की जलवायु। यह प्राकृतिक साधनों से पूर्ण। यहाँ 80 प्रकार की रहने वाली जातियाँ। इनकी विविध भाषाएँ। ध्रुवसागरीय, शीत और समशीतोष्ण जलवायु।

1917 ई॰ की क्रान्ति से पूर्व रूस की दशा—देश पिछड़ा हुआ, लोग निर्धन और संस्कृति नहीं। ज़ारशाही और चर्च का प्रभाव। शिक्षा केवल उच्च वर्ग के लिए। रूसी भाषा पर बल।

रूस का शिक्षा-इतिहास

1917 ई॰ से पूर्व कोई प्रगति नहीं। ज़ारशाही और चर्च का प्रभाव। केवल धार्मिक शिक्षा पर बल। 1633 ई॰ में पीटर महान शिक्षा-प्रगति का जनक। 1726 ई॰ में विज्ञान अकादमी की स्थापना।

1729 से 1766 ई॰ तक कैथरिन द्वितीय का काल—शैक्षिक नीति का निर्धारण। 2-वर्षीय और 5-वर्षीय पाठ्यक्रम चालू। लड़कियों के लिए सावासिक स्कूलों की स्थापना।

1801 से 1825 तक अलेक्जेंडर प्रथम का काल—1802 में शिक्षा मंत्रालय की स्थापना। सार्वजनिक अनिवार्य शिक्षा की व्यवस्था। छात्रों को उच्च शिक्षा तक सुविधाएँ।

1825 से 1855 तक निकोलस प्रथम का काल—उच्च वर्ग के लिए उच्च शिक्षा, स्त्री वर्ग के लिए शिक्षा की व्यवस्था। तर्कशास्त्र पर रोक। राज्य, राजा और चर्च के प्रति भक्त तैयार करने पर बल।

1855 से 1881 ई॰ अलेक्जेंडर द्वितीय का काल—यह शिक्षा का सुधार-काल। सभी स्तरों की शिक्षा का पुनर्गठन। प्राइमरी एजूकेशन एक्ट बना। पीटर्सबर्ग आदि नगरों में उच्च शिक्षा की व्यवस्था।

जन क्रान्ति का आरम्भ और बाद की शिक्षा—1917 ई॰ के बाद बोलशेवियों की लेनिन और ट्रास्की के नेतृत्व में सरकार। संघात्मक साम्यवादी सरकार का गठन। साक्षरता लाने, धार्मिक शिक्षा समाप्त करने, सभी भाषाओं और उनके साहित्य के विकास पर बल दिया गया। मार्क्स और लेनिन के विचारों की शिक्षा का प्रसार। देश के रूसीकरण पर बल।

रूसी शिक्षा का स्वरूप—अनिवार्य और निःशुल्क शिक्षा की व्यवस्था। 4-वर्षीय प्राथमिक शिक्षा की व्यवस्था; धार्मिक शिक्षा पर रोक। विश्वविद्यालय पहले की अपेक्षा स्वायत्तशासी; स्थानीय निकायों को अधिक अधिकार; शिक्षा विभाग के अधीन शिक्षा व्यवस्था। 8 से 17-वर्षीय बच्चों के लिए अनिवार्य माध्यमिक शिक्षा की व्यवस्था। स्कूल प्रशासन में छात्रों, अध्यापकों और कौंसिलों का योग। बच्चों के लिए शिशु-सदन और स्कूल। बहुधन्धी और बहु-तकनीकी स्कूलों की स्थापना।

1921 से 27 ई॰ तक का काल अधिक महत्वपूर्ण। सभी शिक्षा-स्तरों पर

पाठ्यक्रमों, प्रशासन, कार्यक्रमों का पुनर्गठन। स्कूलों के भवनों का निर्माण। सरकार द्वारा सभी शिक्षा का व्यय वहन करना।

1928 से 1932 ई॰ तक स्टालिन की पंचवर्षीय योजना में शिक्षा प्रगति पर विशेष बल। 1930 ई॰ में विशेष निर्णय। द्वितीय विश्वयुद्ध में स्कूल बन्द। शिक्षकों-छात्रों की सेना में भर्ती। अनिवार्य सेवाओं के लिए मास्को विश्वविद्यालय आदि कार्यरत। युद्ध के बाद पुनर्वास व्यवस्था पर बल। पंचवर्षीय योजनाओं में शिक्षा प्रणाली में विशेष सुधार और विकास।

अभ्यासार्थ प्रश्न

1. 1917 ई॰ से पूर्व रूस की शैक्षिक दशा का वर्णन कीजिए।
2. 1917 ई॰ के बाद रूस की शिक्षा प्रगति बड़ी ही तीव्रता से हुई। क्यों?
3. द्वितीय विश्व युद्ध से पूर्व रूस की साम्यवादी सरकार ने रूसी शिक्षा पर क्या प्रभाव डाला?
4. निम्नलिखित को समझाइए—
   (अ) द्वितीय विश्व युद्ध के बाद रूस की शिक्षा में प्रगति।
   (ब) पीटर महान तथा शिक्षा विकास।
   (स) एलेक्जेंडर द्वितीय तथा शिक्षा विकास।
   (द) रूस में शिक्षा का सामान्य स्वरूप।

अध्याय 26

साम्यवादी दर्शन छोड़कर अब जनतन्त्रात्मक दर्शन की ओर

[Now from Communistic to Democratic Educational Philosophy]

रूस का साम्यवादी राजनीतिक दर्शन

(Communistic Political Philosophy of Russia)

1991 के पूर्व रूस साम्यवादी (Communist) देश रहा है। वहां राज्य समाजवाद (State Socialism) कायम रहा। रूस में विविध जातियां (Races), भाषाएं (Languages) और समुदाय (Communities) हैं, जिन्होंने वहां की राजनीति को समस्यात्मक बना दिया था। वहां समाजवादी विचारधारा के अनुसार समाज की सन्तुष्टि के लिए सभी कार्यक्रम किये जाते थे। वहां व्यक्ति समाज के लिए माना जाता था। वैयक्तिक स्वतन्त्रता (Individiual Freedom) को वहां कोई स्थान नहीं था। इसी आधार पर सोवियत रूस में शिक्षा की व्यवस्था की गई।

साम्यवादी आदर्शों ने रूस की शिक्षा प्रणाली को प्रभावित किया था। सोवियत रूस की शिक्षा का उद्देश्य था कि वह छात्र-छात्राओं को साम्यवादी सिद्धान्तों से परिचित कराये जिसे वे अपने जीवन में ढाल सकें। वहां वर्गहीन (Classless) समाज की स्थापना पर बल दिया गया। वहां पूर्ण धर्मनिरपेक्षता (Secularism) के आधार पर जाति, वर्ग, धर्म, भाषा के झगड़े समाप्त कर दिये गये। वहां साम्यवादी विचारधारा का कोई विरोध नहीं कर सकता था। सभी का लक्ष्य राष्ट्र में वर्गविहीन समाज की स्थापना करना हो गया। वहां पूंजीवाद (Capitalism) का पूर्ण विरोध किया गया। सभी व्यक्ति चाहे कोई भी क्यों न हो, शारीरिक श्रम करते थे। सभी आर्थिक साधनों पर राज्य (State) का नियन्त्रण था; सभी को राष्ट्रीय समृद्धि में योग देने के अवसर और सुविधाएं मिलती थीं।

प्रत्येक नागरिक, राज्य (State) तथा साम्यवादी दृष्टिकोण के प्रति उत्तरदायी माना गया। देश की सभी संचार व्यवस्थाओं और शिक्षा संस्थाओं पर राज्य (State) का नियन्त्रण रखा गया। सभी सरकार की साम्यवादी नीति का प्रचार करते थे। कृषक और श्रमिक वहां की अर्थव्यवस्था के स्तम्भ माने गये। उन्हें राज्य की ओर से अत्यधिक महत्व प्राप्त हुआ।

साम्यवादी शैक्षिक दर्शन
(Communistic Educational Philosophy)

राजनीतिक दर्शन के अनुरूप रूस में शिक्षा दर्शन भी साम्यवादी रहा है। इस शिक्षा दर्शन की अन्य शैक्षिक दर्शनों की अपेक्षा कुछ विशेषताएं हैं, जो इस प्रकार हैं—

1. यह साम्यवादी आदर्शों के अनुसार सदैव क्रान्ति (Revolution) की प्रक्रिया में रहता है। शिक्षा व्यवस्था में आवश्यकतानुसार परिवर्तन होते रहते हैं।
2. इस शैक्षिक दर्शन में पुरानी परम्पराओं और रूढ़ियों को कोई स्थान नहीं मिलता। इसलिए अन्य देशों की भांति यहां की शिक्षा में किसी भी परम्परा का वंशानुक्रमण नहीं पाया जाता।
3. सामाजिक प्रगति में व्यक्ति की प्रगति निहित है। व्यक्ति का समाज से पृथक् रहकर कोई अस्तित्व नहीं है। समाज में व्यक्ति की जन्मजात शक्ति का वैयक्तिक रूप में कोई आदर नहीं होता, सामाजिक रूप में ही वह मान्य है। व्यक्ति की कुशलता इसी बात पर निर्भर है कि वह समाज में अपने को व्यवस्थित कर ले।
4. सभी व्यक्तियों से आशा की जाती है कि वे आत्मानुशासित रहें और सभी शैक्षिक प्रक्रियाओं से सभी कुछ ग्रहण करें, समाज को उससे लाभान्वित करें और कर्तव्यनिष्ठ बनें। वहां आत्म-प्रशिक्षण (Self-training) को महत्व दिया जाता है। नागरिकों पर अनुशासन बाहर से नहीं लादा जाता। वहां समाज का वातावरण इस प्रकार का है कि व्यक्ति स्वतः आत्मानुशासित हो जाता है। शिक्षा द्वारा आत्मानुशासन न आकर स्वतः ही आ जाता है।
5. शिक्षक वहां एक मार्गदर्शक है, एक नेता है या निर्देशक है। वह किसी बच्चे पर स्वयं को थोपता नहीं है।

6. शिक्षा व्यवस्था में श्रम और उत्पादन पर बल दिया गया है। वहां औद्योगिक विकास के अनुरूप प्रशिक्षित श्रमिकों की आवश्यकता को पूरा करने के लिए औद्योगिक और तकनीकी प्रशिक्षण दिया जाता है। स्कूल सामुदायिक विकास के केद्र हैं जहां श्रमिक के श्रम को सैद्धान्तिक और व्यवसायिक रूप में उपयोगी बनाया जाता है।
7. शैक्षिक व्यवस्था इस प्रकार की है कि छात्र-छात्राएं सामान्य ज्ञान, सामान्य शिक्षा के साथ-साथ व्यावसायिक और औद्योगिक शिक्षा भी ग्रहण करते हैं।

सोवियत शिक्षा के प्रयोजन (Purposes of Soviet Education)

19वीं शताब्दी तक माध्यमिक शिक्षा केवल उच्च वर्ग के लोगों को देने की व्यवस्था थी, परन्तु प्राथमिक शिक्षा को रूस में अनिवार्य बना दिया गया था। किसानों और श्रमिकों के लिए प्रौढ़ शिक्षा की व्यवस्था नहीं थी, परन्तु उनके बच्चौं की प्राथमिक शिक्षा पर विशेष ध्यान दिया जाता था। ज़ारशाही में शिक्षा की व्यवस्था अच्छी नहीं थी। शासक वर्ग जनता को पढ़ा-लिखा नहीं देखना चाहता था; क्योंकि उन्हें डर था कि जनता अपने अधिकारों की मांग न करने लगे। सामान्य बच्चे प्रचलित ग्रमर स्कूलों में प्रविष्ट नहीं किये जाते थे।

20वीं शताबदी में 1917 ई॰ की क्रान्ति के बाद से शिक्षा की सार्वजनिक व्यवस्था पर बल दिया गया और निरक्षरता दूर करने के लिए शिक्षा को सुलभ और सरल बनाया गया। इसके लिए निम्नलिखित नियम बनाये गये—

1. सोवियत संघ का प्रत्येक नागरिक शिक्षा की अधिकतम सुविधाएं प्राप्त करेगा।
2. अनिवार्य, निःशुल्क, सार्वजनिक और धर्मनिरपेक्ष शिक्षा दी जायगी।
3. शिक्षा-प्रसार के लिए प्रशिक्षित अध्यापकों की नियुक्ति होगी।

इस समय सरकार साम्यवादी विचारों और आदर्शों को सामान्य जनता तक पहुंचाना चाहती थी। अतः प्रौढ़ शिक्षा और अनिवार्य प्राथमिक शिक्षा इसका अच्छा साधन थी। साम्यवादी दल की नीतियों के अनुसार प्रचलित शिक्षा व्यवस्था में भारी परिवर्तन किये गये। सभी नागरिकों को समान शैक्षिक अवसरों की सुविधाएं दी गयीं।

रूस की शिक्षा का प्रमुख उद्देश्य जहां साम्यवादी आदर्शों का प्रचार, प्रसार और संरक्षण करना है। वहां नागरिकों को श्रम के प्रति आस्थावान भी बनाना रहा

है। शिक्षा का श्रम से सीधा सम्बन्ध रखा गया। बच्चों में प्रारम्भ से ही श्रम करने की आदत डालने का प्रयास किया जाता था। यह श्रम बच्चों की क्षमता और रुचि के अनुसार होता था। इन श्रम साध्य कार्यक्रमों को शिक्षा में पाठ्यक्रम के माध्यम से समन्वित कर दिया जाता था।

देश में शिक्षा की व्यवस्था एक सामान्य नागरिक की आवश्यकता और आशा के अनुरूप की गई। समस्त विश्व में साम्यवादी दर्शन फले-फूले इसके लिए शिक्षा प्रणाली को अधिक सक्षम बनाने का प्रयत्न किया गया। सोवियत रूस की शिक्षा व्यवस्था के सम्पर्क में जो कोई भी आया वह उससे और साम्यवादी दर्शन से अवश्य ही प्रभावित हुआ। सामान्यतः साम्यवाद रूसी शिक्षा के अग्रांकित प्रयोजन रहे हैं–

प्रयोजन (Purposes)

1. एक वर्गविहीन समाज की स्थापना करना जिसमें औद्योगिक समाज का वास हो और प्रत्येक नागरिक किसी न किसी उद्योग में प्रशिक्षित हो।
2. एक नवीन साम्यवादी समाज की स्थापना करना। इसलिए बच्चों को साम्यवादी आदर्शों और व्यवहारों से भली प्रकार परिचित करना।
3. शिक्षा को अनिवार्य, निःशुल्क, सार्वजनिक और धर्मनिरपेक्ष बनाना जिससे नागरिकों को रूढ़िवादी दृष्टिकोण, परम्परागत विश्वासों को अपनाने से रोककर नवीन प्रगतिशील साम्यवादी दृष्टिकोण को अपनाने के लिए कहा जाए। जनता के लिए निम्नलिखित शैक्षिक सिद्धान्त निर्धारित किये गये–

शैक्षिक सिद्धान्त (Educational Principles)

1. प्रकृति अध्ययन शिक्षा का एक अनिवार्य अंग हो।
2. शिक्षा बच्चों में यथार्थवादी या भौतिकतावादी (Materialistic) दृष्टिकोण पैदा करे।
3. शिक्षा बच्चों का चारित्रिक गठन करे।
4. शैक्षिक कार्यक्रमों का संचालन इस प्रकार का हो कि बालक एक सहकारी सामाजिक जीवन अपनाना सीख लें।
5. सभी शैक्षिक कार्यक्रमों में सामाजिक जीवन और श्रम के बीच घनिष्ठ सम्बन्ध स्थापित करने पर बल दिया जाए जिससे बालक श्रम का सामाजिक महत्व समझ सके।

जनतन्त्रात्मक रूस का शिक्षा-दर्शन
(Educational Philosophy of Democratic Russia)

रूस अपनी पूर्व साम्यवादी विचारधारा का त्याग करके अब जनतन्त्रात्मक आदर्शों की ओर बढ़ रहा है। फलतः प्रत्येक व्यक्ति के अधिकारों और कर्तव्यों में अब क्रान्तिकारी दृष्टिकोण पनप उठा है। यद्यपि इस दृष्टिकोण का अभी भी यत्र-तत्र रूस में कुछ विरोध हो रहा है; परन्तु इतना निश्चित जान पड़ता है कि यह विरोध अब अधिक दिनों तक नहीं टिक सकेगा। रूस में अब पनपती हुई नई जनतन्त्रात्मक विचारधारा संकुचित दृष्टिकोण से उदार दृष्टिकोण की ओर जनता को ले जाने की ओर उन्मुख है। जनतन्त्रात्मक प्रशासनतन्त्र देश के सभी नागरिकों के सहयोग पर निर्भर करता है। अतः देश और व्यक्ति की समृद्धि हेतु प्रत्येक नागरिक यथाशक्ति अपना पूरा योगदान करेगा। इस व्यवस्था में प्रत्येक को अपने विचारों के प्रकाशन की पूरी स्वतन्त्रता होगी। फलतः शिक्षा के क्षेत्र में अपने विचारों को व्यक्त करने में एक नागरिक पूरी स्वतन्त्रता का अनुभव करेगा। इस कसौटी के आधार पर अब रूस के जन-जीवन तथा शैक्षिक व्यवस्था को अग्रांकित श्रेणियों के अन्तर्गत हम समझ सकते हैं–

1. आत्म-विकास (Self-development),
2. मानवीय सम्बन्ध (Human relations),
3. आर्थिक पर्याप्तता और प्रवीणता (Economic sufficiency and efficiency),
4. नागरिकता कर्तव्य और दायित्व (Duties and Responsibilities of a citizen)।

रूस के जनतन्त्रात्मक दृष्टिकोण के सन्दर्भ में आगे हम निम्न श्रेणियों को कुछ विस्तार से समझेंगे–

1. आत्म-विकास के उद्देश्य
(The Aims of Self-development)

1. प्रत्येक साक्षर व्यक्ति यथासम्भव अधिक से अधिक ज्ञान प्राप्त करना चाहता है जिससे उसकी विविध जिज्ञासाओं का समाधान हो सके।
2. वह अपने बोलने की शक्ति का विकास करना चाहता है जिससे वह अपने विचारों को अच्छी तरह प्रकाशित कर सके।

3. अपनी मातृभाषा में पढ़ने और लिखने का कम से कम वह सामान्य कौशल प्राप्त कर ले।
4. अंकगणित का ज्ञान प्राप्त करना।
5. सुनने और देखने की शक्ति का विकास करना।
6. स्वास्थ्य-सम्बन्धी सामान्य ज्ञान प्राप्त कर लेना।
7. मनोरंजन के साधनों को प्राप्त कर लेना।
8. सामाजिक कल्याण के वर्द्धन में सहयोग देने के भाव की अनुभूति करना।
9. अवकाश-काल का सदुपयोग कर सकना।
10. सौन्दर्य-बोध की शक्ति प्राप्त कर सकना।
11. अपने जीवन के उदात्त विचारों को कार्यान्वित कर सकने की योग्यता प्राप्त करना।

2. मानवीय सम्बन्धों से सम्बन्धित आदर्श (Ideals Pertaining to Human Relations)

1. मानवता को आदर करने का भाव।
2. सफल मित्रता स्थापित कर सकना।
3. सहकारिता की इच्छा।
4. उदारता से कार्य करने का भाव।
5. समाज में कुटुम्ब के महत्व को समझना तथा कौटुम्बिक आदर्शों को विकसित और संरक्षित रखने की योग्यता।
6. कुटुम्ब में आदरणीय स्थिति प्राप्त करने की चेष्टा तथा जनतन्त्रात्मक आदर्शों पर आधारित कौटुम्बिक सम्बन्धों को विकसित करना।

3. आर्थिक पर्याप्तता और प्रवीणता (Economic Sufficiency and Efficiency)

1. अपने कार्य-क्षेत्र में उच्च कुशलता प्राप्त करना।
2. विभिन्न व्यवसायों के बारे में जानकारी।
3. अपने लिए कोई उपयुक्त व्यवसाय चुन सकना और उसमें उन्नति के लिए निरन्तर प्रयास कर सकना। उसके सामाजिक महत्व को समझ

सकना तथा अपनी आर्थिक समस्याओं को सुलझा सकना।

4. उपयोगी वस्तुओं की खरीद में बुद्धिमानी से धन खर्च कर सकना।

4. नागरिकता में निहित दायित्व और कर्तव्य (Responsibilities and Duties towards Citizens)

1. विषम परिस्थितियों में भी न्याय के पथ से न डिगना।
2. विविध सामाजिक कार्यों को समझ सकने की योग्यता और अवांछित परिस्थितियों में सुधार लाने की योग्यता और प्रवृत्ति।
3. सहिष्णुता तथा उदार दृष्टिकोण के संदर्भ में उपयुक्त निर्णय कर सकने की योग्यता।
4. राष्ट्रीय सम्पत्ति की रक्षा करने का भाव, सामाजिक उन्नति में विज्ञान का समुचित उपयोग, सर्वलौकिक व्यक्तित्व का भाव, देश के राजनियम का आदर तथा अपने दायित्व और कर्तव्य के प्रति चेतना।
5. जनतन्त्रात्मक आदर्शों में विश्वास।

शिक्षा के क्षेत्र में उपर्युक्त चार श्रेणियों में व्यक्त आदर्शों का बड़ा भारी महत्व है। सच्चे जनतन्त्रात्मक युग को लाने के लिए व्यक्ति को इन आदर्शों से ओत-प्रोत होना है। यह आशा की जाती है कि रूस में स्थापित जनतन्त्र अब उपर्युक्त आदर्शों के पालन हेतु कटिबद्ध होगा और तदनुसार उसकी शिक्षा के प्रत्येक क्षेत्र में इन जनतन्त्रात्मक आदर्शों का ही गहन प्रभाव होगा। वर्तमान रूस की उपयुक्त भूमि में जनतन्त्रात्मक बीज अब बो दिये गये हैं और अब ये बीज ही अंकुरित होकर विशाल वृक्षों के रूप में पूरे संसार के समक्ष एक आदर्श उपस्थित कर सकेंगे। ऐसी आशा करना अब बहुत ही स्वाभाविक प्रतीत होता है।

रूस की जनतन्त्रात्मक व्यवस्था में पाठ्यक्रम (The Place of Curriculum in a Democratic Set-up)

जनतन्त्रात्मक व्यवस्था को उपर्युक्त आदर्शों के अनुसार दृढ़ बनाने हेतु पाठ्यक्रम के स्वरूप में आवश्यक परिवर्तन लाना आवश्यक होगा। इस प्रकार के पाठ्यक्रम में वे सभी बातें समाविष्ट करनी होंगी जो सामाजिक सन्दर्भ में व्यक्ति के उच्चतम विकास के लिए आवश्यक हैं। पाठ्यक्रम के पुनर्गठन में बालकों की विशिष्ट योग्यताओं, उनकी स्वाभाविक रुचियों तथा शारीरिक और मानसिक स्वास्थ्य पर विशेष ध्यान देना होगा।

पाठ्यक्रम के किसी नवनिर्माण में सामाजिक दृष्टिकोण की उपेक्षा नहीं की जा सकती। अतः सांस्कृतिक और सामाजिक कार्यक्रमों को पाठ्यक्रम में विशेष स्थान देना होगा। शिक्षा का पुनर्गठन इस प्रकार करना होगा कि बालक हर परिस्थिति में अपनी समस्याओं को समझने और उसके समाधान पाने में सफल हो सकें। पाठ्यक्रम के निर्माण में देश की आर्थिक, सामाजिक, सांस्कृतिक, ऐतिहासिक और भौगोलिक दशाओं पर विशेष ध्यान देना होगा। रूस की नई जनतन्त्रात्मक व्यवस्था में इन सभी बातों पर ध्यान देने का उपक्रम किया गया है।

रूस की जनतन्त्रात्मक व्यवस्था में स्कूलों का पुनर्गठन (Reorganisation of Schools in the New Democratic Set-up of Russia)

स्कूलों के पुनर्गठन में विद्यार्थियों और अध्यापकों के कार्य तथा विचार प्रकाशन में स्वतन्त्रता अपेक्षित होगी। चूंकि रूस में जनतन्त्रात्मक व्यवस्था स्थापित हो चुकी हैं, अतः इस सन्दर्भ में किसी प्रकार की शंका का अब स्थान नहीं है। स्कूल के प्रबन्धक तथा सरकारी अफसर स्कूल के कार्य में अनुचित हस्तक्षेप नहीं करेंगे। हां, वे कोई भी रचनात्मक सुझाव अध्यापकों के विचारार्थ दे सकते हैं। इस पद्धति के अनुसरण से देश में स्थापित नया जनतन्त्र सुदृढ़तर होता जायेगा।

अध्यापक (The Teacher)

सामान्यतः विद्यार्थी के लिए अध्यापक आदर्श होता है। अतः अब रूस की नई व्यवस्था में अध्यापक जनतन्त्रात्मक भावनाओं से ओत-प्रोत रहेगा। अध्यापक का इस प्रकार का व्यक्तित्व विद्यार्थियों को जनतन्त्रात्मक आदर्शों की ओर अवश्य ही खीचेंगा।

शिक्षा विधि (Method of Education)

जनतन्त्रात्मक व्यवस्था में विद्यार्थी को अपनी अध्ययन-विधि को अपनाने के लिए स्वतन्त्र करना होगा। अध्यापक को केवल परामर्शदाता के रूप में ही कार्य करना होगा। उसे विद्यार्थियों के ऊपर अपने विचार नहीं थोपने हैं। प्रश्नों के पूछने में विद्यार्थी को स्वतन्त्रता का अनुभव करना चाहिए और वे बिना किसी भय के कोई आलोचना देने के लिए उत्साहित किये जायेंगे। इस प्रकार सब रूप में जनतन्त्रात्मक शिक्षण विधि का अनुसरण करने के लिए अध्यापक और विद्यार्थी स्वतन्त्र कर दिये गये हैं।

जनतन्त्रात्मक व्यवस्था में विनय का स्वरूप
(Concept of Discipline in a Democratic Set-up)

जनतन्त्रात्मक व्यवस्था में स्थापित स्कूलों में विनय की कोई समस्या ही नहीं उपस्थित होगी, क्योंकि अब किसी विद्यार्थी पर हठात् कोई कार्य नहीं थोपा जायगा। फलतः प्रत्येक विद्यार्थी स्वयं आत्म-नियंत्रित होगा।

सारांश

सोवियत रूस का राजनीतिक दर्शन—स्टेट सोशियलिज्म। व्यक्ति को स्वतन्त्रता नहीं। व्यक्ति राज्य और समाज के प्रति उत्तरदायी। उत्पादन, श्रम, धर्म-निरपेक्षता, वर्ग-विहीनता पर विशेष बल। सभी आर्थिक साधनों पर राज्य का नियन्त्रण।

साम्यवादी शैक्षिक दर्शन—शिक्षा-दर्शन पर राजनीतिक दर्शन का विशेष प्रभाव। शिक्षा का उद्देश्य साम्यवादी दर्शन का प्रचार-प्रसार और संरक्षण करना। इसमें 7 विशेषताएं। शिक्षा परिवर्तनशील और क्रान्तिकारी रूढ़ियों से मुक्त प्रगतिवादी, वैयक्तिक प्रगति सामाजिक प्रगति में निहित, आत्मानुशासन पर बल, शिक्षक मार्गदर्शक, श्रम और उत्पादन पर बल, औद्योगिक शिक्षा सामान्य शिक्षा के साथ।

सोवियत शिक्षा के प्रयोजन—1. प्रत्येक नागरिक शिक्षा की समस्त सुविधाएं और अवसर प्राप्त करे।

2. धर्मनिरपेक्ष, अनिवार्य, निःशुल्क, सार्वजनिक शिक्षा मिले।
3. साम्यवादी दृष्टिकोण और दर्शन का प्रसार और अनुसरण।
4. शिक्षा के लिए प्रशिक्षित अध्यापकों की नियुक्ति।
5. वर्ग-विहीन, साम्यवादी, श्रमसाध्य समाज की स्थापना करना।

शैक्षिक सिद्धान्त—प्रकृति अध्ययन शिक्षा का अनिवार्य अंग, बच्चों में भौतिकतावादी दृष्टिकोण उपजाना; चरित्र गठन पर बल, शैक्षिक कार्यों में सहकारी सामाजिक जीवन की प्रेरणा; सामाजिक जीवन और श्रम में सम्बन्ध।

रूस की जनतन्त्रात्मक व्यवस्था में शिक्षा दर्शन—आत्म-विकास, मानवीय सम्बन्ध, आर्थिक पर्याप्तता तथा प्रवीणता तथा नागरिक के कर्तव्यों पर समुचित ध्यान।

इन उद्देश्यों के सन्दर्भ में पाठ्यक्रम, स्कूलों का पुनर्गठन, अध्यापक, शिक्षा विधि तथा विनय की परिकल्पनाओं में जनतन्त्रात्मक विचारधाराओं का रूस में विकास।

अभ्यासार्थ प्रश्न

1. सोवियत रूस का राजनीतिक दर्शन की विवेचना कीजिए।
2. सोवियत रूस का शिक्षा दर्शन उसके राजनीतिक दर्शन से किस प्रकार प्रभावित है? साम्यवादी शिक्षा दर्शन की विशेषताएं बताइये।
3. सोवियत संघ की शिक्षा के प्रयोजन और सिद्धान्तों का वर्णन कीजिए।
4. जनतन्त्रात्मक रूस के शिक्षा दर्शन को स्पष्ट कीजिए।

अध्याय 27

रूस में शिक्षा-नियन्त्रण
[Control of Education in Russia]

राष्ट्रीय शासन और शिक्षा नियन्त्रण
(National Government and Educational Control)

जन क्रान्ति से पूर्व रूस में ज़ारशाही का बोलबाला था और वहाँ की शिक्षा पर जार का पूरा नियन्त्रण था। 1917 ई॰ के आन्दोलन के बाद साम्यवादी सरकार ने शिक्षा पर चर्च और राजा का नियन्त्रण समाप्त कर दिया और साम्यवाद के सिद्धान्तों के अनुकूल राज्य (State) का नियन्त्रण शिक्षा व्यवस्था पर कर दिया गया। 1930 ई॰ में शिक्षा का केन्द्रीयकरण करके उसे राज्य के कठोर नियन्त्रण में रख दिया गया।

सोवियत संघ में शिक्षा मंत्रालय (Ministry of Education) ही समस्त शिक्षा व्यवस्थाओं पर नियन्त्रण रखता था। शिक्षा मंत्रालय के दो भाग थे : (1) संस्कृति मंत्रालय (Ministry of Culture), (2) उच्च शिक्षा मंत्रालय (Ministry of Higher Education)। अध्यापक प्रशिक्षण तथा विश्वविद्यालयों की व्यवस्था के लिए उच्च शिक्षा मंत्रालय उत्तरदायी था। औद्योगिक और व्यावसायिक शिक्षा (Industrial and Vocational Education) की व्यवस्था संयुक्त मंत्रालय (शिक्षा मंत्रालय तथा श्रम मंत्रालय) द्वारा चलायी जाती थी।

रूस का साम्यवादी दल (Communist Party) ही समस्त संघ के लिए राष्ट्रीय शिक्षा नीति का निर्धारण करता था। साम्यवादी दल की एक कांग्रेस (Congress) होती थी, जो उच्चतम सत्ता का उपभोग करती थी। संयुक्त मंत्रालय इस कांग्रेस की सभा समय-समय पर आयोजित करता था जिसमें राष्ट्रीय शिक्षा नीति का निर्धारण होता था। संघ के सभी राज्य (States) इस शिक्षा नीति का अनुपालन करते थे। अन्य क्षेत्रीय इकाइयाँ (Regional Units) शिक्षा नीति के सम्बन्ध में कोई सम्मति व्यक्त नहीं करती थी। संयुक्त शिक्षा

मंत्रालय (Joint Ministry of Education) की 16 प्रशासनिक इकाइयाँ थीं। प्रत्येक इकाई को शिक्षा विभाग (Department of Education) की संज्ञा दी जाती थी। यह विभाग अपने क्षेत्र में राष्ट्रीय शिक्षा नीति का अनुपालन करता था, परन्तु शिक्षा नीति के सम्बन्ध में कुछ नहीं कह सकता था। 1936 के संविधान में निम्नलिखित शैक्षिक लक्ष्य निर्धारित किये गये थे—

1. सभी राज्यों (States) में अनिवार्य, निःशुल्क और सार्वजनिक शिक्षा का विस्तार करना।
2. 7 से 15 वर्ष के सभी बालकों के लिए अनिवार्य शिक्षा लागू करना।
3. राज्यों के आदेशों पर शिक्षा धर्मनिरपेक्ष (Secular) तथा चर्चों के प्रभाव से मुक्त होगी।
4. सभी छात्र-छात्राओं को समान रूप से माध्यमिक और उच्च शिक्षा की सुविधाएँ मिलें।
5. प्रत्येक बालक को मातृभाषा में प्राथमिक शिक्षा दी जाएगी।
6. चौथी कक्षा से रूसी भाषा को द्वितीय भाषा के रूप में पढ़ना अनिवार्य होगा।
7. व्यक्तिगत स्कूलों को मान्यता नहीं मिलेगी।
8. शिक्षा पूर्णतः राज्य के नियन्त्रण में रहेगी।

राष्ट्रीय शिक्षा नीति का निर्धारण करते समय संयुक्त शिक्षा मंत्रालय (Joint Ministry of Education), साम्यवादी दल की आम समिति (General Committee of Communist Party), सोवियत संघ के जन आयोग की परिषद् (Council of People Commission of Soviet Union) तथा केन्द्रीय कार्यकारिणी समिति (Central Executive Committee) का परामर्श लेता था। शिक्षा नीति के अनुपालन पर होने वाले समस्त व्यय को नियोजन आयोग (Planning Commission) स्वीकृति देता था।

साम्यवादी दल द्वारा शिक्षा नीति का निर्धारण (Decision of Educational Policy by the Communist Party)—रूस में सभी लोग साम्यवादी दल के सदस्य नहीं होते थे। केवल 10 प्रतिशत से कम लोगों को ही इस दल का सदस्य बनाया जाता था। इस दल का मंत्री या सचिव (Secretary) ही समस्त देश का वास्तविक शासक होता था। शिक्षा ही सर्वोत्तम साधन था जिससे साम्यवादी विचारों और सिद्धान्तों को जनता तक प्रसारित किया जाता था। इसलिए शिक्षा नीति में साम्यवादी नीतियों को प्रमुख स्थान दिया जाता था। पाठ्यक्रम द्वारा उसे छात्र-छात्राओं तक पहुँचाया जाता था। शिक्षा केन्द्रों पर औपचारिक शिक्षण

(Formal Teaching) समाप्त होने पर युवा साम्यवादी संगठन (Youth Communist Organisation) साम्यवादी नीति और सिद्धान्तों की शिक्षा देने की व्यवस्था करता था। साम्यवादी सरकार के लिए भावी नेताओं और प्रशासकों को यही युवा साम्यवादी संगठन तैयार करता था।

साम्यवादी दल की एक केन्द्रीय समिति (Central Committee) होती थी जो राष्ट्रीय शिक्षा नीति को निर्धारित करती थी। सभी राज्य इसी नीति को अपने यहाँ कार्यान्वित करते थे। कोई भी इसका विरोध नहीं कर सकता था।

क्षेत्रीय एवं स्थानीय इकाइयों द्वारा शैक्षिक प्रशासन (Educational Administration Through Regional and Local Units)

क्षेत्रीय इकाइयों द्वारा शैक्षिक प्रशासन (Educational Administration through Regional Units)—सोवियत संघ को 16 शैक्षिक क्षेत्रीय इकाइयों (Regional Units) में विभाजित किया गया था। इन्हें शिक्षा विभाग (Department of Education) भी कहा जाता था। ये क्षेत्रीय इकाइयाँ या शिक्षा विभाग संयुक्त शिक्षा मंत्रालय के अधीन कार्य करते थे। क्षेत्रीय इकाइयों के शैक्षिक प्रशासन के लिए एक शिक्षा मंत्री (Minister of Education) की नियुक्ति की जाती थी।

प्रत्येक शिक्षा विभाग या क्षेत्रीय इकाई कई उप-विभाग रखता था। जैसे संस्कृति विभाग, बहुतकनीकी शिक्षा विभाग, सामाजिक विभाग इत्यादि। ये उप-विभाग अपने-अपने कार्य के लिए उत्तरदायी होते थे। क्षेत्रीय इकाई का एक उप-विभाग होता था, जो साहित्य और प्रकाशन विभाग (Department of Literature and Publication) कहलाता था। यह विभाग पुस्तकें, पत्र-पत्रिकाएँ, समाचारपत्र, सांस्कृतिक सूचना-पत्र (Permances) तथा चलचित्र तैयार करता था और प्रत्येक क्षेत्रीय इकाई में उन्हें भेजता था। क्षेत्रीय इकाई शैक्षिक प्रशासन, व्यय तथा विद्यालय भवनों आदि के लिए उत्तरदायी होती थी। यह अध्यापक प्रशिक्षण को भी अपने नियन्त्रण में रखता था; प्रौढ़ शिक्षा, व्यावसायिक शिक्षा भी इसी के उत्तरदायित्व में चलती थी। विज्ञान तथा कला संस्थान का विभाग (Department of Scientific and Art Institute) विज्ञान, ललित कलाओं आदि विषयों के शिक्षण की व्यवस्था और देखरेख करता था।

शिक्षा मंत्री (Education Minister) सोवियत संघ गणतंत्र (Soviet Union Republic) की मंत्रिपरिषद् (Council of Ministers) का सदस्य होता था। देश भर के शिक्षा-नियोजन (Educational Planning) के लिए शिक्षा मंत्री ही उत्तरदायी होता था। समय-समय पर वह स्थानीय शिक्षा सभाओं (Local Education Meetings), शोध संस्थान सभा (Meeting of Research Institute) तथा स्थानीय

शिक्षा अधिवेशन (Local Education Conference) में भाग लेता रहता था।

स्थानीय इकाइयों द्वारा शैक्षिक प्रशासन (Educational Administration Through Local Units)—सोवियत संघ की स्थानीय इकाइयों के अन्तर्गत जिले (Districts), नगर और उपनगर (Towns) की स्वतन्त्र इकाइयाँ आती हैं। ग्रामीण क्षेत्रों को मिलाकर एक ग्रामीण शैक्षिक जिला (Rural Educational District) बनाया जाता है जिसे विधान सम्बन्धी (Legislative), प्रशासनिक (Administrative) तथा कार्यपालिका-सम्बन्धी (Executive) शक्तियाँ मिली होती हैं; परन्तु यथार्थ में इन शक्तियों का उपयोग स्थानीय कार्यपालिका समिति (Local Executive Committee) करती है जिसका गठन सोवियत संघ, साम्यवादी दल के परामर्श पर करता है। जिला (District) सबसे बड़ी स्थानीय शिक्षा प्रशासनिक इकाई है जिसे नगरों (Cities), उपनगरों (Towns) की उप-इकाइयों में विभक्त कर दिया जाता है।

प्रत्येक नगर, उपनगर और गाँव अपने-अपने क्षेत्र से एक सदस्य या डिप्टी को चुनते हैं। ये सब सदस्य या डिप्टी मिलकर एक प्रशासन समिति (Administrative Committee) का गठन करते हैं। यह समिति अपने निदेशक (Director) को चुनती है। यह निदेशक शिक्षा विभाग (Education Department) में मुख्य कार्यकारी अधिकारी (Chief Executive Officer) का कर्तव्य निभाता है।

प्रत्येक सदस्य या डिप्टी का कर्त्तव्य है कि वह अपने क्षेत्र की आवश्यकताओं को ध्यान में रखकर क्षेत्र में शिक्षा व्यवस्था करे। अतः यह निर्वाचित सदस्य या डिप्टी साम्यवादी दल के निर्देश पर साम्यवादी नीतियों के अनुसार शिक्षा व्यवस्था करता है। माध्यमिक शिक्षा स्तर तक के विद्यालय भवनों, उपकरणों की व्यवस्था पर विभाग के निदेशक (Director) का नियन्त्रण होता है।

स्थानीय शिक्षा प्रशासन और नियन्त्रण में विद्यालय के प्रधानाचार्य (Principal) का प्रमुख हाथ होता है। प्रधानाचार्य का चुनाव स्थानीय कार्यपालिका समिति (Local Executive Committee) द्वारा होता है। संस्था के आन्तरिक मामलों की व्यवस्था में प्रधानाचार्य सर्वेसर्वा होता है। वह स्थानीय कार्यपालिका समिति की राय से अध्यापकों और कर्मचारियों की नियुक्ति करता है, परन्तु वह कार्य करने की प्रणाली में स्वतन्त्र नहीं है। वह साम्यवादी दल के निर्देशों पर स्थानीय कार्यपालिका समिति की राय पर कोई कार्य प्रणाली अपनाता है। प्रधानाचार्य की सहायता के लिए एक स्थानीय विद्यालय परिषद् (Local School Council) होती है जो उसे परामर्श देती रहती है। इस परिषद् के सदस्यों में प्रधानाचार्य स्वयं, स्कूल के अध्यापक, कर्मचारी, स्थानीय श्रमिक संघ (Local Labourers Union) तथा स्थानीय साम्यवादी दल (Local Communist Party) के सदस्य होते हैं।

सोवियत संघ ने अनिवार्य, निःशुल्क और सार्वजनिक शिक्षा की व्यवस्था इस

प्रकार की है कि स्थानीय प्रतिनिधि शिक्षा कार्यों और योजनाओं में खुलकर सहयोग दे सकें। बच्चों के अभिभावक वास्तव में मुक्त रूप से शिक्षा संस्थाओं को वित्तीय (Financial) सहायता तथा अन्य प्रकार की सहायता देते रहते हैं। इस व्यवस्था के लिए रूस में विद्यालय अभिभावक संघ (School-Parent Association) का गठन किया गया है। शिक्षा के क्षेत्र में यह संघ बहुत काम करता है। यह संघ छात्रों द्वारा अवकाश में आयोजित कार्यक्रमों में भाग लेता है। यह संघ जरूरतमंद और अनाथ बच्चों की प्रत्येक प्रकार से सहायता करता है।

शिक्षण कार्य के निरीक्षक के लिए स्थानीय निरीक्षकों (Local Inspectors) की नियुक्ति की जाती है। निरीक्षक उन शिक्षकों को बनाया जाता है जिन्हें कम से कम 3 वर्ष का शिक्षण अनुभव होता है। इनका वेतन उन निरीक्षकों के वेतन से कम होता है जो शिक्षा विभाग द्वारा नियुक्त किये जाते हैं। ये निरीक्षक प्रतिदिन शिक्षकों की सहायता करते हैं।

वित्तीय अनुदान (Financial Grants)—सोवियत संघ के बहुत से शिक्षा केन्द्रों को वित्तीय अनुदान देने की व्यवस्था है। नर्सरी तथा किण्डरगार्टन स्कूलों को अभिभावक और स्थानीय कार्यपालिका समिति समय-समय पर वित्तीय सहायता देते रहते हैं। बहुत-से औद्योगिक संगठन अपनी मजदूरी का एक अंश पूर्व प्राथमिक शिक्षा के लिए देते हैं। प्रादेशिक सरकारें इन स्कूलों के भवनों के लिए आर्थिक सहायता देती हैं।

प्राथमिक और माध्यमिक स्कूलों को अभिभावकों के अतिरिक्त राज्य सरकारें आर्थिक अनुदान देती हैं। अमीर अभिभावक अपने बच्चों की शिक्षा का पूरा व्यय-भार उठाते हैं, परन्तु निर्धन बच्चों से शुल्क नहीं लिया जाता।

उच्च शिक्षा के लिए सरकार पर्याप्त अनुदान देती है। छात्रों को सरकार से छात्रवृत्तियाँ मिलती हैं। 1981 ई॰ के आँकड़ों के आधार पर राज्य सरकार ने सामाजिक और तकनीकी शिक्षा पर 90 प्रतिशत व्यय स्वयं वहन किया है और 10 प्रतिशत व्यय स्थानीय संगठनों द्वारा वहन किया गया। राज्य सरकार अध्यापक प्रशिक्षण की व्यवस्था के लिए पूरी तरह उत्तरदायी होती है।

जनतन्त्रात्मक व्यवस्था स्थापित होने से नियन्त्रण सम्बन्धी मनोभाव में परिवर्तन—रूस में 1991 से साम्यवादी विचारधारा के स्थान पर जनतन्त्रात्मक व्यवस्था स्थापित होने के कारण शिक्षा पर नियन्त्रण का स्वरूप जनतन्त्रात्मिक का दिया गया है। फलतः शिक्षा कार्य से सम्बन्धित विभिन्न इकाइयाँ ज्यों की त्यों बनी रहते हुये भी उनकी कार्य प्रणाली में क्रान्तिकारी परिवर्तन आया है। अब ये इकाइयाँ विविध बातों और कार्यक्रमों के लिए केन्द्रीय सरकार के आदेश की प्रतीक्षा नहीं करती।

सारांश

राष्ट्रीय शासन और शिक्षा नियन्त्रण—संयुक्त शिक्षा मंत्रालय केन्द्रीय स्तर पर प्रशासन के लिए उत्तरदायी। इसके कई विभाग। देश का साम्यवादी दल राष्ट्रीय शिक्षा नीति का निर्धारक। राज्य सरकारें उसकी अनुपालक। 7 से 15-वर्षीय बच्चों के लिए अनिवार्य, निःशुल्क, सार्वजनिक शिक्षा इस दल के निर्देश पर आयोजित। 8 लक्ष्य निर्धारित।

साम्यवादी दल द्वारा शिक्षा नीति का निर्धारण—साम्यवादी दल की केन्द्रीय समिति द्वारा शिक्षा नीति का निर्धारण। शिक्षा नीति के संचालन में होने वाले व्यय की स्वीकृति योजना आयोग द्वारा।

क्षेत्रीय एवं स्थानीय इकाइयों द्वारा शैक्षिक प्रशासन

क्षेत्रीय इकाइयों द्वारा शैक्षिक प्रशासन—पूरे संघ में 16 क्षेत्रीय शैक्षिक इकाइयाँ। प्रत्येक इकाई एक शिक्षा विभाग। प्रत्येक क्षेत्र के लिए शिक्षा मंत्री की नियुक्ति। यह मंत्रिपरिषद् का सदस्य। शिक्षा विभाग के कई उप-विभाग। सभी विभाग अपने कार्य के लिए उत्तरदायी।

स्थानीय इकाइयों द्वारा शैक्षिक प्रशासन—जिला सबसे बड़ी इकाई। नगर, उपनगर और गाँव इसकी इकाइयाँ। प्रत्येक के द्वारा सदस्य का चुनाव उसके द्वारा स्थानीय समिति का गठन। उसका निदेशक शिक्षा विभाग का निदेशक और कार्यपालिका अधिकारी। विद्यालय-प्रधानाचार्य आन्तरिक व्यवस्थाओं में स्वतन्त्र परन्तु कार्य प्रणाली में नहीं। सहायता के लिए स्थानीय विद्यालय परिषद् का गठन।

वित्तीय अनुदान—स्थानीय संस्थाएँ, अभिभावक, विद्यालय-अभिभावक संघ, औद्योगिक संघ तथा राज्य सरकारें वित्तीय सहायता देने वाले। 90 प्रतिशत सरकार द्वारा 10 प्रतिशत अन्य स्रोतों द्वारा आर्थिक अनुदान।

अभ्यासार्थ प्रश्न

1. रूस में राष्ट्रीय शिक्षा नीति का निर्धारण कौन करता है? इस नीति का निर्धारण कैसे होता है?
2. शिक्षा प्रशासन में क्षेत्रीय शैक्षिक इकाइयों का क्या योगदान है?
3. स्थानीय शैक्षिक इकाइयाँ शिक्षा प्रशासन कैसे चलाती हैं?
4. निम्नलिखित को समझाइए—
   (अ) शिक्षा में वित्तीय सहायता,
   (ब) प्रधानाचार्य,
   (स) स्कूल परिषद्।

अध्याय 28

रूस में पूर्व-प्राथमिक शिक्षा
[Pre-Primary Education in Russia]

रूस में पूर्व-प्राथमिक शिक्षा की योजना
(Scheme of Pre-Primary Education in Russia)

जन-क्रान्ति के पश्चात् 1918 ई. में ही सोवियत संघ ने 3 से 7 वर्ष के बच्चों के लिए पूर्व-प्राथमिक शिक्षा की योजना घोषित कर दी थी। पूर्व-प्राथमिक शिक्षा को चलाने के लिए आज निम्नलिखित उद्देश्य माने जा सकते हैं—

(1) बच्चों को प्राथमिक शिक्षा (Primary Education) के लिए तैयार करना।
(2) जनतन्त्रात्मक आदर्श के अनुसार बच्चों को एक मनोवैज्ञानिक पर्यावरण देना जिससे बच्चे स्वाभाविक विकास कर सकें।
(3) बच्चों को उपयुक्त पारिवारिक पर्यावरण के अभाव में स्वस्थ अभिवृद्धि (Growth) के लिए पर्यावरण देना।

रूस में अधिकांश परिवार बालकों को उपयुक्त वातावरण नहीं दे पाते, क्योंकि माता-पिता दोनों काम पर चले जाते हैं। बच्चा माँ का संरक्षण प्राप्त नहीं कर पाता। अतः उस अभाव को पूरा करने के लिए पूर्व-प्राथमिक स्कूलों की आवश्यकता है। रूसी सरकार का प्रयत्न है कि माताएँ कम से कम बाहर काम पर जायें। जब तक ऐसा नहीं होता तक तक पूर्व-प्राथमिक विद्यालय ऐसे शिशुओं की देखरेख करेंगे जिन्हें दिनभर माता का संरक्षण नहीं मिलता। ऐसी व्यवस्था से माताएँ खेतों में, फैक्टरियों में और अन्य उद्योगों में बच्चों की ओर से निश्चिन्त होकर काम कर सकती हैं।

प्रशासन की दृष्टि से संघ का स्वास्थ्य मंत्रालय पूर्व-प्राथमिक शिक्षा के लिए उत्तरदायी है। शिक्षा मंत्रालय सामूहिक कृषिफार्मों, फैक्टरियों, औद्योगिक केन्द्रों और कार्यालयों के निकट नर्सरी और किण्डरगार्टन स्कूल खोलने को प्रोत्साहन

देता है। कुछ फैक्टरियाँ, फार्म्स और उद्योग निजी पूर्व-प्राथमिक स्कूल चलाते हैं जिन पर सोवियत सरकार और साम्यवादी दल का कठोर नियन्त्रण रहता है। अभिभावक अपने बच्चों के लिए नाश्ते और भोजन का सामान्य शुल्क मात्र देते हैं।

पूर्व-प्राथमिक शिक्षा की संस्थाएँ (Pre-Primary Schools)

रूस में पूर्व-प्राथमिक शिक्षा देने के लिए दो प्रकार की संस्थाएँ हैं–(1) नर्सरी स्कूल, (2) किण्डरगार्टन स्कूल।

नर्सरी स्कूल (Nursery Schools)–शिशुओं के शारीरिक विकास (Physical Development) तथा मानसिक विकास के लिए नर्सरी स्कूलों में उपयुक्त वातावरण दिया जाता है। नर्सरी स्कूलों में प्रवेश लेने से पूर्व बच्चे का शारीरिक परीक्षण होता है। जब बच्चा $1\frac{1}{2}$ वर्ष का हो जाता है तो स्वास्थ्य दर्शक (Health Visitor) या स्कूल का चिकित्सक बच्चे के स्वास्थ्य की परीक्षा घर जाकर करता है। वह देखता है कि बालक की आदतें और स्वाभाविक गतियाँ स्वस्थ हैं या नहीं। इस प्रकार चिकित्सा सुविधाओं द्वारा बच्चे का स्वास्थ्य अच्छा रखने का प्रयत्न किया जाता है। बालक का सामाजिक विकास भी ठीक हो इसके लिए भी प्रयत्न किया जाता है। उसे अच्छे समवयस्क बच्चों की संगत दी जाती है। नर्सरी स्कूलों में खेलों तथा उपयुक्त खिलौनों आदि की अच्छी व्यवस्था रहती है। यहाँ $1\frac{1}{2}$ वर्ष से 3 वर्ष तक के बच्चे प्रवेश पाते हैं।

स्कूल के चिकित्सकों या स्वास्थ्य दर्शकों की सेवाओं से बच्चों को स्वास्थ्य लाभ तो होता ही है, अभिभावकों को भी मार्गदर्शन मिलता है कि वे बच्चे के स्वास्थ्य के लिए किन सुविधाओं को जुटायें और उनके स्वास्थ्य के लिए संतुलित आहार किस प्रकार का दें। सरकारी दुग्ध प्रतिष्ठान भी माता-पिता को स्वास्थ्य और संतुलित आहार सम्बन्धी जानकारी देते रहते हैं।

नर्सरी स्कूल और किण्डरगार्टन स्कूलों में घनिष्ठ सम्पर्क रहता है। किण्डरगार्टन स्कूल के अध्यापक नर्सरी स्कूलों में जाकर देखते रहते हैं कि बच्चे किण्डरगार्टन स्कूलों के लिए तैयार हो रहे हैं या नहीं। सरकार जनता को प्रोत्साहित करती है कि वे अपने क्षेत्रों में नर्सरी स्कूल खोलें। इसके लिए सरकार स्कूलों को आर्थिक अनुदान देती है। विभिन्न क्षेत्रों में गृह-समितियाँ (Housing Committees) नर्सरी स्कूलों में पूर्ण वित्तीय सहायता देती हैं।

किण्डरगार्टन स्कूल (Kindergarten Schools)–इन स्कूलों की व्यवस्था

नर्सरी स्कूलों की व्यवस्था से भिन्न है। इन स्कूलों में कार्यरत माताएँ अपने बच्चों को इस स्कूल में प्रवेश दिलाती है और निश्चिन्त होकर अपने कार्य में लग जाती हैं। ग्रामीण क्षेत्रों में ग्रीष्मकालीन किण्डरगार्टन स्कूलों (Summer K.G. Schools) की व्यवस्था की जाती है। वहाँ की माताएँ अपने बच्चों को इन स्कूलों में प्रवेश दिलाकर निश्चिन्त हो जाती हैं और फार्मों पर कार्य करती रहती हैं। अपने-अपने क्षेत्रों में औद्योगिक-संस्थान, सामुहिक फार्म, व्यापारिक केन्द्र, किण्डरगार्टन स्कूलों की व्यवस्था करते हैं। इन स्कूलों में बच्चों पर होने वाला व्यय अभिभावक द्वारा वहन करना होता है, परन्तु सेवा-निवृत्ति, युद्ध सन्तप्त, अविवाहित और विधवा माताओं को केवल आंशिक शुल्क देना होता है। यह आंशिक शुल्क बच्चों की संख्या और अभिभावक की आय के आधार पर तय किया जाता है।

किण्डरगार्टन स्कूलों के अध्यापक नर्सरी स्कूलों तथा घरों पर जाकर देखते हैं कि बच्चे किण्डरगार्टन स्कूल के लिए ठीक से तैयार हो रहे हैं अथवा नहीं। किण्डरगार्टन स्कूलों में नृत्य, संगीत, शारीरिक व्यायाम, खेलकूद और मनोरंजन के कार्यक्रमों की व्यवस्था की जाती है। इन सभी कार्यक्रमों को इस प्रकार चलाया जाता है कि बच्चों में सहकारी जीवन की प्रवृत्ति पैदा हो जाती है। बच्चे सामूहिक कृषि क्षेत्रों (Collective Farms), औद्योगिक केन्द्र और कल-कारखानों को देखने का अवसर भी प्राप्त करते हैं। पर्यटन या भ्रमण के बाद बच्चों को कहा जाता है कि वे देखकर प्राप्त स्वानुभव को लिखें, चित्रित करें या अभिव्यक्त करें। बच्चों को लिखने, बोलने का अच्छा अभ्यास कराया जाता है। बच्चों को कुछ मनोरंजन और ज्ञान के उद्देश्य से कवियों की अच्छी कविताओं के कुछ अंश या लेखकों के लेखों के अंश लिखने और याद करने को दिये जाते हैं।

स्कूल प्रतिदिन 6 घंटे चलता है। अध्यापिकाएँ बच्चों के साथ माता जैसा व्यवहार करती हैं और बच्चों को पढ़ना, लिखना और गणित लगाना सिखाया जाता है। अधिकांशतः अध्यापिकाएँ ही शिक्षण कार्य करती हैं।

सारांश

रूस में पूर्व-प्राथमिक शिक्षा योजना—1918 ई॰ से ही 3 से 7 वर्ष के बच्चों के लिए जिनकी माताएँ बाहर फार्मों पर, उद्योगों या फैक्ट्रियों में काम पर जाती हैं नर्सरी और किण्डरगार्टन स्कूलों की व्यवस्था। शिक्षा मंत्रालय इसके लिए उत्तरदायी। सामूहिक फार्मों, उद्योग संस्थाओं और फैक्ट्रियों द्वारा इनकी व्यवस्था। प्राथमिक स्कूलों के लिए बच्चों को तैयार करना और बच्चों को मनोवैज्ञानिक वातावरण देना उद्देश्य। निर्धन अभिभावकों से शुल्क नहीं।

पूर्व-प्राथमिक शिक्षा की संस्थाएँ

नर्सरी स्कूल—ये स्कूल $1\frac{1}{2}$ वर्ष तक के बालकों के लिए। फैक्ट्रियों, कारखानों, फार्मों आदि द्वारा निजी क्षेत्रों में इनकी स्थापना। स्कूलों में मनोवैज्ञानिक वातावरण। शारीरिक स्वास्थ्य पर ध्यान। स्वास्थ्य दर्शक और चिकित्सक प्रवेश से पूर्व बच्चों की स्वास्थ्य परीक्षा करने वाले। विविध प्रकार के खेलों की व्यवस्था। कार्यरत माताओं के बच्चों को प्रवेश की सुविधाएँ। शारीरिक विकास पर ध्यान।

किण्डरगार्टन स्कूल—3 से 7 वर्ष के बच्चों का प्रवेश। कार्यरत माताओं के बच्चों को प्रवेश। फार्मों, फैक्ट्रियों और उद्योगों द्वारा स्थापना। सरकारी सहायता। शारीरिक, मानसिक और सामाजिक एवं सहकारी जीवन के विकास पर बल। नर्सरी स्कूलों तथा परिवारों द्वारा इन स्कूलों के लिए बच्चों को तैयार करना आवश्यक। अध्यापकों का नर्सरी स्कूलों व घरों के साथ घनिष्ठ सम्पर्क और सहयोग। अभिभावकों द्वारा शुल्क देना आवश्यक, परन्तु युद्ध सन्तप्त, अविवाहिता माता, विधवा के लिए शुल्क की छूट। सरकारी नियन्त्रण।

अभ्यासार्थ प्रश्न

1. रूस में पूर्व-प्राथमिक शिक्षा क्यों आवश्यक है ? इसकी योजना को स्पष्ट कीजिए।
2. 'नर्सरी स्कूल' रूसी शिक्षा व्यवस्था के आवश्यक अंग हैं। कैसे ? नर्सरी स्कूलों की व्यवस्था और उद्देश्यों का वर्णन कीजिए।
3. 'किण्डरगार्टन स्कूलों' की शिक्षा व्यवस्था का वर्णन कीजिए।
4. पूर्व-प्राथमिक शिक्षा संस्थाएँ बच्चों में स्वस्थ आदतें, शहरी जीवन की प्रवृत्ति कैसे पैदा करती हैं ?

अध्याय 29

रूस में प्राथमिक शिक्षा
[Primary Education in Russia]

रूस में प्राथमिक शिक्षा की योजना
(Scheme of Primary Education in Russia)

1917 ई॰ की जन-क्रान्ति के बाद से ही रूस की सरकार ने प्रौढ़ शिक्षा और निःशुल्क, अनिवार्य और सार्वजनिक शिक्षा पर ध्यान दिया। 4-वर्षीय प्राथमिक शिक्षा, 8 से 12-वर्षीय बालकों के लिए अनिवार्य कर दी गयी। प्रारम्भ में कुछ स्कूल तो केवल एक कमरे वाले थे। पहली पंचवर्षीय योजना में प्राथमिक शिक्षा को महत्व दिया गया और शिक्षा मंत्रालय को इस शिक्षा के लिए उत्तरदायी बनाया गया। 1930 ई॰ से तो इस शिक्षा पर विशेष ध्यान दिया गया और नये शिक्षा अधिनियम बनाये गये। अब 8 से 12 वर्ष की अपेक्षा 7 से 15 वर्ष के बालकों और बालिकाओं के लिए प्राथमिक अनिवार्य शिक्षा संचालित है। द्वितीय विश्व युद्ध में शिक्षा की प्रगति रुक गयी, क्योंकि अध्यापकों और छात्रों को सेना में भर्ती होना पड़ा। उद्योगों में कारीगरों का अभाव हो गया। अतः 14-15 वर्ष के बच्चों को कारखानों में लगाया गया। द्वितीय विश्व युद्ध के बाद प्राथमिक शिक्षा के पुनर्गठन पर ध्यान दिया गया।

प्राथमिक शिक्षा की व्यवस्था
(Organization of Primary Education)

पाठ्यक्रम (Curriculum)—शिक्षा मंत्रालय प्राथमिक कक्षाओं का पाठ्यक्रम निर्धारित करता है। पाठ्यक्रम में शब्द-भंडार में वृद्धि और शब्दों के उपयोग पर विशेष जोर दिया जाता है। पहली तीन कक्षाओं तक सभी विषय अनिवार्य हैं। छात्र-छात्राओं को प्रयोग करने, निरीक्षण करने, प्रदर्शन कार्य में भाग लेने, हेतु

यात्राएँ (Field Trips) करने, नाटक, खेलकूद आदि में भाग लेने के अवसर मिलते हैं। इन कक्षाओं में भाषा, गणित, भूगोल, इतिहास, संगीत, प्रकृति अध्ययन तथा शारीरिक शिक्षा के कार्यक्रमों को चलाया जाता है, व्याकरण का अच्छा अभ्यास कराया जाता है। भूगोल में देश का भूगोल पढ़ाने के साथ-साथ स्थानीय भूगोल (Local Geography) अवश्य पढ़ायी जाती है। भूगोल का आर्थिक पक्ष बड़ी गम्भीरता से पढ़ाया जाता है। विषयों का शिक्षण करते समय चित्र, मॉडल, नक्शे, चलचित्र आदि का उपयोग किया जाता है।

यहाँ शिक्षा मंत्रालय ही पाठ्यपुस्तकों (Text Books) का प्रकाशन करता है। स्कूलों में छात्र प्रयोगात्मक कार्य कर सकें, इस बात पर बल देते हुए पाठ्यपुस्तकें तैयार की जाती हैं। रूसी भाषा में बनी पुस्तकों को क्षेत्रीय भाषा में अनुवादित किया जाता है। पुस्तकें तैयार करते समय बच्चों की योग्यता, रुचि, आवश्यकता आदि का ध्यान रखा जाता है। यदि अध्यापक आवश्यक समझे तो स्थानीय आवश्यकता के अनुसार पुस्तक में मामूली-सा परिवर्तन किया जा सकता है। ऐसा तब किया जाता है जब पुस्तक का संशोधन (Revision) होता है।

प्रति सप्ताह एक कक्षा में कितने पाठ पढ़ाने हैं इसका पहले से ही निश्चय हो जाता है। पहली कक्षा तथा दूसरी कक्षा में 24 पाठ, तीसरी कक्षा में 25 और चौथी कक्षा में 27 पाठ प्रति सप्ताह पढ़ाने होते हैं। एक अध्यापक पहली कक्षा से लेकर चौथी कक्षा तक उसी छात्र-समूह (कक्षा) को पढ़ाता है। प्रत्येक घंटा 45 मिनट का होता है और 10 मिनट का विश्राम प्रत्येक घंटे के बाद दिया जाता है। मध्यावकाश 15 मिनट का होता है और अभिभावक अपने बच्चों के लिए भोजन का प्रबंध करते हैं।

समय और कक्षाएँ (Time and Classes)—यद्यपि छात्रों को वैयक्तिक शिक्षण (Individual Teaching) भी दिया जाता है, परन्तु कक्षा शिक्षण या सामूहिक शिक्षण (Collective or Class Teaching) पर विशेष बल दिया जाता है। छात्र दिया कार्य अधिक करते हैं, आत्मक्रिया (Self-activity) का अवसर नहीं मिलता। शिक्षक की अनुमति पर ही कोई बालक अपनी जिज्ञासा व्यक्त कर सकता है। बड़े छात्रों के लिए घंटा 40 मिनट का और छोटे बच्चों के लिए घंटा कम समय का होता है। छात्र अपने अध्यापकों का आदर करते हैं। स्कूल का समय प्रातः 9 बजे से 2.30 या 3 बजे शाम रहता है। स्थानीय मौसम के अनुकूल स्कूल का समय बदला भी जा सकता है। छोटे बच्चों को 1 बजे शाम ही छुट्टी दे दी जाती है। अध्यापक 4 घंटे से लेकर 6 घंटे तक काम करते हैं। अतिरिक्त कार्य (Extra Work) के लिए अध्यापक को अतिरिक्त भत्ता (Allowance) मिलता है।

स्कूलों का संचालन पक्की इमारतों के साथ-साथ डेरों (Tents) में भी होता है। वहाँ एक अध्यापकीय स्कूल (Single Teacher Schools), एक कक्षा स्कूल (One Class Schools) तथा चार-वर्षीय (Four Graded) प्राइमरी स्कूल प्रचलित हैं। पिछड़े क्षेत्रों में स्कूल डेरों (Tents) में लगते हैं, क्योंकि यहाँ के लोग घुमक्कड़ (Mobile) होते हैं।

अनुशासन (Discipline)—1943 ई॰ में ऐसे 20 नियम, छात्रों, नागरिकों और अध्यापकों को अनुशासित रखने के लिए बनाये गये, जिनसे कि उनका वैयक्तिक और सामाजिक व्यवहार निर्देशित हो सके। भाषा की पाठ्यपुस्तकों के माध्यम से ये नियम छात्रों को सिखाये गये। छात्रों को ये नियम रटाये गये। नियम छात्र-छात्राओं को समाज में, स्कूल में, घर पर व्यवहार करने की दिशा देते हैं। 16 वर्ष के बच्चे रात को 10 बजे के बाद सड़कों पर घूम सकते थे और कोई नाटक या चलचित्र नहीं देख सकते थे। यदि कोई ऐसा करता पाया जाता तो उसे मनोवैज्ञानिक समस्या का मामला मानकर उसकी मानसिक चिकित्सा की जाती थी।

परीक्षा प्रणाली (Examination System)—प्रत्येक प्राथमिक स्कूल में एक परीक्षा समिति होती है जिसमें प्रधानाध्यापक तथा दो अन्य अध्यापक होते हैं। परीक्षा के समय क्षेत्रीय शिक्षा निरीक्षक (Regional Inspector of Schools) भी विद्यमान रहता है। परीक्षा प्रायः मौखिक होती हैं। 4 वर्ष के बाद एक स्थानान्तरण परीक्षा (Transfer Examination) होती है जिसे पास करने पर बालक मिडिल स्कूल या जूनियर हाईस्कूल में प्रवेश पा सकता है।

शिक्षा मंत्रालय प्राथमिक स्कूलों के मार्ग-दर्शन के लिए परीक्षा-पत्र (Examination Cards) छापता है। इसमें परीक्षा-प्रश्नों के उदाहरण होते हैं। मौखिक परीक्षा में उच्चारण तथा उत्तर देने के उपयुक्त ढंग पर ध्यान दिया जाता है। परीक्षा पद्धति इतनी उपयुक्त होती है कि परीक्षक और छात्र के बीच घनिष्ठ और मुक्त सम्बन्ध बना रहता है। बालक परीक्षक से न तो झिझकता है और न अपने को पृथक् समझकर उत्तर देने में संकोच करता है।

सारांश

रूस में प्राथमिक शिक्षा की योजना—जन-क्रान्ति के बाद से ही प्राथमिक शिक्षा के प्रसार पर विशेष ध्यान। प्रारम्भ में 8 से 12-वर्षीय बालकों के लिए 4-वर्षीय शिक्षा अनिवार्य, निःशुल्क और सार्वजनिक शिक्षा। अब 7 से 15 वर्ष के बालकों के लिए शिक्षा अनिवार्य। द्वितीय विश्व युद्ध का शिक्षा पर दुष्प्रभाव।

प्राथमिक शिक्षा की व्यवस्था

पाठ्यक्रम—प्रकृति अध्ययन, भाषा, गणित, भूगोल, इतिहास, शारीरिक शिक्षा, संगीत आदि विषय। सभी विषय अनिवार्य। अतिरिक्त कार्यक्रमों पर बल। भूगोल में स्थानीय भूगोल पर भी बल। सहायक सामग्री का उपयोग। पाठ्यपुस्तकें शिक्षा मंत्रालय द्वारा प्रकाशित। रूसी भाषा से अन्य भाषाओं में अनुवाद। पाठों की प्रति सप्ताह संख्या निश्चित। घंटा 45 मिनट का।

समय और कक्षाएँ—प्रातः 9 से शाम के 3 बजे तक। 1 बजे छोटे बच्चों की छुट्टी। सामूहिक शिक्षण पर बल। शिक्षक को अतिरिक्त कार्य के लिए पृथक् भत्ता। इमारतें पक्की और डेरे भी।

अनुशासन—अनुशासन के लिए 20 नियम। छात्र और अध्यापकों को इनका पालन करना अनिवार्य। जिज्ञासा अभिव्यक्ति की स्वतन्त्रता।

परीक्षा प्रणाली—मौखिक परीक्षा पर बल। स्कूल में परीक्षा समिति। क्षेत्रीय शिक्षा निरीक्षक भी परीक्षा के समय उपस्थित। 4 वर्ष बाद स्थानान्तरण परीक्षा। उच्चारण और उत्तर देने के ढंग पर विशेष ध्यान। परीक्षक और छात्र में सम्बन्ध अच्छा। छात्र निःसंकोच उत्तर देने वाला।

अभ्यासार्थ प्रश्न

1. रूस में प्राथमिक शिक्षा योजना का वर्णन कीजिए।
2. रूस की परीक्षा पद्धति पर टिप्पणी लिखिए।

अध्याय 30

रूस में माध्यमिक शिक्षा
[Secondary Education in Russia]

रूस में माध्यमिक शिक्षा योजना
(Scheme of Secondary Education in Russia)

रूस में माध्यमिक शिक्षा की व्यवस्था पर भी विशेष ध्यान दिया गया है। यहाँ 10-वर्षीय माध्यमिक शिक्षा 7 से 17 वर्ष के बालकों और बालिकाओं के लिए चलायी गयी। इसमें प्राथमिक और माध्यमिक दोनों प्रकार की शिक्षा व्यवस्थाएँ थीं। यहाँ स्कूलों का केन्द्रीयकरण (Centralisation) किया गया। द्वितीय विश्व युद्ध के बाद से यह 10-वर्षीय पद्धति 3 भागों में विभक्त कर दी गयी। पहले 4 वर्ष (7 से 11 वर्ष तक) प्राथमिक शिक्षा के लिए, अगले 3 वर्ष (11 से 14 वर्ष) जूनियर हाई स्कूल के लिए, अन्तिम तीन वर्ष (15 से 18 वर्ष) हाई स्कूल शिक्षा के लिए निर्धारित किये गये। इस प्रकार माध्यमिक शिक्षा 12 वर्ष की आयु से (कक्षा 5 से लेकर कक्षा 10 तक) 17-18 वर्ष की आयु तक निर्धारित की गयी।

रूस में 6-वर्षीय तथा 7-वर्षीय माध्यमिक स्कूलों की व्यवस्था है। 6-वर्षीय माध्यमिक स्कूलों में 3-वर्षीय जूनियर हाई स्कूल (कक्षा 5 से 7 तक) कक्षा, 3-वर्षीय हाईस्कूल (कक्षा 8 से 10 तक) कक्षाएँ लगती हैं। 7-वर्षीय माध्यमिक स्कूलों में 4-वर्षीय प्राथमिक शिक्षा तथा 3-वर्षीय जूनियर हाई स्कूल कक्षाएँ लगती हैं। 7-वर्षीय व्यवस्था के बाद छात्र हाई स्कूल कक्षाएँ किसी अन्य स्कूल में या उसी स्कूल में द्वितीय पारी (Second Shift) में ग्रहण करता है।

सह-शिक्षा (Co-education) व्यवस्था—1943 ई० तक रूस में सह-शिक्षा की व्यवस्था थी, परन्तु कुछ अनुशासनहीनता की घटनाएँ घटने पर 1943 ई० के बाद से लड़कों और लड़कियों के स्कूल अलग-अलग खोले गये। यह व्यवस्था जूनियर हाई स्कूल स्तर से की गयी। ग्रामीण क्षेत्रों में तथा व्यावसायिक स्कूलों में सह-शिक्षा को चलने दिया गया, परन्तु अब भी कुछ हाई स्कूल सह-शिक्षा वाले हैं। प्राथमिक विद्यालयों में तो पूर्णतः सह-शिक्षा व्याप्त है।

रूस में माध्यमिक शिक्षा की व्यवस्था
(Organization of Secondary Education in Russia)

पाठ्यक्रम की व्यवस्था

पाठ्यक्रम के दृष्टिकोण से माध्यमिक शिक्षा का पाठ्यक्रम जूनियर हाई स्कूल तथा हाई स्कूल स्तर का माना जाता है।

जूनियर हाई स्कूल का पाठ्यक्रम—कक्षा 5 से कक्षा 7 तक सामान्य विज्ञान, गणित (अंकगणित, ज्यामिति, बीजगणित और त्रिकोणमिति), इतिहास, भूगोल, कला, यान्त्रिक कला (Mechanical Drawing), स्थानीय रूसी भाषा तथा रूसी भाषा पढ़ायी जाती है। यदि स्कूल रूसी भाषा के माध्यम का है तो वहाँ रूसी भाषा कक्षा 3 से पढ़ायी जाती है, अन्यथा इसे कक्षा 4 के बाद से पढ़ाया जाता है। छात्र शारीरिक शिक्षा, सामाजिक अध्ययन तथा आधुनिक राजनीति का अनिवार्य रूप से अध्ययन करते हैं। कक्षा 6 से 7 में भौतिक विज्ञान और रसायन विज्ञान का शिक्षण भी दिया जाता है।

हाई स्कूल का पाठ्यक्रम—कक्षा 8 से 10 तक उच्चस्तरीय ज्ञान पर बल दिया जाता है। यहाँ गणित और विज्ञान के शिक्षण पर विशेष बल दिया जाता है। 1947 ई॰ से तर्कशास्त्र (Logic) भी पढ़ाया जाने लगा है। पाठ्यक्रम में रूसी भाषा, तकनीकी को भी स्थान दिया गया है। यह पाठ्यक्रम शिक्षा मंत्रालय द्वारा निर्धारित होता है।

समय-सारणी तथा कक्षाएँ—स्कूल सप्ताह में 6 दिन लगते हैं। सप्ताह के अन्तिम दिन अवकाश रहता है। ग्रामीण क्षेत्रों में स्कूल पूरे सप्ताह 7 दिन तक चलते हैं। शिक्षा-सत्र एक सितम्बर से 30 जून तक चलता है। अलग-अलग कक्षाएँ अलग-अलग तिथियों पर जून में समाप्त हो जाती हैं। 30 दिसम्बर से 10 जनवरी तक शीतावकाश (Winter Vacation) रहता है। 26 मार्च से 31 मार्च तक बसन्तावकाश (Spring Holidays) रहता है। कहीं-कहीं बसन्तावकाश 26 मार्च से 26 अप्रैल तक एक मास का होता है। यह अन्तर स्थानीय जलवायु के अनुकूल रखा जाता है।

शहरों के स्कूलों में कक्षा 5 में 25 घंटे और अन्य कक्षाओं में 27 घंटे प्रति सप्ताह रहते हैं। ग्रामीण स्कूलों में कक्षा 5 में 31 घंटे तथा अन्य कक्षाओं में 32 घंटे प्रति सप्ताह पढ़ाई चलती है। प्रत्येक घंटा 45 मिनट का होता है। स्कूल प्रातः 8 या 9 बजे से लगता है। यहाँ विषय-अध्यापकों को महत्त्व दिया जाता है। 11, 14 और 17 वर्ष की अवस्था में स्थानान्तरण-परीक्षा होती है। पिछड़े छात्रों पर विशेष ध्यान दिया जाता है।

शिक्षण तथा शुल्क (Teaching and Fees)

शिक्षण (Teaching)—स्कूलों में कोई भी धार्मिक शिक्षा नहीं दी जा सकती। छात्र अंग्रेजी, जर्मन, फ्रेंच जैसी विदेशी भाषाएँ पढ़ते हैं।

छात्रों को रूस की सामाजिक, आर्थिक और राजनीतिक दशाओं से भली प्रकार परिचित कराया जाता है। बाद में दूसरे देशों की इन्हीं परिस्थितियों का तुलनात्मक शिक्षण दिया जाता है।

1944 ई॰ से स्कूलों में शारीरिक शिक्षा अनिवार्य कर दी गई है। हाई स्कूल कक्षाओं में (अन्तिम कक्षाओं में) यह सैनिक शिक्षा की भाँति अनिवार्य रूप से दी जाती है। 15 मिनट के लिए ड्रिल सार्जेन्ट (Drill Sergeant) छात्रों की उपस्थिति में होता है और उन्हें शारीरिक प्रशिक्षण (Training) देता है।

शुल्क (Fees)—रूस में 7वीं कक्षा तक अर्थात् 14 वर्ष की आयु तक छात्र-छात्राओं से कोई शुल्क नहीं लिया जाता। कक्षा 8 से 10 तक व्यावसायिक और तकनीकी स्कूलों में कुछ शुल्क लिया जाता है। प्रति छात्र पर होने वाले कुल व्यय का 30 प्रतिशत शुल्क छात्र से लिया जाता है। अनाथ बच्चों, सैनिकों के बच्चों तथा अपंग बालकों से कोई शुल्क नहीं लिया जाता। प्रतिभावान छात्रों को भी शुल्क-मुक्ति मिलती है और उन्हें अलग से छात्रवृत्तियाँ भी मिलती हैं।

परीक्षा प्रणाली (Examination System)—कक्षा 7 तथा 10 की परीक्षाएँ जून में रूसी भाषा के माध्यम से होती हैं। गणित को छोड़कर अधिकांश विषयों की मौखिक परीक्षा होती है। माध्यमिक स्कूलों में एक परीक्षा समिति होती है जिसमें शिक्षा अधिकारी, प्रधानाचार्य, विषय-अध्यापक तथा अन्य दो अध्यापक और होते हैं। परीक्षा के परिणामस्वरूप होनहार छात्रों को चाँदी और सोने के पदक दिये जाते हैं। जो अत्यधिक (Exceptionally) प्रतिभावान बालक होते हैं उन्हें हाईस्कूल पास किये बिना ही विश्वविद्यालयों में प्रवेश दे दिया जाता है। परीक्षा-परिणाम बनाते समय छात्र का सत्र-भर का कार्य, चरित्र, व्यवहार और नियमितता के गुणों को देखा जाता है। केवल बाह्य परीक्षा ही आधार नहीं होती।

व्यावसायिक शिक्षा के लिए छात्र-चयन—रूस में कक्षा 7 तथा कक्षा 10 छात्र के भविष्य के निर्माण के बिन्दु-स्थल होते हैं। इन्हीं कक्षाओं के बाद से छात्र का जीवन प्रारम्भ होता है। संविधान के अनुसार 14 वर्ष से कम आयु का कोई बच्चा कृषि, उद्योग आदि में नहीं जा सकता। अतः कक्षा 7 के बाद ही बालक को किसी व्यवसाय में भेजा जा सकता है। कक्षा 7 में जो बालक सर्वाधिक अंक प्राप्त करते हैं उन्हें ही उच्च शिक्षा (Higher Education) तथा उच्च तकनीकी शिक्षा के लिए चुना जाता है। द्वितीय श्रेणी के छात्रों को सामान्य व्यावसायिक प्रशिक्षण या यान्त्रिक प्रशिक्षण (Mechnical Training) में भेजा जाता है। जो बालक निम्न

स्तर के होते हैं उन्हें कृषि-फार्मों और उद्योग-केन्द्रों पर साधारण श्रमिक बनने के लिए भेजा जाता है।

रूस में कोई व्यवसाय छात्रों पर लादा नहीं जाता। इतना अवश्य है कि छात्र की योग्यता, रुचि को ध्यान में रखते हुए उसे व्यवसाय चुनने का अवसर मिलता है। स्कूलों में औपचारिक तथा अनौपचारिक व्यावसायिक संदर्शन (Vocational Guidance) की व्यवस्था है। समाचार पत्रों, पत्र-पत्रिकाओं, आकाशवाणी आदि के माध्यम से बालकों को व्यावसायिक संदर्शन मिलता है। सैनिक क्षेत्र तथा उच्च तकनीकी तथा विज्ञान-क्षेत्रों में योग्यतम छात्र ही भेजे जाते हैं। वास्तव में कक्षा 7, 9 तथा 10 के छात्रों को ही उच्च शिक्षा के लिए तैयार किया जाता है। उच्च शिक्षा के प्रतिनिधि ऐसे होनहार छात्रों से मिलकर उन्हें उच्च शिक्षा ग्रहण करने की प्रेरणा दिया करते हैं।

तकनीकी शिक्षा और टैक्निकम (Technicum)—कक्षा 7 उत्तीर्ण करने वाले द्वितीय श्रेणी के स्तर वाले छात्रों को तकनीकी प्रशिक्षण के लिए टैक्निकम (Technicums) में भेजा जाता है। यहाँ 3 से 5-वर्षीय तकनीकी पाठ्यक्रम दिया जाता है और मध्य स्तर के तकनीकी विशेषज्ञ तैयार किये जाते हैं। पाठ्यक्रम में उद्योग (Industries), कृषि, स्वास्थ्य सेवा, अर्थशास्त्र, कानून, शिक्षण, यातायात एवं संवहन (Transport) आदि की शिक्षा को स्थान दिया जाता है। विभिन्न प्रशिक्षणों के विभिन्न केन्द्र हैं। इन पाठ्यक्रमों का निर्धारण शिक्षा मंत्रालय द्वारा ही होता है।

7वीं कक्षा के बाद जब व्यावसायिक प्रशिक्षण दे दिया जाता है तब उन्हें हाई स्कूल की शिक्षा देने की व्यवस्था उन्हीं के तकनीकी केन्द्रों पर कर दी जाती है। प्रायः यह शिक्षा अंशकालीन (Part-time) ही होती है।

कक्षा 7 में जो छात्र सामान्य स्तर के अंक प्राप्त करते हैं उन्हें अभ्यास स्कूलों (Practice Schools) में भर्ती किया जाता है। यहाँ पढ़कर छात्र विभिन्न क्षेत्रों के लिए कुशल श्रमिक बनते हैं। ये अभ्यास स्कूल 3 प्रकार के होते हैं—(1) अर्द्ध कुशल श्रमिक (Half-skilled labourers) तैयार करने वाले स्कूल, जहाँ 6 महीने का प्रशिक्षण खान-खनन, लघु उद्योगों और अन्य रचनात्मक कार्यों में दिया जाता है। (2) यह स्कूल दो-वर्षीय अभ्यास देते हैं जो संवहन-यान्त्रिकी, मशीन निर्माण करने वाली फैक्टरी तथा अन्य यान्त्रिक कार्यों में श्रमिक बनने का प्रशिक्षण देते हैं। (3) तीसरे प्रकार के टैक्निकम रेडियो, टेलीफोन तथा रेल आदि में प्रशिक्षण देते हैं।

इन टैक्निकमों में निःशुल्क शिक्षा दी जाती है। प्रशिक्षार्थी सैनिक अनुशासन में प्रशिक्षण प्राप्त करते हैं। सभी निर्धारित नियमों और आचार संहिता का पालन करते हैं; कोई भी प्रशिक्षण बीच में नहीं छोड़ सकता। प्रत्येक टैक्निकम ग्रेजुएट

को 4-5 वर्ष तक सेवा-कार्य करना पड़ता है। सरकार प्रशिक्षार्थियों के आवास, भोजन और शिक्षा-सम्बन्धी सभी व्ययों का भार वहन करती है।

सारांश

रूस में माध्यमिक शिक्षा की योजना

पहले 10-वर्षीय योजना थी। अब इसे 5वीं कक्षा से 10वीं कक्षा तक दो भागों में विभाजित किया गया—(1) जूनियर हाई स्कूल, (2) हाई स्कूल। 5 से 7 तक जूनियर हाईस्कूल, 8 से 10 तक हाईस्कूल पाठ्यक्रम। 7-वर्षीय तथा 6-वर्षीय। 7-वर्षीय पाठ्यक्रम कक्षा 1 से 7 तक, जिसमें 4-वर्षीय प्राथमिक शिक्षा और 3-वर्षीय जूनियर हाई स्कूल शिक्षा सम्मिलित है। 6-वर्षीय पाठ्यक्रम में 3-वर्षीय जूनियर हाई स्कूल तथा 3-वर्षीय हाई स्कूल शिक्षा सम्मिलित है।

सह-शिक्षा की व्यवस्था—प्रारम्भ में सह-शिक्षा सभी स्तरों पर थी। अब नहीं। प्राथमिक शिक्षा के बाद पृथक् स्कूल।

रूस में माध्यमिक शिक्षा की व्यवस्था

पाठ्यक्रम की व्यवस्था—(1) जूनियर हाईस्कूल के पाठ्यक्रम में सभी सामान्य विषय रूसी भाषा, कक्षा 4 से यान्त्रिक कला, शारीरिक शिक्षा। (2) रूसी भाषा, रसायन शास्त्र, भौतिक शास्त्र, सामाजिक अध्ययन, राजनीतिक, सामाजिक और आर्थिक दशाओं का हाई स्कूल स्तर पर शिक्षण। सैनिक शिक्षा की भाँति अनुशासन और शारीरिक प्रशिक्षण।

समय-सारणी तथा कक्षाएँ—प्रातः 8 से प्रारम्भ। 1 सितम्बर से 30 जून तक सत्र। 30 दिसम्बर से 10 जनवरी तक शीतावकाश। बसन्त अवकाश मार्च में। घंटा 45 मिनट का। ग्रामीण स्कूलों में अधिक काम के घंटे। 7 दिन स्कूल। शहरों में 6 दिन।

शिक्षण तथा शुल्क—शिक्षण विषय अध्यापकों द्वारा। शिक्षा धर्म निरपेक्ष। शिक्षण उच्च स्तर का, अनुशासन कठोर। 3 प्रतिशत कुल खर्च का, शुल्क। सैनिक, अपंग, और अनाथ से शुल्क नहीं।

परीक्षा-प्रणाली—मौखिक, सत्र-कार्य, चरित्र व्यवहार, नियमितता आधार। कक्षा 7 और 10 में सार्वजनिक परीक्षा। स्कूल की एक परीक्षा-समिति।

व्यावसायिक शिक्षा के लिय चयन—7वीं कक्षा के बाद चयन। सर्वोत्तम अंक वालों को उच्च तकनीकी शिक्षा या उच्च शिक्षा; मध्यम वालों को तकनीकी विषयों

में विशेष शिक्षा, सामान्य छात्रों को कृषि, उद्योगों में श्रमिकों की शिक्षा।

तकनीकी शिक्षा और टैक्निकम—सामान्य छात्रों को श्रमिकों की शिक्षा। 6 मास तथा 2 वर्ष का अभ्यास-प्रशिक्षण। कठोर अनुशासन, अपव्यय नहीं।

अभ्यासार्थ प्रश्न

1. रूस में माध्यमिक शिक्षा की क्या व्यवस्था है?
2. रूस में छात्रों का व्यावसायिक पाठ्यक्रम में चयन कैसे होता है?
3. टैकनिकम, सहशिक्षा, पाठ्यक्रम और परीक्षा-प्रणाली पर टिप्पणियाँ दीजिए।

अध्याय 31

रूस में अध्यापक शिक्षा
[Teacher Education in Russia]

रूस में अध्यापक शिक्षा का विकास जन क्रान्ति के बाद से बहुत अधिक हुआ। जैसे-जैसे नयी शिक्षा संस्थाएँ खुलीं, छात्रों की संख्या बढ़ी, तो अध्यापकों की आवश्यकता अनुभव हुई। शिक्षा का विकास योग्य शिक्षकों पर निर्भर करता है। शिक्षकों के अभाव को पूरा करने के लिए अप्रशिक्षित लोगों को भी शिक्षण कार्य दिया गया और अल्पकालीन (Short Time) प्रशिक्षण की व्यवस्था करके प्रशिक्षित अध्यापक तैयार किये गये। अप्रशिक्षित अध्यापकों को भी प्रशिक्षित किया गया। द्वितीय विश्व युद्ध से समूची शिक्षा व्यवस्था को आघात पहुँचा। अध्यापक शिक्षा की भी प्रगति रुक गयी। विश्वयुद्ध के बाद से पुनः व्यावसायिक और औद्योगिक शिक्षा देने के लिए योग्य अध्यापकों की आवश्यकता अनुभव की गयी। अनिवार्य और सार्वजनिक शिक्षा योजना से भी अध्यापक शिक्षा की प्रगति अधिक हुई।

रूस में प्रत्येक शिक्षा-स्तर पर प्रशिक्षित और योग्य अध्यापकों की तैयारी पर ध्यान दिया गया है। शिक्षा-स्तरों के अनुसार निम्नलिखित प्रकार के शिक्षक तैयार किये गये—

1. पूर्व-प्राथमिक स्कूल अध्यापक (Pre-Primary School Teachers),
2. प्राथमिक स्कूल अध्यापक (Primary School Teachers),
3. जूनियर हाई स्कूल अध्यापक (Junior High School Teachers),
4. माध्यमिक स्कूल अध्यापक (Secondary School Teachers)।

पूर्व-प्राथमिक स्कूलों की अध्यापक शिक्षा—रूस में पूर्व-प्राथमिक स्कूलों में शिक्षण देने वाले अध्यापकों का प्रशिक्षण 3 वर्ष का है। यह अध्यापक-शिक्षा प्रणाली 16 भागों में विभाजित है। ये 16 भाग वर्ष के 175 घंटों में पूरे किये जाते हैं। नर्सरी तथा किण्डरगार्टन प्रणाली के अध्यापकों के लिए पृथक् प्रशिक्षण केन्द्र हैं। इस प्रशिक्षण में अध्यापक को रूस की शिक्षा का इतिहास, स्वास्थ्य शिक्षा

(Hygiene), शारीरिक शिक्षा, मनोविज्ञान, पढ़ने की शैली, बोलने की शैली, कहानी-कथन, प्रकृति अध्ययन, संगीत, चित्रकला आदि विषयों में प्रशिक्षण लेना पड़ता है। इस स्तर के अच्छे और मनोवैज्ञानिक प्रशिक्षण के विषय में जो शोधकार्य हुए हैं या होते हैं उनका ज्ञान भी शिक्षकों को कराया जाता है।

प्राथमिक स्कूलों के अध्यापकों की अध्यापक शिक्षा—इस स्तर के अध्यापकों के लिए भी 3-वर्षीय प्रशिक्षण की व्यवस्था है। 7वीं श्रेणी उत्तीर्ण प्रवेशार्थी को इस प्रशिक्षण में भर्ती किया जाता है। नगरपालिकाएँ, टाउन एरिया तथा ग्रामीण क्षेत्रों के रिपब्लिक क्षेत्र इस प्रशिक्षण की व्यवस्था करते हैं। इस प्रशिक्षण पर शिक्षा विभागों का पूर्ण नियन्त्रण रहता है।

इस प्रशिक्षण की व्यवस्था व्याख्यान प्रणाली से की जाती है और स्कूल में शिक्षण अभ्यास कराया जाता है। प्रत्येक अध्यापक को किसी न किसी वाद्य यंत्र में कुशल होना पड़ता है। अध्यापक को प्रशिक्षण के बीच इतिहास, भूगोल, अंकगणित, रूसी भाषा तथा क्षेत्रीय भाषा, प्रकृति अध्ययन, मनोविज्ञान, शिक्षण कला, शारीरिक शिक्षा, संगीत और चित्रकला भी सीखना पड़ता है।

जूनियर हाई स्कूलों के अध्यापकों की अध्यापक शिक्षा—इस पाठ्यक्रम में 10वीं श्रेणी के प्रवेशार्थी प्रवेश पाते हैं। इस प्रशिक्षण की व्यवस्था शिक्षण संस्थान (The Institute of Teaching) द्वारा की जाती है। प्रशिक्षार्थी को किसी एक शिक्षण विषय में विशिष्ट योग्यता प्राप्त करनी होती है। उसे शारीरिक शिक्षा, स्वास्थ्य शिक्षा, मनोविज्ञान तथा शिक्षण विधियों में प्रशिक्षण प्राप्त करना पड़ता है। सारा पाठ्यक्रम 3 भागों में बाँट दिया जाता है। पहले भाग में अध्यापक को गणित और भौतिक विज्ञान; दूसरे भाग में रूसी भाषा और इतिहास तथा तीसरे भाग में रसायन विज्ञान, जीव विज्ञान और भूगोल पढ़ना पड़ता है। प्रत्येक शिक्षण संस्थान का अपना आदर्श विद्यालय (Model School) होता है जहाँ प्रशिक्षार्थी शिक्षण अभ्यास करते हैं।

माध्यमिक स्कूलों के अध्यापकों की अध्यापक शिक्षा—इस प्रशिक्षण की अवधि 4-वर्षीय होती है। यह प्रशिक्षण स्नातक स्तर का होता है। माध्यमिक शिक्षा संस्थान (Secondary Education Institute) इस प्रशिक्षण की व्यवस्था करता है। हाई स्कूलों के लिए ये अध्यापक तैयार किये जाते हैं। इसमें प्रवेश पाने की न्यूनतम योग्यता हाई स्कूल का प्रमाणपत्र है या उच्च शिक्षा के प्रवेश के लिए ली गयी परीक्षा इसकी न्यूनतम योग्यता है। प्रशिक्षण के पहले वर्ष में सैद्धान्तिक शिक्षण (Theoretical Teaching) होता है। दूसरे और तीसरे वर्ष में सैद्धान्तिक शिक्षण के साथ-साथ प्रयोगात्मक (Practical) शिक्षण भी होता है। प्रशिक्षण का माध्यम रूसी भाषा होती है। रूसी भाषा का अध्ययन शिक्षक के लिए अनिवार्य होता है। पाठ्यक्रम के तीन भाग होते हैं। पहले और दूसरे भाग में विषयों का

व्यावसायिक प्रशिक्षण दिया जाता है तथा तीसरे भाग में शिक्षण अभ्यास पर बल दिया जाता है। पहले भाग में व्यावसायिक विषयों (Professional Subjects) के अन्तर्गत शिक्षण शास्त्र (Pedagogy), शैक्षिक विकास (Educational Development), शिक्षण विधि तथा मनोविज्ञान को रखा जाता है। दूसरे भाग के अन्तर्गत सामाजिक एवं दार्शनिक (Socio-philosophical) विषय, जैसे इतिहास, रूसी भाषा और साहित्य तथा राजनीतिक अर्थशास्त्र, इतिहास पढ़ाये जाते हैं। ये दोनों भाग या समूह (Groups) अनिवार्य हैं। तीसरे भाग में किसी विषय के शिक्षण में विशिष्ट प्रशिक्षण प्राप्त करना होता है।

जो अध्यापक अर्द्धप्रशिक्षित (Semi-Trained) होते हैं उनके लिए अल्पकालीन प्रशिक्षण (Short Term Training) की व्यवस्था की जाती है। पाठ्यक्रम समाप्त होने पर अध्यापक को एक डिप्लोमा प्रदान किया जाता है। अल्पकालीन प्रशिक्षण में हाई स्कूल पास व्यक्ति प्रवेश पाते हैं और प्रशिक्षण एक-वर्षीय होता है। महिला अध्यापिकाओं के प्रशिक्षण के लिए हाई स्कूल के साथ 11वीं कक्षा और बढ़ा दी जाती है। इस 11वें वर्ष में अध्यापिकाओं को शिक्षण व्यवसाय में प्रशिक्षण दिया जाता है। इस प्रशिक्षण को प्राप्त कर लेने पर अध्यापिका प्राथमिक स्कूलों में नियुक्त हो जाती है।

रूस में सेवाकालीन प्रशिक्षण (In Service Training)—रूस में अर्द्ध प्रशिक्षित तथा अप्रशिक्षित सेवा (In Service) अध्यापकों को प्रशिक्षण देने की व्यवस्था है। एक प्रशिक्षण अभिनव प्रशिक्षण (Refresher Training) के नाम से जानी जाता है जिसमें अध्यापकों को नई खोजों और शिक्षण पद्धतियों से परिचित कराया जाता है। दूसरा प्रशिक्षण सेवारत अप्रशिक्षित अध्यापकों के लिए है, जिसमें अध्यापक को पूरा व्यावसायिक प्रशिक्षण दिया जाता है।

सेवाकालीन प्रशिक्षण देने के लिए कोई एक निश्चित स्थान चुन लिया जाता है। प्रत्येक जिले (District) में ऐसा एक स्थान होता है। प्रत्येक जिले में एक शिक्षा कार्यालय (Bureau of Education) होता है जो शैक्षिक सूचनाएँ और परामर्श (Informations and Counselling) देने की व्यवस्था करते हैं। ग्रामीण क्षेत्रों में शिक्षकों को इस व्यवस्था से बहुत लाभ पहुँचता है। ऐसे अध्यापकों के लिए वाद-विवाद, व्याख्यान, प्रदर्शन, शिक्षण-मॉडल आदि की व्यवस्था की जाती है।

नगरों में स्थापित हाई स्कूल प्रशिक्षण संस्थाएँ सेवाकालीन प्रशिक्षण की व्यवस्था करती हैं। कुछ दो-वर्षीय संध्याकालीन पाठ्यक्रम में भाग लेते हैं और गोष्ठियाँ (Seminars), अधिवेशन (Conferences), प्रदर्शनी, वाद-विवाद आदि में सम्मिलित होकर प्रशिक्षण पूरा करते हैं। सेवाकालीन प्रशिक्षण के लिए पत्राचार पाठ्यक्रम (Correspondence Course) की भी व्यवस्था है। शिक्षा मंत्रालय तथा

कुछ अध्यापक शिक्षा विभाग पत्राचार पाठ्यक्रम की व्यवस्था करते हैं। अध्यापिकाएँ इससे अधिक लाभान्वित होती हैं।

अध्यापकों की सेवा दशाएँ (Service Conditions)—अध्यापक का मासिक वेतन 1800 से 3300 रूबल होता है। यह वेतन प्रतिदिन 4 घंटे के कार्य के हिसाब से होता है। अतिरिक्त कार्य (Extra Work) करके बहुत-से अध्यापक इससे भी अधिक वेतन लेते हैं। रूस में अध्यापक की व्यक्तिगत योग्यता, कार्यक्षमता, शिक्षण अनुभव से उसका वेतन निर्धारित होता है। अधिक कुशल अध्यापक को अधिक वेतन दिया जाता है। इससे अध्यापकों को अपनी कार्य-कुशलता बढ़ाने की प्रेरणा मिलती है। अधिक विशिष्ट योग्यताप्राप्त अध्यापक को 100 रूबल की अतिरिक्त वेतन वृद्धि मिलती है। आवास और चिकित्सा, सेवाकालीन प्रशिक्षण की सुविधाएँ दी जाती हैं। महिलाओं को मातृत्व अवकाश (Maternity Leave) मिलती हैं।

अपने-अपने स्तर पर अध्यापक संघ (Teachers' Associations) बनी होती हैं। प्रत्येक अध्यापक अपने संघ का अनिवार्य सदस्य होता है। ये संघ शैक्षिक समस्याओं का निदान खोजने को होती हैं, न कि अपनी माँग मनवाने के लिए। प्रत्येक अध्यापक अपने वेतन का 3 प्रतिशत धन अध्यापक संघ को देता है। विषयों के अनुसार भी अध्यापकों के ऐसे संघ बने हुए हैं जो अपनी-अपनी विषयगत समस्याओं को सुलझाते हैं।

सारांश

शिक्षा विकास के साथ-साथ अध्यापक शिक्षा के विकास और व्यवस्था पर बल।

पूर्व-प्राथमिक अध्यापकों की अध्यापक शिक्षा—3-वर्षीय प्रशिक्षण, व्यावसायिक विषय, इतिहास, रूसी भाषा और साहित्य, विज्ञान, सामाजिक अध्ययन, ललितकलाओं में शिक्षा। नर्सरी और किण्डरगार्टन के पृथक् प्रशिक्षण की व्यवस्था।

प्राथमिक स्कूलों के अध्यापकों की अध्यापक शिक्षा—यह भी 3-वर्षीय, 7वीं कक्षा पास व्यक्ति को प्रवेश। हाईस्कूलों के पाठ्यक्रम के विषयों का भी शिक्षण। व्यावसायिक प्रशिक्षण। मॉडल स्कूलों की व्यवस्था। महिलाएँ कक्षा 11 में अध्यापक प्रशिक्षण प्राप्त करती है।

जूनियर हाई स्कूलों के अध्यापकों की अध्यापक शिक्षा—हाई स्कूल या हायर एजूकेशन प्राप्त छात्रों का प्रवेश। पाठ्यक्रम का तीन भागों में विभाजन। व्यावसायिक प्रशिक्षण के साथ एक विषय में विशिष्ट प्रशिक्षण। गणित, विज्ञान, रूस का इतिहास, सामाजिक विषयों, ललितकलाओं में तथा शारीरिक शिक्षा में भी प्रशिक्षण।

सेकण्ड्री स्कूलों में अध्यापकों की अध्यापक शिक्षा—यह 4-वर्षीय। इसमें पाठ्यक्रम का विभाजन तीन भागों में। सैद्धान्तिक शिक्षण के साथ-साथ प्रैक्टिकल भी। अर्द्ध प्रशिक्षित लोगों के लिए अल्पकालीन प्रशिक्षण।

सेवाकालीन प्रशिक्षण—अप्रशिक्षित सेवारत अध्यापकों के लिए अल्पकालीन, अभिनव तथा पत्राचार की व्यवस्था। ग्रामीण और महिलाएँ इससे अधिक लाभान्वित।

अध्यापकों की सेवा दशाएँ—वेतन योग्यता, कार्यकुशलता, कर्तव्यनिष्ठा पर निर्भर, 1800 से 3500 रूबल तक। अध्यापकों को चिकित्सा, आवास आदि की सुविधाएँ। संघ बनाने का अधिकार। संघों द्वारा शैक्षिक समस्याओं का समाधान। हड़तालों पर प्रतिबंध।

अभ्यासार्थ प्रश्न

1. रूस में 'अध्यापक शिक्षा' के अन्तर्गत माध्यमिक विद्यालयों के अध्यापकों के प्रशिक्षण की व्यवस्था का वर्णन कीजिए।
2. जूनियर हाई स्कूलों के अध्यापकों को रूस में प्रशिक्षण कैसे मिलता है?
3. प्राथमिक और पूर्व-प्राथमिक अध्यापकों के प्रशिक्षण का वर्णन कीजिए।
4. निम्नलिखित को समझाइए—
   (अ) रूस में अध्यापकों की सेवा दशाएँ।
   (ब) सेवाकालीन अध्यापक शिक्षा।

अध्याय 32

रूस में उच्च शिक्षा
[Higher Education in Russia]

रूस में उच्च शिक्षा प्रशासन
(Administration of Higher Education in Russia)

रूस में विश्वविद्यालय, उच्च शिक्षा विद्यालय (Higher Schools) तथा उच्च शिक्षा संस्थान (Higher Education Institutions) उच्च शिक्षा देने वाली संस्थाएँ हैं। विशेषज्ञों को प्रशिक्षण देने वाले विद्यालय शिक्षा सचिवालय (Commissariate of Education) द्वारा तथा उच्च तकनीकी शिक्षा (Higher Technical Education) देने वाले विद्यालय उच्च तकनीकी शिक्षा समिति (Union Committee for Higher Technical Education) द्वारा नियन्त्रित होते हैं। 1946 ई॰ से पूर्व उच्च शिक्षा मंत्रालय द्वारा नियन्त्रित थी और उच्च शिक्षा-संस्थाओं में विभिन्न प्रकार के श्रमिकों को प्रशिक्षित किया जाता था। इसमें कठिनाई आने पर उच्च शिक्षा समिति ने अपने नियन्त्रण में इन संस्थाओं की कार्य प्रणाली में परिवर्तन किया। यही उच्च शिक्षा समिति उच्च शिक्षा मंत्रालय में बदल दी गयी। 1953 ई॰ में उच्च शिक्षा मंत्रालय का सम्बन्ध संस्कृति मंत्रालय (Ministry of Culture) के साथ कर दिया गया।

उच्च शिक्षा संस्थाओं के प्रशासन के लिए एक शैक्षिक परिषद् (Acadamic Council) बना दी जाती है। यह स्थानीय होती है और इसमें प्राध्यापक (Professor) ही सदस्य होते हैं। यही परिषद् उच्च शिक्षा संस्थाओं में अध्यापकों की नियुक्ति करने, शिक्षण कार्य को देखने तथा अनुसंधान कार्य की व्यवस्था करने के लिए उत्तरदायी है।

विश्वविद्यालय प्रणाली (University System)—विश्वविद्यालय प्रणाली में विभाग (Departments), व्यावसायिक चुनाव की व्यवस्था तथा रेक्टर (Rector) का प्रमुख हाथ होता है।

विभाग (Departments)—विषयों के अनुसार प्रत्येक विषय के अपने विभाग होते हैं जो साम्यवादी दर्शन, सामाजिक एवं आर्थिक प्रशिक्षण, औद्योगिक अभ्यास देने के साथ-साथ सम्बन्धित विषयों का ज्ञान देते हैं। इन सभी विषयों के प्रशिक्षण के लिए विशिष्ट विश्वविद्यालय होते हैं जो अपने-अपने विषय में प्रशिक्षण देते हैं।

व्यावसायिक चुनाव की व्यवस्था (Arrangement of Vocational Selection)—विश्वविद्यालय में प्रवेश लेने से पहले सभी अभ्यर्थियों के लिए आवश्यक है कि वे अपनी-अपनी रुचि का कोई व्यवसाय चुन लें। यह चुनाव सरकारी नियन्त्रण में होता है। चुनाव के बाद वे व्यवसाय के लिए तैयारी करते हैं। इस व्यवस्था से राष्ट्रीय आवश्यकता के अनुसार श्रमिक तैयार हो जाते हैं।

रेक्टर (Rector)—रेक्टर विश्वविद्यालय का प्रमुख प्रशासन अधिकारी होता है। रेक्टर के दो सहायक (Assistants) होते हैं जिनमें से एक तो शिक्षा कार्यक्रमों की व्यवस्था के लिए होता है और दूसरा वित्तीय व्यवस्था तथा प्रशासन में सहायता करने वाला होता है।

डीन ऑफ फैकल्टीज (Dean of Faculties)—विश्वविद्यालयों में विषयों के संकाय (Faculties) होते हैं जिनमें सम्बन्धित विषय पढ़ाने की व्यवस्था होती है। 4 से 9 संकायों (Faculties) को मिलाकर उनका एक प्रशासनिक डीन (Dean) नियुक्त किया जाता है। यह डीन तथा सम्बन्धित विषयों के प्राध्यापक (Professors) अपने विषय का शिक्षण देते हैं तथा अनुसंधान कार्य के लिए छात्र-छात्राओं का पथ-प्रदर्शन करते हैं।

प्रवेश-विधि (Method of Admission)—17 से 35 वर्ष तक के सभी युवक जो उच्च शिक्षा संस्थाओं में प्रवेश पाना चाहते हैं, माध्यमिक शिक्षा पूरी कर लेने पर प्रवेश परीक्षण (Entrance Examination) में बैठते हैं। साहित्यिक वर्ग के प्रवेशार्थी रूसी भाषा, जर्मन या फ्रेंच, भूगोल तथा अंग्रेजी में परीक्षा देते हैं। उच्च तकनीकी शिक्षा में प्रवेश लेने वाले गणित, भौतिक विज्ञान, रसायन विज्ञान, रूसी भाषा और साहित्य तथा कोई एक विदेशी भाषा में प्रवेश परीक्षा देते हैं। परीक्षा लिखित और मौखिक दोनों प्रकार की होती हैं। जो विद्यार्थी माध्यमिक परीक्षा के परिणामस्वरूप स्वर्णपदक या रजत पदक प्राप्त कर लेते हैं उन्हें इस प्रवेश परीक्षा से मुक्त कर दिया जाता है। उन्हें सीधे प्रवेश मिल जाता है।

उच्च शिक्षा का पाठ्यक्रम एवं अवधि
(Curriculum and Duration of Higher Education)

पाठ्यक्रम (Curriculum)—उच्च शिक्षा संस्थाओं का पाठ्यक्रम संस्कृति और

शिक्षा मंत्रालय द्वारा निर्मित और स्वीकृत होता है। शिक्षक और छात्र उसका अनुसरण करते हुए काम करते हैं। पाठ्यक्रम में प्रयोगशाला कार्य, सामान्य व्याख्यानों, कर्मशाला अभ्यास, गोष्ठियों और अध्ययन को प्रमुख स्थान मिलता है। सत्र के प्रारम्भ होने से पूर्व ही प्रत्येक शिक्षक और छात्र को इस पाठ्यक्रम की एक प्रति दे दी जाती है।

शिक्षा सत्र एवं अवधि (Academic Session and Duration)—रूस में पूरा सत्र दो भागों में बाँटा जा सकता है। पहला भाग एक सितम्बर से 23 जनवरी तक चलता है। इसके बाद 2 सप्ताह का शरद अवकाश रहता है। बाद में 7 फरवरी से 1 जुलाई तक दूसरा भाग चलता है। फिर 2 माह का बसन्त अवकाश या ग्रीष्म अवकाश हो जाता है। प्रत्येक भाग (सत्र-काल) के बाद एक बाह्य परीक्षा होती है। पास होने पर छात्र या छात्रा को दूसरे भाग (सत्र-काल) के पाठ्यक्रम में प्रवेश मिलता है। प्रत्येक छात्र को प्रयोगात्मक कार्य (Practical Work) में नियमित रहना पड़ता है। इस कार्य में अनियमित होने पर अगला पाठ्यक्रम छात्र-छात्रा को नहीं मिलता।

अवधि की दृष्टि से यहाँ तीन प्रकार के पाठ्यक्रम चलते हैं। कम से कम 4 वर्षीय और अधिक से अधिक 6-वर्षीय पाठ्यक्रम स्वीकृत है। शिक्षण संस्थान (Pedagogical Institute) तथा कृषि संस्थाएँ (Agriculture Institute) 4-वर्षीय पाठ्यक्रम चलाते हैं, उच्च तकनीकी शिक्षा की संस्थाएँ 5-वर्षीय पाठ्यक्रम चलाते हैं तथा चिकित्सा में प्रशिक्षण देने वाली संस्थाएँ (Medical Institute) 6-वर्षीय पाठ्यक्रम संचालित करते हैं।

प्रयोगात्मक कार्य—उच्च शिक्षा के किसी पाठ्यक्रम में कितने छात्र या छात्राएँ प्रवेश पा सकते हैं, इसे संघ सरकार तय करती है। प्रत्येक संस्था में छात्रों की संख्या निश्चित होती है। छात्र या छात्रा को उस कार्य (Job) में प्रयोगात्मक कार्य करना होता है जो आगे चलकर उसके जीवन का अंग बनेगा। इन्जीनियर्स, फोरमैन तथा अन्य लोग अपने-अपने क्षेत्र में प्रयोगात्मक कार्य करते हैं।

उच्च शिक्षा क्षेत्र में कुछ अन्य व्यवस्थाएँ (Some other Arrangements in the Field of Higher Education)

उच्च शिक्षा क्षेत्र में निम्नलिखित व्यवस्थाएँ पायी जाती हैं—

(1) ***छात्रवृत्तियाँ (Scholarships)***—रूस में राज्य की ओर से प्रगतिशील और प्रतिभावान छात्र-छात्राओं को छात्रवृत्तियाँ (Scholarships) मिलती

हैं। ये छात्रवृत्तियाँ शिक्षा निदेशक (Director of Education) द्वारा निर्धारित होती हैं। सर्वोत्तम समूह के छात्र को सामान्य छात्रवृत्ति के अतिरिक्त कुछ व्यय का 25 प्रतिशत विशेष आर्थिक अनुदान भी मिलता है। इससे वह छात्र निश्चिन्त होकर अपनी पढ़ायी करता रहता है। यह छात्रवृत्ति 600 रूबल से लेकर 1000 रूबल तक होती है। इसका निर्धारण शिक्षा के प्रकार और शिक्षा वर्ष के ऊपर निर्भर करता है। जो छात्र शोध कार्य और विशिष्ट योग्यता के लिए छात्रवृत्ति पाते हैं उन्हें किसी राजनीतिक नेता या वैज्ञानिक के नाम पर छात्रवृत्ति मिलती है।

अपंग सैनिकों के बच्चों को निःशुल्क उच्च शिक्षा मिलती है। उच्च शिक्षा का शुल्क 25 रूबल से 35 रूबल प्रतिमास है। छात्र-छात्राओं को सामान्य शिक्षा के साथ-साथ शारीरिक शिक्षा भी मिलती है। यह अनिवार्य है। सभी छात्रों को चिकित्सा और आवास सुविधाएँ प्राप्त होती हैं।

(2) ***पुस्तकालय (Library)***—रूस की पुस्तकालयीय व्यवस्था निःशुल्क होती है। पुस्तकालयों में पुस्तकों की भरमार रहती है तथा सभी अध्ययन सामग्री उपलब्ध रहती है। वहाँ पर्याप्त सन्दर्भ-पुस्तकें (Reference Books) मिलती हैं। मास्को का विश्वविद्यालय विश्व प्रसिद्ध है।

(3) ***पत्राचार पाठ्यक्रम (Correspondence Course)***—रूस में सेवारत, कार्यरत लोगों के लिए पिछले 30 वर्ष से पत्राचार पाठ्यक्रम की व्यवस्था है। 1991 ई॰ में यहाँ लगभग 100 पत्राचार पाठ्यक्रम केन्द्र थे। इस पाठ्यक्रम में भाग लेने वालों के लिए प्रवेश, पाठ्यक्रम, परीक्षा कार्य आदि से सम्बन्धित नियम नियमित छात्रों पर लागू होने वाले नियमों जैसे ही हैं। परीक्षा पास करने पर उन्हें नियमित (Regular) छात्रों जैसी मानद उपाधि मिलती है। शिक्षा-प्रणाली में नियमित और पत्राचार द्वारा पढ़ने वाले छात्र-छात्राओं की मान्यता में कोई भेदभाव नहीं बरता जाता।

सारांश

रूस में शिक्षा प्रशासन—शिक्षा मंत्रालय और संस्कृति मंत्रालय इसके लिएं उत्तरदायी। स्थानीय प्रशासन के लिए शिक्षा परिषद् का गठन।

विश्वविद्यालय प्रणाली—उच्च शिक्षा संस्थाओं में कृषि, सैन्य शिक्षा, विज्ञान, शिक्षाशास्त्र आदि के विभाग; छात्रों के लिए प्रवेश से पूर्व व्यावसायिक विषय के चुनाव की अनिवार्य सरकारी व्यवस्था। विश्वविद्यालय का प्रमुख प्रशासक रेक्टर।

उसके दो सहायक। संकायों के गठन से डीन की नियुक्ति। फैकल्टी में डीन, प्रोफेसर और छात्र।

प्रवेश विधि—प्रवेश से पूर्व एक प्रवेश परीक्षा। स्वर्ण पदक एवं रजत पदक प्राप्त छात्रों को इस परीक्षा से मुक्ति।

उच्च शिक्षा का पाठ्यक्रम एवं शिक्षा अवधि

पाठ्यक्रम—संस्कृति मंत्रालय द्वारा स्वीकृत। इसमें प्रयोगात्मक कार्य भी। छात्रों को पाठ्यक्रम की प्रति पूर्व ही।

शिक्षा सत्र एवं अवधि—1 सितम्बर से 23 जनवरी तक। 7 फरवरी से 1 जुलाई तक दो सत्र। बीच में अवकाश। अवधि 4 से 6-वर्षीय।

प्रयोगात्मक कार्य—अनिवार्य रूप से करना आवश्यक। इसके बिना प्रगति नहीं।

उच्च शिक्षा में अन्य व्यवस्थाएँ

छात्रवृत्तियाँ—योग्यतम छात्रों को 600 से 1000 रूबल की छात्रवृत्तियाँ। शोध कार्य और विशिष्ट योग्यता वालों को नेता या वैज्ञानिक के नाम पर छात्रवृत्ति।

पुस्तकालय—समृद्ध पुस्तकालयों की निःशुल्क व्यवस्था।

पत्राचार पाठ्यक्रम—सेवारत या कार्यरत वयस्कों के लिए लगभग 100 केन्द्र पत्राचार पाठ्यक्रम देने वाले। नियमित और पत्राचार पाठ्यक्रम दोनों समान।

अभ्यासार्थ प्रश्न

1. रूस में उच्च शिक्षा प्रशासन का वर्णन कीजिए। यहाँ छात्रों को प्रवेश कैसे मिलता है? शिक्षा प्रणाली क्या है?
2. रूस में उच्च शिक्षा पाठ्यक्रम, शिक्षा-सत्र एवं अवधि आदि के बारे में अपने विचार व्यक्त कीजिए।
3. उच्च शिक्षा-क्षेत्र में रूस द्वारा संचालित निम्नलिखित सुविधाओं का वर्णन कीजिए—
   (अ) छात्रवृत्तियाँ,
   (ब) पत्राचार पाठ्यक्रम,
   (स) पुस्तकालय,
   (द) प्रयोगात्मक कार्य।

अध्याय 33

रूस में प्रौढ़ शिक्षा
[Adult Education in Russia]

रूस में जनक्रान्ति (Revolution) से पूर्व 1917 ई॰ से पहले सर्वाधिक निरक्षरता थी। निःशुल्क, अनिवार्य और सार्वजनिक शिक्षा की व्यवस्था कर देने से अब साक्षरता लगभग 60 प्रतिशत तक हो गई है। फिर भी अनेक लोग दूर के गाँवों में आज भी निरक्षर है।

प्रौढ़ शिक्षा योजना—रूस की सरकार का प्रयत्न है कि देश का प्रत्येक नागरिक कम से कम 10वीं कक्षा तक अवश्य ही शिक्षा ग्रहण कर ले। कक्षा 7 उत्तीर्ण कर लेने पर 75 प्रतिशत छात्र व्यावसायिक, तकनीकी और श्रम-सम्बन्धी शिक्षा ग्रहण कर लेते हैं। केवल 25 प्रतिशत छात्र ही उच्च शिक्षा में प्रवेश पा सकते हैं। 10वीं कक्षा तक सभी को शिक्षित करना बड़ी कठिन समस्या है। इस समस्या से निबटने के लिए सरकार ने अंशकालीन, संध्याकालीन व्यवस्थाओं द्वारा निरक्षर या साक्षर श्रमिकों को शिक्षा देने की व्यवस्था की है। सभी औद्योगिक क्षेत्र, व्यावसायिक और तकनीकी क्षेत्र अपने-अपने क्षेत्रों में निरक्षर श्रमिकों को शिक्षित कर रहे हैं। प्रौढ़ शिक्षा को 2 वर्ष की निरन्तर अनवरत शिक्षा का रूप दिया गया है। इस योजना में प्रति सप्ताह 5 घंटे शिक्षण की व्यवस्था है। कुछ लोग अपनी तकनीकी या व्यावसायिक शिक्षा के साथ सामान्य शिक्षा भी प्राप्त करते हैं।

गाँवों की अपेक्षा शहरों में प्रौढ़ शिक्षा की अच्छी व्यवस्था है। वहाँ तो 5-5 वर्ष की अनवरत प्रौढ़ शिक्षा के केन्द्र स्थापित हैं। स्थानीय परिषदें, विश्वविद्यालय प्रौढ़ शिक्षा के कार्यक्रम चलाते हैं। रविवासरीय (Sunday) विश्वविद्यालय इस दिशा में अच्छा कार्य कर रहे हैं। सेवारत प्रौढ़ों के लिए कई शिक्षा-केन्द्र, थियेटर्स, व्याख्यान-संगठन, संगीत-क्लब, मनोरंजन और शिक्षा साथ-साथ देते हैं। ये संस्थाएँ प्रौढ़ों को आर्थिक, सामाजिक, राजनीतिक और शैक्षिक सूचनाएँ देती हैं। औद्योगिक, कृषि सम्बन्धी और व्यापार क्षेत्रों में प्रदर्शनियाँ, संग्रहालय आदि की

व्यवस्था से प्रौढ़ों को वैज्ञानिक प्रगति की जानकारी दी जाती है। आकाशवाणी, दूरदर्शन, चलचित्र विभाग प्रौढ़ शिक्षा देने की अच्छी व्यवस्था करते हैं। प्रौढ़ों के पथ-प्रदर्शन के लिए संग्रहालयों में प्रशिक्षित प्रदर्शक रखे जाते हैं।

अब सरकार ने चलने-फिरने वाले संग्रहालयों, पुस्तकालयों, सिनेमाओं की व्यवस्था की है। पत्राचार द्वारा भी प्रौढ़ों को शिक्षित किया जा रहा है।

सारांश

रूस में जनक्रान्ति से पूर्व पर्याप्त निरक्षरता थी। 1918 ई॰ से प्रौढ़ शिक्षा क्षेत्र में अनिवार्य, निःशुल्क और सार्वजनिक शिक्षा के कारण 60 प्रतिशत साक्षरता प्राप्त।

प्रौढ़ शिक्षा योजना—सरकार ने 10वीं कक्षा तक सभी को शिक्षा देने की योजना बनायी। इसमें पर्याप्त कठिनाई। गाँवों में अधिक निरक्षरता, वहाँ सुविधाओं का अभाव। संध्याकालीन और अंशकालीन शिक्षण की 5 घंटे प्रति सप्ताह व्यवस्था। स्थानीय निकाय, स्थानीय परिषदें, विश्वविद्यालय, औद्योगिक, व्यावसायिक तथा व्यापार विभागों द्वारा अपने-अपने क्षेत्र में साक्षरता की अनवतर व्यवस्था। 2-वर्षीय तथा 5-वर्षीय पाठ्यक्रम प्रचलित। सिनेमा, क्लब, स्कूल, विश्वविद्यालय, संग्रहालयों, प्रदर्शनियों, चलते-फिरते पुस्तकालयों, संग्रहालयों द्वारा प्रौढ़ शिक्षा की व्यवस्था; पत्राचार पाठ्यक्रम द्वारा भी शिक्षा।

अभ्यासार्थ प्रश्न

1. रूस में प्रौढ़ शिक्षा की व्यवस्था कैसे की जाती है?

अध्याय 34*

रूस में भाषा की समस्या
[Language Problem in Russia]

सांस्कृतिक और भाषायी वैभिन्नय
(Cultural and Linguistic Difference)

रूस के प्रशासन की यह अनुपम विशेषता रही है कि वहाँ विभिन्न स्थानीय भाषाओं तथा साहित्य के विकास पर विशेष ध्यान दिया गया है। इस प्रकार वहाँ के विभिन्न समुदायों के लिए विकास के अवसर जुटाये गये हैं। स्थानीय शिक्षा केन्द्रों ने रूस के सांस्कृतिक और भाषायी विकास के लिए बहुत ही योगदान दिया है। यह उल्लेखनीय है कि स्थानीय भाषाओं को भी शिक्षा के कुछ प्रारम्भिक स्तरों तक रूसी भाषा के साथ ही साथ शिक्षा का माध्यम बनाया गया है। इससे स्थानीय भाषाओं का विकास हुआ तथा जनता में राष्ट्रीय एकता की भावना प्रबलतर हो उठी है।

रूसी संविधान में यह स्पष्टतः व्यक्त किया गया है कि सभी जातियों और प्रजातियों की भाषा और संस्कृति के विकास की भरपूर चेष्टा की जाएगी। फलतः विभिन्न स्थानों पर भाषा विकास और अध्ययन का प्रबन्ध किया गया है। भाषा विज्ञान के अनेक संस्थान भी स्थापित किये गये हैं। लेनिनग्राड के भाषा विज्ञान संस्थान में 23 पिछड़ी जातियों की भाषाओं के अध्ययन का प्रबन्ध किया गया है। विभिन्न भाषाओं की वैज्ञानिक लिपि भी तैयार की गई है। प्रत्येक भाषा के विकास के अनुसार साहित्य भी तैयार किया गया है। इन विकसित भाषाओं को सम्बन्धित विशिष्ट क्षेत्र में शिक्षा का माध्यम बनाया गया है। भाषा-सम्बन्धी प्रशिक्षण हेतु अध्यापक शिक्षा संस्थान भी स्थापित किये गये हैं। क्षेत्रीय भाषा के माध्यम से रूसी भाषा पढ़ाने की व्यवस्था की गई है।

---

* लेखक की 'तुलनात्मक शिक्षा' का संगत अध्याय देखिए।

क्रान्ति के पूर्व ज़ार शासन काल में रूसी भाषा ही प्रशासन, कानून तथा शिक्षा का माध्यम रही। इसलिए अधिकांश क्षेत्रों में रूसी भाषा का प्रसार हुआ और देश एकता के सूत्र में बँधा रहा। पुराने क्षेत्रों में रूसी भाषा का प्रयोग अधिक होता रहा है और नये मिलाये गये क्षेत्रों में रूसी भाषा का प्रयोग अपेक्षाकृत कम रहा। सभी दृष्टि से रूसी भाषा और साहित्य अधिक समृद्ध रहा है। स्थानीय भाषाओं में जो भी महत्वपूर्ण पुस्तकें छपती हैं उन्हें रूसी भाषा में अनूदित कर लिया जाता है। जनसंख्या की दृष्टि से रूसी भाषा का प्रयोग अधिक है। लगभग 50 प्रतिशत जनता की भाषा रूसी है।

छोटी कक्षाओं से ही रूसी भाषा की पढ़ाई प्रारम्भ कर दी जाती है। कुछ क्षेत्रों मे पहली या दूसरी कक्षा से ही रूसी भाषा की पढ़ाई प्रथम भाषा के रूप में प्रारम्भ कर दी जाती है। कुछ प्रदेशों में रूसी भाषा को द्वितीय भाषा का पद प्राप्त है। दसवीं कक्षा तक रूसी भाषा और साहित्य की पढ़ाई चलती रहती है। चौथी कक्षा पास कर लेने पर देश के प्रायः सभी बच्चे रूसी भाषा में पढ-लिख और बोल सकते हैं। इसका अच्छा फल यह हुआ है कि जिन प्रदेशों की मातृभाषा रूसी नहीं है वहाँ के बच्चे भी उच्च शिक्षा-संस्थानों, प्राविधिक और व्यावसायिक संस्थाओं में जब प्रवेश पा लेते हैं तो उन्हें भी रूसी भाषा का अच्छा बोध रहता है। ऐसा इसलिए है, क्योंकि प्रत्येक नागरिक के लिए प्रथम या द्वितीय भाषा के रूप में रूसी भाषा का पढ़ना अनिवार्य कर दिया गया है। फलतः उच्च शिक्षा संस्थानों अथवा प्राविधिक और व्यावसायिक शिक्षा केन्द्रों में रूसी भाषा को ही माध्यम बनाया गया है और इससे किसी को कुछ कठिनाई नहीं होती। इन शिक्षा केन्द्रों में प्रवेश-परीक्षा रूसी भाषा के ही माध्यम से ली जाती है और भाषा-सम्बन्धी कठिनाई की समस्या नहीं उपस्थित होती। प्रवेश प्राप्त कर लेने पर रूसी भाषा में सोचना, चिन्तन करना तथा दूसरों का भाव ग्रहण करना किसी के लिए कठिन नहीं होता।

प्रशासन में रूसी भाषा
(Russian Language in Administration)

रूस में प्रशासन में रूसी भाषा का प्रयोग किया जाता है। देश भर में रूसी ही सम्पर्क भाषा मानी गई है। इस व्यवस्था से किसी को कोई कठिनाई नहीं होती, क्योंकि प्रत्येक वयस्क नागरिक रूसी भाषा का अच्छा ज्ञान रखता है। रूसी भाषा में महत्वपूर्ण प्रकाशित पुस्तकों का प्रादेशिक भाषाओं में अनुवाद छाप दिया जाता है तथा प्रादेशिक भाषाओं में प्रकाशित महत्वपूर्ण पुस्तकों का अनुवाद रूसी भाषा में प्रकाशित किया जाता है। प्रदेशों के प्रशासन में प्रादेशिक भाषाओं के प्रयोग की

स्वतन्त्रता है। सभी प्रादेशिक भाषाओं की लिपि प्रायः रूसी भाषा जैसी है। इसलिए टंकन तथा शॉर्टहैंड लेखन में कठिनाई नहीं होती।

सूचनाओं तथा साइन बोर्डों और फार्मों में रूसी और स्थानीय दोनों भाषाओं का प्रयोग किया जाता है, जिससे साधारण जनता को कोई असुविधा न हो। स्कूलों में रूसी, प्रादेशिक भाषाओं तथा क्षेत्रीय भाषा के पढ़ाने की व्यवस्था की गई है।

शिक्षा का माध्यम
(Medium of Instruction)

रूस में राष्ट्रीयता की भावना बड़ी ही बलवती है, परन्तु इसके साथ ही यह भी विशेषता है कि किसी प्रादेशिक भाषा के प्रति किसी में कोई पूर्वाग्रह (Prejudice) नहीं है। सभी नागरिक रूसी भाषा को सीखने में अपना गौरव मानते हैं। अतः किसी पर किसी भाषा के थोपने का आरोप नहीं लगाया जा सकता। शिक्षाधिकारी रूसी भाषा के माध्यम वाले स्कूलों में तथा प्रादेशिक भाषा के माध्यम वाले स्कूलों में कोई भेद-भाव नहीं रखते। जहाँ जिस भाषा के माध्यम वाले स्कूल की आवश्यकता होती है वहाँ वैसा ही स्कूल स्थापित कर दिया जाता है। रूसी भाषा के साथ-साथ किसी अन्य भाषा के पढ़ने की व्यवस्था प्रत्येक नागरिक के लिए उपलब्ध है। अपनी क्षेत्रीय भाषा पढ़ने तथा रूसी भाषा और साहित्य का ज्ञान प्राप्त करने के लिए प्रत्येक नागरिक स्वतन्त्र है। सरकार भी स्थानीय आवश्यकताओं के अनुसार ही किसी विशिष्ट भाषायी माध्यमवाला स्कूल खोलती है और उसका व्यय वहन करती है। अधिकांश स्थानों में माध्यमिक शिक्षा-स्तर तक क्षेत्रीय भाषा माध्यम होती है, परन्तु प्रत्येक विद्यार्थी को रूसी भाषा द्वितीय भाषा के रूप में पढ़नी होती है। फलतः माध्यमिक शिक्षा प्राप्त कर लेने पर प्रत्येक नागरिक को रूसी भाषा का अच्छा ज्ञान हो जाता है। प्राविधिक तथा व्यावसायिक प्रशिक्षण और विज्ञान के अध्ययन हेतु रूसी भाषा अधिक समृद्ध है, परन्तु अन्य विषयों के अध्ययन के लिए स्थानीय भाषाएँ कम समृद्ध नहीं हैं। प्रायः अपनी सुविधा के लिए विद्यार्थीगण प्राविधिक, प्रशिक्षण तथा विज्ञान के अध्ययन के लिए रूसी भाषा को माध्यम रखते हैं तथा अन्य सरल विषयों के अध्ययन के लिए स्थानीय भाषाओं को चुनते हैं। रूसी तथा विभिन्न प्रादेशिक भाषाओं में साहित्य तथा मानक ग्रंथों के प्रकाशन का कार्य स्वयं सरकार अपने संस्थानों तथा अकादमियों द्वारा करती है। रूसी भाषा के अध्ययन के लिए सरकार प्रादेशिक भाषाओं में भाषा-पुस्तकें प्रकाशित करती है।

शिक्षा माध्यमों का वर्गीकरण
(Classification of Media of Instruction)

स्कूलों और कॉलेजों में शिक्षा के माध्यम के रूप में विभिन्न भाषाओं को निम्नलिखित रूप में रखा गया है—

1. यदि किसी एक संकाय में प्रादेशिक भाषा माध्यम हो, तो उसी शिक्षा केन्द्र के किसी दूसरे संकाय में रूसी भाषा शिक्षा का माध्यम हो सकती है जहाँ प्रादेशिक भाषा शिक्षा का माध्यम है वहाँ माध्यमिक शिक्षा स्तर तक रूसी भाषा का पढ़ना अनिवार्य कर दिया गया है जिससे आगे चलकर उच्चतर शिक्षा प्राप्त करने में विद्यार्थी को कठिनाई न हो।
2. दूसरा वर्ग वह है जहाँ सातवीं कक्षा तक शिक्षा का माध्यम स्थानीय भाषा होती है, परन्तु यहाँ सातवीं कक्षा के बाद रूसी माध्यम रख लिया जाता है। इस व्यवस्था में स्थानीय भाषा को भी एक पृथक् विषय के रूप में पढ़ाया जाता है।
3. तीसरे वर्ग में चौथी कक्षा तक स्थानीय भाषा शिक्षा का माध्यम होती है। इसके बाद रूसी भाषा शिक्षा का माध्यम रख लिया जाता है। मंगोलिया प्रभाग इसका उदाहरण है।
4. चौथे और अन्तिम वर्ग में छोटी कक्षाओं में प्रादेशिक भाषा शिक्षा का माध्यम होती है, परन्तु बाद में रूसी भाषा को माध्यम बना लिया जाता है। उदाहरणार्थ, उत्तरी साइबेरिया की क्षेत्रीय भाषाएँ कम विकसित हैं। अतः यहाँ छोटी कक्षाओं के बाद शीघ्र ही शिक्षा के माध्यम के रूप में रूसी भाषा रख ली जाती है। उत्तर साइबेरिया में 28 भाषाएँ बोली जाती हैं। इनका विकास उत्तरोत्तर ही किया जा रहा है, परन्तु अभी तक इन भाषाओं को माध्यमिक विद्यालयों में माध्यम नहीं बनाया जा सका है।

रूसी भाषा के अध्ययन की लोकप्रियता
(Popularity of the Study of Russian Language)

यह उल्लेखनीय है कि रूस में प्राथमिक विद्यालय के पहली या दूसरी कक्षा से ही रूसी भाषा पढ़ाई जाने लगती है तथा रूसी भाषा को अनिवार्यतः द्वितीय भाषा के रूप में पढ़ाया जाता है। प्रतिदिन रूसी भाषा के अध्ययन में कम से कम एक घंटा दिया जाता है। दसवीं कक्षा तक रूसी भाषा अनिवार्य रूप में पढ़ाई जाती है।

बच्चों को उनकी क्षेत्रीय (या मातृभाषा) तथा रूसी भाषा इस प्रकार पढ़ायी जाती है कि एक भाषा का अध्ययन दूसरी भाषा के अध्ययन में कोई विघ्न उपस्थित नहीं करता।

जब किसी अध्यापक अथवा प्रवक्ता को स्थानीय भाषा में बोलना नहीं आता तो वह स्कूलों या कॉलेजों में रूसी भाषा में ही अपनी बात कहता है, क्योंकि रूसी भाषा सभी विद्यार्थी अच्छी तरह समझते हैं। यदि कोई ऐसा पुराना अध्यापक है जिसे न स्थानीय भाषा आती हो और न रूसी तो वह अपनी मातृभाषा में ही अपनी बात कहता है और उसका अनुवाद रूसी भाषा में कर दिया जाता है। कुछ अध्यापक स्थानीय भाषा जानते हुए भी उसमें बोल नहीं सकते। ऐसे अध्यापक रूसी भाषा का ही प्रयोग करते हैं।

सातवीं कक्षा तक विद्यार्थियों को रूसी भाषा के पढ़ने में अधिक समय देना पड़ता है, जिससे वे अपनी राष्ट्रीय भाषा पर जल्दी ही अधिकार प्राप्त कर लें। अनुमान लगाया गया है कि पढ़ाई के कुल समय के 2/5 भाग से अधिक समय रूसी भाषा के अध्ययन में सातवीं कक्षा तक दिया जाता है।

विदेशी भाषा का अध्ययन
(Study of a Foreign Language)

रूस में कोई यूरोपीय या विदेशी भाषा पाँचवीं कक्षा से पढ़ाई जाती है और इसकी पढ़ाई कम से कम दसवीं कक्षा तक चलाई जाती है। विदेशी भाषा के रूप में जर्मन, फ्रेंच तथा अंग्रेजी में से कोई एक भाषा विद्यार्थी को सीखने के लिए प्रोत्साहित किया जाता है। लैटिन भाषा की पढ़ाई केवल कुछ विशेष स्कूलों में ही उपलब्ध है। माध्यमिक शिक्षा प्राप्त कर लेने पर एक रूसी विद्यार्थी किसी एक विदेशी भाषा को कम से कम शब्द-कोष की सहायता से स्वतः समझ सकता है; यद्यपि इस स्तर पर उसे अच्छी तरह बोल और लिख नहीं सकता।

भाषा-विवाद का समाधान
(Solution of the Language Problem)

स्थानीय आवश्यकताओं को ध्यान में रखते हुए स्थानीय भाषाओं के माध्यम वाले स्कूल रूस में खोले जाते हैं। ज्ञातव्य है कि इन स्कूलों में रूसी भाषा को बहुत प्रारम्भ से ही पढ़ाया जाता है। पाँचवीं कक्षा से इनमें कोई विदेशी भाषा भी पढ़ाई जाती है। प्रादेशिक क्षेत्रों में रूसी भाषा के माध्यम वाले स्कूल भी खोले जाते हैं और वहाँ कोई भी विद्यार्थी प्रवेश पा सकता है। रूस में भाषा के पक्ष को

व्यावहारिकता के आधार पर सुलझाया गया है। अल्पसंख्यक विदेशी लोगों के लिए भी उनकी मातृभाषा जैसे अंग्रेजी, फ्रेंच और जर्मन भाषा के माध्यम वाले कुछ स्कूल मास्को में स्थापित किये गये हैं, परन्तु इन सभी स्कूलों में रूसी भाषा अनिवार्य रूप में पढ़ाई जाती है।

रूस में विभिन्न भाषाओं का विकास
(Development of Various Languages in Russia)

लिपि-सम्बन्धी विकास—1917 की क्रान्ति के पूर्व रूस के कुछ प्रदेशों में भाषा की लिपि अरबी थी, क्योंकि इनके पूर्वज तुर्किस्तान से आये थे और उन्होंने अरबी लिपि को ही बढ़ावा दिया। क्रान्ति के बाद इस लिपि में उजबेकिस्तान क्षेत्र में सुधार का प्रयत्न किया गया, परन्तु इसमें शीघ्र अच्छी सफलता न मिल सकी। 1929 में विद्वानों की एक बैठक में कई प्रादेशिक भाषाओं को लैटिन लिपि में लिखने का निश्चय किया गया, परन्तु 1935 में पुनः तय किया गया कि लैटिन के स्थान पर रूसी लिपि ही अपनाई जाए। 1940 में इस प्रस्ताव को स्वीकार लिया गया और तद्नुसार लिपि में परिवर्तन किया गया। उदाहरणार्थ, आज लगभग 20 वर्षों से उजवेक भाषा की लिपि रूसी है। इससे किसी को कोई कठिनाई नहीं होती। आज रूस में लगभग 80 प्रादेशिक भाषाओं की लिपि अपनी निजी है, परन्तु ये भाषाएँ रूसी लिपि में भी लिखी जाती हैं। ऐसा करने में न किसी को असुविधा है और न आपत्ति। यदि किसी प्रादेशिक भाषा की किसी ध्वनि हेतु रूसी भाषा में स्थान नहीं है तो उसके लिए अलग ध्वनि-चिन्ह या अक्षर निर्धारित कर लिये गये हैं। इस नीति के कारण साक्षरता विकास में बड़ी ही सुविधा हुई है।

पारिभाषिक शब्दावली का विकास
(Development of Technical Terms)

शिक्षा और प्रशासन के रूप में विभिन्न भाषाओं के प्रयोग के कारण पारिभाषिक शब्दावली के विकास की समस्या उत्पन्न हुई। क्रान्ति के बाद कुछ लोगों ने अरबी भाषा की शब्दावली के उपयोग का सुझाव दिया। कुछ लोग रूसी भाषा की शब्दावली का प्रयोग स्वीकार करने के लिए तैयार नहीं थे, क्योंकि वे लोग इसे थोपना समझते थे। विभिन्न प्रदेशों के लोग अपनी-अपनी भाषा की शब्दावली के प्रयोग पर बल दे रहे थे। अतः यह निर्णय किया गया कि हर भाषा की प्राचीन शब्दावलियों को अपनाया जाए। इस नीति को सभी ने स्वीकार किया। शब्द न

मिलने पर रूसी भाषा अथवा अन्तर्राष्ट्रीय शब्दावली को स्वीकार किया गया। इस प्रकार अनेक नये शब्द स्वीकार किये गये और गढ़े गये।

रूस की भाषा समस्या के समाधान से भारत के लिए सीख (Lesson for India from the Solution of Language Problem in Russia)

प्रत्येक देश की अपनी स्थिति तथा समस्या होती है। अतः किसी देश का अन्धानुकरण हमें नहीं करना चाहिए, तथापि रूस की भाषा समस्या के समाधान से भारत अपनी भाषा समस्या के सुलझाने में कुछ बातें सीख सकता है। इस सम्बन्ध में रूस में किये गये प्रयोग से भाषा सम्बन्धी समस्या के समाधान हेतु हम निम्नलिखित निष्कर्ष निकाल सकते हैं—

1. भाषा सम्बन्धी समस्याओं को व्यावहारिकता तथा उपयोगिता की दृष्टि से सुलझाना चाहिए। इस प्रयास में किसी वर्ग को यह न मालूम हो कि उस पर हठात् कोई भाषा थोपी जा रही है। जब एक वर्ग यह समझने लगता है कि किसी समाधान ने उसकी सांस्कृतिक अभिव्यक्ति को प्रोत्साहन मिलेगा तो उसके विरोध की भावना समाप्त हो जाती है।
2. भाषा समस्या के समाधान हेतु यह आवश्यक है कि प्रत्येक वर्ग को अपनी भाषा और साहित्य के अध्ययन की पूरी स्वतन्त्रता हो, परन्तु साथ ही राष्ट्रीय भाषा को अनिवार्यतः द्वितीय भाषा के रूप में उन क्षेत्रों में पढ़ाया जाए जहाँ वह लोगों की मातृ या क्षेत्रीय भाषा नहीं है।
3. प्रशासन और शिक्षा दोनों में प्रादेशिक भाषाओं और राष्ट्रीय भाषा को समान पद देना चाहिए।
4. माध्यमिक स्तर तक राष्ट्रभाषा की पढ़ाई इस प्रकार अनिवार्य बनाई जाए कि इस स्तर की शिक्षा प्राप्त कर लेने पर प्रत्येक को राष्ट्रभाषा का अच्छा ज्ञान हो जाए।
5. नये पारिभाषिक शब्दों के निर्माण में राष्ट्रभाषा के साथ ही साथ अन्य प्रादेशिक भाषाओं के प्राचीन शब्दों को भी समुचित स्थान देना चाहिए।
6. प्रादेशिक भाषाओं में उपलब्ध साहित्य का राष्ट्रभाषा में अनुवाद हो जिससे अन्य देशवासी उसे पढ़ें और समझें। राष्ट्रभाषा में उपलब्ध साहित्य को अन्य प्रादेशिक भाषाओं में प्रकाशित करना चाहिए।
7. किसी प्रवक्ता के भाषण को यदि श्रोतागण भाषायी वैभिन्नय के कारण न समझ सकें तो उसका सम्बन्धित प्रादेशिक भाषा में अनुवाद होते रहना चाहिए।

8. प्रादेशिक भाषा के माध्यम वाले स्कूल अन्य ऐसे क्षेत्र में भी खुलने चाहिए जहाँ उस भाषा को बोलने वाले पर्याप्त संख्या में रहते हों।
9. सभी प्रादेशिक भाषाओं के महान लेखक और कवियों का जन्म-दिन समय-समय पर सारे देश भर में मनाना चाहिए।
10. समय-समय पर देश के विभिन्न क्षेत्रों में विभिन्न भाषायी लोगों की गोष्ठियाँ आयोजित होनी चाहिए।
11. केन्द्रीय प्रशासन-सम्बन्धी सभी नियम और कानून सभी प्रादेशिक भाषाओं में प्रकाशित होने चाहिए।
12. सभी प्रादेशिक भाषाओं के विकास का केन्द्रीय और राजकीय सरकारें समुचित प्रबंध करें। देश की सभी भाषाओं को एक-दूसरे की सहचरी समझना चाहिए। किसी प्रदेश के लोग यह अनुभव न करें कि उनकी भाषा की उपेक्षा की जा रही है।
13. शिक्षा के माध्यम के रूप में भारत में राष्ट्रभाषा हिन्दी तथा प्रादेशिक भाषा दोनों को अपनाना चाहिए। अखिल भारतीय स्तर पर राष्ट्रभाषा को माध्यम के रूप में प्रोत्साहित करना चाहिए, परन्तु साथ ही प्रादेशिक भाषा को भी प्रादेशिक माध्यम बनाना चाहिए।
14. लिपि साक्षरता के विकास में सहायता करती है। देवनागरी लिपि बहुत ही सरल है। अतः देवनागरी लिपि में भी विभिन्न प्रादेशिक भाषाओं में प्रकाशित साहित्य को छापा जाए। ऐसा करने से धीरे-धीरे देवनागरी लिपि में लोगों का अनुराग बढ़ेगा। संस्कृत की लिपि देवनागरी ही है। संस्कृत ही भारत की सभी प्रादेशिक भाषाओं की जननी है। अतः देवनागरी के प्रयोग से विरोध नहीं होगा, परन्तु साथ ही प्रत्येक भाषा की अपनी लिपि को भी मान्यता मिलनी चाहिए।
15. जैसे रूस में रूसी भाषा को सम्पर्क भाषा के रूप में चुना गया है उसी प्रकार भारत में राष्ट्रभाषा हिन्दी को सम्पर्क भाषा के रूप में स्वीकार करना चाहिए।
16. भारत में अंग्रेजी बहुत दिनों से प्रयुक्त हो रही है। विदेशी शासकों ने हिन्दी को मान्यता नहीं दी थी। अतः हिन्दी का प्रयोग-विस्तार धीरे-धीरे करना चाहिए। इसे किसी प्रदेश पर थोपना अनुचित होगा।
17. भारत के प्रत्येक बच्चे को अपनी मातृभाषा के अतिरिक्त एक अन्य प्रादेशिक भाषा तथा इसके साथ ही उसे राष्ट्रभाषा भी सीखनी चाहिए। साथ ही कोई एक विदेशी भाषा अथवा संस्कृत का उसे अच्छा ज्ञान होना चाहिए। इस प्रकार प्रत्येक शिक्षित नागरिक को उक्त प्रकार से कम से कम तीन भाषाओं का ज्ञान होना चाहिए। इस सम्बन्ध में

कोठारी कमीशन द्वारा निर्देशित त्रिभाषा सूत्र भी व्यावहारिक और उपयोगी सिद्ध होगा।

सारांश

रूस में सांस्कृतिक और भाषायी वैभिन्नय—क्रान्ति के बाद सभी उपसंस्कृतियों और प्रादेशिक भाषाओं के लिए विकास का अवसर। भाषा-विज्ञान संस्थान में सभी प्रादेशिक भाषाओं के विकास के लिए अध्ययन। सभी भाषाओं की वैज्ञानिक लिपि बनाई गई। रूसी भाषा सम्पर्क-भाषा। स्थानीय भाषाओं को भी प्रशासन और शिक्षा का माध्यम। स्थानीय भाषाओं में साहित्य-निर्माण का प्रयत्न। आधे से अधिक जनता की मातृभाषा रूसी।

छोटी कक्षाओं में स्थानीय भाषाओं और रूसी भाषा का अध्ययन अनिवार्य। माध्यमिक शिक्षा प्राप्त करने वाले को रूसी भाषा का अच्छा ज्ञान हो जाता है। प्राथमिक शिक्षा-स्तर तक प्रादेशिक भाषाएँ शिक्षा का माध्यम।

प्रशासन तथा रूसी भाषा—रूसी अखिल देशीय भाषा। रूसी भाषा में भी प्रादेशिक सरकारी आदेशों का अनुवाद। प्रादेशिक शासन की भाषा स्थानीय भाषा।

शिक्षा का माध्यम—राष्ट्रीयता सर्वोपरि। माध्यमिक शिक्षा-स्तर तक प्रादेशिक भाषा माध्यम। कहीं-कहीं माध्यमिक शिक्षा भी रूसी में। स्थानीय भाषाओं में मूल-ग्रंथों की रचना। रूसी में उनका अनुवाद।

माध्यमों का वर्गीकरण—शिक्षा माध्यम की दृष्टि से चार वर्ग। प्राथमिक स्तर से ही रूसी भाषा का अध्ययन। स्थानीय भाषाओं का रूसी भाषा के साथ-साथ अध्ययन।

विदेशी भाषा का अध्ययन—पाँचवीं कक्षा से विदेशी भाषा का अध्ययन। कहीं-कहीं तीसरी कक्षा से ही विदेशी भाषा का पढ़ाया जाना। अंग्रेजी, फ्रेंच या जर्मन का अध्ययन।

भाषा-समस्या का समाधान—स्थानीय भाषाओं को शिक्षा और प्रशासन का माध्यम। रूसी सम्पर्क-भाषा।

विभिन्न भाषाओं का विकास—लिपि का विकास, पारिभाषिक शब्दावलियों की रचना।

रूस में भाषा-समस्या के समाधान से भारत को सबक—सम्पर्क और राष्ट्र-भाषा के रूप में हिन्दी को स्थान, परन्तु हिन्दी थोपी न जाए। प्रादेशिक भाषाओं को भी शिक्षा-माध्यम बनाया जाए और प्रशासन में मान्यता दी जाए।

अभ्यासार्थ प्रश्न

1. रूस ने भाषा-शिक्षा की समस्या का समाधान कैसे किया है?
2. भारत अपनी भाषा-समस्या के समाधान के लिए रूस के उदाहरण से क्या सीख सकता है?
3. रूस की भाषा समस्या क्या रही है? उसे कैसे हल किया गया?

भारत में शिक्षा

अध्याय 35

भारत में पूर्व-प्राथमिक शिक्षा
[Pre-Primary Education in India]

जर्मनी के प्रसिद्ध शिक्षाशास्त्री फ्रोबेल (Froebel) ने पूर्व-प्राथमिक शिक्षा का श्रीगणेश किया। उसने 1837 ई॰ को ब्लेकन वर्ग (Blakenberg) में किण्डरगार्टन प्रणाली का एक पूर्व-प्राथमिक स्कूल खोला था। भारत में पूर्व-प्राथमिक शिक्षा को विशेष महत्व नहीं दिया गया। ऐसे उदाहरण अवश्य मिलते हैं जिनसे पता चलता है कि माता-पिता ही बच्चे को पूर्व-प्राथमिक शिक्षा देते थे। महाभारत की कथा है कि अभिमन्यु ने चक्रव्यूह को तोड़ना अपने पूर्व-स्कूली दिनों में ही सीख लिया था। नियमित रूप से पूर्व-प्राथमिक शिक्षा देने की व्यवस्था स्वतन्त्रता प्राप्ति के पूर्व तक नहीं की जा सकी। स्वतन्त्रता मिलने के बाद भारत में पूर्व-प्राथमिक शिक्षा के विकास पर ध्यान दिया गया। इस शिक्षा के विकास की प्रेरणा भारतीयों को विदेशों से ही मिली। जर्मनी की पूर्व-प्राथमिक किण्डरगार्टन प्रणाली, मॉण्टेसरी-पद्धति और नर्सरी-प्रणाली का प्रभाव भारतीय वातावरण पर भी पड़ा और भारत में भी पूर्व-प्राथमिक शिक्षा संस्थाएँ स्थापित हुईं।

पाश्चात्य देशों की शिक्षा-प्रणाली का प्रभाव

जर्मनी की पूर्व-प्राथमिक (किण्डरगार्टन प्रणाली) में 4-वर्षीय बच्चों को प्रवेश देकर उन्हें खेल और मनोरंजन द्वारा वैयक्तिक चरित्र और शिष्टाचार की शिक्षा दी जाती थी। मनोवैज्ञानिक ढंग से इन बच्चों को व्यावहारिक प्रशिक्षण भी मिलता था। फ्रोबेल (Froebel) की यह शिक्षा पद्धति बहुत सफल हुई।

बच्चों के शारीरिक, मानसिक और बौद्धिक विकास के लिए श्रीमती मार्गरेट मैकमिलन (Mrs. Margaret Macmillan) ने नर्सरी स्कूलों (Nursery Schools) की स्थापना की। इस प्रणाली में छोटे शिशुओं को प्रशिक्षित परिचारिकाओं (Matrons) के संरक्षण में रखा जाता था और उनके शारीरिक, मानसिक और बौद्धिक विकास के लिए प्रयत्न किये जाते थे। 2 से 4 वर्ष की आयु के शिशु इस प्रकार के स्कूलों

में प्रवेश पाते थे। ये स्कूल घनी आबादी में स्थापित होते थे और कार्यरत माताओं के बच्चों को प्रवेश देकर उन्हें चिन्तामुक्त रखते थे। इनका वातावरण भी अच्छा था।

इसके बाद डॉ॰ मेरिया मॉण्टेसरी (Dr. Maria Montessori) ने पिछड़े बालकों की शिक्षा के लिए मॉण्टेसरी प्रणाली के स्कूल स्थापित किये। इन स्कूलों में विविध प्रकार के मनोवैज्ञानिक उपकरणों का उपयोग होता था जिनकी सहायता से बालक अपनी ज्ञानेन्द्रियों का अच्छा विकास कर पाते थे। इन स्कूलों में 2 से 6 वर्ष के बालक प्रविष्ट किये जाते थे।

इस प्रकार के प्रयोगों और परीक्षणों के सफल परिणाम निकले। इन प्रणालियों में पढ़ने वाले बच्चों का अच्छा विकास हुआ। इन प्रणालियों को जहाँ विदेशों में अपनाया गया, भारत ने भी इन्हें अपनाने का प्रयास किया। इन स्कूलों में बच्चों के स्वास्थ्य की दैनिक और नियमित परीक्षा होती है; बच्चों को शुद्ध और स्वस्थ वातावरण में रखकर अच्छा आहार, शुद्ध वायु और अच्छा उपचार दिया जाता है। उन्हें इन स्कूलों में वातावरण के अनुकूल ढलने की, अपने काम आप करने की, चरित्र-गठन की, समाजीकरण (Socialisation) की अच्छी शिक्षा दी जाती है। इन बच्चों को परिवार, समाज और राष्ट्र का अच्छा नागरिक बनाने का ध्यान रखा जाता है। इन स्कूलों में बच्चों को खेल और क्रियाओं द्वारा कला, संगीत, भाषा, गणित और शारीरिक व्यायाम की मनोवैज्ञानिक शिक्षा दी जाती है।

भारत में पूर्व-प्राथमिक शिक्षा की स्थिति

आँकड़ों के आधार पर 1993 ई॰ तक देश में लगभग 2500 पूर्व-प्राथमिक संस्थाएँ थीं। अब तो प्रति वर्ष सैकड़ों स्कूल खुलते जा रहे हैं। ये सभी स्कूल धार्मिक संस्थाओं और व्यक्तिगत प्रयासों से खुल रहे हैं। इन स्कूलों को खोलने का एकमात्र उद्देश्य अर्थोपार्जन रहा है। इसलिये इन स्कूलों के पास उपकरणों और सहायक-सामग्रियों का अभाव है। सरकार ने अभी पूर्व-प्राथमिक शिक्षा के विकास में कोई उत्तरदायित्व वहन नहीं किया है। इस शिक्षा की संस्थाओं में प्रशिक्षित अध्यापकों का अभाव है। बाल-साहित्य (Child Literature) और बाल-मनोविज्ञान (Child Psychology) के अभाव में अभी तक पूर्व-प्राथमिक शिक्षा भली प्रकार विकसित नहीं हो सकी।

भारतवर्ष में पूर्व-प्राथमिक शिक्षा की पर्याप्त आवश्यकता है, क्योंकि माँ-बाप के अशिक्षित होने से तथा कुछ माताओं को नौकरी पर जाने के कारण छोटे बच्चों को अच्छा शैक्षिक वातावरण नहीं मिल पाता। सार्जेण्ट योजना (Sargent Scheme) और डॉ॰ मॉण्टेसरी के प्रयासों के फलस्वरूप देश में पूर्व-प्राथमिक शिक्षा के विकास में अवश्य प्रगति हुई है। चतुर्थ अनुमान-समिति (Fourth Estimate Committee) की संस्तुतियों से पूर्व-प्राथमिक शिक्षा को और अधिक बल मिला है।

नवीन परीक्षण एवं अनुसंधान

भारत में पूर्व-प्राथमिक शिक्षा की आयु 3 से 6 वर्ष के बीच मानी गयी है। अब भारतीय शिक्षाशास्त्रियों ने इसे 4 अवस्थाओं में विभक्त कर दिया है—(1) गर्भावस्था (Pre-natal Period), (2) जन्म से $2\frac{1}{2}$ वर्ष की अवस्था, (3) $2\frac{1}{2}$ वर्ष से 4 वर्ष की अवस्था, (4) 4 से 6 वर्ष की अवस्था। गर्भावस्था और $2\frac{1}{2}$ वर्ष की आयु तक की अवस्था का सीधा सम्बन्ध माता से है। इन बच्चों के लिए पोषण और स्वास्थ्य की विशेष आवश्यकता होती है। इसलिए स्कूलों के साथ मातृ-सेवा केन्द्र (Maternity Centres) जोड़े जायें। $2\frac{1}{2}$ वर्ष की आयु से बालक स्वतन्त्र रूप से स्कूल में जाकर अपना विकास कर सकता है। इस अवस्था में शिक्षक बालकों की प्रवृत्तियों (Tendencies), अभिरुचियों (Aptitudes) का पता लगाकर उनकी आवश्यकताओं की पूर्ति के लिए वातावरण तैयार करे। बालक का उपयुक्त स्वास्थ्य और शरीर-परीक्षण किया जाये, उसे संतुलित आहार, मनोरंजन, वस्त्र, खेलकूद आदि की सुविधाएँ मिलें। इसके बाद की अवस्थाओं में बालक को मातृभाषा, कला, संगीत, गणित, प्रकृति-अध्ययन का सरल अध्ययन मनोवैज्ञानिक ढंग से कराया जाये।

पूर्व-प्राथमिक स्कूलों में शिक्षण

अब तक हमने विदेशी शिक्षण-प्रणालियों का ही अनुसरण करके पूर्व-प्राथमिक शिक्षा की व्यवस्था की है। इन प्रणालियों में भारतीय आवश्यकताओं के अनुकूल परिवर्तन और संशोधन लाना आवश्यक होगा। कुछ संस्थाओं ने पूर्व-बेसिक और मॉण्टेसरी दोनों प्रणालियों का मिश्रित रूप अपनाया है। सर्वोदय द्वारा प्रचलित बालवाड़ी प्रणाली, भाव नगर बाल-शिक्षण संघ द्वारा प्रचलित प्रणाली का उपयोग करना अच्छा रहेगा। भाव नगर का बाल-शिक्षण संघ इस दिशा में अनुसंधान और परीक्षण भी कर रहा है। सरकार ऐसी संस्थाओं को पर्याप्त आर्थिक सहायता दे।

सारांश

भारत में पूर्व-प्राथमिक शिक्षा का विकास स्वतन्त्रता के बाद से। इससे पूर्व इसका विकास नहीं।

पाश्चात्य प्रभाव—भारत ने पाश्चात्य देशों की किण्डरगार्टन प्रणाली, नर्सरी-पद्धति, मॉण्टेसरी पद्धति को अपनाया। ये सभी व्यवस्थाएँ सफल और बालोपयोगी। बच्चों को स्वस्थ और शिक्षाप्रद वातावरण सुलभ।

भारत में पूर्व-प्राथमिक शिक्षा की स्थिति

भारत में 1993 तक 2500 संस्थाएँ। प्रतिवर्ष सैकड़ों संस्थाओं की स्थापना। आर्थिक दृष्टिकोण और अभाव के कारण स्कूलों में उपकरणों, प्रशिक्षित अध्यापकों और बाल-साहित्य का अभाव।

भारत में पूर्व-प्राथमिक शिक्षा की परमावश्यकता क्योंकि माँ-बाप अशिक्षित हैं जो बच्चों को शिक्षा नहीं दे सकते। कुछ माताएँ नौकरी पर जाती हैं। उनके बच्चों को शिक्षा की आवश्यकता।

नए परीक्षण और अनुसंधान

बाल-शिक्षा के लिए—(1) गर्भावस्था, (2) $2\frac{1}{2}$ वर्ष तक की अवस्था, (3) $2\frac{1}{2}$ से 4 वर्ष की अवस्था, (4) 4 से 6 वर्ष की अवस्था मान्य। इनके लिए उपयुक्त अवस्था आवश्यक।

शिक्षण

अब तक शिक्षण की दृष्टि से पाश्चात्य देशों का अनुकरण। इसका भारतीयकरण होना आवश्यक। सर्वोदय संस्थान और भाव नगर बाल शिक्षण संघ द्वारा परीक्षण और अनुसंधान। पूर्व-बेसिक और मॉण्टेसरी पद्धति का मिश्रण प्रयुक्त।

अभ्यासार्थ प्रश्न

1. पूर्व-प्राथमिक शिक्षा की दृष्टि से भारत में अभी तक पिछड़ापन क्यों है? अब क्या स्थिति है? स्पष्ट कीजिए।
2. भारत में पूर्व-प्राथमिक शिक्षा की स्थिति क्या है? इसमें सुधार कैसे लाया जा सकता है?
3. प्राथमिक शिक्षा के विकास की दृष्टि से नये परीक्षण और खोज कार्य क्या हों? शिक्षण में सुधार कैसे लाया जाये?

अध्याय 36

भारत में प्राथमिक शिक्षा
[Primary Education in India]

प्राथमिक शिक्षा और उसकी समस्याएँ
(Primary Education and its Problems)

भारत विश्व का सबसे बड़ा प्रजातान्त्रिक देश है। यहाँ विश्व की निरक्षरता का बड़ा प्रतिशत पाया जाता है। एक प्रजातान्त्रिक शासन की सफलता शिक्षित और योग्य नागरिकों पर निर्भर करती है। नागरिकों को अधिक से अधिक शिक्षित करने के लिये तथा राज्यों में निरक्षरता को समाप्त करने के लिए पंचवर्षीय योजनाओं में प्राथमिक शिक्षा के विकास पर बल दिया गया। पहली पंचवर्षीय योजना के प्रारम्भ होने पर केवल 42 प्रतिशत बालकों को प्राथमिक शिक्षा सुलभ थी। अतः पहली योजना में 60 प्रतिशत बालकों को और दूसरी योजना में शत-प्रतिशत बालकों को प्राथमिक शिक्षा देने का निर्णय लिया गया। यह भी निर्णय लिया गया कि 6 से 11 वर्ष के बालकों के लिए अनिवार्य (Compulsory) और निःशुल्क (Free) प्राथमिक शिक्षा की व्यवस्था की जाये। निम्न तालिका से पहली दो योजनाओं में हुई प्रगति का आभास होता है

वर्ष	6 से 11 वर्ष के छात्रों की संख्या (लाखों में)	प्रतिशत
1950-51	192	43.1
1955-56	252	51.0
1960-61 (अनुमान)	330	60.0
1962-66 (लक्ष्य)	504	86.0
1994-95 (लक्ष्य)	3000	90.0

परन्तु पहली दो पंचवर्षीय योजनाओं में जो लक्ष्य निर्धारित किया गया था वह

पूरा नहीं हुआ। अब तक सात पंचवर्षीय योजनाओं में जो भी लक्ष्य (Targets) निर्धारित किये गये उन्हें पूरा नहीं किया जा सका। इस असफलता का कारण प्राथमिक शिक्षा क्षेत्र में आने वाली बड़ी समस्याएँ हैं। जब तक इन समस्याओं का हल नहीं खोज लिया जायेगा तब तक इस शिक्षा-क्षेत्र में पूर्ण सफलता नहीं मिलेगी।

प्राथमिक शिक्षा की समस्याएँ (Problems of Primary Education)

प्राथमिक शिक्षा क्षेत्र में निम्नलिखित समस्याएँ प्रमुख हैं—

प्राकृतिक कठिनाईयाँ (Natural Difficulties)—प्राथमिक शिक्षा के विकास में सबसे बड़ी बाधा भूमि की रचनाएँ हैं जो छात्र-छात्राओं के स्कूल आवागमन में बाधक हैं। पहाड़ी मार्ग, मरुस्थल, नदियाँ, पठार और विस्तृत जंगल आदि प्राकृतिक अवरोधों के फलस्वरूप छात्रों का स्कूल आना-जाना, स्कूलों का स्थापित होना, जनसंख्या का बिखरा होना आदि सुविधाओं का अभाव पैदा होता है। धनाभाव की समस्या और यातायात के साधनों की समस्या से स्कूलों की स्थापना में तो बाधा पैदा होती ही है, छात्र-छात्राएँ भी स्कूल नहीं जा पाते। कुछ क्षेत्रों में तो मीलों तक किसी प्राथमिक स्कूल के दर्शन नहीं होते। पंचवर्षीय योजना प्रारम्भ होने से पहले यह अनुमान लगाया गया था कि वन और जंगलों के क्षेत्रों में 22 प्रतिशत और कृषि क्षेत्रों में 82 प्रतिशत बच्चों को शिक्षा की सुविधाएँ दी जा सकेंगी, परन्तु प्राकृतिक बाधाओं वाले क्षेत्रों में अध्यापकों ने जाना ठीक नहीं समझा और जंगल वाले क्षेत्रों में प्राथमिक स्कूलों की स्थापना नहीं हो सकी।

राजनीतिक कठिनाईयाँ (Political Difficulties)—प्राथमिक शिक्षा का विकास जहाँ प्राकृतिक कठिनाईयों के कारण नहीं हुआ वहाँ राजनीतिक कठिनाईयों ने भी इसे विकसित नहीं होने दिया। परतन्त्रता के दिनों में ब्रिटिश सरकार भारतीय शिक्षा के प्रति उदासीन रही। इससे प्राथमिक शिक्षा को भारी आघात लगा। अब भारत सरकार इस दिशा में प्रयत्नशील है।

भले ही सरकार प्राथमिक शिक्षा के विकास के लिए लक्ष्य निर्धारित करे, परन्तु सरकारी साधन इस लक्ष्य की प्राप्ति में मन लगाकर योग नहीं देते। जो शिक्षा-नीति भारत सरकार ने निर्धारित की है वह दोषपूर्ण और अव्यावहारिक है। प्राथमिक शिक्षा का उत्तरदायित्व प्रायः अन्तरिम जिला परिषदों, नगरपालिकाओं और नगर निगमों (Corporations) पर है। इनके कार्यकर्ता सरकारी कर्मचारियों और शिक्षा अधिकारियों के साथ सहयोग नहीं करते। यह दूसरा कारण है जिससे प्राथमिक शिक्षा का विकास ठीक से नहीं होता। तीसरे, वे सरकारी और गैर-सरकारी लोग और संस्थाएँ जो शिक्षा प्रसार के लिए उत्तरदायी हैं, निष्पक्ष नहीं हैं और उत्तरदायित्वों के प्रति सजग नहीं हैं। नये स्कूल खोलते समय ठीक से सर्वेक्षण नहीं किया जाता, नियोजन (Planning)

में क्षेत्रीय आवश्यकताओं को ध्यान में नहीं रखा जाता। सरकारी सहयोग के अभाव में सभी स्थानीय संस्थाओं में धन का अभाव रहता है। जनता भी शिक्षा के प्रति जागरूक नहीं है वह इसके प्रसार में कोई रुचि नहीं लेती और न सहयोग ही देती है। यदि शिक्षा प्रसार के लिए थोड़ा-सा भी कर लगा दिया जाता है तो जनता उसका विरोध करती है। जनता अपने बच्चों को स्कूल भी भेजना अपना कर्तव्य नहीं समझती।

सरकार ने बेसिक शिक्षा पद्धति को अपनाने का निर्णय लिया, परन्तु साधनों के अभाव में इस शिक्षा की नीति का ठीक से कार्यान्वयन नहीं हो पाया। स्थानीय संस्थाओं को शिक्षा व्यवस्था के लिये धन की आवश्यकता होती है, परन्तु जन विरोध के कारण वे कोई कर भी नहीं लगा पातीं। राजनीतिक दल अपना उल्लू सीधा करने के लिए जनता का पथ-प्रदर्शन ठीक से नहीं करते। सरकारी निरीक्षक अपने कर्तव्य का पालन ठीक से नहीं करता। शिक्षा नीतियों का निर्धारण करने में पक्षपात बरता जाता है। स्कूलों में योग्य शिक्षकों का अभाव है।

सामाजिक कठिनाईयाँ (Social Difficulties)—भारत की सामाजिक स्थिति, अज्ञान और निरक्षरता के कारण अच्छी नहीं है। यहाँ लोगों में रुढ़िवादिता, अन्धविश्वास, जाति-गेद, वर्ग-भेद, छुआछूत, स्त्रियों के प्रति गलत दृष्टिकोण आदि बुराईयाँ विद्यमान हैं। आज भी ऊँची जाति के लोग स्कूलों में नीची जाति के बच्चों के प्रवेश का विरोध करते हैं। स्त्रियों की शिक्षा और स्वतन्त्रता का अब भी कुछ स्थानों पर विरोध होता है। वे लड़कियों को स्कूलों में नहीं भेजते। कुछ लोग अपने धर्म के विश्वास के कारण पृथक् शैक्षिक सुविधाओं की माँग करते हैं। वे शिक्षा के प्रति उदासीन हैं, क्योंकि उसका उन्हें प्रत्यक्ष में कोई लाभ नहीं दीखता। कुछ निम्न जाति के लोग अपने बच्चों को स्कूल भेजने में झिझकते हैं, क्योंकि उनके बच्चों को सामाजिक प्रतिष्ठा नहीं मिलती। हमारे समाज में भाषा-भेद भी पर्याप्त है। अतः भाषा को लेकर अलग-अलग माध्यम के स्कूलों की माँग की जाती है। गाँवों में तो शिक्षा की दशा बड़ी गंभीर है। लड़कियाँ तो शिक्षा से पूर्णतः वंचित रहती हैं। गाँवों में शिक्षक और शिक्षिकाएँ काम करना पसन्द नहीं करतीं। इस प्रकार सामाजिक कठिनाईयाँ शिक्षा विकास में बाधक होती हैं।

आर्थिक कठिनाईयाँ (Financial Difficulties)—राष्ट्रीय आय (National Income) अच्छी और संतोषजनक होने पर देश की आर्थिक स्थिति अच्छी मानी जाती है। भारत में प्रति व्यक्ति आय बहुत कम है इसलिए राष्ट्रीय आय असन्तोषजनक है। इसी कारण धनाभाव बना रहता है और शिक्षा प्रसार के लिए आवश्यक धन की व्यवस्था नहीं हो पाती। पिछली पाँचों पंचवर्षीय योजनाओं में धनाभाव के कारण निर्धारित लक्ष्य पूरा नहीं किया जा सका। भारत में राष्ट्रीय आय का बँटवारा समान नहीं है। यहाँ धनिक और निर्धन के दो वर्ग हैं। निर्धनों का शोषण होता है। आर्थिक

स्थिति अच्छी न होने के कारण भारतीय परिवार अपने बच्चों को स्कूल न भेजकर अर्थोपार्जन के काम में लगा देते हैं। इससे अपव्यय और अवरोधन (Wastage and Stagnation) की समस्या खड़ी हो जाती है। प्राथमिक शिक्षा पर खर्च करने के लिए जो बजट निर्धारित किया जाता है, वह बहुत थोड़ा होता है। 1950 ई॰ में दो प्रतिशत धन इस शिक्षा पर खर्च किया गया। 1980 ई॰ तक भी वही प्रतिशत रहा, परन्तु 1993 में यह प्रतिशत दुगुना कर दिया गया। जब तक अर्थव्यवस्था अच्छी नहीं होगी शिक्षा का प्रसार भली प्रकार नहीं हो सकेगा।

शिक्षा-प्रणाली की कठिनाईयाँ (Difficulties of Educational System)—जनता और बच्चे शिक्षा में तब रुचि लेते हैं जब वह उनकी और क्षेत्र की आवश्यकताओं को पूरा करती हो, उन्हें भावी जीवन के लिए तैयार करती हो, शिक्षा आकर्षक, रोचक और व्यावहारिक हो। भारतीय शिक्षा-प्रणाली में इन सभी गुणों का अभाव है। इसीलिए जनता शिक्षा में रुचि नहीं लेती और बच्चे ऐसी शिक्षा से बचते हैं। वे बच्चों को निरर्थक शिक्षा के लिए स्कूल न भेजकर मजदूरी पर भेज देते हैं या घर के काम में लगा देते हैं।

यदि स्कूलों में उपयोगी बेसिक शिल्पों (Basic Crafts) के माध्यम से शिक्षा दी जाये तो जनता और बालक दोनों शिक्षा मे रुचि लेने लगेंगे, क्योंकि इससे उन्हें रोजगार मिलेगा, उनमें स्वावलम्बन आयेगा और वे अच्छे नागरिक बनेंगे। शिक्षक भी इसी दृष्टिकोण से प्रशिक्षित किए जायें तो शिक्षा-प्रसार में पर्याप्त सहायता मिल सकती है।

शैक्षिक सुधार के लिए समस्याओं का समाधान
(Solutions to the Problems for Educational Reform)

हमारे संविधान में पहली योजना के शुरू होने पर यह बात निर्धारित की गयी थी कि आगामी 10 वर्षों में (दूसरी योजना के अन्त तक) 6 से 14 वर्ष के सभी बालकों और बालिकाओं के लिए प्राथमिक शिक्षा निःशुल्क (Free) तथा अनिवार्य (Compulsory) की जानी चाहिए। फलतः 14 वर्ष की अवस्था (जूनियर माध्यमिक कक्षाओं) तक के बालकों के लिए सभी राज्यों में शिक्षा को अनिवार्य और निःशुल्क बनाने पर बल दिया गया। योजना-आयोग (Planning Commission) ने विविध प्रकार की समस्याओं पर ध्यान देते हुए इस लक्ष्य को अव्यावहारिक समझा और शिक्षा को 11 वर्ष की आयु तक ही अनिवार्य बनाने पर बल दिया। यह भी अनुमान लगाया गया कि यह लक्ष्य 10 वर्षों की अवधि में पूरा नहीं हो सकता। हुआ भी यही कि दूसरी योजना तक निर्धारित लक्ष्य पूरा नहीं हुआ और इसे तीसरी योजना के अंत तक के लिए निर्धारित

कर लिया गया। 6 से 14 वर्ष की आयु तक शिक्षा को अनिवार्य और निःशुल्क बनाने की नीति को चौथी योजना के अन्त तक पूरा करने का निश्चय किया गया।

इस लक्ष्य की पूर्ति में पीछे स्पष्ट की गयी समस्याएँ बाधक बनीं। प्रायः देखा गया कि शिक्षा का स्वरूप (Pattern of Education), अध्ययन के पाठ्यक्रम (Courses of Study), विद्यालय प्रबंध (School Management), वित्तीय व्यवस्था (Financial Arrangement) और प्रशासन (Administration) से सम्बन्धित समस्याओं ने इस लक्ष्य की पूर्ति में बाधा पैदा की। अतः इन्हीं समस्याओं के समाधान पर हमें ध्यान देना होगा।

विद्यालय प्रबंध (School Management) और स्थिति (Location)—यह बात स्पष्ट है कि बढ़ती जनसंख्या की आवश्यकता की पूर्ति के लिए हमें अधिक से अधिक प्राथमिक स्कूल खोलने होंगे, परन्तु यह बात ध्यान में रखनी होगी कि ये स्कूल घनी आबादी में या आबादी के निकट हों जिससे छात्र-छात्राओं को स्कूल आने-जाने में प्राकृतिक बाधाओं (Natural Difficulties) का सामना न करना पड़े। भारत गाँवों का देश है यहाँ लगभग 7 लाख गाँव हैं। इसलिए यह बड़ा कठिन होगा कि प्रत्येक गाँव में एक स्कूल खोल दिया जाये। स्कूल किसी ऐसी बस्ती या गाँव में खोला जाए कि निकट के गाँव वाले बालक भी वहाँ सरलता से आ जा सकें। कहीं-कहीं आबादी इतनी थोड़ी है कि स्कूल के लिए बालक ही नहीं मिलते। अतः वहाँ स्कूल खोलना उचित नहीं होगा। 60 प्रतिशत गाँव तो ऐसे हैं जिनकी आबादी 500 से बहुत कम है। इसलिए नया स्कूल स्थापित करने से पूर्व यह सर्वेक्षण करना होगा कि उसके लिए बालक मिलेंगे भी या नहीं। शहरों में ऐसी समस्या नहीं है। वहाँ भी आबादी की दृष्टि से स्कूलों की स्थापना की जाए।

गाँवों के लोग शिक्षा के प्रति जागरूक नहीं हैं। वे शिक्षा को अनावश्यक समझते हैं और सोचते हैं कि शिक्षा बालकों को व्यवसाय में लगने से रोकती है। कुछ लोग गरीबी के कारण अपने बच्चों को घर के काम में लगा लेते हैं और उन्हें स्कूल नहीं भेजते। काफी लोग यह भी सोचते हैं कि बच्चों को शिक्षा में न लगाकर व्यापार और उद्योग-धंधों में लगाया जाए। इससे बालक भावी जीवन के लिए तैयार हो सकेगा। ऐसी स्थिति में आवश्यक है कि स्कूल की व्यवस्था में इस बात का ध्यान रखा जाए कि वह स्थानीय आवश्यकताओं की पूर्ति करता हो, छात्रों को स्थानीय व्यवसाय सिखाता हो, रोचक शिक्षण हो, ताकि बालक और अभिभावक दोनों उसे महत्वपूर्ण मानें। लोगों को बताया जाए कि उनके बालक पढ़ायी में लगे रहकर भी उनका व्यवसाय सीख सकते हैं। शिक्षा अधिकारी और अध्यापक गाँव के लोगों के साथ घनिष्ठ सम्पर्क बनाये रखें और उन्हें शिक्षा के महत्व का बोध करायें।

सभी प्राथमिक स्कूलों में स्थानीय परम्पराओं (Traditions) को पर्याप्त महत्व दिया जाये। कहीं-कहीं लोगों में भाषा, धर्म, जाति और परम्पराओं का भेद हो सकता

है। सभी को इन बातों से भारी लगाव होता है। ऐसी दशा में स्कूल की व्यवस्था इस प्रकार हो कि वे यह अनुभव करें कि स्कूल उन्हीं का है और उनकी प्रतिष्ठा का सम्मान किया जाता है। प्राथमिक स्कूलों में लड़के-लड़कियाँ साथ-साथ पढ़ सकते हैं, इसलिए इनके स्कूल अलग-अलग रखने की आवश्यकता नहीं है। यदि कुछ जाति या धर्म के लोग अपने लिए स्कूल खोलना चाहें तो इसमें कोई हानि नहीं। स्कूल खोलने की प्राथमिकता पिछड़े क्षेत्रों, औद्योगिक क्षेत्रों और आदिवासी क्षेत्रों को मिलनी चाहिए। बहुतसी स्वैच्छिक संस्थाएँ और सरकार अब इन क्षेत्रों में स्कूल स्थापित करने के प्रयत्न में हैं। पहली दो योजनाओं में भी यहाँ स्कूल खोले गये।

अध्यापक (Teachers)—स्कूल स्थापित करते समय सबसे बड़ी आवश्यकता कुशल, प्रशिक्षित और योग्य अध्यापकों की होती है। गाँवों में या दूर के स्थानों पर अध्यापक नहीं रहना चाहते। ऐसी दशा में स्कूल कैसे चलें? हम अनिवार्य शिक्षा योजना की आवश्यकता के अनुसार प्रशिक्षित अध्यापकों की आवश्यकता पूरी नहीं कर सकते। प्रायः अध्यापकों के अभाव में एकल अध्यापक स्कूल (Single-Teacher School) स्थापित किये जाते हैं। इनमें अकेला अध्यापक सभी विषयों को समान योग्यता से नहीं पढ़ा पाता। यदि छात्रों की संख्या अधिक हो तो यह समस्या और भी जटिल हो जाती है।

अध्यापकों को ग्रामीण और अन्दरूनी बस्तियों की ओर आकर्षित करने के प्रयत्न करने होंगे। शिक्षकों को आवास-सम्बन्धी अच्छी सुविधाएँ मिलें, उन्हें अतिरिक्त महँगाई भत्ता मिले। उन्हें उनके घर के निकट ही नियुक्त किया जाए। ऐसा अनुमान है कि लगभग 60 लाख अध्यापकों की आवश्यकता होगी। इस समय केवल 20 लाख अध्यापक ही काम में लगे हैं। इतनी बड़ी कमी को कैसे पूरा किया जाये? इसके लिए आवश्यक है कि प्रशिक्षण की सुविधाओं का विस्तार किया जाए। केवल इण्टरमीडिएट उत्तीर्ण युवकों और युवतियों को पढ़ाने के काम पर लगाया जाए और अल्पकालीन प्रशिक्षण द्वारा उन्हें धीरे-धीरे प्रशिक्षित किया जाए। सेवाकालीन प्रशिक्षण (In Service Training) की व्यवस्था का विस्तार हो। एकल अध्यापक स्कूल (Single Teacher-School) को बहु-अध्यापक स्कूल (Multi-Teacher School) में बदला जाए। इससे बेरोजगार युवक और युवतियाँ काम में भी लग जायेंगे। यदि छात्रों की संख्या अधिक हो तो कक्षा को विभागों (Sections) में बाँटा जाए और प्रत्येक विभाग की दर से अध्यापकों को नियुक्त किया जाए। ऐसी स्थिति में एक अध्यापक एक कक्षा को पढ़ाने के लिए नियुक्त हो सकता है। विकसित देशों में ऐसी ही व्यवस्था की गयी। ऐसी स्थिति में अध्यापक अधिक उत्तरदायित्व से काम करेगा। अध्यापक विषयानुसार भी नियुक्त किये जा सकते हैं। इससे विषय-अध्यापक अपने विषय के शिक्षण का उत्तरदायित्व लेगा।

अध्ययन पाठ्यक्रम (Courses of Study)—प्राथमिक स्कूलों का कर्तव्य है कि वे स्थानीय लोगों की आवश्यकताओं की पूर्ति के लिए कक्षा दें। इसलिए स्कूलों का पाठ्यक्रम इन आवश्यकताओं की पूर्ति के अनुसार बनाया जाए। पहले पता लगाया जाए कि स्थानीय आवश्यकताएँ क्या हैं? उन्हें पूरा करने के लिए बेसिक शिक्षा में प्रचलित कौन से शिल्प-कार्य उपयोगी हो सकते हैं? इनके लिए शिक्षक कैसे प्राप्त हो सकते हैं? इनके लिए उपयुक्त सामग्री और साहित्य कैसे मिल सकता है? तब स्कूल का पाठ्यक्रम बनाया जाए। सरकार भी बेसिक शिक्षा को प्राथमिक स्तर पर लागू करने के प्रयत्न में है, परन्तु सबसे बड़ी कमी यह है कि बेसिक शिक्षा आगे तक नहीं चलायी जाती। उसे केवल प्राथमिक स्तर तक ही चलाया जाता है। इससे बालक सीखे हुए बेसिक शिल्प का आगे कोई लाभ नहीं उठा पाता। बच्चों को स्वास्थ्य और योग्य नागरिकता के गुणों को ग्रहण करने के लिए उपयोगी कार्यक्रमों का समावेश पाठ्यक्रम में करके अच्छे अवसर दिये जायें।

गाँव और शहर की स्थानीय आवश्यकताओं में अन्तर होता है। इस अन्तर को ध्यान में रखते हुए प्राथमिक स्कूलों के पाठ्यक्रम निर्धारित किये जायें। शहरों में बच्चों को बहुत से औद्योगिक शिल्प और गाँवों में कृषि, बागवानी, मधुमक्खी पालन, डेयरी आदि के शिल्प सिखाये जा सकते हैं। शेष विषय जैसे मातृभाषा, सामाजिक अध्ययन, गणित, कला, संगीत, विज्ञान आदि को सामान्य रूप से दोनों क्षेत्रों के पाठ्यक्रम में रखा जा सकता है। बेसिक शिक्षा योजना बहुत ही महँगी है। इसे पूरा करने के लिये पर्याप्त आर्थिक सहायता की आवश्यकता है। राज्य और केन्द्र की सरकारें इस योजना के लिये पर्याप्त धन दें, तभी इस प्रकार के पाठ्यक्रम स्कूलों में लगाये जा सकते हैं। अलग-अलग क्षेत्रों में बालकों का शिल्प-कार्यों में मार्ग-प्रदर्शन करने के लिए निदेशकों (Guides) की भी आवश्यकता है जो सम्बन्धित क्षेत्रों में मिल सकते हैं।

भवन (Building)—प्राथमिक स्कूलों के लिए भवनों की भी कमी है। प्राथमिक स्कूलों के भवन खुले, स्वच्छ और स्वास्थ्यप्रद वातावरण में निर्मित होने चाहिए। इनके पास खुले मैदान हों जहाँ बालक भली प्रकार खेल सकें और व्यायाम कर सकें। इनके पास साधारण कर्मशालाएँ (Workshop) भी हों जहाँ वे स्थानीय शिल्प सीख सकें, परन्तु ऐसे भवन तैयार करना भारी खर्चे का काम है। ऐसी व्यवस्था के अभाव में हमें अपनी शिक्षा योजना को रोकना नहीं है। हम स्कूल सार्वजनिक स्थलों पर, धर्मशालाओं में, मन्दिरों में, पार्कों में और शिविरों में लगा सकते हैं। गाँव पंचायतों के भवन भी इनके लिये उपयोगी हो सकते हैं।

राष्ट्रीय और स्थानीय व्यवस्थाएँ (National and Local Arrangements)—अनिवार्य और निःशुल्क प्राथमिक शिक्षा की योजना तभी सफल हो सकती है जब सरकार और जनता दोनों इसके विकास में योगदान दें। केन्द्रीय एवं प्रादेशिक

सरकारें बिना जन-सहयोग के अभी तक इस लक्ष्य की पूर्ति में सफल नहीं हो सकी हैं। इस असफलता का पहला कारण तो यह है कि सरकारी-तन्त्र में ही सहयोग (Co-ordination) नहीं है। कई विभाग शिक्षा विभाग को या शिक्षा विभाग के उप-विभाग आपस में सहयोग नहीं करते। दूसरा कारण है जन-सहयोग का अभाव। यदि कहीं जन-सहयोग मिला भी है तो उसकी अवहेलना हुई है। अतः सरकार अपने सहयोग के साथ-साथ जन-सहयोग भी प्राप्त करे और प्रचलित दोषों को दूर करते हुए उपयोगी शिक्षा योजना बनाये। अनिवार्य शिक्षा के नियमों में स्थानीय आवश्यकताओं के अनुसार परिवर्तन करने की आवश्यकता है। शिक्षा के अधिकारी अध्यापकों और जनता के साथ अच्छा और घनिष्ठ सम्पर्क नहीं रखते जबकि इसकी भारी आवश्यकता है। यह सम्पर्क शासक और शासित का न होकर सहयोगी और सेवक का होना चाहिए। अब तक के शिक्षा अधिकारियों का शिक्षकों और जनता के प्रति व्यवहार शंका की दृष्टि से देखा गया है। शिक्षा अधिकारी अपने व्यवहार के प्रति सतर्क रहें। वे स्थानीय आवश्यकताओं की पूर्ति के लिये शिक्षा की व्यवस्था करने में शिक्षकों और जनता का सहयोग लें।

जन-सहयोग के बिना प्राथमिक शिक्षा का प्रसार और विकास भली प्रकार नहीं हो सकता। इस सहयोग से जनता में शिक्षा के प्रति रुचि तो पैदा होती ही है,जनता शिक्षा-सुविधाएँ जुटाने में भी योगदान देने लगती है। अब तक शिक्षा सुविधाओं का विस्तार जनता द्वारा ही अधिक हुआ है। लोगों ने स्कूलों को भवन दिये हैं, भूमि दी है, धन दिया है और सहयोग दिया है। शिक्षक भी जनता के साथ मधुर सम्बन्ध स्थापित करें। इससे भी जनता में शिक्षा के प्रति रुचि पैदा होती है। जब स्थानीय जनता यह समझ जाती है कि स्कूल की स्थापना उनकी भलाई के लिये हुई है, तो वह उसके लिए सब कुछ करने को तैयार हो जाती है। इसलिये शिक्षक इन स्कूलों को सामुदायिक विकास का केन्द्र बनायें। जनता को अधिक से अधिक लाभ पहुँचायें। तभी जनता समझ सकेगी कि स्कूल उनके लिए है और वे स्कूल के लिए हैं।

अनुसंधान कार्य (Research Work)—प्राथमिक शिक्षा को अधिक से अधिक उपयोगी और लाभदायक बनाने के लिए आवश्यक है कि इससे सम्बन्धित स्वरूप, पाठ्यक्रम, अनुशासन, साहित्य, आवश्यक प्रशिक्षण, भवन-निर्माण, स्वास्थ्य-निरीक्षण आदि के सम्बन्ध में अनुसंधान कार्य हों। ये कार्य विश्वविद्यालयों, प्रशिक्षण कॉलेजों और एन॰ सी॰ ई॰ आर॰ टी॰ में भली प्रकार किये जा सकते हैं। केन्द्र सरकार और राज्य सरकार इस व्यवस्था के लिये सम्बन्धित संस्थाओं को आर्थिक सहयोग दें। वे इसके लिये आवश्यक समितियों का गठन करें और शोध संस्थाओं की स्थापना करें

अनिवार्य प्राथमिक शिक्षा अभियान से भावी नागरिकों को निरक्षरता से बचाया जा सकता है और देश की प्रौढ़ शिक्षा समस्याओं को हल किया जा सकता है। इस शिक्षा के प्रसार के लिए हम अन्य देशों के उदाहरण अपने सामने रख सकते हैं।

उन पर विचार करते हुए उनके उपायों को भारतीय आवश्यकताओं के अनुकूल ढाल कर काम में ला सकते हैं।

सारांश

ब्रिटिश सरकार द्वारा प्राथमिक शिक्षा के विकास पर ध्यान नहीं दिया गया। स्वतन्त्रता प्राप्ति के बाद से विकास पर ध्यान। पंचवर्षीय योजनाओं में बल। 1950-52 तक 42 प्रतिशत और 1933 तक 70 प्रतिशत बालकों के लिये शिक्षा-सुविधाएँ। 6 से 14 वर्ष के बालकों के लिये अनिवार्य प्राथमिक शिक्षा ।

प्राथमिक शिक्षा समस्याएँ

प्राकृतिक कठिनाईयाँ—दूरवर्ती स्कूलों में आने-जाने में प्राकृतिक बाधाएँ। यातायात की समस्याएँ। छात्रों को थकान। पहाड़, वन, नदी, मरुस्थल बाधाएँ।

राजनीतिक कठिनाईयाँ—जिला परिषदें, नगर पालिकाएँ आदि धनाभाव में, सरकारी सहयोग के अभाव में शिक्षा प्रसार में असफल। बेसिक शिक्षा पद्धति धनाभाव से ग्रस्त। सरकारी और जनता के प्रयत्नों और सहयोग की आवश्यकता।

सामाजिक कठिनाईयाँ—धर्म, जाति, वर्ग, भाषा, लिंग भेद के कारण शिक्षा प्रगति में बाधा। पिछड़े वर्गों के लिए अब तक सुविधाओं का अभाव।

आर्थिक कठिनाईयाँ—धनाभाव अधिक। योजना में शिक्षा पर कम व्यय। अपव्यय, अवरोध अधिक। निर्धनता के कारण बच्चे घरेलू कामों में व्यस्त।

शिक्षा प्रणाली की कठिनाईयाँ—शिक्षा स्थानीय आवश्यकताओं की पूर्ति नहीं करती। जनता में इसी कारण शिक्षा अरुचि। इसे बेसिक शिक्षा द्वारा रोचक और उपयोगी बनाना आवश्यक।

शैक्षिक सुधार के लिए समस्याओं का समाधान

पहले 6 से 11 वर्ष के बच्चों के लिए; चौथी योजना तक 6 से 14 वर्ष के बच्चों के लिए अनिवार्य शिक्षा की व्यवस्था। अभी तक सफलता नहीं।

विद्यालय-प्रबन्ध और स्थिति—विद्यालय कुछ गाँवों में इस प्रकार खुलें जो सभी गाँवों की स्थानीय आवश्यकताओं को पूरा करें और आवागमन में प्राकृतिक बाधाएँ न आयें। गाँव में शिक्षा के प्रति रुचि कम। उसके विकास के लिए बेसिक शिल्प की व्यवस्था हो। स्थानीय परम्पराओं पर ध्यान, पिछड़े वर्ग की शिक्षा पर ध्यान देना आवश्यक।

अध्यापक—अधिक अध्यापकों के प्रशिक्षण की व्यवस्था आवश्यक। सेवाकालीन प्रशिक्षण आवश्यक। बेसिक शिक्षा देने वाले अध्यापकों की तैयारी आवश्यक। गाँव में काम करने वाले अध्यापकों को अधिक सुविधाएँ मिलें।

अध्ययन पाठ्यक्रम—क्षेत्रीय और स्थानीय आवश्यकताओं के अनुकूल शिक्षा की व्यवस्था। ग्रामीण और शहरी स्कूलों के पाठ्यक्रम में भेद/उद्योग और बेसिक शिक्षा को अन्य सामान्य पाठ्यक्रम के साथ मान्यता। सरकार व जनता के बीच सहयोग की आवश्यकता।

भवन—सार्वजनिक स्थान, शिविर, धर्मशाला, व्यक्तिगत भवन, पंचायत भवन में स्कूल चल सकता है। भवन निर्माण के लिए अधिक सुविधाएँ दी जायें। भवन का स्वास्थ्यप्रद और आकर्षक होना आवश्यक।

राष्ट्रीय और स्थानीय व्यवस्थाएँ—राष्ट्रीय स्तर पर निर्धारित नीति के अनुकूल सरकारों और जनता में सहयोग आवश्यक। शिक्षकों, शिक्षा अधिकारियों और जनता में घनिष्ठ सम्पर्क आवश्यक जिससे जनता स्कूलों को अपने कल्याण की संस्था समझे। तभी वे शिक्षा में रुचि लेंगे।

अनुसंधान कार्य—प्राथमिक शिक्षा की समस्याओं को ध्यान में रखते हुए उपयुक्त अनुसंधान कार्य पर बल देना आवश्यक। सरकार ऐसी शोध संस्थाओं को सहायता दे। विश्वविद्यालय, एन॰ सी॰ ई॰ आर॰ टी॰, प्रशिक्षण कॉलेज शोध कार्य के लिए उपयुक्त स्थान।

अभ्यासार्थ प्रश्न

1. भारत में प्राथमिक शिक्षा के विकास की स्थिति का वर्णन कीजिए। इस समय इस शिक्षा की क्या स्थिति है?
2. प्राथमिक शिक्षा-क्षेत्र में भारत को कौन-कौन सी समस्याओं का सामना करना पड़ रहा है?
3. प्राथमिक शिक्षा को अनिवार्य बनाने की प्रक्रिया में आने वाली सभी बाधाओं को ध्यान में रखते हुए उनके समाधान दीजिए। प्राथमिक शिक्षा में सुधार कैसे लाया जा सकता है?

अध्याय 37

भारत में माध्यमिक शिक्षा
[Secondary Education in India]

माध्यमिक शिक्षा का वर्तमान स्वरूप
(Present Form of Secondary Education)

माध्यमिक शिक्षा, प्राथमिक शिक्षा और उच्च शिक्षा के मध्य की कड़ी है। स्वतन्त्रता प्राप्ति से पूर्व माध्यमिक शिक्षा का स्वरूप स्पष्ट और समान नहीं था। यहाँ माध्यमिक शिक्षा कई विभागों में बँटी थी। जैसे वर्नाक्यूलर (Vernacular), मिडिल, मैट्रिक्युलेशन, एण्ट्रैंस, हाई स्कूल और इण्टरमीडिएट आदि। सभी देशों में प्रायः तीन ही प्रकार के शिक्षा-स्तर मिलते हैं—(1) प्राथमिक शिक्षा-स्तर, (2) माध्यमिक शिक्षा-स्तर (3) उच्च शिक्षा-स्तर। इनके स्वरूप सभी देशों में भिन्न हैं। कहीं-कहीं प्राथमिक शिक्षा आठवीं कक्षा पर समाप्त होती है तो उच्च शिक्षा कक्षा 12 या 13 से प्रारम्भ हो जाती है। कहीं कक्षा 9 से कक्षा 11 या 12 तक की 3-4-वर्षीय शिक्षा माध्यमिक शिक्षा कहलाती है।

ब्रिटिश शासन में शिक्षा विकास की अवहेलना की गयी। इसके लिए भारतीय जनता को पर्याप्त संघर्ष करना पड़ा। स्वतन्त्रता से पूर्व भारत में प्राथमिक कक्षाएँ कक्षा 8 तक (चार-वर्षीय) थीं; उच्च शिक्षा 13वीं कक्षा से प्रारम्भ होती थी। इस प्रकार कक्षा 5 से कक्षा 12 तक 8-वर्षीय शिक्षा माध्यमिक शिक्षा कहलाती थी। बाद में प्राथमिक शिक्षा 5-वर्षीय कर दी गयी और माध्यमिक शिक्षा कक्षा 6 से प्रारम्भ की गयी। इस माध्यमिक शिक्षा को भी तीन भागों में बाँटा गया—

1. जूनियर सेकेण्डरी (निम्न माध्यमिक)-कक्षा 6, 7 तथा 8 तक।
2. माध्यमिक (सेकेण्डरी) या हाई स्कूल—कक्षा 9 से 10 तक।
3. इण्टरमीडिएट—कक्षा 11 से 12 तक।

कक्षा 12 को कुछ विश्वविद्यालयों ने अपने पाठ्यक्रम में समाविष्ट किया और माध्यमिक शिक्षा केवल कक्षा 6 से 11वीं कक्षा तक रह गयी। माध्यमिक शिक्षा अब कक्षा 9 से 11 तक चलने लगी। इसे उच्चतर माध्यमिक (Higher Secondary) नाम दिया गया। अब भारत में इण्टरमीडिएट और उच्चतर माध्यमिक (Higher Secondary) दोनों प्रकार की व्यवस्थाएँ चल रही हैं। जहाँ उच्चतर माध्यमिक कक्षाएँ चलती हैं वहाँ स्नातक पाठ्यक्रम 3-वर्षीय है और जहाँ इण्टरमीडिएट कक्षाएँ प्रचलित हैं वहाँ भी स्नातक पाठ्यक्रम 3-वर्षीय कर दिया गया है। यहाँ हम भारतीय माध्यमिक शिक्षा के स्वरूप का अध्ययन करेंगे।

माध्यमिक शिक्षा के लक्ष्य (Objectives of Secondary Education)

अनिवार्य शिक्षा के विकास के साथ-साथ माध्यमिक शिक्षा का विकास भी हो रहा है। प्राथमिक शिक्षा प्राप्त करने के बाद बालक माध्यमिक स्कूलों में प्रवेश लेते हैं। अब माध्यमिक शिक्षा-स्तर पर 20वीं शताब्दी के आरम्भ की अपेक्षा 40 गुना छात्र अधिक हैं। इस समय माध्यमिक शिक्षा का लक्ष्य माध्यमिक शिक्षा का गुणात्मक (Qualitative) और परिमाणात्मक (Quantitative) दोनों प्रकार का विकास करना है। जैसे-जैसे प्राथमिक स्कूलों में छात्र-संख्या बढ़ेगी प्रचलित माध्यमिक स्कूल इन छात्रों को अपने यहाँ प्रवेश नहीं दे पायेंगे। फलतः नये माध्यमिक स्कूलों की स्थापना करनी होगी।

विकसित देशों में माध्यमिक शिक्षा को स्वावलम्बी (Self-dependent) बनाया गया है। माध्यमिक स्तर पर ही बच्चों को व्यावसायिक शिक्षा (Vocational Education) दे दी जाती है जिससे वे बेरोज़गारी की समस्या का सामना न करें, उच्च शिक्षा संस्थाओं में प्रवेश की भीड़ न लगायें और आत्म निर्भर बन जायें। भारत में अभी ऐसा नहीं हो सका है। हमारे देश में माध्यमिक शिक्षा स्वावलम्बन से दूर है, व्यावसायिक प्रशिक्षण देने में अक्षम है। यही कारण है कि माध्यमिक शिक्षा पाने के बाद युवक और युवतियाँ बेरोजगारों की क़तार में खड़े हो जाते हैं या फिर विश्वविद्यालयों और कॉलेजों में प्रवेश के लिए भीड़ लगाते हैं। ये दोनों ही स्थितियाँ राष्ट्र के लिए घातक हैं। हमारी माध्यमिक शिक्षा का उद्देश्य छात्र-छात्राओं को स्वावलम्बन की शिक्षा देना होना चाहिए।

माध्यमिक शिक्षा का लक्ष्य बालकों और बालिकाओं को योग्य नागरिक बनाना और उच्च शिक्षा के लिए तैयार करना है। हमें ऐसे नागरिक चाहिए जो चरित्रवान, स्वावलम्बी, लोकतन्त्रात्मक प्रणाली में विश्वास रखने वाले हों और राष्ट्रीय समृद्धि में योग देने वाले सिद्ध हों।

माध्यमिक शिक्षा का संगठन
(Organisation of Secondary Education)

राष्ट्र और स्थानीय समाज की आवश्यकताओं की पूर्ति के लिए और उपर्युक्त लक्ष्यों की पूर्ति के लिए माध्यमिक शिक्षा का संगठन किया जाना आवश्यक है। शिक्षाशास्त्रियों ने इसके लिये बेसिक प्रणाली को अधिक उपयुक्त स्वीकार किया है। उनके अनुसार माध्यमिक शिक्षा को बेसिक शिक्षा प्रणाली के अनुसार निम्न माध्यमिक (Junior Secondary) तथा उच्चतर माध्यमिक (Higher Secondary) दो भागों में विभक्त किया जाना चाहिए। कक्षा 6 से 12 तक की शिक्षा को 3-वर्षीय निम्न माध्यमिक और 4-वर्षीय उच्चतर माध्यमिक कक्षाओं में विभक्त किया गया। बाद में माध्यमिक शिक्षा आयोग ने इण्टरमीडिएट प्रणाली के स्थान पर उच्चतर माध्यमिक प्रणाली लागू करने पर बल दिया। इसके अनुसार कक्षा 12 को डिग्री कक्षाओं के साथ जोड़ दिया गया और 11वीं कक्षा तक की माध्यमिक शिक्षा स्वीकार की गयी। इस प्रकार भारत में इण्टरमीडिएट और हायर सेकेण्डरी (कक्षा 12 तक) दो प्रकार की शिक्षा व्यवस्थाएँ प्रचलित हैं। इसी स्वरूप में बेसिक शिक्षा पद्धति अपनायी जाएगी। जब तक पृथक् बेसिक माध्यमिक स्कूल स्थापित नहीं होते, तब तक बेसिक प्रणाली से पढ़े बालक सामान्य शिक्षा के माध्यमिक स्कूलों में ही प्रवेश लेंगे। माध्यमिक शिक्षा पूरी करने पर वे 3-वर्षीय डिग्री कोर्स में प्रवेश लेंगे। इसके लिए आवश्यक है कि बेसिक शिक्षा प्रणाली प्राथमिक स्तर से लेकर उच्च शिक्षा स्तर तक लागू की जाए। माध्यमिक स्तर पर इसे इतना सशक्त बनाया जाए कि छात्र इसे पाकर बेरोजगार न रहे और अर्थोपार्जन में लग जाए।

मुदालियर आयोग 1953 तथा आचार्य नरेन्द्र देव समिति (उत्तर प्रदेश) 1953 ने हायर सेकेण्डरी प्रणाली की संस्तुति की और देश में 11वीं कक्षा के हायर सेकेण्डरी स्कूल स्थापित हुए। इस परिवर्तन में सरकार को शिक्षा पर पर्याप्त खर्च करना पड़ा। सभी राज्यों ने इसे स्वीकार भी नहीं किया। उत्तर प्रदेश जैसे राज्य में आज भी इण्टरमीडिएट प्रणाली प्रचलित है और तीन-वर्षीय डिग्री पाठ्यक्रम प्रचलित है। कोठारी आयोग 1964 ई॰ ने शिक्षा के संगठन में परिवर्तन लाने के लिए 10+2+3 प्रणाली की संस्तुति की थी। 10-वर्षीय शिक्षा अनिवार्य विषयों के साथ सामान्य रूप से मिलेगी, 2-वर्षीय इण्टरमीडिएट शिक्षा प्रणाली होगी जिसमें छात्रों को व्यावसायिक प्रशिक्षण (बेसिक शिल्पों सहित) प्राप्त होगा और बाद में तीन-वर्षीय डिग्री पाठ्यक्रम होगा।

विशिष्ट संस्थाओं का संगठन (Organisation of Special Institutions)— प्रचलित माध्यमिक स्कूलों को बेसिक प्रणाली की संस्थाओं में बदलने के लिए या

इन्हें व्यावसायिक पाठ्यक्रम से सुसज्जित करने के लिए भारी कठिनाईयों का सामना करना पड़ेगा। मुदालियर आयोग 1952-53 ई० की सिफारिशों के अनुसार केन्द्रीय सरकार ने प्रचलित इण्टरमीडिएट कॉलेजों को हायर सेकेण्डरी स्कूलों में बदलने, उन्हें बहुउद्देशीय (Multipurpose) बनाने की योजना बनायी। इसमें सरकार को बहुत अधिक खर्च करना पड़ा। सरकार ने राज्यों को इस परिवर्तन के लिए अनुदान भी दिया, परन्तु लक्ष्य की पूर्ति नहीं हो सकी। गाँवों में कृषि और ग्रामीण विकास की शिक्षा देने वाली माध्यमिक संस्थाओं की स्थापना पर बल दिया गया। सरकार और आयोग दोनों ने पृथक् से बहुउद्देशीय विद्यालय (Multipurpose Schools) खोलने की व्यवस्था पर बल दिया।

इन बहुउद्देशीय विद्यालयों की स्थापना में आर्थिक कठिनाईयाँ आयीं। सबसे बड़ी कठिनाई प्रशिक्षित अध्यापकों के अभाव की रही। ये स्कूल विशिष्ट प्रकार की शिक्षा संस्थानों का स्थान नहीं ले सके, क्योंकि इनमें भी सामान्य शिक्षा पर अधिक बल दिया गया। विविध व्यवसायों के प्रशिक्षण के लिए प्रयोगशालाओं और कर्मशालाओं (Workshops) की स्थापना धनाभाव के कारण नहीं हो सकी। छात्रों ने भी इसमें रुचि नहीं ली और इनकी सफलता संदिग्ध हो गयी। फलतः आवश्यकता अनुभव हुई कि एक ही व्यवसाय में प्रशिक्षण देने वाले विशिष्ट माध्यमिक स्कूल स्थापित किए जाएं। इनकी स्थापना बहु-उद्देशीय विद्यालयों की अपेक्षा सरल थी। ये स्कूल विशिष्ट शिक्षा संस्थाएँ (Special Educational Institutions) कहलाये। इन स्कूलों (संस्थाओं) में केवल एक प्रकार के विषय की ही विशिष्ट शिक्षा दी जा सकती है जैसे कृषि, वाणिज्य, इन्जीनिरिंग, कला, संगीत, साहित्य आदि।

भारत गाँवों का देश है। यहाँ कृषि और सम्बन्धित व्यवसायों का प्रशिक्षण देने के लिए उपयुक्त संस्थाओं की आवश्यकता है। गाँवों के स्कूलों में ग्रामीण महत्व के विषय बिल्कुल नहीं पढ़ाये जाते। इस प्रकार स्कूल गाँवों के लिए उपयोगी सिद्ध नहीं होते। पहली पंचवर्षीय योजना में केवल 84 संस्थाएँ खुलीं जो कृषि, बागवानी, पशु-चिकित्सा, घरेलू उद्योग-धंधों से सम्बन्धित विषयों का प्रशिक्षण देती हैं। यदि गाँवों के जूनियर हाई स्कूलों में ऐसे विषयों का व्यावहारिक ज्ञान दिया जाए तो गाँव वालों को इनसे बहुत लाभ हो सकता है। यह अच्छी बात है कि केन्द्रीय सरकार ने कृषि अनुसंधान की संस्थाएँ खोलकर कृषि क्षेत्र में हरित क्रान्ति पैदा की है। कृषि विश्वविद्यालय और कृषि शिक्षा संस्थाएँ खोली हैं।

बहुउद्देशीय विद्यालयों का संगठन (Organisation of Multipurpose Schools)—मुदालियर आयोग ने यह सुझाव दिया था कि देश में बहु-उद्देशीय विद्यालयों की स्थापना की जाए। इस सुझाव के फलस्वरूप देश में बहु-उद्देशीय विद्यालयों की स्थापना की गयी। पहली पंचवर्षीय योजना में इनके लिए उपयुक्त

सुविधाओं की व्यवस्था नहीं की जा सकी। दूसरी पंचवर्षीय योजना में भी इनकी व्यवस्था में कर्मशालाओं (Workshops), प्रयोगशालाओं (Laboratories), कृषि क्षेत्र (Agricultural Land), समृद्ध पुस्तकालय और आवश्यक भवनों से सम्बन्धित कठिनाईयाँ सामने आयीं। अब 10वीं पंचवर्षीय योजना चल रही है, परन्तु धनाभाव के कारण इन साधनों और सुविधाओं की व्यवस्था नहीं हो पा रही है। व्यवसायों और उद्योगों के प्रशिक्षण के लिए प्रशिक्षित और योग्य अध्यापकों का अभाव बना रहा। आज भी व्यावसायिक और तकनीकी शिक्षा देने वाले अध्यापकों का अभाव है। विषयानुसार अलग-अलग विभागों (Sections) की स्थापना करना स्वयं में एक जटिल समस्या है। इन स्कूलों के लिए छात्रों की संख्या बढ़ाना आवश्यक है। यदि छात्रों में इन स्कूलों के प्रति रुचि पैदा न की गयी तो छात्र भी इस ओर आकर्षित नहीं होंगे। छात्र सामान्य शिक्षा में ही अधिक रुचि लेते हैं। सरकार के पास धनाभाव है जिसके कारण बहुत-उद्देशीय स्कूलों में पृथक्-पृथक् उद्योगों और व्यवसायों के प्रशिक्षण की व्यवस्था नहीं की जा सकती। यदि स्थानीय उद्योगों, व्यावसायिक संस्थाओं के साथ इन संस्थाओं का सहयोग स्थापित किया जाए, कोठारी आयोग के सुझावानुसार सैण्डविच पाठ्यक्रम की व्यवस्था की जाए तो इस समस्या को बहुत सीमा तक हल किया जा सकता है।

देश के नवयुवकों को स्वावलम्बी बनाने और उन्हें रोजगार में लगाने की दृष्टि से बहु-उद्देशीय विद्यालय महत्वपूर्ण संस्थाएँ हैं। ये संस्थाएँ छात्रों की व्यावसायिक कुशलता बढ़ाने के साथ-साथ उनका मानसिक और बौद्धिक विकास भी करती हैं। इनसे छात्रों में श्रम के प्रति उचित दृष्टिकोण पैदा होता है। सामाजिक विकास की दृष्टि से भी ये संस्थाएँ उपयुक्त हैं, क्योंकि छात्र सहयोग और सहकारिता के आधार पर सामूहिक कार्य भी करते हैं। इनमें धर्म-भेद, जाति-भेद और वर्ग-भेद की दुर्भावनाएँ भी नहीं पनपतीं। सभी समान सामाजिक स्तर पर जीवन व्यतीत करने का प्रशिक्षण प्राप्त करते हैं। इसलिये सरकार और जनता दोनों मिलकर इन संस्थाओं के विकास पर ध्यान दें।

उच्चतर माध्यमिक विद्यालयों (Higher Secondary Schools) का गठन—केन्द्रीय सरकार ने इण्टरमीडिएट प्रणाली के स्थान पर 11वीं कक्षा तक माध्यमिक कक्षाएँ और 12 से 14 वर्ष तक की 3-वर्षीय डिग्री कक्षाएँ स्वीकार कीं। इस प्रकार 3-वर्षीय माध्यमिक (कक्षा 9 से 11 तक) और 3-वर्षीय डिग्री पाठ्यक्रम की प्रणाली में चलने वाले माध्यमिक स्कूल उच्चतर माध्यमिक स्कूल (Higher Secondary Schools) कहलाये।

माध्यमिक स्कूलों का पाठ्यक्रम
(Courses of Study in Secondary Schools)

हमारे देश में स्थानीय संस्कृति और आवश्यकताओं की विविधता है, जिसके फलस्वरूप देश के सभी विद्यालयों में समान पाठ्यक्रम निर्धारित नहीं किया जा सकता। वास्तव में माध्यमिक स्कूलों का पाठ्यक्रम स्वयं में पूर्ण होना चाहिए और स्थानीय समाज की आवश्यकताओं को पूरा करने वाला होना चाहिए। सरकार फिर भी सभी राज्यों की सहायता और राय से एक सामान्य पाठ्यक्रम (Common Courses of Study) तैयार करने पर विचार कर रही है। अखिल भारतीय माध्यमिक शिक्षा परिषद् ने अपने अधिवेशन में सुझाव दिया था कि कुछ विषयों और क्रियाओं का सभी राज्यों में समान पाठ्यक्रम दिया जाना चाहिए। राष्ट्र और राज्यों की आवश्यकताओं को ध्यान में रखते हुए माध्यमिक स्कूलों के पाठ्यक्रम कई भागों (Sections) में विभाजित किये जा सकते हैं।

पहली अनिवार्यता राष्ट्रीय भाषा (National Language) के शिक्षण की है, परन्तु राष्ट्रीय भाषा हिन्दी के विपक्ष में कुछ अहिन्दी राज्य यह कह सकते हैं कि हमारे ऊपर हिन्दी को लादा जा रहा है और अल्पसंख्यक लोगों की भाषाओं का तिरस्कार किया जा रहा है। अब अंग्रेजी भाषा अन्तर्राष्ट्रीय सम्पर्क की भाषा बन गई है और उच्च शिक्षा के ग्रहण करने में सहायक है। अतः कुछ लोग अंग्रेजी भाषा के शिक्षण को भी अनिवार्य समझते हैं। कुछ लोग संस्कृत भाषा का शिक्षण अनिवार्य मानते हैं और अपनी मातृभाषा या क्षेत्रीय भाषा (Regional Language) को भी शिक्षा का माध्यम स्वीकार करते हुए उसके साहित्य का अध्ययन करना आवश्यक मानते हैं। इसलिए माध्यमिक स्कूलों में त्रिभाषा-सूत्र (Three-Language Formula) अपनाना उचित होगा। इसके अनुसार–

1. राष्ट्रीय भाषा हिन्दी (यदि मातृभाषा हिन्दी नहीं है)।
2. क्षेत्रीय भाषा (यदि मातृभाषा हिन्दी है तो कोई एक भारतीय भाषा)।
3. अंग्रेजी या कोई समृद्ध विदेशी भाषा या संस्कृत।

संस्कृत की अनिवार्यता को ध्यान में रखते हुए आवश्यक है कि इसे या तो राष्ट्रीय भाषा हिन्दी के साथ सह-भाषा के रूप में या मातृभाषा के साथ पढ़ाया जाए। राज्य और स्थान विशेष की आवश्यकताओं को ध्यान में रखते हुए इन तीन भाषाओं में सामयिक परिवर्तन करके पाठ्यक्रम बनाया जा सकता है।

माध्यमिक स्कूलों का पाठ्यक्रम बनाते समय छात्रों तथा छात्राओं की विविध रुचियों का ध्यान रखना चाहिए। छात्र अपनी-अपनी रुचि के अनुसार विषय चुन

सकें, इतनी सुविधाएँ मिलनी आवश्यक हैं। विविध प्रकार के वर्ग जैसे साहित्यिक वर्ग, कला वर्ग, विज्ञान वर्ग, कृषि वर्ग, वाणिज्य वर्ग आदि की व्यवस्था स्कूलों में की जाए।

शिक्षा के माध्यम के रूप में क्षेत्रीय भाषाओं (Regional Languages) को अपनाना आवश्यक होगा। अंग्रेजी को माध्यम के रूप में स्वीकार करना अनुपयुक्त होगा। सामान्य ज्ञान और विकास के लिए आवश्यक है कि छात्रों को सामान्य विज्ञान (General Science) और सामाजिक अध्ययन (Social Studies) के विषयों को अनिवार्य रूप से पढ़ाया जाए। माध्यमिक स्तर पर छात्रों में व्यावसायिक कुशलता लाने, रोजगार की क्षमता पैदा करने के लिए छात्रों को व्यावसायिक, तकनीकी और औद्योगिक विषयों में भी प्रशिक्षण मिलना चाहिए। इस प्रकार माध्यमिक स्कूलों के पाठ्यक्रम में उपर्युक्त त्रिभाषा सूत्र के अनुकूल 3 भाषाएँ, गणित, सामान्य विज्ञान, सामाजिक अध्ययन; कृषि या कोई व्यवसाय या उद्योग; कला; या संगीत या नृत्य, शारीरिक व्यायाम, खेलकूद, स्वास्थ्य-सम्बन्धी विषय, सांस्कृतिक और सामाजिक विकास के विषय, नैतिक आचरण की शिक्षा के कार्यक्रमों का समावेश किया जाना आवश्यक है। जूनियर हाई स्कूल स्तर तक उपर्युक्त पाठ्यक्रम अपनाया जा सकता है और 9वीं कक्षा से सम्बन्धित वर्ग का विशेष पाठ्यक्रम शुरू किया जा सकता है।

माध्यमिक स्कूलों में चरित्र गठन (Character Building in Secondary Schools)

हमारी माध्यमिक शिक्षा चरित्र-निर्माण की दृष्टि से बहुत पिछड़ी हुई है। आवश्यकता है कि हम देश के भावी नागरिकों के चारित्रिक विकास के लिए नैतिक शिक्षा पर बल दें। हमारे शिक्षक और छात्र दोनों केवल परीक्षा पास कर लेना ही लक्ष्य समझते हैं। हमारा शिक्षण नैतिक आदर्शों (Moral Ideals) से युक्त हो। केवल पुस्तकीय ज्ञान बालकों का चरित्र नहीं बना सकता। हमें बालकों के शारीरिक, मानसिक और नैतिक विकास पर ध्यान देना चाहिए। बच्चों के शारीरिक, मानसिक और आत्मिक स्वास्थ्य के लिए विशिष्ट प्रकार के कार्यक्रम चलाये जायें। छात्रों को नैतिक आदर्शों से परिचित कराया जाए। उन आदर्शों को वे अपने जीवन में अपना सकें ऐसा अच्छा वातावरण तैयार किया जाए। शिक्षकों तथा सम्बन्धित व्यक्तियों का व्यवहार स्वयं नैतिक और आदर्श होना चाहिए। तभी बालक उनका अनुसरण करके चरित्रवान बन सकते हैं। समाज-सेवा के कार्यक्रमों द्वारा भी हम नैतिक विकास का लक्ष्य पूरा कर सकते हैं।

माध्यमिक स्तर पर परीक्षा प्रणाली (Examination System at Secondary Level)

भारत के माध्यमिक स्कूलों में प्रचलित परीक्षा प्रणाली दोषपूर्ण है। इसी दोष के कारण हमारी शिक्षा व्यवस्था दूषित होती जा रही है। हमारी परीक्षा छात्रों की योग्यता, व्यक्तित्व और व्यवहार की उपलब्धि का सही परीक्षण नहीं करती। परीक्षा अधिक आत्मनिष्ठ (Subjective) है, उसे वस्तुनिष्ठ (Objective) बनाना आवश्यक है। परीक्षा द्वारा बालक की उपलब्धि और व्यवहार संशोधन का ठीक पता लगाना चाहिए। बच्चों के वर्गीकरण के लिये परीक्षणों (Tests) की आवश्यकता है। केवल उपलब्धि परीक्षण (Achievement Tests) ही इसके लिए पर्याप्त नहीं हैं। इनके लिये हमें बुद्धि परीक्षणों (Intellegent Tests), अभिरुचि परीक्षणों (Aptitude Tests) और व्यक्तित्व परीक्षणों (Pesonality Tests) का उपयोग भी करना चाहिए। बालक को आत्मनिष्ठ प्रश्नों के साथ वस्तुनिष्ठ प्रश्नों का उत्तर देने का अवसर मिले। वे क्रियात्मक, प्रयोगात्मक परीक्षण दें। बाह्य परीक्षाओं के साथ-साथ अन्तर्परीक्षाओं (Internal Examination) और सत्र-कार्य (Sessional Work) को महत्व दिया जाए।

माध्यमिक स्कूलों का प्रबन्ध (The Management of Secondary Schools)

हमारे देश में व्यक्तिगत (Private), सरकारी (Government) और स्थानीय निकायों (Local Bodies) द्वारा संचालित माध्यमिक स्कूल हैं। सबसे अधिक व्यक्तिगत स्कूल (Private Schools) ही हैं जिन्हें सरकारी अनुदान (Grant-in-aid) मिलता है। प्रारम्भ में व्यक्तिगत स्कूलों का प्रबन्ध बहुत ही बुरा था। प्रबन्ध समितियाँ अध्यापकों का शोषण करती थीं और छात्रों से अच्छा शुल्क लेने के बाद भी शिक्षण सुविधाएँ नहीं देती थीं, परन्तु अध्यापक संघ और सरकार के प्रयास से अब माध्यमिक स्कूलों का प्रबंध काफी सुधर गया है। अब सभी मान्यताप्राप्त माध्यमिक स्कूल लगभग सरकारी नियन्त्रण में आ गये हैं। अध्यापकों का वेतन सरकार देने लगी है और निर्धारित छात्र शुल्क सरकारी खजाने में जमा हो जाता है। कुछ स्वैच्छिक संस्थाएँ जो मान्यताप्राप्त स्कूल चलाती हैं, परन्तु सरकार से मदद नहीं लेतीं, लोकतान्त्रिक और उपयुक्त व्यवस्था में नहीं हैं। वे ऊँचा शुल्क लेते हैं और अपना पाठ्यक्रम चलाते हैं। वे अपरोक्ष रूप से धार्मिक शिक्षा भी देते हैं। स्थानीय संस्थाओं द्वारा संचालित स्कूलों की दशा अर्थाभाव और निरीक्षण के अभाव के कारण अच्छी नहीं है। देश के कई राज्यों में आज भी प्रबन्ध समितियाँ अध्यापकों का शोषण करती हैं। अध्यापकों की नियुक्ति, सेवा-निवृत्ति और अन्य व्यवस्थाओं में नियमों का पालन नहीं करती। सरकार को इनकी व्यवस्था और प्रबन्ध में सुधार करने के लिये कुछ न कुछ नियन्त्रण

अवश्य रखने चाहिए। उत्तम प्रबंध (Better Management) की योजना देश भर में लागू होनी आवश्यक है।

माध्यमिक स्कूलों का प्रशासन (Administration of Secondary Schools)

माध्यमिक स्कूलों में प्रशासन और निरीक्षण की व्यवस्था अच्छी नहीं है। प्रशासन की दृष्टि से राज्यों में प्रादेशिक (State), क्षेत्रीय या मंडलीय (Regional) और जिला स्तर की (District) प्रशासन इकाइयाँ नियुक्त की गयी हैं। प्रत्येक राज्य में 'माध्यमिक शिक्षा परिषद्' (Board of Secondary Education) की स्थापना की गयी है। यह परिषद् राज्य भर के माध्यमिक स्कूलों के पाठ्यक्रम, शिक्षण और परीक्षा का संचालन और देखभाल करती है। कहीं-कहीं दोहरे प्रशासन की भी व्यवस्था है। दोहरे प्रशासन से स्कूलों की गतिविधियों के संचालन में विशेष बाधा उत्पन्न होती है। शिक्षा विभाग अपने कर्तव्यों का पालन करते हुए अधीनस्थ उपविभागों और कार्यालयों का सहयोग ले, स्कूलों को दोहरे प्रशासन से बचाया जाए। अन्य विभागों जैसे कृषि, उद्योग, श्रम आदि का सहयोग लेकर सम्बन्धित संस्थाओं के प्रशासन को अधिक उपयोगी बनाया जा सकता है।

माध्यमिक स्कूलों में निरीक्षण (Inspection in Secondary Schools)

माध्यमिक स्कूल में प्रचलित निरीक्षण संरचनात्मक (Constructive) नहीं है। विद्यालय निरीक्षक (Inspectors of Schools) विद्यालयों के निरीक्षण के समय स्वयं को अधिकारी और शासक समझते हैं और अपने को सहयोगी या सहकारी नहीं समझते। शिक्षकों की आलोचना केवल आलोचना के लिये की जाती है, सुधार के लिये नहीं की जाती। निरीक्षण का उद्देश्य स्कूलों की कार्य प्रणाली और शिक्षकों के कार्य में सुधार लाना है। इसके लिए प्रबन्ध समिति और शिक्षकों के सहयोग की आवश्यकता है। विद्यालय निरीक्षकों को अभिनव पाठ्यक्रम (Refresher Course) देकर आधुनिक निरीक्षण पद्धतियों से परिचित कराया जाए, ताकि वे मनोवैज्ञानिक ढंग से निरीक्षण कार्य कर सकें। प्रशासन और निरीक्षण के साथ-साथ विद्यालय निरीक्षकों को शिक्षण की नवीन तकनीकों (Techniques) से भी परिचित कराया जाए। तभी वे स्कूलों की दशा में सुधार ला सकते हैं।

आर्थिक अभाव (Lack of Finances)

हमारे देश के माध्यमिक स्कूलों की दशा सुधारने में सबसे बड़ी बाधा आर्थिक अभाव है। अधिकांश व्यक्तिगत (Private) स्कूलों की आर्थिक दशा अच्छी नहीं है। वे जितना

अनुदान सरकार से पाते हैं, शुल्क वसूल करते हैं या दान प्राप्त करते हैं उससे स्कूल में सभी आवश्यक सुविधाएँ नहीं जुटायी जा सकतीं। स्कूलों के भवन अभावग्रस्त, स्वास्थ्य की दृष्टि से अनुपयुक्त हैं, शिक्षण सुविधाओं और सहायक सामग्रियों का अभाव है। प्रयोगशालाएँ और पुस्तकालय अभावग्रस्त हैं। बच्चों के खेलने के मैदान आदि की सुविधाएँ उपलब्ध नहीं हैं। ये स्कूल पाठ्यक्रम में स्थानीय आवश्यकताओं के अनुकूल विषयों का समावेश नहीं कर पाते। यदि अमेरिका की भाँति भारत में भी शिक्षा कर (Education Tax) लगे तो इन स्कूलों की व्यवस्था और दशा सुधारने में सरकारी अनुदान को बढ़ाया जा सकता है।

प्रचलित माध्यमिक स्कूलों को उच्चतर माध्यमिक स्कूलों में बदलने के लिए पर्याप्त धन की आवश्यकता है, क्योंकि भवन, प्रयोगशाला, कर्मशाला, पुस्तकालय, शिक्षण सामग्री, नवीन विषयों का समावेश करने के लिए भारी धन व्यय करना होगा। कोई भी नया परिवर्तन लाने के लिए पहले धनाभाव की समस्या को हल करना होगा, तभी स्कूलों की दशा में सुधार लाया जा सकता है।

सारांश

माध्यमिक शिक्षा का वर्तमान स्वरूप

भारत में जूनियर हाईस्कूल, माध्यमिक और इण्टरमीडिएट या उच्चतर माध्यमिक शिक्षा व्यवस्थाएँ प्रचलित हैं। 12 वर्ष से 18 वर्ष तक के बच्चों के लिए 3+2+2 समूह की माध्यमिक शिक्षा। अब कहीं-कहीं इण्टरमीडिएट शिक्षा के स्थान पर उच्चतर माध्यमिक शिक्षा प्रचलित है जिसे 11वीं कक्षा में समाप्त कर 3-वर्षीय डिग्री पाठ्यक्रम कर दिया जाता है।

माध्यमिक शिक्षा के लक्ष्य—(1) माध्यमिक शिक्षा का प्रसार और विकास करना। (2) छात्रों में रोजगार-सम्बन्धी आत्मनिर्भरता लाना; (3) छात्रों को उच्च शिक्षा के लिए तैयार करना। (4) छात्र-छात्राओं को योग्य नागरिक, लोकतन्त्रात्मक दृष्टिकोण वाला सर्वांगीण दृष्टि से विकसित करना।

माध्यमिक शिक्षा का संगठन—इण्टरमीडिएट प्रणाली को उच्चतर माध्यमिक प्रणाली में बदलना; सामान्य शिक्षा को बेसिक प्रणाली में बदलने का प्रयास; सामान्य और बेसिक शिक्षा में समन्वय का प्रयास।

विशिष्ट संस्थाओं का संगठन—स्थानीय और क्षेत्रीय आवश्यकताओं को ध्यान में रखकर बहुउद्देशीय संस्थाओं के स्थान पर एक विशिष्ट विषय में प्रशिक्षण देने वाली संस्थाओं का संगठन। कृषि, कृषि उद्योग, लघु उद्योगों का प्रशिक्षण।

मुदालियर आयोग के सुझावों के अनुसार बहुउद्देशीय विद्यालयों की स्थापना।

धनाभाव, अध्यापकों का अभाव, स्थिर नीति के अभाव में इन संस्थाओं का विकास सम्भव नहीं।

उच्चतर माध्यमिक प्रणाली का प्रचलन शुरू; 12वीं कक्षा डिग्री कक्षाओं के साथ जोड़कर 3-वर्षीय डिग्री का पाठ्यक्रम की व्यवस्था।

माध्यमिक स्कूलों का पाठ्यक्रम—त्रिभाषा सूत्र के अनुसार भाषा शिक्षण, व्यावसायिक दक्षता के लिए बेसिक शिल्पों, उद्योगों और व्यवसायों के लिए प्रशिक्षण, कुछ सामान्य ज्ञान के विषय, जैसे साधारण विज्ञान, सामाजिक अध्ययन, गणित आदि। कला, संगीत का भी रुचि के अनुकूल शिक्षण।

माध्यमिक स्कूलों में चरित्र गठन—नैतिक शिक्षा, समाज-सेवा आदि द्वारा बच्चों के चरित्र गठन पर ध्यान देना आवश्यक।

माध्यमिक स्तर पर परीक्षा प्रणाली—बाह्य परीक्षा, आत्मनिष्ठ परीक्षा के साथ-साथ आन्तरिक परीक्षाओं, सत्र कार्य और वस्तुनिष्ठता को प्रोत्साहन।

माध्यमिक स्कूलों का प्रबन्ध—व्यक्तिगत स्कूलों का प्रबन्ध अच्छा नहीं। सरकारी हस्तक्षेप आवश्यक; श्रेष्ठतर प्रबन्ध के लिये प्रयास आवश्यक। अब सरकारी व्यवस्था से प्रबन्ध में सुधार।

माध्यमिक स्कूलों का प्रशासन—प्रशासन में दोष। इसमें सुधार की आवश्यकता। शिक्षा विभाग का अन्य विभागों के साथ सहयोग आवश्यक। दोहरा प्रशासन ठीक नहीं।

माध्यमिक स्कूलों का निरीक्षण—निरीक्षकों के दृष्टिकोण और व्यवहार में सुधारात्मक परिवर्तन आवश्यक। ये शिक्षकों के सहयोग से स्कूलों का सुधारात्मक निरीक्षण करें। उत्तरदायित्व को समाज-सेवा की दृष्टि से भी निभायें।

आर्थिक अभाव—सरकार द्वारा शिक्षा कर लगाने की योजना पर विचार करना आवश्यक। जनता इसके लिये तैयार रहे। दान, शुल्क और सरकारी अनुदान में वृद्धि से धनाभाव की पूर्ति सम्भव।

अभ्यासार्थ प्रश्न

1. भारत में प्रचलित माध्यमिक शिक्षा के स्वरूप का वर्णन कीजिए। अब इसके स्वरूप में क्या परिवर्तन होना चाहिए?
2. भारतीय माध्यमिक शिक्षा के लक्ष्यों का वर्णन कीजिए। इनकी पूर्ति कैसे की जा सकती हैं?
3. भारत में माध्यमिक शिक्षा के संगठन को कैसे उपयुक्त बनाया जा सकता है? स्पष्ट कीजिए।

4. माध्यमिक स्कूलों को अधिक उपयोगी बनाने के लिए पाठ्यक्रम में क्या परिवर्तन लाया जा सकता है?
5. निम्नलिखित पर अपने विचार लिखिए—
   (अ) माध्यमिक स्तर पर परीक्षा प्रणाली।
   (ब) माध्यमिक स्तर पर विद्यालय प्रबन्ध।
   (स) माध्यमिक स्तर पर प्रशासन और निरीक्षण।
   (द) माध्यमिक शिक्षा में बेसिक प्रणाली का समावेश।
6. माध्यमिक स्तर पर शिक्षा की प्रमुख समस्याओं का वर्णन कीजिए। इनके समाधान भी दीजिए।

अध्याय 38

भारत में उच्च शिक्षा और उसकी समस्याएँ [The Higher Education and Its Problems in India]

आधुनिक भारतीय उच्च शिक्षा (Present Indian Higher Education)

भारत में उच्च शिक्षा की दशा भी वैसी ही है जैसे माध्यमिक और प्राथमिक शिक्षा की है, क्योंकि इन्हीं शिक्षाओं पर विश्वविद्यालय शिक्षा निर्भर रहती है। स्वतन्त्रता प्राप्ति तक भारत में विश्वविद्यालयीय शिक्षा अधिक विकसित नहीं थी। 1947-49 ई० तक केवल 1,80,000 छात्र-छात्राएँ ही उच्च शिक्षा ग्रहण कर रहे थे। विशाल जनसंख्या को देखते हुए यह संख्या बहुत ही कम थी। स्वतन्त्रता प्राप्ति के बाद से अन्य शिक्षा व्यवस्थाओं के साथ-साथ उच्च शिक्षा का भी अच्छा विकास हुआ।

स्वतन्त्रता मिलने के समय से ही सरकार उच्च शिक्षा की सभी सुविधाओं में विस्तार करने का प्रयत्न करती रही है। 1958 ई० तक 10 वर्ष की अवधि में सुविधाओं के विस्तार के कारण छात्रों की संख्या 1 लाख 80 हजार से सवा छः लाख तक पहुँच गयी थी। यद्यपि जनसंख्या विस्तार को देखते हुए यह संख्या भी कम थी, परन्तु सीमित साधनों को देखते हुए यह प्रगति अच्छी ही मानी जा सकती है। प्रजातान्त्रिक दृष्टिकोण और संविधान के अनुसार प्रत्येक नागरिक को उच्च शिक्षा की सुविधायें मिलनी चाहिए, परन्तु राष्ट्र की बेरोजगारी की समस्या को देखते हुए लगता है कि सभी को प्रवेश देने की अपेक्षा कुछ ही होनहार युवकों और युवतियों को उच्च शिक्षा की संस्थाओं में प्रवेश दिया जाए।

स्वतन्त्रता प्राप्ति से पहले विश्वविद्यालयों के साथ कॉलेजों को सम्बद्ध (Affiliated) करना बड़ा कठिन काम था, परन्तु अब सम्बन्धीकरण (Affiliation) अपेक्षाकृत बहुत सरल हो गया है। अब जहाँ विश्वविद्यालयों की संख्या बढ़ी है, सम्बद्ध कॉलेजों की संख्या बहुत बढ़ गयी है। कुछ विश्वविद्यालयों ने अब स्तर को गिरने से रोकने की

दृष्टि से सम्बद्धीकरण की परम्परा रोक दी है और यह कुछ विश्वविद्यालयों तक ही सीमित रह गयी है। आगरा विश्वविद्यालय तथा उससे निकले अन्य विश्वविद्यालय सम्बद्धीकरण की नीति को अपना रहे हैं। विश्वविद्यालय अनुदान आयोग ने अनुदान की दशाओं को पहले की अपेक्षा लचीला बना दिया है। इस प्रकार सम्बद्ध कॉलेजों की संख्या निरन्तर बढ़ती जा रही है।

सम्बद्ध विश्वविद्यालयों (Affiliating Universities) के अतिरिक्त भारत में एकात्मक विश्वविद्यालय (Unitary Universities) भी स्थापित हुए हैं। बड़े-बड़े नगरों में ऐसे ही विश्वविद्यालय स्थापित हुए, परन्तु इन विश्वविद्यालयों की स्थापना से निकटवर्ती कॉलेजों को क्षति पहुँचती है। इसलिए कुछ बड़े कॉलेजों को एकात्मक विश्वविद्यालय का रूप दे दिया गया। इन विश्वविद्यालयों में शैक्षिक वातावरण अच्छा रहता है, अतिरिक्त पाठ्य सहगामी कार्यक्रम चलाये जाते हैं, छात्र-शिक्षक का सम्पर्क घनिष्ठ बनाया जाता है और छात्रों के चरित्र गठन पर बल दिया जाता है। इस शिक्षा के विस्तार के लिए सम्बद्ध कॉलेजों की संख्या 1500 तक पहुँचायी गयी और बड़े कॉलेजों को एकात्मक विश्वविद्यालय में बदल दिया गया।

राधाकृष्णन आयोग 1948-49 ई॰ ने ग्रामीण क्षेत्रों में ग्रामीण विश्वविद्यालय (Rural Universities) की स्थापना पर बल दिया था। अतः ग्रामीण उच्च शिक्षा समिति (Rural Highar Education Committee) ने सरकार को सुझाव दिया है कि वह कुछ बड़ी ग्रामीण संस्थाओं को ग्रामीण विश्वविद्यालयों में बदले। यह विषय सरकार के विचाराधीन है। कुछ विश्वविद्यालय एकल संकाय (Single Faculty) भी हैं। इन विश्वविद्यालयों में विशिष्ट विषयों की उच्च शिक्षा दी जाती है। जैसे कृषि विश्वविद्यालय पन्तनगर, संस्कृत विश्वविद्यालय वाराणसी, संस्कृत विश्वविद्यालय मिथिला, इन्जीनियरिंग विश्वविद्यालय रुड़की, इन्हीं के समानान्तर विशिष्ट विषयों में उच्च शिक्षा देने और शोध कार्य करने के लिए 14 राष्ट्रीय संस्थान भी स्थापित किये गये हैं। राष्ट्रीय कृषि अनुसंधान संस्थान, पूसा, राष्ट्रीय भौतिकी प्रयोगशाला (N.P.L.), दिल्ली, दुग्ध अनुसंधानशाला, कसाल आदि ऐसी ही उच्च शिक्षा संस्थाएँ हैं। इस प्रकार भारत में निम्नलिखित विश्वविद्यालय सेवारत हैं—

1. सावासिक विश्वविद्यालय (Residential Universities),
2. सम्बद्धीकरण वाले विश्वविद्यालय (Affiliating Universities),
3. सम्बद्धीकरण और शिक्षण वाले विश्वविद्यालय (Affiliating-cum-Teaching Universities),
4. संघात्मक या एकात्मक (Federal or Unitary Universities), तथा
5. एकल संकाय विश्वविद्यालय (Single Faculty Universities)।

विश्वविद्यालय शिक्षा की प्रमुख समस्याएँ (Main Problems of University Education)

विश्वविद्यालय शिक्षा का स्तर उसके प्रसार के साथ-साथ निरन्तर गिरता जा रहा है। इसके बहुत से कारण हैं। हम उच्च शिक्षा की सभी सम्बन्धित व्यवस्थाओं का अध्ययन करेंगे और देखेंगे कि इससे सम्बन्धित समस्याएँ क्या हैं?

विश्वविद्यालय शिक्षा और प्रशासन (University Education and Administration)

विश्वविद्यालय स्वायत्तशासी (Autonomous) माने जाते हैं। सभी शिक्षाविद् इस बात के पक्ष में हैं कि विश्वविद्यालयों के आन्तरिक मामलों में राज्य सरकार, केन्द्र सरकार या किसी भी राजनीतिक दल का कोई हस्तक्षेप न हो। कुछ लोग तो यहाँ तक कहते हैं कि राज्यपाल (Governor) या राष्ट्रपति (President) को विश्वविद्यालयों का कुलाधिपति (Chancellor) न बनाया जाए। विश्वविद्यालय के प्रांगण में घटने वाली अनुशासनहीनता या ढंगों को दबाने के लिए सरकारी साधनों, जैसे पुलिस, सुरक्षा दल आदि का उपयोग न किया जाए, इस पक्ष में भी बहुत से लोग अपने विचार रखते हैं। इससे विश्वविद्यालय की स्वायत्तता खतरे में पड़ती है और राजनीतिक दलों का विश्वविद्यालयों में हस्तक्षेप बढ़ता है।

इतना तो निश्चित है कि विश्वविद्यालय शिक्षा में शिक्षकों, छात्रों तथा अन्य सम्बन्धित व्यक्तियों को स्वतन्त्रता की आवश्यकता है। स्वतन्त्र वातावरण में ही मुक्त ढंग से सोचा, किया, पढ़ा और खोजा जा सकता है, परन्तु जब भी विश्वविद्यालयों में छात्र आक्रोश (Student Unrest) पनपता है, मारपीट होती है, फर्नीचर जलाया जाता है, अध्यापकों और कुलपतियों का घेराव और अपमान होता है तब सोचना पड़ता है कि सरकारी साधनों द्वारा ही इसे मिटाया जा सकता है। सुरक्षा के लिए पुलिस और सुरक्षा दल को आमन्त्रित करना पड़ता है। वास्तव में हमारी शिक्षा और उसकी प्रणाली ही ऐसे आक्रोशों और अनुशासनहीनता को जन्म देती है। इसमें सुधार लाने की आवश्यकता है।

यदि विश्वविद्यालयों और कॉलेजों पर सरकार का नियन्त्रण रहता है तो विश्वविद्यालयों और कॉलेजों को सरकार के आदेशों का अक्षरशः पालन करना होगा। बहुत सी योजनायें और शैक्षिक कार्यक्रम सरकार के आदेश की प्रतीक्षा में अधूरी पड़ी रहेंगी। पुस्तकों के प्रकाशन, पाठ्यक्रम के निर्धारण, अध्यापकों की नियुक्ति, नियम निर्धारण आदि सभी बातों पर सरकारी हस्तक्षेप हुआ करेगा। अतः विश्वविद्यालयों पर सरकार का पूर्ण नियन्त्रण न हो, वरन् आंशिक रूप में सुव्यवस्था की दृष्टि से कुछ सीमा तक सरकार का बाहरी नियन्त्रण स्वीकार किया जा सकता है।

भारतीय संविधान के अनुसार विश्वविद्यालय शिक्षा राज्य सरकार के उत्तरदायित्व में आती है। हमारे यहाँ सरकार और विश्वविद्यालय के सम्बन्ध ऐसे नहीं हैं जैसे कि अमेरिका, रूस, ब्रिटेन और यूरोप के अन्य देशों में हैं। वहाँ विश्वविद्यालय सरकारी नियन्त्रण से पूर्णतः मुक्त हैं या पूर्णतः सरकारी नियन्त्रण में हैं। भारतीय विश्वविद्यालय सरकार से अनुदान (Grant-in-Aid) प्राप्त करते हैं तथा संवैधानिक दृष्टि से विधानसभा विश्वविद्यालयों के लिए नियम और नीतियाँ (Rules and Policies) निर्धारित करती हैं। इनका विश्वविद्यालयों को पालन करना पड़ता है। विधानसभा ही नये विश्वविद्यालय की स्थापना की स्वीकृति देती है। इन मामलों के अतिरिक्त भारतीय विश्वविद्यालय आन्तरिक प्रशासन में स्वतन्त्र और स्वायत्तशासी (Autonomous) होने चाहिए, परन्तु राजनैतिक दबाव के कारण ऐसा नहीं है और विश्वविद्यालय के कुलपति राज्य सरकार के लिए केवल कठपुतली बन कर रह गये हैं।

केन्द्रीय सरकार का कर्तव्य है कि वह देश के सभी राज्यों के विश्वविद्यालयों में समानता लाने का प्रयास करे, शिक्षा-स्तर को बनाये रखने में योग दे, अनुसंधान कार्य को प्रोत्साहित करे तथा तकनीकी और विशिष्ट शिक्षा की व्यवस्था करे। कुछ विश्वविद्यालय केन्द्र सरकार के अधीनस्थ कार्य करते हैं। विश्वभारती विश्वविद्यालय, दिल्ली, बनारस और अलीगढ़ के विश्वविद्यालय तथा अन्य कई विश्वविद्यालय केन्द्र सरकार द्वारा संचालित हैं। विश्वविद्यालयों के खर्चों के मामले में केन्द्र सरकार राज्य सरकारों को सहयोग देती रहती है। राज्य सरकारों को प्राथमिक और माध्यमिक शिक्षा पर बहुत खर्च करना पड़ता है। इसलिये उच्च शिक्षा पर केन्द्रीय सरकार भी खर्च करती है। यदि ऐसा न हो तो बहुत सी शैक्षिक और अनुसंधान योजनाएँ राज्यों में लागू ही न हों। राधाकृष्णन आयोग के अनुसार केन्द्र में विश्वविद्यालय अनुदान आयोग (University Grants Commission) की स्थापना की गयी। केन्द्रीय सरकार ने लगभग 25 बड़े राष्ट्रीय संस्थान अनुसंधान के लिए स्थापित किये हैं। वह राष्ट्रीय नीतियों का निर्धारण कर उनके पालन के लिए राज्य सरकारों को समय-समय पर अनुदान देती रहती है। अध्यापकों के वेतन परिवर्तन पर पड़ने वाले अतिरिक्त व्यय को भी केन्द्रीय सरकार वहन करती है।

विश्वविद्यालयों में आर्थिक व्यवस्था (The Economic Set-up in Universities)

विश्वविद्यालयों और सम्बद्ध कॉलेजों के आय-स्रोत केवल छात्रों से प्राप्त शिक्षण-शुल्क (Tuition Fee) और दान (Donations) हैं। इन सबसे विश्वविद्यालयों का केवल आधा ही खर्च पूरा हो पाता है। दान की निश्चितता नहीं होती। इसलिए उच्च शिक्षा संस्थाएँ आर्थिक संकट में पड़ी रहती हैं। इस संकट को देखते हुए इन उच्च शिक्षा संस्थाओं की अनुदान राशि बढ़ा दी गयी है। विश्वविद्यालय अनुदान आयोग

द्वारा दिये गये कुछ आंकड़े अग्रांकित हैं–

वर्ष	अनुदान (रु०)	संस्था की आय	निष्कर्ष
1954-55	178 लाख	3,182 लाख रु०	–
1955-56	266 लाख	3,782 लाख रु०	अनुदान की अपेक्षा आय घटी
1956-57	341 लाख	4000 लाख रु०	अनुदान की अपेक्षा आय कम
1993-94	900 लाख	15,000 लाख रु०	अनुदान की अपेक्षा आय कम

राधाकृष्णन आयोग ने शिक्षा संस्थाओं की आर्थिक दशा का अध्ययन करके सुझाव दिया कि सरकारी अनुदान का उपयोग अध्यापकों के वेतन, अध्ययन अवकाश, भविष्यनिधि, पेंशन, शिक्षा प्रसार, संस्था के भवन, छात्रावास, पुस्तकालय, प्रयोगशाला, छात्रवृत्तियों, व्यावसायिक और तकनीकी उच्च शिक्षा आदि पर ही किया जाना चाहिए। सरकार ने ऊपर बताये गये मदों के अतिरिक्त प्रसार सेवाओं (Extension Services) तथा तीन-वर्षीय डिग्री कोर्स के कार्यान्वयन पर भी अनुदान स्वरूप खर्च किया।

उच्च शिक्षा संस्थाओं के विकास और सुधार के लिए प्रचलित अनुदान प्रणाली में परिवर्तन लाना आवश्यक है। प्रत्येक संस्था को सत्र के प्रारम्भ में ही सूचित किया जाए कि उसे कितना अनुदान मिलने वाला है जिससे वह उसके अनुसार बजट बना सके। स्थायी खर्च के अतिरिक्त आकस्मिक खर्चों की पूर्ति के लिए भी अनुदान की व्यवस्था हो। अनुदान सम्बन्धी विवादों के निपटाने के लिए व्यक्तिगत संस्थाओं के प्रबंध मंडल को दशाएँ स्पष्ट कर देनी चाहिए और विश्वविद्यालयों के विवाद के लिए एक गैर-सरकारी न्यायिक समिति (Judicial Committiee) बना दी जाए। इससे अनुदान सम्बन्धी विवादों को निपटाया जा सकेगा।

विश्वविद्यालयों में प्रवेश समस्या (Admission Problem in Universities)

प्राथमिक और माध्यमिक शिक्षा के विस्तार के साथ-साथ उच्च शिक्षा संस्थाओं में छात्रों के प्रवेश की भीड़ बढ़ती जा रही है। संवैधानिक दृष्टि से सभी छात्र-छात्राओं को बिना किसी भेदभाव के उच्च शिक्षा के समान अवसर मिलने चाहिए, अर्थात् सभी माध्यमिक शिक्षा प्राप्त इच्छुक छात्र-छात्राओं को प्रवेश मिलना चाहिए, परन्तु हमारे पास इतनी उच्च शिक्षा संस्थाएँ नहीं हैं जिनमें सभी को प्रवेश दिया जा सके। हमारे यहाँ अब तक प्रवेश सम्बन्धी बहुत अनियमितताएँ (Irregularities) थीं। योग्य और सक्षम छात्र प्रवेश से वंचित रह जाते थे और खर्च कर सकने वाले सामान्य छात्र प्रवेश पा लेते थे। सरकार को प्रवेश सम्बन्धी नीति को निर्धारित करना आवश्यक है।

सभी विश्वविद्यालयों में समान नियम के आधार पर प्रवेश होने चाहिए।

दूसरी ओर यह भी ध्यान देने की बात है कि सभी को उच्च शिक्षा देने से कोई लाभ नहीं है। जो प्रतिभाशाली नहीं है और उच्च शिक्षा ग्रहण करने योग्य नहीं हैं, उन्हें प्रवेश देकर हम शिक्षा-स्तर गिराते जा रहे हैं। परीक्षा के अनेक विवाद बढ़ाते जा रहे हैं, बेरोजगार स्नातकों और स्नातकोत्तरों की भीड़ बढ़ाते जा रहे हैं। वास्तव में विश्वविद्यालय शिक्षा उन्हीं के लिये होनी चाहिए जो उसे रुचिपूर्वक ग्रहण करें और जीवन-लक्ष्य को प्राप्त करने में उस शिक्षा का सदुपयोग कर सकें। अच्छा हो अन्य युवकों और युवतियों के लिए व्यावसायिक (Vocational) तथा तकनीकी शिक्षा की व्यवस्था की जाए। माध्यमिक शिक्षा को व्यवसाय की दृष्टि से आत्मनिर्भर बना दिया जाए। प्रथम पंचवर्षीय योजना में 2.07 लाख छात्र कला वर्ग में और 0.93 लाख छात्र विज्ञान वर्ग में शिक्षा पाते थे। अब प्रति वर्ष कई लाख छात्र-छात्राएँ उच्च शिक्षा प्राप्त कर रहे हैं जो बेरोजगारों की संख्या बढ़ाते जाते हैं। उस समय व्यावसायिक शिक्षा पाने वाले छात्र केवल .48 लाख थे। ऐसी दशा में आवश्यक है कि हम माध्यमिक शिक्षा को व्यावसायिक बनाकर आत्मनिर्भर बनायें, प्रतिभाशाली छात्र-छात्राओं को विश्वविद्यालयों में प्रवेश दें। यदि कोई सेवारत रहकर अपनी योग्यता बढ़ाना चाहता है, उसे अंशकालीन या व्यक्तिगत रूप से परीक्षा देने का अवसर दिया जाये।

उच्च शिक्षा-प्रणाली (System of Higher Education)

अब सभी उच्च शिक्षा संस्थाओं में शिक्षा का स्तर गिरता जा रहा है। सभी शिक्षाविद्, शिक्षा प्रशासक और राष्ट्र के समझदार लोग इससे चिन्तित हैं। समय-समय पर गठित समितियों, आयोगों और कुलपतियों की सभाओं ने शिक्षा-स्तर को ऊँचा उठाने के सुझाव दिये हैं। सर्वेक्षण के आधार पर पता चलता है कि इस गिरावट का मुख्य कारण छात्रों का अनुशासनहीन होना, शिक्षा में रुचि न लेना, चरित्रहीन होना और शिक्षकों की शिक्षण के प्रति उदासीनता बरतना है। शिक्षकों के शिक्षण-कार्य में गिरावट का मुख्य कारण उनके पास सुविधाओं का अभाव होना है। उनके सामने छात्रों की संख्या अधिक रहती है, शिक्षण के घंटे अधिक होते हैं, तैयारी के लिए पुस्तकालयों और प्रयोगशालाओं की सुविधायें नहीं मिलतीं। ऐसी दशा में शिक्षा का स्तर गिरेगा ही।

शिक्षक शिक्षण के प्रति इसलिए भी उदासीन रहते हैं कि उन्हें आर्थिक चिन्ताएँ रहती हैं। उन्हें पहले इतना कम वेतन मिलता था कि वे अपनी और अपने परिवार की दैनिक आवश्यकताएँ अच्छी प्रकार पूरी नहीं कर सकते थे। आज भी शिक्षकों के सामने आर्थिक कठिनाईयाँ हैं। कुछ शिक्षक तो कक्षा में पढ़ाने की अपेक्षा घर पर

ट्यूशन पढ़ाना आवश्यक समझते हैं। कुछ अध्यापक अच्छे वेतन पर कोई और पद मिल जाने पर शिक्षण कार्य छोड़ देते हैं। इस प्रकार योग्य शिक्षकों का अभाव बना रहता है।

विश्वविद्यालयों और कॉलेजों में सीधे स्नातकोत्तर परीक्षा उत्तीर्ण लोग शिक्षक पद पर नियुक्ति ले लेते हैं। उन्हें शिक्षण का कोई अनुभव नहीं होता और अध्यापक प्रशिक्षण भी उन्हें नहीं मिलता। ऐसे अपरिपक्व अध्यापक अच्छा शिक्षण नहीं दे पाते। शिक्षा-स्तर को ऊँचा उठाने के लिए आवश्यक है कि विश्वविद्यालयों में अनुभवी और प्रशिक्षित लोगों को नियुक्ति दी जाए। सीधे पढ़ाई समाप्त करके आने वाले शिक्षकों को पहले सह-शिक्षक (Assistant Teacher) या सह-अनुसंधानकर्ता (Research Assistants) के रूप में नियुक्त किया जाए। निर्धारित अवधि के बाद जब वह प्रदत्त कार्य पूरा कर ले तब उसे शिक्षक नियुक्त किया जाए।

यदि शिक्षकों की सभी असुविधाओं को दूर कर दिया जाये, उनका वेतनमान आकर्षक बनाया जाए, आवास-चिकित्सा आदि की सुविधाएँ दी जाएँ, पढ़ने और प्रयोग करने के लिए पुस्तकालयों और प्रयोगशालाओं की सुविधाएँ दी जायें, सवेतन अवकाश मिले, उच्च अध्ययन के लिए छात्रवृत्ति और सवेतन अवकाश मिले, अनुसंधान कार्य की सुविधाएँ मिलें तो निश्चित ही शिक्षक पूरी रुचि, तल्लीनता और योग्यता से पढ़ायेगा। इससे शिक्षा का स्तर ऊँचा उठेगा।

विश्वविद्यालयों में अध्ययन के पाठ्यक्रम (Courses of Study in Universities)

समय परिवर्तन के साथ-साथ राष्ट्रीय आवश्यकताओं (National Needs) में भी परिवर्तन होता है। इन आवश्यकताओं की पूर्ति शिक्षा के माध्यम से की जाती है। अतः आवश्यकतानुसार शिक्षा-व्यवस्था में परिवर्तन लाने के लिए आवश्यक है कि शिक्षा संस्थाओं के पाठ्यक्रम में परिवर्तन लाया जाए। साधारण विश्वविद्यालयों और सम्बद्ध कॉलेजों में विषयों के चयन के अवसर कम होते हैं, क्योंकि वहाँ अधिक विषय नहीं होते। ऐसी स्थिति में छात्रों को अपनी रुचि के विषय चुनने की सुविधा नहीं मिलती। इसके अतिरिक्त ऐसी भी कोई व्यवस्था नहीं है जिससे पता चले कि छात्र की अभिरुचि क्या है और किसी विषय में उसने कितना उपलब्ध किया है। उन्हें सही निदेशन (Guidence) भी नहीं मिलता। परिणामतः वे असफल रहकर अपव्यय (Wastage) और अवरोधन (Stagnations) को बढ़ाते हैं। यदि इन शिक्षा संस्थाओं में शैक्षिक निदेशन (Educational Guidance) तथा व्यावसायिक निदेशन (Vocational Guidance) की व्यवस्था हो तो छात्र-छात्राओं को रुचि के अनुकूल विषय चुनने के अवसर मिल सकते हैं।

छात्र किस विषय को चुन सकता है इसके सम्बन्ध में कोई नियम होना चाहिए।

इससे कक्षा में छात्रों की संख्या ठीक रहेगी। विषयों के पाठ्यक्रमों को भी आधुनिक बनाने की आवश्यकता है। पुराने पाठ्यक्रम आधुनिक आवश्यकताओं को पूरा नहीं कर सकते। अमेरिका, ब्रिटेन और रूस जैसे देशों में कुछ मानवशास्त्र, समाजशास्त्र और प्रकृति विज्ञान के विषयों को पढ़ाना अनिवार्य समझा गया है। हमें भी इन विषयों से आवश्यक अंश लेकर एक अनिवार्य पाठ्यक्रम बनाना चाहिए जो सभी के लिए अनिवार्य हो। कुछ राज्यों में त्रिवर्षीय स्नातक पाठ्यक्रम के अन्तर्गत ऐसे पाठ्यक्रम की व्यवस्था की गयी है।

विश्वविद्यालयों में परीक्षा प्रणाली (Examination System in Universities)

सभी कोनों से यह बात सुनी जा रही है कि हमारी परीक्षा प्रणाली बड़ी ही दूषित हो गयी है। विश्वविद्यालयीय शिक्षा में प्रचलित परीक्षा प्रणाली एक कोढ़ बन गयी है। इस कोढ़ से ग्रस्त छात्र-छात्राएँ, शिक्षक और शिक्षा अधिकारी त्रस्त हैं। परीक्षा सम्बन्धी विवादों को लेकर विश्वविद्यालय और कॉलेज बन्द कर दिये जाते हैं, छात्रों द्वारा नकल करने के लिए अध्यापकों के साथ मारपीट की जाती है और कुछ कर्तव्यनिष्ठ अध्यापक तो मौत का शिकार भी हो जाते हैं। ऐसी शिक्षा और ऐसी परीक्षा प्रणाली किस काम की? इसके बहुत से कारण हैं जिन पर ध्यान देना आवश्यक है।

राधाकृष्णन आयोग ने सुझाव दिया था कि बाह्य परीक्षाओं के साथ-साथ आन्तरिक परीक्षाओं को भी महत्व दिया जाए और सेमेस्टर प्रणाली को अपनाकर बार-बार परीक्षाएँ ली जायें। पाक्षिक, मासिक, त्रैमासिक, अर्द्धवार्षिक परीक्षणों (Tests) के प्राप्तांकों को वार्षिक प्रगति का आधार बनाया जाए। छात्रों को सत्र कार्य (Sessional Work) दिया जाए जिसके लिए कुछ अंक निर्धारित हों। वार्षिक परीक्षा के परिणाम में सत्र कार्य के अंकों को भी जोड़ा जाये। प्रत्येक सत्र में एक परीक्षा समिति बने जो परीक्षकों की नियुक्ति, उनके कार्य का निरीक्षण भली प्रकार करे। यही समिति परीक्षा-सम्बन्धी समस्याओं पर अपने विचार और परामर्श दे। इस समिति के सुझावों को विश्वविद्यालयों और कॉलेजों में लागू किया जाए।

परीक्षा के लिए तैयार किये जाने वाले प्रश्न केवल निबन्धात्मक उत्तर (Essay Type Answers) चाहने वाले न हों, वस्तुनिष्ठ प्रश्नों (Objective Type Questions) को भी प्रश्नपत्र में रखा जाए। राधाकृष्णन आयोग ने स्पष्ट कहा था कि आज विश्वविद्यालय शिक्षा में कोई सुधार लाना है तो केवल परीक्षा प्रणाली में सुधार लाना है। परीक्षा प्रणाली के दोष के कारण ही हमारी शिक्षा प्रणाली दूषित हो गयी है और शिक्षा का स्तर निरन्तर गिरता जा रहा है।

विश्वविद्यालय-शिक्षा माध्यम (Medium of University Education)

विश्वविद्यालयीय शिक्षा का माध्यम क्या हो? यह आज महत्वपूर्ण समस्या है। कुंजरू समिति (Kunzru Committee) ने अपनी संस्तुति में कहा था कि क्षेत्रीय भाषा (Regional Language) तथा राष्ट्रीय भाषा (National Language) को ही उच्च शिक्षा का माध्यम बनाना चाहिए। अंग्रेजी माध्यम के स्थान पर इन्हीं भाषाओं को माध्यम चुना जाए, परन्तु अंग्रेजी भाषा के महत्व को स्वीकारते हुए समिति ने कहा कि अंग्रेजी को एक विषय के रूप में डिग्री कक्षाओं में अवश्य पढ़ाया जाए। 3-वर्षीय डिग्री कोर्स में अंग्रेजी को अनिवार्यतः पढ़ाया जाए। राधाकृष्णन आयोग ने भी क्षेत्रीय भाषा को शिक्षा का माध्यम बनाने का सुझाव दिया था, परन्तु अंग्रेजी का पक्ष लेने वाले लोगों का कहना है कि अंग्रेजी ही उच्च शिक्षा का माध्यम रहे, क्योंकि अंग्रेजी में विज्ञान और तकनीकी विषयों की शब्दावली है जिसे क्षेत्रीय भाषा के माध्यम से भली प्रकार समझा नहीं जा सकता। हमारे पास क्षेत्रीय भाषाओं में साहित्य भी उपलब्ध नहीं है, परन्तु मनोवैज्ञानिक दृष्टि से अंग्रेजी को शिक्षा का माध्यम बनाये रखना ठीक नहीं होगा, उसके लिए तो मातृभाषा ही उपयुक्त माध्यम होगी।

स्नातक पाठ्यक्रम की अवधि (Duration of Degree Course)

हमारी उच्च शिक्षा का स्नातक पाठ्यक्रम कितने वर्ष का हो, यह निर्णय अभी तक अस्पष्ट है। आज 3-वर्षीय पाठ्यक्रम का प्रचलन हो गया है। वास्तव में पाठ्यक्रम की अवधि छात्र-छात्राओं की क्षमता के आधार पर होनी चाहिए। एक मध्यम क्षमता के छात्र की दृष्टि से पाठ्यक्रम की अवधि निश्चित कर ली जाए जिसे कुशाग्र छात्र शीघ्र पूरा कर सकता है तो कम बुद्धि का व्यक्ति उसे अधिक समय में पूरा कर सकता है। हमें अब उन शिक्षार्थियों के लिए भी सोचना होगा जो सेवा (Service) में लगे हैं और अंशकालीन (Part-time) शिक्षा ग्रहण करके उन्नति करना चाहते हैं। ऐसे छात्रों के लिए तो पाठ्यक्रम की अवधि निश्चित ही लम्बी होगी।

विश्वविद्यालयों में समाज-सेवा कार्यक्रम (Social Service Programmes in Universities)

अनेक पाश्चात्य देशों के विश्वविद्यालयों में स्नातक स्तर पर प्रत्येक छात्र-छात्रा के लिए समाज-सेवा के कार्यक्रमों में भाग लेना अनिवार्य है। यह कार्यक्रम निश्चित अवधि का होता है उसे पूरा करने पर ही छात्र-छात्रा को उपाधि दी जाती है। यह कार्यक्रम भारतीय विश्वविद्यालयों में भी चलाया जाना चाहिए। इससे छात्र-छात्रा में

सामाजिक उत्तरदायित्व की भावना आती है और योग्य नागरिकता का गुण पैदा होता है। भारत में भी राष्ट्रीय समाज-सेवा योजना (National Social Service Scheme) को विश्वविद्यालयों में चलाया गया है। समाज-सेवा के अन्तर्गत व्याख्यान, प्रवचन, अभिनय, प्रदर्शनी, मनोरंजन, स्वास्थ्य-सम्बन्धी सेवा, स्वच्छता और श्रमदान आदि कार्यक्रमों को लिया जाता है। सातवीं पंचवर्षीय योजना में हमारी सरकार ने 200,000 छात्रों को समाज-सेवा में लगाया था। इस कार्यक्रम को गम्भीरता से लेकर सभी डिग्री छात्र-छात्राओं के लिए अनिवार्य बनाना चाहिए।

प्रौढ़ शिक्षा और अर्थव्यवस्था (Adult Education and Financial Economy)

हमारी उच्च शिक्षा बहुत महँगी है जिसे सब लोग धनाभाव के कारण नहीं ले पाते। अमेरिका आदि देशों में प्रौढ़ों को शिक्षा देने के लिए विश्वविद्यालय निःशुल्क व्यवस्था करते हैं। बेरोजगार प्रौढ़ों को शिक्षा देने के साथ-साथ अंशकालीन नौकरी (Part-time Job) देने की व्यवस्था भी की जाती है। ऐसी व्यवस्था भारतीय विश्वविद्यालयों द्वारा भी प्रसार विभागों (Extension Departments) के माध्यम से की जानी चाहिए। हमारे यहाँ 5 से 15 प्रतिशत छात्रों को सरकारी छात्रवृत्ति मिलती है। फिर भी अधिकांश लोग धनाभाव में इच्छा रखते हुए भी उच्च शिक्षा से वंचित रह जाते हैं।

विश्वविद्यालयों से सम्बद्ध कॉलेजों की स्थिति (Condition of Colleges Affiliated to a University)

विश्वविद्यालय से सम्बद्ध कॉलेजों में वे सुविधाएँ और साधन नहीं होते जो विश्वविद्यालय में होते हैं। इसलिए यहाँ शिक्षण की व्यवस्था उच्च-स्तर की नहीं हो पाती। वास्तव में सम्बद्ध कॉलेजों में भी विश्वविद्यालय जैसी सुविधायें और साधन होने चाहिए। स्थानीय आवश्यकताओं को ध्यान में रखते हुए सम्बद्ध कॉलेजों के पाठ्यक्रम में परिवर्तन किया जाए। उसे विश्वविद्यालय के ही समकक्ष रखा जाए, परन्तु उसकी नकल न की जाए। जब विश्वविद्यालय पाठ्यक्रम का निर्धारण करें तो वह सम्बद्ध कॉलेजों के प्रतिनिधियों से उनकी स्थानीय आवश्यकताओं को अवश्य मालूम कर लें। इससे सम्बद्ध कॉलेजों की स्थिति अच्छी बन सकेगी।

विश्वविद्यालयों में अनुसंधान कार्य (Research Work in Universities)

स्वतन्त्रता प्राप्ति के बाद से भारतीय विश्वविद्यालयों में अनुसंधान कार्य की सुविधाओं का अच्छा विस्तार हुआ है। इससे यह स्पष्ट होता है कि भारत में शिक्षा का वातावरण उन्नत हुआ। राधाकृष्णन आयोग ने विश्वविद्यालयों में अनुसंधान कार्य की व्यवस्था

करने पर बल दिया था। सुझाव में स्पष्ट किया गया कि सरकार विश्वविद्यालयों को पर्याप्त धन दे जिससे वे अनुसंधान कार्य की व्यवस्था कर सकें। इस सम्बन्ध में सबसे बड़ी बाधा यह है कि छात्रों और अध्यापकों में अनुसंधान कार्य के प्रति रुचि जाग्रत नहीं हुई है। धनाभाव के कारण विश्वविद्यालयों और कॉलेजों में कर्मशालाओं (Workshops), प्रयोगशालाओं, पुस्तकालयों की सुविधायें उपलब्ध नहीं हैं।

विश्वविद्यालयों के सरकार के कृषि विभाग, श्रम विभाग, उद्योग विभाग, वाणिज्य विभाग से सम्बन्ध घनिष्ठ नहीं हैं। इससे अनुसंधान कार्य के स्रोत (Sources) उपलब्ध नहीं होते और इन विभागों की समस्याओं पर खोज नहीं हो पाती। अध्यापकों में अनुसंधान कार्य के प्रति रुचि पैदा करने के लिये आवश्यक है कि उन्हें इस कार्य के लिए छात्रवृत्तियाँ दी जायें, वेतन सहित अवकाश दिया जाए, उनकी सेवा सुरक्षित रखी जाए और उनकी वेतन वृद्धि पर कोई बुरा प्रभाव न पड़े। सभी शिक्षकों के लिए अनुसंधान कार्य एक अनिवार्य योग्यता मान ली जाये।

सारांश

आधुनिक भारतीय उच्च शिक्षा

उच्च शिक्षा का अन्य शिक्षा व्यवस्थाओं के समान प्रगति और प्रसार। स्वतन्त्रता प्राप्ति के बाद से शिक्षा-प्रगति अधिक। संस्थाओं के आर्थिक साधन सीमित। सुविधाओं का अभाव। विश्वविद्यालय कई प्रकार के—सम्बद्ध विश्वविद्यालय, सावासिक विश्वविद्यालय, संघात्मक विश्वविद्यालय, सम्बद्ध और शिक्षण विश्वविद्यालय, एकल संकाय विश्वविद्यालय।

विश्वविद्यालय-शिक्षा की प्रमुख समस्याएँ

विश्वविद्यालय शिक्षा और प्रशासन—स्वायत्तशासन की आन्तरिक मामलों में आवश्यकता। सरकारी नियन्त्रण भी आवश्यक; परन्तु इसकी सीमा।

विश्वविद्यालयों में आर्थिक व्यवस्था—आर्थिक स्रोत कम। विश्वविद्यालय अनुदान आयोग द्वारा अनुदान की व्यवस्था। इसे और अधिक उदार बनाना आवश्यक।

विश्वविद्यालयों में प्रवेश—होनहार छात्रों को ही प्रवेश। शेष को व्यावसायिक आत्मनिर्भरता की शिक्षा। सेवारत लोगों को व्यक्तिगत रूप से परीक्षा देने की सुविधा।

उच्च शिक्षा प्रणाली—शिक्षकों की स्थिति तैयारी और योग्यता पर निर्भर। इनकी स्थिति, तैयारी और योग्यता में सुधार आवश्यक।

विश्वविद्यालयों में अध्ययन पाठ्यक्रम—स्थानीय आवश्यकताओं और राष्ट्रीय

आवश्यकताओं के अनुकूल पाठ्यक्रम में सुधार आवश्यक।

विश्वविद्यालयों में परीक्षा प्रणाली—इसमें सुधार आवश्यक। अन्तःपरीक्षाओं को महत्व। वस्तुनिष्ठ परीक्षणों पर बल।

शिक्षा माध्यम—मातृभाषा ही उपयुक्त। अंग्रेजी को विषय के रूप में पढ़ना ठीक।

स्नातक पाठ्यक्रम की अवधि—छात्र की आवश्यकता के अनुकूल।

समाज सेवा कार्यक्रम—अनिवार्य समाज सेवा कार्यक्रम आवश्यक।

प्रौढ़ शिक्षा—निःशुल्क या कम शुल्क पर प्रौढ़ों के लिए उच्च शिक्षा दी जाए।

सम्बद्ध कॉलेजों की स्थिति—विश्वविद्यालय के समान सुविधा सम्पन्न हों।

अनुसंधान कार्य—अनुसंधान कार्य को प्रोत्साहन। शिक्षकों के लिए इसे अनिवार्य बनाना और सभी सुविधाओं की व्यवस्था करना।

अभ्यासार्थ प्रश्न

1. भारतीय विश्वविद्यालय-शिक्षा की व्यवस्था और प्रशासन का वर्णन कीजिए।
2. उच्च शिक्षा की प्रमुख समस्याओं की विवेचना कीजिए तथा उनके समाधान की ओर संकेत कीजिए।

अध्याय 39

भारत में स्त्री शिक्षा और उसकी समस्याएँ [Women Education and Its Problems in India]

स्त्री शिक्षा की ऐतिहासिक पृष्ठभूमि (Historical Background of Women Education)

वैदिक काल में भारतीय महिलाओं को सम्मानजनक स्थान प्राप्त था। समाज में महिलाओं का बहुत आदर होता था और वे पुरुषों के समान विदुषी थी। बौद्ध काल तक महिला वर्ग सम्मानजनक जीवन व्यतीत करता रहा, परन्तु मुस्लिम काल में उनकी प्रतिष्ठा को ठेस लगी। व्यभिचारी शासकों के भय से वे परदे में रहने लगीं। उनका घर से बाहर निकलना कठिन हो गया। उनकी शिक्षा-दीक्षा बन्द हो गयी। परिणामतः स्त्री वर्ग अशिक्षित होने लगा। अंग्रेजों के शासनकाल में भी स्त्री शिक्षा पर समुचित ध्यान नहीं दिया गया। बाद के 100 वर्षों में ईसाई मिशनरियों, भारतीय नेताओं और समाज सुधारकों के प्रयास से भारतीय स्त्री शिक्षा की कुछ प्रगति हुई। ईसाई मिशनरीज़ ने भारत में स्त्री शिक्षा पर पहली बार ध्यान दिया। भारत की सबसे पहली स्त्री शिक्षा संस्था 1849 ई॰ में भारत सरकार के सलाहकार (Adviser) डी॰डब्ल्यू॰ बैथून (D.W. Bethune) द्वारा स्थापित की गयी। उन्होंने अपनी आय का अधिकांश भाग इस संस्था के लिए तथा स्त्री शिक्षा के प्रसार के लिए दान किया। मिशनरीज़ ने स्त्री शिक्षा के लिए बहुत-सी संस्थाएँ खोलीं। 1851 ई॰ तक भारत में 371 स्त्री शिक्षा संस्थाएँ खुलीं। इनमें से 86 संस्थाएँ सावासिक (Residential) थीं। इस प्रकार 19वीं शताब्दी के मध्यकाल तक 1857 ई॰ के प्रथम स्वतन्त्रता संग्राम से पूर्व 11,193 लड़कियों के लिए शिक्षा व्यवस्था हो चुकी थी।

1857 ई॰ के स्वतन्त्रता संग्राम के पश्चात् स्त्री शिक्षा का विकास बहुत ढीला रहा। 1882 ई॰ के भारतीय शिक्षा आयोग की संस्तुति पर ब्रिटिश सरकार ने स्त्री शिक्षा के लिये अनुदान देना प्रारम्भ किया। इससे नयी संस्थाएँ खोलने की प्रेरणा

मिली। इसके परिणामस्वरूप महिला शिक्षा संस्थाएँ 6,107 तथा बालिका संस्थाएँ 4,47,470 तक पहुँच गयीं। इन संस्थाओं में 467 माध्यमिक स्कूल और 12 कॉलेज थे। 20वीं शताब्दी के पहले 15 वर्ष स्त्री शिक्षा की दृष्टि से बहुत ही महत्वपूर्ण हैं। 1904 ई॰ को श्रीमती एनी बेसेण्ट (Mrs. Annie Besant) ने बनारस में एक सैण्ट्रल हिन्दू गर्ल्स कॉलेज की स्थापना की। 1916 ई॰ में पहला महिला कॉलेज, लेडी हार्डिंग मैडिकल कॉलेज (Lady Hardinge Medical College) दिल्ली में खोला गया। इस समय सरकार और जनता दोनो ने स्त्री शिक्षा के विकास पर ध्यान दिया। 1875 ई॰ में आर्य समाज की स्थापना के परिणामस्वरूप आर्य समाज ने देश के कोने-कोने में कन्या पाठशालाएँ, कन्या महाविद्यालय स्थापित किये। डी॰ ए॰ वी॰ आन्दोलन के फलस्वरूप लाहौर, कानपुर, बम्बई तथा अन्य महानगरों में महिला डी॰ ए॰ वी॰ कॉलेजों की स्थापना की गयी। अब जनता में बालिकाओं को पढ़ाने की इच्छा पैदा हुई। सरकार ने बहुत से राजकीय कन्या स्कूल खोले। छात्राओं के लिये यातायात की सुविधाएँ जुटाईं, स्कूलों को अनुदान दिया और छात्रवृत्तियाँ दीं। प्रथम विश्व युद्ध (1917 ई॰) तक भारत में 18,827 कन्या संस्थाएं हो गयीं जिनमें 12,30,419 छात्राएँ पढ़ती थीं। इन कन्या संस्थाओं में 12 कॉलेज, 4 कॉमर्शियल कॉलेज और 689 माध्यमिक स्कूल थे।

प्रथम विश्व युद्ध के बाद से स्वतन्त्रता प्राप्ति तक राष्ट्रीय नेताओं तथा समाज सुधारकों के प्रयास से स्त्री शिक्षा का अच्छा विकास हुआ। 1947 ई॰ में अविभाजित भारत में 32,14,860 छात्राएँ शिक्षा प्राप्त कर रही थीं। इनमें से 16,284 छात्राएँ सामान्य कॉलेजों में और 40,843 औद्योगिक तथा अन्य कॉलेजों में शिक्षा प्राप्त कर रही थीं। इस प्रकार 30 वर्ष की अवधि में छात्राओं की संख्या 3 गुना अधिक हो गयी।

स्वतन्त्रता प्राप्ति के बाद से तो स्त्री शिक्षा पर विशेष ध्यान दिया गया। प्रथम पंचवर्षीय योजना में 16,951 संस्थाएँ 35,50,503 छात्राओं को शिक्षा दे रहीं थीं। इस अवधि में प्राथमिक और माध्यमिक स्कूलों की अपेक्षा कॉलेजों का अधिक विकास हुआ। इनमें छात्राओं की संख्या अधिक बढ़ी। इस समय स्त्री वर्ग के लिए व्यावसायिक और तकनीकी संस्थाएँ खुलीं। डिग्री कॉलेजों में सह-शिक्षा (Co-education) को प्रोत्साहन मिला। दूसरी योजना के प्रारम्भ तक 26,425 स्त्री शिक्षा की संस्थाए थीं जिनमें लगभग एक करोड़ छात्राएँ शिक्षा पा रही थीं। आगे की पंचवर्षीय योजनाओं में भी महिला कॉलेज और माध्यमिक स्कूल स्थापित हुए। कुछ विश्वविद्यालय स्तर की संस्थाएँ तो एकमात्र महिलाओं के लिए खोली गयीं।

स्त्री शिक्षा का महत्व
(Importance of Women Education)

भारत में स्त्री शिक्षा का कुछ विकास हुआ है, फिर भी हमारे देश की महिलायें शिक्षा के मामले में रूस, अमेरिका आदि देशों की महिलाओं से पीछे हैं। इसका मुख्य कारण हमारे समाज का अशिक्षित और पिछड़ा होना है। स्त्री वर्ग को सुयोग्य नागरिक बनाने के लिए और अधिक शिक्षा की व्यवस्था की जानी चाहिए। प्रौढ़ शिक्षा भी इसका एक आवश्यक अंग होना चाहिए। इतनी सन्तोष की बात है कि भारत में इतनी विदुषी महिलाएँ हैं जो भारत के सर्वोच्च पदों पर आसीन रही हैं। अन्य विकसित देशों में भी यह बात देखने को नहीं मिली।

कोठारी आयोग (1964-66) ने प्रत्येक स्तर पर स्त्री शिक्षा के विकास की संस्तुति की है। इससे पूर्व राधाकृष्णन आयोग (1948-49) ने स्त्री शिक्षा के विकास के लिए बहुत अच्छे सुझाव दिये थे और कहा था कि स्त्रियाँ भी पुरुषों के समान सभी क्षेत्रों में प्रगति कर सकती हैं। अभी तक भारतीय महिलाएँ इसलिए पिछड़ी हैं कि भारतीय समाज अधिक रूढ़िवादी, स्त्री-वर्ग के प्रति उदासीन रहा है।

आज हमारे देश को योग्य नागरिकों की आवश्यकता है। माताएँ ही बच्चों के चरित्र का गठन करती हैं। परिवार नागरिकता का प्रथम स्कूल है। माता और पिता से ही परिवार का वातावरण बनता है। यदि माता सुशिक्षित है तो वह अपने बच्चों को अच्छा और शिक्षाप्रद वातावरण दे सकती है, वह परिवार के कल्याण के लिए प्रत्येक प्रयत्न कर सकती है। परिवार के लोगों का स्वास्थ्य बना सकती है, बच्चों का पालन-पोषण अच्छे ढंग से कर सकती है। इसलिए स्त्री शिक्षा द्वारा स्त्री वर्ग को सुशिक्षित करना चाहिए।

यह स्वयं सिद्ध है कि शिक्षण और चिकित्सा क्षेत्र में महिलाएँ अच्छा कर्तव्य निर्वाह करती हैं। हमें इन क्षेत्रों के लिए अधिक से अधिक प्रशिक्षित महिलाएँ तैयार करनी होंगी। सभी क्षेत्रों में आज महिलाएँ सफल सिद्ध हो रही हैं। क्यों न हम महिलाओं को योग्य बनाकर प्रत्येक क्षेत्र के लिए तैयार करें, परन्तु हमें ध्यान रखना है कि वे पाश्चात्य संस्कृति के बहाव में बहकर चरित्रहीन न बनें। उन्हें सच्चे अर्थों में भारतीय नारी और माँ बनना है। सभी क्षेत्रों में रहकर भी वे माँ और पत्नी का कर्तव्य सफलतापूर्वक पालन कर सकती हैं।

स्त्री शिक्षा का संगठन
(Organisation of Women Education)

भारतीय संविधान के अनुसार स्त्री शिक्षा का उत्तरदायित्व केन्द्रीय सरकार का है;

परन्तु सामान्य शिक्षा (General Education) का एक भाग होने के कारण राज्य सरकारें ही इस शिक्षा के उत्तरदायित्व को वहन कर रही हैं। प्रारम्भ में केन्द्रीय सरकार ने स्त्री शिक्षा विभागों की स्थापना की थी और विद्यालय निरीक्षिकाओं (Inspectors of Schools) की नियुक्ति की थी। अब प्रत्येक राज्य में शिक्षा निदेशक (Directors of Education) के साथ एक उप-शिक्षा निदेशक (Deputy Directors of Education) 'महिला' को स्त्री शिक्षा के लिए अधिकृत किया गया है। प्रत्येक मंडल (Region) में एक मंडलीय विद्यालय निरीक्षिका (Regional Inspectors of Schools) की नियुक्ति की गयी है और जिला-स्तर पर जिला विद्यालय निरीक्षिकाएँ नियुक्त की गयी हैं। इन निरीक्षिकाओं की संख्या अपर्याप्त है और स्त्री शिक्षा पर दोहरा प्रशासन चलता है। सबसे बड़ा दोष तो यह है कि गाँवों तक कोई भी विद्यालय निरीक्षिका नहीं पहुँचती।

1958 ई० में केन्द्रीय सरकार ने एक राष्ट्रीय महिला शिक्षा समिति (National Women Education Committee) की नियुक्ति की। इस समिति के सुझाव पर एक राष्ट्रीय स्त्री शिक्षा परिषद् (National Women Education Council) की स्थापना की गयी। यह परिषद् स्त्री शिक्षा की दशा और समस्याओं का अध्ययन करती है और उसके सुधार के लिए उचित निदेशन (Guidance) की व्यवस्था करती है। इस परिषद् ने सुझाव दिया है कि प्रत्येक राज्य में स्त्री शिक्षा विभाग स्थापित किया जाए, एक संयुक्त निदेशक (महिला) नियुक्त की जाए और स्त्री शिक्षा के लिए एक परामर्शदात्री परिषद् (Advisory Council) का गठन किया जाए। ये सुझाव अभी तक राज्य सरकारों के विचाराधीन है। केन्द्र सरकार भी स्त्री शिक्षा के इस प्रशासन पर विचार कर रही है।

उच्च स्त्री शिक्षा (Higher Women Education)

स्वतन्त्रता के पश्चात् पहली पंचवर्षीय योजना में 14,754 छात्राएँ उच्च शिक्षा प्राप्त कर रही थीं, बाद में यह संख्या 34,856 तक पहुँच गयी। आने वाली सभी पंचवर्षीय योजनाओं में उच्च स्त्री शिक्षा को अधिक महत्त्व दिया गया। विश्वविद्यालयों और कॉलेजों में सह-शिक्षा तो चलायी ही गयी, पृथक् विश्वविद्यालयों, विश्वविद्यालय-स्तर की संस्थाओं तथा पृथक् महिला डिग्री कॉलेजों की स्थापना की गयी। अब तो गृह-विज्ञान, संगीत, नृत्य, चित्रकला, व्यावसायिक कला और तकनीकी संस्थाओं की स्थापना करके विशिष्ट शिक्षा की व्यवस्था की गयी है। अभी और उच्च शिक्षा संस्थाओं की आवश्यकता है। गाँवों में तो स्त्री शिक्षा के विकास पर बिलकुल ध्यान नहीं दिया गया।

माध्यमिक स्त्री शिक्षा (Secondary Women Education)

भारत में माध्यमिक स्त्री शिक्षा का अच्छा विकास हुआ है। पहली योजना के प्रारम्भ में माध्यमिक (कन्या) स्कूलों की संख्या 2863 थी और छात्राएँ 9,08,755 थीं। योजना के अन्त तक स्कूलों की संख्या 3920 हो गयी और छात्राओं की संख्या 13,40,071 तक पहुँच गयी। छात्राओं का प्रतिशत 29 से बढ़कर 40 तक पहुँच गया। तब से अब तक स्त्री शिक्षा का माध्यमिक स्तर पर निरन्तर विकास हो रहा है। 14 से 17 वर्ष की लड़कियाँ इस समय तक अधिक संख्या में शिक्षा ग्रहण नहीं कर रही थीं। इनका प्रतिशत केवल 3 से अधिक नहीं बढ़ा। अब तो माध्यमिक स्त्री शिक्षा के क्षेत्र में पर्याप्त प्रगति हो रही है। नये-नये स्कूल खुलते जा रहे हैं और शिक्षा की सुविधाएँ बढ़ती जा रही हैं।

अनिवार्य प्राथमिक स्त्री शिक्षा (Compulsory Primary Women Education)

प्राथमिक शिक्षा आगामी सभी शिक्षा-स्तरों का प्रमुख आधार है, परन्तु पहली योजना में लड़कों और लड़कियों के लिए जो लक्ष्य निर्धारित किया गया वह उत्साहवर्द्धक नहीं माना जा सकता। 39,276 गाँवों और 1083 कस्बों में से केवल 8959 गाँवों और 284 कस्बों को अनिवार्य शिक्षा के अन्तर्गत लिया गया। यह अनिवार्य शिक्षा केवल लड़कों के लिए थी। लड़कियों के लिये नहीं थी। यह योजना राष्ट्रीय महत्व की दृष्टि से दोषपूर्ण थी। पहली योजना से पूर्व 6 से 11 वर्ष की 25 प्रतिशत बालिकाएँ ही शिक्षा पा रही थीं। योजना के अन्त तक यह प्रतिशत 33 तक पहुँच गया। सातवीं योजना के अन्त तक 60 प्रतिशत बालिकाओं की प्राथमिक शिक्षा के विकास का अनुमान लगाया गया। अब बालिकाओं की अनिवार्य शिक्षा को भी बालकों की अनिवार्य शिक्षा के समान महत्व दिया जा रहा है, परन्तु जैसे-जैसे छात्राओं की आयु बढ़ती जाती है, उनका प्रतिशत घटता जाता है।

स्त्रियों के लिये व्यावसायिक, विशिष्ट और प्रौढ़ शिक्षा (Vocational, Specialized and Adult Education for Women)

अब सरकार की ओर से व्यावसायिक शिक्षा की सुविधायें मिलने के कारण स्त्रियाँ भी इस शिक्षा में रुचि लेने लगी हैं। इस शिक्षा में रुचि लेने का मुख्य कारण स्त्री-वर्ग द्वारा अपने परिवार का आर्थिक स्तर ऊँचा करने का दृष्टिकोण भी है। वे अब सामाजिक क्षेत्र में आगे बढ़ने के लिए प्रौढ़ शिक्षा, व्यावसायिक शिक्षा और विशिष्ट शिक्षा में रुचि लेने लगी हैं। सरकार और समाज को चाहिए कि वे इन शिक्षा

सुविधाओं का विस्तार करे। अब स्त्री वर्ग शिक्षण, चिकित्सा और रोगी परिचर्या के क्षेत्र में प्रशिक्षित होने के लिए लालायित है। संगीत, कला, नृत्य, गृह-विज्ञान आदि के क्षेत्र में स्त्रियाँ पर्याप्त रुचि लेने लगी हैं। ग्रामीण क्षेत्रों में तो इन सभी शिक्षा सुविधाओं का अभाव है। सरकार को इस कमी पर ध्यान देना चाहिए। शहरी और ग्रामीण दोनों क्षेत्रों में स्थानीय आवश्यकताओं की पूर्ति के लिए प्रौढ़ शिक्षा तथा नियमित शिक्षा के माध्यम से घरेलू उद्योग-धन्धों तथा शिक्षण, परिचर्या और चिकित्सा-सम्बन्धी व्यवसायों में प्रशिक्षण की अच्छी व्यवस्था की जाए।

स्त्री शिक्षा की प्रमुख समस्याएँ (Main Problems of Women Education)

प्रजातान्त्रिक शासन प्रणाली में स्त्री-पुरुष का भेद मान्य नहीं होता और स्त्रियों को पुरुषों की भाँति समान शैक्षिक अवसर जुटाने आवश्यक होते हैं। विदेशों की भाँति हमारे देश में भी स्त्रियाँ पुरुषों की भाँति सक्षम सिद्ध हो रही हैं। इसलिए भारत के स्त्री वर्ग को भी शिक्षा के पर्याप्त और समान अवसर मिलने चाहिए। तभी वे पुरुषों के समान सबल और सामाजिक सम्मान पाने वाली बन सकती हैं। हमारी संस्कृति अन्य देशों की संस्कृतियों से अनूठी है। हमें ऐसी स्त्री शिक्षा की व्यवस्था करनी है जो स्त्री को भारतीय सुशिष्ट नारी बनाये। स्त्री शिक्षा के विकास के सम्बन्ध में कुछ समस्याएँ सामने आती हैं। उन्हें दूर करके ही हम स्त्री वर्ग को शिक्षा के अच्छे अवसर दे सकते हैं।

(1) भारतवर्ष में पुरुषों और स्त्रियों के लिए चलाये गये पाठ्यक्रम लगभग समान ही हैं। यह उचित नहीं है। यदि हम स्त्रियों के लिए उनकी रुचि के विषयों के अध्ययन की अच्छी व्यवस्था करें तो उनका स्वाभाविक विकास सरलता से हो सकेगा। सभी शिक्षा-स्तरों पर इस समस्या का हल खोजना आवश्यक है।

(2) हमारे यहाँ सह-शिक्षा (Co-education) को अच्छा नहीं माना जाता। प्राथमिक स्तर पर और डिग्री स्तर पर सह-शिक्षा में कोई दोष प्रतीत नहीं होता। इसलिए इन स्तरों पर सह-शिक्षा चलायी जाये और पृथक् स्कूल भी खोले जायें। माध्यमिक स्कूल तो पृथक् ही खोले जायें। इस स्तर पर मनोवैज्ञानिक दृष्टि से भी सह-शिक्षा उचित नहीं है। किशोरावस्था में अभिभावक अपनी बालिकाओं को स्कूल भेजते डरते हैं। यह संकीर्ण मनोवृत्ति समाप्त होनी चाहिए। उन प्रौढ़ाओं के लिए जो घरेलू उत्तरदायित्वों में व्यस्त हैं, शिक्षा की व्यवस्था हो; प्रौढ़ शिक्षा इसके लिए सबसे अच्छा

साधन हो सकता है। जो छात्राएँ व्यक्तिगत रूप से पढ़ना चाहें और परीक्षा देना चाहें उन्हें यह सुविधा अवश्य मिलनी चाहिए।

(3) उच्च शिक्षा स्तर पर और व्यावसायिक स्तर पर भी स्त्री वर्ग को उतनी सुविधायें उपलब्ध नहीं हैं जितनी पुरुषों को उपलब्ध हैं। अतः पुरुषों की भाँति स्त्री वर्ग के लिए भी उच्च शिक्षा, व्यावसायिक शिक्षा और विशिष्ट शिक्षा की व्यवस्था होनी चाहिए। उन्हें सरकारी और गैर-सरकारी दोनों क्षेत्रों की सेवाओं में अवसर मिलने आवश्यक हैं। राष्ट्रीय समृद्धि के लिये ऐसा करना आवश्यक है।

(4) जनसंख्या में वृद्धि होने के कारण अधिक से अधिक शिक्षकों और शिक्षिकाओं की आवश्यकता होगी। पुरुष शिक्षकों की अपेक्षा मनोवैज्ञानिक दृष्टि से महिला-शिक्षक अधिक सफल सिद्ध हुई हैं। अतः शिक्षण-व्यवसाय में अधिकाधिक महिलाओं को प्रवेश देने की आवश्यकता है। स्त्री वर्ग में समता और बच्चों के पोषण की अच्छी प्रवृत्ति होती है। वे अधिक उदार, सहिष्णु और शिष्ट होती हैं। अतः बच्चों की शिक्षा के लिए स्त्री-शिक्षकों की नियुक्ति करना ठीक होगा। इसके लिये उन्हें प्रशिक्षण देना आवश्यक होगा।

चिकित्सा और परिचर्या (Medical and Nursing) क्षेत्र में भी स्त्री वर्ग अधिक सफल हुआ है। महिलाओं की चिकित्सा में महिला चिकित्सक ही अधिक उपयोगी सिद्ध होती हैं। पुरुषों और स्त्रियों की सेवा करने में स्त्री वर्ग ही समान रूप से उपयोगी पाया गया है। इसलिये परिचर्या (Nursing) और चिकित्सा में अधिक से अधिक स्त्रियों को प्रवेश मिलना चाहिए।

अब कार्यालयों ने क्लर्क, टाइपिस्ट, रिसेप्शनिस्ट, स्टेनोग्राफर, सेल्सगर्ल्स आदि के रूप में स्त्री वर्ग में अच्छी सफलता प्राप्त की है। बैंकों में भी महिलाएँ अच्छा कार्य कर रही हैं। अतः इन सभी क्षेत्रों में महिलाओं को प्रशिक्षित करने की व्यवस्था की जाए।

सारांश

स्त्री शिक्षा की ऐतिहासिक पृष्ठभूमि

मुस्लिम काल में स्त्री वर्ग की अवनति और स्त्री शिक्षा का ह्रास। 19वीं शताब्दी के मध्यकाल से लेकर 20वीं शताब्दी के वर्तमान तक स्त्री शिक्षा की अच्छी प्रगति। मिशनरीज़ ने स्त्री शिक्षा-विकास में बहुत योग दिया। भारतीय सामाजिक और धार्मिक नेताओं ने स्त्री शिक्षा का प्रसार किया। आर्य समाज का नाम उल्लेखनीय। पहली योजना से सातवीं योजना तक स्त्री शिक्षा का अच्छा विकास।

स्त्री शिक्षा का महत्व

योग्य नागरिकों का गठन करने में परिवारों और माता की सर्वोत्तम भूमिका। अतः माता का शिक्षित होना आवश्यक। स्त्री पुरुष के समान सभी कार्य करने में सक्षम। अतः उसे समान शैक्षिक अवसर मिलना आवश्यक।

स्त्री शिक्षा का संगठन

केन्द्रीय सरकार और राज्य सरकारों का उत्तरदायित्व। राज्यों में शिक्षा निदेशक की सहायता के लिए स्त्री निदेशक की नियुक्ति। मंडलीय विद्यालय निरीक्षिकाओं और जिला निरीक्षिकाओं की नियुक्ति। दोहरा शासन। राष्ट्रीय स्त्री शिक्षा परिषद् द्वारा पृथक् स्त्री शिक्षा विभाग व निदेशिका की आवश्यकता पर बल।

(1) उच्च स्त्री शिक्षा के विकास पर बल—इसका अधिक विकास।
(2) माध्यमिक स्त्री शिक्षा का अत्यधिक विकास। सह-शिक्षा नहीं। पृथक् माध्यमिक स्कूलों की स्थापना आवश्यक।
(3) लड़कों की भाँति लड़कियों की अनिवार्य प्राथमिक शिक्षा पर बल।
(4) स्त्रियों को पुरुषों की भाँति व्यावसायिक, विशिष्ट और प्रौढ़ शिक्षा आवश्यक।

स्त्री शिक्षा की प्रमुख समस्याएँ

(1) स्त्री-पुरुष दोनों को शिक्षा के समान अवसर देना आवश्यक।
(2) स्त्री और पुरुष के पाठ्यक्रमों में स्वभावानुसार अन्तर होना आवश्यक।
(3) प्राथमिक और डिग्री स्तर पर सह-शिक्षा, माध्यमिक स्तर पर पृथक् व्यवस्था।
(4) विशिष्ट शिक्षा, शिक्षण, चिकित्सा, परिचर्या, कार्यालय-लिपिकों के समान प्रशिक्षण। इनकी सुविधाएँ स्त्रियों के लिए भी आवश्यक। उच्च शिक्षा की व्यक्तिगत व्यवस्था हो।

अभ्यासार्थ प्रश्न

1. भारत में स्त्री शिक्षा के संगठन की विवेचना कीजिए।
2. स्त्री शिक्षा की प्रमुख समस्याएँ क्या हैं? ये कैसे सुलझायी जा सकती हैं?

अध्याय 40

भारत में अध्यापक शिक्षा
[Teacher Education in India]

अध्यापक शिक्षा का विकास
(Development of Teacher Education)

लगभग 100 वर्ष पहले अध्यापक शिक्षा या अध्यापक प्रशिक्षण (Teacher's Training) का अधिक महत्व नहीं था। यह माना जाता था कि अध्यापक तो जन्मजात (Born) होता है, उसे शिक्षा या प्रशिक्षण द्वारा बनाया नहीं जा सकता। जब मनोवैज्ञानिक दृष्टिकोण विकसित नहीं हुआ था तब अध्यापक का काम केवल यह था कि वह छात्रों को पाठ रटा दे। प्राचीनकाल में शिक्षक का स्थान बहुत ऊँचा था। वैदिक काल में गुरुकुल प्रणाली या आश्रम प्रणाली प्रचलित थी। बौद्धकाल में कक्षानायक प्रणाली (Monitorial System) को अपनाया गया। अध्यापक छात्रों को उनकी योग्यता और आवश्यकता के अनुसार छोटे-छोटे वर्गों में बाँट देता था। प्रत्येक वर्ग एक प्रतिभाशाली और वरिष्ठ छात्र या कक्षानायक (Monitor) के निदेशन में पाठ तैयार करता था। इस प्रकार वरिष्ठ और प्रतिभाशाली छात्र शिक्षक का काम करता था। बाद में अध्यापक इन वर्गों के अधिगम (Learning) की जाँच करता था। वह प्रणाली कक्षानायक प्रणाली (Monitorial System) कहलाती थी। भारत में यह प्रणाली 19वीं शताब्दी तक सफलतापूर्वक चलती रही।

सन् 1787 ई॰ में सबसे पहले मद्रास में एन्ड्रू बेल (Andrew Bell) ने सैनिक अनाथालय के बच्चों को पढ़ाने के लिए कक्षानायक प्रणाली (Monitorial System) को विधिवत् अपनाया। इस प्रणाली से कक्षानायक (Monitor) एक कुशल शिक्षक के रूप में प्रशिक्षित हो जाता था।

कक्षानायक प्रणाली द्वारा विधिवत् अध्यापक प्रशिक्षण

अध्यापक प्रशिक्षण का विधिवत् और संस्थागत आरम्भ वैयक्तिक प्रयास से या निजी

संस्थाओं के प्रयास से हुआ। सबसे पहले डॉ॰ मोर (Dr. More) ने श्रीरामपुर में एक नॉर्मल स्कूल खोला। इसमें प्राथमिक स्कूलों के अध्यापकों को प्रशिक्षण दिया जाता था। 1819 ई॰ को कलकत्ता में स्थानीय स्कूल समिति (Local School Committee) ने एक प्रशिक्षण केन्द्र स्थापित किया। इसी समय सर थॉमस मुनरो (Sir Thomas Munroe) ने मद्रास में एक केन्द्रीय स्कूल (Central School) अध्यापकों के प्रशिक्षण के लिए स्थापित किया। इसी समय बम्बई में देशी शिक्षा मंडल ने 28 अध्यापकों को प्रशिक्षित किया और उन्हें कार्य सौंपा कि वे संचालित प्राइमरी स्कूलों का निरीक्षण करें। कलकत्ता की स्त्री शिक्षा समिति (Women's Education Committee) ने एक प्रशिक्षण केन्द्र स्त्री वर्ग के प्रशिक्षण के लिए खोला।

1854 ई॰ के वुड डिस्पैच (Wood Despatch) की संस्तुति पर, जिसे 1859 ई॰ में पुनः प्रस्तुत किया गया, सरकार ने भी अध्यापक प्रशिक्षण के लिए प्रशिक्षण संस्थाएँ स्थापित कीं। यह भी निर्णय लिया गया कि स्कूलों को मिलने वाली सहायता में से एक अंश प्रशिक्षित अध्यापकों के वेतन के लिए रखा जाए। कलकत्ता, बम्बई, पूना, सूरत, आगरा, मेरठ, बनारस तथा बंगाल के अन्य तीन स्थानों पर सरकार ने नॉर्मल स्कूल स्थापित किये। अभी तक केवल प्राथमिक स्कूलों के अध्यापकों के लिए ही प्रशिक्षण की व्यवस्था थी; माध्यमिक स्कूलों के अध्यापकों के लिए प्रशिक्षण की व्यवस्था नहीं थी।

सन् 1856 ई॰ में पहली बार लाहौर में और मद्रास में 1881 ई॰ को माध्यमिक स्कूलों के अध्यापकों के प्रशिक्षण के लिए संस्थाएँ खुलीं। इन संस्थाओं में स्नातक और पूर्व स्नातक दोनों प्रशिक्षण प्राप्त करते थे। नॉर्मल स्कूलों में निर्धारित विषयों के प्रशिक्षण पर अधिक बल दिया जाता था, परन्तु माध्यमिक अध्यापकों के प्रशिक्षण केन्द्रों पर पाठ-सहगामी या पाठेत्तर क्रियाओं (Co-curricular or Extra Activities) पर विशेष बल दिया जाता था।

अध्यापक प्रशिक्षण का अगला चरण

अध्यापक प्रशिक्षण का अगला चरण सन् 1882 ई॰ से 1947 ई॰ तक माना जा सकता है। इस काल में माध्यमिक स्कूलों के अध्यापकों के प्रशिक्षण पर अधिक ध्यान दिया गया। लगभग 34 प्रतिशत कॉलेज स्थापित किए गए। 1947 ई॰ तक पुरुषों और महिलाओं के लिए नॉर्मल स्कूलों की संख्या क्रमशः 339 और 189 थी। इन सभी संस्थाओं में 2493 स्नातक, 23,754 प्राथमिक स्कूल अध्यापक और 10,193 महिला शिक्षक प्रशिक्षण प्राप्त कर रहे थे।

1882 ई॰ के भारतीय शिक्षा आयोग की संस्तुतियों को ध्यान में रखते हुए इन प्रशिक्षण केन्द्रों की व्यवस्था में सुधार किये गये। इसके बाद 1904 की शिक्षा नीति

को ध्यान में रखते हुए प्रशिक्षण संस्थाओं में सुधार और परिवर्तन लाया गया। शिक्षण अभ्यास (Teaching Practice) तथा शिक्षण सिद्धान्तों (Teaching Principles) पर अधिक बल दिया गया। स्नातकों के लिए एक-वर्षीय और पूर्व-स्नातकों (Under-Graduates) के लिए 2-वर्षीय प्रशिक्षण की व्यवस्था की गयी। एक आदर्श स्कूल (Model School) प्रत्येक प्रशिक्षण संस्था के साथ शिक्षण अभ्यास के लिये खोला गया। 1913 ई॰ की शिक्षा नीति के अनुसार अप्रशिक्षित अध्यापकों को शिक्षण व्यवसाय से हटा दिया गया। हर्टाग कमेटी और कलकत्ता विश्वविद्यालय आयोग के सुझावों को ध्यान में रखकर अध्यापक प्रशिक्षण में और अधिक सुधार एवं परिवर्तन किये गये।

स्वतन्त्र भारत में अध्यापक प्रशिक्षण

स्वतन्त्रता प्राप्त होने पर शिक्षा के लक्ष्यों में परिवर्तन लाने पर ध्यान दिया गया और राष्ट्र के विकास के लिए शिक्षा के विकास पर बल दिया गया। शिक्षा के प्रसार के साथ-साथ अधिक स्कूल खुले और अधिक प्रशिक्षित अध्यापकों की आवश्यकता अनुभव हुई। अब शिक्षा का लक्ष्य क्लर्क तैयार करना नहीं रहा, वरन् सर्वांगीण दृष्टि से विकसित नागरिक तैयार करना हुआ। इस लक्ष्य की प्राप्ति के लिये अच्छी शिक्षा की आवश्यकता समझी गयी। इस शिक्षा के लिए योग्य और प्रजातान्त्रिक दृष्टिकोण के शिक्षकों की तैयारी पर बल दिया गया। अतः देश में सभी शिक्षा-स्तरों की आवश्यकता को पूरा करने के लिये 6 प्रकार के प्रशिक्षण केन्द्रों की व्यवस्था की गयी।

(1) पूर्व-प्राथमिक प्रशिक्षण विद्यालय (Pre-primary Training Schools)– प्रारम्भ में मिडिल परीक्षा पास लोगों को इस प्रशिक्षण में लिया जाता था, अब हाई स्कूल पास अभ्यर्थियों को इन केन्द्रों पर प्रशिक्षण दिया जाता है। सभी राज्यों में यह प्रशिक्षण व्यवस्था समान नहीं है। राज्यों के प्रशिक्षण विद्यालयों के पाठ्यक्रमों में अन्तर पाया जाता है। ये प्रशिक्षित अध्यापक, नर्सरी स्कूलों, मॉण्टेसरी स्कूलों, किण्डरगार्टन स्कूलों तथा सामान्य पूर्व-प्राथमिक स्कूलों में पढ़ाने के योग्य माने जाते हैं। बड़ौदा विश्वविद्यालय ने पूर्व-प्राथमिक स्कूलों के लिए उत्तर स्नातक (Post Graduate) पाठ्यक्रम प्रारम्भ किया है। इसे पूरा करने पर प्रशिक्षित व्यक्ति पूर्व-प्राथमिक स्कूलों का निरीक्षक (Inspector) बन जाता है। 1953-54 ई॰ में भारत सरकार ने पूर्व-प्राथमिक शिक्षा के निरीक्षण और विकास के लिए भारतीय बाल-शिक्षा समिति (The Indian Children Education Committee) की स्थापना की। यह समिति अपने कर्तव्य के निर्वाह में लगी है। प्राप्त आँकड़ों के अनुसार भारत में 5 राजकीय और 35 व्यक्तिगत संस्थाएँ पूर्व-प्राथमिक

स्कूलों के अध्यापकों को प्रशिक्षण दे रही हैं।

(2) ***प्राथमिक स्कूलों के अध्यापकों के प्रशिक्षण केन्द्र (Training Centres for Primary Teachers (नॉर्मल स्कूल)***—सन् 1939 ई॰ में बुनियादी शिक्षा पद्धति चली। स्वतन्त्रता प्राप्ति से पूर्व ही प्राथमिक स्कूलों में बेसिक पद्धति लागू हो गयी थी। अब यह योजना लगभग सभी प्राथमिक विद्यालयों में लागू हो गयी है। फिर भी कुछ राज्यों में कुछ बेसिक शिक्षा पद्धति को नहीं अपना रहे हैं। इस प्रकार नॉर्मल स्कूल भी दो प्रकार के हैं। एक बेसिक प्रशिक्षण देते हैं तो दूसरे सामान्य प्रशिक्षण देते हैं। अब तक नॉर्मल स्कूलों में प्रवेश की नयूनतम योग्यता मिडिल स्कूल थी, परन्तु अब यह योग्यता हाई स्कूल कर दी गयी है। प्रशिक्षित अध्यापकों को जूनियर टीचर्स सर्टिफिकेट (J.T.C.) और सीनियर टीचर्स सर्टिफिकेट (S.T.C.) प्राप्त होते हैं। दोनों ही प्रशिक्षण दोवर्षीय हैं। एस॰ टी॰ सी॰ के पाठ्यक्रम में बीजगणित, ज्यामिति तथा विद्यालय और कक्षा प्रबंध पर अधिक बल दिया जाता है।

बेसिक और गैर बेसिक पाठ्यक्रमों में पर्याप्त अन्तर पाया जाता है। बेसिक प्रशिक्षण में सामाजिक तथा व्यावसायिक पाठ्यक्रम के अतिरिक्त हस्तशिल्प पर ध्यान दिया जाता है और व्यावहारिक ज्ञान (Practical Knowledge) पर विशेष बल दिया जाता है। बेसिक शिक्षा को कई भागों में बाँटा जाता है जैसे—हस्तशिल्प शिक्षा (Handicraft Education), सामाजिक शिक्षा (Social Education) तथा साहित्यिक ज्ञान (Literary Knowledge)। इस पाठ्यक्रम को हिन्दुस्तानी तालीमी संघ तैयार करता है। कुछ राज्यों ने तो इसे जैसा का तैसा स्वीकार कर लिया है, कुछ ने उसमें सुधार करके अपनाया है। 1957 ई॰ तक बेसिक प्रशिक्षण स्कूल 581 और गैर-बेसिक प्रशिक्षण स्कूल केवल 335 थे। अब गैर-बेसिक प्रशिक्षण स्कूलों का लोप ही हो गया है।

(3) ***जूनियर ट्रेनिंग कॉलेज (Junior Training College)***—जूनियर ट्रेनिंग कॉलेजों में हायर सेकण्डरी पास अथवा इण्टरमीडिएट परीक्षा पास प्रशिक्षार्थी प्रवेश पाते हैं। प्रशिक्षण के बाद ये जूनियर हाईस्कूलों या मिडिल स्कूलों में नियुक्त होते हैं। सभी राज्यों में इस प्रशिक्षण की थोड़े अन्तर के साथ व्यवस्था है—पाठ्यक्रम लगभग समान ही हैं। पाठ्यक्रम सिद्धान्त (Theory) और शिक्षण (Teaching) दो भागों में विभक्त है। जबलपुर, सागर और नागपुर विश्वविद्यालय इस स्तर के प्रशिक्षण का एक-वर्षीय पाठ्यक्रम देकर डिप्लोमा इन ट्रेनिंग कोर्स (Dip. T. Course) देते हैं। बड़ौदा, गुजरात, बम्बई, कर्नाटक और पूना के विद्यालय एक-वर्षीय

टीचिंग डिप्लोमा कोर्स (T.D. Course) का डिप्लोमा देते हैं। शेष राज्यों में शिक्षा विभाग (Education Department) की ओर से जे॰ टी॰ सी॰ डिप्लोमा दिया जाता है।

(4) ***प्रशिक्षण कॉलेज (Training College)***–बेसिक शिक्षा के प्रसार को देखते हुए राज्यों के शिक्षा विभागों ने ट्रेनिंग कॉलेजों की स्थापना की है जिनमें स्नातकों (Graduates) को प्रशिक्षण दिया जाता है। इस प्रशिक्षण को पाकर स्कूलों के निरीक्षक (Inspectors) नियुक्त होते हैं। उत्तर प्रदेश के शिक्षा विभाग द्वारा एल॰ टी॰ रचनात्मक का दो-वर्षीय तथा एक-वर्षीय सामान्य प्रशिक्षण दिया जाता है। विश्वविद्यालय और कॉलेज, जैसे अलीगढ़, आगरा, इलाहाबाद, लखनऊ, मेरठ, कानपुर, दिल्ली, अन्नामलई, बड़ौदा, बनाररा, गोहाटी, कलकत्ता, उसमानिया, जबलपुर, नागपुर, राजस्थान, विक्रम, पटना आदि बी॰ एड॰, डिप॰ एड॰ आदि उपाधियाँ देते हैं। अब सामान्य रूप से सभी विश्वविद्यालय बी॰ एड॰ उपाधि प्रदान करते हैं। सामान्यतः पाठ्यक्रम एक-वर्षीय है, परन्तु बेसिक शिक्षा के रचनात्मक प्रशिक्षण पाठ्यक्रम 2-वर्षीय होते हैं। बी॰ एड॰ के समकक्ष सभी पाठ्यक्रमों में पाठ्यक्रम की समानता लाने का प्रयत्न किया जा रहा है। इन्हीं प्रशिक्षण केन्द्रों पर विश्वविद्यालयों की ओर से एम॰ एड॰ (M. Ed.) प्रशिक्षण भी दिया जाता है। यह प्रशिक्षण एक-वर्षीय होता है। इसे प्राप्त करके प्रशिक्षत व्यक्ति ट्रेनिंग स्कूलों पर प्रशिक्षण (Trainer) का कार्य कर सकता है। यह 'शिक्षाशास्त्र' (Education) में स्नातकोत्तर स्तर का विशिष्ट पाठ्यक्रम है।

(5) ***विशेषज्ञ प्रशिक्षण केन्द्र (Specialist Training Centres)***–कुछ विश्वविद्यालय, कॉलेज और संस्थान विशिष्ट विषयों के अध्यापकों को प्रशिक्षण देते हैं। जैसे—शारीरिक शिक्षा, संगीत, गृह-विज्ञान, कला, नृत्य शिल्प-कार्यों और कृषि आदि में विशेष अध्यापक प्रशिक्षण देते हैं। ग्वालियर में 1957 ई॰ में महारानी लक्ष्मीबाई शारीरिक प्रशिक्षण महाविद्यालय स्थापित किया गया। ऐसे ही अन्य प्रशिक्षण केन्द्र भी स्थापित किये गये हैं।

(6) ***'शिक्षाशास्त्र' में अनुसंधान कार्य (Research Work in Education)***–विश्वविद्यालयों में एम॰ एड॰ परीक्षा पास अध्यापकों के लिए एम॰ फिल; और दो-वर्षीय पी॰ एच॰ डी॰ (Ph.D.) पाठ्यक्रम चलाये गये हैं। इन पाठ्यक्रमों में शिक्षाशास्त्र, शिक्षण आदि से सम्बन्धित समस्याओं पर अनुसंधान किया जाता है। अलीगढ़ और नागपुर विश्वविद्यालय शिक्षाशास्त्र मे एम॰ ए॰ की उपाधि देकर पी॰ एच॰ डी॰ पाठ्यक्रम का संचालन करते हैं। अभी तक

बेसिक शिक्षा के क्षेत्र में अनुसंधान कार्य की अच्छी व्यवस्था नहीं हो सकी है। शोध कार्य और अनुसंधान के लिए संस्थाओं के पास धन का अभाव है। सरकार इन संस्थाओं को पर्याप्त अनुदान देने की व्यवस्था करे।

महिलाओं के लिए अध्यापक प्रशिक्षण (Teacher Training for Women)

महिलाओं को पुरुषों के साथ ही अध्यापक प्रशिक्षण दिया जाता है, परन्तु कुछ संस्थाएँ केवल महिलाओं के प्रशिक्षण के लिए स्थापित हुई है। 1993-94 ई॰ के आँकड़े अग्रानुसार है—

महिला प्रशिक्षण केन्द्र	बेसिक केन्द्र	बेसिक प्रशिक्षार्थी	गैर-बेसिक केन्द्र	गैर-बेसिक प्रशिक्षार्थी
कॉलेज	20	1,900	90	12,759
स्कूल	500	30,000	500	29,009

सेवारत अध्यापकों का प्रशिक्षण (Training of In-service Teachers)

जो अध्यापक सेवारत हैं, परन्तु प्रशिक्षित नहीं हैं, अथवा पुराने प्रशिक्षित अध्यापक हैं जिन्हें नये ज्ञान और प्रशिक्षण की आवश्यकता है, उनके लिए प्रशिक्षण की व्यवस्था पर बल दिया जाना आवश्यक है। यदि ऐसा न हो तो पुराने अध्यापक नयी खोजों और तकनीकियों से परिचित न हों। इससे शिक्षण पर दुष्प्रभाव पड़ सकता है। शिक्षा विभाग और विश्वविद्यालय सेवारत अध्यापकों के लिए अभिनव पाठ्यक्रम (Refresher Courses); अंशकालीन पाठ्यक्रम (Part-time Courses); पत्राचार पाठ्यक्रम (Correspondence Courses); गोष्ठियाँ (Seminars); ग्रीष्मावकाश प्रशिक्षण (Summer Vacation Training) की व्यवस्था करते हैं। 1957 तक इस प्रकार की व्यवस्था करने वाले केन्द्रों की संख्या केवल 53 थी। अब इनका पर्याप्त विस्तार हो रहा है। एन॰ सी॰ ई॰ आर॰ टी॰ के रीजनल कॉलेज और अल्प विश्वविद्यालय अल्पकालीन पाठ्यक्रम, कर्मशाला, गोष्ठी, शिक्षा-सप्ताह, प्रदर्शनी, वाद-विवाद, संदर्शन, श्रव्य-दृश्य सहायक सामग्री, पत्र, समाचार-पत्र आदि प्रकाशनों के माध्यम से सेवारत अध्यापकों को प्रशिक्षण दे रहे हैं। फोर्ड फाउण्डेशन अमेरिका और टेक्नीकल को-ऑपरेशन मिशन अमेरिका ने इस शिक्षा में पर्याप्त सहयोग का हाथ बढ़ाया है।

अध्यापक शिक्षा से सम्बन्धित कुछ समस्याएँ (Some Problems Relating to Teacher's Education)

स्वतन्त्रता प्राप्ति के बाद से अध्यापक शिक्षा के क्षेत्र में पर्याप्त विकास और सुधार हुआ है। फिर भी इस क्षेत्र में बहुत-सी समस्याएँ हैं जिन्हें हल किए बिना अध्यापक शिक्षा या प्रशिक्षण का स्तर नहीं सुधारा जा सकता। कुछ समस्याएँ इस प्रकार मानी जा सकती हैं–

(1) ***उपयोगितावादी शिक्षा-दर्शन का अभाव (Lack of Utilitarian Educational Philosophy)***– आज हमें प्रजातान्त्रिक दृष्टिकोण वाले योग्य, चरित्रवान और उपयोगी नागरिक तैयार करने हैं। इसके लिए हमें शिक्षा में क्रान्तिकारी परिवर्तन लाने हैं जिससे छात्र-छात्राओं का सर्वांगीण विकास हो सके। इसके लिए आवश्यक है कि हम शिक्षा दर्शन को थोड़ा उपयोगितावादी (Utilitarian) भी बनायें। इसी दृष्टिकोण से अध्यापक प्रशिक्षण व्यवस्था में परिवर्तन लाना है। शिक्षा को बेसिक शिल्पों या व्यावसायिक कार्यों से युक्त करके उसे उपयोगी बनाना है। हमें बी॰ एड॰, एम॰ एड॰ आदि प्रशिक्षण की व्यवस्था इस प्रकार करनी है कि शिक्षा और जीवन में समन्वय स्थापित हो जाए।

(2) ***बेसिक और अबेसिक पाठ्यक्रमों में भेद (Disparity Between Basic and Non-Basic Curriculum)***– हमारे यहाँ बेसिक और अबेसिक (Non-Basic) दो प्रकार के विद्यालय हैं। अतः इनके लिए संचालित अध्यापक-प्रशिक्षण की व्यवस्थाओं में भी भेद पाया जाता है। बेसिक प्रणाली में शिल्प की प्रधानता है, सामाजिक शिक्षा की प्रमुखता है, ग्रामीण क्षेत्र की आवश्यकता के अनुरूप शिक्षा की व्यवस्था है। अबेसिक पाठ्यक्रम केवल ज्ञानात्मक है, बेसिक की भाँति जीवनोपयोगी नहीं है। अब आवश्यकता इस बात की है कि एक ऐसा पाठ्यक्रम बनाया जाए जिसमें बेसिक और सामान्य दोनों पाठ्यक्रमों का समन्वय हो। सिद्धान्त के पाठ्यक्रम को घटाकर व्यावहारिक (Practical) पाठ्यक्रम को आगे बढ़ाया जा सकता है। पाठ्यक्रम और प्रशिक्षण अवधि को भी बढ़ाना होगा। विश्व भारती और राजस्थान विश्वविद्यालय ने बी॰ एड॰ स्तर के प्रशिक्षण में ऐसे ही समन्वित पाठ्यक्रम को अपनाने का प्रस्ताव किया है। प्रशिक्षण तभी लाभदायक होगा जब सिद्धान्त और व्यवहार का सन्तुलन इस प्रकार हो कि प्रशिक्षित अध्यापक शिक्षा और जीवन में सामंजस्य स्थापित कर सके।

(3) ***प्रशिक्षण पाठ्यक्रम की संकीर्णता (Narrowness of Training Courses)***–बी॰ टी॰ सी॰ और बी॰ एड॰ के पाठ्यक्रम तब निर्धारित हुए थे जब बेसिक शिक्षा का प्रचलन नहीं था। अब बेसिक शिक्षा और व्यावसायिक शिक्षा की आवश्यकता को देखकर पाठ्यक्रम को व्यापक बनाना होगा। उस समय केवल सैद्धान्तिक ज्ञान और शिक्षण सिद्धान्तों पर ही बल दिया जाता था। अब हमें जीवनोपयोगी व्यावहारिक ज्ञान पर भी बल देना है, जिससे अध्यापक का व्यक्तित्व पूर्णता प्राप्त कर सके और वह छात्र-छात्राओं के पूर्ण व्यक्तित्व का विकास कर सके। बी॰ एड॰ के पाठ्यक्रम को यद्यपि अधिक व्यावहारिक बनाने का प्रयत्न किया गया है। फिर भी इसमें अभी पर्याप्त अभाव है। इस पाठ्यक्रम के विस्तार के साथ-साथ प्रशिक्षण अवधि का भी विस्तार होना चाहिए। कुछ लोग राय देते हैं, कि बी॰ एड॰ प्रशिक्षण को 2-वर्षीय बनाना ठीक होगा। 3-वर्षीय डिग्री कोर्स के प्रचलन से शिक्षाशास्त्र के उपाधि पाठ्यक्रम को भी अधिक अवधि का बनाया जा सकता है। ग्रामीण क्षेत्रों में अध्यापकों की पूर्ति के लिए आवश्यक है कि स्नातक लोगों को प्रशिक्षित अध्यापकों के संरक्षण में रखकर शिक्षण अभ्यास का अवसर दिया जाए। वह प्रगति रिपोर्ट तैयार करें, सहायक सामग्री का निर्माण और उपयोग करें। उन्हें ग्रामीण वातावरण में रखकर पाठ-सहगामी क्रियाओं (Co-curricular Activities) में भाग लेने का अवसर मिले। ऐसा करने से प्रशिक्षण को अधिक उपयोगितावादी (Utilitarian) बनाया जा सकेगा।

यह समस्या केवल माध्यमिक स्कूलों के अध्यापक प्रशिक्षण से सम्बन्धित नहीं है। इसे प्राथमिक स्कूलों और जूनियर हाई स्कूलों के अध्यापकों के प्रशिक्षण के साथ भी जोड़ा जा सकता है। उन्हें भी अपना ज्ञान और अभ्यास बढ़ाने का अवसर मिलना चाहिए। उन्हें भी व्यावहारिक प्रशिक्षण प्राप्त करने के लिए वास्तविक वातावरण के सम्पर्क में आना चाहिए जिससे वे सम्बन्धित वातावरण से परिचित होकर स्थानीय आवश्यकताओं को पूरा कर सकें।

(4) ***कॉलेजों और विश्वविद्यालयों में अप्रशिक्षित अध्यापक (Untrained Teachers in Colleges and Universities)***–विश्वविद्यालयों और सम्बद्ध कॉलेजों में पढ़ाने वाले अध्यापक अपने विषय के तो पंडित (Master) होते हैं, परन्तु अप्रशिक्षित होने से वे शिक्षण पद्धति और शिक्षण तकनीकों (Teaching Techniques) से परिचित नहीं होते। वे छात्रों के अधिगम को सुगम नहीं बना पाते। कठिन विषय को सुगम और रोचक ढंग से पढ़ाना

उन्हें नहीं आता। उनके लिए भी प्रशिक्षण की आवश्यकता है तभी छात्रों का शिक्षा स्तर सुधर सकता है।

(5) ***उत्तर-स्नातक प्रशिक्षण पाठ्यक्रम की संकीर्णता (Narrowness of Post-graduate Training Course)***–एम॰ एड॰ करने का लक्ष्य केवल 'शिक्षाशास्त्र' (Education) का विशिष्ट ज्ञान प्राप्त करना है जिससे प्रशिक्षण पाकर ट्रेनिंग केन्द्रों पर अध्यापक, प्रशिक्षक, प्रशासक और उच्च स्तर का अध्यापक बना जा सके, परन्तु पाठ्यक्रम की संकीर्णता के कारण यह लक्ष्य पूरा नहीं हो पाता। हमें एम॰ एड॰ को बी॰ एड॰ का विस्तृत पाठ्यक्रम नहीं मानना चाहिए, वरन् इसे विशेषज्ञ बनने का पाठ्यक्रम समझना चाहिए। इसे 3 भागों में बाँटा जाना आवश्यक है—

(अ) *अनिवार्य (Compulsory)*—इसके अन्तर्गत शैक्षिक सांख्यिकी, अनुसंधान, शिक्षा के तत्वों का ज्ञान, शैक्षिक मनोविज्ञान, आधुनिक शिक्षा प्रणाली और विदेशों की शिक्षा प्रणालियों का तुलनात्मक अध्ययन तथा तुलनात्मक शैक्षिक प्रशासन का अध्ययन।

(ब) *ऐच्छिक (Optional)*—'शिक्षाशास्त्र' की किसी विशिष्ट शाखा का विशिष्टीकृत ज्ञान।

(स) *मौखिक (Oral)*—उपर्युक्त विषयों में केवल लिखित ज्ञान का होना मात्र आवश्यक नहीं है, वरन् ज्ञान की परिपक्वता को परखने के लिए मौखिक परीक्षा की भी आवश्यकता है।

(6) ***'शिक्षाशास्त्र' में अनुसंधान का अभाव (Lack of Research in Education)***–प्रशिक्षण संस्थाओं का उत्तरदायित्व केवल इतना नहीं है कि अध्यापकों को प्रशिक्षण मात्र दे दिया जाए, इन प्रशिक्षण संस्थाओं में 'शिक्षाशास्त्र' से सम्बन्धित समस्याओं पर अनुसंधान (Research) भी हों। शिक्षा-तत्वों को ध्यान में रखते हुए माध्यमिक स्तर के अध्यापकों और छात्र-अध्यापकों से सम्बन्धित समस्याओं को लेकर उनका हल खोजने के लिए क्रियात्मक अनुसंधान (Action Research) पर बल दिया जाए। शिक्षाशास्त्र में ऐसे बहुत से विषय हैं जिन पर खोज-कार्य करना बहुत आवश्यक है। जैसे—सामाजिक शिक्षा, अध्ययन प्रणालियों, पाठ्यक्रम का सुधार, शिक्षा-मनोविज्ञान, बुद्धि, बुद्धि परीक्षण, परीक्षा संगठन, अध्यापकों पर कार्य का भार, शैक्षिक और व्यावसायिक निदेशन तथा अध्यापकों की वर्तमान दशा में सुधार आदि विषयों पर खोज-कार्य की भारी आवश्यकता है। शिक्षाशास्त्र में बहुत कम अनुसंधान हुए हैं। यदि हुए हैं तो कुछ गिने-चुने विषयों को लेकर ही हुए हैं। राधाकृष्णन आयोग ने अखिल भारतीय

स्तर पर शोध कार्य करने की सलाह दी थी। पुनंरावृत्ति को बचाकर नवीन और वर्तमान विषयों पर शोध कार्य किया जाए।

(7) ***प्रशिक्षण-संस्थाओं और उनके प्रमाण-पत्रों में असमानता (No Uniformity in Training Institutions and Their Certificates)***– प्रशिक्षण के सुधार, विकास और प्रसार के लिये आवश्यक है कि राष्ट्र के सभी प्रशिक्षण संस्थानों के गठन, पाठ्यक्रम, अवधि और उनके प्रमाण-पत्रों में समानता (Uniformity) हो। सभी संस्थाओं के शिक्षा स्तर में समानता हो और उनके प्रमाण-पत्र और उपाधियाँ मान्य हों। एक ही राज्य के प्रशिक्षण-स्तरों में भारी असमानता पायी जाती है। विभाग द्वारा संचालित प्रशिक्षण विश्वविद्यालयों द्वारा प्रदत्त प्रशिक्षण के समान स्तर का नहीं पाया जाता। कोठारी आयोग ने समानता लाने के लिए व्यापक शिक्षा महाविद्यालयों (Comprehensive Colleges of Education) की स्थापना करने पर बल दिया है। सभी राज्यों में राज्य अध्यापक शिक्षा परिषद् (State Board of Teacher Education) की स्थापना करके सभी स्तरों का प्रशिक्षण एक ही व्यापक शिक्षा महाविद्यालय में समान अध्यापकों द्वारा दिया जाए। इस महाविद्यालय को निकटवर्ती विश्वविद्यालय से सम्बद्ध किया जाए। यहाँ पूर्व-प्राथमिक स्तर से अनुसंधान स्तर तक के प्रशिक्षण की व्यवस्था होगी। इससे सभी प्रकार के पृथकीकरण (Isolation) दूर हो सकेंगे। देश भर में यही व्यवस्था लागू हो। राज्य और विश्वविद्यालय दोनों मिलकर समानता लाने का प्रयत्न करें।

अध्यापक का स्तर
(Teacher's Status)

आज समाज में अध्यापक को वह सम्मान प्राप्त नहीं है जो प्राचीन भारत में प्राप्त था। जब तक अध्यापक को समाज में सम्मान नहीं मिलेगा वह अपने कर्तव्य का निर्वाह करने मे सफल नहीं होगा। अध्यापक राष्ट्र का निर्माता है, वह राष्ट्र के योग्य नागरिकों का निर्माण करने वाला है, वह समाज का पथ-प्रदर्शक है। अध्यापक का सम्मान उसके आर्थिक स्तर से बहुत जुड़ा हुआ है। अल्प वेतन के कारण अध्यापक अपनी और अपने परिवार की आवश्यकताओं को पूरा नहीं कर पाता। वह आर्थिक स्तर सुधारने की चिन्ता में लगा रहता है। कुछ राज्यों में एक ही स्तर के सरकारी और गैर-सरकारी अध्यापकों के वेतनमानों में भारी असमानता है। जो सुविधाएँ समान पद और कार्य के लिए सरकारी अध्यापकों को प्राप्त हैं वे व्यक्तिगत स्कूल के अध्यापकों को प्राप्त नहीं हैं।

अन्य विभागों के कर्मचारियों की अपेक्षा अध्यापक को कम वेतन मिलता है। बैंक लिपिक को उतना वेतन मिलता है जितना उत्तर-स्नातक और प्रशिक्षित अध्यापक को कुछ राज्यों में नहीं मिलता। अध्यापकों को चिकित्सा, आवास, पेंशन, यात्रा भत्ता आदि की कोई सुविधा नहीं है। सरकारी कर्मचारी और अध्यापक इन सभी सुविधाओं का लाभ उठाते हैं। कहीं-कहीं तो व्यक्तिगत स्कूलों में 1000 रु॰ या 1500 रु॰ प्रति मास पर एम॰ ए॰ प्रशिक्षित अध्यापक काम करते हैं। उनसे हस्ताक्षर पूरे वेतनमान पर लिए जाते हैं, परन्तु मिलता बहुत थोड़ा है। विवश होकर अध्यापक ट्यूशन करने लगता है जिससे वह समाज की दृष्टि में गिर जाता है।

सारांश

अध्यापक शिक्षा का विकास

प्रारम्भ में अध्यापक शिक्षा का विधिवत् प्रचलन नहीं। कक्षानायक प्रणाली एक विधिवत् प्रशिक्षण प्रणाली। 1787 ई॰ में पहली बार इस प्रणाली का उपयोग मद्रास से प्रारम्भ। अन्य राज्यों और केन्द्रों पर भी इसका उपयोग। 1882 से 1947 ई॰ तक अध्यापक शिक्षा 1882 के आयोग, 1904 की तथा 1913 की शिक्षा नीति से प्रभावित। स्वतन्त्रता के बाद से भारत में इस शिक्षा का विकास।

6 प्रकार के प्रशिक्षण की व्यवस्था—(1) पूर्व-प्राथमिक प्रशिक्षण, (2) प्राथमिक प्रशिक्षण, (3) जूनियर ट्रेनिंग कॉलेज, (4) ट्रेनिंग कॉलेज, (5) विशिष्ट विषयों का प्रशिक्षण, (6) अनुसंधान कार्य।

महिलाओं के लिए पुरुषों के साथ प्रशिक्षण। इनके अतिरिक्त संस्थान भी स्थापित।

सेवाकालीन अध्यापकों के प्रशिक्षण—पत्राचार, अंशकालीन, अभिनव, ग्रीष्मावकाश, गोष्ठी आदि के पाठ्यक्रम सेवारत अध्यापकों के लिए।

अध्यापक शिक्षा की प्रमुख समस्याएँ

(1) उपयोगितावादी शिक्षादर्शन का अभाव। इस अभाव को दूर करना आवश्यक।
(2) बेसिक और गैर-बेसिक प्रशिक्षणों में अन्तर, इसे समाप्त करना आवश्यक।
(3) पाठ्यक्रम संकीर्ण, इन्हें व्यापक बनाना आवश्यक।
(4) विश्वविद्यालयों और कॉलेजों में प्रशिक्षित अध्यापकों की व्यवस्था।
(5) एम॰ एड॰ के पाठ्यक्रम को अधिक विस्तृत और व्यावहारिक बनाना।
(6) शिक्षाशास्त्र में अनुसंधान कार्य की व्यवस्था आवश्यक।
(7) प्रशिक्षण व्यवस्था में असमानता दूर करना आवश्यक।

अध्यापक का स्तर

समाज में अध्यापक का स्तर गिरा हुआ। उसकी आर्थिक स्थिति और सुविधाओं में सुधार करके ऊँचा उठाना आवश्यक।

अभ्यासार्थ प्रश्न

1. भारत में अध्यापक शिक्षा के विकास पर लेख लिखिये।
2. अध्यापक शिक्षा की प्रमुख समस्याओं का विवेचन कीजिए और उनका समाधान भी दीजिए।
3. निम्नलिखित को समझाइए—
   (अ) सेवाकालीन अध्यापक प्रशिक्षण।
   (ब) अध्यापक का सामाजिक स्तर।

अध्याय 41

भारत में तकनीकी शिक्षा और उसकी समस्याएँ [Technical Education and Its Problems in India]

स्वतन्त्रता प्राप्ति से पूर्व भारत में व्यावसायिक और तकनीकी शिक्षा का अच्छा विकास नहीं हुआ था, क्योंकि ब्रिटिश सरकार देशवासियों को आत्मनिर्भर नहीं बनाना चाहती थीं। भारत उस समय ब्रिटेन के लिए कच्चे माल का स्रोत था और इंग्लैंड में उत्पादित माल भारत में बिकने आता था। इस प्रकार से भारत का दोहरा शोषण होता था। स्वतन्त्रता प्राप्ति के बाद से भारत सरकार का ध्यान तकनीकी शिक्षा (Technical Education) की ओर गया। तब से अब तक भारत में तकनीकी शिक्षा का अच्छा विकास हुआ, परन्तु भारत में बेरोजगारी की समस्या को देखते हुए तकनीकी शिक्षा का विकास अभी भी पर्याप्त नहीं है। जब तक हम आत्मनिर्भर नहीं होंगे और अपने देश के बने माल को विदेशों में नहीं भेजेंगे तब तक हमारा राष्ट्र समृद्ध नहीं होगा। अभी भी तकनीकी शिक्षा के क्षेत्र में बहुत-सी समस्याएँ हैं जिनका समाधान खोजे बिना वांछित उपलब्धि नहीं हो सकती। ये समस्याएँ इस प्रकार हैं—

तकनीकी शिक्षा की समस्याएँ (Problems of Technical Education)

(1) तकनीकी शिक्षा का अनुपयुक्त पाठ्यक्रम (Unsuitable Curriculum of Technical Education)

भारत कृषि प्रधान देश है। यहाँ कृषि और कृषि से सम्बन्धित उद्योगों को प्रोत्साहन मिलना चाहिए। पहले कृषि व्यवसाय से सम्बन्धित लोग अलग-अलग काम करते थे और कृषि सम्बन्धी उपकरण और सामग्री तैयार करते थे। इन काम करने वालों के पृथक्-पृथक् वर्ग बन गये और आगे जाकर जातियाँ बन गयीं। बढ़ई, लोहार

जातियाँ इसी प्रकार विकसित हुईं। आने वाली पीढ़ी अपने परिवार में होने वाले कामों को करने लगीं और इनका व्यवसाय निश्चित हो गया, परन्तु जब से विज्ञान की प्रगति हुई तब से इन सभी व्यवसायों की प्रक्रियाओं और साधनों में अन्तर आ गया। नयी मशीनें बनीं। सभी उद्योगों को मशीनों पर आधारित कर लिया गया। पिछली जातियाँ जो उद्योग-धन्धों पर जीवित थीं बेरोजगार होने लगीं। इस समस्या को देखते हुए हमारा तकनीकी शिक्षा का पाठ्यक्रम दोषपूर्ण है। उसमें पर्याप्त सुधार लाने की आवश्यकता है।

एक इन्जीनियर भी यदि आधुनिक तकनीकी ज्ञान के सम्पर्क में न रहे तो वह सम्बन्धित व्यवसाय में अन्य देशों की अपेक्षा पिछड़ जाएगा। इसलिए उसे आधुनिकतम खोजों और तकनीकियों से परिचित होना आवश्यक है। इस प्रकार तकनीकी पाठ्यक्रम में नवीनतम तकनीकी ज्ञान (Technology) को स्थान देना होगा। साथ ही साथ उन कुटीर उद्योग-धन्धों को भी पाठ्यक्रम में रखना होगा जो ग्रामीण कृषि, उद्योग और व्यवसाय के आधार हैं। हमारा मशीनीकरण से विरोध नहीं, परन्तु मशीनें ऐसी हों जो मानव शक्ति से भी चलती हों। ऐसा करने से मनुष्य बेरोजगार नहीं होगा। इसलिए पाठ्यक्रम में नवीन तकनीकों के साथ-साथ कुटीर-उद्योगों और शिल्प कार्यों को भी रखना होगा।

तकनीकी लोग केवल अपने काम का ही ज्ञान रखें, उन्हें अपनी भाषा, संस्कृति, इतिहास, कला, आदि का ज्ञान न हो तो यह भी उनके व्यक्तित्व को अपूर्ण बनायेगी। इसलिए पाठ्यक्रम में भाषा, साहित्य, संस्कृति, इतिहास और कला को भी स्थान देना होगा। तभी प्रशिक्षार्थी का सर्वांगीण विकास होगा। अमेरिका में पाठ्यक्रम सामान्य शिक्षा से समन्वित किया गया। अखिल भारतीय तकनीकी शिक्षा-परिषद् (All India Technical Education Council) ने भी इसी प्रकार के पाठ्यक्रम का सुझाव दिया है।

(2) व्यावसायिक और तकनीकी संस्थाओं का अभाव (Lack of Vocational and Technical Organizations)

हमारे देश में जनसंख्या वृद्धि को देखते हुए अभी भी व्यावसायिक (Vocational) और तकनीकी (Technical) संस्थाओं की कमी है। यही कारण है कि हमारे देश में पर्याप्त बेरोजगारी है। आधुनिकतम ज्ञान और व्यवहार की उपलब्धि के लिए आवश्यक है कि देश में ऐसी व्यावहारिक संस्थाएँ स्थापित की जायें। माध्यमिक शिक्षा प्राप्त छात्र-छात्राओं को उनकी रुचि के अनुकूल व्यावसायिक शिक्षा मिले और वे आत्मनिर्भर बनें, इसकी पर्याप्त व्यवस्था होनी चाहिए। जब तक ऐसी कोई उपर्युक्त व्यवस्था नहीं होती तो छात्र माध्यमिक शिक्षा प्राप्त करने के बाद विश्वविद्यालयों में प्रवेश के लिए भीड़ लगाते हैं। इससे शिक्षा पर किए गए खर्च का अपव्यय होता है और बेराजगारों

की भीड़ इकट्ठी हो जाती है।

(3) तकनीकी अध्यापकों का अभाव (Shortage of Teachers)

तकनीकी और व्यावसायिक शिक्षा संस्थाओं में अध्यापकों का भारी अभाव है। इसी से व्यावसायिक और तकनीकी शिक्षा की प्रगति नहीं हो पाती। जो शिक्षक पहले से कार्यरत हैं उन्हें नवीन खोजों और तकनीकों (Technology) का ज्ञान नहीं है। विदेशों से शिक्षकों को बुलाना बड़ा खर्चीला है, क्योंकि उन्हें अधिक वेतन देना पड़ता है। अपने देश से शिक्षकों को प्रशिक्षण के लिए बाहर भेजना भी सम्भव नहीं है, क्योंकि वह खर्चीली व्यवस्था है। अच्छा हो कि अपने ही देश में नवीन तकनीकी ज्ञान (Technology) और प्रशिक्षण की व्यवस्था हो जिससे आवश्यकता के अनुसार अध्यापक तैयार किए जा सकें। सेवारत अध्यापकों के लिए अभिनव पाठ्यक्रम (Refresher Course), अंशकालीन पाठ्यक्रम (Part-time Course), गोष्ठी (Seminar) तथा कर्मशाला अभ्यास (Workshop Practice) द्वारा प्रशिक्षण देने की व्यवस्था की जाए। इसके अतिरिक्त व्यावसायिक और तकनीकी अध्यापकों का वेतन और भत्ते आकर्षक बनाये जायें जिससे योग्य व्यक्ति अध्यापन में रुचि ले सकें। 'अखिल भारतीय तकनीकी शिक्षा परिषद्' (All India Technical Education Council) ने भी अध्यापकों के वेतनमान के सम्बन्ध में अपनी संस्तुति की है। आशा है, सरकार इस ओर ध्यान देगी और अध्यापकों के अभाव की पूर्ति करने की कोशिश करेगी।

(4) अच्छे प्रशासकों का अभाव (Lack of Good Administrators)

तकनीकी शिक्षा का विकास इसलिए भी नहीं हो पा रहा है कि इस शिक्षा के अच्छे प्रशासकों का अभाव है। यह बात सभी स्वीकार कर रहे हैं कि औद्योगीकरण (Industrialisation) द्वारा जीवन स्तर में सुधार सम्भव है। इस औद्योगीकरण के लिए अच्छे प्रशासकों की आवश्यकता है। जो भी प्रशासक शिक्षा की व्यवस्था कर रहे हैं उन्हें तकनीकी शिक्षा (Technical Education) और व्यावसायिक प्रविधियों का ज्ञान नहीं है। इतना ही नहीं वे जन-प्रतिनिधि के रूप में जनता के सेवक भी हैं। उन्हें जनता की सामाजिक, आर्थिक और राजनीतिक आवश्यकताओं से भी परिचित होना चाहिए जिससे वे उनकी पूर्ति तकनीकी शिक्षा के माध्यम से कर सकें। उच्च तकनीकी शिक्षा और इन्जीनियरिंग अध्ययन की व्यवस्था करके प्रशासक तैयार किये जायें। इसके लिए अखिल भारतीय तकनीकी शिक्षा परिषद् अपने उत्तरदायित्व का वहन करे।

(5) प्रयोगात्मक क्षेत्र-कार्य और प्रयोगशालाओं की समस्या

तकनीकी शिक्षा के क्षेत्र-कार्य (Field Work) संस्था के बाहर औद्योगिक संस्थानों और कर्मशालाओं (Workshops) में ही सम्पन्न हो सकते हैं। धनाभाव के कारण संस्थाओं में ही कर्मशालाएँ और प्रयोगशालाएँ स्थापित करना बड़ा ही कठिन काम है। इसलिए तकनीकी शिक्षा प्राप्त करने वाले प्रशिक्षार्थियों को प्रयोगात्मक और व्यावहारिक (Practical) कार्य राज्य की फैक्ट्रियों और कर्मशालाओं में अथवा व्यक्तिगत उद्योगशालाओं में करना ठीक होगा। ऐसा करने से प्रशिक्षार्थियों को औद्योगिक कार्य सम्बन्धी जानकारी होगी और वे वातावरण से भलीभांति परिचित होंगे। यह भी व्यवस्था की जाए कि छात्रों को प्रशिक्षण के दौरान अंशकालीन (Part-time) नौकरी भी इन उद्योगशालाओं में मिल सके। इससे प्रशिक्षार्थियों में आत्मनिर्भरता आयेगी और वे औद्योगीकरण के सिद्धान्तों को भली प्रकार समझेंगे। ऐसे प्रशिक्षित लोग अच्छे प्रशासक, कारीगर, अध्यापक और पर्यवेक्षक (Supervisors) सिद्ध होंगे। इस प्रकार की व्यवस्था से बेरोजगारी की समस्या भी हल होगी। प्रयोगशाला की दृष्टि से प्रत्येक तकनीकी संस्था को अपने यहाँ एक प्रयोगशाला व्यवस्थित करनी चाहिए। कोठारी आयोग द्वारा प्रस्तावित सैण्डविच कोर्स इसी प्रकार का है।

(6) तकनीकी कार्य से सम्बन्धित अनुसंधान कार्य (Research Work)

हमारी तकनीकी संस्थाएँ अभी इतनी सम्पन्न नहीं हैं कि वे अपने यहाँ तकनीकी अनुसंधान कार्य करा सकें। सरकार ने इस व्यवस्था के लिए पृथक् से राष्ट्रीय अनुसंधान केन्द्र स्थापित किये हैं। इन केन्द्रों पर अनुसंधान कार्य चलता रहता है। विदेशों में होने वाले अनुसंधान कार्य की तुलना में हमारे यहाँ होने वाला अनुसंधान कार्य अभी अधिक अच्छा (Standard) नहीं है। हमारे यहाँ जो माल बनता है वह बहुत अच्छा होते हुए भी विदेशों में बाजार नहीं बना पाता, क्योंकि वह कुछ अधिक महँगा होता है। अतः आवश्यकता इस बात की है कि हम अपने यहाँ कम खर्च पर सस्ता परन्तु उच्च कोटि का माल तैयार कर सकें और हमारे लोग इन कार्यों में अधिक से अधिक खप सकें। यदि अनुसंधान कार्य के बल पर हम उपयोगी, सस्ता, आकर्षक और टिकाऊ माल तैयार कर पाते हैं तो उसकी विश्व में अधिक खपत होगी और हम विदेशी मुद्रा अर्जित करने में सफल होंगे।

(7) तकनीशियों (Technician's) के व्यक्तित्व के विकास पर ध्यान

विश्व में प्रतिदिन नयी-नयी खोजें, आविष्कार और प्रयोग होते जा रहे हैं जिनका ज्ञान प्रत्येक तकनीशियन के लिए आवश्यक है। यदि हम पिछले ज्ञान के बल पर अपने

कार्य करते रहे तो हम पिछड़ जायेंगे और विश्व में अपना माल नहीं खपा सकेंगे। इसलिए हमारी तकनीकी संस्थाओं में कार्यरत तकनीशियनों के लिए अभिनव पाठ्यक्रम (Refresher Course) देने की व्यवस्था होनी चाहिए। हमारे देश में 129 डिप्लोमा पाठ्यक्रम देने वाले, 34 विश्वविद्यालय और 74 डिग्री पाठ्यक्रम देने वाले तकनीकी कॉलेज हैं, परन्तु किसी भी केन्द्र पर सेवारत तकनीशियनों को अभिनव पाठ्यक्रम (Refresher Course) देने की व्यवस्था नहीं है। इन सभी संस्थाओं में तकनीशियनों को पढ़ाने के लिए आधुनिक तकनीकी पत्र-पत्रिकाओं, पुस्तकों, समाचार-पत्रों के पढ़ने की, प्रयोग करने के लिए प्रयोगशालाओं की और क्रियात्मक कार्य करने के लिए कर्मशालाओं की व्यवस्था होनी चाहिए। उनके लिए अवकाशकालीन अथवा संध्याकालीन कक्षाओं की व्यवस्था की जाए। उन्हें साहित्य, भाषा, संस्कृति, कला आदि का ज्ञान भी दिया जाए। इससे उनका व्यक्तित्व सर्वांगीण बन सकेगा। हमारे कारीगर अंग्रेजी भाषा से अनभिज्ञ रहते हैं, इसका ज्ञान भी उन्हें मिलना चाहिए। उच्च कोटि की तकनीकी पुस्तकें या समाचार पत्र या पत्रिकाएँ अंग्रेजी भाषा में ही प्रकाशित होती हैं। इनका लाभ अंग्रेजी पढ़ा-लिखा व्यक्ति ही उठा सकता है। चीन, जापान जैसे देशों में सभी तकनीकी पाठ्यक्रम उनकी मातृभाषा में प्रकाशित हो चुके हैं, परन्तु भारत इस दृष्टि से अभी भी पिछड़ा हुआ है। सरकार इस दिशा में कुछ कार्य कर रही है।

(8) सरकार, उद्योग और शिक्षा-संस्थाओं में सहयोग

यह हमारा दुर्भाग्य है कि हमारी सरकार हमारे उद्योग और शिक्षा-संस्थाएँ आपस में बहुत कम सहयोग रखते हैं। इसी के फलस्वरूप हमारे इन्जीनियर, तकनीशियन अभी तक बेरोजगार हैं। हमारा नियोजन (Planning) दोषपूर्ण है। हमारी शिक्षा संस्थाएँ भारतीय उद्योगों को ध्यान में रखते हुए पाठ्यक्रम नहीं बनातीं। सरकार राष्ट्रीय आवश्यकताओं का मूल्यांकन नहीं कराती। यदि सरकार राष्ट्र की तकनीकी और औद्योगिक मानव शक्ति का सर्वेक्षण कराये, पता लगाये कि किस क्षेत्र में कितने और कैसे तकनीशियन और इन्जीनियर चाहिए और शिक्षा संस्थाएँ वैसे ही प्रशिक्षार्थी तैयार करें तो उद्योगों को मानव शक्ति का अभाव भी न होगा और मानव शक्ति बेकार भी नहीं जायेगी। इसलिए आवश्यक है कि सरकार, उद्योगशालाओं और शिक्षा संस्थाओं में पूर्ण सहयोग होना चाहिए। मानव शक्ति (Man power) की संख्या और गुण में तालमेल रहना आवश्यक है। योग्य, दीक्षित, कर्मठ तकनीशियनों को आकर्षक वेतन तथा अन्य सुख-सुविधायें मिलें तो इस शिक्षा का स्तर ऊँचा उठ सकता है।

सारांश

प्राचीन भारत कृषि-प्रधान व्यवसायों पर आधारित। सम्बन्धित व्यवसायों के आधार पर

जातियों का गठन। पैतृक परम्परा से व्यावसायिक और तकनीकी शिक्षा का प्रसार। आधुनिक युग विज्ञान का युग हैं जिसमें नियमित वैज्ञानिक और तकनीकी शिक्षा की आवश्यकता।

तकनीकी शिक्षा की समस्याएँ

(1) **तकनीकी शिक्षा का अनुपयुक्त पाठ्यक्रम**—इसे उपयुक्त, आधुनिक और व्यावहारिक बनाना आवश्यक।

(2) **तकनीकी और व्यावसायिक संस्थाओं का अभाव**—इसी कारण बेरोजगारी और विश्वविद्यालयों में प्रवेश की भीड़। अधिक संस्थाएँ खोलनी आवश्यक।

(3) **अध्यापकों का अभाव**—अनाकर्षक वेतन और अनुपयुक्त प्रशिक्षण व्यवस्था के कारण तकनीकी शिक्षकों का अभाव।

(4) **अच्छे प्रशासकों का अभाव**—तकनीकी क्षेत्र में प्रशिक्षित और तकनीकी ज्ञान रखने वाले प्रशासकों का अभाव। तकनीकी परिषद् का सुझाव मानकर उपयुक्त प्रशासकों की व्यवस्था आवश्यक।

(5) **प्रयोगात्मक क्षेत्र-कार्य और प्रयोगशालाओं का अभाव**—इस अभाव की पूर्ति बाहरी उद्योगों, फैक्ट्रियों और कर्मशालाओं में व्यावहारिक कार्य का अवसर देकर सम्भव। प्रयोगशालाएँ संस्थाओं में ही स्थापित हों।

(6) **अनुसंधान कार्य**—इसका अभाव; इसे आधुनिक और राष्ट्रीय आवश्यकताओं के अनुकूल बनाना आवश्यक।

(7) **तकनीशियनों के व्यक्तित्व का विकास**—नवीन खोजों, ज्ञान और सामान्य शिक्षा द्वारा तकनीशियनों का व्यक्तित्व सर्वांगीण बनाना आवश्यक।

(8) **सरकार, उद्योगों और शिक्षा-संस्थाओं में सहयोग**—इनमें सहयोग का अभाव; इसलिए तकनीशियन और इन्जीनियर बेकार। मानव शक्ति के सदुपयोग और बेरोजगारी दूर करने के लिए तीनों में सहयोग आवश्यक।

अभ्यासार्थ प्रश्न

1. भारत में तकनीकी शिक्षा की स्थिति पर प्रकाश डालिए। यह क्यों आवश्यक है?
2. तकनीकी शिक्षा की प्रमुख समस्याओं का वर्णन कीजिए। इन्हें कैसे हल किया जा सकता है?
3. भारत में राष्ट्रीय आवश्यकताओं के अनुकूल तकनीकी शिक्षा का संगठन कैसे होना चाहिए?

अध्याय 42

भारत में सामाजिक शिक्षा या प्रौढ़ शिक्षा [Social or Adult Education in India]

प्रौढ़ शिक्षा और उसका दर्शन (Adult Education and Its Philosophy)

यदि विश्व की निरक्षरता का मानचित्र तैयार किया जाए और निरक्षर-क्षेत्रों को काला रंगा जाए तो हमें यह देखकर दुःख होगा कि भारत का अधिकांश भाग काला ही काला दिखाई देगा। इससे स्पष्ट होता है कि भारत में अन्य विकसित देशों की अपेक्षा अधिक निरक्षरता (Illiteracy) है। भारत विश्व का सबसे बड़ा प्रजातान्त्रिक देश है। इस देश का लोकतन्त्र तभी सुरक्षित और विकसित हो सकता है जब यहाँ की जनता साक्षर और पढ़ी-लिखी हो। निरक्षरता के कारण हमारा देश आर्थिक, सामाजिक और राजनैतिक क्षेत्रों में पिछड़ा हुआ है। एक निरक्षर व्यक्ति देश की समस्याओं को नहीं समझ सकता, अपने कर्तव्यों और अधिकारों का उसे बोध नहीं होता। इसलिए वह समाज और राष्ट्र के प्रति उत्तरदायित्वों का निर्वाह नहीं कर सकता। इसलिए हमारे देश के नेताओं और समाज सुधारकों ने आवश्यक समझा कि उन सभी निरक्षर लोगों को जो स्कूलों में प्रवेश पाने की आयु लांघ चुके हैं, शिक्षित किया जाए। ये लोग 12 वर्ष की आयु से लेकर वृद्धावस्था तक के हैं। इनके लिए शिक्षा की व्यवस्था करना ही प्रौढ़ शिक्षा (Adult Education) या सामाजिक शिक्षा (Social Education) है।

प्रौढ़ शिक्षा-दर्शन (Philosophy of Adult Education)

प्रजातन्त्र (Democracy) तब तक सफल नहीं हो सकता जब तक उसे चलाने वाले नागरिक स्वयं शिक्षित, कर्तव्यनिष्ठ और अधिकारों का सदुपयोग करने वाले न हों। ऐसा शिक्षा द्वारा ही सम्भव है। प्रारम्भ में प्रौढ़ शिक्षा (Adult Education) का लक्ष्य लोगों को साक्षर करना मात्र था। यह उद्देश्य बहुत संकीर्ण था। वास्तव में साक्षरता (Literacy) तो शिक्षा का साधन है। साक्षर लोगों को ऐसी शिक्षा देना कि वे योग्य नागरिक बनकर

राष्ट्र की आर्थिक, सामाजिक और राजनीतिक समस्याओं का निराकरण करने में योग दे सकें, वास्तविक प्रौढ़ और सामाजिक शिक्षा है। निरक्षरता और निर्धनता दोनों एक-दूसरे के साथ पनपने वाली बुराइयाँ हैं। इन बुराइयों के कारण कुछ मुट्ठी भर धनिक लोग इन निरक्षर और निर्धन लोगों का शोषण करते आ रहे हैं। हमारा कर्तव्य है कि हम इस भोली-भाली अनपढ़ जनता को शोषण से बचायें। ऐसा तभी सम्भव है जब हमारे प्रौढ़ साक्षर, शिक्षित और अपने उत्तरदायित्वों के प्रति सचेत हों।

सामाजिक या प्रौढ़ शिक्षा का अर्थ केवल लोगों को सामान्य शिक्षा देना नहीं है, वरन् उन्हें उनके व्यवसाय में भी अच्छी शिक्षा देना है। प्रायः सभी प्रौढ़ जीविकोपार्जन के लिए, अपने परिवार का पेट पालने के लिए कोई न कोई व्यवसाय अवश्य करते हैं। उसे छोड़कर वे शिक्षा ग्रहण करना पसन्द नहीं करते। इसलिये हमें चाहिए कि हम प्रौढ़ शिक्षा के कार्यक्रमों में उनके व्यवसायों से सम्बन्धित शिक्षा को भी स्थान दें। ऐसी शिक्षा पाने के लिए वे शीघ्र लालायित होंगे, क्योंकि इससे उनकी जीविकोपार्जन की क्षमता में वृद्धि होगी। प्रौढ़ों को शिक्षा आकर्षक और रोचक ढंग से दी जाए तो उसका अधिक लाभ होगा। यह शिक्षा नियमित ढंग से यदि प्रौढ़ों को संध्याकालीन, रात्रिकालीन, अंशकालीन, सामयिक ढंग से मिलती रहे तो वे निश्चित ही ऐसी शिक्षा पाकर योग्य नागरिक बन सकेंगे। शिक्षा की यह प्रक्रिया जीवनपर्यन्त चलायी जानी आवश्यक है।

प्रौढ़ शिक्षा द्वारा लोगों को ऐसा बनाना है कि वे सामाजिक बुराइयों को समझ कर उन्हें दूर करने में योग दे सकें। केवल अक्षर ज्ञान से ही उनका कल्याण नहीं हो सकता। प्रौढ़ों को सामाजिक क्षेत्र की सभी क्रियाओं के माध्यम से शिक्षा देनी आवश्यक है। उन्हें इस योग्य बनाना है कि अपना सामाजिक उत्तरदायित्व समझें और उसे सफलतापूर्वक निभायें।

सामाजिक शिक्षा द्वारा प्रौढ़ों का सर्वांगीण विकास करना है। उनका शारीरिक, मानसिक, आत्मिक, सामाजिक, आर्थिक, चारित्रिक, सांस्कृतिक और राष्ट्रीयता की प्रवृत्ति से पूर्ण विकास करना है। अभी तक सरकार ने ऐसा कोई कार्यक्रम नहीं बनाया है जो प्रौढ़ों को शिक्षा की ओर आकर्षित करके उनका पूर्ण विकास कर सके। केन्द्र सरकार, राज्य सरकारें और जनता के सहयोग से ऐसी सामाजिक शिक्षा की व्यवस्था करें जिससे प्रत्येक वर्ग का प्रौढ़ लाभान्वित हो, उसका आर्थिक, सामाजिक, नैतिक, राजनैतिक, शारीरिक तथा मानसिक सभी प्रकार का विकास हो।

भारत में सामाजिक शिक्षा का विकास
(Development of Social Education in India)

भारत सामाजिक शिक्षा के विकास की दृष्टि से बहुत पिछड़ा हुआ है। रूस, अमेरिका तथा अन्य विकसित देशों में प्रौढ़ शिक्षा का प्रारम्भ बहुत जल्दी हो गया था। भारत

जैसे निरक्षर देश में प्रौढ़ शिक्षा के कार्यक्रम बहुत देरी से प्रारम्भ हुए जिनका कोई अच्छा परिणाम नहीं निकला। विदेशों में साक्षरता के बाद अग्रिम शिक्षा (Further Education) की भी व्यवस्था है जिसे पाकर प्रौढ़ निरन्तर योग्य बनता रहता है। व्यस्त और कार्यरत लोगों को अंशकालीन, संध्याकालीन, रात्रिकालीन शिक्षा दी जाती है। उनकी शिक्षा में व्यावसायिक, साहित्यिक, सामाजिक, सांस्कृतिक, कलात्मक और वाणिज्य सम्बन्धी कार्यक्रमों का समावेश पाया जाता है। भारत में भी सामाजिक शिक्षा के विकास की शुरूआत हुई, परन्तु ये सभी प्रयास विदेशों में हुए प्रयासों की अपेक्षा नगण्य और अति न्यून हैं।

(अ) स्वतन्त्रता से पूर्व के प्रयास

20वीं शताब्दी के पहले 20 वर्षों में प्रौढ़ शिक्षा-सम्बन्धी विशेष प्रयास नहीं हुए। केवल बंगाल, बम्बई और मद्रास में कुछ रात्रि पाठशालाएँ प्रौढ़ों को साक्षर बनाने की दृष्टि से खोली गयीं, परन्तु इनका लक्ष्य निश्चित नहीं था। निर्धनता के कारण जो लड़के स्कूलों में नियमित शिक्षा ग्रहण नहीं कर पाते थे उनके लिए भी इन पाठशालाओं में शिक्षा देने की व्यवस्था की गई। 1909 ई॰ तक मद्रास, बंगाल और बम्बई में इन पाठशालाओं की संख्या क्रमशः 775, 1082 और 107 थी। 1921 ई॰ में जब भारतीयों को विधान सभाओं में प्रतिनिधित्व मिला तो प्रौढ़ शिक्षा के विकास के लिए इन विधायकों ने सरकार का ध्यान आकर्षित किया। फलतः कुछ पुस्तकालयों की स्थापना की गयी।

1920 ई॰ से शिक्षा व्यवस्था विधायकों के हाथ में आ गयी। अतः पंजाब, उत्तर प्रदेश, बम्बई और मद्रास के प्रान्तों में प्रौढ़ शिक्षा की प्रगति हुई। 1993 के आँकड़ों के अनुसार मद्रास में 9000, बंगाल में 8000, महाराष्ट्र में 700 और पंजाब में 1322 प्रौढ़ शिक्षा के स्कूल खुल चुके थे।

1937 ई॰ तक अन्य प्रान्तों की अपेक्षा बम्बई प्रान्त में सबसे अधिक प्रगति हुई। 1932-33 तक लगभग 143 प्रौढ़ शिक्षा संस्थाएँ बम्बई प्रान्त में 'एडल्ट एजूकेशन लीग' (Adult Education League), 'सेवा-सदन', 'सोशल लीग' (Social League) और बॉम्बे सिटी लिटरेसी सेण्टर (Bombay City Literacy Centre) द्वारा स्थापित की गयीं। इन सभी संगठनों ने निःस्वार्थ भाव से इन संस्थाओं की स्थापना की। इन संस्थाओं में लगभग 5660 प्रौढ़ शिक्षा प्राप्त करते थे। 1937 ई॰ तक यहाँ स्कूलों की संख्या 180 तक पहुँच गयी। इनमें 6229 प्रौढ़ छात्र शिक्षा पाते थे। इसी समय बड़ोदरा और ट्रावनकोर में प्रौढ़ों के लिये कुछ पुस्तकालय स्थापित हुए, परन्तु 1937 ई॰ तक इनकी प्रगति अधिक नहीं हो सकी।

1935 ई॰ के अधिनियम के अनुसार जब प्रान्तों में भारतीय प्रतिनिधियों की

लोकप्रिय सरकारें बनीं तो विधायकों ने सरकार का ध्यान प्रौढ़ शिक्षा के विकास की ओर आकर्षित किया। सरकार ने भी योग्य नागरिकों की आवश्यकता अनुभव की, जिससे वे कल्याणकारी योजनाओं को समझ कर उनकी पूर्ति में योग दे सकें। इस समय सरकार और जनता के प्रयास से प्रौढ़ शिक्षा में बड़ी तीव्र प्रगति हुई। सरकार ने प्रौढ़ शिक्षा का लक्ष्य साक्षरता से बढ़ा कर सामाजिक ज्ञान की उपलब्धि तक कर दिया। अब प्रौढ़ शिक्षा को सामाजिक शिक्षा का नाम दिया गया। इस समय प्रौढ़ शिक्षा के विकास के लिए मैजिक लैण्टर्न, पत्र-पत्रिकाएँ, चलचित्र, पम्फलेट्स आदि का भी उपयोग किया गया।

विविध प्रान्तों में शिक्षा की प्रगति (Progress of Adult Education)

1939-40 ई॰ में प्रौढ़ शिक्षा आन्दोलन ने एक नया रूप लिया। 'एक, एक को पढ़ाये' आन्दोलन से प्रत्येक प्रान्त में अच्छी प्रगति हुई। कुछ प्रान्तों में प्रौढ़ शिक्षा की प्रगति इस प्रकार पायी गयी—

उत्तर प्रदेश में प्रगति—1930 ई॰ को इस प्रान्त में प्रौढ़ शिक्षा विभाग स्थापित हुआ। 1937 ई॰ में कांग्रेस मंत्रिमंडल की स्थापना हुई और प्रौढ़ शिक्षा को बड़ी तत्परता से आगे बढ़ाया गया। रात्रि पाठशालाएँ बड़ी संख्या में खुलीं, साक्षरता केन्द्र (Literacy Centres), पुस्तकालय, वाचनालय खोले गये। वर्ष में एक बार साक्षरता दिवस (Literacy Day) भी मनाया जाने लगा। प्रतिवर्ष 'साक्षरता सप्ताह' (Literacy Week) भी मनाया गया। पहले 'साक्षरता दिवस' पर 768 पुस्तकालय और 2600 वाचनालय गाँवों में खोले गये। 1940 ई॰ में 200 पुस्तकालय महिलाओं के लिए खोले गये। 1941-42 ई॰ में 272 अतिरिक्त पुस्तकालय और खोले गये। फैजाबाद जिले में 50 महिला कल्याण केन्द्र स्थापित हुए जिनमें से प्रत्येक को 500 रुपये का अनुदान दिया गया। सरकार ने हिन्दी, उर्दू, भूगोल, इतिहास, गणित और कला पर प्रौढ़ों के लिए पुस्तकें प्रकाशित करायी।

पंजाब में प्रगति—पंजाब सरकार ने अपनी पहली साक्षरता योजना में 28,800 रुपये प्रौढ़ शिक्षा के लिए स्वीकृत किये। इस धन से नवीन प्रौढ़ शिक्षा केन्द्र स्थापित किये गये। प्रचलित केन्द्रों को भी आर्थिक सहायता इसी धन में से दी गयी। इस समय पंजाब में 201 प्रौढ़ शिक्षा केन्द्र स्थापित हो चुके थे। पंजाब में 'पढ़ो और पढ़ाओ' (Learn and make other learn) आन्दोलन बड़ी तीव्रता से चला।

बिहार में प्रगति—डॉ॰ सैयद महमूद के नेतृत्व में कुछ स्वयंसेवकों ने 'अपना घर साक्षर बनाओ' (Make Your Home Literate) आन्दोलन चलाया। इस आन्दोलन के फलस्वरूप 1941-42 ई॰ में बिहार के 24,289 प्रौढ़ साक्षर हो गये। इस प्रौढ़ शिक्षा विकास के लिए 'प्रान्तीय जन शिक्षा समिति' (Provisional Public Education

Committee) की स्थापना की गयी। बिहार के प्रौढ़ शिक्षा आन्दोलन की सबसे बड़ी विशेषता यह रही कि युद्ध के समय भी यहाँ साक्षरता आन्दोलन चलता रहा और प्रत्येक वर्ष लगभग 2 लाख प्रौढ़ पुरुष साक्षर होते रहे। 1942-43 ई॰ में 1,11,000 प्रौढ़ों ने साक्षरता परीक्षा दी। 1946 ई॰ को जब कांग्रेस सरकार ने पुनः सत्ता संभाली तो यह आन्दोलन पुनः बड़ी तेजी से शुरू हुआ।

उड़ीसा में प्रगति—प्रौढ़ शिक्षा की दृष्टि से उड़ीसा में कोई विशेष प्रगति नहीं हुई। 1940-41 ई॰ में केवल 425 प्रौढ़ शिक्षा केन्द्र स्थापित हुए। इन केन्द्रों पर केवल 8,147 प्रौढ़ शिक्षा प्राप्त करते थे।

बंगाल में प्रगति—बंगाल के 'ग्रामीण पुनर्रचना विभाग' (Rural Reconstruction Department) द्वारा प्रौढ़ शिक्षा के कार्यक्रम चलाये गये। इन प्रौढ़ शिक्षा कार्यक्रमों में पशु-चिकित्सा, कृषि, स्वास्थ्य रक्षा, सहकारिता (Cooperation) तथा अन्य ग्रामीण जीवन से सम्बन्धित बातों का समावेश किया गया। इस प्रकार बंगाल के ग्रामीण क्षेत्रों में साक्षरता का अच्छा विकास हुआ।

आसाम में प्रगति—यहाँ जन साक्षरता अधिकारी (Public Literacy Officer) के अधीन एक प्रौढ़ शिक्षा विभाग खोला गया। इस अधिकारी की देखरेख में लगभग 1200 अध्ययन केन्द्र (Study Centres) स्थापित हुए और एक उत्तर-प्रौढ़ शिक्षा केन्द्र (Post-Adult Education Centre) स्थापित हुआ जिसमें वे प्रौढ़ शिक्षित किये गये जो पहले से साक्षर थे। प्रौढ़ों के लिए उपयोगी पुस्तकें और समाचारपत्र प्रकाशित किये गये। इनके लिये वाचनालय (Reading Rooms) भी स्थापित किये गये।

बम्बई (महाराष्ट्र) में प्रगति—1927 में बम्बई सरकार ने प्रान्तीय शिक्षा परिषद् (Provincial Education Board) की स्थापना की। इस शिक्षा के लिए सरकार ने उदार अनुदान प्रणाली को अपनाया। कांग्रेस मंत्रिमंडल ने प्रौढ़ शिक्षा क्षेत्र में प्रशंसनीय कार्य किया। 1942-43 ई॰ को ग्रामीण क्षेत्रों के लिए 50,000 रुपये का अनुदान दिया। 1945 ई॰ में सरकार ने कुछ चुने हुए केन्द्रों पर प्रौढ़ शिक्षा केन्द्र खोले और प्रत्येक को प्रतिवर्ष 9400 रुपये अनुदान देना स्वीकृत किया। प्रत्येक केन्द्र पर प्रतिवर्ष एक हजार प्रौढ़ों को शिक्षित करने की योग्यता बनायी गई। बम्बई नगर में एक 'प्रौढ़ शिक्षा समिति' (Adult Education Committee) भी गठित की गई। इस समिति द्वारा प्रौढ़ शिक्षा के क्षेत्र में अच्छी प्रगति की गयी।

देशी राज्यों (Native States) में प्रगति—मैसूर राज्य में एक 'मैसूर स्टेट लिटरेसी काउंसिल' (Mysore State Literacy Council) स्थापित की गयी। इसने प्रौढ़ शिक्षा-क्षेत्र में प्रशंसनीय कार्य किया। मैसूर विश्वविद्यालय ने भी प्रौढ़ शिक्षा क्षेत्र में अच्छा कार्य किया।

सिन्ध प्रान्त में भी प्रौढ़ शिक्षा के कार्यक्रम चलाये गये। जम्मू और कश्मीर राज्यों

में 4050 प्रौढ़ शिक्षा केन्द्र स्थापित हुए, जिन पर 28,000 प्रौढ़ों को साक्षर किया गया। बड़ौदा और त्रावणकोर राज्यों में ब्रिटिश राज्य में सम्मिलित प्रान्तों की अपेक्षा सबसे अधिक प्रौढ़ शिक्षा में प्रगति हुई। पिछड़े क्षेत्रों में तथा पहाड़ी क्षेत्रों में प्रौढ़ शिक्षा कार्यक्रमों को घनीभूत (Concentrate) किया गया।

(ब) स्वतन्त्रता प्राप्ति के बाद प्रयास

स्वतन्त्रता प्राप्ति के बाद राष्ट्रीय नेताओं ने प्रौढ़ शिक्षा की ओर ध्यान दिया। उन्होंने 1921 से 47 ई॰ तक हुई प्रौढ़ शिक्षा प्रगति के अनुभवों से लाभ उठाया। इस अवधि में प्रौढ़ों के लिए विविध विषयों और भाषाओं पर पुस्तकें प्रकाशित हुईं और सम्बन्धित साहित्य का प्रकाशन किया गया। सभी देशवासियों ने प्रौढ़ शिक्षा के विकास की आवश्यकता को अनुभव किया। जन सहयोग भी सरकार को सरलता से प्राप्त हुआ। इस समय गाँधीजी और अन्य नेताओं ने तथा शिक्षा शास्त्रियों ने प्रौढ़ शिक्षा के साक्षरता सम्बन्धी लक्ष्य को सीमित बताया और उसे अधिक व्यापक बनाकर पूर्ण व्यक्तित्व के विकास का लक्ष्य निर्धारित किया। अब प्रौढ़ शिक्षा न कहकर सामाजिक शिक्षा की बात कही गयी।

स्वतन्त्र भारत में सामाजिक शिक्षा का स्वरूप

प्रत्येक प्रजातान्त्रिक देश के विकास और उन्नति के लिए जनता का शिक्षित होना आवश्यक है। इस बात को देश के प्रत्येक व्यक्ति ने अनुभव किया। सरकार ने इस बात की आवश्यकता को अनुभव करते हुए प्रौढ़ शिक्षा के विकास पर ध्यान दिया और जनता को योग्य नागरिक बनाने का प्रयास किया। विश्व में सम्मानजनक स्थान प्राप्त करने के लिए भी भारतीय जनता का शिक्षित होना आवश्यक था। अतः सरकार ने सामाजिक शिक्षा के कार्यक्रमों को तीन भागों में विभक्त किया—

1. निरक्षर लोगों को साक्षर बनाना।
2. साक्षर प्रौढ़ों को आगामी शिक्षा देना जिससे शिक्षित जनमानस तैयार हो सके।
3. प्रौढ़ों में कर्तव्य और अधिकार का ज्ञान पैदा करना जिससे वे योग्य नागरिक बन सकें।

उपर्युक्त लक्ष्यों की उपलब्धि के लिए सामाजिक शिक्षा के कार्यक्रमों में निम्नलिखित बातों पर बल दिया गया—

1. नागरिक के नाते कर्तव्यों और अधिकारों का ज्ञान देना जिससे लोकतान्त्रिक उत्तरदायित्वों का निर्वाह हो सके।
2. राष्ट्र की भौगोलिक अवस्था और ऐतिहासिक पृष्ठभूमि का ज्ञान देना तथा भूतकालीन और अर्वाचीन संस्कृति का बोध कराना।
3. वैयक्तिक और सामूहिक स्वास्थ्य रक्षा के नियमों का बोध कराना तथा स्वास्थ्य के मौलिक नियमों का ज्ञान कराना।
4. ऐसी शिक्षा की व्यवस्था करना जिससे व्यक्ति का आर्थिक स्तर ऊँचा उठ सके।
5. प्रौढ़ों को विश्वबन्धुत्व की भावना का बोध कराना; उन्हें सिखाना कि सहनशीलता और विश्व नैतिकता के बल पर दूसरों के विचारों को कैसे सहन किया जा सकता है।
6. प्रौढ़ों को उच्च संवेगों को शिक्षित करने का प्रयत्न करना और आदत डालना कि वे कला, संगीत, तथ्य, साहित्य और दूसरे रचनात्मक विषयों की शिक्षा द्वारा उच्च चिन्तन की ओर प्रवृत्त हों।

मई 31, 1948 ई॰ को उपर्युक्त बातों की पूर्ति के लिये 12-सूत्री कार्यक्रम को अपनाया गया। वे 12-सूत्री कार्यक्रम इस प्रकार था—

1. ग्रामीण स्कूल शिक्षा, सामाजिक कार्य, खेलकूद और मनोरंजन के केन्द्र होंगे जिन पर सभी ग्रामीण आकर भाग लेंगे।
2. अलग-अलग आयु वर्ग के लोगों के लिए पृथक् शिक्षण-समय नियत होंगे।
3. सप्ताह के कुछ दिन स्त्रियों और लड़कियों की शिक्षा के लिए होंगे।
4. समाप्त में एक बार चलचित्र प्रदर्शन, मैजिक लैण्टर्न, ग्रामोफोन, प्रोजेक्टर और लाउडस्पीकर आदि के उपयोग की व्यवस्था होगी।
5. स्कूलों को रेडियो मिलेंगे और उनसे स्कूली छात्रों के लिए विशिष्ट कार्यक्रम संचालित होंगे।
6. सामाजिक और जन-सहयोग से नाटक खेले जायेंगे। अच्छे नाटक खेलने वालों को पुरस्कार दिये जायेंगे।
7. राष्ट्रीय गीत और लोक गीत गाये जायेंगे।
8. स्थानीय आवश्यकताओं को ध्यान में रखते हुए हस्तशिल्प और अन्य उद्योगों के प्रशिक्षण की व्यवस्था की जाएगी।
9. स्वास्थ्य, कृषि और श्रम विभाग की सहायता से सामाजिक स्वास्थ्य, सामुदायिक स्वास्थ्य रक्षा, कृषि और घरेलू उद्योग-धन्धों पर व्याख्यानों की व्यवस्था की जाएगी।

10. ग्रामीण लोगों में राजनीतिक चेतना लाने के लिए विद्वानों और राजनीतिज्ञों के भाषण होंगे। सूचना और प्रसारण विभागों की ओर से फिल्म-प्रदर्शन की व्यवस्था होगी। सामाजिक शिक्षा के कार्यक्रमों को अधिक व्यावहारिक और उपयोगी बनाने के लिए इच्छुक जन-संगठनों का सहयोग लिया जाएगा।
11. समय-समय पर सामूहिक खेलकूदों की व्यवस्था होगी।
12. उपयुक्त समय पर प्रदर्शनी और मेलों का आयोजन होगा।

उपर्युक्त कार्यक्रमों को लागू करने के लिए फरवरी 1949 ई० में राज्यों के शिक्षा मन्त्रियों का एक सम्मेलन हुआ जिसमें निश्चय किया गया कि 12 से 50 वर्ष की आयु के 50 प्रतिशत प्रौढ़ों को 3 वर्ष में शिक्षित कर दिया जाएगा, परन्तु आर्थिक संकट के कारण उपर्युक्त निर्णय कार्यान्वित नहीं हो सका।

केन्द्र सरकार ने राज्यों को 1949-50 ई० में एक लाख रुपया प्रति राज्य इस शिक्षा के लिये दिया। कुछ राज्यों में इस सहायता से प्रगति हुई। केन्द्र सरकार ने श्री एम०एल० सक्सेना की अध्यक्षता में एक प्रौढ़ शिक्षा समिति का गठन किया जिसे अगले 5 वर्षों में 12 से 40 वर्ष की आयु के प्रौढ़ों को शिक्षित करने की कार्य-योजना बनानी थी। यह निर्णय किया गया कि इस समिति द्वारा जो भी कार्यक्रम संचालित होंगे उन पर होने वाले व्यय का आधा-आधा भाग केन्द्र और सम्बन्धित राज्य सरकार वहन करेंगी। इस समिति के द्वारा निर्धारित कार्यक्रमों में निम्नलिखित सफलता मिली—

1. योजना के पहले ही वर्ष 1951 ई० में दिल्ली और निकटवर्ती क्षेत्रों में प्रौढ़ शिक्षा केन्द्र स्थापित हुए। दिल्ली के ग्रामीण क्षेत्रों में ऐसे 60 केन्द्र खोले गये और 62 शिक्षकों को प्रशिक्षण दिया गया।
2. 1949-50 ई० में मद्रास राज्य में राज्य सरकार ने नागरिक शिक्षा योजना (Citizen Education Scheme) के अन्तर्गत 6 ग्रामीण कॉलेज और 100 ग्रामीण स्कूल स्थापित किये। तमिल, तेलुगु, कन्नड़ और मलयालम भाषाओं में शिक्षकों को प्रशिक्षित करने के लिए प्रशिक्षण केन्द्र स्थापित किये गये।
3. समिति की योजना से बम्बई में श्रमिकों की बस्तियों को बहुत लाभ पहुँचा। सामाजिक शिक्षा के प्रयोग के लिए लगभग 80 घनी आबादी वाले ग्रामीण क्षेत्र चुने गये। ग्रामीण और नगर क्षेत्रों में प्रौढ़ शिक्षा अधिकारियों की नियुक्ति की गयी। प्रत्येक अधिकारी को 1000 प्रौढ़ों को शिक्षित करने का दायित्व सौंपा गया। बम्बई नगर में प्रौढ़ शिक्षा क्षेत्र में बहुत अधिक प्रगति

हुई। अहमदाबाद, शोलापुर, खानदेश और हुबली में श्रमिकों को प्रौढ़ शिक्षा देने की दृष्टि से श्रमिक कल्याण केन्द्र (Labour Welfare Centres) स्थापित किये गये।

4. मध्य प्रदेश और बरार में प्रौढ़ शिक्षा प्रसार के प्रति जागरूकता लाने के लिए एक लोकप्रिय विधि अपनायी गयी। 1948-49 ई॰ में वहाँ 451 शिविर लगाये गये जहाँ 41,274 पुरुष और 20,924 स्त्रियाँ कुछ विषयों में शिक्षित की गयीं। सरकार ने घोषणा की कि जो स्त्री और पुरुष प्रौढ़ शिक्षा प्रसार में भाग लेंगे उन्हें क्रमशः 5 और 2 रुपये दिए जायेंगे। ग्रामीण क्षेत्रों में काम करने वाले अध्यापकों को अतिरिक्त 5 रुपये भत्ता दिया गया। उन्हें 20 रुपये प्रतिमास की दर से वेतन भी दिया गया। ग्रामीण क्षेत्रों में स्कूलों को 1000 रेडियो सेट भी बाँटे गये।
5. उत्तर प्रदेश में पहली पंचवर्षीय योजना के अन्तर्गत प्रौढ़ शिक्षा का अच्छा विकास हुआ। इस उद्देश्य की पूर्ति के लिए पृथक् प्रौढ़ शिक्षा विभाग खोला गया। 1938 से 1949 ई॰ तक बहुत से प्रौढ़ शिक्षा केन्द्र खोले गये जिनमें 49,492 व्यक्तियों को शिक्षित किया गया। केवल स्त्री वर्ग के लिए 62 प्रौढ़ शिक्षा संस्थाएँ खोली गयीं। 1951-52 ई॰ में 2200 प्रौढ़ शिक्षा स्कूल खुले, 1 जुलाई 1952 ई॰ में 3600 वाचनालय पुरुषों के लिए, 435 वाचनालय स्त्रियों के लिए खोले गये। 1518 पुस्तकालय भी स्थापित किये गये। 1948 से 1952 ई॰ तक 1,75,000 पुस्तकें वितरित की गयीं और 13,50,000 प्रौढ़ों को साक्षर किया गया।
6. 1947 ई॰ के बाद बंगाल, हैदराबाद, राजस्थान, जम्मू और कश्मीर में प्रौढ़ शिक्षा के कार्यक्रम बड़ी तत्परता और लगन से चलाये गये। देहरादून में अंधे प्रौढ़ों के लिए एक अन्ध विद्यालय (Blind School) खोला गया। सरकार ने बहरों, गूँगों और विकलाँगों के लिए भी शिक्षा की व्यवस्था की।

भारत सरकार ने यूनेस्को (UNESCO) प्रणाली को अपना कर कई शिक्षा केन्द्र चलाये। शरणार्थियों की बस्तियों में ऐसे केन्द्रों ने अच्छी प्रगति की। इस योजना के प्रमुख 3 लक्ष्य थे—(अ) साक्षरता लाना, (ब) नागरिकता पैदा करना, (स) श्रव्य-दृश्य सामग्री की सहायता से विचारशक्ति का विकास करना। इस योजना द्वारा प्रौढ़ों को निम्नलिखित कार्यक्रमों द्वारा शिक्षित करने की योजना बनायी गयी—

1. प्रौढ़ों में अपना नाम, सम्बन्धियों के नाम, गाँवों के नाम, तहसील और जिले आदि के नाम लिखने की योग्यता पैदा करना तथा दैनिक पत्र-व्यवहार करने की क्षमता पैदा करना।

2. साधारण पुस्तकों और समाचारपत्रों को पढ़ने और समझने की क्षमता लाना।
3. 100 तक की गिनती लिखने और पढ़ने की क्षमता पैदा करना, सरल जोड़, घटा, गुणा, भाग करने की योग्यता पैदा करना, विविध प्रकार की माप-तौल का ज्ञान कराना और मुद्रा का ज्ञान कराना। अन्य दो लक्ष्यों की पूर्ति के लिए अर्थात् नागरिकता और श्रव्य-दृश्य साधनों की दृष्टि से नाटक, खेलकूद, संगीत, नृत्य, रेडियो, सिनेमा, समारोह मनाना, समाचारपत्र आदि की व्यवस्था की गयी और प्रौढ़ों को सामान्य शिक्षा दी गयी।

पूरे देश में इस योजना को लागू किया गया। मध्य प्रदेश सरकार ने प्रत्येक तहसील में एक प्रौढ़ शिक्षा शिविर लगाया जहाँ स्वयंसेवकों ने प्रौढ़ों को शिक्षा दी। प्रत्येक स्वयंसेवक कम से कम 7वीं कक्षा उत्तीर्ण होता था। उसकी आयु भी 16 वर्ष से अधिक ही स्वीकृत होती थी। यह व्यवस्था वहाँ अभी तक प्रचलित है। इन स्वयंसेवकों के ऊपर एक निदेशक (Director) नियुक्त किया गया है। यह शिविर एक स्थान पर केवल 5 सप्ताह कार्य करता है और दूसरे स्थान पर चला जाता है। ये शिविर महत्वपूर्ण सिद्ध हुए हैं। इन शिविरों के महत्व को समझते हुए अन्य राज्यों ने भी इस योजना को अपनाया। इन शिविरों का कार्यकाल 5 सप्ताह कम है। यह कार्यकाल कम से कम 8 या 11 सप्ताह का अवश्य होना चाहिए। कॉलेजों और विश्वविद्यालयों के छात्रों और अध्यापकों से भी आशा व्यक्त की जाती है कि वे स्वयंसेवक के रूप में प्रौढ़ शिक्षा देने का प्रयत्न करेंगे।

1952 ई॰ से पहली पंचवर्षीय योजना से 1993 तक देश के प्रत्येक राज्य में सामुदायिक विकास योजनाएँ (Community Development Schemes) तथा अन्य प्रसार कार्यक्रम (Extension Programmes) चल रहे हैं। इन विकास कार्यक्रमों में सामाजिक शिक्षा को बहुत महत्व दिया जा रहा है। शिक्षा कार्यक्रमों द्वारा प्रौढ़ों को ज्ञान देने, राजनीतिक समझ बढ़ाने, नागरिकता का गुण ग्रहण करने, खेलकूद, मनोरंजन में भाग लेने, स्वास्थ्य के नियमों का पालन करने और स्वच्छ रहने की आदत डालने के प्रयास किए जा रहे हैं। विविध पाइलट प्रोजेक्ट्स (Pilot Projects) चलाकर सामाजिक शिक्षा के कार्यक्रमों पर बहुत से प्रयोग हो रहे हैं, परन्तु जो उद्देश्य निर्धारित किये गये उनमें पूर्ण सफलता अभी तक नहीं मिल सकी है। सामाजिक शिक्षा योजना के अन्तर्गत पहली पंचवर्षीय योजना में सामाजिक केन्द्र (Social Centres); जनता कॉलेज (Janata Colleges) तथा गाँवों में अध्ययन मंडल (Study Circles) स्थापित करने, सघन पुस्तकालय सेवा (Intensive Library Services) देने और प्रौढ़ों के लिए साहित्य तैयार करने और उसे वितरित करने की योजना बनायी गयी।

सामाजिक केन्द्र (Social Centres)—गाँवों में सांस्कृतिक और कल्याण केन्द्रों के रूप में सामाजिक केन्द्र स्थापित करने की योग्यता में शिक्षा का क्षेत्र सामान्य स्कूलों की अपेक्षा अधिक व्यापक होगा। गाँव के स्कूल, चौपाल या पंचायत घर को सामाजिक केन्द्र बनाया जाएगा।

जनता कॉलेज (Janata Colleges)—गाँवों के लिए प्रशिक्षित कार्यकर्ता तैयार करने के लिए जनता कॉलेज की स्थापना की गयी। इन कॉलेजों में प्रशिक्षित लोग सामाजिक केन्द्रों पर कार्य करेंगे। इन कार्यकर्ताओं के प्रशिक्षण के लिए जनसेवा (Public Service), सहकारिता (Cooperation) और सह-अस्तित्व (Co-existance) निर्देशक सिद्धान्त बनाये गये हैं। ग्रामीण क्षेत्रों में कार्यकर्ता और नेताओं के रूप में पुरुषों और महिलाएं दोनो को प्रशिक्षित किया जाना है। ये लोग शैक्षिक, सांस्कृतिक और जन-कल्याण के क्षेत्रों में अपने कर्तव्यों का पालन करेंगे।

सघन पुस्तकालय (Intensive Libraries)—गाँवों के सामाजिक केन्द्रों पर ये पुस्तकालय स्थापित होंगे। जहाँ सामाजिक केन्द्र नहीं होंगे वहाँ इनकी स्थापना स्थानीय स्कूल या पंचायत घर में होगी। यदि पंचायत घर या स्कूल नहीं हैं तो ये किसी प्रतिष्ठित व्यक्ति की चौपाल पर भी चलायी जा सकती है। पुस्तकालयों में पुस्तकें नागरिकशास्त्र, कृषि, धर्म, उद्योग, सहकारिता, व्यापारिक और औद्योगिक व्यवहार, स्वास्थ्य, स्वास्थ्य रक्षा और गृह-विज्ञान से सम्बन्धित होंगी।

भारत सरकार ने फरवरी 1956 ई॰ में मैसूर में एक सात दिवसीय अधिवेशन आयोजित किया जिसमें जनता कॉलेजों के लिये कार्यक्रम प्रस्तुत किये गये, जो इस प्रकार हैं—

1. जनता कॉलेज प्राचीन आश्रम प्रणाली पर आधारित होंगे जहाँ छात्र और अध्यापक साथ-साथ रहेंगे। प्रत्येक कॉलेज के पास कृषि योग्य भूमि होगी।
2. इन कॉलेजों का पर्यवेक्षण (Supervision) सुप्रबन्धित जन संगठनों को सौंपा जायेगा जहाँ अनाधिकृत संस्थाएँ कोई भी हस्तक्षेप नहीं करेंगी। सरकार इन कॉलेजों को चलायेगी।
3. इन कॉलेजों के लिए सरकार पर्याप्त आर्थिक सहायता देगी।
4. इन कॉलेजों में 15 से 40 वर्ष प्रौढ़ों को ही प्रवेश मिलेगा। पुरुषों और महिलाओं के लिए पृथक्-पृथक् कॉलेज खुलेंगे।

प्रौढ़ों के लिए हिन्दी तथा अन्य भाषाओं में साहित्य तैयार किया गया है। विविध भाषाओं में सरकार ने 200 से ऊपर पुस्तकें प्रकाशित की हैं। जामिया मिलिया इस्लामिया विश्वविद्यालय के मकतब द्वारा प्रौढ़ों के लिए उपयुक्त साहित्य तैयार किया जा रहा है। इस प्रकार के साहित्य-लेखन को प्रोत्साहित करने के लिए प्रत्येक

वर्ष 15 अच्छे लेखकों को पुरस्कार दिया जाता है। इसी प्रकार लोक-साहित्य (People's Literature) के निर्माण में योग देने वाले लोगों को भी पुरस्कृत किया जाता है। पुरस्कार-योग्य साहित्य का निरीक्षण और अध्ययन करने के लिये एक विशेषज्ञ समित (Experts Committee) बनायी गयी है। उसी की संस्तुति पर लेखक को पुरस्कार मिलता है।

सारांश

प्रौढ़ शिक्षा और उसका दर्शन

भारत में अत्यधिक निरक्षरता। निरक्षरता प्रजातान्त्रिक शासन व्यवस्था के लिए घातक। अतः लोकतन्त्र की सफलता के लिए निरक्षर प्रौढ़ों को शिक्षा देना बहुत आवश्यक। 12 से 50 वर्ष की अवस्था वाले प्रौढ़ों को जो स्कूलों में प्रवेश नहीं ले सकते, इस शिक्षा की आवश्यकता।

प्रौढ़ शिक्षा प्रौढ़ों को केवल साक्षर बनाने के लिए नहीं, वरन् उन्हें पूर्ण नागरिक बनाने, उनका सामाजिक, आर्थिक, राजनीतिक, नैतिक, अन्तर्राष्ट्रीय विकास करने के लिए।

भारत में सामाजिक शिक्षा का विकास

(अ) **स्वतन्त्रता प्राप्ति से पूर्व के प्रयास**—बीसवीं शताब्दी के पहले बीस वर्षों में प्रौढ़ शिक्षा का पंजाब, मद्रास, उत्तर प्रदेश, बंगाल और बम्बई में अधिक विकास। 1935 के अधिनियम का प्रौढ़ शिक्षा पर अच्छा प्रभाव पड़ा। 1937 ई॰ तक बम्बई में सबसे अधिक विकास। उत्तर प्रदेश, पंजाब, बिहार, उड़ीसा, बंगाल, बम्बई और देशी राज्यों में प्रौढ़ शिक्षा की अच्छी प्रगति। देशी राज्यों में अधिक प्रगति।

(ब) **स्वतन्त्रता प्राप्ति के बाद के प्रयास**—प्रौढ़ शिक्षा को सामाजिक शिक्षा का रूप दिया गया। तीन भागों में कार्यक्रम विभाजितः (1) साक्षरता, (2) आगामी शिक्षा, (3) प्रौढ़ों को नागरिकता की शिक्षा। मई 31, 1948 ई॰ को 12-सूत्री कार्यक्रम निर्धारित। इन कार्यक्रमों की सफलता के फलस्वरूप दिल्ली, बम्बई, मद्रास, मध्य प्रदेश, उत्तर प्रदेश, हैदराबाद, शोलापुर, हुबली में सामाजिक शिक्षा केन्द्र स्थापित। यूनेस्को की नीति का अनुकरण। पहली योजना से ही सामाजिक केन्द्र, जनता कॉलेज, सघन पुस्तकालयों की स्थापना और श्रव्य-दृश्य सामग्री के माध्यम से प्रौढ़ों को शिक्षित करने की योजना।

अभ्यासार्थ प्रश्न

1. प्रौढ़ शिक्षा क्या है? इसका शैक्षिक दर्शन स्पष्ट कीजिए।
2. प्रौढ़ शिक्षा को सामाजिक शिक्षा का रूप क्यों दिया गया? समझाइए।
3. स्वतन्त्रता प्राप्ति से पूर्व प्रौढ़ शिक्षा क्षेत्र में क्या प्रगति हुई?
4. स्वतन्त्रता प्राप्ति के बाद से सामाजिक शिक्षा-क्षेत्र में हुई प्रगति का वर्णन कीजिए।
5. निम्नलिखित को स्पष्ट कीजिए—
   (अ) जनता कॉलेज,
   (ब) सामाजिक केन्द्र,
   (स) यूनेस्को की शिक्षा प्रणाली,
   (द) 12-सूत्री प्रौढ़ शिक्षा कार्यक्रम।

अध्याय 43

भारत में बहु-उद्देशीय विद्यालय
[Multi-purpose Schools in India]

बहु-उद्देशीय विद्यालयों का स्वरूप
(The Nature of Multipurpose Schools)

1952-53 ई॰ में मुदालियर आयोग (माध्यमिक शिक्षा-आयोग) ने माध्यमिक शिक्षा को अधिक उपयोगी और सामयिक बनाने के लिए बहु-उद्देशीय विद्यालयों (Multi-purpose Schools) की स्थापना पर बल दिया। जैसा कि पिछले अध्याय में स्पष्ट किया गया है इस आयोग ने माध्यमिक शिक्षा के पाठ्यक्रम को सात समूहों (Groups) में विभक्त किया जिनमें से कोई एक समूह ऐच्छिक रूप में छात्र ले सकता है। यह समूह तथा अन्य अनिवार्य विषय बालकों और बालिकाओं के स्वाभाविक विकास में सहायक होंगे। आयोग ने इन बहु-उद्देशीय विद्यालयों के स्वरूप का वर्णन करते हुए स्पष्ट किया है—"ये विद्यालय वे विद्यालय होंगे जो विविध योग्यताओं, रुचियों, स्वभावों और अभिरुचियों के विविध बालकों और बालिकाओं की आवश्यकता पूरी करके उनका स्वाभाविक और सर्वांगीण विकास करने में सहायक होंगे। ये बहु-उद्देशीय विद्यालय बालकों और बालिकाओं के व्यक्तित्व का विकास सन्तुलित रूप में कर सकेंगे।"

बहु-उद्देशीय विद्यालयों का महत्व (Importance)

स्वतन्त्रता-प्राप्ति के बाद मुदालियर आयोग ने माध्यमिक शिक्षा को अधिक उपयोगी बनाने के लिए बहु-उद्देशीय विद्यालयों की स्थापना पर बल दिया। इन विद्यालयों को निम्नलिखित उपयोगिताओं के कारण महत्वपूर्ण माना जाता है—

1. प्राथमिक स्कूलों को बेसिक स्कूलों में बदलकर बच्चों को बेसिक शिल्प (Crafts) सिखाये गये; परन्तु माध्यमिक स्तर पर शिल्प सिखाने की कोई

व्यवस्था नहीं थी। फलतः प्राथमिक स्तर पर सीखा गया शिल्प व्यर्थ गया, क्योंकि उसके विकास के लिए अवसर ही नहीं मिला। इस प्रकार प्राथमिक शिक्षा का अपव्यय (Wastage) हुआ। इसे रोकने के लिए बहु-उद्देशीय विद्यालयों में विभिन्न प्रकार के शिल्प कार्यों की व्यवस्था की गयी जिससे प्राथमिक स्तर पर सीखा गया शिल्प माध्यमिक स्तर पर भी सीखा जा सके और उसे अपनाकर जीविकोपार्जन के लिए साधन प्राप्त किया जा सके। इस प्रकार बहु-उद्देशीय विद्यालय बेसिक शिक्षा के अपव्यय को रोकने में समर्थ हैं।

2. माध्यमिक स्कूलों में प्रवेश पाने वाले बालक समान स्वभाव, रुचि, अभिरुचि, व्यक्तित्व और आवश्यकता के नहीं होते। उनके पारिवारिक संस्कार अलग-अलग होते हैं। इन्हीं वैयक्तिक भेदों के कारण कोई बालक विज्ञान विषयों में रुचि लेता है, कोई वाणिज्य या कृषि में तो कोई रचनात्मक या कलात्मक विषयों में रुचि लेता है। बहु उद्देशीय विद्यालयों में सभी रुचियों के बालकों को पढ़ने के लिए विविध विषय मिल जाते हैं। सामान्य माध्यमिक स्कूलों में विविध प्रकार के विषयों की व्यवस्था नहीं है। यदि सभी बच्चों को उनकी वैयक्तिक आवश्यकताओं की अवहेलना करके एक ही पाठ्य विषय पढ़ने को विवश किया जाए तो शिक्षा उनके लिए अनुपयोगी और अस्वाभाविक होगी। उनका व्यक्तित्व भली प्रकार विकसित नहीं होगा और शिक्षा में अपव्यय (Wastage) एवं अवरोधन (Stagnation) बढ़ेगा। इस कठिनाई को बहु-उद्देशीय विद्यालय अवश्य ही दूर करते हैं।
3. प्राथमिक शिक्षा पूरी कर लेने पर बालक कैशोर (Adolescence) में प्रवेश करने लगते हैं। इस समय इन बालकों की रुचियों, झुकावों और अभिवृत्तियों में ठहराव नहीं होता। उन्हें उनकी वैयक्तिक आवश्यकता के अनुकूल ठहराव देना शिक्षा संस्थाओं का काम है। यह काम बहु-उद्देशीय विद्यालय सरलतापूर्वक कर लेते हैं। वैयक्तिक भेद के अनुकूल स्वाभाविक शिक्षा मिलने पर बालकों का विकास स्वाभाविक रूप में होता है और बालक अपने स्वभाव के अनुकूल रुचि ग्रहण करके शिक्षा पाने लगते हैं।
4. प्रायः हमारी शिक्षा संस्थाएँ बच्चों में श्रम के प्रति आस्था पैदा नहीं कर सकी हैं। बहु-उद्देशीय विद्यालय बालकों और बालिकाओं में श्रम के प्रति आस्था पैदा करते हैं। कुछ लोगों का यह कहना है कि व्यावसायिक और तकनीकी संस्थाएँ सामान्य विद्यालयों से पृथक् खुलें, यह ठीक नहीं है। भारत में ही नहीं अमेरिका और इंग्लैंड जैसे उन्नत देशों में भी श्रम के प्रति आस्था कम है। उनके व्यावसायिक और तकनीकी स्कूल उतने

महत्वपूर्ण नहीं माने जाते जितने सामान्य शिक्षा के विद्यालय माने जाते हैं। भारत में तो श्रम के प्रति आस्था है ही नहीं। ऐसी दशा में पृथक् व्यावसायिक और तकनीकी स्कूलों की स्थापना उचित नहीं होगी। इसके लिए बहुउद्देशीय विद्यालय ही उपयुक्त होंगे, क्योंकि वे सामान्य शिक्षा के साथ-साथ व्यावसायिक और तकनीकी शिक्षा भी दे सकेंगे। इस प्रकार बालकों और बालिकाओं को कुछ न कुछ श्रम करना होगा। इससे वे श्रम का महत्व समझ सकेंगे।

बहु-उद्देशीय विद्यालयों की स्थापना के लक्ष्य (Aims of Opening Multipurpose Schools)

ऊपर यह स्पष्ट किया गया है कि बहु-उद्देशीय विद्यालयों का महत्व क्या है। इससे उनकी स्थापना के लक्ष्यों का सामान्य परिचय मिलता है। मुदालियर आयोग ने निम्नलिखित लक्ष्यों को ध्यान में रखते हुए बहु-उद्देशीय विद्यालयों की स्थापना को उचित ठहराया--

(1) ***आत्म-निर्भरता (Self Support) का लक्ष्य***--बहु-उद्देशीय विद्यालयों में विविध प्रकार के शिल्प कार्यों को सिखाने की व्यवस्था की जाती है। इससे बालक आत्म-निर्भर बनते हैं। माध्यमिक शिक्षा पूरी कर लेने पर वे अपनी जीविका स्वयं कमा सकते हैं।

(2) ***एकपक्षीय (Unilateral) विद्यालयों को बहुपक्षीय (Multilateral) बनाना***--अब तक माध्यमिक स्कूल एकपक्षीय हैं, क्योंकि वे विविध प्रकार के विषयों और कार्यों की व्यवस्था नहीं कर पाये। बहु-उद्देशीय विद्यालयों में विविध प्रकार की रुचियों और आवश्यकताओं की पूर्ति के लिए विविध विषयों और शिल्प कार्यों की व्यवस्था की गयी है। इस प्रकार स्कूल बहु-पक्षीय (Multilateral) बन गये हैं।

(3) ***योग्य नागरिक तैयार करना***--स्वतन्त्र भारत में चरित्रवान, नैतिक और पूर्ण व्यक्तित्व वाले नागरिकों की आवश्यकता है। इस आवश्यकता की पूर्ति में बहु-उद्देशीय विद्यालय समर्थ हैं। इन विद्यालयों में सैद्धान्तिक और प्रयोगात्मक विषयों का अध्ययन कराकर सिद्धान्त और व्यवहार में समन्वय स्थापित किया गया है। इससे बालकों का व्यक्तित्व पूर्ण बनता है और वे राष्ट्र के लिए योग्य नागरिक बनते हैं।

(4) ***बेरोजगारी दूर करना***--हमारे देश में बेरोजगारी बहुत है। बहु-उद्देशीय विद्यालय बेरोजगारी दूर करने में सहायक हैं। अपनी-अपनी रुचि के

अनुकूल शिल्प शिक्षा ग्रहण करके बालक आत्मनिर्भर बनते हैं और रोजगार के लिए दूसरों पर निर्भर नहीं करते। इससे राष्ट्र में व्याप्त बेरोजगारी की समस्या का हल मिल सकेगा, परन्तु इसका अर्थ यह नहीं कि ये स्कूल एकमात्र इसलिए स्थापित किये गये हैं कि वे छात्रों को कारीगर बनायें। मुख्य उद्देश्य तो बालक का सर्वांगीण विकास करते हुए उसे भावी जीवन के लिए तैयार करना है।

1957 ई॰ में एक राष्ट्रीय शिक्षा अधिवेशन (National Educational Seminar) हुआ जिसमें बहु-उद्देशीय विद्यालयों के लक्ष्यों को स्पष्ट किया गया। ये लक्ष्य इस प्रकार हैं—

1. इन विद्यालयों द्वारा छात्रों में सहयोग और सहकारिता (Co-operation) की भावना पैदा की जाए। इन्हें रचनात्मक (Constructive), उत्पादक (Productive) और अन्य सामाजिक लाभ के कामों में लगाया जाए। इससे वे सहयोग करना सीखेंगे और आत्म-निर्भर बन सकेंगे।
2. इन विद्यालयों द्वारा छात्रों में नवीन ज्ञान को अर्जित करने की प्रवृत्ति पैदा की जाए। इससे वे नवीन ज्ञान का उपयोग अपनी दैनिक समस्याओं के समाधान खोजने में कर सकेंगे।
3. ये विद्यालय छात्रों को इस प्रकार तैयार करें कि वे राष्ट्रीय सम्पत्ति की वृद्धि में योग दें। वे राष्ट्रीय चरित्र का निर्माण करने में योग दें।
4. ये विद्यालय छात्र-छात्राओं को किसी भी रोचक व्यवसाय में इतना दक्ष कर दें कि पढ़ायी छोड़ने के बाद वह उसे स्वतन्त्रतापूर्वक अपनी जीविका का साधन बना सकें।

बहु-उद्देशीय विद्यालयों की राष्ट्रीय उपयोगिता (Utility)

इन विद्यालयों की स्थापना से राष्ट्र के छात्रों में श्रम (Labour) के प्रति आस्था पैदा होगी, वे आत्म-निर्भर (Self-supporting) बनेंगे और राष्ट्र की समृद्धि में बहुत योग दे सकेंगे। राष्ट्र के तकनीकी (Technical), व्यावसायिक (Vocational), औद्योगिक (Industrial) और वाणिज्यिक (Commercial) क्षेत्रों में इन विद्यालयों के शिक्षित छात्र पर्याप्त योगदान देंगे। इन विद्यालयों में छात्रों को अपनी वैयक्तिक विशेषताओं के अनुकूल विषय पढ़ने को मिलेंगे, कार्य सीखने को मिलेंगे। इससे उनका स्वाभाविक विकास होगा। वे विविध विषयों का ज्ञान प्राप्त करके अपनी समस्याओं का हल खोजने में उस ज्ञान का उपयोग कर सकेंगे।

रुचि के अनुसार विषयों का अध्ययन करने की सुविधा के कारण शिक्षा में अपव्यय और अवरोधन (Wastage and Stagnation) नहीं होगा। विविध विषयों के अध्ययन की व्यवस्था से छात्र अपना जीवन लक्ष्य निर्धारित करने और उसे प्राप्त करने में सफल होंगे। जिन स्कूलों में गिने-चुने विषय पढ़ाये जाते हैं वहाँ बालक का स्वाभाविक विकास नहीं होता, परिणाम अच्छा नहीं रहता और श्रम एवं शक्ति का नाश होता है।

बहु-उद्देशीय विद्यालयों का विकास और समस्याएँ (Development and Problems of Multipurpose Schools)

बहु-उद्देशीय विद्यालयों का विकास

सन् 1957 ई॰ में भारत सरकार ने बहु-उद्देशीय विद्यालयों की स्थापना पर ध्यान दिया। पहले तो प्रचलित हाई स्कूलों और हायर सेकण्डरी स्कूलों को बहु-उद्देशीय विद्यालयों में बदलने का प्रयत्न किया। बाद में नवीन बहु-उद्देशीय विद्यालयों की स्थापना पर ध्यान दिया। पहली पंचवर्षीय योजना में 250 बहु-उद्देशीय विद्यालयों की नींव डाली गयी। दूसरी योजना में 150 नये विद्यालय खोलने का लक्ष्य रखा गया। तीसरी योजना में अतिरिक्त 1000 बहु-उद्देशीय विद्यालय खोलने का लक्ष्य रखा गया, परन्तु इन सभी स्कूलों में संस्तुतित सातों समूह नहीं खोले जा सके। अधिक से अधिक दो समूह वाले बहु-उद्देशीय विद्यालय खोले गये। पर्याप्त पैसा खर्च करने पर भी ये विद्यालय नहीं चलाये जा सके। इस कार्य में कुछ बाधाएँ आयीं जिनके कारण इन स्कूलों की प्रगति नहीं हो सकी। आज 10वीं योजना तक ऐसी ही स्थिति बनी हुई है।

बहु-उद्देशीय विद्यालयों की समस्याएँ (Problems of Multipurpose Schools)

बहु-उद्देशीय विद्यालयों की स्थापना में निम्नलिखित समस्याएँ बाधा उत्पन्न करती हैं—

(1) *अध्यापकों का अनाकर्षक वेतनमान*—अभी तक व्यावसायिक और तकनीकी शिक्षा देने वाले अध्यापकों को वेतन इतना कम मिलता है कि योग्य व्यक्ति उस ओर आकर्षित नहीं होते। यदि कोई इनका शिक्षण करने को तैयार हो भी जाता है तो बीच में ही कहीं अच्छा वेतन मिलने पर छोड़कर

चला जाता है। विभाग की ओर से जहाँ वेतन कम है वहाँ अन्य सुविधाएँ भी नहीं मिलतीं। व्यक्तिगत संस्थाओं के अध्यापकों की आर्थिक स्थिति इन अध्यापकों से अच्छी नहीं होती है। वहाँ प्रबन्धक वर्ग अध्यापकों का शोषण करता है। इस प्रकार शिक्षण-कार्य में वे ही व्यक्ति आते हैं जिन्हें किसी और क्षेत्र में नौकरी या काम नहीं मिलता।

इस प्रकार बहु-उद्देशीय विद्यालयों को सफल बनाने के लिए आवश्यक है कि इनके अध्यापकों का वेतनमान आकर्षक और अच्छा बनाया जाए। अध्यापकों को रहने-सहने, चिकित्सा आदि की सुविधाएँ मिलें। उन्हें नवीन ज्ञान अर्जित करने और अपनी योग्यता बढ़ाने के अच्छे अवसर मिलें। व्यक्तिगत स्कूलों को सरकार द्वारा बाध्य किया जाए कि वे अध्यापकों को आकर्षक वेतन और आवश्यक सुविधाएँ दें। प्रत्येक राज्य में एक व्यापक प्रशिक्षक महाविद्यालय खोला जाए जहाँ अध्यापकों, प्रधानाचार्यों और प्रबन्धकों को भी समय-समय पर प्रशिक्षण मिलता रहे। प्रत्येक राज्य में निदेशन अधिकारी (Guidance Officers) और जीविका संदर्शक (Carreer Masters) की नियुक्ति की जाए।

(2) ***उपयुक्त पाठ्यपुस्तकों और समय-सारणी का अभाव***—बहु-उद्देशीय विद्यालयों में क्षेत्रीय भाषाओं के अन्तर्गत स्तर वाली (Standard) पाठ्य पुस्तकों (Text Books) का अभाव है। सरकार योग्य अध्यापकों से स्तर वाली पुस्तकों को क्षेत्रीय भाषाओं में तैयार कराये। ये पुस्तक लिखने वाले अपने विषय के विशेषज्ञ (Expert) हों।

बहु-उद्देशीय विद्यालयों में विषयों की विविधता और अधिकता होती है। अतः स्कूलों की समय-सारणी (Time-table) ठीक नहीं बन पाती। आवश्यक विषयों को उपयुक्त और पर्याप्त अवधि के घंटे नहीं मिलते। इसका कारण यही है कि प्रधानाध्यापक या समय-सारणी का इन्चार्ज व्यावसायिक और तकनीकी विषयों की जानकारी नहीं रखते। यदि वे इस प्रकार के विषयों की जानकारी रखें तो इन विषयों की समय-सारणी में उपयुक्त समय दें। अतः समय-सारणी योग्य अध्यापक और विशेषज्ञ (Experts) की राय से बनायी जाए। कई विशेषज्ञ अलग-अलग समय-सारणी तैयार करें और इनमें जो सर्वोत्तम हो उसे ग्रहण कर लिया जाए।

(3) ***नवीन स्कूलों की स्थापना और पुराने स्कूलों के परिवर्तन की समस्या***—सरकार ने पुराने हाई स्कूलों और हायर सेकण्डरी स्कूलों को बहु-उद्देशीय विद्यालयों में बदलने और नये स्कूल खोलने का प्रयत्न किया, परन्तु इनमें सफलता नहीं मिली। इसका मूल कारण यह था कि ऐसी कोई योजना पहले तैयार नहीं की गयी। यदि स्कूलों की दशाओं का

सर्वे किया जाता और पता लगाया जाता कि कौन-सा स्कूल प्रगतिशील है, साधन सम्पन्न है, मुख्य सड़क पर स्थित है या यातायात की सुविधाओं से युक्त है, भवन इस प्रकार नियोजित है कि आवश्यकता के अनुसार उसका विस्तार किया जा सकता है, स्कूल की स्थानीय आवश्यकताएँ क्या हैं? शिक्षक कितने उपलब्ध हैं? तब स्कूलों को बहु-उद्देशीय स्कूलों में बदला जाता। नये स्कूल भी इन्हीं बातों को ध्यान में रखकर खोले जाते तो निश्चित ही सफलता मिलती।

(4) ***व्यावसायिक पाठ्यक्रम देने की व्यवस्था-सम्बन्धी समस्या***—बहु-उद्देशीय विद्यालयों में विविध प्रकार के पाठ्यक्रम संचालित करने होते हैं। इसके लिए पर्याप्त धन की आवश्यकता है। धनाभाव में विविध प्रकार के व्यावसायिक प्रशिक्षणों की व्यवस्था नहीं हो पाती। इनके लिए बहुत-सी कर्मशालाएँ (Workshops), प्रयोगशालाएँ (Laboratories), सभी उपकरण, पुस्तकालय (Libraries), योग्य व्यावसायिक शिक्षक, पाठ्य पुस्तकें और निदेशकों (Guides) की आवश्यकता है। इनके अभाव में ये स्कूल सफल नहीं हो पाते। अतः स्कूलों में व्यावसायिक प्रशिक्षण की सभी सुविधाएँ जुटाने के साथ-साथ स्थानीय फैक्ट्रियों, कर्मशालाओं, उद्योगशालाओं से सम्पर्क स्थापित करके वहीं प्रयोगात्मक कार्य कराया जाए। रूस में ऐसी ही व्यवस्था है।

(5) ***पाठ्यक्रम निर्धारण की समस्या***—बहु-उद्देशीय विद्यालयों में विविध प्रकार के पाठ्यक्रम रखने होते हैं। स्थानीय आवश्यकताओं, छात्रों की वैयक्तिक आवश्यकताओं को ध्यान में रखते हुए और धन की व्यवस्था को ध्यान में रखते हुए कौन-कौन से पाठ्यक्रम रखे जायें, यह विचार करना गम्भीर समस्या है। आयोग ने सात समूहों (Seven Groups) की व्यवस्था करने की बात कही है, परन्तु सरकार और शिक्षा-विशेषज्ञों ने केवल दो समूहों के स्कूल खोलने की बात कहकर योजना को संकीर्ण बना दिया है। सामान्य स्कूल और बहु-उद्देशीय स्कूल में इस कारण कोई विशेष अन्तर नहीं रहा है। अखिल भारतीय शिक्षा-परिषद् (All India Educational Council) के सुझावानुसार कुछ स्कूलों में विषयों और कार्यक्रमों का निर्धारण किया गया है, परन्तु इनके निर्धारण में स्थानीय आवश्यकताओं की अवहेलना की गयी। सभी राज्यों में समान पाठ्यक्रम और समान स्तर की व्यवस्था भी नहीं है। यदि ऐसा ही रहा तो ये स्कूल राष्ट्र को अधिक लाभ नहीं पहुँचा सकते।

उपर्युक्त समस्या का हल पाने के लिए आवश्यक है कि सभी बहु-उद्देशीय विद्यालयों में स्थानीय आवश्यकताओं को ध्यान में रखते हुए कम से कम 3 समूहों के पाठ्यक्रमों की व्यवस्था अवश्व की जाए। सभी राज्यों में

स्वरूप-संरचना और स्तर-सम्बन्धी समरूपता लायी जाए। बदलती आवश्यकताओं के अनुसार इन पाठ्यक्रमों में भी परिवर्तन कर लिया जाए। स्कूलों में शिक्षा सुविधाओं का अच्छा विस्तार किया जाए। प्रशिक्षित अध्यापकों की नियुक्ति की जाए। प्रत्येक अध्यापक सामान्य विषयों के अतिरिक्त किसी न किसी शिल्प-कार्य में अवश्य प्रशिक्षित हो। ऐसी व्यवस्था होने पर छात्र अपनी रुचि के अनुकूल शिक्षा प्राप्त कर सकेंगे। स्कूलों में निदेशक (Guides) रखे जायें जो शैक्षिक और व्यावसायिक निदेशन (Educational and Vocational Guidance) दे सकें।

(6) ***अभिभावकों के असन्तोष की समस्या***—हमारे अभिभावक लोग अशिक्षित होने के कारण बच्चों की रुचियों, योग्यता और आवश्यकता की उपेक्षा करके अपनी इच्छा बच्चों पर लादते हैं। इससे बालक अपनी रुचि और अभिरुचि के अनुकूल विषय नहीं ले पाता। परिणामतः छात्र परीक्षा में असफल हो जाता है। इससे अभिभावकों में असन्तोष बढ़ने लगता है। यदि एक अध्यापक मार्गदर्शक के रूप में बताता है कि अमुक बच्चे के लिये मानव-शास्त्र का वर्ग ठीक रहेगा, परन्तु अभिभावक बच्चे को विज्ञान-समूह दिलवाना चाहेगा। परिणाम होगा असफलता। इसका सबसे अच्छा हल यही है कि विषय चुनने से पहले छात्रों का एक अभिरुचि परीक्षण लिया जाए। बालक जिस अभिरुचि का हो उसे वही समूह मिले। इससे बालक स्वाभाविक शिक्षा ग्रहण करेगा और अपने उद्देश्य में सफल भी होगा। इससे अभिभावक का असन्तोष घटेगा।

उपर्युक्त कठिनाईयों और समस्याओं का समाधान खोजे बिना हमारे बहु-उद्देशीय विद्यालय सफल नहीं हो सकते। सरकार को इस ओर ध्यान देते हुए एक योजना बनानी चाहिए जिससे बहु-उद्देशीय विद्यालयों की स्थापना करके उनसे लाभ उठाया जा सके।

सारांश

बहु-उद्देशीय विद्यालयों का स्वरूप

छात्रों के वैयक्तिक भेदों को ध्यान में रखते हुए विविध रुचियों और योग्यताओं के विषयों की शिक्षा देने के लिए स्कूलों की स्थापना ही बहु-उद्देशीय विद्यालयों की स्थापना। इनमें मुदालियर आयोग के अनुसार 7 वर्गों की व्यवस्था।

बहु-उद्देशीय विद्यालयों का महत्व

(1) प्राथमिक स्तर पर सीखे गये शिल्प के प्रशिक्षण की निरन्तरता को बनाना सम्भव। (2) वैयक्तिक भेदों के अनुकूल विषयों की शिक्षण-व्यवस्था सम्भव। (3) कैशोर की रुचियों में से किसी एक रुचि को स्थायित्व देना। आत्म-निर्भरता लाना।

बहु-उद्देशीय विद्यालयों का लक्ष्य

(1) आत्म-निर्भरता लाना। (2) बहु-पक्षीय शिक्षण। (3) योग्य नागरिक तैयार करना। (4) बेरोजगारी दूर करना। नवीन ज्ञान पाकर समस्याओं के हल में उसका उपयोग।

बहु-उद्देशीय विद्यालयों की राष्ट्रीय उपयोगिता

महत्व और लक्ष्यों की पूर्ति से राष्ट्रीय समृद्धि, रोजगार, चरित्रवान, योग्य नागरिकों की उपलब्धि सम्भव।

बहु-उद्देशीय विद्यालयों का विकास और समस्याएँ

1957 ई॰ से पुराने स्कूलों का बहु-उद्देशीय विद्यालयों में परिवर्तन और नवीन विद्यालयों की स्थापना। पहली तथा दूसरी योजनाओं में इनका विकास अधिक।

समस्याएँ—(1) अध्यापकों का अनाकर्षक वेतन। (2) उपयुक्त पाठ्य पुस्तकों, समय-सारणी का अभाव। (3) परिवर्तन और नवीन स्कूलों की स्थापना में धनाभाव। (4) व्यावसायिक शिक्षा की सुविधाओं का अभाव। (5) पाठ्यक्रम निर्धारण की समस्या। (6) अभिभावकों के असन्तोष की समस्या।

अभ्यासार्थ प्रश्न

1. 'बहु-उद्देशीय विद्यालय' क्या हैं? इनके स्वरूप की व्याख्या कीजिए।
2. बहु-उद्देशीय विद्यालयों के लक्ष्यों का निर्धारण कीजिए। इनका महत्व बताते हुए स्पष्ट कीजिए कि ये राष्ट्रीय प्रगति में कैसे सहायक हैं?
3. बहु-उद्देशीय विद्यालयों की समस्याओं को समझाइए। ये कैसे दूर की जा सकती हैं?

अध्याय 44

भारत में विकलांगों और अक्षम व्यक्तियों की शिक्षा [Education of the Handicapped and Disabled in India)

भारत में अन्य विकसित देशों की अपेक्षा विकलांगों (Handicapped) और अक्षम (Disabled) लोगों की शिक्षा बहुत पीछे है। भारत में इसी कमी के कारण विकलांग और अक्षम लोग भीख माँगते फिरते हैं, पिछड़े बालक समाज में आक्रोश व्यक्त करते हैं और असामाजिक कामों में लगे रहते हैं। इस सब असामाजिक कार्यों से समाज में बुराईयाँ फैलती हैं और समाज को भारी हानि उठानी पड़ती है। यदि इन लोगों के लिए अच्छी और उपयुक्त शिक्षा की व्यवस्था हो जाए तो निश्चित ही ये बालक समाज के लिए अधिक उपयोगी सिद्ध हो सकते हैं। इसलिए विकलांगों और अक्षम बालकों एवं व्यक्तियों के लिये शिक्षा की व्यवस्था पर ध्यान देना आवश्यक है।

सबसे पहले हमें वर्गीकरण करना होगा कि शारीरिक दृष्टि से विकलांग (Physically Handicapped) कौन हैं, शारीरिक अक्षम (Physically Disabled), मानसिक पिछड़े (Mentally Retarted), सामाजिक पिछड़े (Socially Backward) कौन हैं? वर्गीकरण के पश्चात् उनकी उपयुक्त शिक्षा की व्यवस्था की जानी चाहिए। सभी वर्गों के लिए समान शिक्षा की व्यवस्था नहीं की जा सकती। अक्षम बालक (Disabled) कई कारणों से अक्षम हो सकते हैं। ये कारण प्रायः वंश-परम्परागत या वैयक्तिक होते हैं। ऐसे अक्षम बालकों की अक्षमताओं को हम आकस्मिक अक्षमताएँ (Casual Disabilities) कहते हैं। यदि बालक में कोई आन्तरिक (Internal) या मानसिक असन्तुलन (Mental Disorder) के कारण चिन्तन एवं अभिरुचि सम्बन्धी अवसामान्यता (Abnormality) हो तो इस प्रकार की अक्षमताओं को हम लाक्षणिक अक्षमताएँ (Symptomatic Disabilities) कहते हैं।

शारीरिक अक्षमताएँ (Physical Disabilities)—ये अक्षमताएँ शारीरिक, मानसिक और सामाजिक कारणों (Factors) से पैदा होती हैं। शारीरिक अक्षम व्यक्ति गूँगे (Dumb), बहरे (Deaf), अन्धे (Blind) या लंगड़े (Lame) होते हैं। इन्हें हम

अक्षम व्यक्ति (Disabled Persons) कहते हैं।

मानसिक अक्षमताएँ—मानसिक विकलांग (Mentally Handicapped) व्यक्ति वे होते हैं जो बुद्धि-परीक्षण के आधार पर सामान्य से अधिक पिछडे होते हैं। बुद्धि-लब्धि (I.Q.) का पता लगाने से ज्ञात होता है कि इनकी बुद्धि-लब्धि सामान्य (Average) से बहुत कम होती है। इन्हें हम दो वर्गों में बाँट सकते हैं—(1) वे मानसिक पिछड़े व्यक्ति जिनकी बुद्धि-लब्धि सामान्य (Normal) से कुछ कम होती है। (2) वे मानसिक पिछड़े बालक या व्यक्ति जिनकी बुद्धि-लब्धि, 70, 50 या 20 से भी कम होती है। ये क्रमशः मोटी बुद्धि वाले (Moron), मूर्ख (Inbecile) और जड़-बुद्धि (Idiot) कहलाते हैं।

सामाजिक दृष्टि से अक्षम—सामाजिक दृष्टि से अक्षम (Socially Handicapped) वे बालक होते हैं जो अनाथ (Orphans), बिना घर-बाहर, बिना किसी सम्पत्ति और संरक्षक के होते हैं। उन्हें सामाजिक संरक्षण का अभाव होता है और वे समाज में निम्न स्तर के समझे जाते हैं।

लाक्षणिक अक्षमताएँ (Symptomatic Disabilities)—मनुष्य एक सामाजिक प्राणी है। उसकी सारी आवश्यकताएँ समाज में ही पूरी होती हैं। वह समाज में खड़ा होना, बैठना, चलना आदि दैनिक कार्य और व्यवहार करना सीखता है। जब कभी ऐसा हो जाता है कि बालक के स्वभाव (Nature) और सामाजिक वातावरण (Social Environment) में सामंजस्य (Coordination) नहीं हो पाता तो बालक का व्यवहार अवसामान्य (Abnormal) हो जाता है। ऐसी स्थिति में बालक असन्तोष और भग्नाशा (Dissatisfaction and Frustration) से पीड़ित होने लगता है। उसमें समाज की व्यवस्था के प्रति विद्रोह की भावना आ जाती है और वह अपराधी बन जाता है। ऐसी परिस्थिति तब आती है जब बालक या व्यक्ति अधिक निर्धनता में रहे, अज्ञान और निरक्षरता से पीड़ित रहे, विवाहित जीवन से सन्तुष्ट न हो और परिवार में माता-पिता का व्यवहार निर्दयतापूर्ण हो। ऐसी ही परिस्थितियों में प्रायः बालक मानसिक रोगी बन जाते हैं। उनका पढ़ाई में मन नहीं लगता और वे अपराध या असामाजिक कार्य करने में लग जाते हैं।

विकलांगों के लिए शिक्षा
(Education for the Handicapped)

भारत में विकलांगों की शिक्षा पर अभी तक बहुत ध्यान नहीं दिया जा सका है। इसीलिये हमारे देश में विकलांगों की दुर्दशा है। वे या तो भीख माँगते फिरते हैं या असामाजिक कार्यों में व्यस्त रहते हैं। प्रारम्भ में ईसाई मिशनरीज़ ने विकलांग बच्चों की शिक्षा व्यवस्था पर ध्यान दिया था। 1883 ई॰ में एक प्रोटेस्टेण्ट महिला कुमारी

एनी शार्प (Miss Annie Sharp) ने अन्धे बच्चों के लिए अमृतसर में एक कन्या विद्यालय खोला था। इसके बाद 1887 में एक भारतीय ईसाई श्री लाल बिहारी शाह ने कलकत्ता में अन्धों के लिए एक विद्यालय की नींव डाली। इसी प्रकार 1890 और 1900 ई॰ में कुमारी एस्क्विथ (Miss Asquith) और एन्नी मिल्लार्ड (Anne Millard) ने अन्धों के लिए क्रमशः पलयाम, कोट्टाया और बम्बई में स्कूल स्थापित किये। इसके बाद 1955-56 ई॰ तक कोई और प्रगति इस दिशा में नहीं हुई।

शारीरिक विकलांग बच्चों की शिक्षा के लिए राज्य सरकारों ने अनुदान दिये। 1952 ई॰ में एक 'राष्ट्रीय बाल कल्याण परिषद्' (National Child Welfare Council) की स्थापना हुई। इसी के अन्तर्गत शारीरिक दृष्टि से अक्षम बच्चों के लिए शिक्षा व्यवस्था करने वाली एक अन्य परिषद् (Council) की स्थापना 1955-56 ई॰ में की गयी। इस प्रकार भारत में 1956 ई॰ तक मानसिक अक्षम, शारीरिक दृष्टि से अक्षम बहरों, गूँगों और अन्धों के क्रमशः 3, 8, 34 और 49 स्कूल खोले गये जिनमें क्रमशः 227, 552, 2,290 और 2,245 व्यक्ति शिक्षा प्राप्त कर रहे थे।

अक्षम व्यक्तियों के लिये शिक्षा
(Education for the Disabled Persons)

हमारे देश में अभी तक यह सर्वेक्षण (Survey) नहीं किया गया है कि भारत में कितने अक्षम व्यक्ति और उनमें कितने शारीरिक, कितने मानसिक और कितने सामाजिक दृष्टि से अक्षम (Disabled) हैं। केवल संयुक्त राज्य अमेरिका में प्राप्त सामान्य और अक्षम व्यक्तियों के प्रतिशत को ही अपने यहाँ आधार मान लिया गया है। वहाँ केवल 2 प्रतिशत लोग असामान्य अर्थात् अक्षम हैं। यह बात भारत के सम्बन्ध में सही हो, यह ठीक नहीं है। हमारी सबसे पहली आवश्यकता यही होगी कि हम अपने देश में अक्षम व्यक्तियों की जनगणना (Census) करायें और पता लगायें कि कितने पुरुष, स्त्री, बच्चे, शारीरिक या मानसिक या सामाजिक दृष्टि से अक्षम हैं। बाद में वर्गीकरण दो वर्गों में कर लिया जाए—(1) आकस्मिक (Casual), (2) लाक्षणिक (Symptomatic)। ऐसा करने से यह लाभ होगा कि हम दोनों वर्गों के लिए अलग-अलग प्रकार की चिकित्सा (Treatment) और शिक्षा दे सकेंगे।

मानसिक अक्षम बच्चों और व्यक्तियों को मानसिक अस्पतालों में भेजकर उनकी चिकित्सा करायी जा सकती है। जो बालक या व्यक्ति सामान्य अवस्था में आ जायें उन्हें सामान्य बालकों के स्कूलों में भेज दिया जाए। जो पूर्णतः सामान्य अवस्था में न आयें उनके लिए पृथक् ढंग से शिक्षा की व्यवस्था की जाए। चिकित्सा व्यवस्था के बाद सम्भवतः कुछ ही विकलांग और अक्षम व्यक्ति बचेंगे जिनकी विशिष्ट शिक्षा

की व्यवस्था करनी होगी। उनके लिये निम्नलिखित प्रकार की शिक्षा संस्थाओं की आवश्यकता होगी–

1. बाल अपराधियों (Juvenile Delinquents) के लिए संस्थाएँ।
2. अनाथों (Orphans) के लिए अनाथालय (Orphanage)।
3. शारीरिक विकलांगों (Physically Handicapped) के लिए संस्था।
4. अन्धों (Blinds) के लिए संस्था।
5. गूँगे-बहरों (Dumb and Deafs) के लिए संस्था।
6. मानसिक विकलांगों (Mentally Handicapped) के लिए संस्था।
7. निदेशन एवं उपचार (Guidance and Treatment) संस्था।

विशिष्ट शिक्षा संस्थाओं की व्यवस्था में समस्याएँ (Problems of Arrangements of Special Educational Institutions)

उपर्युक्त प्रकार की संस्थाओं की व्यवस्था अभी तक भारत में भली प्रकार से नहीं की जा सकी है। इससे सम्बन्धित निम्नलिखित समस्याएँ हैं जो इन संस्थाओं की व्यवस्था में बाधक हैं–

1. ***धनाभाव (Lack of Finance)***–धनाभाव के कारण अभी तक भारत सरकार ने विकलांगों और अक्षम लोगों की शिक्षा के लिए कोई योजना नहीं बनायी है। कुछ प्रचलित संस्थाएँ सरकार से अवश्यक ही अनुदान पा रही हैं, परन्तु वे अनुदान अपर्याप्त हैं और सुनियोजित नहीं हैं।
2. ***अच्छी संस्थाओं का अभाव (Lack of Good Institutions)***–देश में सरकार और जनता के व्यक्तिगत प्रयास से बहुत से अनाथालय (Orphanage) बाल-केन्द्र, बाल-कल्याण केन्द्र (Child Welfare Centreds) स्थापित हुए हैं, परन्तु उनकी दशा अच्छी नहीं है। उनमें अक्षम बच्चों की संख्या बहुत थोड़ी है और वे बच्चे उनसे लाभान्वित भी नहीं हो पा रहे हैं।
3. ***अध्यापकों का अभाव (Lack of Teachers)***–विकलांगों को एक सामान्य प्रशिक्षण प्राप्त अध्यापक नहीं पढ़ा सकता। हमारे यहाँ विशिष्ट अध्यापकों के प्रशिक्षण की व्यवस्था नहीं है, ताकि हम इन विशिष्ट बालकों और व्यक्तियों के शिक्षण के लिए अध्यापक तैयार कर सकें।
4. ***विकलांगों की अधिकांश संख्या गाँवों में उपेक्षित***–भारत की अधिकांश

जनसंख्या गाँवों में बसती है। इसलिए स्वाभाविक है कि विकलांगों और अक्षम व्यक्तियों की संख्या भी गाँवों में ही अधिक होगी। गाँवों में तो सामान्य लोगों की शिक्षा व्यवस्था का अभाव है। अतः विकलांगों और अक्षम व्यक्तियों की शिक्षा तो केवल कल्पना मात्र है। उन्हें तो ग्रामीण आवश्यकताओं की शिक्षा आवश्यक है जिसके लिए हमने अभी तक कोई योजना नहीं बनायी।

5. ***प्रशासन का अभाव (Lack of Administration)***—जब तक हमारे पास अच्छे प्रशासन की व्यवस्था नहीं होगी हम सरकारी प्रयासों को सफल नहीं बना सकेंगे। हमारे पास सामान्य शिक्षा के लिए प्रशासकों का अभाव है; फिर विशिष्ट शिक्षा संस्थाओं के लिए विशिष्ट योग्यता वाले प्रशासक कैसे प्राप्त होंगे? सरकार को इन संस्थाओं को सफलतापूर्वक चलाने के लिए प्रशासकों के प्रशिक्षण की व्यवस्था करनी चाहिए।

भारत में वर्तमान शिक्षा व्यवस्था
(Present Educational Arrangement in India)

यद्यपि हमारे देश में विकलांगों और अक्षम व्यक्तियों के लिए अच्छे उपचार और शिक्षा की व्यवस्था नहीं है, फिर भी सरकार ने इस दिशा में कुछ प्रयास किये हैं। कुछ प्रयासों में सरकार को पर्याप्त सफलता भी मिली है। देश में विकलांगों की आवश्यकताओं के अनुसार कुछ संस्थाएँ खुली हैं जो आज भी कार्यरत हैं। वे प्रयास इस प्रकार हैं—

अन्धों के लिए शिक्षा (Education for the Blinds)

1955 की नियोजन आयोग (Planning Commission) की रिपोर्ट के अनुसार भारत में 20 लाख अन्धे व्यक्ति हैं जिनमें से बहुत थोड़े अन्धे ही शिक्षा प्राप्त पा रहे हैं। भारत सरकार के शिक्षा मंत्रालय ने उप शिक्षा सलाहकार (Deputy Education Adviser) के नियन्त्रण में अन्धों के पुनर्वास और शिक्षा (Rehabilitation and Education) के लिए एक इकाई (Unit) बनायी गयी है। 1950 ई० में देहरादून में एक प्रौढ़ अन्ध प्रशिक्षण केन्द्र (Blind Adult Training Centre) स्थापित किया गया। 1951 ई० में अजमेर और बटेन (कच्छ) में अन्धों के लिए स्कूल खोले गये। देहरादून स्कूल में 2-वर्षीय पाठ्यक्रम चलाया गया है। यहाँ अन्धे बच्चों को टोकरी बुनना, कातना, बुनाई करना, टाइप करना और स्टेनोग्राफी आदि का प्रशिक्षण पढ़ाई के

साथ-साथ दिया जाता है। प्रशिक्षण के बाद अन्धों के पुनर्वास और सेवा (नौकरी) की समस्या पैदा होती है। अतः 1950 ई॰ में मद्रास में एक सम्बन्धित विभाग खोला गया जो प्रशिक्षित अन्धों के पुनर्वास और नौकरी की समस्या को हल करता है। 1950 ई॰ में अन्धों के लिए साहित्य तैयार करने की दृष्टि से एक ब्रेल प्रिन्टिंग प्रेस (Braile Printing Press) देहरादून में खोला गया जो सफलतापूर्वक काम कर रहा है।

बहरों, गूँगों और अक्षम (Deafs, Dumbs and Disabled) के लिए शिक्षा—भारत में अन्धे व्यक्तियों और बालकों के साथ ही बहरों, गूँगों और अन्य अक्षम व्यक्तियों को शिक्षा दी जाती है। अन्धों को संगीत सिखाया जाता है और अन्य को चित्रकला (Painting) सिखायी जाती है। अन्धों की भाँति उन्हें भी उनकी क्षमता के अनुसार कोई न कोई शिल्प या व्यवसाय सिखाया जाता है।

बाल अपराधियों के सुधार की शिक्षा (Education for the Reform of Juvenile Delinquents)—देश में बाल अपराधियों की संख्या बढ़ने से समाज में बुराईयाँ फैल रही हैं और समाज के सामने एक प्रमुख समस्या पैदा हो रही है। यद्यपि विभिन्न राज्यों में बाल अधिनियम (Children's Act), 'बाल-अपराध अधिनियम' (Juvenile Delinquent Act) और सुधारात्मक अधिनियम (Reformatory Act) द्वारा बाल-अपराधों को कम करने का प्रयास किया जा रहा है, परन्तु अभी तक विशेष सफलता नहीं मिल पा रही है। भारत सरकार ऐसी सुधार संस्थाओं को पर्याप्त अनुदान दे रही है। बड़े-बड़े नगरों में रैन बसेरे (Shelter Places in Night) स्थापित किये जा रहे हैं जहाँ बेघर लोग रात्रि को विश्राम करते हैं। बाल-अपराधियों को विशिष्ट सुधार-संस्थाओं में रखकर जहाँ शिक्षा दी जाती है, उनके कारणों का निदान करके उन्हें व्यावसायिक शिक्षा भी दी जाती है।

शारीरिक विकलांगों (Physically Handicapped) के लिए शिक्षा—शारीरिक विकलांगों को अन्धों की भाँति उभरे अक्षरों के माध्यम से नहीं पढ़ाया जाता। उन्हें साधारण उपचार के बाद सामान्य स्कूलों में शिक्षा दी जाती है। उन्हें सम्बन्धित उपकरणों की सहायता से अंग संचालन का प्रशिक्षण दिया जाता है, ताकि वे काम भी कर सकें।

मानसिक विकलांगों (Mentally Handicapped) के लिए शिक्षा—मानसिक विकलांग बालकों और व्यक्तियों को मानसिक उपचार के लिए मानसिक अस्पताल में भर्ती करके उसका मनोविश्लेषक (Psychoanalyst) द्वारा उसके रोग का निदान किया जाता है। उसके बाद उपचार के लिए उपयुक्त वातावरण और सुविधाएँ दी जाती हैं। मानसिक अस्पतालों के साथ-साथ मानसिक चिकित्सालय, निदेशन केन्द्र (Guidance Centres) की आवश्यकता होती है जिनकी हमारे देश में भारी कमी है। जो अस्पताल काम कर रहे हैं उनमें पूरी व्यवस्था नहीं है।

अन्य संस्थाएँ (Other Institutions)

हमारे देश में अनेक अनाथालय हैं जो व्यक्तियों, धार्मिक संस्थाओं द्वारा चलाये जाते हैं। इन्हें सरकारी अनुदान मिलता है जिसका ये दुरूपयोग करते हैं और बच्चों से अनुचित और अमानवीय काम लेते हैं। इनमें सुधार की आवश्यकता है। रामकृष्ण मिशन, कस्तूरबा ट्रस्ट, सालवेशन आर्मी इत्यादि द्वारा संचालित संस्थाएँ बहुत अच्छा कार्य कर रही हैं। इनकी आय का स्रोत सरकारी अनुदान, दान, चन्दे आदि हैं। 1993-94 में इन संस्थाओं को सरकार ने 9003 लाख रूपए अनुदान दिये। सरकार अब इनमें रुचि ले रही है। आशा है इनका और अच्छा विकास होगा।

सारांश

भारत में विकलांगों और अक्षम व्यक्तियों की जनगणना नहीं। अमेरिका की प्रतिशत जनगणना के अनुसार भारत में 2 प्रतिशत विकलांग। इनकी शिक्षा व्यवस्था भारत में अनुपयुक्त और अभावग्रस्त। शारीरिक, मानसिक और सामाजिक अक्षम व्यक्तियों का वर्गीकरण करके उनकी शिक्षा व्यवस्था की आवश्यकता। अक्षम व्यक्ति दो वर्गों में विभक्त—

(1) आकस्मिक अक्षमताएँ,
(2) लाक्षणिक अक्षमताएँ।

विकलांगों के लिए शिक्षा

भारत में विकलांगों की शिक्षा की कमी। प्रारम्भ में ईसाई मिशनरियों द्वारा विकलांग (अन्धे) लोगों की शिक्षा की व्यवस्था। 1952 में बाल कल्याण केन्द्र और सम्बन्धित परिषद् की स्थापना। देहरादून, अजमेर, कच्छ में अंधों की शिक्षा।

अक्षम व्यक्तियों की शिक्षा

सर्वेक्षण और जनगणना के अभाव में सही संख्या का पता नहीं। गाँवों में अधिक संख्या। अक्षम दो प्रकार के—(1) आकस्मिक, (2) लाक्षणिक। इसके लिए कई संस्थानों की आवश्यकता : (1) बाल अपराधियों की, (2) अनाथों की, (3) शारीरिक विकलांगों की, (4) अन्धों की, (5) गूँगे-बहरों की, (6) मानसिक विकलांगों की, (7) निदेशन और उपचार की संस्था।

विशिष्ट संस्थाओं की समस्याएँ—(1) धनाभाव, (2) अच्छी संस्थाओं का अभाव,

(3) अध्यापकों का अभाव, (4) गाँवों के विकलांग उपेक्षित, (5) प्रशासन का अभाव।

भारत में वर्तमान शिक्षा व्यवस्था

अन्धों के लिए शिक्षा—देहरादून, अजमेर, कच्छ और मद्रास में। शिक्षा और व्यवसाय।

बहरों, गूँगों और अक्षम की शिक्षा—अन्धों के साथ। इन्हें चित्रकला का अभ्यास।

बाल अपराधियों के सुधार की समस्याएँ, शारीरिक विकलांगों की शिक्षा; मानसिक विकलांगों की शिक्षा—अनाथालय जैसी अन्य संस्थाएँ।

अभ्यासार्थ प्रश्न

1. विकलांग और अक्षम व्यक्ति कौन होते हैं? उन्हें कितने वर्गों में बाँटा जा सकता है? इनकी समस्याएँ क्या हैं?
2. विकलांगों और अक्षम व्यक्तियों की शिक्षा व्यवस्था का वर्णन कीजिए और बताइए इनकी व्यवस्था सम्बन्धी समस्याएँ क्या हैं?
3. भारत में वर्तमान शिक्षा संस्थाओं का वर्णन कीजिए जो विकलांगों और अक्षम व्यक्तियों को शिक्षा देती हों।

अध्याय 45

भारत में पब्लिक स्कूल और उनकी समस्याएँ [Public Schools in India and their Problems]

पब्लिक स्कूल का अर्थ (Meaning of Public School)

नाम से ऐसा प्रतीत होता है कि पब्लिक स्कूल वे स्कूल हैं जिनकी स्थापना विविध क्षेत्रों में जनता (Public) द्वारा की जाती है और इनमें बिना किसी वर्ग-भेद के सभी लोगों के बच्चों को प्रवेश मिल जाता है। इस नाम से यह भी भ्रम हो जाता है कि ये स्कूल लोकतान्त्रिक पद्धति पर चलते होंगे तथा सर्वसामान्य जनता और निर्धन लोगों के बच्चों को सभी शिक्षा-सुविधाएँ मिलती होंगी, परन्तु ऐसी बात नहीं है। ये स्कूल इन सभी व्यवस्थाओं के विरोधी हैं। वास्तव में ये स्कूल पूँजीपतियों द्वारा उनकी इच्छा के अनुसार खोले जाते हैं। इनमें छात्रों से ऊँचा शुल्क वसूल किया जाता है तथा सभी शिक्षा-व्यवस्थाएँ बहुत खर्चीली होती हैं। इसलिये मध्यम वर्ग का बालक भी इनमें प्रवेश नहीं ले पाता। इन स्कूलों के संस्थापक ही इन स्कूलों को आर्थिक सहायता देते रहते हैं। कुछ धनिक लोग आय कर से मुक्ति पाने के लिये इन स्कूलों को दान (Donation) देते रहते हैं। इनमें किसी को भी शुल्क-मुक्ति नहीं मिलती। इन स्कूलों की व्यवस्था में जनता के लोगों को सम्मिलित नहीं किया जाता। इनकी व्यवस्था संस्थापक की इच्छा पर चलती है और लोकतान्त्रिक विचारधारा की विरोधी होती है। शुल्क इतना अधिक होता है कि केवल धनवान लोग ही अपने बच्चों को इनमें प्रवेश दिला सकते हैं। कुछ प्रतिभाशाली बच्चे उद्योगपतियों (Industrialist) से छात्रवृत्तियाँ पाकर इन संस्थाओं में प्रवेश ले लेते हैं। सरकार भी कभी-कभी प्रतिभाशाली बच्चों को छात्रवृत्ति देकर इनमें प्रवेश दिला देती है। सरकार इन स्कूलों को कोई अनुदान नहीं देती और न ये स्कूल सरकारी अनुदान लेते हैं। परिणामतः सरकार इनकी व्यवस्था से कोई हस्तक्षेप नहीं कर सकती। छात्रवृत्ति पाने वाले

प्रतिभाशाली बालक अमीर बच्चों के बीच रहकर आत्महीनता (Inferiority) की भावना से ग्रस्त हो जाते हैं। इससे उनके व्यक्तित्व का अच्छा विकास नहीं हो पाता।

इंग्लैंड के पब्लिक स्कूल
(Public Schools of England)

भारत में स्थापित पब्लिक स्कूल इंग्लैंड के पब्लिक स्कूलों के ढाँचे पर आधारित हैं। इंग्लैंड में पब्लिक स्कूलों की स्थापना चौदहवीं शताब्दी के अन्तिम चरण में प्रारम्भ हुई। इस समय केवल एक ही पब्लिक स्कूल खुला था। 15वीं शताब्दी के प्रारम्भ से अन्य पब्लिक स्कूल खुले। ये स्कूल किसी सरकारी सहायता के बिना संस्थापक (Founder) द्वारा खोले गये थे, शेष इनकी व्यवस्था और स्वरूप सामान्य स्कूलों जैसी थी। इन स्कूलों का उद्देश्य सज्जन ईसाई तैयार करना था जो राज्य की सामाजिक, राजनीतिक और धार्मिक परिस्थितियों में नेतृत्व कर सकें। इंग्लैंड के पुराने पब्लिक स्कूल इस प्रकार थे–

विंचेस्टर (Winchester) 1382 ई० ; ईटन (Eaton) 1441 ई० ; सेण्टपॉल (St. Paul) 1510 ई० ; श्यूसबरी (Shewsberry) 1552 ई०; वेस्ट मिनस्टर (West Minster) 1560 ई० ; मर्चेण्ट टेलर्स (Merchant Taylors) 1561 ई० ; रगबी (Rugby) 1567 ई० ; हैरो (Harrow) 1571 ई० तथा चार्टर हाउस (Charter House) 1611 ई० । सामान्य स्कूलों जैसी अवस्था होते हुए भी इन पब्लिक स्कूलों की अपनी निजी विशेषताएँ थीं। पहली विशेषता यह थी कि इनके प्रधानाध्यापक और अध्यापकों को वैसा भारी सम्मान प्राप्त था जैसा भारतीय आश्रमों और गुरुकुलों के आचार्यों को प्राप्त था। शिक्षक स्कूलों की व्यवस्था और कार्यक्रम के निर्धारण में पूर्णतः स्वतंत्र थे। ये शिक्षा व्यवस्था के लिए पूर्णतः स्वतन्त्र और उत्तरदायी थे। इनका समाज, शासन, लार्ड लोग तथा महारानी तक बहुत आदर करते थे। ऐसा कहा जाता है कि रगबी (Rugby) के हैडमास्टर ने उस समय भी अपना टोप नहीं उतारा था जब उस स्कूल में इंग्लैंड का सम्राट आया था।

इन स्कूलों की दूसरी विशेषता यह थी कि ये बच्चों में चरित्र-निर्माण के लिए अनुशासन, सहकारिता, सहनशीलता, कर्तव्यनिष्ठा, देशभक्ति और धार्मिक आस्था के गुण पैदा करते थे। इंग्लैंड के इतिहास का निर्माण करने वाले योद्धा, प्रशासक, लेखक, नेता, कवि जो भी प्रसिद्धि प्राप्त कर चुके हैं वे सब इन्हीं स्कूलों में पढ़े थे। इस प्रकार ये स्कूल वास्तविक चरित्र निर्माण करते थे। सरकार से कोई आर्थिक सहायता न लेने के कारण सरकारी हस्तक्षेप से मुक्त थे।

इंग्लैंड के पब्लिक स्कूलों की परम्परा
(Traditions of Public Schools of England)

इंग्लैंड के सभी नये पब्लिक स्कूल पुराने पब्लिक स्कूलों की परम्पराओं को निभाते थे। इन स्कूलों की परम्परा थी कि वे अच्छी शिक्षा-व्यवस्था करें, छात्रों को सावासिक सुविधा दें, अच्छे परीक्षा-परिणाम दें और इनके विद्यार्थी ऑक्सफोर्ड (Oxford) और कैम्ब्रिज (Cambridge) विश्वविद्यालयों में प्रवेश पा सकें। ये स्कूल पब्लिक स्कूल कहलाते थे। बाद में पब्लिक स्कूल वे कहलाये गये जिनके के मुख्याध्यापक (Head Masters), मुख्याध्यापक परिषद् (Head Masters Council) के सदस्य मनोनीत हों।

इन पब्लिक स्कूलों की अपनी व्यवस्था होती थी और अपना शिक्षा स्तर (Standard) होता था। इनका कैम्ब्रिज और ऑक्सफोर्ड विश्वविद्यालयों से व्यक्तिगत सम्पर्क होता था। इसलिये इनके विद्यार्थी इन विश्वविद्यालयों में आसानी से प्रवेश पा लेते थे। इसी कारण इन स्कूलों में प्रवेश अधिक होते थे। इन स्कूलों में छात्रों के प्रवेश की समस्या जटिल हो गयी। इसके कई कारण थे। पहली बात तो यही थी कि सामान्य और कम आमदनी वाले लोगों के बालक प्रतिभाशाली होते हुए भी इनमें प्रवेश नहीं पा सकते थे, दूसरे उन्हीं बच्चों को प्रवेश में वरीयता मिलती थी जिनके माता-पिता उस स्कूल में पहले पढ़े होते थे। तीसरे इन स्कूलों का स्तर इतना ऊँचा था कि पहले छात्रों को सम्बन्धित प्रिपरेटरी (Preparatory) स्कूलों में प्रवेश लेना पड़ता था। इस प्रकार छात्रों के 3-4 वर्ष और पैसा व्यर्थ जाता था।

इस समय इंग्लैंड में 100 के लगभग पब्लिक स्कूल हैं। इनका वहाँ विशिष्ट स्थान है। समय-समय पर लिखी जाने वाली पुस्तकों और पत्रिकाओं में इनकी चर्चा होती रहती है। विदेशों में भी इन स्कूलों की प्रशंसा होती है। विदेशों के नेता जो इन स्कूलों से सम्बन्धित होते हैं, इनकी प्रशंसा में बोलते रहते हैं। जवाहरलाल नेहरू हैरो स्कूल के छात्र रहे थे। छात्रावास में रहकर छात्रों को स्कूल के आदर्शों के पालन का अवसर दिया जाता है। छात्रों को उपयुक्त नाश्ता, भोजन दिया जाता है। विश्राम, खेलकूद, व्यायाम और पढ़ायी के कार्यक्रम अनुशासित ढंग से चलते हैं। छात्रावास में रहकर छात्र विविध पाठ्येत्तर क्रियाओं में भाग लेते हैं और अपने साथियों, अध्यापकों और समाज के लोगों की प्रशंसा करते हैं। घर के प्यार से वंचित होने पर वे अपनी सारी शक्ति आदर्शों की उपलब्धि में लगा देते हैं और आत्म-सन्तोष प्राप्त करते हैं। इन छात्रों का जीवन वास्तव में अनुशासित होता है।

इन पब्लिक स्कूलों की आलोचना (Criticism of these Public Schools)

मनोवैज्ञानिक शोध कार्यों के फलस्वरूप शिक्षा में प्रगतिशील विचारधाराएँ पनपी हैं।

प्रगतिशील शैक्षिक विचारधाराओं के लोग पब्लिक स्कूलों की आलोचना करते हैं। नये पब्लिक स्कूलों ने प्रगतिशील शैक्षिक कार्यक्रमों को अपनाने का प्रयत्न किया है, परन्तु उन्होंने अपनी पहली परम्पराएँ नहीं छोड़ी हैं, फलतः वे परम्परावादी और रुढ़िवादी ही बने रहते हैं। प्रगतिशील शिक्षाविद् एल॰ बी॰ पेकिन (L.B. Pekin) ने स्पष्ट कहा है कि पब्लिक स्कूलों की व्यवस्था में कोई भी अच्छाई नहीं है। पुस्तकों में इन स्कूलों की प्रशंसा में जो कुछ लिखा गया है, वह केवल इनके सम्मान के लिये लिखा गया है।

लोकतान्त्रिक दृष्टिकोण से पब्लिक स्कूलों में कोई भी अच्छाई नहीं है। पब्लिक स्कूलों में अब भी बहुत-सी बातें अलोकतान्त्रिक हैं। इन स्कूलों के छात्र भविष्य में उच्च पदों पर आसीन हुए और कुछ क्षेत्रों में उन्हें सफलता मिली, परन्तु वे सामाजिक क्षेत्र में सदैव असफल रहे और वे संवेगात्मक दृष्टि से भग्नाशित (Frustrated) रहे। साम्राज्यवादी (Imperialistic) दृष्टिकोण से इन लोगों ने जनता पर अत्याचार किये और अमानवीय व्यवहार करके राज्य को बढ़ाया। ये सब व्यवहार व्यक्त करते हैं कि वे छात्रावास के कठोर नियन्त्रण के परिणाम थे। वे सन्तुलित मानव नहीं थे। शारीरिक दंड, कठोर नियन्त्रण तथा कृत्रिम वातावरण के फलस्वरूप उनमें मानव-जाति के प्रति घृणा हो गयी थी और वे असामाजिक बन गये थे। बहुत से पब्लिक स्कूलों का वातावरण आज भी असामाजिक, अमनोवैज्ञानिक, संकीर्ण और कूपमंडूकता से भरपूर है।

इन आलोचनाओं के फलस्वरूप इन स्कूलों में सुधार लाने की सोची गयी। 1944 ई॰ में बटलर एजूकेशन एक्ट (Butler Education Act) बना। इसमें पब्लिक स्कूलों के सुधार की माँग की गयी। फ्लेमिंग रिपोर्ट (Flemming Report) में भी इन स्कूलों के सुधार की बात कही गयी। सुझाव दिया गया कि उन मध्यमवर्गीय छात्रों को भी इनमें प्रवेश मिले जो धनाभाव के कारण इनमें प्रवेश नहीं ले पाते थे। कुल छात्र संख्या का 1/4 भाग उन छात्रों का हो जो धनाभाव के कारण इनमें प्रवेश नहीं ले पाते थे। इन स्कूलों के प्रशासकों ने भी अपनी कमियों को और स्कूलों के दोषों को अनुभव किया है। अब इन स्कूलों की व्यवस्था में परिवर्तन लाने का प्रयत्न कर रहे हैं।

भारत में पब्लिक स्कूलों का प्रारम्भ
(Beginning of Public Schools in India)

जब भारत में ब्रिटिश शासन ने जड़ जमा ली और स्थायित्व प्राप्त कर लिया तब बहुत से धनिक बालक इंग्लैंड में शिक्षा प्राप्त करने के लिए जाने लगे। ये बालक इंग्लैंड के पब्लिक स्कूलों में ही शिक्षा ग्रहण करने जाते थे, परन्तु वहाँ के शिक्षा स्तर

में और भारत के शिक्षा स्तर में भारी अन्तर था। इसलिए राजा, महाराजा और जागीरदारों एवं पूँजीपतियों के बालक भी वहाँ प्रवेश नहीं पा सके। इस कठिनाई को देखकर कुछ महाराजाओं और पूँजीपतियों ने भारत में ही इंग्लैंड जैसे पब्लिक स्कूल खोलने का प्रयत्न किया। इसके लिए उन लोगों ने उदारता के साथ दान दिया। इन स्कूलों के संचालन के लिए इंग्लैंड से ऊँचे वेतन पर हैड मास्टर्स बुलाये गये और उनकी नियुक्ति की गयी। भारत में भी इन पब्लिक स्कूलों में धनिक वर्ग के बालक ही प्रवेश ले सकते थे। इनमें प्रवेश पाने के लिए निर्धन वर्ग के बालक असमर्थ थे। शुरू-शुरू में ये पब्लिक स्कूल चीफ्स कॉलेज (Chief's College) कहलाये जाते थे।

कलकत्ता के प्रसिद्ध वकील एस॰आर॰ दास ने कलकत्ता में पहला पब्लिक स्कूल खोलने का विचार किया। उनका विचार था कि इस पब्लिक स्कूल में सभी वर्गों के बालक प्रवेश लेंगे। अतः 1929 ई॰ में उन्होंने इण्डियन पब्लिक स्कूल सोसायटी की स्थापना की और 14 लाख रुपया इकट्ठा किया, परन्तु अकस्मात उनका स्वर्गवास हो गया और योजना पूरी नहीं हो सकी। इस प्रयास के फलस्वरूप 1935 ई॰ में देहरादून में दून पब्लिक स्कूल (Doon Public School) की स्थापना हुई।

भारत में चीफ्स कॉलेज राजाओं, महराजाओं, जागीरदारों, बड़े जमीदारों और पूँजीपतियों के बालकों को इंग्लैंड के पब्लिक स्कूलों की भाँति शिक्षा देते थे। इन कॉलेजों को सरकारी अनुदान भी मिलता था। 1930 ई॰ में स्वतन्त्रता आन्दोलन के अवसर पर लोगों ने कहा कि इन कॉलेजों को सरकारी कोष से पैसा न दिया जाए, क्योंकि ये भारतीय जनता के सामान्य बालकों को शिक्षा नहीं देते। अतः सरकार ने इन्हें अनुदान देना बन्द कर दिया। इससे चीफ्स कॉलेजों के सामने आर्थिक कठिनाईयाँ आने लगीं। 1939 ई॰ में इन कॉलेजों की एक सभा शिमला में हुई और यह तय किया कि भविष्य में ये कॉलेज पब्लिक स्कूल कहे जायेंगे। यह निर्णय भी लिया गया कि इन स्कूलों के पाठ्यक्रम में भारतीय संस्कृति को प्रमुख स्थान दिया जायेगा। इस व्यवस्था के लिए इण्डियन पब्लिक स्कूल एसोसिएशन (Indian Public School Association) की स्थापना की गयी। 1939 ई॰ में ही पब्लिक स्कूलों के हैडमास्टरों की एक सभा ग्वालियर में हुई। इस सभा में इण्डियन पब्लिक स्कूल कॉन्फरेन्स हुई जिसके सदस्य पब्लिक स्कूलों के हैडमास्टर्स बनाये गये। भारतीय शिक्षा आयुक्त (Indian Education Commissioner) सर जॉन सार्जेण्ट (Sir John Sargeant) शिमला और ग्वालियर दोनों की सभाओं में उपस्थित थे। उन्होंने भी भारत में पब्लिक स्कूलों की स्थापना को आवश्यक समझा। उन्होंने इन स्कूलों द्वारा बच्चों को नेतृत्व की शिक्षा देना अनिवार्य माना, क्योंकि किसी न किसी दिन भारत अपनी सरकार बनायेगा और उसे नेताओं और प्रशासकों की आवश्यकता होगी।

इन सभाओं के बाद भी बहुत से चीफ्स कॉलेजों ने इण्डियन पब्लिक स्कूल

एसोसिएशन का सदस्य बनना स्वीकार नहीं किया। इस समय डेली कॉलेज (Daily College) इन्दौर; एडमिशन कॉलेज लाहौर; भौसेला मिलिटरी स्कूल, पूना; राजकुमार कॉलेज, राजकोट ने अपने आपको पब्लिक स्कूल घोषित कर दिया। ये स्कूल भारतीय कांग्रेस का सहयोग प्राप्त करना चाहते थे। प्रिंस कॉलेज, रायपुर के हैडमास्टर स्मिथ ने गाँधीजी को अपने यहाँ आमन्त्रित किया। गाँधीजी ने पब्लिक स्कूलों को बनाये रखने की नीति को स्वीकार नहीं किया। इसलिए उन्होंने स्मिथ के निमन्त्रण को अस्वीकार कर दिया। फिर भी स्मिथ ने हिम्मत नहीं हारी और वे अन्य नेताओं के सहयोग के लिए प्रयत्न करने लगे। स्मिथ का विश्वास था कि बहुत से नेता गाँधीजी की बेसिक शिक्षा पद्धति से सहमत नहीं थे। अतः उन्हें आशा थी कि ये ही नेता पब्लिक स्कूलों का पक्ष ले सकेंगे।

पहले स्पष्ट किया जा चुका है कि बहुत से 'चीफ्स कॉलेजों' ने इण्डियन पब्लिक स्कूल एसोसिएशन का सदस्य बनना स्वीकार नहीं किया। मेयो कॉलेज (Mayo College) अजमेर के प्रधानाचार्य मिस्टर स्टो (Mr. Sto) ने कहा कि उनका कॉलेज विशिष्ट प्रकार का है, इसलिए वे उसे अन्य पब्लिक स्कूलों के समान नहीं बनाना चाहते थे। 1940 ई॰ में पब्लिक स्कूलों की एक सभा रायपुर में हुई। इस सभा में इण्डियन पब्लिक स्कूल कॉन्फ्रेंस की सदस्यता के नियम निश्चित हुए और तय किया गया कि पब्लिक स्कूलों में छात्रों को भारतीय भाषाओं का ज्ञान अनिवार्य रूप से दिया जायेगा। इसके बाद दिल्ली, अजमेर, बीकानेर इस कॉन्फ्रेंस के सदस्य बन गये। कॉन्फ्रेंस की मान्यता के बाद पब्लिक स्कूल भी खोले गये। 1948 ई॰ में यादवेन्द्र पब्लिक स्कूल पटियाला, बिरला पब्लिक स्कूल, पिलानी 1944 ई॰, महारानी गायत्री देवी पब्लिक स्कूल जयपुर 1943 ई॰, बिरला विद्या मन्दिर नैनीताल 1947 ई॰ में खुले। स्वतन्त्रता के बाद शिक्षा मंत्रालय ने लारेन्स स्कूल, सनावर (Lawrance School, Sanavar) और लावडेल के लॉरेन्स स्कूल (Lawrance School Lavdel) का प्रशासन अपने हाथ में ले लिया। पहले इनका प्रशासन रक्षा मंत्रालय के हाथ में था। 1953 ई॰ में शिक्षा मंत्रालय ने इन स्कूलों का दायित्व एक समिति को सौंप दिया।

1947 ई॰ तक पब्लिक स्कूलों की संख्या बढ़ी, परन्तु स्वतन्त्रता के बाद यह अनुभव किया गया कि ये पब्लिक स्कूल लोकतान्त्रिक व्यवस्था में बाधक हैं। अतः इनका विकास अन्धकारमय हो गया। इन्हें ब्रिटिश शासन और संस्कृति का प्रतीक माना गया। प्रत्येक ने इनकी इसलिये आलोचना की कि ये इंगलिश माध्यम से पाश्चात्य संस्कृति की शिक्षा देते हैं और भारतीय संस्कृति की अवहेलना करते हैं। अंग्रेजी भाषा के माध्यम का पक्ष लेने वालों ने इन पब्लिक स्कूलों की आवश्यकता को अनुभव किया और पब्लिक स्कूलों को संरक्षण देने की बात कही। इसलिए आज तक भारत में पब्लिक स्कूल विद्यमान हैं।

मुदालियर आयोग 1952-53 ने कुछ पब्लिक स्कूलों की कार्य प्रणाली का

अध्ययन किया और उन्हें बनाये रखने की सिफारिश की। आयोग ने इनकी कार्य प्रणाली में सुधार के सुझाव भी दिये। आयोग ने कहा कि ये स्कूल नेतृत्व की शिक्षा देते हैं, इसलिए इन्हें बन्द करने के स्थान पर इनमें आवश्यक सुधार किये जाएं। मुदालियर आयोग से इन्हें समर्थन मिला और अन्तर्राष्ट्रीय सम्पर्क की सफलता के लिए इन स्कूलों की आवश्यकता को भी बहुत से नेताओं ने समर्थन दिया। उन्होंने अंग्रेजी भाषा, संस्कृति और जीवन-स्तर को भी महत्वपूर्ण माना। इस प्रकार पब्लिक स्कूलों को प्रोत्साहन मिलता रहा। आज भी भारतीय लोग इन स्कूलों में अपने बच्चों को भेजकर गर्व का अनुभव करते हैं।

कोठारी आयोग 1964-66 ने पब्लिक स्कूलों को समाप्त करने की राय दी। ये स्कूल आयोग की दृष्टि में लोकतान्त्रिक व्यवस्था में बाधक हैं और एक वर्ग उत्पन्न करते हैं जो भारतीय जनता से कोई लगाव नहीं रखता। शासक-प्रवृत्ति के स्वार्थी लोग अपने बच्चों को अब भी इन स्कूलों में भेजते हैं और सामान्य स्कूलों में अपने बच्चों को पढ़ाना अपमान समझते हैं। ये पब्लिक स्कूल तब तक बने रहेंगे और पनपते रहेंगे जब तक हमारे प्रधानमंत्री, राष्ट्रपति, मंत्रीगण और अधिकारी अपने बच्चों को सामान्य स्कूलों में नहीं भेजेंगे। इस दृष्टि से कोठारी आयोग भारत में पब्लिक स्कूलों को अनावश्यक मानता है।

भारत के कुछ प्रसिद्ध पब्लिक स्कूल

भारत में इस समय कुछ मिलिटरी स्कूलों को छोड़कर लगभग 70 पब्लिक स्कूल अथवा एकदम उसी की पद्धति पर चलने वाले स्कूल हैं। मिलिटरी स्कूल भी पब्लिक स्कूलों के स्तर के स्कूल हैं। भारत के 50 प्रतिशत पब्लिक स्कूलों ने ही इण्डियन पब्लिक स्कूल कॉन्फ्रेंस की सदस्यता स्वीकार की है। देश के कई स्थानों पर ईसाई मिशनरियों द्वारा स्थापित कान्वेंट स्कूल भी पब्लिक स्कूलों के समान कार्य कर रहे हैं। कुछ पब्लिक स्कूल इस प्रकार हैं—

(1) सिंधिया स्कूल, ग्वालियर, (2) डेली स्कूल, इन्दौर, (3) राजकुमार कॉलेज, राजकोट, (4) राजकुमार कॉलेज, रायपुर, (5) दून स्कूल, देहरादून, (6) बिरला विद्या मन्दिर, नैनीताल, (7) माडर्न स्कूल, दिल्ली, (8) यादवेन्द्र पब्लिक स्कूल, पटियाला, (9) बिरला पब्लिक स्कूल, पिलानी, (10) मेयो कॉलेज, अजमेर, (11) सार्दूल पब्लिक स्कूल, बीकानेर, (12) महारानी गायत्री देवी गर्ल्स पब्लिक स्कूल, जयपुर, (13) हैदराबाद पब्लिक स्कूल, हैदराबाद, (14) शिवाजी प्रिपरेटरी मिलिटरी स्कूल, पूना, (15) लॉरेन्स स्कूल, लावडेल, (16) विकास विद्यालय, राँची, (17) लॉरेन्स स्कूल, सनवार।

पब्लिक स्कूलों का सामान्य स्वरूप (General Nature of Public Schools)

भारत के पब्लिक स्कूलों की नियमावली के अनुसार प्रत्येक छात्र/छात्रा को छात्रावास में रहना आवश्यक होता है। सप्ताह के 6 दिन प्रतिदिन 6 घंटे के हिसाब से पढ़ायी होती है और शेष समय छात्रावास और अतिरिक्त पाठ-सहगामी क्रियाओं में बीतता है। छात्र चाहे स्कूल में पढ़ता हो, छात्रावास में रहता हो या किसी भी क्रिया में भाग लेता हो, वह स्कूल के अधिकारियों के नियन्त्रण में अनिवार्य रूप से रहता है। स्कूल ही छात्रों के लिए 24 घंटे की दिनचर्या नियत करता है। छात्र प्रातःकाल 4-5 बजे उठता है और रात्रि के 8 या 9 बजे तक किसी न किसी क्रिया में लगा ही रहता है। नहाने, खाने, पढ़ने, खेलने और सोने आदि के समय निश्चित हैं। बालक मशीन की भाँति काम करता है।

पब्लिक स्कूलों में गणित, भाषा, साहित्य, इतिहास, भूगोल और विज्ञान प्रमुख विषय हैं। इनमें वाणिज्य और कृषि विषयों को प्रोत्साहित नहीं किया जाता। पढ़ायी के अतिरिक्त छात्रो को हॉबीज (Hobbies) की सुविधाएँ प्राप्त होती हैं। कोई तैराकी में, फोटोग्राफी में, घुड़सवारी में, कुश्ती में, शारीरिक व्यायाम में, खेलकूद में और किसी शिल्प में अवश्य भाग लेता है। सभी क्रियाओं में अध्यापकों का नियन्त्रण रहता है। उच्च कक्षाओं के छात्र छोटी कक्षाओं के छात्रों पर कक्षानायक (Monitor) जैसा अधिकार रखते हैं। यह छात्र-नियन्त्रण अध्यापक के संरक्षण के नियमानुसार ही किया जाता है। छात्रों में सहकारिता (Co-operation) और प्रतियोगिता (Competition) की भावना पैदा की जाती है। स्कूल में पर्यटन (Excursion), स्काउटिंग (Scouting), स्वयंसेवक दल (Volunteer Corps) का संगठन भी किया जाता है। छात्रों से आशा की जाती है कि वे अध्यापकों का अनुकरण करें। इस प्रकार अध्यापकों का उत्तरदायित्व बहुत अधिक बढ़ जाता है। छात्रों को कई वर्गों (Houses) में विभक्त कर लिया जाता है। प्रत्येक सदन (House) का एक नेता होता है जो अपने सदन की गतिविधियों का संचालन करता है। इस प्रकार छात्रों में नेतृत्व की शक्ति का विकास होता है। छात्रावास का वातावरण परिवार जैसा होता है, वार्डन पिता तुल्य व्यवहार करता है और वातावरण प्रेमपूर्ण बनाया जाता है।

पब्लिक स्कूलों में सभी प्रकार के साधन, सुविधाएँ और उपकरण होते हैं। कोई भी कार्य या शिक्षण बिना उपकरण के नहीं होता। प्रत्येक पब्लिक स्कूल के पास विषयानुसार शिक्षण-कक्ष, प्रयोगशालाएँ, कॉमन हॉल, पुस्तकालय और वाचनालय, व्यायामशाला, चिकित्सालय, खेलकूद के मैदान, छात्रावास आदि होते हैं। ये पब्लिक स्कूल सरकार से कोई मदद नहीं लेते और सरकारी हस्तक्षेप से मुक्त होते हैं। अध्यापकों और प्रधानाचार्य को उच्च वेतन और सावासिक सुविधाएँ मिलती हैं। सभी

प्रकार की सुविधाएँ और भत्ते अध्यापकों को मिलते हैं। हैडमास्टर को पूरा अधिकार है कि वह किसी भी छात्र को प्रवेश दे सकता है और स्कूल से निकाल सकता है। उसे यह भी अधिकार है कि वह किसी भी अध्यापक को नियुक्त करे या उसे प्रोन्नत (Promote) करे। इस प्रकार पब्लिक स्कूलों की व्यवस्था अन्य स्कूलों की व्यवस्था से पूर्णतः भिन्न होती है।

स्कूल के खर्चों को पूरा करने के लिए वे छात्रों से उच्च शिक्षण-शुल्क वसूल करते हैं। प्रत्येक छात्र का खर्चा 3-4 हजार रुपया प्रति वर्ष होता है। इससे स्पष्ट होता है कि सामान्य जनता के बालक इन स्कूलों में नहीं पढ़ सकते।

पब्लिक स्कूलों के गुण (Merits)

कुछ लोग पब्लिक स्कूलों की बहुत प्रशंसा करते हैं। उनके अनुसार पब्लिक स्कूल अनुशासन, चरित्र-गठन, सहकारिता, कर्तव्यनिष्ठा, उत्तरदायित्व वहन करने और नेतृत्व की शिक्षा देने में सर्वोत्तम शिक्षा-केन्द्र हैं। इन स्कूलों में छात्रों के पूर्ण व्यक्तित्व का विकास किया जाता है, केवल उन्हें परीक्षा के लिए तैयार नहीं किया जाता। वहाँ सभी शिक्षण सुविधाएँ और उपकरण उपलब्ध होते हैं। अध्यापक और छात्र कोई भी किसी कार्य में कठिनाई अनुभव नहीं करता। वहाँ हमारे स्कूलों की भाँति कोई दुर्व्यवस्था और अभाव नहीं है।

पब्लिक स्कूलों के अवगुण (Demerits)

स्वतन्त्रता के बाद से तो पब्लिक स्कूल बड़ी गम्भीर आलोचना के विषय बन गये हैं। सबसे बड़ा अवगुण इन संस्थाओं में यह है कि ये छात्रों का एक ऐसा वर्ग तैयार करते हैं जो भारतीय जनता से अलग-अलग रहता है। उसमें सेवा की भावना न रहकर शासन की भावना रहती है। इस प्रकार ये स्कूल वर्ग-भेद को बढ़ावा देते हैं। दूसरे ये पब्लिक स्कूल लोकतान्त्रिक व्यवस्था में अवरोधक का काम करते हैं। ये केवल उच्च वर्ग के धनिक बालकों को ही अपने यहाँ प्रवेश देते हैं, सर्वसाधारण बालक को इनमें प्रवेश नहीं मिलता। देश के बड़े नेता, मंत्रीगण, अधिकारी, उद्योगपति और विशिष्ट वर्ग के लोग ही इन्हीं स्कूलों से लाभ उठाते हैं। ये लोग अपने बच्चों को सामान्य जनता के बच्चों के साथ पढ़ाना अपना अपमान समझते हैं। इस प्रकार देश में शोषित और शोषणकर्ता के दो वर्ग तैयार हो जाते हैं। इन स्कूलों के बच्चे विलासितापूर्ण जीवन व्यतीत करते हैं, उन्हें निर्धनता क्या होती है इसका पता भी नहीं चलता। उनमें स्वार्थपरता और शोषण की प्रवृत्ति अधिक होती है। इन स्कूलों के बालक स्वयं को सामान्य स्कूलों के बालकों से श्रेष्ठ समझते हैं।

इस प्रकार उनमें श्रेष्ठता की भावना (Superiority Complex) पैदा होती है। उनमें मानवीय गुण नहीं रहते, उनका सामाजिक विकास ठीक नहीं होता।

जिस देश में भुखमरी हो, बेरोजगारी हो, जीवन-स्तर नीचा हो, वहाँ पब्लिक स्कूल सफेद हाथी हैं जो देश का कल्याण नहीं कर सकते। भारत में तो ऐसे नागरिक निर्मित होने चाहिए जो जन-सेवक के रूप में भारतीय समस्याओं को अनुभव करें, उनके हल के लिए त्याग करें। पब्लिक स्कूलों में ऐसे नागरिक तैयार नहीं होते, वे जनसेवक न होकर जन-शोषक होते हैं। वे परोपकारी न होकर स्वार्थी होते हैं। वे परकेन्द्रित न होकर स्वकेन्द्रित होते हैं। ये अंग्रेजी माध्यम से पढ़ने के फलस्वरूप भारतीय भाषाओं और संस्कृति से अनभिज्ञ रहते हैं। पाश्चात्य संस्कृति के भोगवाद की प्रवृत्ति से वे पीड़ित रहते हैं। वे मन से भी भारतीय नहीं रहते।

इन अवगुणों के कारण पब्लिक स्कूलों को प्रोत्साहन देना देश की आम जनता के साथ धोखा करना है। इससे प्रजातन्त्र को भारी भय और बाधा पैदा होती है। इसलिए पब्लिक स्कूलों को आम जनता के बालकों के लिए खोल देना ठीक होगा या उन्हें समाप्त करना ही ठीक होगा।

पब्लिक स्कूलों से उत्पन्न जटिल समस्याएँ
(Complex Problems Arising from Public Schools)

पीछे पब्लिक स्कूलों के अवगुणों का वर्णन किया जा चुका है। इन अवगुणों के कारण देश में कुछ ऐसी जटिल समस्याएँ पैदा हो गयी हैं जिनका हल खोजे बिना शिक्षा-प्रगति और राष्ट्रीय उन्नति सम्भव नहीं। ये समस्याएँ निम्नलिखित हैं–

1. ***एक विशेष वर्ग का पैदा होना***–पब्लिक स्कूलों का वातावरण विलासितापूर्ण और अवांछित है। ऐसे वातावरण में पढ़ने वाले बालक सुख-वैभव के आदी हो जाते हैं और भावी जीवन में भी वे ऐसे वैभव और सुख की कामना करते हैं। फलस्वरूप वे जनता का शोषण करके स्वयं को सन्तुष्ट करते हैं। इस प्रकार ये पब्लिक स्कूल शोषणकर्ताओं का एक विशिष्ट वर्ग तैयार करते हैं। ये छात्र योग्य हों या अयोग्य, अपने को दूसरों से श्रेष्ठ मानते हैं। अतः वे आम जनता से कटकर रहते हैं। जन-सेवा या सम्पर्क की भावना उनमें पैदा ही नहीं होती। इस प्रकार देश के लिये ये लोग घातक ही सिद्ध होते हैं।

(2) ***विकास के समान अवसरों के सिद्धान्त की अवहेलना***–प्रजातान्त्रिक शासन-व्यवस्था में संवैधानिक व्यवस्था है कि देश के सभी वर्गों को बिना किसी भेदभाव के विकास के समान अवसर मिलने चाहिए। पब्लिक स्कूल

इस सिद्धान्त की अवहेलना करते हैं। निर्धन बच्चे पब्लिक स्कूलों की शिक्षा-सुविधाओं से वंचित रहते हैं। यदि प्रतिभाशाली निर्धन बालक छात्रवृत्तियों पर इन स्कूलों में पढ़ने भेज भी दिये जाते हैं तो वहाँ का वातावरण उन्हें आत्महीन बना देता है। धनिक छात्रों के बीच उन्हें अपमान सहना पड़ता है। इससे उनका व्यक्तित्व भली प्रकार नहीं पनपता। ऐसे छात्र 1-2 प्रतिशत भी नहीं होते। ऐसी स्थिति में पब्लिक स्कूल चलाना लोकतन्त्र का अपमान है।

(3) ***सामान्य स्कूलों की दुर्दशा के लिए पब्लिक स्कूल उत्तरदायी***—मन्त्रीगण, उच्च अधिकारीगण तथा सम्पन्न लोगों के बच्चे पब्लिक स्कूलों में पढ़ते हैं। अतः वे सामान्य स्कूलों के प्रति उदासीन रहते हैं। जब उनके बच्चे सामान्य स्कूलों में पढ़ते ही नहीं तो उन्हें सामान्य स्कूलों की समस्याओं और कठिनाईयों का ज्ञान ही नहीं होता। अतः सामान्य और सार्वजनिक स्कूलों की समस्याएँ हल नहीं होती। उनके पास अच्छे भवन, शिक्षण-उपकरण, अच्छे शिक्षक आदि का पूर्ण अभाव बना रहता है। इस प्रकार पब्लिक स्कूलों के कारण सार्वजनिक स्कूलों को भारी अभावों का सामना करना पड़ता है।

(4) ***अंग्रेजी माध्यम के कारण भाषा-सम्बन्धी समस्या***—सभी पब्लिक स्कूलों में शिक्षा का माध्यम अंग्रेजी भाषा ही होती है। इन स्कूलों में पढ़े बालक अंग्रेजी पर अच्छा आधिपत्य रखते हैं, परन्तु वे भारतीय भाषाओं से अनभिज्ञ रहते हैं। वे अपनी मातृभाषा पर कोई आधिपत्य नहीं रखते। वे भले ही सामान्य जनता से सम्पर्क स्थापित करने में असमर्थ हों, वे अंग्रेजी भाषा के कारण सरकारी नौकरियों में चुन लिये जाते हैं और जनता से बिल्कुल सम्पर्क नहीं रख पाते, क्योंकि वे जनता की भाषा जानते ही नहीं। पब्लिक स्कूलों में मातृभाषा और भारतीय भाषाओं की अवहेलना की जाती है। इस प्रकार अंग्रेजी माध्यम के कारण भारतीय भाषाओं का विकास इनके माध्यम से नहीं होता।

(5) ***माध्यमिक शिक्षा देने की दृष्टि से पब्लिक स्कूल एक समस्या***—यह स्पष्ट किया जा चुका है कि हमारे देश के सार्वजनिक माध्यमिक स्कूल अभावग्रस्त हैं। उनके पास पैसे का अभाव रहता है और आवश्यक शिक्षण सुविधाओं का अभाव रहता है। पब्लिक स्कूल उनकी तुलना में सम्पन्न होते हैं। परिणाम यह होता है कि सामान्य जनता के बालक तो अनुपयुक्त माध्यमिक शिक्षा प्राप्त करते हैं और विशेष वर्ग के बालक पब्लिक स्कूलों में अच्छी माध्यमिक शिक्षा पाते हैं। इस प्रकार हमारे देश में दो प्रकार की माध्यमिक शिक्षा पायी जाती है। एक तो सार्वजनिक माध्यमिक स्कूलों की

शिक्षा, दूसरी पब्लिक स्कूलों की माध्यमिक शिक्षा। एक लोकतान्त्रिक देश में सभी बच्चों को अच्छी माध्यमिक शिक्षा के समान अवसर और सुविधाएँ नहीं मिलतीं। इससे देश में वर्ग-भेद पैदा होता है।

पब्लिक स्कूलों के सुधार के लिए सुझाव (Suggestions for Reform in Public Schools)

कुछ लोगों का विचार है कि पब्लिक स्कूलों को समाप्त तो न किया जाए वरन् उनमें भारतीय आवश्यकताओं के अनुरूप सुधार कर लेने चाहिए जिससे भारत की अधिकाधिक जनता उनसे लाभ उठा सके। कुछ सुझाव निम्नलिखित हैं—

1. पब्लिक स्कूलों में सर्वसामान्य जनता के बच्चों के लिए भी प्रवेश की व्यवस्था की जाए। प्रतिभाशाली बालक निर्धनता के कारण पब्लिक स्कूलों की शिक्षा से वंचित न रहें।
2. पब्लिक स्कूल भारतीय पृष्ठभूमि और संस्कृति के आधार पर चलें। इनका माध्यम अंग्रेजी के स्थान पर मातृभाषा हो। इस प्रकार इनका भारतीयकरण हो।
3. पब्लिक स्कूलों में स्थानीय आवश्यकताओं के शिल्प-कार्यों या व्यवसायों को भी पढ़ाया जाए जिससे बच्चों में श्रम के प्रति आस्था पैदा हो और वे भावी जीवन में केवल नौकरी के लिए ही तैयार न हों, वरन् आत्मनिर्भर बनें।
4. पब्लिक स्कूलों पर बनाव श्रृंगार और वैभव पर होने वाले खर्च को घटाया जाए। इससे सामान्य स्थिति के बालक भी खर्च वहन कर सकेंगे। ऐसी दशा में राज्य सरकार और केन्द्र सरकार दोनों इन्हें अनुदान दें।
5. पब्लिक स्कूलों का नाम जनता स्कूल कर दिया जाए। इनमें जनता की समस्याओं, जनता की संस्कृति और भारतीय शिक्षा-पद्धति को अपनाया जाए। अच्छा हो प्राचीन भारतीय आश्रम प्रणाली का अनुसरण किया जाए।
6. गुणवत्ता (Merit) के आधार पर छात्रों का प्रवेश हो। अंग्रेजी की योग्यता को प्रवेश का आधार न बनाया जाए। निर्धन छात्र के खर्च का उत्तरदायित्व सरकार को वहन करना चाहिए। प्रवेश का आधार ग्रामीण या शहरी, अमीर या निर्धन आदि को न माना जाए।
7. अच्छी शिक्षा देना तो ठीक है, परन्तु विलासिता, दिखावा और बनावटी जीवन की प्रवृत्ति को समाप्त किया जाए। छात्रों को सादा जीवन बिताने की शिक्षा मिले। धनिक वर्ग के लोग भी श्रम-साध्य सरल जीवन बिताना सीखें।

8. पब्लिक स्कूलों के अध्यापकों के वेतन भी सामान्य स्कूलों के अध्यापकों के समान हों। इससे अध्यापकों की हीनता या श्रेष्ठता की भावना समाप्त होगी। सावासिक और भोजन, चिकित्सा आदि सुविधाएँ पब्लिक स्कूलों के अध्यापकों के समान सामान्य स्कूलों के अध्यापकों को भी मिलें।
9. पब्लिक स्कूलों को सरकार की ओर से सभी सुविधाएँ दी जायें, परन्तु इन सुविधाओं के देने में लालफीताशाही (Red Tapism) तथा शिक्षा अधिकारियों के अनाधिकृत दबाव को इनकी व्यवस्था में न आने दिया जाय। यदि ऐसा न हुआ तो इन पब्लिक स्कूलों की दशा भी सामान्य स्कूलों की भाँति खराब हो जाएगी। स्कूलों के हैडमास्टरों को पूर्ण अधिकार और स्वतंत्रता मिले कि वे स्कूल की व्यवस्था, अनुशासन और शैक्षिक प्रबन्ध के लिए जो भी अच्छा करना चाहे, करें। वे स्कूल में प्रजातान्त्रिक व्यवस्था को लागू करें।
10. पब्लिक स्कूलों में छात्रों को प्रजातन्त्र में आस्था रखने वाला और योग्य नागरिक बनाया जाए जिससे वह आम जनता की सेवा और सहयोग के लिए सदैव कटिबद्ध रहे।

सारांश

पब्लिक स्कूल का अर्थ

पूँजीपतियों द्वारा अधिक शुल्क लेने वाले, सरकारी हस्तक्षेप से मुक्त, विशिष्ट वर्ग के बच्चों के लिए शिक्षा देने वाले, अंग्रेजी माध्यम से पाश्चात्य ढंग की शिक्षा देने वाले स्कूल, पब्लिक स्कूल। ये लोकतान्त्रिक व्यवस्था के विरोधी।

इंग्लैंड के पब्लिक स्कूल

14वीं शताब्दी के अन्त में इनका प्रारम्भ। 15वीं शताब्दी में इनका विस्तार अधिक। प्रसिद्ध 9 पब्लिक स्कूल। इनकी निजी विशेषताएँ। इनके छात्र शासनतन्त्र के अंग रहे, साम्राज्य विस्तार में योग देने वाले प्रसिद्ध नेता, कवि, लेखक आदि रहे। शिक्षकों का राजा तक आदर करने वाला, चरित्र-गठन पर विशेष बल।

इंग्लैंड के स्कूलों की परम्परा—सावासिक। छात्रों को सभी सुविधाएँ उपलब्ध, शुल्क ऊँचा। छात्रावास में अनुशासित जीवन। शिक्षण पूर्ण साधनों और सुविधाओं के साथ। शिक्षक और अध्यापकों का बहुत आदर। प्रवेश की भीड़। चरित्र-गठन पर बल।

इन पब्लिक स्कूलों की आलोचना—इनमें पढ़े छात्र असामाजिक, कुण्ठाग्रस्त,

अमानवीय। पूर्ण व्यक्तित्व का विकास नहीं। शिक्षण अमनोवैज्ञानिक, लोकतान्त्रिक परम्परा से दूर। निर्धन परन्तु प्रतिभाशाली बालक प्रवेश से वंचित। बटलर एक्ट 1944 द्वारा इनमें सुधार पर बल।

भारत में पब्लिक स्कूलों का प्रारम्भ

धनिक और उच्च वर्ग के भारतीय बच्चों को इंग्लैंड के पब्लिक स्कूलों में प्रवेश की कठिनाई। अतः भारत में ही पब्लिक स्कूल खोलने पर बल। कलकत्ता में एस.आर. दास द्वारा पहला प्रयास। दून स्कूल की स्थापना, प्रारम्भ में ये स्कूल चीफ्स कॉलेज, बाद में इनका नाम पब्लिक स्कूल। शिमला और ग्वालियर में पब्लिक स्कूलों की सभाएँ। अधिकांश स्कूल इण्डियन पब्लिक स्कूल कॉन्फ्रेंस के सदस्य नहीं। भारतीय नेताओं का सहयोग पाने में असफल। सरकारी अनुदान बन्द। इंग्लैंड की पब्लिक स्कूल-पद्धति का अनुकरण। आजादी के बाद इनका विकास कम। मुदालियर आयोग ने इनका समर्थन कुछ सुधारों के साथ किया। कोठारी आयोग ने इन्हें समाप्त करने की राय दी।

भारत के कुछ पब्लिक स्कूल—ग्वालियर, इन्दौर, राजकोट, रायपुर, पिलानी, नैनीताल, अजमेर, जयपुर, दिल्ली, पटियाला, बीकानेर, हैदराबाद, पूना, लावडेल, राँची और सनवार में पब्लिक स्कूल।

पब्लिक स्कूलों का सामान्य स्वरूप

सावासिक व्यवस्था, छात्रावास में वार्डन के नियन्त्रण में रहना आवश्यक। छात्रावास के नियमों का पालन आवश्यक। स्कूल में सभी सुविधाएँ उपलब्ध। शिक्षकों का सभी क्रियाओं पर नियन्त्रण। शिक्षा-स्तर ऊँचा। जीवन नियमित परन्तु विलासपूर्ण। शुल्क ऊँचा, लगभग 3-4 हजार रुपये प्रति वर्ष। सरकार का हस्तक्षेप नहीं।

पब्लिक स्कूलों के गुण—नेतृत्व और चरित्र-गठन की शिक्षा। शिक्षा-स्तर ऊँचा। अनुशासन और अध्यापकों का आदर।

पब्लिक स्कूलों के अवगुण—लोकतन्त्र विरोधी, अधिक खर्चीले; विलासी जीवन को प्रोत्साहन; शाषकों का वर्ग तैयार। जनसेवक नहीं। शैक्षिक अवसरों की समानता के सिद्धान्त के विरुद्ध। अभारतीय। संस्कृति की अवहेलना।

पब्लिक स्कूलों से उत्पन्न जटिल समस्याएँ

(1) विशेष वर्ग का जन्म।
(2) समान अवसरों के सिद्धान्त की अवहेलना।

(3) सामान्य स्कूलों की दुर्दशा के यही कारण।
(4) अंग्रेजी भाषा के कारण भारतीय भाषाओं की अवहेलना।
(5) सामान्य स्कूल की माध्यमिक शिक्षा की अवहेलना।

पब्लिक स्कूलों के सुधार के लिए कुछ सुझाव

सामान्य बालकों के लिए प्रवेश, शिक्षण शुल्क कम, टीप-टाप समाप्त, सादा जीवन पर बल, सरकारी अनुदान मिले, मातृभाषा माध्यम, भारतीय संस्कृति का शिक्षण, श्रम की आस्था के लिए व्यावसायिक शिक्षा, व्यवस्था लोकतान्त्रिक।

अभ्यासार्थ प्रश्न

1. पब्लिक स्कूल क्या हैं? ये सामान्य स्कूलों से कैसे भिन्न हैं?
2. इंग्लैंड के पब्लिक स्कूलों की विशेषताएँ क्या हैं? प्रमुख पब्लिक स्कूलों के नाम बताइए।
3. पब्लिक स्कूलों के सामान्य स्वरूप का वर्णन कीजिए। इनके दोषों और गुणों का वर्णन कीजिए।
4. पब्लिक स्कूलों से उत्पन्न समस्याओं का वर्णन कीजिए।
5. पब्लिक स्कूलों में क्या सुधार लाये जा सकते है?
6. क्या आप पब्लिक स्कूलों को समाप्त करने के पक्ष में हैं? यदि नहीं तो क्यों?

अध्याय 46

भारत में धार्मिक और नैतिक शिक्षा
[Religious and Moral Education in India]

(अ) धार्मिक शिक्षा
(Religious Education)

मनुष्य में धर्म के प्रति आस्था आदिकाल से ही रही है। प्रारम्भ में धर्म का तात्पर्य एक दैवी प्रेरणा (Divine Inspiration) से रहा होगा जिसका आधार या तो व्यक्तिगत विश्वास था या उसके पीछे कोई तर्क था। आज धर्म का स्वरूप अत्यन्त ही व्यापक हो गया है। इस सम्बन्ध में अनुसंधान की आवश्यकता है। शुरू में धर्म की धारणा बड़ी ही व्यापक और उदार थी, परन्तु अज्ञानवश यह धारणा बड़ी ही संकुचित होती जा रही है। लोगों में अंधविश्वास और भय की भावनाएँ धर्म के नाम पर आ गयी हैं। एक ही प्रकार के धर्म के सम्बन्ध में कई 'मत' फैल गये हैं। विज्ञान के विकास से बहुत से अन्धविश्वास (Superstitions), भय (Fears), शंकाएँ (Doubts) और रूढ़िवादी दृष्टिकोण (Orthodox views) 'धर्म' के क्षेत्र से दूर होते जा रहे हैं। विज्ञान कभी इस बात को नहीं कहता कि 'धर्म' का पालन न किया जाए।

यदि धर्म (Religion) को व्यापक और मानवीय कल्याण के पक्ष से अपनाया जाए तो विश्व में शान्ति, आशा, प्रेम, सहानुभूति और सन्तोष आदि गुण भग्नाशाओं (Frustrations), मानसिक तनाव, लड़ाई-झगड़ा, ईर्ष्या, असन्तोष और व्याकुलता आदि दुर्गुणों को समाप्त करके लाये जा सकते हैं। 'धर्म की आस्था' द्वारा हम विश्व-शान्ति, विश्वबन्धुत्व ला सकते हैं। धर्म द्वारा मानवीय मूल्यों (Human Values) की स्थापना होती है, सांस्कृतिक परम्पराओं में सुधार होता है, लोगों में नैतिक आदर्शों की ओर प्रवृत्ति बढ़ती है। वास्तव में धर्म (Religion) तो एक ही है जो व्यक्ति को मानवीय मूल्यों का ज्ञान देकर सदाचार सिखाता है। हमने धर्म को अपने-अपने दृष्टिकोण से देखकर अलग-अलग मतों की रचना कर ली है।

धर्म का मानव-जीवन से सम्बन्ध (Relation of Religion to Human Life)

वैदिक काल धार्मिक दृष्टि से सर्वोत्तम काल था जब धर्म को जीवन का आधार बनाकर मानव-कल्याण के लिए सदाचार पर ध्यान दिया जाता था। भारत में तो तभी से धर्म को सदाचार (Good Conduct) का स्रोत माना जाता है जिससे मानवीय मूल्यों की स्थापना होती है और मानव-कल्याण होता है। लोगों ने 'धर्म' की धारणा को जब ठीक से नहीं समझा तभी अज्ञानवश धर्म में अन्धविश्वास, भय, शंकायें आदि घर कर गये और धर्म का वैज्ञानिक रूप विकृत हो गया। इसी विकृत रूप से प्रभावित होकर लोगों ने धर्म में आस्था रखना छोड़ दिया। आत्मविश्वास (Self-confidence) धर्म के साथ सदैव रहा है। यही आत्मविश्वास धर्म की देन है। धर्म से व्यक्ति में आत्मविश्वास जागता है, आत्मसुधार, आत्मानुभूति (Self-realization), आत्मानुशासन (Self-discipline), आत्मनिर्भरता (Self-reliance) और आत्मविकास (Self-development) सभी धर्म की देन हैं। इस प्रकार धर्म मानव-जीवन का प्रमुख आधार है।

शिक्षा से धर्म का सम्बन्ध (Relation of Religion to Education)

प्राचीन समय में धर्म जीवन का आधार था और शिक्षा का भी एक प्रमुख आधार था। धर्म (Religion), अर्थ (Wealth),काम (Pleasure) और मोक्ष (Liberation) जीवन और शिक्षा के प्रमुख लक्ष्य थे। वैदिक काल, ब्राह्मण काल और बौद्ध काल में जीवन के लक्ष्यों की उपलब्धि का प्रमुख साधन धर्म प्रधान शिक्षा थी। धर्म विहीन व्यक्ति निष्प्राण (Dead) माना जाता था। धर्म इन युगों में आचरण, नैतिकता, सामाजिकता और मानवता का प्रमुख प्रेरक था। इन कालों में धार्मिक ग्रन्थों का अध्ययन, मनन, चिन्तन और उनके अनुकूल आचरण करना आवश्यक था। उस समय सभी धार्मिक केन्द्र शिक्षा केन्द्र थे। मध्यकाल में जब मुसलमानों का राज्य था तो शिक्षा के केन्द्र पाठशालाएँ और मकतब थे जो मन्दिरों और मस्जिदों से जुड़े थे। बौद्ध विहार और मठ (Monastary) ही शिक्षा के केन्द्र थे। शिक्षा द्वारा लोगों को सदाचार और नैतिकता की शिक्षा दी जाती थी।

भारत में तो धर्म मानव-जीवन का अंग था ही, बाद में जब यूरोप के देशों में सभ्यता का विकास हुआ तो वहाँ भी धर्म को शिक्षा का आधार बनाया गया। वहाँ भी शिक्षा की व्यवस्था का सम्बन्ध चर्च से था। पादरी और पुजारी वहाँ शिक्षक का काम करते थे। वहाँ शिक्षा के क्षेत्र में बहुत से धर्म-संघों ने विशेष योगदान दिया। भारत में आर्य समाज, सनातन धर्म सभा, जैन समाज और ईसाई धर्म की मिशनरियों ने शिक्षा के क्षेत्र में अद्वितीय कार्य किया। यूरोप और अमेरिका में आज भी धार्मिक संस्थाएँ शिक्षा कार्य करने में लगी हैं।

शिक्षा का प्रमुख लक्ष्य व्यक्ति का सर्वांगीण विकास करना है। यही उद्देश्य 'धर्म' का भी है। इसलिए समान लक्ष्य की प्राप्ति की दृष्टि से धर्म और शिक्षा सहसम्बन्धित (Correlated) हैं, परन्तु हम आधुनिक धार्मिक विविधताओं के कारण यह संकट अनुभव करने लगते हैं कि शिक्षा में धर्म का समन्वय कैसे करें ? कुछ लोग अज्ञानवश कहते हैं कि धर्म को शिक्षा से अलग रखा जाए, क्योंकि यह निर्णय नहीं किया जा सकता कि कौन-सा धर्म अच्छा है जिसकी शिक्षा बालकों को दी जाए, परन्तु कुछ लोगों का विचार है कि धर्म मानव-कल्याण के लिये है। अतः शिक्षा को कल्याणकारी बनाने के लिए आवश्यक है कि धर्म और शिक्षा का आपस में समन्वय किया जाए।

डॉ॰ राधाकृष्णन के अनुसार विश्व में सभी दुःखों और बुराईयों का कारण नैतिक शिक्षा का न होना है। यह नैतिक शिक्षा धर्म की शिक्षा बिना नहीं दी जा सकती। इसलिये धर्म प्रधान शिक्षा अर्थात् धार्मिक शिक्षा देना आवश्यक है। प्राचीन भारत में स्थापित धर्म प्रधान शिक्षा के केन्द्रों पर विश्व भर के लोग पढ़ने आते थे और अपने जीवन को सफल बनाते थे। यूरोप में भी प्रयास किया गया कि धर्म और शिक्षा को समन्वित करके शिक्षा दी जाए जिससे विद्यार्थी सच्चा मानव बन सके। यूरोप के 'सण्डे स्कूल मूवमेण्ट' (Sunday School Movement) तथा धार्मिक शिक्षा-आन्दोलन (Religious Education Movement) ऐसे ही आन्दोलन थे जो धर्म और शिक्षा का समन्वय चाहते थे।

आज का विश्व 'भौतिकवादी' (Materialistic) बनता जा रहा है। इसी कारण दुःखों की सीमा नहीं रही है। विश्व-अशान्ति का मुख्य कारण भी यही है। धर्म और धर्म की शिक्षा बिना आध्यात्मिक दृष्टिकोण नहीं पनप सकते। इस दृष्टिकोण के बिना विश्व-शान्ति और मानव-कल्याण की भावना पैदा नहीं हो सकती। हमारे राजनीतिज्ञ और अर्थशास्त्री अपनी भौतिकवादी प्रवृत्ति के कारण धर्म को शिक्षा में स्थान नहीं देना चाहते। वे नहीं जानते कि यहाँ 'धर्म' का अर्थ 'मानव धर्म' और सदाचार की प्रेरणा से लगाना होगा किसी एक 'मतावलम्बी' विचारों की शिक्षा से धर्म का अर्थ लगाना ठीक नहीं होगा। यदि ऐसी धर्म की व्यवस्था की गयी तो निश्चित ही विश्व-शान्ति और मानव-कल्याण की भावना पैदा होगी।

धार्मिक शिक्षा के पक्ष में तर्क (Arguments in Favour of Religious Education)

'धर्म' को अज्ञानतावश लोगों ने ठीक से नहीं समझा है। 'धर्म' तो एक ही है जिसे 'मानव धर्म' कहा जाता है। इस सत्य को वैदिक ऋषियों ने अपने जीवन में अनुभूत किया था आज भी इसे अनुभूत किया जा सकता है। धर्म-विहीन व्यक्ति मानव बन ही नहीं सकता। धार्मिक शिक्षा की आवश्यकता के सम्बन्ध में निम्नलिखित तर्क दिये जा सकते हैं—

1. मानव का सर्वांगीण विकास केवल शारीरिक, मानसिक और बौद्धिक विकास से सम्भव नहीं होगा, उसके लिए आध्यात्मिक विकास (Spiritual Development) की भी आवश्यकता होगी। जीवन का वास्तविक आनन्द और सुख भौतिक उपलब्धियों से नहीं मिलता, वरन् आध्यात्मिक उपलब्धियों से मिलता है। भौतिक उपलब्धियों से सुख पाने वाले व्यक्ति असत्य आचरण से दूसरों का शोषण करके सुख पाना चाहते हैं। इससे समाज और विश्व में अशान्ति और अनाचार पनपता है। स्कूलों में पढ़ाये जाने वाले गणित, विज्ञान, भूगोल आदि विषय केवल भौतिक उपलब्धि कराते हैं। उनसे आध्यात्मिक उपलब्धि नहीं होती। सच्ची उपलब्धि आध्यात्मिक उपलब्धि है जो धार्मिक शिक्षा से ही प्राप्त हो सकती है और मानव उसे सन्तोष से ग्रहण करता है। इसलिए शिक्षा को मानव धर्म से सह-सम्बन्धित करके देना आवश्यक होगा।
2. विश्व में व्याप्त समस्त पापों और बुराईयों का मूल धर्म की शिक्षा न होने के कारण है, क्योंकि मनुष्य धार्मिक शिक्षा बिना निरा पशु बन गया है। भौतिकवादी दृष्टिकोण के अपनाने से स्वार्थपरता उत्पन्न होती है और विश्व में बुराईयाँ पनपती हैं। स्वार्थी मनुष्य ईर्ष्यालु, अत्याचारी, शोषणकर्ता होता है। इसलिये इन दोषों से मानव जाति को बचाने के लिये आवश्यक है कि शिक्षा-संस्थाओं में धार्मिक शिक्षा दी जाए।
3. किसी 'मत' को धर्म कहना भूल होगी। 'धर्म' का अर्थ व्यापक रूप में लिया जाना आवश्यक है। सभी मतों में कुछ न कुछ सार है और सत्य है। इन्हीं सारों और सत्यों को समन्वित करके मानव-कल्याण की शिक्षा दी जानी चाहिए। यही सच्चा मानव धर्म होगा। इस धर्म की शिक्षा देने में किसी भी मतावलम्बी की कोई उपेक्षा नहीं होगी। इसमें धार्मिक कर्मकाण्डों (पूजा, इबादत आदि) को स्थान न दिया जाए केवल मानवीय आचरण को स्थान दिया जाए। ऐसी धार्मिक शिक्षा देना अनिवार्यतः आवश्यक है।
4. चरित्र का ह्रास आज की शिक्षा द्वारा हुआ है, क्योंकि उसमें शिष्टाचार और सदाचरण को कोई स्थान प्राप्त नहीं है। सदाचार धार्मिक शिक्षा से आता है और व्यक्ति नैतिक बनता है। नैतिक बल ही 'सच्चरित्र' होने का आधार है। अतः छात्र-छात्राओं को सच्चरित्र बनाने के लिए धार्मिक शिक्षा की आवश्यकता है।
5. जो देश पहले से ही धार्मिक रहे हैं, वहाँ की शिक्षा तो अवश्य ही धार्मिक होनी चाहिए, क्योंकि ऐसी शिक्षा स्वाभाविक होगी। इसे बालक सरलता से और रुचि के साथ समझेंगे। भारत तो धर्म प्रधान देश है ही, फिर यहाँ धार्मिक शिक्षा देना आवश्यक क्यों नहीं है? भारत की शिक्षा-संस्थाओं में

धार्मिक शिक्षा की व्यवस्था की जाए, परन्तु इतनी सर्तकता बरती जाए कि वह ऊपर बताये गये मानव-धर्म से सम्बन्धित ही किसी एक 'मत' का पोषण करने वाली न हो।

6. आधुनिक युग विज्ञान का युग है। इस युग में वैज्ञानिक दृष्टिकोण पनप रहा है जो बात वैज्ञानिक आधार पर सच्ची उतरती है उसे ही स्वीकार किया जाता है। धर्म के प्रति विरक्ति का एक कारण यह भी रहा है कि धर्म के नाम पर फैले अन्धविश्वास पूर्णतः अवैज्ञानिक हैं। हमें धार्मिक आचरणों को वैज्ञानिक आधार देना होगा। ऐसे शिक्षकों का हमारे पास अभाव है जो धार्मिक तथ्यों को वैज्ञानिक आधार पर स्पष्ट कर सकें। धार्मिक शिक्षा की व्यवस्था करते समय हमें इस समस्या को भी हल करना होगा।
7. वैज्ञानिक प्रगति से भौतिकवादी दृष्टिकोण विकसित हुआ है और लोग भौतिक उपलब्धियों की दौड़ में अन्धाधुन्ध भाग रहे हैं। जिन्हें हम विकसित देश कहते हैं उन्होंने भौतिक उपलब्धियाँ अधिकाधिक प्राप्त कर ली हैं, फिर भी वे सन्तुष्ट नहीं हैं। उनमें इतनी स्वार्थपरता आ गयी है कि वे दूसरे देशों की सम्प्रभुता को नष्ट करके स्वयं सम्पन्न और शक्तिशाली बनना चाहते हैं। इसी कारण विश्व में युद्ध होते हैं और मानवता पददलित होती रहती है। विश्व की अशान्ति का मुख्य कारण भी यही भौतिकवाद है। यदि हमें विश्व में शान्ति स्थापित करनी है, विश्वबन्धुत्व को विकसित करना है तो आवश्यक है कि हम धार्मिक शिक्षा द्वारा आध्यात्मिकता का विकास करें।

यह कहना तो केवल सत्य नहीं है कि अकेला आध्यात्मवाद (Spiritualism) ही मानव-कल्याण कर सकता है। भौतिकवाद (Materialism) का विकास भी आवश्यक है, क्योंकि जीवन-यापन के लिए भौतिक सुख-सुविधाओं की भी आवश्यकता है। होना यह चाहिए कि हम भौतिकवादी दृष्टिकोण और आध्यात्मवादी दृष्टिकोण में समन्वय स्थापित करें। एक को साध्य और दूसरे को साधन बनाया जाए। वास्तव में जीवन का परम लक्ष्य अर्थात् साध्य (The End) आध्यात्मिक मोक्ष है। उस मोक्ष तक पहुँचने के लिए हमें शारीरिक, मानसिक और बौद्धिक विकास की भी आवश्यकता है। इसलिए भौतिक उपलब्धियों को साधन (Means) बनाना होगा, परन्तु ये भौतिक साधन सत्य और अहिंसा पर आधारित हों। जब साधन पवित्र होंगे तभी साध्य भी पवित्रता के साथ प्राप्त होगा। ऐसी सफलता के लिये आवश्यक है कि हम धार्मिक शिक्षा की व्यवस्था करें।

हमारे देश में धार्मिक शिक्षा की आवश्यकता को समझते हुए बहुत से नेताओं

ने शैक्षिक आन्दोलन चलाये। स्वामी विवेकानन्द, स्वामी दयानन्द सरस्वती, मदन मोहन मालवीय, महात्मा गाँधी, श्रीमती ऐनी बेसेण्ट, सर सैयद अहमद खाँ, डॉ॰ राधाकृष्णन, महर्षि रवीन्द्रनाथ टैगोर और अरविन्द के नाम विशेष रूप से लिये जा सकते हैं।

धार्मिक शिक्षा के विपक्ष में तर्क (Arguments against Religious Education)

कुछ लोग धार्मिक शिक्षा के पक्ष में नहीं हैं। इस सम्बन्ध में वे अपनी निम्नलिखित दलीलें प्रस्तुत करते हैं—

1. धर्म को शिक्षा में स्थान देना व्यावहारिक नहीं है, क्योंकि स्कूलों में सभी धर्मों के बालक पढ़ने आते हैं। ऐसी दशा में एक धर्म की शिक्षा देना और दूसरे की शिक्षा न देना हितकर नहीं होगा। फिर किस धर्म की शिक्षा दी जाए? इसलिए लड़ाई-झगड़े और वैमनस्य को दूर करने के लिये किसी धर्म की शिक्षा न देना ही ठीक होगा।
2. अधिकतर धर्म का शिक्षण उपदेशात्मक होता है। यह उपयुक्त नहीं है। जब तक स्कूलों का वातावरण धार्मिक न बने, अध्यापक धार्मिक आचरण प्रस्तुत न करें तब तक धार्मिक शिक्षा का कोई महत्व नहीं होगा, ऐसा वातावरण स्कूलों में तैयार करना सम्भव नहीं होगा।
3. मानव-जीवन धार्मिक कर्मकाण्डों (Religious Sermons) से नहीं चलता, जबकि धार्मिक आचरण कर्मकाण्डों पर चलता है। मनुष्य केवल धार्मिक शिक्षा द्वारा धर्म का ज्ञान और कर्मकाण्ड अपनाने से धार्मिक नहीं बन सकता। वह धार्मिक तभी बन सकता है जब वह धर्म-ज्ञान के अनुकूल आचरण भी करे। इसलिए केवल धार्मिक ज्ञान देने से कल्याण होने वाला नहीं।
4. बच्चे पाप-पुण्य की सूक्ष्म बातों को नहीं समझ सकते। इनसे बच्चों के मन में भ्रम और शंकाएँ पैदा होती हैं। ऐसी धार्मिक शिक्षा जो भ्रम और शंकाएँ पैदा करे देना उचित नहीं।

   प्रायः धर्म की शिक्षा देते समय बच्चों को पुरस्कार और दण्ड की व्यवस्था करनी पड़ती है। प्राचीनकाल में किसी भी धार्मिक आचरण पर कठोर दण्ड दिया जाता था। ऐसी व्यवस्था अमनोवैज्ञानिक होगी।
5. आज का अध्यापक किसी न किसी धर्म का अनुयायी अवश्य होता है। अतः वह धर्म की निरपेक्ष शिक्षा देने में वस्तुनिष्ठ नहीं हो सकता। वह अपनी धारणा को, विश्वास को बच्चों पर अवश्य आरोपित करेगा। इस प्रकार

निष्पक्ष धार्मिक शिक्षा देना सम्भव नहीं होगा। यदि धर्म का विश्लेषण विज्ञान की सहायता से किया जाए तो कुछ निरपेक्षता आ सकती है, परन्तु ऐसे शिक्षक उपलब्ध नहीं हैं जो ऐसा कर सकें। ऐसे शिक्षकों का पूर्ण अभाव है जो वास्तविक मानव धर्म की शिक्षा दे सकें। इसलिये स्कूलों में धार्मिक शिक्षा की व्यवस्था करना सम्भव नहीं होगा।

6. इतिहास इस बात का साक्षी है कि धर्म के नाम पर मानवता को पीड़ित किया गया है, जबकि धर्म मानव-कल्याण के लिये होना चाहिए। आज धर्म का तात्पर्य इतना संकीर्ण हो गया है कि इससे मानव-कल्याण के स्थान पर मानव का उत्पीड़न ही हो सकता है। इसलिए धार्मिक शिक्षा की व्यवस्था नहीं करनी चाहिए। इससे तो बच्चों के मन में धर्म के प्रति घृणा ही पैदा होगी।
7. स्कूलों का वातावरण सामाजिक और सामूहिक होता है, वहाँ वैयक्तिक अनुभूति (Personal Realization) के लिए वातावरण नहीं मिलता। जबकि 'धर्म' आत्मानुभूति (Self-realization) का विषय है। व्यक्ति के लिए धर्म एक वैयक्तिक अनुभूति है। कौन व्यक्ति किस धर्म की अनुभूति करेगा इसका निर्णय और वातावरण स्कूलों में सम्भव नहीं है। इसलिये स्कूलों में धार्मिक शिक्षा देना ठीक नहीं होगा।

धार्मिक शिक्षण में सावधानियाँ
(Precautions in the Teaching of Religion)

धार्मिक शिक्षा के पक्ष और विपक्ष में तर्कों को समझने के बाद हमें सोचना पड़ता है कि स्कूलों या शिक्षा संस्थाओं में धार्मिक शिक्षा देना ठीक होगा। विपक्ष में तर्क देने वालों ने केवल एक ही बात की ओर संकेत किया है कि हमारा दृष्टिकोण धर्म के प्रति संकीर्ण है जिससे लाभ के स्थान पर हानि होने की सम्भावना है। इसके साथ-साथ स्कूलों में कुशल अध्यापकों और वातावरण का अभाव है जिससे धार्मिक शिक्षा देना सम्भव नहीं होगा। यदि ये बातें समाप्त कर दी जायें, अर्थात् धर्म को व्यापक अर्थों में लेकर शिक्षा संस्थाओं का वातावरण अच्छा बना दिया जाए और धार्मिक शिक्षा देने वाले अध्यापकों का अभाव पूरा कर दिया जाए तो शिक्षा-संस्थाओं में धार्मिक शिक्षण को सफलता मिल सकती है। पहले हमें धर्म का अर्थ समझना होगा।

धर्म का वास्तविक अर्थ (The Real Meaning of Religion)

विश्व के सबसे पुराने ग्रन्थ 'वेद' हैं। वेदों में 'धर्म' का वास्तविक अर्थ व्यापक रूप में स्पष्ट किया गया है। वैदिक मत के अनुसार, "धर्म वह है जो व्यक्ति को सदाचरण (Good Human Conduct) की प्रेरणा देता है और मानवीय गुणों की वृद्धि करता है।" इसे हम 'धर्म' इसलिए कहते हैं कि इसकी प्रेरणा से मनुष्य अपने मानव-कर्तव्यों को 'धारण' करता है। 'धर्म' का पर्याय रिलीजन (Religion) नहीं हो सकता। धर्म इतना व्यापक शब्द है कि उसके अन्तर्गत जन्म से लेकर मृत्यु पर्यन्त, सोने से जागने तक के सभी सदाचार आ जाते हैं। इसलिए मानव का जीवन स्वतः ही धर्म-मय है, वह धर्म से पृथक् नहीं रह सकता। वे सभी सदाचरण जो मानव समाज ही नहीं प्राणी-जगत के लिए कल्याणकारी होते हैं, मानव-कर्तव्य के अन्तर्गत आते हैं जिन्हें धारण करना ही धर्म है।

इस्लाम मत के अनुसार भी धर्म का अर्थ मानवीय गुणों को ग्रहण करना है। इस मत के अनुसार 'नमाज', 'रोजा' और 'हज' की सभी क्रियाएँ मनुष्य की आत्मा को पवित्र बनाती हैं, उसमें प्रेम और अच्छे पड़ौसी के गुण पैदा करती हैं। इस मत के अनुसार भी धर्म का आशय 'इन्सानियत' पैदा करना और खल्क़ (दुनिया) के लिये भलाई का काम करना है।

ईसाई मत के अनुसार भी धर्म मानव-कल्याण के आचरण का आधार है। दया, सहानुभूति, मानव-प्रेम और कर्तव्यनिष्ठा आदि सद्‌गुण धर्म द्वारा ही पैदा होते हैं। मानव सेवा करना ही ईश्वर की सेवा करना है। ये सभी बातें धर्म से सम्बन्धित मानी जाती हैं। इस प्रकार सभी मत धर्म को मानव-कल्याण और मानव-धर्म का पर्याय मानते हैं।

धर्म और मत में अन्तर (Difference in Religion and Sect or Belief)

कुछ संकुचित विचारों के लोग धर्म (Religion) और मत (Sect) को पर्याय मानते हैं, यह अज्ञानता है। हमें धर्म और मत (Sect) का भेद भली प्रकार समझ लेना चाहिए। 'धर्म' का अर्थ है मानव-जाति ही नहीं प्राणी-वर्ग तक के कल्याण की भावना से सदाचरण का अनुसरण करना। इस प्रकार धर्म बहुत व्यापक है। यह जन्म से लेकर मृत्यु तक होने वाले सभी सदाचरणों की प्रेरणा देने वाला है। जागने से सोने तक की सभी मानवीय क्रियाएँ धर्म से सदाचार की ओर प्रेरित होती है।

मत (Sect) एक व्यक्तिगत विश्वास (Personal Belief) है, जो उसे धार्मिक वातावरण से आत्म-अनुभूति होने पर प्राप्त होता है। जब इस विश्वास को दूसरों के सामने रखा जाता है तो दूसरे लोग भी इसके अनुयायी बन जाते हैं और मत का

विस्तार और प्रचार होने लगता है। हिन्दू मत, इस्लाम मत, ईसाई मत, जैन मत, बौद्ध मत सभी व्यक्तिगत विश्वास के कारण फैले हैं, परन्तु इन मतों के प्रवर्तकों ने जो अनुभूति प्राप्त की वह व्यापक 'धर्म' से की। इस प्रकार विश्व भर में धर्म तो एक ही सत्य है जो प्राणी जगत से कल्याण की प्रेरणा देता है; परन्तु उसे अनुभूत करने और समझने या धारण करने के मार्ग या विश्वास अलग-अलग हैं। वैदिक धर्म या मानव-धर्म एक है, परन्तु उसे अनुभूत करने के लिए आर्य-समाज, सनातन समाज तथा अन्य समाज अलग-अलग मत व्यक्त करते हैं। कुछ अज्ञानी या स्वार्थी और अवसरवादी लोग 'धर्म और मत' को एक ही मान लेते हैं और धर्म का संकीर्ण अर्थ लगाकर धर्म के प्रति अनास्था उत्पन्न करने में नहीं हिचकते। धार्मिक शिक्षा के विरोध में बोलने वाले अधिकांश व्यक्ति 'मत और धर्म' का भेद नहीं समझ पाये हैं। मुस्लिम मत के अनुसार भी शिया और सुन्नी का भेद पाया जाता है। ईसाई मत में भी कैथोलिक (Catholic), प्रोटेस्टेण्ट (Protestants) और मेथडीस्ट (Methodist) विश्वासों के अलग-अलग वर्ग मिलते हैं।

वैदिक मत का आधार वेद हैं। वेद का अर्थ होता है ज्ञान। इस प्रकार वैदिक धर्म का अर्थ होता है वह वैज्ञानिक ज्ञान (Scientific Knowledge) जो जीवात्मा (Innerself) और परमात्मा (Superself) के अस्तित्व में एक समन्वय स्थापित करके मानव में मानवीय गुणों का विकास करके सदाचरण की प्रेरणा देता है। ये मानवीय गुण हैं—प्रेम, दया, सत्य, अहिंसा, मानवता, संयम आदि।

इस्लाम मत के अनुसार धर्म का प्रादुर्भाव 'स्लाम' (Slam) शब्द से हुआ। स्लाम (Slam) शब्द का अर्थ है 'शान्ति'। अर्थात् अपने चारों ओर के विश्व को जानकर ईश्वर में आस्था रखते हुए शान्ति पाना और दूसरों को शान्ति पहुँचाना ही मानव-धर्म है। जब कोई 'खुदा' की इबादत में लगता है वह खुद (Self) को भूल जाता है, घमण्ड (Pride) को भूल जाता है और अपनी रूह को खुदा से मिला देता है। इससे शान्ति मिलती है।

ईसाई मत के अनुसार धर्म क्रिस्टोस (Christos) शब्द की देन है। इस शब्द का अर्थ होता है 'दैवी बुद्धि में स्नान करना'। अतः हमारा आचरण ऐसा हो जो दैवी बुद्धि (अन्तःकरण) से प्रेरित हो, बन्धुत्व, प्रेम, सहानुभूति और सहनशीलता आदि गुणों से युक्त हो। दूसरे शब्दों में हमारा आचरण मानवीय गुणों से पूर्ण हो।

इस प्रकार सभी विचारों से स्पष्ट होता है कि 'धर्म' ऐसी प्रेरणा है जो नैतिक सदाचरण पैदा करती है। विज्ञान और धर्म दोनों एक-दूसरे के विरुद्ध नहीं। 'धर्म' को वैज्ञानिक धारणाएँ एक आस्थात्मक आधार प्रदान करती हैं। इन धारणाओं का 'धर्म' के परिमार्जित रूप को समझने में उपयोग करना होगा जिससे अन्धविश्वास, भय, भ्रम और रुढ़िवादी विचार समाप्त हों।

धर्म का दुरुपयोग और हिंसा (Misuse of Religion and Violence)

धर्म का गलत अर्थ लगाकर कुछ अन्धविश्वासी लोगों ने मानवता को बहुत पीड़ाएँ दीं। इतिहास में ऐसे बहुत से उदाहरण मिलते हैं। इस उत्पीड़न देने वाले 'धर्म' से लोगों में 'धर्म' के प्रति घृणा पैदा हो गयी। आज भी लोग धर्म के नाम पर व्याप्त अन्धविश्वासों और पाखण्डों से बहुत पीड़ित हैं। इसलिये वे ऐसे 'धर्म' को छोड़कर धर्म-विहीन रहना पसन्द करते हैं। यह सब मानव उत्पीड़न अवैदिक थे और स्वार्थी लोगों की शोषण की प्रवृत्ति के परिणाम थे। इन अन्धविश्वासों और प्राणी-जगत के उत्पीड़न को समाप्त करने के लिए बहुत से समाज-सुधारक, महात्मा और नेताओं ने जन्म लिया और लोगों को मानवता का पाठ सिखाकर सन्मार्ग दिखाया। महात्मा बुद्ध, महावीर स्वामी, शंकराचार्य, स्वामी दयानन्द, मुहम्मद साहब, ईसा, नानक आदि ऐसे ही महान् समाज-सुधारक थे। उन्होंने स्वयं कष्ट सहकर मानव-कल्याण के लिये लोगों को सत्यमार्ग दर्शाया।

अन्य सावधानियाँ—उपर्युक्त वर्णन के अनुसार जब हम धर्म का वास्तविक अर्थ समझ लें तो उसे शिक्षा के साथ समन्वित करें। ऐसी धार्मिक शिक्षा अनिवार्य रूप से शिक्षा संस्थाओं में दी जाए। यह शिक्षा देते समय निम्नलिखित बातों पर ध्यान दिया जाए—

1. इस शिक्षा के लिए स्कूलों का वातावरण पवित्र, मानवीय और धार्मिक बनाया जाए। शिक्षक स्वयं मानवीय आचरण करने वाले हों। वे मानव धर्म की शिक्षा केवल उपदेशों से ही नहीं अपने आचरण से दें। वे किसी मत का खंडन और प्रतिपादन न करें। केवल मानवीय कल्याण के आचरण बच्चों के सामने रखें। सूक्ष्म बातों को वे उदाहरणों और क्रियाओं एवं चित्रों के माध्यम से स्पष्ट करें।
2. ध्यान रहे कि बच्चों में अन्धविश्वास, भय और शंकायें जन्म न लें। पहले धार्मिक आचरण का विश्लेषण वैज्ञानिक आधार पर हो, उसके बाद उसका पोषण आचरण द्वारा किया जाए। कोई विचार बच्चों पर थोपा न जाए।
3. हमारा लक्ष्य बच्चों का सर्वांगीण विकास करना है। अतः धर्म को साध्य (The End) न मानकर साधन (The Means) ही बनाया जाए। धर्म की सहायता से बच्चों में मानवीय गुणों का विकास किया जाए।
4. स्कूलों को मन्दिर, मस्जिद या गिरजाघर का रूप नहीं देना है। वरन् होना यह चाहिए कि मन्दिर, मस्जिद और गिरजाघर मानवीय गुणों की शिक्षा देने वाले शिक्षालय बनें। हमें केवल सदाचरण की शिक्षा देनी है, पूजा, पाठ, इबादत की शिक्षा नहीं देनी। इसे बच्चों को उनकी मर्जी पर छोड़ देना चाहिए।

धर्म के शैक्षिक कार्य
(The Educational Functions of Religion)

व्यक्ति के सर्वांगीण विकास में पहले शारीरिक, फिर मानसिक और बौद्धिक तथा अन्त में आध्यात्मिक विकास की आवश्यकता होती है। इसलिए धार्मिक जीवन व्यतीत करने वाले व्यक्ति के लिए आवश्यक है कि वह शारीरिक, मानसिक और बौद्धिक दृष्टि से स्वस्थ हो। तभी वह आत्मानुभूति करके आत्म-विकास और आध्यात्मिक विकास कर सकता है। शारीरिक विकास और मानसिक विकास के लिए ब्रह्मचर्य (Celibacy) बहुत आवश्यक है। वे बालक जो युवा और परिपक्व होने तक ब्रह्मचर्य से रहते हैं, दैनिक शारीरिक और मानसिक व्यायाम करते हैं, सादा जीवन बिताते हैं, भावी जीवन में बहुत शक्तिशाली होते हैं। उनका गृहस्थ जीवन बड़ा सुखी होता है। कुछ लोगों का यह कहना ठीक नहीं कि शारीरिक विकास से व्यक्ति सांसारिक भोग और यौन भोग की ओर आकर्षित होता है। इसके लिए शारीरिक स्वास्थ्य नहीं वातावरण उत्तरदायी है। यदि व्यक्ति सुस्वादु भोजन, पौष्टिक भोजन करके शारीरिक व्यायाम नहीं करेगा, सद्-साहित्य नहीं पढ़ेगा, संयमित जीवन नहीं बितायेगा वह कैसे धार्मिक बन सकेगा? इसलिए धर्म की शिक्षा ग्रहण करने के लिए पहले बालक को शारीरिक, मानसिक और ज्ञानेन्द्रिय दृष्टि से स्वस्थ होना चाहिए।

'धर्म' का अर्थ है मानवीय कर्तव्यों को धारण करना, अर्थात् मानव-कल्याण के लिए कर्तव्यनिष्ठ बने रहना धार्मिक होना है। इस लोक (This World) को भुलाकर परलोक (The Next World) को सोचना तर्कसंगत नहीं है। यह संसार कर्म-क्षेत्र है, अर्थात् कर्तव्य का स्थल है। जब हमारे कर्म या कर्तव्य धर्म-प्रेरित, अर्थात् सत्य और अहिंसा से युक्त मानव कल्याण के लिए होंगे तो उनका परिणाम भी उत्तम होगा। इससे हमारा परलोक भी अच्छा बनेगा। इसलिए 'धर्म' का कर्तव्य है कि वह व्यक्ति को कर्म-क्षेत्र अथवा कर्तव्य के लिए तैयार करे। 'धर्म' बालक को उसकी स्वाभाविक रुचि के अनुकूल कर्म-क्षेत्र चुनने का मौका दे। तभी वह स्वाभाविक विकास के लिए शिक्षा प्राप्त कर सकता है।

धर्म का आधार ज्ञान (Knowledge) है। एक अज्ञानी व्यक्ति कभी भी धार्मिक नहीं हो सकता। धार्मिक ज्ञान के बाद व्यक्ति को उस ज्ञान के अनुकूल आचरण करना चाहिए। ज्ञान को अर्जित करने के प्रमुख साधन हैं—तर्क (Logic), विश्लेषण (Analysis), निरीक्षण (Observation), उपासना (Meditation), मनन (Contemplation) और चिन्तन की स्वतन्त्रता (Freedom of Thinking) की आवश्यकता होती है। अतः बच्चों को स्कूलों में इन सब बातों के अवसर मिलने चाहिए। लोगों का कहना कि बालक धर्म का ज्ञान इन युक्तियों (Devices) की

सहायता से नहीं कर सकते, गलत है। ये ही युक्तियाँ सभी परिस्थितियों में उपयोगी हैं। बालक में प्रत्ययों (Perceptions) का निर्माण इन्हीं विधियों और युक्तियों से होता है।

कुछ लोगों के अनुसार सौन्दर्यानुभूति और कलात्मक ज्ञान धार्मिक शिक्षा ग्रहण करने में बाधक होता है, परन्तु ऐसा सोचना गलत है। सत्यं, शिवं और सुन्दरम् (Truth, Bliss and Beauty) तीनों जहाँ कला और सौन्दर्य के आधार हैं वहाँ धर्म के भी आधार हैं। जो बात सत्य और शिव (कल्याणकारी) नहीं है, वह कभी भी सुन्दर नहीं हो सकती। धार्मिक और सांस्कृतिक विकास में मूर्तिकला (Sculpture), वास्तुकला (Architecture), चित्रकला (Painting), काव्य (Poetry), नृत्य (Dance) और संगीत (Music) ने जितना योग दिया है, सम्भवतः अन्य बातों ने नहीं दिया। जैन मत की एलोरा मूर्तिकला, अजन्ता की बौद्ध भित्ति चित्रकला, सूर-तुलसी, वाल्मीकि, भगवद्गीता का सद्-साहित्य क्या धार्मिक शिक्षा के प्रभावशाली स्रोत (Sources) नहीं हैं? इस प्रकार यह मानना ही ठीक होगा कि धर्म और सौन्दर्यानुभूति तथा कलात्मक प्रवृत्ति एक-दूसरे के पूरक हैं। छात्रों को इनका ज्ञान बड़ी शालीनता के साथ स्कूलों में कराना चाहिए।

शिक्षा संस्थाएँ तो चरित्र का गठन करती हैं, परन्तु इनसे भी अच्छा कार्य धार्मिक संस्थाओं द्वारा किया जा सकता है। ऐसा तभी सम्भव है जब ये धार्मिक संस्थाएँ अपने उत्तरदायित्व को समझें। आज हमें नैतिक और चरित्रवान सदाचारी नागरिकों की आवश्यकता है जिन्हें तैयार करना धार्मिक और शैक्षिक संस्थाओं का उत्तरदायित्व है।

(ब) नैतिक शिक्षा
(Moral Education)

'धर्म' और शिक्षा का लक्ष्य व्यक्ति को सदाचारी और नैतिक बनाना है। आज समाज में नैतिक आचरण (Moral Conduct) का ह्रास हो रहा है। आज केवल सामाजिक स्तर पर ही नहीं राष्ट्रीय स्तर पर भी नैतिक मूल्यों का ह्रास मिलता है। यदि शिक्षा संस्थाओं ने नैतिक आचरण की शिक्षा देने में सर्तकता नहीं बरती तो देश में नैतिकता नाममात्र को रह जाएगी। नैतिक शिक्षा लाने के लिए आवश्यक है कि हम धार्मिक शिक्षा का अनुसरण करें। इस सम्बन्ध में हमने पीछे विचार व्यक्त किये हैं।

नैतिक शिक्षा के लक्ष्य (Aims of Moral Education)

हम शिक्षा द्वारा सर्वांगीण विकास वाले नागरिक तैयार करना चाहते हैं। हमारी शिक्षा में बौद्धिक शिक्षा पर अधिक बल दिया जाता है, परन्तु चरित्र गठन और मानवीय

गुणों की शिक्षा नहीं दी जाती। नैतिक आचरण के लिए प्रेम, दया, सहानुभूति, सहकारिता, संयम, सत्य आदि की आवश्यकता है जिन्हें धार्मिक शिक्षा द्वारा दिया जा सकता है। अतः नैतिक शिक्षा का लक्ष्य सच्चरित्र मानव का निर्माण करना है जिसका व्यक्तित्व सर्वांगीण हो।

चरित्र गठन (Character Formation)—कहावत है, धन खोया तो कुछ नहीं खोया, स्वास्थ्य खो जाए तो कुछ खो जाता है और यदि चरित्र खो जाता है तो सब कुछ खो जाता है। इसलिये हमें प्रत्येक मूल्य पर अपने चरित्र की रक्षा और गठन करना चाहिए।

चरित्र का सीधा सम्बन्ध नैतिक आचरण से होता है। चरित्र को लोग अलग-अलग शब्दों में परिभाषित करते हैं, परन्तु सरल शब्दों में चरित्रवान व्यक्ति वह है जो सदाचरण करते हुए मानव-कल्याण के लिए कृत संकल्प रहता है। ऐसा व्यक्ति नैतिक शिक्षा द्वारा ही तैयार किया जा सकता है। अतः स्कूलों में प्राथमिक स्तर से ही बच्चों को चरित्र गठन की दृष्टि से नैतिक शिक्षा देनी चाहिए। नैतिक शिक्षा, धार्मिक शिक्षा की भाँति केवल उपदेशों से नहीं दी जा सकती, उसके लिए सदाचरण और नैतिक आचरण की आवश्यकता है। छात्र अनुकरण करते हैं। अतः स्कूलों का वातावरण शिक्षकों और बड़ों को अपने आचरण द्वारा आदर्श और नैतिक बनाना चाहिए। छात्र अनुकरण द्वारा नैतिक आचरण को अपना सकते हैं।

नैतिक शिक्षा और धर्म (Moral Education and Religion)

नैतिक शिक्षा का आधार धार्मिक शिक्षा ही है, क्योंकि नैतिक शिक्षा और धार्मिक शिक्षा का एक ही लक्ष्य मानवीय गुणों को पैदा करके व्यक्ति को सच्चरित्र बनाना है। यदि धर्म को 'मानव धर्म' के रूप में व्यापक दृष्टि से लिया जाए तो वह नैतिक शिक्षा में प्रमुख योग दे सकेगा। आज 'धर्म' को अज्ञानतावश विविध मतों के बल पर सम्प्रदायों (Communals) और समूहों (Groups) में बाँटकर अग्राह्य बना लिया है। हम किसी भी धर्म को मानव धर्म नहीं कह सकते, क्योंकि सब आडम्बरों, अन्धविश्वासों और रूढ़ियों पर आश्रित हैं। अतः नैतिक शिक्षा देने के लिए हमें एकमात्र 'मानव धर्म' को ही अपनाना चाहिए।

नैतिक शिक्षा और सदाचरण (Moral Education and Good Conduct)

नैतिक शिक्षा का लक्ष्य और परिणाम (Outcome) सदाचरण ही होता है। सदाचरण के लिए शिष्टाचार और अच्छी आदतों की शिक्षा देना यकायक नहीं होता, वरन् यह क्रमशः होने वाली क्रिया है। बच्चे परिवार, पड़ोस, समाज और स्कूल में रहकर बड़ों

का अनुकरण करके सीखते हैं और दूसरों के आचरणों को अपनाते हैं। यदि परिवार में माता-पिता और बड़े लोग अपने आचरण को अच्छा बनायें, समाज में सच्चरित्र लोगों की बहुलता हो, स्कूलों में शिष्टाचार और सदाचरण का प्रदर्शन करें तो बालक अनुकरण द्वारा निश्चित ही सच्चरित्र बन सकते हैं।

शिक्षा के विभिन्न स्तरों पर नैतिक शिक्षा (Moral Education at the Various Levels of Education)

प्राथमिक स्तर पर नैतिक शिक्षा (Moral Education at the Primary Stage)

बाल्यकाल में ही बालक में भावी मानव के गुणों का विकास हो जाता है। इसलिये प्राथमिक स्तर से ही स्कूलों में शिष्टाचार और नैतिक शिक्षा देने की आस्था होनी चाहिए। कविताओं, कहानियों, गीतों और आचरणों द्वारा हम बच्चों को नैतिक बनने की शिक्षा दे सकते हैं।

इस स्तर पर बच्चों की समझ कम विकसित होती है इसलिए आचरण और शिष्टाचार की शिक्षा सरल, रोचक और अच्छे व्यवहार वाली शिक्षण पद्धति से देनी चाहिए। रामायण, महाभारत, गीता के उदाहरणों, दृष्टान्तों और कथाओं के माध्यम से बच्चों में सद्‌गुणों का विकास किया जाए। पंचतन्त्र, पुराण आदि की कहानियाँ इस दृष्टि से बहुत शिक्षाप्रद हैं। श्रवण कुमार, प्रह्लाद, ध्रुव, हरिश्चन्द्र, अभिमन्यु, राम, सीता, हनुमान आदि के चरित्रों का वर्णन करके बच्चों में नैतिक गुणों का विकास किया जा सकता है। दूसरे धर्मावलम्बियों के महापुरुषों और सद् साहित्य के उद्धरण से भी इस शिक्षा को दिया जाना सम्भव है।

माध्यमिक स्तर पर नैतिक शिक्षा (Moral Education at the Secondary Stage)

माध्यमिक स्तर पर बच्चों का मानसिक विकास और समझ बढ़ जाती है, इसलिए इस स्तर पर नैतिक शिक्षा के पाठ्‌यक्रम अधिक गम्भीर और रचनात्मक बनाये जा सकते हैं। छात्रों को मानव और समाज की भलाई के काम करने का अवसर देकर, अच्छे चरित्रों का परिचय देकर, उनको संवेगात्मक प्रशिक्षण देकर नैतिक आचरण की व्यावहारिक शिक्षा दी जा सकती है। रेडक्रॉस, स्काउटिंग, समाज-सेवा इसके प्रमुख साधन हैं।

उच्च शिक्षा स्तर पर नैतिक शिक्षा (Moral Education at the Higher Stage)

इस स्तर पर व्यक्ति, समाज, राष्ट्र से ऊपर उठकर विश्व कल्याण की भावना भरकर युवकों को भावी जीवन की सच्चरित्रता दी जा सकती है। मानव-सेवा, समाज-सेवा के कार्यक्रमों द्वारा, तुलनात्मक धार्मिक शिक्षा द्वारा, तर्क, वाद-विवादं और विचार अभिव्यक्ति द्वारा इन्हें नैतिक शिक्षा दी जानी आवश्यक है। अध्यापक और शिक्षा संस्था का सच्चरित्रयुक्त, अनुशासनयुक्त वातावरण इस कार्य में बड़ा सहायक होता है।

सारांश

(अ) धार्मिक शिक्षा

'धर्म' का अर्थ व्यापक; आज अन्धविश्वास, भय आदि से धर्म कुण्ठित। धर्म को व्यापक अर्थों में लेकर मानव-कल्याण के लिए अच्छा वातावरण तैयार होना सम्भव।

धर्म का मानव-जीवन से सम्बन्ध—धर्म और जीवन दोनों का लक्ष्य समान। जन्म से मृत्युपर्यन्त मानव-कार्य धर्म से प्रभावित। धर्म से आत्मविश्वास, आत्मानुभूति, आत्मानुशासन, आत्मविकास सम्भव।

शिक्षा से धर्म का सम्बन्ध—शिक्षा और धर्म दोनों मानवीय गुणों के विकास के लिये प्रयत्नशील। भारत में प्राचीनकाल से ही प्रत्येक युग में धर्म शिक्षा का अंग। धार्मिक शिक्षा के अभाव में दुर्गुणों, अमानवीय गुणों, अशान्ति, हिंसा की बढ़ोत्तरी। भौतिकवाद की वृद्धि अधिक। धर्म से आध्यात्मिक विकास करना आवश्यक।

धार्मिक शिक्षा के पक्ष में तर्क—(1) इससे सर्वांगीण विकास, (2) सभी बुराईयों को दूर करने में समर्थ, (3) धर्म का व्यापक अर्थ लेना आवश्यक, संकीर्ण नहीं, (4) चरित्र गठन, (5) वैज्ञानिक आधार से धर्म की आस्था, (6) भौतिक और आध्यात्मिक विचारों में समन्वय।

धार्मिक शिक्षा के विपक्ष में तर्क—(1) एक धर्म की शिक्षा देना अनुपयुक्त, (2) शिक्षण उपदेशात्मक, (3) धार्मिक कर्मकाण्डों की शिक्षा, (4) बच्चों के लिए धर्म सूक्ष्म विषय, (5) निष्पक्ष धर्म शिक्षकों का अभाव, (6) धर्म के नाम पर अत्याचार, (7) स्कूलों का वातावरण धार्मिक बनना कठिन।

धार्मिक शिक्षण में सावधानियाँ

धर्म का वास्तविक अर्थ—धर्म का वास्तविक अर्थ, सभी धर्मों द्वारा मानवीय गुणों के आधार पर मानव कल्याण के आचरण। संकुचित अर्थ अनुचित।

धर्म और मत में अन्तर—धर्म सार्वभौमिक परन्तु मत व्यक्तिगत विश्वास। धर्म को मत के रूप में लेना ठीक नहीं।

धर्म का दुरूपयोग और हिंसा—अज्ञानी और स्वार्थी लोगों ने धर्म के नाम पर मानवता को पीड़ित किया यह अनुचित। ऐसी बातों से बच्चों को दूर रखना।

अन्य सावधानियां—धर्म का वास्तविक अर्थ लगाने के बाद उसके शिक्षण में सावधानियाँ आवश्यक। आचरण पर बल, स्कूलों का वातावरण शुद्ध हो; शिक्षकों को निष्पक्ष रूप से मानवीय शिक्षा देना आवश्यक। बच्चों में अन्धविश्वास और भय न पनपे। धर्म को साध्य न मानकर सर्वांगीण विकास का साधन बनाना आवश्यक। स्कूलों को मन्दिर-मस्जिद बनाना ठीक नहीं, वरन् उन्हें स्कूल बनाना आवश्यक।

धर्म के शैक्षिक कार्य

धर्म का व्यापक अर्थः ब्रह्मचर्य, संयम, शारीरिक और मानसिक स्वास्थ्य लाना। कर्त्तव्यनिष्ठा की शिक्षा देना; ज्ञान की दृष्टि से विविध युक्तियों का उपयोग करना। सौन्दर्यानुभूति और कलात्मक अभिव्यक्ति को धार्मिक शिक्षा का आधार बनाना। धर्म द्वारा चरित्र-गठन के लिए उपयोगी सिद्ध होना।

(ब) नैतिक शिक्षा

नैतिक शिक्षा द्वारा चरित्र-गठन जिसका राष्ट्र में अभाव।

नैतिक शिक्षा के लक्ष्य—चरित्र का गठन करना। मानवीय गुणों का विकास करना।

नैतिक शिक्षा और धर्म—धर्म और नैतिक शिक्षा में घनिष्ठ सम्बन्ध। धर्म के माध्यम से नैतिक शिक्षा सम्भव।

नैतिक शिक्षा और सदाचार—नैतिक शिक्षा द्वारा सदाचार लाना अनिवार्य। परिवार, समाज, स्कूल सभी में सदाचार के आदर्श आवश्यक। तभी बालक अनुकरण द्वारा नैतिक बनने के लिए प्रयत्नशील।

विभिन्न स्तरों पर नैतिक शिक्षा

प्राथमिक स्तर पर—आदर्श आचरण, पाठ्यक्रम द्वारा अनुकरणात्मक शिक्षा।

माध्यमिक स्तर पर—क्रियात्मक, व्यावहारिक और सदाचरण की शिक्षा।

उच्च शिक्षा स्तर पर—तुलनात्मक धर्मों की शिक्षा; वादविवाद, क्षेत्र कार्य समाज-सेवा आदि द्वारा शिक्षा।

अभ्यासार्थ प्रश्न

1. धार्मिक शिक्षा क्यों आवश्यक है? इसके पक्ष और विपक्ष में विचार व्यक्त कीजिए।
2. धार्मिक शिक्षा की व्यवस्था करते समय क्या सावधानियाँ बरतनी चाहिए?
3. भारत में नैतिक शिक्षा का ह्रास होता जा रहा है, क्यों? हम देश में नैतिक शिक्षा का विकास कैसे कर सकते हैं?
4. धर्म और नैतिक शिक्षा में क्या सम्बन्ध है? विभिन्न स्तरों पर नैतिक शिक्षा कैसे दी जा सकती है?
5. निम्नलिखित को स्पष्ट कीजिए–

   (अ) धर्म का अर्थ व्यापक और संकीर्ण, (ब) धर्म का जीवन से सम्बन्ध, (स) शिक्षा और धर्म का सम्बन्ध, (द) धार्मिक शिक्षा की समस्याएँ।

अध्याय 47

भारत में भाषा समस्या
[The Language Problem in India]

राष्ट्र में भाषा विविधता
(Different Languages in India)

भारत एक उप-महाद्वीप है। इसमें विभिन्न जातियाँ, धर्म मानने वाले, विविध परम्पराओं को मानने वाले और विविध भाषाओं के बोलने वाले रहते हैं। यह देश विविध राज्यों में विभक्त है। भौगोलिक सीमाओं से घिरे विविध क्षेत्रों में जहाँ उप-सांस्कृतिक अन्तर मिलते हैं, वहाँ भाषाएँ भी बदल जाती हैं। भारत के उत्तरी भाग में कश्मीर से लेकर असम तक आर्य-संस्कृति का प्रभाव है। दूसरी ओर विन्ध्याचल पर्वत से लेकर कन्याकुमारी तक द्रविड़ संस्कृति का प्रभाव है। अब किसी संस्कृति को शुद्ध रूप में नहीं पाया जाता, क्योंकि पारस्परिक अन्तर्सांस्कृतिक सम्पर्क के कारण सब लोग आपस में मिल-जुल गए हैं। अंग्रेजी शासकों के प्रभाव से घाट वाले क्षेत्र जैसे पश्चिमी घाट और पूर्वी घाट पाश्चात्य-संस्कृति से प्रभावित हुए। भारत की आर्य जाति और द्रविड़ जाति दोनों विश्व की आदि संस्कृतियों वाली जातियाँ हैं। ये संस्कृति विश्व भर में व्याप्त और प्रख्यात थीं, जबकि अन्य राष्ट्रों की संस्कृतियाँ विकसित नहीं थीं।

भारत पर निरन्तर विदेशियों के आक्रमण होते रहे हैं। शक-हूणों के आक्रमण हुए, परन्तु उन्हें अपने में खपा लिया गया, मुगलों के आक्रमण हुए जिन्होंने अरब की इस्लामी संस्कृति भारत को दी, वह भी भारत में खप गई। बाद में अंग्रेज व्यापारी भारत में आए जो अपने साथ पाश्चात्य संस्कृति लाए। इस संस्कृति का भारतीय संस्कृति पर प्रभाव पड़ा।

विविध संस्कृतियों के प्रभाव से, विशेषकर मुस्लिम शासकों और अंग्रेजी शासकों के प्रभाव से, भारत में भाषा समस्या पैदा हुई। भाषा मानव की अन्तर्प्रेरणाओं से सम्बन्धित होती है। जो भाषा भारत माता की गोद से सीखी जाती है वह जीवन का

अंग बन जाती है। उसमें भावों एवं विचारों का आदान-प्रदान सरल होता है। भाषा के प्रति इसी कारण लोगों में भावुकता पैदा होती है। उससे मोह होता है। उससे संवेगात्मक अनुभूतियाँ (Emotional Experiences) पनपती हैं और उसके साथ सांस्कृतिक मूल्य जुड़ जाते हैं। भारत अतीत से आदर्श ग्रहण करने वाला देश है। उसकी भूतकालीन निधि अपरिमित है। उसी में भारतवासी अधिक विश्वास रखते हैं। भारत अपने स्वर्णिम युग से वर्तमान स्थिति तक विविध परिस्थितियों में से गुजर कर आया। इसका ऐतिहासिक वर्णन विदेशियों के पक्षपातपूर्ण व्यवहार के कारण ठीक नहीं रहा है। विदेशियों ने इसे तोड़-मरोड़ कर अपने निजी स्वार्थ की सिद्धि के लिए एक रूप में रखा, वे भारत की तत्कालीन परिस्थितियों को ठीक से नहीं समझ पाए थे।

भारत में भाषा समस्या को अंग्रेज शासकों ने जन्म दिया। उनका सिद्धान्त था 'विभाजन करो और शासन करो'। उन्हें भाषा-विवाद विभाजन का अच्छा साधन लगा। उसे उन्होंने अपनाया। राजनैतिक स्वार्थी व्यक्तियों ने भी अपने स्वार्थ को सिद्ध करने के लिए भाषा-विवाद को अपना साधन बनाया। इससे भाषा की राष्ट्रीय समस्या उत्पन्न हुई। यद्यपि भाषा समस्या विदेशों में भी विद्यमान है, परन्तु वहाँ भारत के समान अधिक उग्र नहीं है। यहाँ भाषा के नाम पर मारपीट, लड़ाई-झगड़े, बन्द, हिंसात्मक उपद्रव होते रहते हैं। इस आन्दोलन को साम्प्रदायिक प्रवृत्ति के लोग और अधिक बढ़ावा देते हैं। इसका समूचे राष्ट्र की एकता पर घातक प्रभाव पड़ता है। कुछ प्रदेशों को तो केवल भाषा के आधार पर बनाने के आन्दोलन चले।

भाषा समस्या की ऐतिहासिक पृष्ठभूमि (Historical Background of Language Problem)

स्थायी विदेशी शासकों में मुस्लिम शासकों का नाम लिया जा सकता है। इनकी अरबी और फारसी भाषा के मिश्रित रूप में उर्दू को जन्म मिला। उर्दू अरबी का हिन्दुस्तानी रूप है। इसे मुस्लिम शासकों ने शासन की भाषा का रूप दिया, परन्तु इसे भारतीय प्रान्तों ने बोलचाल या दैनिक उपयोग में स्वीकार नहीं किया। माध्यम का स्थान क्रमशः संस्कृत, संस्कृत-अपभ्रंश भाषाएँ और हिन्दी भाषा ने ही लिया। यद्यपि मुस्लिम शासकों ने उर्दू को पूरा संरक्षण दिया और अन्य भाषाओं के प्रति उर्दू को अधिक सुविधाएँ दीं, परन्तु वह भारतीय भाषाओं का स्थान ग्रहण नहीं कर सकी।

अंग्रेजी शासन काल में अंग्रेजों ने अंग्रेजी भाषा को शासन के कार्यों का माध्यम बनाया। उसे स्कूलों और कॉलेजों में शिक्षा का माध्यम बनाया। ईसाई मिशनरियों ने ईसाई धर्म का प्रचार करने के लिए शिक्षा संस्थाएँ स्थापित कीं और अंग्रेजी भाषा को अनिवार्य माध्यम बनाया। 19वीं सदी के उत्तरार्द्ध में ईस्ट इंडिया कंपनी को

1857 ई॰ के प्रथम स्वतन्त्रता संग्राम के पश्चात् आभास हुआ कि भारतवासियों पर शासन करने के लिए उनकी धार्मिक, भाषा-सम्बन्धी जैसी भावनाओं का विरोध करना हानिकर होगा। जब शासन विक्टोरिया के हाथ में चला गया तो भारतीय शिक्षा संस्थाओं में अंग्रेजी के स्थान पर भारतीय क्षेत्रीय भाषाओं को शिक्षा का माध्यम बनाया जाने लगा, परन्तु लार्ड मैकाले और विलियम बैंटिक ने अंग्रेजी को ही शिक्षा का माध्यम रखा। अंग्रेजी शासन ने अंग्रेजी भाषा को अधिक प्रतिष्ठा दिलाने के लिए यह भी घोषणा की कि सरकारी पदों पर अंग्रेजी भाषा पढ़े-लिखे लोगों को ही रखा जाएगा। इससे अंग्रेजी भाषा को प्रोत्साहन मिला, परन्तु भारतीयों में अंग्रेजी के विरोध में एक भावना ने जन्म लिया। इसका प्रभाव 1854 ई॰ के घोषणा-पत्र पर पड़ा जिसमें कहा गया कि अंग्रेजी माध्यम केवल समर्थ छात्र ही अपनायेंगे शेष भारतीय छात्रों को मातृभाषा में ही शिक्षा लेने की व्यवस्था होगी। परन्तु 1857 ई॰ के प्रथम स्वतन्त्रता संग्राम के कारण यह योजना 20-25 वर्षों के लिए टल गई।

सन् 1882 ई॰ के प्रथम भारतीय शिक्षा आयोग ने भी यही संस्तुति की कि शिक्षा का माध्यम अंग्रेजी भाषा ही होगी, परन्तु भारतीय जनता के आन्दोलन के फलस्वरूप तत्कालीन गवर्नर-जनरल ने अपनी दूरदर्शिता का परिचय दिया और स्वीकार किया कि शिक्षा का माध्यम भारतीय भाषाओं को ही बनाया जाना चाहिए, परन्तु राज-काज की भाषा अंग्रेजी ही रहेगी। केवल प्राथमिक शिक्षा स्तर पर तो मातृभाषाएँ शिक्षा का माध्यम बनाई गईं, परन्तु माध्यमिक स्तर पर अंग्रेजी ही शिक्षा का माध्यम बनी रही। अब पुनः भाषा आन्दोलन छिड़ा। 1917 ई॰ में कलकत्ता विश्वविद्यालय आयोग बनाया गया। इसने यह संस्तुति की कि माध्यमिक शिक्षा स्तर तक भारतीय भाषाओं को ही शिक्षा का माध्यम बनाया जाए। इसका परिणाम यह हुआ कि कुछ अंग्रेजी स्कूलों में भारत की क्षेत्रीय भाषाओं को शिक्षा का माध्यम बना दिया गया। सन् 1935 ई॰ तक अधिकांश शिक्षालयों में भारत की क्षेत्रीय भाषाएँ ही शिक्षा का माध्यम हो गईं, परन्तु ईसाई मिशनरियों द्वारा संचालित स्कूलों में शिक्षा का माध्यम अंग्रेजी ही रही।

1937 ई॰ में गाँधी जी द्वारा बुनियादी शिक्षा (Basic Education) सामने आई। उसके अनुसार शिक्षा का माध्यम मातृभाषा होनी थी। जैसे-जैसे बुनियादी शिक्षा की माँग हुई, स्कूलों में शिक्षा का माध्यम मातृभाषा को बनाया जाने लगा। 1942 ई॰ के जनान्दोलन के फलस्वरूप सभी माध्यमिक स्कूलों में प्रथम भाषा अनिवार्य रूप में भारतीय भाषा को तथा द्वितीय अनिवार्य भाषा के रूप में अंग्रेजी को स्वीकार किया गया, परन्तु उच्च शिक्षा-स्तर पर अभी तक अंग्रेजी को ही शिक्षा का माध्यम बनाए रखा।

स्वतन्त्र भारत में भाषा का रूप—स्वतन्त्रता मिलने के पश्चात् सबसे पहला भारतीय शिक्षा आयोग 1948 ई॰ में राधाकृष्णन आयोग बना। इसने देवनागरी लिपि में एक संघीय भाषा को तथा माध्यमिक और उच्च शिक्षा-स्तर पर भारतीय भाषा और

अंग्रेजी को माध्यम बनाए रखने की संस्तुति की। 1953 ई० में राधाकृष्णन आयोग ने त्रिभाषा-सूत्र के स्थान पर द्विभाषा-सूत्र को अपनाने की सलाह दी। इसमें सुझाव दिया गया कि प्रादेशिक स्तर पर प्रदेश की भाषा के अध्ययन की भी सुविधा दी जाए, परन्तु इस सुझाव से भाषा समस्या और भी अधिक जटिल हो गई।

इस आयोग की भाषा-सम्बन्धी संस्तुतियाँ व्यावहारिक नहीं थीं। स्वतन्त्रता प्राप्ति से पूर्व भी राष्ट्रभाषा, अंग्रेजी और एक मातृभाषा तीनों साथ-साथ पढ़ाई जा रही थीं वही बात अब भी थी। अच्छा होता यदि हिन्दी राष्ट्रभाषा को अनिवार्य रूप देकर उसके साथ अंग्रेजी और एक क्षेत्रीय भाषा पढ़ाई जाती। 1956 ई० में केन्द्रीय शिक्षा परामर्शदात्री परिषद् ने पुनः त्रिभाषा सूत्र की योजना को लागू करने की संस्तुति की।

1964-66 ई० के कोठारी आयोग ने इस भाषा समस्या को सुलझाने का प्रयत्न किया, परन्तु इसे भी सफलता नहीं मिली। जहाँ तीन भाषाओं का अध्ययन हो रहा हो वहाँ यह माना जाने लगा कि इसमें शक्ति, समय और धन का अपव्यय हो रहा है। दूसरे, अंग्रेजी का समर्थन कुछ निजी स्वार्थों से प्रेरित व्यक्ति करते रहे हैं, भाषा समस्या और अधिक उग्ररूप धारण कर लेती है।

भाषा का शिक्षा में महत्व
(Importance of Language in Education)

मनुष्य को अन्य प्राणियों की अपेक्षा जो सम्मानित स्थान मिला है उसका कारण भाषा-विकास है। जो व्यक्ति भाषा के अभाव में जीवन व्यतीत करता है वह पशुवत ही जीवन व्यतीत करता है, क्योंकि वह हाव-भाव और संकेतों से ही अपने भावों को व्यक्त करने का प्रयास करता है। मानव वर्ग भाषा के माध्यम से अपनी विचारधाराओं को दूसरों तक पहुँचाता है, दूसरों की भावनाओं को ग्रहण करता है, भूतकाल को वर्तमान के लिए उपयोगी बनाता है और वर्तमान को भावी योजना के अनुसार व्यक्त करता है। यदि भाषा न होती तो मनुष्य गूँगा होता और दो पैरों वाला पशु होता।

उपर्युक्त दृष्टिकोण से तो भाषा का महत्व है ही, सामाजिक और राष्ट्रीय विकास के लिए भी अनिवार्य है। भाषा वही सर्वोत्तम होती है जो अधिकाधिक लोगों के उपयोग की हो, अधिकतम सरल और बोधगम्य हो और विचारों के आदान-प्रदान का सर्वतोमुखी साधन हो। भाषा से मानव-विशेष की अभिव्यक्ति की उपयोगिता, प्रभाव, जनप्रियता का बोध होता है। आज केवल एक राष्ट्र की नहीं विश्व की एक ऐसी भाषा होनी चाहिए जो माध्यम का काम करे।

आज के अन्तरिक्ष युग में मानव का जन-सम्पर्क किसी जाति, वर्ग, राष्ट्र, समाज या महाद्वीप तक ही सीमित नहीं रहेगा वरन् सौरमंडल के अन्य ग्रहों के लोगों के

साथ भी रहेगा। ऐसी परिस्थिति में भाषा-सम्बन्धी संकीर्णता रखना संकुचित मनोवृत्ति का आधार होगा।

आधुनिक भारतीय भाषा की आवश्यकताएँ (Needs of Modern Indian Language)

भारत के सन्दर्भ में आज की भाषा-सम्बन्धी कुछ आवश्यकताओं का विवेचन करना आवश्यक है। इन आवश्यकताओं की पूर्ति से भारत की भाषा-समस्या के समाधान में सहयोग मिल सकेगा। वे आवश्यकताएँ निम्नलिखित हैं–

(1) ***माध्यमिक शिक्षा-स्तर पर मातृभाषा शिक्षा का माध्यम हो***–सन् 1945 ई॰ तक ईसाई मिशनरियों जैसी संस्थाओं को छोड़कर सभी माध्यमिक संस्थाओं ने शिक्षा का माध्यम प्रान्तीय भाषाओं को बना लिया था। तब की अंग्रेजी माध्यम की संस्थाएँ आज भी अंग्रेजी को शिक्षा का माध्यम बनाए हुए हैं। आज इन संस्थाओं का शिक्षा-माध्यम भी हिन्दी या मातृभाषा हो।

(2) ***उच्च शिक्षा-स्तर पर भी मातृभाषा शिक्षा माध्यम हो***–उच्च शिक्षा-स्तर पर अंग्रेजी को शिक्षा का माध्यम बनाए रखना उपयुक्त नहीं होगा, क्योंकि इससे राष्ट्र के विकास में बाधा उत्पन्न होगी। कुछ लोग अंग्रेजी को माध्यम बनाए रखने का पक्ष इसलिए लेते हैं कि भारतीय भाषाएँ पारिभाषिक शब्दों (Terminology) की दृष्टि से अभावग्रस्त हैं। अंग्रेजी शब्दों के पर्याय हिन्दी या अन्य भारतीय भाषाओं में नहीं मिलते। ऐसा तर्क मान्य नहीं हो सकता। दूसरे लोग उच्च शिक्षा-स्तर पर मातृभाषा या क्षेत्रीय भाषा को शीघ्र ही माध्यम का स्थान देना चाहते हैं। आजकल विश्वविद्यालयों में राष्ट्रभाषा (हिन्दी) तक क्षेत्रीय-भाषाओं को माध्यम बनाया जा रहा है। यह प्रयत्न किया जाना आवश्यक है कि राष्ट्रभाषा तथा भारतीय भाषाओं में अंग्रेजी के समान पारिभाषिक शब्द बनाए जा सकें। अंग्रेजी पुस्तकों के अनुवाद योग्य व्यक्तियों से करवाए जायें और भारतीय भाषाओं में नई पुस्तकें लिखवाई जायें।

(3) ***राष्ट्र के प्रत्येक बालक को राष्ट्रभाषा का ज्ञान हो***–भारतीय संविधान में हिन्दी भाषा को भारत की राष्ट्रभाषा घोषित किया गया है। यह भी स्पष्ट किया गया है कि इसे 15 वर्ष की अवधि में अंग्रेजी का स्थान ग्रहण कर लेना होगा। इतना ही नहीं राष्ट्रपति को यह भी अधिकार दिया गया है कि वह समय से पूर्व राजकीय कार्यों में अंग्रेजी के स्थान पर हिन्दी का प्रयोग करा सकता है, परन्तु खेद है कि संविधान द्वारा निर्धारित 15 वर्ष

की अवधि कभी की बीत गई, परन्तु हिन्दी अभी तक अंग्रेजी का स्थान नहीं ले सकी। राजनैतिक क्षेत्रों में नेताओं के अपने स्वार्थ टकरा रहे हैं। वे हिन्दी को अंग्रेजी का स्थान नहीं लेने देते। वे अपने स्वार्थों की सिद्धि के लिए भाषा-आन्दोलनों को बढ़ावा देते हैं, उपद्रव कराते हैं और राष्ट्रीय एकता को खतरा पैदा करते हैं। केवल कुछ लोग पूरे भारत पर छा जाना चाहते हैं। ऐसा राष्ट्र के लिए घातक है। सरकार का कर्तव्य है कि वह अहिन्दी क्षेत्रों और राज्यों में प्रत्येक बालक को हिन्दी भाषा का पूर्ण अध्ययन करने के लिए बाध्य करे।

(4) ***केवल विज्ञान और प्राविधिक शिक्षा में अंग्रेजी माध्यम***—अंग्रेजी को शिक्षा का माध्यम चाहने वाले लोगों का तर्क है कि वैज्ञाननिक और तकनीकी शिक्षा का माध्यम अंग्रेजी ही हो। इसका कारण उनकी दृष्टि में यही है कि अंग्रेजी भाषा से ही हमने अपने यहाँ वैज्ञानिक और प्राविधिक पाठ्यक्रम लिया है। वे अन्तर्विश्वविद्यालय-सहयोग, सम्बन्ध, छात्रों एवं अध्यापकों के विचार-विनिमय के लिए अंग्रेजी को ही उपयुक्त माध्यम मानते हैं। वास्तव में जब तक वैज्ञानिक और प्राविधिक क्षेत्रों में हिन्दी या क्षेत्रीय भाषाएँ पूर्ण समर्थ नहीं हो जातीं तब तक इन क्षेत्रों में अंग्रेजी ही शिक्षा का माध्यम बनी रहे। इस सम्बन्ध में बिना साधन शीघ्रता करनी उचित नहीं, परन्तु दूसरे लोगों का कहना है कि अत्यधिक सरल और अत्यधिक उपयोग में आने वाली भाषा को ही राष्ट्रीय सम्पर्क की भाषा बनाया जाना चाहिए। हिन्दी ही एक ऐसी भाषा है जो इस सम्पर्क के लिए अत्यधिक उपयुक्त है।

परन्तु अंग्रेजी भाषा की उपेक्षा करना भी ठीक नहीं है। जो छात्र उच्चतम, वैज्ञानिक और प्राविधिक शिक्षा प्राप्त करना चाहते हैं, विदेशों में जाकर अपना सम्पर्क अन्य वैज्ञानिकों और प्राविधिज्ञों से स्थापित करना चाहते हैं, वे अवश्य अंग्रेजी माध्यम से पढ़ें, परन्तु इतना अवश्य हो कि वे अपने अर्जित ज्ञान को जनसामान्य तक पहुँचा सकें उसके लिए वे राष्ट्रभाषा का भी पूर्व ज्ञान अवश्य रखें।

(5) ***विविध भाषा-भाषी प्रदेशों की भाषाओं में समन्वय***—भारत में कई प्रादेशिक भाषाएँ हैं। बंगाल में बंगाली, उड़ीसा में उड़िया, पंजाब में पंजाबी, दक्षिण भारत के राज्यों में तेलुगु, कन्नड़, मलयालम तथा पश्चिम में मराठी और गुजराती इत्यादि बहुत-सी प्रादेशिक भाषाएँ हैं। ये सब अपनी-अपनी भाषाओं के साथ मोह रखते हैं। वे चाहते हैं कि उनके प्रदेश में उनकी ही भाषा शिक्षा का माध्यम हो; राष्ट्रभाषा शिक्षा का माध्यम न हो,

परन्तु इस प्रकार की संघर्षमय परिस्थितियों से हमारी राष्ट्रीय एकता और समृद्धि नष्ट होती है। हमें इनमें कोई न कोई समन्वय अवश्य स्थापित करना होगा।

बिहार, उत्तर प्रदेश, मध्य प्रदेश, दिल्ली, राजस्थान, हरियाणा ऐसे प्रदेश हैं जहाँ हिन्दी ही बोलचाल की भाषा है। पंजाब में पंजाबी-उर्दू दोनों का ही बाहुल्य है। हरियाणा में पंजाबी भी बोली जाती है। गुजरात में हिन्दी और गुजराती दोनों बोली जाती हैं। उड़ीसा में उड़िया और हिन्दी दोनों समझी और बोली जाती हैं। महाराष्ट्र में मराठी और हिन्दी दोनों बोली-समझी जाती हैं। बंगाल और असम में बंगाली और असमी दोनों उपयोग में आती हैं। कश्मीर में उर्दू भाषा का उपयोग अधिक होता है। आजकल उर्दू और हिन्दी में कोई अन्तर नहीं है। हिन्दुस्तानी तालीमी संघ ने इस अन्तर को समाप्त ही कर दिया है। उर्दू तो हिन्दीकृत अरबी भाषा है। इसे राजकाज तक में सरलता से हिन्दी के रूप में प्रयुक्त किया जा सकता है। अब तो चलचित्रों की भाषा, उर्दू साहित्य सब हिन्दी-उर्दू मिश्रित बोलचाल में और हिन्दी लिपि में उपलब्ध है। हिन्दी की देवनागरी लिपि ऐसी ही है कि शब्द जैसा बोला जाता है वैसा ही इस लिपि में लिखा जा सकता है। अतः उर्दू, पंजाबी, बंगाली, गुजराती, मराठी आदि भाषाओं की लिपि देवनागरी लिपि बनाई जा सकती है। असमी, उड़िया और बंगाली की शब्दावृत्ति, क्रिया-पदावली तथा लिपि के कई आधारभूत अक्षर हिन्दी से समानता रखते हैं।

बिहार में भोजपुरी, बंगाली और असमी का मिश्रित हिन्दी रूप है। बंगाली और असमी दोनों में भारी समानता है। बंगाली और असमी दोनों इन्हीं का ही मिश्रित रूप हैं। अतः हम क्यों न प्रत्येक राज्य में लिपि देवनागरी ही कर दें? यदि हम राज्यों में अलग-अलग लिपियों का उपयोग करेंगे तो भाषाओं में समन्वय स्थापित नहीं होगा। भाषा का केवल शैक्षिक समाधान पर्याप्त नहीं, बल्कि उनका हिन्दीकरण करना पर्याप्त होगा, परन्तु इस दिशा में हमें लोगों की सहमति प्राप्त करके धीरे-धीरे कार्य करना चाहिए। कहना न होगा कि इसमें तनिक भी देर अनुचित होगी।

विदेशों की भाषा-समस्याओं के कुछ उदाहरण (Some Examples of Foreign Language Problems)

भाषा-समस्या (Language Problem) एकमात्र भारत में ही है, ऐसी बात नहीं। यह समस्या तो विदेशों में भी मिलती है। भारत में तो संघीय-भाषा, प्रादेशिक (राज्य

सम्बन्धी) भाषा और राज्य में क्षेत्रीय भाषाओं की समस्याएँ हैं जो अन्य देशों की समस्याओं की अपेक्षा कुछ विकट अवश्य हैं।

यूरोप के देशों में भाषा-सम्बन्धी मान्यताएँ बदलती रही हैं। इतिहास का अध्ययन करने से पता चलता है कि यूरोप में भाषा-सम्बन्धी दो प्रमुख वर्ग हैं, परन्तु दोनों में रोमन लिपि द्वारा समन्वय स्थापित कर लिया गया। अब तो रोमन भाषा उन क्षेत्रों में भी फैल रही है जहाँ पहले कभी रोमन भाषा से कोई परिचित भी नहीं था। यहाँ हम विदेशों की कुछ भाषा समस्याओं के उदाहरण देना चाहेंगे—

जर्मनी की भाषा-समस्या

जर्मनी के पूर्व-पश्चिम दो राजनैतिक बँटवारे हो गए थे; परन्तु दोनों में भाषा-सम्बन्धी समानता पाई जाती है। वहाँ दोनों भागों में प्रत्येक छात्र-छात्रा के लिए जर्मन भाषा का अध्ययन करना अनिवार्य है। यही भाषा वहाँ की शिक्षा का माध्यम भी है। 10 वर्ष की आयु के बाद प्रत्येक छात्र-छात्रा को फ्रांसीसी, अंग्रेजी या रूसी में से कोई न कोई एक भाषा अनिवार्य रूप से पढ़नी पड़ती है। वहाँ विदेशी भाषाएँ द्वितीय भाषा के रूप में अपनाई गई हैं। यह उदाहरण अनुकरणीय है।

रूस की भाषा-समस्या

रूस में त्रिभाषा-सूत्र वहाँ की भाषा-समस्या का अच्छा साधन है। रूस में 100 से भी अधिक जन-भाषाएँ प्रचलित हैं। उनकी समस्या का समाधान खोजना कठिन कार्य था। कुछ रूसी बोलियाँ तो समानता में अंश मात्र भी नहीं थीं, परन्तु त्रिभाषा-सूत्र ने उनकी समस्या हल कर दी। वहाँ इस त्रिभाषा-सूत्र के अन्तर्गत रूसी भाषा के साथ-साथ, प्रादेशिक भाषा और एक विदेशी भाषा का अध्ययन करना आवश्यक होता है। अपूर्ण और अविकसित भाषाओं की लिपि और स्वरूप को विकसित करने का प्रयत्न करना पड़ता है। देखा जाए तो भारत की भाषा-समस्या रूस की भाषा-समस्या से मिलती-जुलती है। इस समाधान से हम भी अपनी भाषा-समस्या का हल खोज सकते हैं।

फ्रांस में भाषा-समस्या

फ्रांस की भाषा सारे यूरोप के अन्तर्राष्ट्रीय व्यवहार का माध्यम है और स्वयं में पूर्ण है। वहाँ भी शिक्षा-संस्थाओं में एक से अधिक भाषाओं के अध्ययन की व्यवस्था है। वहाँ माध्यमिक शिक्षा-स्तर पर राष्ट्रभाषा फ्रेंच के साथ-साथ कम से कम एक विदेशी

भाषा चाहे जर्मन हो या अंग्रेजी, अवश्य पढ़नी पड़ती है। वहाँ राष्ट्रभाषा ही नहीं विदेशी भाषाएँ भी राष्ट्रीय हित में उपयोगी मानी जाती हैं।

स्विट्जरलैंड में भाषा-समस्या

इस देश की कुल आबादी 50 लाख है; परन्तु यहाँ जर्मन, फ्रेंच, इटेलियन और रोमन जैसी कई भाषाएँ हैं। वैयक्तिक स्वतन्त्रता के कारण यहाँ लोगों को किसी भी भाषा को अपनाने का हक है। यहाँ राष्ट्रभाषा-सम्बन्धी कोई अनिवार्यता नहीं है। यद्यपि यहाँ की 75 प्रतिशत जनसंख्या जर्मन-भाषा बोलती है, परन्तु शिक्षा-संस्थाओं में फ्रेंच, अंग्रेजी, इटेलियन और रोमन-भाषा भी पढ़ाई जाती है। प्रत्येक व्यक्ति अपने सार्वजनिक जीवन में कोई-सी भाषा अपना सकता है।

जापान में भाषा-समस्या

जापान बड़ा राष्ट्रवादी देश है। यहाँ की राष्ट्रभाषा पहले इतनी सुरक्षित थी कि अन्य विदेशी भाषाओं का उस पर कोई भी प्रभाव नहीं पड़ा। जापानी भाषा राष्ट्रभाषा के रूप में पूर्ण समर्थ रही, परन्तु जब अन्तर्राष्ट्रीय सम्पर्क की बात उठी तो उन्होंने अंग्रेजी को ही अपनाया। यद्यपि अब जापान के द्वार विश्व की सभी भाषाओं के लिए खुले हैं, परन्तु अब भी जापान के लोग अपनी राष्ट्रभाषा के प्रति आस्थावान हैं। वहाँ माध यमिक शिक्षा-स्तर पर जापानी के साथ-साथ अंग्रेजी भी पढ़ाई जाती है।

संयुक्त अरब गणराज्य में भाषा-समस्या

इस गणराज्य की जनता में अपने धर्म, अपनी संस्कृति और अपनी भाषा के प्रति भारी लगाव है। ये लोग अपनी प्राचीन परम्पराओं का बड़ी निष्ठा के साथ पालन करते आ रहे हैं। वहाँ की शिक्षा संस्थाओं में मातृभाषा के साथ-साथ फ्रेंच और अंग्रेजी भी पढ़ाई जाती है।

भाषा-समस्या के समाधान-सम्बन्धी सुझाव (Suggestions Relating to the Solution of Language Problem)

भाषा-समस्या को समझने के उपरान्त यह समझना आवश्यक है कि उपर्युक्त भाषा-समस्या के समाधान के लिए आवश्यक सुझाव क्या हो सकते हैं ? इस सम्बन्ध मे हमें पहले विभिन्न आयोगों द्वारा दिए गए सुझावों को समझना होगा।

विभिन्न आयोगों के सुझाव

स्वतन्त्र भारत में सबसे पहले राधाकृष्णन आयोग बना, उसने निम्नलिखित भाषा-सम्बन्धी सुझाव दिए—

राधाकृष्णन आयोग 1948 ई॰ —इस आयोग ने सभी शिक्षा-स्तरों पर भाषा-अध्ययन पर बल दिया, परन्तु इसके सुझावों में साम्प्रदायिकता, क्षेत्रीयता, प्रादेशिकता का कोई प्रभाव नहीं था। उसने निम्नलिखित त्रिभाषा-सूत्र को प्रस्तावित किया—

1. माध्यमिक स्तर पर प्रत्येक छात्र तीन भाषाओं का अध्ययन करे—
   (अ) क्षेत्रीय अथवा राज्यभाषा का अध्ययन।
   (ब) राष्ट्र-भाषा अथवा संघीय भाषा का अध्ययन।
   (स) एक विदेशी भाषा का अध्ययन जैसे—अंग्रेजी का।
2. उच्च शिक्षा का माध्यम क्षेत्रीय भाषा एवं संघीय भाषा दोनों हों। जहाँ क्षेत्रीय भाषा हिन्दी न हो वहाँ संघीय भाषा में भी शिक्षा दी जाए।
3. माध्यमिक और उच्च शिक्षा-स्तर पर अंग्रेजी भाषा की शिक्षा अवश्य दी जाए। भाषा सम्बन्धी संस्तुतियों के कारण अंग्रेजी भाषा के पाठ्यक्रम में कोई परिवर्तन न हो। शैक्षिक विकास की दृष्टि से छात्रों का सम्पर्क अंग्रेजी भाषा से अवश्य बना रहे।
4. उच्च शिक्षा-स्तर पर शिक्षा का माध्यम कोई भारतीय भाषा हो, परन्तु संस्कृत न हो।

इस आयोग ने माध्यम के रूप में प्रयुक्त होने वाली भाषाओं की उन्नति के लिए निम्नलिखित सुझाव दिए—

(क) संघीय भाषा के लिए देवनागरी लिपि का प्रयोग किया जाए, इसे उदारतापूर्वक समुन्नत बनाया जाए।

(ख) प्रत्येक राज्य सरकार अपने राज्य में माध्यमिक और उच्च शिक्षा-स्तर पर संघीय भाषा के अध्ययन की व्यवस्था करे।

(ग) विज्ञान और प्राविधिक पुस्तकों का संघीय भाषा में तथा अन्य भारतीय भाषाओं में अनुवाद कराया जाए।

(घ) पारिभाषिक शब्दावली तैयार करने में सभी भारतीय भाषाओं के शब्दों का यथासम्भव समावेश हो।

मुदालियर आयोग 1952-53 ई॰ —इस आयोग ने अपनी रिपोर्ट में भाषा-सम्बन्धी निम्नलिखित संस्तुति दी—

पहली संस्तुति—इसके अनुसार छात्रों को तीन भाषाएँ पढ़ाई जायें—

1. मातृभाषा या राज्यभाषा,
2. अंग्रेजी,
3. मातृभाषा के अतिरिक्त अन्य कोई भारतीय भाषा। जहाँ मातृभाषा हिन्दी है वहाँ कोई दक्षिणी भाषा और जहाँ हिन्दी के अतिरिक्त अन्य भारतीय भाषा है वहाँ तीसरी भाषा के रूप में हिन्दी पढ़ाई जाए।

दूसरी संस्तुति—इस संस्तुति के अनुसार प्रत्येक छात्र निम्नलिखित भाषाओं का अध्ययन करे—

1. मातृभाषा या राज्यभाषा,
2. अंग्रेजी अथवा कोई भारतीय भाषा। राष्ट्रीय भावात्मक एकता लाने के लिए प्रत्येक बालक चौथी या पाँचवीं कक्षा से एक अन्य भारतीय भाषा की शिक्षा भी ले। हिन्दी क्षेत्र में कोई दक्षिणी भाषा और अहिन्दी क्षेत्र में हिन्दी भाषा हो।

कोठारी आयोग 1964-66 ई. —इस आयोग ने भारत के सभी क्षेत्रों का, सभी वर्गों का अध्ययन करने के पश्चात् त्रिभाषा-सूत्र का अनुमोदन किया और उसमें कुछ संशोधन भी किए। इस आयोग के अनुसार भाषा-शिक्षा का स्वरूप निम्नलिखित स्वीकार किया गया—

(क) छात्रों को तीन भाषाओं की शिक्षा दी जाए। किसी भी शिक्षा-स्तर पर 4 भाषाएँ न पढ़ाई जायें।

    1. निम्न प्राथमिक स्तर पर छात्रों को मातृभाषा या राज्यभाषा की शिक्षा दी जाए।
    2. उच्च प्राथमिक कक्षाओं में मातृभाषा के साथ-साथ संघीय भाषा की शिक्षा भी दी जाए।
    3. निम्न माध्यमिक स्तर पर मातृभाषा, संघीय भाषा और एक आधुनिक भारतीय भाषा पढ़ाई जाए।
    4. उच्चतर माध्यमिक स्तर पर कम से कम दो भाषाएँ पढ़ाई जायें।
    5. उच्च शिक्षा-स्तर पर भाषा-सम्बन्धी कोई अनिवार्यता न हो।

(ख) अंग्रेजी का अध्ययन उपयोगी होगा, परन्तु 5वीं कक्षा से पूर्व इसका अध्ययन तक कराया जाए।

(ग) मातृभाषा के बाद हिन्दी को द्वितीय राज्यभाषा माना जाए। प्रत्येक छात्र 6 वर्ष की अवधि तक हिन्दी या अंग्रेजी सह-भाषा के रूप में पढ़े, परन्तु उसे तभी पढ़ाया जाए जब छात्र उत्सुक हो।

(घ) हिन्दी के प्रसार के लिए राज्य को राज्य-स्तर पर और संघ सरकार को राष्ट्रीय-स्तर पर प्रयास करने चाहिए, परन्तु किसी पर इसे अपनाने का दबाव न डाला जाये।

(च) संस्कृत, अरबी, फारसी जैसी शास्त्रीय भाषाओं का अध्ययन किसी भी स्तर पर अनिवार्य न हो। 8वीं कक्षा में इसे वैकल्पिक विषय के रूप में पढ़ने की सुविधा दी जा सकती है।

(छ) भाषा की शिक्षा अध्यापकों को भी दी जाए। इसी से भाषा की प्रगति हो सकेगी।

अन्य समाधान सम्बन्धी सुझाव
(Other Suggestions Relating to the Solution)

उपर्युक्त आयोगों के सुझावों को ध्यान में रखते हुए भाषा-समस्या से सम्बन्धित समाधान के कुछ सुझाव निम्नलिखित हो सकते हैं—

(क) अंग्रेजी आज अन्तर्राष्ट्रीय सम्पर्क की भाषा बन गई है और भारतवासियों का इस भाषा से 200 वर्ष के लगभग सम्पर्क रहा है। भारत में इस भाषा को राजभाषा के रूप में 100 वर्ष बीत गए। यहाँ एक वर्ग ऐसा भी है जो भारतीय भाषाओं की अपेक्षा अंग्रेजी को उपयोग में लाना अधिक सुविधाजनक मानता है। यह भाषा अब राजभाषा का रूप तो नहीं ले सकती, परन्तु इसे सहभाषा के रूप में स्वीकार किया जा सकता है। अब विश्वविद्यालय-स्तर पर भी शिक्षा-माध्यम हिन्दी हो गई है। हिन्दी में अंग्रेजी की कुछ दुर्लभ पुस्तकों का अनुवाद हुआ है और भारतीय लेखकों ने उन्हें अच्छे ढंग से हिन्दी में लिखा भी है। अन्तर्राष्ट्रीय सम्पर्क और उच्च वैज्ञानिक और उच्च तकनीकी ज्ञान के लिए अंग्रेजी भाषा अब भी सुविधाजनक होगी। इसलिए ऐसे छात्रों के लिए इसे माध्यम के रूप में अपनाने की सुविधा दी जा सकती है।

(ख) अंग्रेजी विदेशी भाषा होने के कारण अधिक समझदारी और श्रम चाहती है। इसलिए इसका शिक्षण कक्षा 6 से ही प्रारम्भ किया जाए। कक्षा 6 से विश्वविद्यालय-स्तर तक इसे चलने दिया जाय। इससे अंग्रेजी पढ़ने वाले छात्र इसे माध्यम के रूप में भी अपना सकते हैं और अन्तर्राष्ट्रीय सम्पर्क

के लिए भी इसे सीख सकते हैं। इसे माध्यमिक स्तर पर या इससे नीचे माध्यम बनाना गलत है। इसे तो तीसरी भाषा के रूप में ग्रहण किया जा सकता है।

(ग) अंग्रेजी विकसित भाषा है; इसका साहित्य भी विकसित है। इसका पाठ्यक्रम सरल और रोचक होना चाहिए। इसका पूर्ण ज्ञान प्राप्त करने के लिए लम्बी अवधि चाहिए। इसे तो केवल समझने और अपनी बात इसके द्वारा समझाने की दृष्टि से ही पढ़ाना चाहिए। इसे यदि अनिवार्य रूप देना हो तो पाठ्यक्रम प्रारम्भ से लेकर अन्त तक एक क्रम में ही होना चाहिए। उच्च स्तर पर इसे वैकल्पिक विषय बनाया जा सकता है।

(2) भारतोय भाषाओं की शिक्षा देना

हिन्दी संघीय भाषा के रूप में—हिन्दी भारत की राष्ट्रभाषा घोषित हो चुकी है। इसे संघीय भाषा का स्थान इसकी कुछ विशेषताओं के कारण मिला है। यह भाषा समूचे भारत में सर्वाधिक बोले जाने वाली जन-सम्पर्क की भाषा है। वैज्ञानिक दृष्टि से यह भाषा और इसकी लिपि सर्वश्रेष्ठ और सरल पाई गई है। इसे कम से कम समय में सरलतापूर्वक सीखा जा सकता है। यह कई राज्यों में शिक्षा का माध्यम बन गई है। उत्तर प्रदेश, राजस्थान, बिहार, मध्य प्रदेश और हरियाणा में तो यही शिक्षा का माध्यम है। कुछ राज्यों में इसे द्वितीय भाषा के रूप में स्वीकार करके इसे सिखाने की व्यवस्था की गई है।

एक संघीय भाषा का होना बहुत आवश्यक है। इसी के माध्यम से विविध राज्यों और प्रदेशों के लोग राष्ट्र-हित में राष्ट्रीय योजनाओं की सफलता के लिए अपना सहयोग देते हैं। वे पारस्परिक व्यवहार, सम्पर्क, सामाजिकता और सामुदायिकता की भावना से प्रेरित होकर संघीय भाषा के द्वारा अपने कर्तव्य की पूर्ति करते हैं। यह भाषा राष्ट्रीय एकता के लिए सर्वोत्तम साधन है। यह भारतीय संस्कृति की द्योतक है। इसमें भारतीय संस्कृति और गौरव छिपा है। इसे विदेशों में भी अपनाया जा रहा है। भारत की कई हिन्दी पुस्तकों का अंग्रेजी तथा विदेशी भाषाओं में अनुवाद हो रहा है। रेडियो प्रसारण में कई देश हिन्दी का उपयोग करते हैं। अतः यह आवश्यक है कि हिन्दी को संघीय रूप में सभी प्रदेशों में राज्य की ओर से अनिवार्यतः पढ़ाया जाना चाहिए। इसे द्वितीय भाषा के रूप में भली प्रकार अपनाया जा सकता है। अधिकांश भारतीय भाषाओं का उद्‌गम संस्कृत से हुआ है। हिन्दी उनमें से सरलतम भाषा है।

(3) हिन्दी के अतिरिक्त अन्य भारतीय भाषाओं की शिक्षा देना

सन् 1961 में डॉ॰ सम्पूर्णानन्द की अध्यक्षता में भावात्मक एकता समिति का गठन हुआ था। उसने भाषा के माध्यम से भावात्मक एकता लाने के लिए त्रिभाषा सूत्र का अनुमोदन कर द्विभाषा-सूत्र की आलोचना की थी। इस समिति के सुझाव इस प्रकार थे—

1. प्रादेशिक भाषा शिक्षा का माध्यम बने। शिक्षा-माध्यम बनने योग्य भाषाओं का अधिक विकास किया जाए।
2. हिन्दी भाषी लोग द्वितीय भाषा के रूप में कोई दक्षिणी भाषा पढ़ें।
3. प्राथमिक स्तर के पश्चात् अहिन्दी भाषा-भाषी क्षेत्रों में हिन्दी और अंग्रेजी की शिक्षा दी जाए।
4. वैसे उच्च शिक्षा-स्तर पर शिक्षा का माध्यम प्रादेशिक भाषा को ही बनाया जा सकता है, परन्तु अन्तर्विश्वविद्यालय सम्पर्क के लिए सभी विश्वविद्यालयों का शिक्षा-माध्यम समान हो। इसके लिए अंग्रेजी या हिन्दी में से किसी एक को अपनाया जा सकता है। उच्च वैज्ञानिक अध्ययन के लिए अंग्रेजी को ही शिक्षा-माध्यम बनाया जाना ठीक रहेगा।

(4) विविध भाषा-भाषी प्रदेशों की भाषा की समस्या का हल

विशेषकर उत्तर प्रदेश, पंजाब और असम ही ऐसे प्रदेश हैं जहाँ एक से अधिक भाषाएँ प्रयोग में लाई जाती हैं। इनकी भाषा-समस्या को अग्रलिखित ढंग से हल किया जा सकता है—

1. अधिकांशतः राजभाषा ही शिक्षा का माध्यम हो। इसे दूसरी भाषा-भाषी लोग भी सीखें। प्रारम्भिक कक्षाओं से ही छात्रों को राजभाषा सिखाई जा सकती है।
2. जहाँ किसी अल्पभाषी भाषा के छात्र पर्याप्त संख्या में हों वहाँ अल्पभाषी भाषा सिखाई जाए।
3. किसी राष्ट्रीय योजना के अन्तर्गत दूसरे प्रदेशों के लोग इन प्रदेशों में स्थानान्तरित होकर आएँ, उनके लिए ये प्रदेश संघीय भाषा में या उनकी मातृभाषा में शिक्षा देने वाले विद्यालयों की व्यवस्था करे। ऐसी स्थिति में अंग्रेजी माध्यम के विद्यालय संघ-सरकार द्वारा स्थापित हुए हैं। इन्हें

क्रमशः संघीय भाषा (हिन्दी) के माध्यम में बदलने का प्रयत्न करना चाहिए। भारत के महानगरों में भारत के हर राज्य से लोग जीविकोपार्जन के लिए आते हैं। उनके बच्चों की शिक्षा संघ-सरकार द्वारा राष्ट्रभाषा के माध्यम से करनी चाहिए।

(5) प्राचीन (शास्त्रीय) भाषाओं की शिक्षा देना

कुछ शिक्षाशास्त्री संस्कृत भाषा को सीखने पर बहुत बल देते हैं, क्योंकि इसे भारत की संस्कृति का स्रोत माना जाता है। यह भारत की सभी भाषाओं का उद्‌गम भी है। इसका अध्ययन प्राचीन भारतीय संस्कृति से सम्पर्क बनाए रखने के लिए बहुत आवश्यक है। भारत आदर्शवादी देश है। संस्कृत-साहित्य अपने में अमूल्य आदर्श संजोये हुए है। शास्त्रीय भाषाओं को त्रिभाषा-सूत्र की योजनानुसार निम्नलिखित युक्तियों से सिखाया जा सकता है–

1. उच्च शिक्षा-स्तर पर सभी प्राचीन (शास्त्रीय) भाषाओं को स्वतन्त्र विषय के रूप में सीखने की व्यवस्था हो। इनमें से सभी इच्छुक छात्र अपनी रुचि की भाषा सीखें।
2. त्रिभाषा-सूत्र में माध्यमिक और प्राथमिक स्तर पर इन्हें स्वतन्त्र विषय के रूप में न सिखाया जाए। इससे बालकों का पाठ्‌यक्रम अधिक बोझिल हो जाएगा। अब उत्तर प्रदेश जैसे प्रदेश में हिन्दी के साथ संस्कृत-शिक्षण भी समन्वित है। ऐसे ही अन्य प्रदेशों में भारतीय भाषा (मातृभाषा) के साथ संस्कृत का समावेश किया जा सकता है।
3. उच्च शिक्षा से पूर्व के शिक्षा-स्तरों पर वैकल्पिक विषय के रूप में शास्त्रीय भाषा पढ़ने वाले बालक उच्च स्तर पर उसे स्वतन्त्र विषय के रूप में पढ़ सकते हैं।
4. भाषा-समस्या सरल होने पर इन्हें माध्यमिक स्तर पर स्वतन्त्र विषय के रूप में पढ़ाया जाए।

विभिन्न भाषाओं के लिए शिक्षकों की समस्या (Teacher's Problem for Different Languages)

भाषा-समस्या के समाधान से सम्बधित सुझावों को जानने के उपरान्त एक समस्या शिक्षकों के अभाव की रह जाती है। प्रदेश-प्रदेश में विविध भाषाओं के अध्ययन के

लिए शिक्षक कैसे तैयार हों? इसके लिए निम्नलिखित सुझाव दिए जा सकते हैं–

1. वर्तमान व्यवस्था में प्रत्येक प्रदेश के अन्दर अन्य भाषा-भाषी लोग निवास करते हैं। उनमें से कुछ सरकारी, कुछ गैर-सरकारी पदों पर हैं, तो कुछ स्वतन्त्र व्यवसाय करते हैं। उनकी सहायता से तत्सम्बन्धी भाषा-शिक्षण के लिए व्यवस्था की जा सकती है।
2. अन्य प्रादेशिक भाषाओं की शिक्षा के लिए शिक्षा-माध्यम-सम्बन्धी कठिनाई उत्पन्न हो सकती है। इस भाषा के शिक्षक को तत्सम्बन्धी शिक्षा माध्यम का यथेष्ट ज्ञान होना चाहिए। इस समस्या को हल करने के लिए शिक्षकों को अंशकालीन व्यवस्था द्वारा सम्बन्धित भाषा-माध्यम की शिक्षा दी जा सकती है।
3. संघीय सरकार का कर्तव्य है कि वह विभिन्न भाषाओं के शिक्षकों को चुनकर प्रशिक्षित करें और देश भर के प्रमुख स्थानों पर सम्बन्धित भाषा-निदेशकों के रूप में उन्हें नियुक्त किया जाए। ये शिक्षक स्थानीय भाषा-शिक्षकों को इस भाषा-शिक्षण का प्रशिक्षण देंगे। साथ ही साथ वे उनका मार्ग-प्रदर्शन भी करेंगे।
4. केन्द्रीय या राज्य सरकारें विभिन्न क्षेत्रों से भाषा-शिक्षकों का चुनाव करें और क्षेत्रीय भाषा में उन्हें प्रशिक्षण दें। उन्हें अतिरिक्त वेतन देकर इन विषयों के शिक्षण का कार्यभार सौंपा जाए।

सारांश

राष्ट्र में भाषा-विविधता

भारत विशाल उप-महाद्वीप है। यहाँ विभिन्न प्रादेशिक भाषाएँ, क्षेत्रीय भाषाएँ हैं। अतः यहाँ भाषा की समस्या उत्पन्न होती है। अंग्रेज शासकों ने भाषा-समस्या को जन्म दिया।

भाषा-समस्या की ऐतिहासिक पृष्ठभूमि

मुस्लिम और अंग्रेज शासकों ने अपनी भाषाओं को राजभाषा बनाया। ईसाई मिशनरियों ने धर्म और शिक्षा का माध्यम अंग्रेजी को बनाया। स्वतन्त्रता प्राप्ति पर भारतीय (संघीय) भाषा को राष्ट्रभाषा बनाने के प्रयत्न।

भाषा का शिक्षा में महत्त्व

यह मानव-विकास का प्रतीक। मानव इसके माध्यम से अपने विचारों का आदान-प्रदान करने में समर्थ।

आधुनिक भारतीय भाषा की आवश्यकता

(1) माध्यमिक शिक्षा-स्तर पर मातृभाषा शिक्षा-माध्यम हो,
(2) उच्च शिक्षा-स्तर पर भी मातृभाषा शिक्षा-माध्यम,
(3) राष्ट्रभाषा का प्रत्येक को ज्ञान हो,
(4) विज्ञान और प्रविधि में अंग्रेजी शिक्षा-माध्यम,
(5) विविध भाषा-भाषी प्रदेशों की भाषाओं में समन्वय।

विदेशों की कुछ भाषा समस्याओं के उदाहरण

जर्मनी—जर्मन-भाषा के साथ अंग्रेजी और फ्रेंच का भी शिक्षण।
रूस—त्रिभाषा-सूत्र। रूसी, मातृभाषा और तीसरी विदेशी भाषा।
फ्रांस—फ्रेंच के साथ जर्मनी, अंग्रेजी जैसी अन्य विदेशी भाषा।
स्विट्जरलैंड—भाषा स्वतन्त्र, परन्तु विदेशी भाषाओं का भी शिक्षण।

भाषा-समस्या के समाधान-सम्बन्धी सुझाव

विभिन्न आयोगों के सुझाव—(1) **राधाकृष्णन आयोग**—द्विभाषा सूत्र एवं संस्कृत की अनिवार्यता की आलोचना करके त्रिभाषा-सूत्र का समर्थन किया। संघीय भाषा, मातृभाषा और विदेशी भाषा का शिक्षण देना। (2) **मुदालियर आयोग**—मातृभाषा, अंग्रेजी और राष्ट्रभाषा के शिक्षण पर बल। द्विभाषा-सूत्र का भी प्रस्ताव। (3) **कोठारी आयोग**—चार भाषाओं की शिक्षा का एक साथ न देना, परन्तु त्रिभाषा-सूत्र का समर्थन। राज्य और संघ सरकार को भाषा अध्ययन करने की नीति और सुविधाओं का उत्तरदायित्व सौंपा।

अन्य समाधन-सम्बन्धी सुझाव

(1) विदेशी भाषा (अंग्रेजी) का अध्ययन महत्वपूर्ण और आवश्यक,
(2) भारतीय भाषाओं की शिक्षा देना, संघीय भाषा (हिन्दी) के साथ अन्य भारतीय भाषा का सीखना,

(3) हिन्दी के अतिरिक्त अन्य भारतीय भाषा का भी ज्ञान आवश्यक,
(4) विविध भाषा-भाषी क्षेत्रों में राज्यभाषा सीखने के साथ मातृभाषा और विदेशी भाषा की शिक्षण-व्यवस्था,
(5) प्राचीन (शास्त्रीय) भाषा का अध्ययन अनिवार्य न हो।

विभिन्न भाषाओं के लिए शिक्षण समस्या

केन्द्रीय सरकार और राज्य सरकार अन्य भाषा के सीखने के लिए शिक्षकों की व्यवस्था करें। सभी भाषाओं का आदर हो।

अभ्यासार्थ प्रश्न

1. भारत में भाषा-विविधता के कारण भाषा-समस्या किस रूप में अभिव्यक्त होती हैं? समझाइए।
2. भाषा का शिक्षा-क्षेत्र में क्या महत्व है? मातृभाषा को शिक्षा-माध्यम स्वीकार करने से क्या लाभ होगा? क्या अंग्रेजी की उपेक्षा की जा सकती है? नहीं तो क्यों?
3. भारतीय भाषाओं की प्रमुख आवश्यकताओं का उल्लेख कीजिए।
4. भाषा-समस्या के समाधान के लिए विविध आयोगों ने क्या सुझाव दिए? अतिरिक्त सुझाव भी दीजिए।
5. भाषा-समस्या का समाधान मिलने पर सम्बन्धित भाषा-शिक्षकों की समस्या कैसे हल हो सकती है? समझाइए।

विभिन्न देशों में शिक्षा की तुलनात्मक विवेचना

अध्याय 48

विभिन्न देशों में प्राथमिक शिक्षा
[Primary Education in Different Countries]

हम अपने देश में प्राथमिक शिक्षा के प्रसार में लगे हुए हैं। यद्यपि यह शिक्षा निःशुल्क और अनिवार्य कर दी गई है, परन्तु इसके विकास और प्रसार में हमें अनेक कठिनाईयों का सामना करना पड़ रहा है। ग्रेट ब्रिटेन, संयुक्त राज्य अमेरिका तथा रूस संसार के विकासशील देश माने जाते हैं। इनमें प्रचलित प्राथमिक शिक्षा के कुछ तत्वों का हम अनुसरण और अनुकरण कर सकते हैं। प्रस्तुत अध्याय में हमारा प्रयास इन्हीं तत्वों को स्पष्ट करना है।

ग्रेट ब्रिटेन में प्राथमिक शिक्षा
(Primary Education in Great Britain)

श्रमिकों की सामाजिक दशा में सुधार लाने के उद्देश्य से बीसवीं शताब्दी में ग्रेट ब्रिटेन में प्राथमिक शिक्षा के विकास और प्रसार पर विशेष ध्यान दिया गया। 1918 में ग्रेट ब्रिटेन में सर्वप्रथम प्राथमिक शिक्षा निःशुल्क और अनिवार्य कर दी गई। एतदर्थ एक अधिनियम पास किया गया। इसे फिश एक्ट कहते हैं।

1944 ई० में द्वितीय विश्व युद्ध के समय फिशर एक्ट में कुछ परिवर्तन किए गए। इस परिवर्तन के फलस्वरूप प्राथमिक शिक्षा को एक नया संघटन और रूप प्राप्त हुआ। 1944 के अधिनियम के अनुसार प्राथमिक शिक्षा का प्रमुख उद्देश्य बालकों का चरित्र-निर्माण, शारीरिक और मानसिक विकास निर्धारित किया गया। इसके साथ उनके सामाजिक विकास को भी आवश्यक समझा गया। इन उद्देश्यों की पूर्ति के लिए पाठ्यक्रम में विविध प्रकार के विषय, क्रिया-कलाप तथा कार्यक्रमों का समावेश किया गया। ग्रेट ब्रिटेन में शिक्षा मंत्रालय प्राथमिक शिक्षा का पाठ्यक्रम निर्धारित नहीं करता। इसके लिए विद्यालय स्वयं उत्तरदायी बना दिया गया है। वहाँ की प्राथमिक शिक्षा के पाठ्यक्रम में कला, संगीत, प्रकृति-अध्ययन, इतिहास, भूगोल, गणित, भाषा आदि विषयों का समावेश किया गया है। शारीरिक विकास के लिए प्रत्येक बालक

को कुछ खेलकूद में भाग लेना होता है। बहुत प्रारम्भ से ही बालकों का ध्यान देश की परम्परा और संस्कृति की ओर आकर्षित किया जाता है। खेल-पद्धति (Play Way Method) के आधार पर बच्चों को विविध विषय पढ़ाये जाते हैं। अध्यापक अपने व्यवहार और आचरण पर विशेष ध्यान रखता है, जिससे उससे बालक कोई अनुचित बात न सीख लें।

ग्रेट ब्रिटेन में प्राथमिक शिक्षा के स्कूलों को प्रायः जूनियर स्कूल कहा जाता है। जूनियर स्कूल 7 से 11 वर्ष के बच्चों की शिक्षा, अर्थात् प्राथमिक शिक्षा की व्यवस्था करता है। यह शिक्षा अपने में पूर्ण (Complete) होती है। अतः इस शिक्षा को पा जाने पर बालक अपना वैयक्तिक और सामाजिक विकास करने में समर्थ हो सकता है, इस शिक्षा के आधार पर उसमें लोकतान्त्रिक प्रवृत्ति का भी विकास होता है।

संयुक्त राज्य अमेरिका में प्राथमिक शिक्षा (Primary Education in U.S.A.)

छः से 14 वर्ष की अवस्था के बच्चों के लिए यू॰एस॰ए॰ में प्राथमिक शिक्षा की व्यवस्था है। यहाँ प्राथमिक शिक्षा को एलीमेण्टरी एजूकेशन (Elementary Education) कहा जाता है। इस एलीमेण्टरी या प्राथमिक शिक्षा में छः कक्षाएँ होती हैं। यू॰एस॰ए॰ के विभिन्न राज्यों में प्राथमिक शिक्षा की अवधि भिन्न-भिन्न हैं। कहीं यह छः-वर्षीय है तो कहीं आठ-वर्षीय है। जो बालक छः-वर्षीय प्राथमिक शिक्षा प्राप्त करता है वह छः-वर्षीय माध्यमिक शिक्षा पाकर बारह कक्षाएँ पास कर लेता है। जो बच्चे आठ-वर्षीय प्राथमिक शिक्षा प्राप्त करते हैं उनके लिए चार ही वर्ष की माध्यमिक शिक्षा की व्यवस्था होती है। यू॰एस॰ए॰ के प्राथमिक स्कूलों के तीन अनुभाग होते हैं— 1. किण्डरगार्टन (एक से तीसरी कक्षा तक), 2. मध्य भाग जिसमें चार से छः कक्षा होती हैं तथा 3. उच्च भाग जिसमें सातवीं और आठवीं कक्षाएँ होती हैं। देश के लगभग 95 प्रतिशत बच्चे प्रायः ऐसे ही प्राथमिक स्कूलों में प्रारम्भिक शिक्षा प्राप्त करते हैं। गैर-सरकारी स्कूलों को वहाँ विशेष महत्व नहीं दिया जाता।

यू॰एस॰ए॰ में प्राथमिक शिक्षा का प्रधान उद्देश्य वैयक्तिक विकास करते हुए लोकतान्त्रिक गुणों का बच्चों में विकास करना है। इस उद्देश्य की पूर्ति के लिए अध्यापक स्वयं अपना व्यवहार लोकतान्त्रिक बनाये रखने की चेष्टा करते हैं और प्रायः ऐसी अध्यापन विधियों का प्रयोग करते हैं जिनसे लोकतान्त्रिक तथा वैयक्तिकता के सद्‌गुणों का विकास हो। अध्यापक अपने को एक लोकतान्त्रिक नेता और पथ-प्रदर्शक समझता है। वह बच्चों की इस प्रकार सहायता करता है कि वे स्वयं विविध बातें सीख सकें। शिक्षण-विधि में खेल-पद्धति का उपयोग करते हुए 'स्वयं करके सीखने' की प्रवृति को प्रोत्साहित किया जाता है।

संसार के अन्य देशों की अपेक्षा यू॰एस॰ए॰ शिक्षा पर अत्यधिक व्यय करता है। यहाँ की एक बड़ी विशेषता यह है कि नागरिक स्कूल के कार्यों में रुचि रखते हुए पूरा सहयोग देते हैं। पाठ्यक्रम का रूप व्यावहारिक होता है। अध्यापन हेतु कोई सुनिश्चित टाइम-टेबल नहीं रखा जाता। अध्यापकों और विद्यार्थियों को बहुत अर्थों में अपनी सुविधानुसार अध्यापन और अध्ययन के लिए छूट रहती है। यहाँ बच्चों में आत्म-नियन्त्रण, आत्म-विश्वास और आत्म-निर्देशन की शक्ति का विकास किया जाता है।

रूस में प्राथमिक शिक्षा (Primary Education in Russia)

रूस में प्राथमिक शिक्षा निःशुल्क और अनिवार्य है। लड़के और लड़कियों के लिए समान पाठ्यक्रम होते हैं। पाठ्यक्रम के सभी विषय अनिवार्य हैं। प्राथमिक शिक्षा आठ-वर्षीय रखी गई है। अन्तिम चार कक्षाओं में प्रत्येक विषय को अलग-अलग समय दिया जाता है। कक्षा 5, 6 और 7 में समाजोपयोगी कार्यों के लिए प्रति सप्ताह दो घंटे का समय निश्चित रहता है। रूसी अथवा राष्ट्रभाषा को सिखाने पर विशेष ध्यान दिया जाता है। गणित के लिए 5वीं से 8वीं कक्षा तक बहुत अधिक समय दिया जाता है। प्रति सप्ताह 23 घंटे गणित के लिए निर्धारित किये गये हैं। विज्ञान के अध्ययन पर भी विशेष ध्यान दिया जाता है।

कक्षा 1 से 4 तक प्रति सप्ताह लगभग 103 घंटे पढ़ाई होती है। प्रत्येक घंटा 45 मिनट का होता है। विभिन्न विषयों के अध्ययन के लिए अलग-अलग अवधि निर्धारित रहती है।

अध्यापक बच्चों की रुचि पर समुचित ध्यान रखते हुए समय-समय पर उन्हें व्यावसायिक निर्देशन (Vocational Guidance) देते हैं। इस प्रकार बहुत प्रारम्भ से ही भविष्य के लिए तैयार करने का उद्देश्य सर्वोपरि रखा जाता है। ब्रिटेन और अमेरिका में शिक्षा राजनीतिक उद्देश्यों के साधन के रूप में नहीं देखी जाती। रूस में श्रम को शिक्षा का आधार माना जाता है।

भारत में प्राथमिक शिक्षा (Primary Education in India)

भारत में संविधानतः प्राथमिक शिक्षा को निःशुल्क और अनिवार्य बना दिया गया है, परन्तु अभी तक पूर्णतः इसे लागू नहीं किया जा सका है। फलतः अनेक बच्चों ने अभी भी शिक्षा प्राप्त करना प्रारम्भ नहीं किया है। वस्तुतः शिक्षा के प्रति इस

उदासीनता के लिए देश में व्याप्त निरक्षरता तथा माता-पिता में सहानुभूति का अभाव रहा है। अनेक निरक्षर माता-पिता अभी भी अपने बच्चों को स्कूल भेजना आवश्यक नहीं समझते। प्राथमिक शिक्षा में अपव्यय और अवरोधन शिक्षा के प्रसार में भारी विघ्न उपस्थित करते हैं। छठी पंचवर्षीय योजना में देश के 90 प्रतिशत बच्चों को स्कूल भेजने का उद्देश्य रखा गया है। अनुमान है कि निर्धनता के कारण हमारे देश में 65 प्रतिशत शिक्षा में अपव्यय होता है।

भारत में प्राथमिक शिक्षा का उद्देश्य बालक को योग्य नागरिक बनाना है। इसलिए इस स्तर पर बच्चे के शारीरिक, मानसिक, सामाजिक, नैतिक और भावात्मक विकास पर विशेष ध्यान देने का उद्देश्य निर्धारित किया गया है। यहाँ की प्राथमिक शिक्षा के उद्देश्यों तथा यू॰एस॰ए॰ और ग्रेट ब्रिटेन की प्राथमिक शिक्षा के उद्देश्यों में पर्याप्त समानता है। यहाँ भी प्राथमिक शिक्षा को क्रियात्मक बनाने की चेष्टा दिखालाई पड़ती है। स्थानीय आवश्यकताओं को ध्यान में रखते हुए यहाँ की प्राथमिक शिक्षा में कृषि तथा कुछ अन्य विषयों को स्थान दिया गया है।

भारत में प्राथमिक शिक्षा 6 से 11 वर्ष के बच्चों के लिए मानी जाती है। यह शिक्षा पाँच-वर्षीय होती है। हमारे यहाँ प्रायः दो प्रकार के प्राथमिक स्कूल मिलते हैं—(1) सामान्य स्कूल जहाँ शिल्प का शिक्षण नहीं होता, तथा (2) बेसिक स्कूल जिसमें शिल्प के माध्यम से शिक्षण की प्रधानता होती है। सामान्यतः सभी प्राथमिक स्कूल बेसिक स्कूलों के स्वरूप में परिवर्तित हो गये हैं, परन्तु अभी प्रत्येक शहरी क्षेत्र में बहुत से ऐसे प्राथमिक स्कूल पाये जाते हैं जो बेसिक स्कूल से कुछ भिन्न पाठ्यक्रम चलाते हैं। कोठारी कमीशन ने बेसिक शिक्षा को सात-वर्षीय बनाने का सुझाव दिया है। इस सात-वर्षीय प्राथमिक स्कूलों में प्रथम चार कक्षाएँ निम्न प्राथमिक की तथा अन्तिम तीन कक्षायें उच्च प्राथमिक मानी जायेंगी। निम्न स्तर पर 6 से 10 वर्ष के बच्चे तथा उच्च स्तर पर 10 से 13 वर्ष के बच्चे शिक्षा प्राप्त करेंगे। अभी तक ऐसा कार्यक्रम लागू नहीं किया जा सका है। प्राथमिक शिक्षा का यह स्वरूप अमेरिकी प्राथमिक स्कूलों के समान प्रतीत होता है।

उपसंहार

उपर्युक्त विवेचन से यह संकेत मिलता है कि हमारी भारतीय प्राथमिक शिक्षा में ग्रेट ब्रिटेन की तरह सांस्कृतिक और चारित्रिक गुणों का विकास अमेरिका की तरह लोकतान्त्रिक गुणों का विकास और रूस की तरह श्रम के प्रति आदर उत्पन्न करने का उद्देश्य निहित है। इस उद्देश्य की प्राप्ति के लिए हमें प्राथमिक शिक्षा के लिए अभी बहुत प्रयास करना है। एतदर्थ इस स्तर पर हमें अपव्यय और अवरोधन को रोकना है।

सारांश

ग्रेट ब्रिटेन में प्राथमिक शिक्षा

1944 के एक्ट के अनुसार प्राथमिक शिक्षा का विकास। सात-वर्षीय। उद्देश्य चरित्रवान तथा परम्परा का अनुरागी बनाना। सामाजिक विकास। विद्यालय स्वयं पाठ्यक्रम का निर्धारण करता है। सभी आवश्यक विषयों को स्थान। खेल-पद्धति। आदर्श अध्यापक।

यू॰एस॰ए॰ में प्राथमिक शिक्षा

विभिन्न राज्यों में विभिन्न प्राथमिक शिक्षा की अवधि। कहीं 6-वर्षीय और कहीं आठ-वर्षीय। कुशल नागरिकता तथा लोकतान्त्रिक प्रवृति के विकास पर बल। व्यक्तिगत स्वतन्त्रता को प्रोत्साहन। किण्डरगार्टन, माध्यमिक और उच्च। टाइम टेबल का बन्धन नहीं। शिक्षक मार्ग-दर्शक।

रूस में प्राथमिक शिक्षा

श्रम के प्रति आदर उत्पन्न करना। आठ-वर्षीय। निःशुल्क और अनिवार्य। विषयों के अनुसार पढ़ाई के घंटे। व्यावसायिक निर्देशन।

भारत में प्राथमिक शिक्षा

पाँच-वर्षीय, छः से ग्यारह वर्ष तक। लोकतान्त्रिक आदर्श। कृषि और शिल्प को स्थान। अत्यधिक अपव्यय और अवरोधन। अनिवार्य और निःशुल्क।

अभ्यासार्थ प्रश्न

1. ग्रेट ब्रिटेन, रूस तथा यू॰एस॰ए॰ की प्राथमिक शिक्षा की तुलनात्मक विवेचना कीजिए।
2. ग्रेट ब्रिटेन, यू॰एस॰ए॰ तथा रूस की प्राथमिक शिक्षा के किन गुणों का भारतीय प्राथमिक शिक्षा में समावेश होना चाहिए और क्यों?

अध्याय 49

विभिन्न देशों में माध्यमिक शिक्षा [Secondary Education in Different Countries]

माध्यमिक शिक्षा प्राथमिक और विश्वविद्यालयीय शिक्षा के बीच की कड़ी है। इसे प्राप्त कर लेने से यह अपेक्षा की जाती है कि व्यक्ति आत्मनिर्भर होकर एक कुशल नागरिक की भूमिका निभा सकेगा। इस अध्याय में हम ग्रेट ब्रिटेन, यू॰एस॰ए॰, रूस तथा भारत में प्रचलित माध्यमिक शिक्षा के स्वरूप को समझेंगे।

ग्रेट ब्रिटेन में माध्यमिक शिक्षा (Secondary Education in Great Britain)

1944 के एक्ट के अनुसार ब्रिटेन की माध्यमिक शिक्षा में क्रान्तिकारी परिवर्तन हुए। इस एक्ट द्वारा माध्यमिक शिक्षा को सर्वसाधारण के लिए सुलभ करने का प्रयास किया गया। इसके पूर्व केवल धनी लोग ही माध्यमिक शिक्षा आसानी से प्राप्त कर सकते थे। 1944 के एक्ट के अनुसार माध्यमिक शिक्षा के निम्नलिखित तीन स्वरूप सामने आये–

1. माध्यमिक ग्रामर स्कूल (Secondary Grammar Schools)।
2. माध्यमिक तकनीकी स्कूल (Secondary Technical Schools)।
3. माध्यमिक आधुनिक स्कूल (Modern Secondary Schools)।

ग्रेट ब्रिटेन में ग्रामर स्कूलों को सदैव से विशेष महत्व दिया जाता रहा है। इनमें प्राय: उच्च वर्ग के ऐसे बच्चे पढ़ने जाते हैं जो आगे चलकर विश्वविद्यालयों में उच्च शिक्षा प्राप्त करने का उद्देश्य रखते हैं। अत: सभी बच्चों को इनमें प्रवेश नहीं मिलता। प्रवेश के समय बच्चे की आयु कम से कम 13 वर्ष की होनी चाहिए।

1944 के एक्ट के अनुसार माध्यमिक तकनीकी स्कूल का विकास हुआ। इसके पूर्व ग्रामर स्कूलों की भाँति दो वर्ष तक सामान्य शिक्षा प्राप्त करने पर, दो वर्ष तक जीविकोपार्जन हेतु तकनीकी शिक्षा देने की व्यवस्था रहती थी। ऐसे स्कूल ब्रिटेन में अधिक लोकप्रिय नहीं हैं।

1959 में निम्नलिखित चार प्रकार के माध्यमिक स्कूलों की स्थापना की व्यवस्था की गई–

1. असामान्य पाठ्यक्रम के माडर्न सेकण्डरी स्कूल।
2. सामान्य और विशिष्ट शिक्षा के सेकण्डरी स्कूल।
3. सीनियर प्राइमरी और सेकण्डरी स्कूल।
4. मूल विषयों में अग्रिम शिक्षा देने वाले सेकण्डरी स्कूल।

ब्रिटेन में द्वि-भुज (Bilateral) तथा व्यापक सेकण्डरी स्कूल (Comprehensive Secondary Schools) और बहुभुज (Multilateral) स्कूल भी माध्यमिक शिक्षा के क्रम में अपना महत्वपूर्ण स्थान रखते हैं।

उपर्युक्त विवरण से स्पष्ट है कि ब्रिटेन में कई प्रकार के माध्यमिक स्कूलों को समाज द्वारा मान्यता प्राप्त है। माध्यमिक स्कूलों को पर्याप्त स्वतन्त्रता दी गई है। विविध माध्यमिक स्कूल अपनी विशिष्ट परिधि में व्यक्ति को आत्मनिर्भर बनाने की चेष्टा करते हैं।

यू॰एस॰ए॰ में माध्यमिक शिक्षा
(Secondary Education in U.S.A.)

इस शताब्दी के प्रारम्भ तक यू॰एस॰ए॰ में 16-वर्षीय माध्यमिक स्कूलों का विशेष प्रचलन था। इनमें आठ वर्ष की प्राइमरी और आठ वर्ष की माध्यमिक शिक्षा दी जाती थी। आगे चलकर माध्यमिक शिक्षा को जूनियर और सीनियर प्रभाग में बाँट दिया गया। इस प्रकार वहाँ पर जूनियर हाई स्कूल-प्रथा का प्रारम्भ किया गया। अभी भी अनेक राज्यों में जूनियर हाई स्कूल शिक्षा के क्षेत्र में महत्वपूर्ण भूमिका अदा कर रहे हैं। जूनियर हाई स्कूल का महत्व बढ़ जाने से बहुत से त्रिवर्षीय जूनियर हाई स्कूल अमेरिका में स्थापित किये गये हैं। हाई स्कूल में प्रवेश लेने के बहुत से राज्यों में यह प्रचलन हो गया कि बच्चों को त्रिवर्षीय जूनियर हाई स्कूल पास होना चाहिए।

1920 में वहाँ जूनियर कॉलेज खोले गये। इनमें जूनियर हाई स्कूल पास बच्चों को प्रवेश दिया जाता था। इस प्रकार जूनियर कॉलेज भी माध्यमिक शिक्षा की कड़ी में समाविष्ट हो गये। माध्यमिक शिक्षा का यही रूप अमेरिका के अधिकांश राज्यों

में प्रचलित हैं।

यू॰एस॰ए॰ के माध्यमिक विद्यालयों में बालक और बालिकाओं के सर्वांगीण विकास का प्रयत्न किया जाता है। अतः उनके शारीरिक, मानसिक, सामाजिक, नैतिक तथा राजनैतिक विकास पर पूरा ध्यान दिया जाता है। उनमें लोकतान्त्रिक भावना तथा कुशल नागरिकता के विकास पर विशेष बल दिया जाता है। इन सब विशेषताओं के कारण पाठ्यक्रम में विविध विषयों का समावेश किया गया है जिससे विद्यार्थी अपनी क्षमता और रुचि के अनुसार विभिन्न विषयों का अध्ययन कर सकें। वहाँ के माध्यमिक स्कूलों में पाठ्यक्रम-सहगामी क्रियाओं का विशेष महत्व है। पाठ्यक्रम में कुछ समुचित परिवर्तन कर लेने की अध्यापक को पूरी स्वतन्त्रता रहती है। माध्यमिक शिक्षा स्तर तक वहाँ सह-शिक्षा की व्यवस्था है। कुछ कैथोलिक स्कूल ही इसके अपवाद रूप में मिलते हैं। प्रत्येक स्कूल निर्धारित पाठ्यक्रम के अन्तर्गत विद्यार्थियों की स्वयं परीक्षा लेता है। प्रत्येक अध्यापक अपनी कक्षा का परीक्षक होता है। स्कूल के प्रशासन तथा व्यवस्थापन में जनता पूरा सहयोग देती है।

रूस में माध्यमिक शिक्षा
(Secondary Education in Russia)

रूस में माध्यमिक शिक्षा प्राथमिक शिक्षा से मिली हुई है। दोनों एक ही जंजीर की कड़ियाँ हैं। रूस में कक्षा एक से दसवीं कक्षा तक प्रायः विद्यार्थी एक ही विद्यालय में निरन्तर शिक्षा प्राप्त कर सकता है। इस प्रकार शिक्षा की गति प्रायः दस वर्षों तक एक ही माध्यमिक स्कूल में चल सकती है। 1958 से वहाँ कुछ बहुधन्धी माध्यमिक स्कूलों (Polytechnique Schools) की व्यवस्था की गई है। इन स्कूलों में विद्यार्थियों को सामान्य शिक्षा के साथ कुछ औद्योगिक शिक्षा भी दी जाती है। औद्योगिक शिक्षा की व्यवस्था के समावेश से माध्यमिक शिक्षा को बहुत से स्थानों पर ग्यारह-वर्षीय बना दिया गया है। इस ग्यारह-वर्षीय व्यवस्था में आठ वर्ष तक सामान्य शिक्षा और अन्तिम तीन वर्षों में औद्योगिक शिक्षा की व्यवस्था की गई है। ऐसी व्यवस्था प्रायः अनिवार्य कर दी गई है और इसके अन्तर्गत कोई भी व्यक्ति अपनी रुचि का धन्धा या उद्योग सीख सकता है। रूस में प्रायः निम्नलिखित चार प्रकार के माध्यमिक स्कूल पाये जाते हैं—

1. सामान्य माध्यमिक स्कूल।
2. माध्यमिक तकनीकी स्कूल।
3. व्यावसायिक तकनीकी स्कूल।
4. संध्याकालीन माध्यमिक स्कूल।

सामान्य माध्यमिक स्कूल का पाठ्यक्रम तीन वर्ष का होता है। इसमें वर्ष में 54 दिनों तक विद्यार्थी को किसी औद्योगिक केन्द्र में अपनी रुचि के कार्य को सीखना अनिवार्य है। तकनीकी विषयों में रुचि रखने वाले विद्यार्थी चार वर्ष तक तकनीकी माध्यमिक स्कूल में शिक्षा प्राप्त करते हैं। आठ वर्ष तक सामान्य शिक्षा प्राप्त किये हुये जो विद्यार्थी तकनीकी शिक्षा प्राप्त करना चाहते हैं उन्हें संध्याकालीन विद्यालयों में प्रवेश लेकर अंशकालीन शिक्षा प्राप्त करनी होती है। यह अंशकालीन शिक्षा एक, दो या तीन-वर्षीय हो सकती है। सन्ध्याकालीन माध्यमिक स्कूल में मजदूर तथा कृषक वर्ग शिक्षा प्राप्त करके अपने कौशल को प्रखर करते हैं। प्राथमिक शिक्षा के बाद पढ़ाई छोड़ देने के बाद कोई भी व्यक्ति आठ-वर्षीय माध्यमिक स्कूलों में शिक्षा ग्रहण कर सकता है। ये आठ-वर्षीय माध्यमिक स्कूल रूस में बड़े ही लोकप्रिय हैं। यहाँ सामान्य शिक्षा के साथ-साथ व्यावसायिक निदेशन (Vocational guidance) भी दिया जाता है। रूस की माध्यमिक शिक्षा व्यावहारिक जीवन से जुड़ी हुई है। शिक्षा का उद्देश्य ऐसे नागरिकों को उत्पन्न करना है जो राष्ट्र की समृद्धि को और आगे बढ़ा सकें।

भारत में माध्यमिक शिक्षा
(Secondary Education in India)

आजादी के पूर्व भारत की माध्यमिक शिक्षा का उद्देश्य दफ्तर के ऐसे क्लर्कों को तैयार करना था जो प्रशासन में सहयोग कर सकें। तब शिक्षा जीवन की आवश्यकताओं से सम्बन्धित नहीं थी। आजादी के बाद शिक्षा के उद्देश्य में क्रान्तिकारी परिवर्तन करके इसे लोकतान्त्रिक स्वरूप देने का प्रयास किया गया और इसे जीवन के निकट लाया गया। भारत में प्रायः निम्नलिखित तीन प्रकार के माध्यमिक स्कूल मिलते हैं–

1. सरकारी माध्यमिक स्कूल।
2. गैर-सरकारी परन्तु अनुदान प्राप्त स्कूल।
3. गैर-सरकारी पब्लिक स्कूल जिन्हें सरकारी अनुदान नहीं मिलता।

भारत में माध्यमिक शिक्षा की दो प्रणालियाँ प्रचलित हैं–(1) कक्षा 1 से इण्टरमीडिएट तक, तथा (2) हायर सेकण्डरी प्रणाली, जिसमें ग्यारहवीं कक्षा अन्तिम होती है। प्रथम के लिए डिग्री कोर्स दो वर्ष का होता है और दूसरे के लिए तीन वर्ष का होता है।

भारत की शिक्षा पद्धति में माध्यमिक शिक्षा, प्राथमिक शिक्षा और विश्वविद्यालय शिक्षा के मध्य एक दुर्बल कड़ी है। इसे प्राप्त करके व्यक्ति आत्मनिर्भर नहीं होता।

फलतः वह विश्वविद्यालयों या कॉलेजों में प्रवेश पाने के लिए चिन्तित हो जाता है। फलतः हमारे यहाँ के उच्च शिक्षा केन्द्रों में विद्यार्थियों की बड़ी भीड़ है। इस भीड़ के कारण विश्वविद्यालय शिक्षा भी कमजोर और अनुपयुक्त हो चली है। हमारे यहाँ माध्यमिक शिक्षा की अनेक समस्याएँ हैं। ये समस्याएँ पाठ्यक्रम, परीक्षा-पद्धति, शिक्षण-विधि, सहगामी क्रियाओं तथा विद्यार्थियों की अनुशासनहीनता से प्रमुखतः सम्बन्धित हैं। जब तक इन समस्याओं का समुचित समाधान नहीं निकलता, माध्यमिक शिक्षा अपने उद्देश्यों में सफल नहीं होगी। 1952 से माध्यमिक शिक्षा में सुधार के लिए प्रयत्न किये जा रहे हैं। 1952-53 के मुदालियर आयोग तथा 1964-66 के कोठारी आयोग ने माध्यमिक शिक्षा को व्यवसायोन्मुख करने का सुझाव दिया है। इस दिशा में हमारा प्रयत्न जारी है, परन्तु अभी मन्जिल बहुत दूर है।

उपसंहार

उपर्युक्त विवेचन से स्पष्ट है कि ग्रेट ब्रिटेन, यू॰एस॰ए॰ तथा रूस में माध्यमिक शिक्षा को आत्मनिर्भर बनाने की चेष्टा की गई है और इस चेष्टा में ये देश बहुत हद तक सफल भी हुए हैं। रूस में विद्यार्थियों के लिए किसी न किसी प्रकार की व्यावसायिक शिक्षा अनिवार्य कर दी गई है। ब्रिटेन में तकनीकी और व्यावसायिक पाठ्यक्रमों का समावेश किया गया है। यू॰एस॰ए॰ में भी माध्यमिक शिक्षा को ऐसा रूप दिया गया है कि इसे प्राप्त कर लेने पर केवल समय काटने के लिए ही व्यक्ति विश्वविद्यालय में जाने को बाध्य नहीं होता। इन देशों के अनुकरण में भारत में भी ऐसा प्रयास किया जाना चाहिए कि माध्यमिक शिक्षा अपने में पूर्ण हो जाए और इसे पाकर व्यक्ति आत्मनिर्भरता का अनुभव कर सकें।

सारांश

ब्रिटेन की माध्यमिक शिक्षा

1944 के एक्ट के अनुसार इसका स्वरूप सुनिश्चित किया गया। ग्रामर स्कूल, तकनीकी स्कूल और माडर्न सेकण्डरी स्कूल। मूल विषयों में अग्रिम शिक्षा की व्यवस्था। द्विभुजी और बहुभुजी विद्यालय।

यू॰एस॰ए॰ में माध्यमिक शिक्षा

8-वर्षीय प्राथमिक और 8-वर्षीय माध्यमिक। जूनियर हाईस्कूल और जूनियर कॉलेज,

यथार्थता और व्यावहारिकता से युक्त पाठ्यक्रम, सर्वांगीण विकास, व्यावसायिक शिक्षा पर बल।

रूस में माध्यमिक शिक्षा

माध्यमिक स्तर पर व्यावसायिक और तकनीकी शिक्षा अनिवार्य। आठ वर्ष की सामान्य शिक्षा के बाद तीन वर्ष की तकनीकी और व्यावसायिक शिक्षा। सामान्य, तकनीकी व्यावसायिक और सन्ध्याकालीन माध्यमिक स्कूल।

भारत में माध्यमिक शिक्षा

प्राथमिक शिक्षा के बाद, शिक्षा की कमजोर कड़ी, व्यावसायिक शिक्षा का अभाव, आत्मनिर्भरता नहीं उत्पन्न करती। मुदालियर और कोठारी आयोगों का सुझाव, व्यावसायोन्मुख करने का प्रयास, माध्यमिक शिक्षा की समस्याओं का समाधान आवश्यक, इण्टरमीडिएट और हायर सेकण्डरी प्रणाली।

उपसंहार—ग्रेट-ब्रिटेन, यू॰एस॰ए॰ तथा रूस की माध्यमिक शिक्षा के गुणों—जैसे व्यावसायिक पुट, व्यावहारिकता, लोकतान्त्रिक भावना तथा आत्मनिर्भरता के भावों का विकास भारत की माध्यमिक शिक्षा में होना चाहिए।

अभ्यासार्थ प्रश्न

1. ग्रेट ब्रिटेन, यू॰एस॰ए॰ तथा रूस की माध्यमिक शिक्षा का तुलनात्मक विवेचन कीजिए।
2. ग्रेट ब्रिटेन, यू॰एस॰ए॰ तथा रूस की माध्यमिक शिक्षा के किन बुनियादी तत्वों का भारत की माध्यमिक शिक्षा में समावेश होना चाहिए और क्यों?

अध्याय 50

विभिन्न देशों में विश्वविद्यालयीय शिक्षा [University Education in Different Countries]

विश्वविद्यालयीय शिक्षा का स्वरूप विश्व के सभी विकसित देशों में प्रायः एक प्रकार से समान ही होता है, तथापि भौगोलिक और सांस्कृतिक पर्यावरण में भेद के कारण विभिन्न देशों के विश्वविद्यालयीय शिक्षा में कुछ विभिन्नता आ ही जाती है। इस अध्याय में हम कुछ देशों की विश्वविद्यालयीय शिक्षा के स्वरूप की ओर संकेत करेंगे। इस संकेत से उनकी विभिन्नता स्वयं परिलक्षित होगी।

ग्रेट ब्रिटेन में विश्वविद्यालयीय शिक्षा (University Education in Great Britain)

आधुनिक विश्वविद्यालयों के स्वरूप का बुनियादी विकास विश्व में सर्वप्रथम ग्रेट ब्रिटेन में ही हुआ। बहुत से शिक्षाशास्त्रियों ने ऐसा ही मत व्यक्त किया है। बीसवीं शताब्दी के मध्य तक ग्रेट ब्रिटेन में कुल 16 विश्वविद्यालय थे। बाद में विश्वविद्यालयों की संख्या बढ़ती गई और 1981 के अन्त तक पूरे देश में 48 विश्वविद्यालय हो गए। ऑक्सफोर्ड और कैम्ब्रिज के विश्वविद्यालय उस देश के प्राचीनतम विश्वविद्यालय हैं। इन्हीं विश्वविद्यालयों में देश के अनेक नेताओं का विकास हुआ है।

ग्रेट ब्रिटेन के विश्वविद्यालय स्वायत्तशासी (Autonomous) हैं। इनके प्रशासन में सरकार हस्तक्षेप नहीं करती, यद्यपि इन्हें आर्थिक सहायता देती रहती है। ग्रेट ब्रिटेन में डिग्री कोर्स प्रायः तीन वर्ष का होता है। वह कोर्स दो प्रकार का होता है—पास और ऑनर्स। राविन्स कमेटी ने डिग्री कोर्स को चार वर्ष का बनाने का सुझाव दिया था, परन्तु इसे स्वीकार नहीं किया गया। यहाँ के विश्वविद्यालयों में शिक्षण और अनुसंधान कार्य उच्च स्तर का होता है। अतः विभिन्न देशों के विद्यार्थी यहाँ उच्च शिक्षा प्राप्त करने हेतु आया करते हैं। इनमें व्यक्तिगत शिक्षण-पद्धति (Monitorial

System) पर बल दिया जाता है। इनमें विविध प्रकार के पाठ्यक्रमों की व्यवस्था है, परन्तु कुछ में कुछ विशिष्ट विषय विशेष रूप से पढ़ाये जाते हैं। उदाहरणार्थ, डरहम विश्वविद्यालय धर्म और दर्शनशास्त्र के लिए प्रसिद्ध है। कैम्ब्रिज गणित और विज्ञान के अध्ययन के लिए जगत प्रसिद्ध है। विश्वविद्यालयों में प्रवेश हेतु कोई प्रवेश परीक्षा नहीं होती, परन्तु योग्यता के आधार पर ही प्रवेश दिया जाता है। सभी विश्वविद्यालयों में सह-शिक्षा की व्यवस्था है, परन्तु लन्दन विश्वविद्यालय में महिला विभाग अलग हैं।

ग्रेट ब्रिटेन में विवृत विश्वविद्यालयों के संगठन पर आजकल विशेष बल दिया जा रहा है। इसमें सेवारत या कार्यरत व्यक्ति उच्च शिक्षा प्राप्त करने का प्रयास कर सकते हैं। विश्वविद्यालय विद्यार्थियों में लोकतान्त्रिक भावना का विकास करते हुए उनके सर्वांगीण विकास पर ध्यान देते हैं।

यू.एस.ए. में विश्वविद्यालयीय शिक्षा (University Education in U.S.A.)

अमेरिका का प्रथम विश्वविद्यालय बोस्टन में 1660 में खोला गया। 1981 तक इस देश में विश्वविद्यालयों की संख्या लगभग 180 तथा विश्वविद्यालय स्तर की उच्च शिक्षा देने वाले कॉलेजों की संख्या लगभग तीन हजार हो गई है। यहाँ व्यक्तिगत (Private) तथा राज्यीय (State) दो प्रकार के विश्वविद्यालय पाये जाते हैं। प्राइवेट विश्वविद्यालय प्रायः रुढ़िवादी होते हैं और इनमें विशिष्टीकरण (Specialization) पर विशेष ध्यान दिया जाता है। इनमें अनुसंधान कार्य को भी विशेष महत्व प्राप्त है। प्राइवेट विश्वविद्यालयों में विद्यार्थियों की संख्या कम होती है। इनमें शिक्षा महँगी होती है। विद्यार्थियों को फीस मुक्ति तथा छात्रवृत्ति आदि की बहुत कम सुविधा मिलती है। विश्वविद्यालय का सबसे बड़ा अफसर प्रेसिडेण्ट कहलाता है। प्रेसिडेण्ट की सहायता के लिए जनता के प्रतिनिधियों की एक परिषद् (Board of Trustees) होती है। यह परिषद् ही विश्वविद्यालय का संचालन करती है। प्रत्येक विश्वविद्यालय में कई संकाय (Faculties) होते हैं। विश्वविद्यालयों से सम्बद्ध विविध कॉलेज जैसे—मैडिकल, इन्जीनियरिंग, शिक्षाशास्त्र, डेण्टल तथा लिबरल आर्ट्स या लॉ आदि के होते हैं।

विश्वविद्यालय व्यावसायिक शिक्षा का भी प्रबंध करते हैं। प्रत्येक विश्वविद्यालय के पास एक सम्बद्ध पुस्तकालय होता है। विद्यार्थियों के लिए आवास की व्यवस्था रहती है। प्रत्येक विश्वविद्यालय में अध्यापन कार्य प्रायः प्रातः 8.30 बजे से रात्रि 9.30 तक चलता है। भोजन हेतु मध्य में एक या डेढ़ घंटे का अवकाश रहता है। पाठ्यक्रमों की इतनी विविधता होती है कि प्रत्येक विद्यार्थी को अपनी क्षमता और

रुचि का विषय मिल जाता है। प्रायः प्रत्येक विद्यार्थी नित्य 3 या 4 घंटे कक्षाओं में पढ़ता है। प्रत्येक घंटा 50 मिनट का होता है। अपने अध्यापन कार्य में अध्यापक प्रायः एकनिष्ठ होते हैं, क्योंकि उनकी पदोन्नति उनकी कुशलता पर ही निर्भर होती है। कक्षाध्यापन में प्रायः प्रश्नोत्तर प्रणाली चलायी जाती है। बहुत कम अध्यापक कक्षा में एक क्रम से पूरे 50 मिनट तक किसी विषय पर धारा प्रवाह बोलते हैं। अध्यापन की वहाँ यह पद्धति ही नहीं है, तथापि कक्षा में आदि से अन्त तक भाषण देने की पद्धति का भी कुछ अध्यापक अनुसरण करते हैं। विद्यार्थी को पुस्तकालयाध्ययन पर बहुत निर्भर रहना होता है। पाठ्यक्रम की सामग्री के निर्धारण में अध्यापक को पूरी स्वतन्त्रता रहती है। कक्षा का अध्यापक ही परीक्षक होता है। प्रति सप्ताह छोटी-छोटी परीक्षाएँ होती रहती हैं। इसलिए विद्यार्थी हर समय सतर्क रहता है। यहाँ सह-शिक्षा का प्रबंध है। विद्यार्थी अपने विचारों के प्रकाशन हेतु कक्षा में पूरी स्वतन्त्रता का अनुभव करता है। किसी विषय का शिक्षण प्रति सप्ताह प्रायः तीन घंटे का होता है। राज्यीय विश्वविद्यालयों में प्रति वर्ष लगभग 1000 डालर शुल्क के रूप में प्रत्येक विद्यार्थी को देना होता है। व्यक्तिगत विश्वविद्यालय में यह फीस 3 हजार से 4 हजार डालर तक हो सकती है।

यू॰ एस॰ ए॰ के विश्वविद्यालयीय अध्यापक को प्रति वर्ष 10,000 डालर से अधिक मिलता है। सेवा-निवृत्ति 66 वर्ष पर हो जाती है। यहाँ के कुछ विश्वविद्यालयों को अन्तर्राष्ट्रीय ख्याति प्राप्त है। यहाँ दूर-दूर से विदेशी विद्यार्थी शिक्षा प्राप्त करने आते हैं। फोर्ड फाउण्डेशन तथा बहुत-सी संघीय संस्थाएँ (Federal Agencies) विश्वविद्यालयों को आर्थिक सहायता देती रहती हैं।

रूस में विश्वविद्यालयीय शिक्षा
(University Education in Russia)

रूस में तीन प्रकार की संस्थाएँ विश्वविद्यालयीय स्तर की शिक्षा प्रदान करती हैं। ये हैं—

(1) विश्वविद्यालय, (2) विशिष्ट संस्थाएँ, तथा (3) तकनीकी संस्थान। इन सबके उद्देश्य निम्नलिखित प्रकार से व्यक्त किये जा सकते हैं—

1. राष्ट्र की आर्थिक व्यवस्था को समृद्ध बनाने के लिए योग्य नागरिक को तैयार करना।
2. विज्ञान, तकनीकी, उत्पादन तथा राजनीतिक क्षेत्रों में ज्ञान का प्रसार करना तथा इन सबमें शोध-कार्य हेतु व्यवस्था करना।

रूस के विश्वविद्यालयों में प्रवेश हेतु माध्यमिक शिक्षा प्राप्त कर लेने पर प्रवेश-परीक्षा में बैठना होता है। प्रवेश-परीक्षा मौखिक तथा लिखित दोनों प्रकार की होती है। वैकल्पिक विषयों में से चयन की स्वतन्त्रता के साथ प्रत्येक विद्यार्थी को कुछ विषय अनिवार्यतः पढ़ने होते हैं।

उपर्युक्त तीन प्रकार के उच्च शिक्षा-केन्द्रों पर केन्द्रीय सरकार का पूर्ण नियन्त्रण रहता है। प्रत्येक विश्वविद्यालय की व्यवस्था के लिए एक रेक्टर (Rector) नियुक्त किया जाता है। विश्वविद्यालय में प्रायः दो सत्र होते हैं। एक सत्र सितम्बर से जनवरी तथा दूसरा फरवरी से जून तक का होता है। जुलाई और अगस्त में ग्रीष्मावकाश रहता है। जनवरी 23 से फरवरी 7 तक शीतावकाश भी दिया जाता है।

पत्राचार द्वारा विश्वविद्यालयीय शिक्षा देने की भी व्यवस्था रूस में पाई जाती है। इससे कार्यरत और सेवारत लोग लाभान्वित होते हैं। प्रत्येक विश्वविद्यालय या उच्च शिक्षा संस्थान में उच्च कोटि का पुस्तकालय, परीक्षणशाला और कार्यशाला (Workshop) की व्यवस्था रहती है। कुछ छात्रों को छात्रवृत्तियाँ भी दी जाती हैं। राज्य की आवश्यकताओं के अनुसार विश्वविद्यालय कुशल कार्यकर्ता तैयार करने का प्रयास करते हैं। शिक्षा प्रायः निःशुल्क होती है।

भारत में विश्वविद्यालयीय शिक्षा
(University Education in India)

भारत में आधुनिक विश्वविद्यालयीय शिक्षा का स्वरूप ब्रिटिश प्रणाली पर आधारित है। यहाँ प्रायः निम्न पाँच प्रकार के विश्वविद्यालय पाये जाते हैं—

1. एकात्मक तथा आवासीय (Unitary and Residential), जैसे अलीगढ़ और बनारस। विश्वभारती और हैदराबाद।
2. संघात्मक (Federal) तथा अध्यायनिक, जैसे—दिल्ली।
3. सम्बद्धक (Affiliating) तथा अध्यायनिक, जैसे—गोरखपुर।
4. सम्बद्धक मात्र (Only Affiliating), जैसे—अवध विश्वविद्यालय, फैजाबाद, रुहेलखंड, बरेली, बुन्देलखंड, झाँसी आदि।
5. एकल संकाय विश्वविद्यालय (Single Faculty University), जैसे—संगीत, कृषि या इन्जीनियरिंग के विश्वविद्यालय देश के कुछ स्थानों पर स्थापित हैं। जैसे—पन्तनगर का कृषि विश्वविद्यालय, लखनऊ का भातखंडे संगीत विश्वविद्यालय तथा इन्जीनियरिंग विश्वविद्यालय, रुड़की।

प्रशासन की दृष्टि से भारत में तीन प्रकार के विश्वविद्यालय होते हैं—केन्द्रीय, राज्यीय और विश्वविद्यालय स्तर के संस्थान। सभी विश्वविद्यालयों का प्रशासन समान रूप का कहा जा सकता है। विश्वविद्यालय का सबसे बड़ा अधिकारी कुलपति होता है। उसके ऊपर राज्यपाल कुलाधिपति होता है। विभिन्न संकायों के डीन तथा विभागों के अध्यक्ष आन्तरिक प्रशासन का कार्य संभालते हैं। विश्वविद्यालय के प्रशासन में सहयोग हेतु कार्य परिषद्, विद्या परिषद् तथा संकाय परिषद् की व्यवस्था रहती है। सम्बद्धक विश्वविद्यालयों के अधीन बहुत से कॉलेज होते हैं। ये कॉलेज विश्वविद्यालय द्वारा निर्धारित पाठ्यक्रम को पढ़ाते हैं तथा इनकी परीक्षाएँ विश्वविद्यालय ही लेता है। इनमें अध्यापकों की नियुक्ति हेतु विश्वविद्यालय से विशेषज्ञ भेजा जाता है। प्रत्येक कॉलेज हेतु एक प्रबन्धक समिति का विधान है।

विश्वविद्यालय अथवा उसके कॉलेजों का सत्र जुलाई से अप्रैल तक चलता है। प्रत्येक घंटा 50 मिनट का होता हैं अध्यापन प्रातः 9 बजे या 10 बजे से प्रारम्भ होकर सायं 5 या 6 बजे तक चलता है। विद्यार्थियों के लिए पुस्तकालय तथा आवास की व्यवस्था रहती है, परन्तु पुस्तकालय प्रायः समृद्ध नहीं होते। आवास की व्यवस्था भी बहुत अच्छी नहीं प्रतीत होती। लगभग 80 प्रतिशत विद्यार्थियों को बाहर ही रहना पड़ता हैं। जो कुछ छात्रावास हैं उनमें प्रबंध की दशा प्रायः दयनीय रहती है।

प्रत्येक विश्वविद्यालय और उसके कॉलेजों को प्रवेश की समस्या का सामना करना होता है। हजारों इच्छुक व्यक्ति प्रवेश पाने में सफल नहीं होते। प्रत्येक कक्षा में विद्यार्थियों की भीड़ रहती है, यद्यपि बहुत से विद्यार्थी नित्य कक्षा में नही आते। पाठ्यक्रम सहगामी क्रियाओं का अभाव रहता है। छात्रों में अनुशासनहीनता बढ़ रही है, क्योंकि बहुत से अध्यापक और राजनीतिक दल उनसे अपना उल्लू सीधा करना चाहते हैं। छात्र-संघों के वार्षिक चुनाव में बहुत से राजनैतिक दल छिपे रूप से सहायता करते हैं जिससे उनका उम्मीदवार छात्र-संघ का अध्यक्ष चुना जा सके। छात्रगण विश्वविद्यालय की प्रशासन व्यवस्था में अपना हाथ रखना चाहते हैं। अतः पग-पग पर वे अधिकारियों के रास्ते में रोड़ा अटकाते हैं। परीक्षा न होने देना, परीक्षा में नकल करना तथा अपनी उचित और अनुचित माँगों के लिए अधिकारियों का घेराव करना तथा उनके साथ दुर्व्यवहार करना अब विश्वविद्यालय तथा कॉलेज के छात्रों के लिए कठिन नहीं है। प्रायः सभी विश्वविद्यालयों को पुलिस फोर्स की आवश्यकता समय-समय पर पड़ा करती है। उच्च शिक्षा केन्द्रों में छात्रों में इतनी अनुशासनहीनता दिखलाई पड़ती है कि जो छात्र पढ़ना चाहते हैं उन्हें पढ़ने नहीं दिया जाता। अनुमान है कि केवल 2 या 3 प्रतिशत विद्यार्थी ही पूरे वातावरण को विघ्नमय बनाये रहते हैं।

विश्वविद्यालयों में पाठ्यक्रम की विविधता अवश्य है, परन्तु व्यावसायिक तथा

औद्योगिक विश्वविद्यालय को छोड़कर अन्य विश्वविद्यालयों में पढ़ने वाले छात्र विश्वविद्यालय की डिग्री प्राप्त कर लेने पर भी अपने में आत्मनिर्भरता का अनुभव नहीं करते हैं। वे नौकरी की खोज में दर-दर फिरते रहते हैं।

उपर्युक्त दोषों और अभावों को जब तक दूर नहीं किया जायेगा हमारे देश की विश्वविद्यालयीय शिक्षा अपने उद्देश्यों में सफल न होगी।

उपसंहार

भारत की विश्वविद्यालयीय शिक्षा को उन्नत और समृद्ध बनाने के लिए हमें ग्रेट ब्रिटेन, यू॰ एस॰ ए॰ तथा रूस जैसे विकसित देशों के विश्वविद्यालयों के अच्छे तत्वों को ग्रहण करना पड़ेगा। भारत के विश्वविद्यालयों में प्रवेश, परीक्षा, पाठ्यक्रम प्रशासन तथा विद्यार्थियों की कठिनाईयों आदि से सम्बन्धित समस्याओं का हमें समाधान खोजना होगा। इस दिशा में प्रयत्न के क्रम में हमें ग्रेट ब्रिटेन, यू॰ एस॰ ए॰ तथा रूस के उदाहरण से अवश्य ही प्रेरणा और सहायता मिलेगी।

सारांश

ग्रेट ब्रिटेन में विश्वविद्यालयीय शिक्षा

विश्वविद्यालय स्वायत्तशासी, स्तर ऊँचा, पास और ऑनर्स कोर्स। अनुसंधान को प्रोत्साहन, योग्य छात्रों को प्रवेश, विवृत्त विश्वविद्यालय।

यू॰एस॰ए॰ में विश्वविद्यालयीय शिक्षा

स्टेट तथा प्राईवेट विश्वविद्यालय, स्टेट विश्वविद्यालय में कम फीस, विविध पाठ्यक्रम, समृद्ध पुस्तकालय, आवासीय व्यवस्था, व्यावसायिक शिक्षा की व्यवस्था, छात्रों को स्वतन्त्रता।

रूस में विश्वविद्यालयीय शिक्षा

विश्वविद्यालय, तकनीकी संस्थाएँ तथा विशिष्ट संस्थाएँ उच्च शिक्षा देते हैं, सरकार का इन पर सम्पूर्ण नियन्त्रण, उच्च कोटि का अनुसंधान, व्यावसायिक प्रशिक्षण, प्रवेश परीक्षा, पत्राचार की व्यवस्था।

भारत में विश्वविद्यालयीय शिक्षा

पाँच प्रकार के विश्वविद्यालय, समान प्रशासन और संगठन, कुलपति, कार्य-परिषद् और विद्या-परिषद्, प्रवेश, पाठ्यक्रम, परीक्षा तथा अनुशासन सम्बन्धी अनेक समस्याएँ।

उपसंहार—भारत को विश्वविद्यालयीय शिक्षा की समस्याओं के समाधान के लिए ग्रेट ब्रिटेन, यू॰एस॰ए॰ तथा रूस के उदाहरणों से प्रेरणा लेनी होगी।

अभ्यासार्थ प्रश्न

1. ग्रेट ब्रिटेन, यू॰एस॰ए॰ तथा रूस की विश्वविद्यालयीय शिक्षा की तुलनात्मक विवेचना कीजिए।
2. भारत की विश्वविद्यालयीय समस्याओं के समाधान के लिए हमें ग्रेट ब्रिटेन, यू॰एस॰ए॰ तथा रूस के उदाहरण से क्या सीखना चाहिए और क्यों?

तुलनात्मक शिक्षा के सिद्धान्त

अध्याय 51

तुलनात्मक शिक्षा के कारक
[Factors of Comparative Education]

प्रत्येक देश अपनी भौगोलिक परिस्थितियों से प्रभावित होता है। ये परिस्थितियाँ उस देश की सांस्कृतिक, आर्थिक, राजनीतिक तथा सामाजिक सभी प्रकार की परिस्थितियों को प्रभावित करती हैं। इनसे उस देश की शिक्षा और शिक्षा की व्यवस्था नियन्त्रित होती है। किसी देश की शिक्षा को प्रभावित करने वाले बहुत से कारक होते हैं। इन कारकों (Factors) को जाने बिना हम इनका (इन कारकों का) शिक्षा पर पड़ने वाला प्रभाव नहीं जान सकते। इसलिए किसी देश की शिक्षा का तुलनात्मक अध्ययन करने के लिए आवश्यक है कि हम उन कारकों (Factors) को समझें जिनसे उस देश की शिक्षा प्रभावित होती है। यहाँ हम शिक्षा को प्रभावित करने वाले कारकों को समझेंगे।

ये कारक इस प्रकार माने जा सकते हैं—

1. भौगोलिक कारक (Geographical Factor)।
2. जाति-सम्बन्धी कारक (Racial Factor)।
3. दार्शनिक कारक (Philosophical Factor)।
4. आर्थिक कारक (Economic Factor)।
5. भाषा-सम्बन्धी कारक (Linguistic Factor)।
6. धार्मिक कारक (Religious Factor)।
7. नैतिक कारक (Moral Factor)।
8. समाजवादी कारक (Factor of Socialism)।
9. मानवतावादी कारक (Factor of Humanism)।
10. राष्ट्रवादी कारक (Factor of Nationalism)।
11. लोकतन्त्रात्मक कारक (Factor of Democracy)।

(1) भौगोलिक कारक (Geographical Factor)

किसी भी देश की सामाजिक व्यवस्था, संस्कृति और सभ्यता उसकी भौगोलिक स्थिति और दशाओं की देन होती है। इसलिए वहाँ की शिक्षा पर वहाँ की भौगोलिक दशाएँ सीधा प्रभाव डालती हैं। भौगोलिक दशाओं में अन्तर होने के कारण प्रत्येक देश की शिक्षा में भी अन्तर होता है। एक ठंडे देश की सामाजिक व्यवस्था, रहन-सहन, भाषा, संस्कृति और सभ्यता किसी भी गर्म देश की सामाजिक और सांस्कृतिक व्यवस्था से भिन्न होती है। इन सभी बातों की भिन्नता के कारण इन दोनों देशों में शिक्षा व्यवस्थाएँ भिन्न होती हैं। ठंडे देश की शीतकाल के लिए शिक्षा संस्थाएँ बन्द होती हैं तो गर्म देश में ग्रीष्मकाल के लिए शिक्षा संस्थाओं में अवकाश रहता है। कृषि प्रधान देश अपनी् शिक्षा व्यवस्था में कृषि शिक्षा को, औद्योगिक देश अपनी शिक्षा व्यवस्था में औद्योगिक और तकनीकी शिक्षा को अपने पाठ्यक्रम में प्रमुख स्थान देता है। इस प्रकार भौगोलिक कारक देश की शिक्षा व्यवस्था को प्रभावित करता है।

(2) जाति-सम्बन्धी कारक (Racial Factor)

प्रत्येक देश में कुछ निश्चित मानव जातियाँ रहती हैं जो वहीं की मूलवासी होती हैं। ये जातियाँ अपने देश की ही नहीं, अन्य सम्बन्धित देशों की शिक्षा को भी प्रभावित करती हैं। इंग्लैंड तथा यूरोप के वासी ठंडी जलवायु के कारण गोरे और सुडौल शारीरिक रचना के होते हैं। वे अपने आपको उष्ण देशों की जातियों की अपेक्षा श्रेष्ठतम (Superior) मानते हैं और उन पर शासन चलाने की सोचते हैं। इस शासन के लिए वे उस देश की शिक्षा प्रणाली को अपने अनुकूल बनाने का प्रयत्न करते हैं; जैसे—ब्रिटिश लोगों ने भारत पर शासन करते समय भारतीय शिक्षा को अपनी इच्छा के अनुसार चलाया। उन्होंने अपने प्रशासन को अधिक शक्तिशाली बनाने के लिए शिक्षा का माध्यम अंग्रेजी को बनाया, भारतीय भाषाओं को नहीं। उन्होंने अपनी आवश्यकता के अनुसार कार्यालय कर्मचारी तैयार करना ही शिक्षा का लक्ष्य निर्धारित किया, भारतीय आवश्यकता के अनुकूल सर्वांगीण विकास की उपेक्षा की।

इसी प्रकार ब्रिटिश, फ्रेंच तथा अन्य यूरोपीय जातियों ने अफ्रीका में अपनी बस्तियाँ (Colonies) स्थापित कीं। अपने को अफ्रीकावासियों से श्रेष्ठ मानते हुए उन्होंने वहाँ शासन किया। शासन को शक्तिशाली बनाने के लिए उन्होंने वहाँ की शिक्षा प्रणाली को अपने अनुकूल बनाया। अफ्रीकावासियों के कल्याण के लिए शिक्षा व्यवस्था नहीं की।

(3) दर्शनशास्त्र सम्बन्धी कारक (Philosophical Factor)

किसी राष्ट्र का जीवन दर्शन उसके वातावरण और शिक्षा को सीधा प्रभावित किया करता है; उदाहरण के लिए, ग्रीक में सुकरात, प्लेटो और अरस्तु की दार्शनिक विचारधाराओं ने वहाँ की शिक्षा व्यवस्था को प्रभावित किया और ग्रीक का प्रशासन दार्शनिकों के उत्तरदायित्व पर चलाया। भारत के वैदिक और आदर्शवादी (Idealistic) दर्शन ने भारतीय शिक्षा के स्वरूप को प्रभावित किया। रूस की समूची शिक्षा पद्धति 'मार्क्स' की दार्शनिक विचारधारा की देन है; अमेरिका में प्रयोजनवादी दार्शनिक विचारधारा के अनुकूल शिक्षा की व्यवस्था की जाती है। बौद्धकाल में बौद्ध दर्शन के अनुकूल विहारों और मठों में भिक्षुक जीवन व्यतीत करते हुए शिक्षा व्यवस्था की गयी। भारतीय गुरुकुल प्रणाली और दयानन्द ऐंग्लो वैदिक संस्थाएँ महर्षि दयानन्द की दार्शनिक विचारधारा की देन हैं। इसी प्रकार महर्षि अरविन्द, टैगोर और गाँधी की दार्शनिक विचारधाराओं ने भारत में विभिन्न प्रकार के शैक्षिक प्रयोग करने की दिशा दी। सर्वोदयी विचारधारा आज भारतीय शिक्षा को एक नयी दिशा दे रही है। इस प्रकार स्पष्ट होता है कि किसी देश की दार्शनिक विचारधारा एक प्रबल कारक के रूप में शिक्षा व्यवस्था को अवश्य ही प्रभावित करती है।

(4) आर्थिक कारक (Economic Factor)

किसी देश की जैसी आर्थिक दशाएँ होती हैं उन्हीं के अनुरूप वहाँ की शिक्षा व्यवस्था की जाती है। रूस में साम्यवादी समाजवाद (Communistic Socialism) का प्रसार है। वहाँ सभी सम्पत्ति राज्य (State) की होती है। शिक्षा द्वारा वहाँ यही सिखाया जाता है कि नागरिक उसकी रक्षा करें। वहाँ वैयक्तिक सम्पत्ति का आर्थिक अधिकार जनता को एक सीमा में ही प्राप्त है, परन्तु प्रजातान्त्रिक समाजवाद (Democratic Socialism) में व्यक्ति को अपनी वैयक्तिक सम्पत्ति रखने का मूल अधिकार है। भारत, अमेरिका, इंग्लैंड आदि देश ऐसी ही आर्थिक विचारधारा के पक्षपाती हैं। इसी कारण भारत, इंग्लैंड और अमेरिका आदि देशों में व्यक्ति को स्वतन्त्रता देते हुए उसके विकास को भी अनिवार्य माना जाता है। इन देशों में व्यक्तिगत शिक्षा संस्थाएँ पब्लिक स्कूलों (Public Schools) के रूप में चलती हैं। रूस में सभी संस्थाएँ राज्य की हैं। सभी वर्ग के बालक उनमें पढ़ते हैं। इस प्रकार देश की आर्थिक और राजनीतिक दशाएँ वहाँ की शिक्षा को सीधा प्रभावित करती हैं।

(5) भाषा-सम्बन्धी कारक (Linguistic Factor)

भाषा किसी भी देश, समाज और वर्ग की संस्कृति एवं सभ्यता का अंग है। व्यक्ति

अपने समाज, वर्ग, संस्कृति और सभ्यता के अनुकूल भाषा सीखता है। भाषा ही देश, समाज या वर्ग की संस्कृति और सभ्यता का प्रसार, प्रचार, विकास और सुरक्षा करती है। इसलिए शिक्षा व्यवस्था में 'भाषा' महत्वपूर्ण स्थान रखती है। यदि बच्चों को मातृभाषा के माध्यम से शिक्षा दी जाए तो वे आगे चलकर सुदृढ़ राष्ट्रीय चरित्र वाले बनते हैं, क्योंकि उससे देश की संस्कृति और सभ्यता का ज्ञान और गौरव बालक को प्राप्त होता है। विदेशी भाषा के माध्यम से प्राप्त शिक्षा बालक को राष्ट्रीय चरित्र की दृष्टि से दुर्बल बनाती है। केवल भाषा ही राष्ट्रीय चरित्र (National Character) का गठन करती है, ऐसा तो नहीं है, फिर भी अन्य कारकों की अपेक्षा मातृभाषा इस चरित्र के गठन में बहुत योग देती है। इसलिए प्रत्येक समझदार देश में अपनी ही भाषा में शिक्षा देने की व्यवस्था है।

(6) धार्मिक कारक (Religious Factor)

प्रत्येक देश के इतिहास का अध्ययन करने से इस बात का पता चलता है कि किसी व्यक्ति, वर्ग, समाज और राष्ट्र के जीवन में धर्म (Religion) का महत्वपूर्ण हाथ होता है। लोगों ने, समाज और राष्ट्र ने अपनी धार्मिक भावना की रक्षा के लिए अपने प्राणों का बलिदान कर दिया। भारत का इतिहास तो इस प्रकार के उदाहरणों से भरा पड़ा है। हकीकत राय, बन्दा बैरागी, गुरु गोविन्द सिंह तथा उनके पुत्रों ने अपने धर्म की रक्षा के लिए अपने प्राणों की भी परवाह नहीं की। धर्म के प्रति व्यक्ति का मोह होता है। उसकी परम्पराओं में परिवर्तन लाना उसे पसन्द नही होता। इसलिए शिक्षा की व्यवस्था करते समय यह ध्यान रखना चाहिए कि पाठ्यक्रम में धार्मिक विचारधाराओं को स्थान मिले। सभी मुस्लिम संस्थाओं में इसी कारण इस्लाम धर्म की शिक्षा अनिवार्य की गयी। शिक्षा धार्मिक विचारधारा का पोषण और विज्ञानीकरण करने में योग देती है। धर्म-निरपेक्ष राज्य में पाठ्यक्रम में किसी एक धर्म की शिक्षा इसलिये नहीं रखी जा सकती कि वह किसी एक वर्ग की ही आवश्यकता पूरा करेगी। सभी धर्मों की एक साथ शिक्षा देना सम्भव और उपयोगी भी नहीं है। अशिक्षा के कारण हमारे देश में धर्म के प्रति अन्धविश्वास, रूढ़िवाद और भाग्य-निर्भरता बढ़ती जाती है। शिक्षा का कर्तव्य है कि वह विज्ञानीकृत (Scientific) आधार पर धार्मिक अन्धविश्वास को दूर करे। इस प्रकार हम देखते हैं कि धार्मिक विचारधारा एक प्रबल कारक के रूप में किसी राष्ट्र की शिक्षा व्यवस्था को प्रभावित करती है। इसे समझे बिना उस राष्ट्र की शिक्षा व्यवस्था को नहीं समझा जा सकता।

(7) नैतिक कारक (Moral Factor)

धार्मिक शिक्षा से व्यक्ति का नैतिक स्तर ऊँचा होता है और उसमें मानवीय गुणों

का विकास होता है। जिस शिक्षा में नैतिक शिक्षा को स्थान दिया जाता है उसे प्राप्त करके बालक नैतिक और चरित्रवान बनते हैं। प्रजातन्त्र (Democracy) में तो नैतिक चरित्र ही नागरिक का सम्बल है। इसी कारण शिक्षाविदों ने नैतिक शिक्षा को शिक्षा का एक प्रमुख अंग माना है। भारत, इंग्लैंड, जापान और चीन आदि देशों में नैतिकता का प्रचार करना शिक्षा का प्रमुख उद्देश्य माना गया है। अतः किसी देश की शिक्षा व्यवस्था को समझने में उस देश के नैतिक मूल्यों को समझना आवश्यक होगा।

(8) समाजवादी कारक (Factor of Socialism)

प्लेटो ने समाजवादी दृष्टिकोण से यह कहा कि राष्ट्र के बच्चों का पालन-पोषण करना और उन्हें शिक्षा देना राज्य का कर्तव्य है। वह राष्ट्र की शिक्षा व्यवस्था पर राज्य (State) का पूर्ण नियन्त्रण चाहता है। इस विचारधारा ने ग्रीक और यूरोप में समाजवादी (Socialistic) विचारधारा को जन्म दिया। सर टॉमस मोरे (Sir Tomas More) ने उटोपिया (Utopia) नामक पुस्तक में प्लेटो के इन विचारों की सराहना की है। वह भी कहता है—'राज्य' ही शिक्षा व्यवस्था का संचालन करे ताकि पढ़ने वाले बालक राष्ट्रभक्त बन सकें और राज्य के प्रति उत्तरदायी बनें। रूसो (Rousseau) तथा कॉन्डोरीट (Coundoreet) ने इसी आधार पर माँग की कि राष्ट्र के सभी नागरिकों को शिक्षा की समान सुविधाएँ और अवसर मिलने चाहिए। राष्ट्र में सार्वजनिक शिक्षा (Universal Education) की व्यवस्था होनी चाहिए। इस सम्बन्ध में सेंट साइमन (Saint Simon) ने 1760-1825 ई॰ तक, रॉबर्ट ओवेम (Robert Owem) ने 1771-1885 ई॰ तक, चार्ल्स फोरीज (Charles Fouries) ने 1772 से 1837 ई॰ तक, इटीने कैबेट (Etienne Cabet) ने 1778-1856 ई॰ तक और लुईस ब्लॉस (Louis Blance) ने 1811-1882 ई॰ तक इसी समाजवादी विचारधारा का पोषण किया।

मार्क्स (Marx) (1818-1883 ई॰) तक ने यह स्पष्ट किया कि किसी भी राष्ट्र की आर्थिक दशा उसकी सामाजिक, राजनीतिक और आध्यात्मिक प्रक्रिया का आधार होती है। समाजवाद के अनुसार शिक्षा इस प्रकार की हो कि वह राज्य की समृद्धि के लिए उत्पादन के साधनों में वृद्धि करे। सोवियत रूस, पोलैंड, रूमानिया, पूर्वी जर्मनी, हंगरी और यूगोस्लाविया आदि देशों में इसी राज्य समाजवाद (State Socialism) को स्वीकार किया गया है। इसी के अनुकूल वहाँ की शिक्षा व्यवस्था की गयी है और शिक्षा पर सरकारी नियन्त्रण को स्थापित किया गया है।

(9) मानवतावादी कारक (Factor of Humanism)

मध्य युग में यूरोप के देशों में मानवतावादी विचारधारा विकसित हुई। इस विचारधारा

के अनुसार शिक्षा का कर्तव्य है कि व्यक्ति को अन्धविश्वासों से मुक्त करे और उसका दृष्टिकोण वैज्ञानिक बनाए। यह विचारधारा व्यक्ति के सर्वांगीण विकास पर बल देती है और मानव कल्याण की वृद्धि करना चाहती है। मध्य युग में पुनर्जागृति की अवधि (Renaissance Period) में यह विचारधारा उतनी उग्र हुई कि इसने शिक्षा को धर्म-संघों (Churches) के चंगुल से मुक्त कराया। शिक्षा में ऐसा पाठ्यक्रम और कार्यक्रम चलाया गया कि शिक्षा का स्वरूप मानवतावादी बन जाए। कॉमेनियस (Comenius) ने इसी दृष्टि से ज्ञानेन्द्रिय प्रशिक्षण (Sense Training) पर बल दिया। 17वीं शताब्दी में फ्रांस में क्रान्ति के फलस्वरूप शिक्षा का स्वरूप मानवतावादी हुआ। वहाँ की शिक्षा चर्च के नियन्त्रण से हटाकर राज्य (State) को सौंपी गयी। मानवतावादी दृष्टिकोण को लेकर जर्मनी में नवीन शिक्षण विधियों को अपनाया गया। किण्डरगार्टन जैसी पद्धतियाँ इसी समय चलीं। इंग्लैंड जैसे देशों ने पाठ्यक्रम में भूगोल, विज्ञान और गणित जैसे विषयों का समावेश किया जिससे बालकों को उपयोगी शिक्षा मिल सके। इसी समय मानवतावादी दृष्टि से दर्शनशास्त्र (Philosophy) और विज्ञान (Science) में सम्बन्ध खोजा गया। अमेरिका में थॉमस जैफरसन (Thomas Jefferson) और थॉमस पेनी (Thomas Panie) ने शिक्षा-प्रणाली में मानवीय तत्वों का समावेश किया। जॉन डीवी ने शिक्षा को इसी उद्देश्य से प्रयोजनवादी (Pragmatistic) बनाया। आज हम इस मानवतावादी विचारधारा का प्रभाव शिक्षा पर पूरी तरह पाते हैं। किसी देश की शिक्षा मानवतावादी दृष्टिकोण से कितनी प्रभावित हुई है, यह समझकर ही हम उस देश की शिक्षा को जान सकते हैं।

(10) राष्ट्रवादी कारक (Factor of Nationalism)

1947 ई॰ के बाद से जब भारत ने राष्ट्र की बागडोर अपने हाथ में सम्भाली, राष्ट्रीयता (Nationality) की भावना को प्रोत्साहित किया। भारत में बहुत से प्रदेश, बहुत से धर्म, बहुत सी जातियाँ और बहुत सी भाषाएँ हैं जो राष्ट्रीय एकता के लिए समस्या बन सकती हैं। अन्तर्राष्ट्रीय एकता लाकर नागरिकों में राष्ट्रीयता की भावना का विकास करने के लिए भारत की शिक्षा व्यवस्था में नया मोड़ लाने का प्रयत्न किया गया। यहाँ की शिक्षा को इसी कारण धर्म-निरपेक्ष (Secular) बनाया गया, सांस्कृतिक विनिमय के लिए अवसर जुटाए गए, भाषाओं के विवादों को हल करने के लिए त्रिभाषा-सूत्र जैसे मार्ग खोजे गये। पाठ्यक्रम में राष्ट्रीयता की प्रवृत्ति और राष्ट्रीय एकता की भावना लाने के लिए कार्यक्रम रखे गये, परन्तु हमारी राष्ट्रीयता की प्रवृत्ति इतनी संकीर्ण नहीं होनी चाहिए कि उसका अन्तर्राष्ट्रीय सम्पर्क (International Contact) पर कोई गलत प्रभाव पड़े। अतः शिक्षा में अन्तर्राष्ट्रीय सद्भाव (International

Goodwill) को पैदा करने के प्रयास किए गए। हिटलर ने जर्मनी में और तोजो ने जापान में उग्र राष्ट्रवादी प्रवृत्ति पैदा की जिसका दुष्परिणाम दोनों देशों के सामने आया। इसलिए शिक्षा में राष्ट्रवादी प्रवृत्ति उदार हो और संकीर्ण न हो, इस बात पर बल दिया जाए।

(11) लोकतन्त्रात्मक कारक (Factor of Democracy)

प्रजातान्त्रिक (Democratic) दृष्टिकोण से शिक्षा व्यवस्था कैसी होनी चाहिए, यह सभी प्रजातान्त्रिक देशों को सोचना पड़ता है। सामाजिक, आर्थिक और राजनीतिक न्याय लाकर ही हम प्रजातन्त्र को सुरक्षित रख सकते हैं। अतः शिक्षा में परिवर्तन लाकर उसे इतना समर्थ बनाना होगा कि उससे नागरिकों में उपर्युक्त तीनों प्रकार के न्याय की भावनाएँ पैदा की जा सकें। इंग्लैंड, अमेरिका, भारत आदि देश विश्व के महान लोकतान्त्रिक देश हैं जिन्होंने अपनी शिक्षा को प्रजातान्त्रिक बनाने पर बल दिया है।

रूस, चीन, पोलैंड आदि देशों ने भी अपनी विचारधारा के अनुसार राजनीतिक उद्देश्य से अपनी राष्ट्रीय शिक्षा को अनुकूल बनाने की चेष्टा की है। विश्व के विभिन्न देशों में शिक्षा की व्यवस्थाएँ भी भिन्न हैं, क्योंकि उनकी शासन-तन्त्र सम्बन्धी विचारधाराएँ भी भिन्न हैं। प्रजातान्त्रिक देशों में शिक्षा के उद्देश्य, पाठ्यक्रम, शिक्षण-विधि, अनुशासन, संगठन आदि में लगभग अनुरूपता पायी जाती है, क्योंकि लोकतन्त्र उनका आधार है। इस प्रकार लोकतान्त्रिक शासनतन्त्र को समझे बिना हम किसी देश की शिक्षा व्यवस्था का अध्ययन ठीक प्रकार से नहीं कर सकते।

सारांश

(1) **भौगोलिक कारक**—भौगोलिक भिन्नताओं के कारण किसी देश की संस्कृति, सभ्यता भिन्न। अतः वहाँ की शिक्षा भी भिन्न।

(2) **जाति सम्बन्धी कारक**—कोई जाति अपने को श्रेष्ठ मानती है तो उसमें दूसरों पर शासन की प्रवृत्ति पैदा होती है। अतः शिक्षा का स्वरूप साधन रूप में बदलता है।

(3) **दर्शनशास्त्र सम्बन्धी कारक**—देश के दार्शनिक अपनी विचारधाराओं से जीवन का उद्देश्य प्रभावित करते हैं। इसी कारण शिक्षा का स्वरूप भी बदलता है।

(4) **आर्थिक कारक**—आर्थिक व्यवस्थाओं के अनुसार किसी देश की शिक्षा व्यवस्था निश्चित होती है।

(5) **भाषा-सम्बन्धी कारक**—भाषा संस्कृति एवं सभ्यता का एक अनिवार्य अंग।

इसके माध्यम से शिक्षण देना राष्ट्रीयता में सहायक। विदेशी भाषा सहायक नहीं।

(6) **धार्मिक कारक**—धार्मिक विचारधारा ने समय-समय पर शिक्षा के स्वरूप को प्रभावित किया। मुस्लिमकाल, बौद्धकाल आदि इसके उदाहरण। धर्म-निरपेक्ष राज्यों में किसी एक धर्म की शिक्षा सम्भव नहीं।

(7) **नैतिक कारक**—नैतिक शिक्षा ही नैतिक आचरण का स्रोत। इसकी शिक्षा में भारी आवश्यकता। नैतिक मूल्य राष्ट्रीय संस्कृति पर निर्भर।

(8) **समाजवादी कारक**—प्रजातान्त्रिक समाजवाद और स्टेट समाजवाद दोनों में भेद। अपनी-अपनी समाजवादी विचारधारा से शिक्षा व्यवस्थाएँ प्रभावित।

(9) **मानवतावाद का कारक**—चर्च से शिक्षा की मुक्ति और राज्य शिक्षा के लिए उत्तरदायी। इस कारण से विज्ञान, गणित आदि उपयोगी विषयों का समावेश। मानव-कल्याण और वैयक्तिक विकास पर बल।

(10) **राष्ट्रवाद का कारक**—राष्ट्रीयता की भावना शिक्षा द्वारा लाना आवश्यक, परन्तु उग्र राष्ट्रवाद उपयुक्त नहीं। अन्तर्राष्ट्रीय सद्भाव लाना आवश्यक।

(11) **लोकतन्त्र एक कारक**—प्रजातान्त्रिक देशों में शिक्षा का स्वरूप परिवर्तित।

अभ्यासार्थ प्रश्न

1. किसी राष्ट्र की तुलनात्मक शिक्षा का अध्ययन करने में कौन-कौन सी बातें सहायक हैं?
2. 'तुलनात्मक शिक्षा' का अध्ययन करने के लिए प्रमुख कारकों को समझाइए।
3. निम्नलिखित का शिक्षा पर प्रभाव बताइए—
   (i) आर्थिक दशा,
   (ii) भौगोलिक दशा,
   (iii) राजनीतिक दशा,
   (iv) जीवन-दर्शन,
   (v) सामाजिक और सांस्कृतिक दशा।

अध्याय 52

तुलनात्मक शिक्षा के अध्ययन की विधियाँ [Methods of Study of Comparative Education]

'तुलनात्मक शिक्षा' के अध्ययन को सरल और सुबोध बनाने के लिये आवश्यक है कि हम आवश्यकतानुसार किसी उपयुक्त अध्ययन-विधि को चुनें। बिना उपयुक्त अध्ययन-विधि का चुनाव किये हम तुलनात्मक शिक्षा का सफल अध्ययन नहीं कर सकते। यहाँ हम इस सम्बन्ध में कुछ उपयुक्त विधियों को समझेंगे। तुलनात्मक शिक्षा का अध्ययन करने की कुछ उपयुक्त विधियाँ इस प्रकार हैं–

1. परिमाणात्मक या सांख्यिकीय विधि (Quantitative or Statistical Method)।
2. वर्णनात्मक विधि (Descriptive Method)।
3. समाजशास्त्रीय विधि (Sociological Method)।
4. ऐतिहासिक विधि (Historical Method)।
5. विश्लेषणात्मक विधि (Analytical Method)।
6. संश्लेषणात्मक विधि (Synthetical Method)।

(1) परिमाणात्मक या सांख्यिकीय विधि (Quantitative or Statistical Method)

इस विधि में किसी देश की शिक्षा का अध्ययन करते समय यह देखा जाता है कि किन कारकों (Factors) से प्रभावित होकर उस देश की प्रगति में वृद्धि या ह्रास कितनी मात्रा में हुआ है। विभिन्न स्तरों पर शिक्षा-प्रगति का अध्ययन करते समय हम यह पता लगाते हैं कि शिक्षा संस्थाएँ कितनी खुलीं या बन्द हुईं ? कितने छात्रों का प्रवेश हुआ ? कितने छात्रों ने पढ़ना छोड़ा ? परीक्षा-परिणाम कितने प्रतिशत रहे? उपलब्धियाँ क्या रहीं? शिक्षकों की दशा में वेतन सम्बन्धी सुधार क्या हुआ? सरकार ने विविध शिक्षा व्यवस्थाओं पर कितना खर्च किया? संस्थाओं के भवनों का निर्माण

कितना हुआ और योजनाओं में शिक्षा पर किये जाने वाले व्यय क्या रहे? इन सबके आँकड़े एकत्रित कर लिये जाते हैं। इनकी तुलना अन्य देशों के आँकड़ों के साथ कर ली जाती है। इस प्रकार यह पता चल जाता है कि उस देश ने शिक्षा-क्षेत्र में कितनी प्रगति या उन्नति की? इसके ग्राफ भी तैयार कर लिये जाते हैं।

इस विधि की सीमाएँ—यह विधि तब अधिक उपयुक्त होती है जब संकलित आँकड़े शुद्ध और विश्वसनीय (Reliable) होते हैं। प्रायः अध्ययनकर्ता शुद्ध और विश्वसनीय आँकड़े संग्रहित करने का कष्ट नहीं करता। इसलिए अध्ययन शुद्ध नहीं हो पाता। दूसरे सभी देशों में शैक्षिक शब्दावलियाँ समान अर्थ वाली नहीं होतीं। इनमें अन्तर होता है। इसलिए यह विधि दोषपूर्ण हो जाती है। इस विधि का उपयोग हम सीमित अर्थ में ही कर सकते हैं। इससे किसी देश की सामाजिक, सांस्कृतिक, राजनीतिक, आर्थिक और धार्मिक परिस्थितियों का ज्ञान नहीं होता।

(2) वर्णनात्मक विधि (Descriptive Method)

इस विधि का उपयोग इसलिए किया जाता है कि दूसरे देशों की अच्छाइयों का पता लगाकर अपनी राष्ट्रीय शिक्षा-प्रणाली में उनका उपयोग किया जा सके। 19वीं शताब्दी में इस विधि का प्रचलन हुआ। इसमें दूसरे देश की शिक्षा व्यवस्था की अच्छी बातों का विस्तार से वर्णन किया जाता है। अमेरिका के जॉन ग्रिस्कोम (John Griscom) ने 1918 से 1919 ई० तक यूरोप के कई प्रमुख देश—इंग्लैंड, फ्रांस, हॉलैंड, स्विट्जरलैंड और इटली का भ्रमण करके इन देशों की शिक्षा प्रणालियों का अध्ययन किया और इस पर एक पुस्तक लिखी। अमेरिका में इस पुस्तक के आधार पर यूरोपीय देशों की शैक्षिक अच्छाइयों को अपनाया गया। 1831 ई० में फ्रांस के विक्टर कज़िन (Victor Cousin) ने प्राशिया (Prussia) की शिक्षा प्रणाली पर एक रिपोर्ट छापी। इसके आधार पर फ्रांस और इंग्लैंड में प्राशिया की शैक्षिक अच्छाइयों को अपनाया गया, परन्तु विक्टर कज़िन की यह रिपोर्ट अन्य देशों की तुलनात्मक शिक्षा पर आधारित नहीं थी। इसलिए इस रिपोर्ट का लाभ वे ही उठा सके जिन्हें अपने देशों की 'शिक्षा' का अच्छा ज्ञान था।

ग्रेट ब्रिटेन के मैथ्यू आरनॉल्ड (Mathew Arnold) तथा अमेरिका के हारेस मैन (Harace Man) ने वर्णनात्मक विधि के क्षेत्र में अच्छा कार्य किया। मैथ्यू ने 1859 ई० में फ्रांस की और 1865 ई० में जर्मनी की शिक्षा प्रणालियों का अध्ययन करके उनका प्रकाशन कराया। उसने यह भी स्पष्ट किया कि विभिन्न देशों में शिक्षा प्रणालियों में भेद किन कारणों से आ जाता है। आरनॉल्ड मैथ्यू की विधि का अनुसरण माइकल सैडलर (Michael Sadler) और पॉल मूरो (Paul Mouroe) ने किया और वर्णनात्मक विधि को अधिक सुसंगठित करने में योग दिया।

अमेरिका के हारेस मैन ने जर्मनी, आयरलैंड, ग्रेट ब्रिटेन, फ्रांस, हालैंड की शिक्षण प्रणालियों का अध्ययन किया और 1843 ई॰ में इन्हें एक रिपोर्ट में प्रकाशित किया। उसने रिपोर्ट में यह बात अच्छी प्रकार स्पष्ट की कि शिक्षा प्रणालियों की विशेषताएँ क्या थीं और इनमें से कौन-सी अच्छी-अच्छी बातें ग्रहण की जा सकती थीं। इस प्रकार तुलनात्मक शिक्षा के क्षेत्र में दूसरे देशों की शिक्षा प्रणालियों के गुण-दोषों की विवेचना करने का प्रयास किया गया।

सन् 1856 से 1881 ई॰ के बीच हेनरी बर्नार्ड (Henry Bernard) ने अमेरिका के विभिन्न राज्यों (States) की शिक्षा प्रणालियों का और अन्य देशों की शिक्षा प्रणालियों का अध्ययन करके *'दॉ अमेरिकन जनरल ऑफ एजूकेशन'* के 31 भाग (Volumes) प्रकाशित कराये। उसने यह भी स्पष्ट किया कि इन देशों या राज्यों की शिक्षा प्रणालियों को वहाँ की ऐतिहासिक पृष्ठभूमि ने कैसे प्रभावित किया था।

माइकल सैडलर ने अपने अध्ययन में स्पष्ट किया कि किसी देश की राष्ट्रीय प्रगति उस देश की शिक्षा को कैसे प्रगति देती है या उसे कैसे अवगत करती है। अपनी राष्ट्रीय शिक्षा प्रणाली की प्रगति के लिए दूसरे देशों की राष्ट्रीय शिक्षा प्रणाली का अध्ययन करना उपयुक्त होगा। इस बात पर माइकल सैडलर ने विशेष बल दिया। इस प्रकार वर्णनात्मक विधि का उपयोग केवल इसलिए होता है कि हम दूसरे देशों की शिक्षा प्रणालियों का अध्ययन करके अपने देश की राष्ट्रीय शिक्षा प्रणाली में सुधार ला सकें।

(3) समाजशास्त्रीय विधि (Sociological Method)

इस विधि के अन्तर्गत किसी देश की शिक्षा समस्याओं का अध्ययन सामाजिक सन्दर्भ (Social Context) में किया जाता है। इस विधि में यह मानकर चला जाता है कि शिक्षा की कोई भी समस्या स्वयं पैदा नहीं होती। उसका आधार सामाजिक होता है। चाहे वह राजनीतिक कारणों से हो, चाहे आर्थिक या सांस्कृतिक कारणों से हो। शिक्षा और समाज में घनिष्ठ सम्बन्ध होता है, इसलिए शिक्षा की प्रत्येक समस्या स्पष्ट रूप से सामाजिक कारणों से ही पैदा होती है। इसमें केवल भूतकाल के सामाजिक कारकों को ही समस्या के लिए दोषी नहीं माना जाता वरन् वर्तमान सामाजिक परिस्थितियों को भी समस्या का जनक माना जाता है; क्योंकि शैक्षिक समस्याएँ सामाजिक परिस्थितियों की उपज हैं। इसलिए आवश्यक है कि शिक्षा की व्यवस्था सामाजिक परिस्थितियों के अनुकूल की जाए। ब्रिटिश काल में भारतीय शिक्षा भारतीय आवश्यकताओं को पूरा करने में सहायक नहीं थी। वह सामाजिक परिस्थितियों के अनुकूल नहीं थी। अतः राष्ट्र नेताओं ने सामाजिक आवश्यकताओं के अनुकूल सामाजिक भारतीय शिक्षा संस्थाएँ स्थापित कीं। काशी विद्यापीठ, गुजरात

विद्यापीठ, विश्वभारती शान्ति निकेतन, गुरुकुल काँगड़ी, जामिया मिलिया इस्लामिया आदि संस्थाएँ इसके उदाहरण हैं।

शिक्षा के विकास और प्रसार में किसी व्यक्ति विशेष का क्या हाथ होता है उसकी समाजशास्त्रीय अध्ययन विधि में उपेक्षा होती है। इसलिए तुलनात्मक शिक्षा का अध्ययन करने में इस विधि का सीमित उपयोग किया जा सकता है। व्यक्ति विशेष के योगदान का इससे अध्ययन नहीं होता।

(4) ऐतिहासिक विधि (Historical Method)

ऐतिहासिक अध्ययन विधि का उपयोग हम प्राचीन काल के शैक्षिक इतिहास का अध्ययन करके वर्तमान की शिक्षा व्यवस्था का अध्ययन करने में करते हैं। इससे हम जानते हैं कि शिक्षा की बहुत-सी वर्तमान समस्याएँ किस प्रकार देश के इतिहास की देन हैं। यह हमें इतना ज्ञान कराती है कि वांछित शैक्षिक तत्वों को कैसे विकसित किया जाए और अवांछित तत्वों को कैसे निकाला जाए। दूसरे शब्दों में, प्राचीन शिक्षा व्यवस्था आज की शिक्षण व्यवस्था को सुधारने में किस सीमा तक सहायक हो सकती है यह जानना इस विधि से सम्भव है। निकोलस हॉस, श्नीडर (Schneider) और कैण्डल (Kandel) आदि ने इस विधि को सर्वोत्तम माना है, क्योंकि इससे हमें किसी देश की शिक्षा का तुलनात्मक अध्ययन करते समय उस देश की आर्थिक, सामाजिक, राजनीतिक, सांस्कृतिक, धार्मिक, भौगोलिक, जातीय और भाषा-सम्बन्धी परिस्थितियों का ज्ञान होता है जिनसे वहाँ की शिक्षा प्रभावित होती है।

ऐतिहासिक विधि की भी अपनी सीमाएँ हैं। पहली सीमा तो यह है कि इस विधि में जो आँकड़े संग्रहित किये जाते हैं वे विश्वसनीय नहीं होते। फलतः उनके आधार पर प्राप्त निष्कर्ष भी विश्वसनीय नहीं होते। इन्हें अधिक विश्वसनीय बनाने का प्रयत्न करना आवश्यक होता है। दूसरी विशेष कमी इस विधि में यह है कि इतिहासकार वस्तुनिष्ठ न होकर आत्मनिष्ठ होते हैं। वे ऐतिहासिक घटनाओं के वर्णन में निष्पक्ष न होकर अपनी मनोवृत्ति का अधिक उपयोग करते हैं। वे प्रायः अपने देश की कमियों पर पर्दा डाल कर दूसरे देश के सम्बन्ध में पूर्वाग्रह अपना लेते हैं। इससे सत्य छिप जाता है और तथ्य सतह पर नहीं आ पाते तीसरी कमी यह भी है कि। इस विधि से 'भूतकाल' पर अधिक बल दिया जाता है। भविष्यत और वर्तमान की अपेक्षाकृत उपेक्षा होती है। इससे शिक्षा का तुलनात्मक अध्ययन अधिक उपयोगी नहीं रहता है।

(5) विश्लेषणात्मक विधि (Analytical Method)

तुलनात्मक शिक्षा का अध्ययन करने में विश्लेषणात्मक विधि बहुत उपयोगी सिद्ध होती है। इस विधि में हम उन सभी कारकों (Factors) का विश्लेषण (Analysis)

करते हैं जिनसे शिक्षा प्रभावित होती है। सामाजिक, राजनीतिक, आर्थिक सभी कारकों का विश्लेषण करके हमें देखना होता है कि शिक्षा की व्यवस्था इनसे कैसे प्रभावित होती है। इस विधि में हम निम्नलिखित बातों पर ध्यान देते हैं—

(1) ***शैक्षिक प्रदत्तों (Data) का संकलन करना***—विश्लेषणात्मक विधि को सफल बनाने के लिए आवश्यक है कि हम वर्णनात्मक विधि और सांख्यिकी विधि द्वारा सभी शैक्षिक सूचनाएँ एकत्रित करें।

(2) ***सामाजिक, आर्थिक, ऐतिहासिक और राजनीतिक प्रदत्तों की व्याख्या करना***—हमें सामाजिक, आर्थिक, ऐतिहासिक, राजनीतिक आदि प्रदत्तों की व्याख्या करनी होगी जिससे हम विभिन्न देशों की शिक्षा प्रणालियों में समानता और असमानताएँ समझ सकें।

(3) ***तुलना के लिए एक मानक (Standard) निर्धारित करना***—इस विधि में तुलनात्मक शिक्षा का अध्ययन करने के लिए आवश्यक है कि हम कोई ऐसा मानक (Standard) तैयार करें जिसके आधार पर विभिन्न देशों की शिक्षा प्रणालियों की तुलना की जा सके। इस मानक के बल पर हम पता लगा सकते हैं कि किसी देश में शिक्षा दर्शन क्या है? शिक्षा का उद्देश्य क्या है? शिक्षण प्रक्रिया क्या है? इसके आधार पर हम विभिन्न देशों की शिक्षा प्रणालियों की समस्याएँ जान सकेंगे; जैसे—भारत और रूस में राजनीतिक व्यवस्था भिन्न है। इसलिए वहाँ की शिक्षा प्रणालियों में भी अन्तर है।

(4) ***व्याख्या और निष्कर्ष (Interpretation and Conclusion)***—इस विधि में उपयुक्त तीनों आधारों पर संकलित प्रदत्तों की व्याख्या की जाती है और कोई निष्कर्ष निकाल लिया जाता है।

विश्लेषणात्मक पद्धति की सफलता इसी बात में है कि सांख्यिकी विधि द्वारा हम विश्वसनीय प्रदत्त या आँकड़े एकत्रित करें और उपयुक्त कारकों के रूप में तथ्यों का विश्लेषण करें। हमें प्राप्त कारकों को विश्लेषित करके ही नहीं छोड़ देना चाहिए वरन् इन्हें समग्र रूप में संश्लेषित करके देखना चाहिए कि शिक्षा प्रणाली इनसे कैसे प्रभावित होती है। इसकी सबसे बड़ी कमी यही है कि इसमें अध्ययनकर्ता विश्लेषण पर उपयुक्त ध्यान नहीं देता और अन्त में संश्लेशण नहीं करता।

(6) संश्लेषणात्मक विधि (The Synthetic Method)

अब तुलनात्मक शिक्षा का अध्ययन करते समय अन्तर्राष्ट्रीय दृष्टिकोण (International

Viewpoint) को ध्यान में रखा जाता है। सभी विधियों में संश्लेषणात्मक विधि इसीलिए महत्वपूर्ण है कि वह इस दृष्टिकोण को महत्व देती है। एडमंड काइंड (Admund Kind) ने इसी अन्तर्राष्ट्रीय दृष्टिकोण के कारण इसे महत्वपूर्ण विधि माना है। जब हम विभिन्न देशों की शिक्षा प्रणालियों का अध्ययन करते हैं तो हमें पता चलता है कि उनमें कुछ बातों की समानता है। सभी देश अपने राष्ट्र की आवश्यकताओं को ध्यान में रखते हुए शिक्षा की व्यवस्था करते हैं। यह चेतना (Consciousness) सभी देशों में पायी जाती है। यह एक सार्वभौमिक सत्य (Universal Truth) बन जाता है। विभिन्न कारकों का प्रभाव समग्र रूप में देखकर एक सत्य खोजा जाता है।

यह विधि अभी पूर्ण नहीं है, इसमें पर्याप्त सुधार और विकास की आवश्यकता है।

सारांश

(1) **परिमाणात्मक या सांख्यिकी विधि**—इसमें शैक्षिक सूचनाओं के आँकड़े एकत्रित करके उनके आधार पर शिक्षा की प्रगति या अवनति का अनुमान लगाया जाता है। इस विधि की उपयोगिता शुद्ध और विश्वसनीय आँकड़ों पर निर्भर।

(2) **वर्णनात्मक विधि**—इस विधि में एक देश की शिक्षा प्रणाली की अच्छाइयों का अध्ययन करके अपने देश की शिक्षा प्रणाली में सुधार लाने की सम्भावनाओं पर ध्यान देना आवश्यक। विक्टर कज़िन, मैथ्यू आरनॉल्ड, हारस मैन, पाल मूरो, माइकल सैडलर ने दूसरे देशों की अच्छी शिक्षा प्रणाली से लाभ उठाने पर बल दिया।

(3) **समाजशास्त्रीय विधि**—इस विधि में सामाजिक दशाओं और शिक्षा व्यवस्थाओं में एक सम्बन्ध जाना जाता है। राजनीतिक, सामाजिक, आर्थिक, सांस्कृतिक दशाएं शिक्षा के स्वरूप को कैसे प्रभावित करती हैं, इसे जानना आवश्यक। इसमें व्यक्ति-विशेष के योगदान की अवहेलना।

(4) **ऐतिहासिक विधि**—इसमें ऐतिहासिक तथ्यों का संकलन, उनके आधार पर निष्कर्ष। इसका भूतकाल से अधिक सम्बन्ध, वर्तमान और भविष्यत् की उपेक्षा। ऐतिहासिक तथ्यों में इतिहासकारों की मनोदशा। अतः विश्वसनीयता का अभाव।

(5) **विश्लेषणात्मक विधि**—इसमें प्रदत्तों का संकलन, कारकों के प्रदत्तों की व्याख्या, तुलना के लिए एक मानक का निर्धारण तथा व्याख्या और निष्कर्ष आवश्यक। बिना संश्लेषण के इस विधि का अधिक लाभ नहीं।

(6) **संश्लेषणात्मक विधि**—इसमें अन्तर्राष्ट्रीय सार्वभौमिक समानता के दृष्टिकोण पर बल। यह विधि अभी विकासशील।

अभ्यासार्थ प्रश्न

1. तुलनात्मक शिक्षा के अध्ययन की प्रमुख विधियों के नाम बताइए। अध्ययन की ऐतिहासिक विधि क्या है? इसे समझाइए।
2. तुलनात्मक शिक्षा के अध्ययन में वर्णनात्मक विधि का क्या स्थान है? स्पष्ट कीजिए।
3. 'सांख्यिकीय विधि' तुलनात्मक शिक्षा के अध्ययन में कैसे प्रयुक्त होती है?
4. 'समाजशास्त्रीय विधि' की उपयोगिता बताइए और स्पष्ट कीजिए कि यह तुलनात्मक शिक्षा के अध्ययन में कैसे सहायक है?
5. तुलनात्मक शिक्षा के अध्ययन में विश्लेषणात्मक और संश्लेषणात्मक विधियों का महत्व समझाइए।

अध्याय 53

तुलनात्मक शिक्षा का विकास और उद्देश्य [Development and Aim of Comparative Education]

अब विश्व के सभी देश एक-दूसरे के बहुत निकट आ गये हैं। एक देश में घटी घटना का प्रभाव विश्व के सभी देशों पर पड़ता है। अब विश्व के प्रायः सभी देश स्वतन्त्र हैं और उनकी अपनी-अपनी शिक्षा प्रणालियाँ (Educational Systems) हैं। एक देश की शिक्षा प्रणाली अन्तर्राष्ट्रीय सम्बन्धों की अति निकटता के कारण दूसरे देश की शिक्षा प्रणाली को अवश्य ही प्रभावित करती है। कुछ देशों में तो समान शिक्षा प्रणाली पायी जाती है। जब हम सभी देशों की शिक्षा प्रणालियों का अध्ययन करते हैं तो हमें पता चलता है कि उन शिक्षा प्रणालियों में कुछ बातों में समानता है और कुछ बातों में अवश्य ही भेद है।

तुलनात्मक शिक्षा के अध्ययन का प्रारम्भ (The Beginning of the Study of Comparative Education)

तुलनात्मक शिक्षा के अध्ययन की परम्परा नयी तो नहीं है, फिर भी इसे एक निश्चित और वैज्ञानिक स्वरूप सन् 1817 ई॰ से मिला। मार्क॰ एंटोनी जुलियन डि पेरिस (Marc. Antonie Jullion de Paris) ने इस बात पर बल दिया कि विभिन्न देशों की शिक्षा प्रणालियों का अध्ययन करके पता लगाया जाए कि इन देशों की शिक्षा प्रणालियों में क्या अन्तर है और क्या समानता है। वह शैक्षिक व्यवस्था को अधिक विस्तृत और प्रभावशाली बनाना चाहता था। वह नहीं चाहता था कि एक देश की शिक्षा वहाँ के शासक की संकीर्ण मनोवृत्ति से दूषित बनी रहे। उसने सभी देशों की शिक्षा प्रणाली को एक तालिका में आबद्ध (Tabulized Form) करना चाहा। इससे सभी देशों की शिक्षा प्रणालियों में समानताएँ और असमानताएँ देखी जा सकती थीं। वह तुलनात्मक शिक्षा के अध्ययन को अधिक वैज्ञानिक रूप देना चाहता था। वह

इस विधि से तुलनात्मक शिक्षा के सिद्धान्तों और नियमों का पता लगाना चाहता था। इस प्रकार उसने शिक्षा प्रणालियों के तुलनात्मक अध्ययन को वैज्ञानिक बनाने की बात कही।

बीसवीं शताब्दी से तुलनात्मक शिक्षा का अच्छा विकास हुआ। जब एक देश के यात्री दूसरे देश में भ्रमण के लिए जाते थे तो वे वहाँ की सामाजिक, आर्थिक, राजनीतिक, सांस्कृतिक और शैक्षिक व्यवस्थाओं का अध्ययन करते थे। वहाँ की प्रगति का कारण वे शिक्षा व्यवस्था को ही मानते थे।

तुलनात्मक शिक्षा का विकास
(Development of Comparative Education)

जैसा कि हमें पीछे बताया गया है कि विदेशी यात्री किसी देश की सामाजिक, आर्थिक, सांस्कृतिक समृद्धि को देखकर यह निष्कर्ष निकालते थे कि इस देश की शिक्षा प्रणाली बहुत अच्छी है, तभी इन क्षेत्रों में समृद्धि आ सकी। अपने देश लौटकर वे विदेशी शिक्षा प्रणाली का वर्णन करते थे और बताते थे कि वे अपने देश की शिक्षा प्रणाली को कैसे अच्छा बना सकते थे। इस प्रकार विभिन्न देशों की शिक्षा प्रणालियों के तुलनात्मक अध्ययन में लोगों की रुचि पैदा हुई। वास्तव में तुलनात्मक शिक्षा के विकास के तीन प्रमुख स्तर (Stages) इस प्रकार हैं—

प्रथम स्तर (First Stage)—1817 ई॰ में मार्क एंटोनी जुलियन ने तुलनात्मक शिक्षा के अध्ययन का पहली बार सूत्रपात किया। यह क्रम बीसवीं शताब्दी के प्रारम्भ तक चलता रहा। इस अवधि में यह धारणा और विश्वास काम करता रहा कि एक देश की शिक्षा प्रणाली की अच्छाइयों को अपना कर अपनी शिक्षा प्रणाली को अच्छा बनाया जा सकता है। इस धारणा ने लोगों को प्रेरित किया कि वे विभिन्न देशों की शिक्षा प्रणालियों से सम्बन्धित सूचनाएँ और आँकड़े एकत्रित करें। इन आँकड़ों (Data) को तालिकाबद्ध करके तुलना करते हुए कुछ सिद्धान्तों और नियमों की खोज की गयी। इन्हें अपना कर विभिन्न देशों में शिक्षा प्रणालियाँ निर्धारित की गयीं, परन्तु इस पद्धति में सबसे बड़ी कमी यह रही कि तुलनात्मक शिक्षा से सम्बन्धित आँकड़े और सूचनाएँ एकत्रित करते समय देश-विशेष की सामाजिक, आर्थिक, सांस्कृतिक, भौगोलिक, धार्मिक और राजनीतिक दशाओं का ध्यान नहीं रखा गया। फलतः निर्धारित सिद्धान्त और नियम अन्य देशों की शिक्षा प्रणालियों को सफल नहीं बना सके।

इस काल में फ्रांस के विक्टर कज़िन, इंग्लैंड के मैथ्यू अरनॉल्ड, अमेरिका के हारेस मैन और हेनरी बर्नार्ड, रूस के टालस्टॉय और उशिन्स्की तथा अर्जेन्टाइना

के डोमिंगो सरमिंटो (Domingo Sarminto) ने इसी प्रकार तुलनात्मक शिक्षा के सिद्धान्तों और नियमों की खोज के प्रयत्न किए और अपने देशों की शिक्षा प्रणालियों को सुधारने का प्रयत्न किया।

द्वितीय स्तर (Second Stage)—पहले स्तर पर अध्ययनकर्ताओं ने तुलनात्मक शिक्षा के सिद्धान्तों और नियमों की खोज करते समय अवश्यम्भावी कारकों— जैसे सामाजिक, सांस्कृतिक, आर्थिक, धार्मिक, राजनीतिक और भौगोलिक कारकों को ध्यान में नहीं रखा गया, परन्तु द्वितीय स्तर पर शिक्षा को प्रभावित करने वाले इन सभी कारकों (Factors) का गहन अध्ययन किया गया और पाया गया कि इन्हीं कारकों में भेद होने के कारण देश-देश की शिक्षा प्रणालियों में अन्तर पाया जाता है।

इस स्तर पर इंग्लैंड के सर माइकेल सैडलर (Sir Michael Sadler) का नाम लिया जा सकता है जिसने उपर्युक्त विचारधारा को जन्म दिया। उसने स्पष्ट किया कि किसी देश की सामाजिक, आर्थिक या धार्मिक दशाओं की अवहेलना करके वहाँ की शिक्षा पद्धति का अध्ययन नहीं किया जा सकता। इस बात से अमेरिका के आइज़क कान्स्टेल (Issac Kanstel) तथा रॉबर्ट उलिच (Robert Ulich), जर्मनी के फ्रैडरिक (Friedrich) और श्नीडर (Schneider) तथा इंग्लैंड के जोसेफ लॉरीज़ (Joseph Lawrys) और निकोलस हंस (Nicholas Hans) भी सहमत थे।

तृतीय स्तर (Third Stage)—यह स्तर 20वीं शताब्दी के मध्यकाल से प्रारम्भ होता है। इस स्तर पर 1950 ई॰ बरेडे (Bereday), ज्योर्ज जैड॰ एफ॰ (George Z.F.) ने सामाजिक, राजनीतिक, आर्थिक, धार्मिक और सांस्कृतिक जैसे कारकों के विश्लेषणात्मक अध्ययन पर बल दिया। उन्होंने विश्लेषण करके पता लगाया कि ये कारक किस प्रकार शिक्षा प्रणाली को प्रभावित करके उसके स्वरूप में परिवर्तन लाते हैं। इस आधार पर निष्कर्षित शिक्षा प्रणाली वास्तव में किसी देश के लिए उपयोगी सिद्ध हो सकती है। इस प्रकार आइज़क कान्स्टेल, रॉबर्ट उलिच और फ्रैडरिक आदि ने अपनी तुलनात्मक शिक्षा के अध्ययन में संशोधन किया और एक नया तुलनात्मक शिक्षा का सिद्धान्त प्रस्तुत किया।

तुलनात्मक शिक्षा का उद्देश्य
(The Aim of Comparative Education)

तुलनात्मक शिक्षा क्यों आवश्यक है? इसका प्रयोजन या उद्देश्य क्या है? इस बात को एंटोनी जुलियन (Antonie Jullion) ने स्पष्ट किया। उसने बताया कि तुलनात्मक शिक्षा का उद्देश्य या प्रयोजन दूसरे देशों की शिक्षा प्रणाली का अध्ययन करके अपने देश की शिक्षा प्रणाली में सुधार लाना है। अब तुलनात्मक शिक्षा का

उद्देश्य कुछ और अधिक व्यापक हो गया है। अब तुलनात्मक शिक्षा का उद्देश्य यह है कि हम इसकी सहायता से दूसरे देशों की शिक्षा प्रणालियों का अध्ययन करके वहाँ की शिक्षा समस्याओं का अध्ययन करें। यह देखें कि उन्होंने अपनी शिक्षा समस्याओं का हल कैसे खोजा है। हम भी उसी दृष्टिकोण से अपने देश की शिक्षा समस्याओं का अध्ययन करें और अपनी आवश्यकतानुकूल समस्याओं का हल खोजें। अपने देश की शैक्षिक समस्याओं का हल खोजते समय हमें विदेशों की शिक्षा समस्याओं के समाधान को यथावत् ग्रहण नहीं करना है। हमें अपने देश की दार्शनिक, सामाजिक, आर्थिक, सांस्कृतिक, भौगोलिक तथा अन्य प्रकार की परिस्थितियों का अध्ययन भी करना है। ये परिस्थितियाँ कैसे भिन्न हैं? ये कैसे शिक्षा क्षेत्र में समस्याएँ पैदा कर रही हैं? इन सब बातों का अध्ययन करके अपनी परिस्थितियों के साथ तालमेल बैठाकर हमें अपनी शैक्षिक समस्याओं का समाधान खोजना है। इस प्रकार तुलनात्मक शिक्षा का क्षेत्र और उद्देश्य अधिक व्यापक हो जाता है।

तुलनात्मक शिक्षा के अध्ययन में उन सभी कारकों का विश्लेषणात्मक अध्ययन करना है जो शिक्षा को प्रभावित करते हैं। ये कारक दूसरे देशों के कारकों से कैसे भिन्न हैं? ये क्या भिन्न प्रभाव डालते हैं? इन कारकों में भेद होने के कारण शिक्षा-स्वरूप में क्या भेद आ जाता है? ये सब बातें तुलनात्मक शिक्षा के अध्ययन का अंग बन जाती हैं। इस तुलनात्मक अध्ययन से हमें यह भी पता चलता है कि सभी देशों की शिक्षा प्रणालियों के कुछ सामान्य आधार हैं? वे सामान्य आधार क्या हैं? सभी में कुछ बातों की समानताएँ हैं, वे समानताएँ क्या हैं? क्यों हैं? आदि बातें जानकर तुलनात्मक शिक्षा के कुछ सिद्धान्त और नियम खोजना भी इसके प्रमुख उद्देश्य हो जाते हैं। इस प्रकार शैक्षिक जगत में शिक्षा-सम्बन्धी समानताओं के आधार पर अन्तर्राष्ट्रीय सम्बन्धों को दृढ़ बनाना भी तुलनात्मक शिक्षा के अध्ययन का एक प्रमुख प्रयोजन हो जाता है।

शिक्षा व्यवस्था (Educational Organization) में प्रशासन (Administration) का प्रमुख हाथ होता है। इसी से देश-विशेष की शिक्षा प्रगतिशील (Progressive) बन जाती है अथवा पिछड़ जाती है। देश का शासन-तन्त्र भी प्रशासन को प्रभावित करता है। कहीं राज्य-समाजवाद (State Socialism) है तो कहीं प्रजातान्त्रिक समाजवाद (Democratic Socialism) है। इन शासन-तन्त्रों में भेद होने से पहले समाजवाद में सत्ता और प्रशासन का केन्द्रीकरण (Centralization) होगा और शिक्षा संस्थाएँ स्वायत्तशासी (Autonomous) नहीं होंगी। दूसरे, समाजवाद में सत्ता का विकेन्द्रीकण (Decentralization) होगा और शिक्षा संस्थाएँ अधिक स्वायत्तशासी होंगी। भारत, अमेरिका, इंग्लैंड, जापान आदि देशों में प्रजातान्त्रिक समाजवाद है, तो रूस या साम्यवादी देशों में राज्य समाजवाद है। अतः यहाँ की शिक्षा प्रणालियाँ एक-दूसरे से थोड़ी भिन्न हो जाती हैं। इसलिए तुलनात्मक शिक्षा के अध्ययन में

शासन-तन्त्र, राजनीतिक दृष्टिकोण और प्रशासन आदि को स्थान देना भी प्रमुख प्रयोजन है।

तुलनात्मक शिक्षा के अध्ययन में हम यद्यपि विश्लेषणात्मक दृष्टिकोण अपनाते हैं, परन्तु हमें साथ-साथ संश्लेषणात्मक दृष्टिकोण भी अपनाना होगा। हमें समग्र रूप से शिक्षा को प्रभावित करने वाली उन सभी बातों का अध्ययन करना है जो शिक्षा को प्रत्यक्ष या परोक्ष रूप में प्रभावित करती हैं। हमें केवल औपचारिक (Formal) शिक्षा के क्षेत्र में ही अध्ययन नहीं करना है, वरन् अनौपचारिक (Informal) शिक्षा के स्वरूप का भी अध्ययन करना है। हमें तुलनात्मक शिक्षा के अध्ययन क्षेत्र में सामाजिक एवं आर्थिक (Socio-Economic), राजनीतिक एवं दार्शनिक (Political and Philosophical), समाजशास्त्रीय (Sociological), सांस्कृतिक (Cultural) सभी क्षेत्रों में शिक्षा को प्रभावित करने वाले कारकों का अध्ययन करके तुलनात्मक शिक्षा को अधिक प्रयोजनवादी (Pragmatistic) बनाना है।

सारांश

तुलनात्मक शिक्षा के अध्ययन का प्रारम्भ 1817 ई॰ में एंटोनी जुलियन द्वारा। 20वीं शताब्दी में इसका वैज्ञानिक विकास।

तुलनात्मक शिक्षा का विकास

प्रथम सोपान—1817 ई॰ में एंटोनी जुलियन आदि द्वारा अन्य देशों की शिक्षा पद्धति का अध्ययन करके अपने देश की शिक्षा पद्धति में सुधार लाना। इसमें सामाजिक, आर्थिक आदि कारकों का अध्ययन नहीं।

द्वितीय सोपान—इसमें शिक्षा को प्रभावित करने वाले कारकों का भी अध्ययन। तब शिक्षा प्रणाली में सुधार लाने का प्रयत्न। इंग्लैंड के माइकल सैडलर का नाम उल्लेखनीय।

तृतीय सोपान—इसमें विभिन्न देशों की शिक्षा को प्रभावित करने वाले कारकों का विश्लेषण; तुलनात्मक अध्ययन, उनकी दृष्टि से निजी शिक्षा समस्याओं का हल खोजने का प्रयत्न। फ्रैडरिक, रॉबर्ट उलिच, आइज़क कांस्टेल आदि के प्रयत्न उल्लेखनीय। तुलनात्मक शिक्षा का अध्ययन वैज्ञानिक।

तुलनात्मक शिक्षा का उद्देश्य

पहले उद्देश्य व्यापक नहीं था, केवल अपनी शिक्षा प्रणाली में दूसरों की शिक्षा प्रणाली

का अन्धानुकरण था; अब तुलनात्मक शिक्षा का अध्ययन दार्शनिक, राजनीतिक, आर्थिक, सामाजिक, भौगोलिक, सांस्कृतिक सभी कारकों का वैज्ञानिक व विशलेषणात्मक अध्ययन करके अपने देश की शिक्षा समस्याओं का समाधान करना। अन्तर्राष्ट्रीय दृष्टिकोण को सुदृढ़ बनाना आदि।

अभ्यासार्थ प्रश्न

1. 'तुलनात्मक शिक्षा' के अध्ययन का आरम्भ कब और कैसे हुआ? स्पष्ट कीजिए।
2. तुलनात्मक शिक्षा के अध्ययन का विकास किस प्रकार पूर्ण हुआ? इसके विभिन्न सोपानों का वर्णन कीजिए।
3. 'तुलनात्मक शिक्षा' के अध्ययन का प्रयोजन क्या है? यह क्यों आवश्यक है? स्पष्ट कीजिए।

अध्याय 54

राष्ट्रीय शिक्षा प्रणाली के कारक
[Factors of National System of Education]

गत अध्याय में हमने यह समझा कि किसी भी राष्ट्र की शिक्षा प्रणाली उसकी सामाजिक, सांस्कृतिक, आर्थिक, राजनीतिक, धार्मिक और भौगोलिक परिस्थितियों की देन होती है। प्रत्येक राष्ट्र के कुछ राष्ट्रीय कारक (National Factors) होते हैं जिनका राष्ट्र की राष्ट्रीयता (Nationality) और राष्ट्रीय शिक्षा प्रणाली (National System of Education) से सीधा सम्बन्ध होता है। तुलनात्मक शिक्षा का अध्ययन करने में इन्हीं राष्ट्रीय कारकों (National Factors) को जानना आवश्यक होता है। इस अध्याय में हम राष्ट्रीय शिक्षा प्रणाली के प्रमुख कारकों (Factors) का अध्ययन करेंगे। ये कारक इस प्रकार गिनाये जा सकते हैं–

(1) सांस्कृतिक चेतना (Cultural Consciousness)।
(2) आर्थिक सुरक्षा (Economic Security)।
(3) राष्ट्रीय एकता की चेतना (Consciousness of National Unity)।
(4) राष्ट्रीय भाषा (National Language)।
(5) राजनीतिक दर्शन (Political Philosophy)।
(6) राष्ट्रीय चरित्र (National Character)।
(7) अन्तर्राष्ट्रीयता की चेतना (Consciousness of Internationalism)।

1. सांस्कृतिक चेतना
(Cultural Consciousness)

किसी भी राष्ट्र के विकास में उस राष्ट्र की संस्कृति (Culture) विशेष योग देती है। शिक्षा का कर्तव्य है कि वह राष्ट्र की संस्कृति को सुरक्षित रखने, उसका विकास करने और उसका प्रसार करने में योग दे। यदि राष्ट्र के लोग अपनी संस्कृति के

प्रति सचेत होते हैं तो वे उसकी सुरक्षा, विकास और उसके प्रसार के लिए प्रयत्नशील रहते हैं। इसलिए शिक्षा सांस्कृतिक सुरक्षा, विकास और प्रसार की दृष्टि से नियोजित की जाती है। इस प्रकार राष्ट्रीय शिक्षा प्रणाली द्वारा नागरिकों में सांस्कृतिक चेतना लाने का प्रयास वांछनीय है। इस दृष्टि से शिक्षा को निम्नलिखित काम करने होंगे–

(1) प्राचीन संस्कृति की सुरक्षा (Preservation) के लिए प्रयत्न करना।
(2) नागरिकों को राष्ट्रीय संस्कृति का परिचय देना तथा सांस्कृतिक परम्पराओं (Cultural Traditions) को अपनाने में सहयोग देना।
(3) राष्ट्र की संस्कृति का विकास करने में योग देना।
(4) राष्ट्र की संस्कृति का प्रसार (Extension) करना।

संस्कृति के मूल्य (Values of Culture)–प्रत्येक संस्कृति में दो प्रकार के मूल्य (Values) होते हैं–(1) स्थायी या शाश्वत मूल्य (Permanent Values), जो समय और स्थान (Time and place) से प्रभावित नहीं होते। वे युगों से उसी रूप में संस्कृति के अन्तर्गत विद्यमान रहते हैं; जैसे–ईश्वर के प्रति आस्था, सत्य के प्रति प्रेम, अहिंसा, सार्वभौमिक बन्धुत्व (Universal Brotherhood) तथा न्याय (Justice) आदि। इन मूल्यों को समय और स्थान प्रभावित नहीं करते। विश्व के सभी देशों की संस्कृति में इन मूल्यों को स्थायी रूप से स्थान मिलता है। (2) अस्थायी या परिवर्तित मूल्य, जो समय और स्थान के अनुसार बदलते रहते हैं। इन्हीं अस्थायी मूल्यों के कारण स्थान-स्थान और विभिन्न कालों की संस्कृतियों में अन्तर बना रहता है। द्वितीय विश्व युद्ध के बाद से तो प्रायः सभी देशों की संस्कृतियों में इन्हीं अस्थायी मूल्यों के बदलने से अन्तर आ गया है। भारत की प्राचीन संस्कृति से आज की संस्कृति बहुत भिन्न हो गयी है; जैसे--भारत में संयुक्त परिवारों का विघटन होने लगा है; छात्रों में ज्ञान के प्रति रुचि समाप्त हो गयी है और वे अपने शिक्षकों तथा बड़ों का सम्मान नहीं करते हैं; शिक्षक भी आर्थिक दृष्टिकोण अपना कर अपनी सुविधाओं की माँग पर ध्यान देने लगे हैं। शिक्षक हड़तालों में लग गये हैं। समाज के लोग अर्थात् अभिभावक (Guardians) शिक्षकों का सम्मान नहीं करते हैं। पारिवारिक सद्भाव और सम्बन्ध मधुर नहीं रहे हैं, माता-पिता, भाई-बहन, पुत्र-पुत्री, स्वामी और सेवक के मधुर सम्बन्ध नष्ट होते जा रहे हैं। अब हम अपनी प्राचीन संस्कृति की अवहेलना करके पाश्चात्य संस्कृति का अनुसरण करने लगे हैं। इस प्रकार जीवन-दर्शन के समझने में परिवर्तन होने से स्थान-स्थान की संस्कृतियों में अन्तर आ गया है। इस प्रकार परिवर्तनशील मूल्यों ने संस्कृति को विकृत (Deformed) कर दिया है।

अन्य देशों की संस्कृतियों की अपेक्षा भारतीय संस्कृति के स्थायी मूल्य अभी भी अपरिवर्तित हैं। इन्हीं के कारण भारतीय संस्कृति जीवित रह सकी। मुस्लिम शासकों तथा ब्रिटिश शासकों ने भारतीय संस्कृति का विनाश करने में कोई कसर नहीं छोड़ी, परन्तु इन्हीं स्थायी मूल्यों ने इस संस्कृति को नष्ट होने से बचा लिया। मुसलमान शासकों ने इस्लाम धर्म का प्रचार करने में हिंसा का सहारा लिया और भारतीय संस्कृति की शिक्षा की अवहेलना की। ब्रिटिश शासकों ने भी भारतीय संस्कृति को नष्ट करने के लिए शिक्षा प्रणाली को पाश्चात्य संस्कृति से रंग दिया। इस प्रकार की पाश्चात्य शिक्षा से भारतीय संस्कृति के अस्थायी मूल्य बदले और भारत में पाश्चात्य संस्कृति का प्रसार हो सका।

निजी संस्कृति के प्रति प्रेम पैदा करना आवश्यक—राष्ट्रीय शिक्षा प्रणाली का पहला कारक सांस्कृतिक चेतना है। अतः राष्ट्र की शिक्षा का पहला उद्देश्य यही होना चाहिए कि वह राष्ट्र के नागरिकों को राष्ट्रीय संस्कृति का परिचय देकर उनमें अपनी संस्कृति के प्रति प्रेम पैदा करे, परन्तु इस प्रकार की चेतना लाते समय इस बात का ध्यान रखना है कि राष्ट्र के सभी वर्ग सांस्कृतिक विकास की दृष्टि से सन्तुष्ट हो सकें। भारत जैसे देश में विभिन्न प्रकार के धर्म (Religions), जातियाँ (Castes), सम्प्रदाय (Communities), भाषाएँ (Languages) आदि हैं। उनकी विभिन्न परम्पराओं (Traditions) तथा विश्वासों (Faiths) की अवहेलना नहीं होनी चाहिए। भारत में हिन्दू, मुसलमान और ईसाई तीन प्रमुख धार्मिक सम्प्रदाय हैं। कहीं हिन्दू बहुलता में हैं तो कहीं मुसलमान बहुलता में हैं। ऐसी दशा में अल्पसंख्यक में अल्पसंख्यक सम्प्रदाय के लोग विश्वास के अभाव में और राष्ट्रीयता की प्रवृत्ति से विमुख होने पर नारे लगाने लगते हैं कि उनका 'धर्म' और अस्तित्व खतरे में है। इससे एक प्रकार की सांस्कृतिक चेतना का तो बोध होता है, परन्तु असन्तोष की भावना भी अभिव्यक्त होती है। भारत लोकतान्त्रिक समाजवाद में विश्वास रखता है और धर्मनिरपेक्ष (Secular) राज्य है। यहाँ सांस्कृतिक चेतना की दृष्टि से ऐसा समुचित पाठ्यक्रम (Integrated Course) चलना चाहिए जो लोगों में राष्ट्रीयता की भावना पैदा करे और सांस्कृतिक चेतना लाये। ऐसा तभी सम्भव है जब राष्ट्र की एक राष्ट्रीय शिक्षा प्रणाली हो। हमें सांस्कृतिक चेतना-प्रधान राष्ट्रीय शिक्षा प्रणाली चलानी होगी। अभी तक भारत की राष्ट्रीय शिक्षा इस योग्य नहीं बन सकी है जो नागरिकों में राष्ट्रीयता (Nationality) की भावना पैदा करे। हम स्वयं को मुसलमान या ईसाई पहले मानते हैं, भारतीय बाद में मानते हैं। हमारी शिक्षा की राष्ट्रीय प्रणाली ऐसी होनी चाहिए कि हम राष्ट्रीय भावना से प्रेरित रहें। हिन्दू, मुसलमान या ईसाई आदि का भेद ही न रहे।

जब हम अमेरिका, रूस, इंग्लैंड, जापान, चीन, फ्रांस आदि देशों की राष्ट्रीय शिक्षा प्रणाली का अध्ययन करते हैं तो वहाँ की शिक्षा में सांस्कृतिक चेतना (Cultural

Consciousness) को प्रमुख आधार बनाया गया है। सभी लोग अमेरिकन या रूसी या ब्रिटिश या जापानी, चीनी या फ्रांसीसी पहले हैं और ईसाई या यहूदी या मुसलमान या बौद्ध बाद में हैं। उन्होंने पाठ्यक्रम में राष्ट्रीय दृष्टिकोण से धार्मिक विश्वास, आदर्शों, सामाजिक मूल्यों और मानव-मूल्यों को प्रमुख स्थान दिया है। उन्होंने विविधता में एकता लाने का प्रयास किया है। यदि हम राष्ट्रीय संस्कृति को एक वृक्ष मान लें तो उसकी शाखाएँ उप-संस्कृतियाँ होंगी। हमें राष्ट्रीय संस्कृति रूपी वृक्ष का पालन-पोषण इस प्रकार करना होगा कि उसकी शाखाएँ और उपशाखाएँ (उपसंस्कृतियाँ) भी फलें-फूलें। तभी हमारी शिक्षा प्रणाली राष्ट्रीय शिक्षा प्रणाली का रूप ले सकेगी और हम विविधता में एकता लाकर राष्ट्रीय समन्वय पैदा कर सकेंगे।

2. आर्थिक सुरक्षा (Economic Security)

'शिक्षा प्रणाली' राष्ट्र की अर्थव्यवस्था को निर्धारित करने में महत्वपूर्ण योग देती है। दूसरे शब्दों में, 'शिक्षा' और 'अर्थव्यवस्था' दोनों का आपस में घनिष्ठ सम्बन्ध है। तुलनात्मक शिक्षा के अध्ययन से पता चलता है कि निर्धन राष्ट्रों की शिक्षा व्यवस्था भी पिछड़ी होती है। भारत जैसे विकासशील देश में आज भी 'शिक्षा प्रणाली' में आत्मनिर्भरता (Self-dependence) का गुण नहीं आ सका है। आज की शिक्षा छात्र को आत्मनिर्भर बनाकर उसे अपने पैरों पर खड़ा होना नहीं सिखाती, क्योंकि शिक्षा व्यवसाय-प्रधान नहीं है। इससे देश में बेरोजगारी की समस्या बढ़ती जा रही है। देश भी आर्थिक दृष्टि से तीव्र विकास नहीं कर रहा है। अच्छी राष्ट्रीय शिक्षा प्रणाली वही है जो नागरिकों को आर्थिक सुरक्षा (Economic Security) प्रदान करती है। रूस, जापान आदि देशों में छात्र-छात्राओं को ऐसी राष्ट्रीय शिक्षा दी जाती है कि वे पढ़ाई पूरी करने पर अपने पैरों पर खड़े हो जाते हैं और उन्हें आर्थिक सुरक्षा प्राप्त हो जाती है। वहाँ के छात्रों का एक लक्ष्य होता है। भारत में लक्ष्यहीन शिक्षा-प्रणाली के कारण छात्रों की उच्च शिक्षा केन्द्रों पर भीड़ लगी रहती है और शिक्षा का स्तर गिरता जाता है। यदि माध्यमिक शिक्षा को व्यावसायिक दृष्टि से सशक्त बना दिया जाए और एक राष्ट्रीय शिक्षा प्रणाली चलायी जाए, तो निश्चित ही छात्र-छात्राओं को आर्थिक सुरक्षा मिल सकेगी। इससे नागरिक स्वयं रोजगार (Self-Employment) पा सकेंगे; विश्वविद्यालयों में प्रवेश की भीड़ कम होगी; शिक्षा का स्तर गिरने से बचेगा और राष्ट्र की आर्थिक स्थिति सुदृढ़ होगी। जब हम राष्ट्रीय शिक्षा प्रणाली की बहुमुखी योजना बनायें, तो हमें छात्र-छात्राओं में आत्मनिर्भरता लाने के लिए शिक्षा को

व्यावसायिक और उत्पादनशील बनाना चाहिए। इस सम्बन्ध में निम्नलिखित बातों पर ध्यान दिया जाए–

(1) ***इससे वैयक्तिक, सामाजिक और राष्ट्रीय आर्थिक विकास हो***–हम अपनी राष्ट्रीय शिक्षा प्रणाली में उत्पादनशील व्यावसायिक शिक्षा को स्थान दें। छात्र-छात्राओं को पूर्ण विकास के लिए वैयक्तिक स्वतन्त्रता मिले। सामाजिक और राष्ट्रीय आवश्यकताओं को पूरा करने वाली शिक्षा व्यवस्था चलायी जाए। इसका परिणाम यह निकले कि आर्थिक साधनों (पूँजी आदि) का वितरण समाज में समान हो। वह किसी एक व्यक्ति या कुछ व्यक्तियों के हाथों में संचित न हो। इसके लिए उत्पादन के साथ-साथ वितरण व्यवस्था पर भी ध्यान देना होगा। नागरिकों को सामाजिक और राष्ट्रीय हित की दृष्टि से आत्मनिर्भर बनाना होगा।

(2) ***इससे वर्ग-भेद समाप्त हो***–वर्ग-भेद को भुलाकर राष्ट्रीय शिक्षा प्रणाली बनानी चाहिए, ताकि सभी वर्ग अपनी आवश्यकता और योग्यता के अनुसार शिक्षा ग्रहण कर सकें। सभी को शिक्षा के समान अवसर और सुविधाएँ मिलें। कमजोर वर्ग की उन्नति पर अपेक्षाकृत अधिक ध्यान दिया जाए, तभी एक उपयुक्त राष्ट्रीय शिक्षा प्रणाली चलायी जा सकेगी।

(3) ***एक राष्ट्रीय चरित्र पर ध्यान दिया जाए***–बिना उत्तम राष्ट्रीय चरित्र (National Character) के कोई भी शिक्षा योजना सफल नहीं हो सकती। भारत का राष्ट्रीय चरित्र विकसित हो ऐसा प्रयत्न किया जाए। इस चरित्र के बिना अच्छा नेतृत्व (Leadership) नहीं पैदा होता और जन-सहयोग (Public Cooperation) भी प्राप्त नहीं होता। राष्ट्रीय चरित्र के अभाव में राष्ट्र की साख विदेशों में नहीं बनती। इससे आर्थिक विकास को आघात पहुँचता है। इसलिए आवश्यक है कि आर्थिक सुरक्षा को राष्ट्रीय शिक्षा प्रणाली का आधार बनाया जाए।

3. राष्ट्रीय एकता की चेतना
(Consciousness of National Unity)

यदि शिक्षा प्रणाली से राष्ट्र के नागरिकों में एक राष्ट्रीयता का भाव पैदा नहीं होता, अर्थात् राष्ट्रीय एकता की प्रवृत्ति पैदा नहीं होती तो हम उसे राष्ट्रीय शिक्षा प्रणाली का नाम नहीं दे सकते। अन्य देशों की अपेक्षा भारत में धार्मिक, जाति-सम्बन्धी, प्रदेश-सम्बन्धी, भाषा-सम्बन्धी विविधताएँ हैं। इन विविधताओं (Diversities) में एकता (Unity) लाने में योग देने वाली शिक्षा ही राष्ट्रीय शिक्षा प्रणाली होगी। रूस,

अमेरिका आदि देशों में राष्ट्रीय एकता लाने के लिए प्रादेशिक और क्षेत्रीय भेदों को भुलाकर एक राष्ट्रीय सद्भाव पैदा किया गया। आपसी साम्प्रदायिक मतभेद पैदा करके ब्रिटिश सरकार ने भारत का विभाजन कराया। 1947 ई॰ तक ब्रिटिश सरकार ने भारत की राष्ट्रीय एकता को कमजोर करने के लिए बहुत प्रयत्न किये और अराष्ट्रीय शिक्षा प्रणाली चलायी। शिक्षा का माध्यम अंग्रेजी रखा। इस शिक्षा प्रणाली से राष्ट्रीय एकता की भावना दुर्बल हुई और ब्रिटिश शासन को सुदृढ़ करने में सफलता मिली। इंग्लैंड में राष्ट्रीय एकता लाने के लिए 1944 ई॰ का शिक्षा अधिनियम पास हुआ। अमेरिका में राष्ट्रीय एकता लाने की दृष्टि से राष्ट्रीय शिक्षा योजना लागू की गई। इसका कारण यही था कि अमेरिका में यूरोप के विभिन्न देशों से लोग आकर बसे थे जिनकी भाषाएँ, परम्पराएँ, संस्कृति में भेद था। इनमें एकता लाना आवश्यक था। हेनरी बर्नार्ड, होरस मैन और डब्ल्यू॰टी॰ हैरिस ने शिक्षा के माध्यम से राष्ट्रीय एकता लाने का पर्याप्त प्रयास किया। जर्मनी में हिटलर ने राष्ट्रीय शिक्षा प्रणाली द्वारा राष्ट्रीय एकता लाने का प्रयत्न किया। जापान की राष्ट्रीय शिक्षा प्रणाली ने जापानी नागरिकों को एक राष्ट्रीयता की भावना से ओतप्रोत किया। यही कारण था कि द्वितीय विश्व युद्ध को झेलकर वह पुनः समृद्ध राष्ट्र बन सका।

दक्षिणी-पूर्वी एशिया और अफ्रीका के बहुत से राज्य अब स्वतन्त्र हुए हैं। वहाँ विभिन्न प्रकार की राजनीतिक दलबन्दियाँ पायी जाती हैं। अभी तक इन देशों में प्रशासन में स्थायित्व नहीं आया है। वहाँ भी यही प्रयत्न किया जा रहा है कि यहाँ राष्ट्रीय एकता बनी रहे। इसके लिए उन्होंने शिक्षा प्रणाली में राष्ट्रीय एकता का लक्ष्य रखकर उपयुक्त पाठ्यक्रम तथा उपयुक्त शिक्षण पद्धति को अपनाने का प्रयत्न किया। शिक्षा राष्ट्रीय एकता लाने का एक अपूर्व साधन है।

4 राष्ट्रीय भाषा
(National Language)

सभी देशों में एक से अधिक भाषाएँ बोली जाती हैं और प्रयोग में लायी जाती हैं, परन्तु अपेक्षाकृत एक ही भाषा ऐसी होती है जो राष्ट्रीय स्तर पर अधिक व्यावहारिक और समृद्ध मानी जाती है। यही भाषा राष्ट्रीय सम्पर्क की भाषा मानी जाती है और राष्ट्रीय भाषा कहलाती है। यही राष्ट्रीय भाषा शिक्षा का माध्यम बनती है। विज्ञान, तकनीकी विषयों, कला, साहित्य आदि सभी विषयों का अध्ययन इसी भाषा के माध्यम से होना सम्भव होता है। कोई राष्ट्र अपनी राष्ट्रभाषा के बिना शक्तिशाली नहीं बन सकता। विश्व के सभी विकसित और समृद्ध देशों की एक राष्ट्रीय भाषा होती है। इसी को शासन और प्रशासन का माध्यम बनाया जाता है। सोवियत रूस, अमेरिका, जापान,

इंग्लैंड आदि सभी देशों की अपनी राष्ट्रीय भाषा है। यद्यपि रूस और अमेरिका में सैकड़ों से अधिक भाषाएँ बोली जाती हैं, परन्तु वहाँ रूसी और अंग्रेजी को ही राष्ट्रीय भाषा स्वीकार किया गया है। राष्ट्रीय भाषा के उपयोग से राष्ट्रीयता की भावना जाग्रत होती है। हमारे देश में अभी तक अंग्रेजी भाषा के व्यवहार के कारण मानसिक दासता पायी जाती है। सभी राष्ट्रों में राष्ट्रीयता की भावना और समृद्धि के लिए राष्ट्रीय भाषा का उपयोग किया जाना चाहिए। इसको शिक्षा का माध्यम बनाना चाहिए।

5. राजनीतिक दर्शन (Political Philosophy)

शिक्षा प्रणाली पर देश के शासनतन्त्र और सरकार का सीधा प्रभाव पड़ता है। जहाँ जैसा शासनतन्त्र और राजनीतिक दर्शन होता है, वहाँ की शिक्षा व्यवस्था का स्वरूप भी वैसा होता है। सोवियन रूस में राज्य साम्यवाद (State Socialism) है अतः वहाँ की शिक्षा का आदर्श साम्यवादी समाजवाद के लिए राज्यभक्त नागरिक तैयार करना है। वहाँ व्यक्ति को स्वतन्त्रता नहीं होती, सभी राज्यतन्त्र के लिए उत्तरदायी हैं। भारत में लोकतान्त्रिक समाजवाद (Democratic Socialism) है। यहाँ व्यक्ति को स्वतन्त्रता प्राप्त है और प्रजातन्त्र का दृष्टिकोण पैदा करना शिक्षा का उद्देश्य है। शैक्षिक नियोजन में शासनतन्त्र और राजनीतिक दर्शन को आधार बनाना आज की राष्ट्रीय शिक्षा-प्रणाली का आधार है।

6. राष्ट्रीय चरित्र (National Character)

राष्ट्रीय चरित्र और राष्ट्रीय शिक्षा प्रणाली में घनिष्ठ सम्बन्ध होता है; जैसे—भारतीय राष्ट्रीय चरित्र लोकतन्त्रात्मक (Democratic) है, अतः यहाँ शिक्षा की व्यवस्था लोकतान्त्रिक आधार पर की जाती है। रूस में राष्ट्रीय चरित्र साम्यवादी (Communistic) है। अतः वहाँ की शिक्षा पर साम्यवाद (Communism) का प्रभाव है। जीवन दर्शन (Philosophy of life) से शिक्षा का लक्ष्य निर्धारित होता है और उसी से राष्ट्रीय चरित्र (National Character) का गठन भी होता है। इस प्रकार राष्ट्रीय चरित्र और राष्ट्रीय शिक्षा प्रणाली में घनिष्ठ सम्बन्ध है। इसलिए राष्ट्रीय शिक्षा प्रणाली का एक प्रमुख आधार राष्ट्रीय चरित्र भी है। राष्ट्रीय चरित्र के निर्माण में भी शिक्षा, साधन का काम करती है। अतः शिक्षा राष्ट्रीय चरित्र के निर्माण का साधन है और साध्य भी है। शिक्षा-प्रणाली राष्ट्र के चरित्र को प्रभावित करती है, तो राष्ट्रीय चरित्र शिक्षा प्रणाली को भी प्रभावित करता है।

7. अन्तर्राष्ट्रीयता की चेतना (Consciousness of Internationalism)

पहले जब यातायात और संचार के अच्छे साधन नहीं थे तो सभी देश एक-दूसरे से बहुत निकट नहीं थे। अब इन साधनों में आशातीत विकास होने से विश्वभर के देश एक-दूसरे के निकट आ गये हैं। अब किसी एक देश में कोई घटना घटती है तो उसका सीधा प्रभाव विश्व के अन्य राष्ट्रों पर भी पड़ता है। अब एक राष्ट्र की समस्या दूसरे राष्ट्रों की समस्या बन जाती है। अब विश्वबन्धुत्व (World Brotherhood) की भावना बढ़ने लगी है। एक विकसित देश अविकसित और विकासशील देशों की आर्थिक और तकनीकी सहायता करने को उद्यत है। अब संयुक्त राष्ट्र संघ (U.N.O.) की स्थापना होने से बहुत से अन्तर्राष्ट्रीय संगठन (International Organisations) राष्ट्रों के बीच सम्पर्क और सहयोग बढ़ाने के प्रयत्न कर रहे हैं। यूनेस्को (UNESCO) तथा यूनिसेफ (UNISEF) जैसे संगठन शिक्षा जगत के विकास में अन्तर्राष्ट्रीय सद्भाव को बढ़ा रहे हैं। अब प्रत्येक राष्ट्र की शिक्षा प्रणाली दूसरे राष्ट्रों की शिक्षा प्रणालियों से प्रभावित होती हैं। पाठ्यक्रमों में अन्तर्राष्ट्रीयता की प्रवृत्ति को प्रोत्साहन देने के कार्यक्रम आयोजित होते हैं। यूनेस्को (UNESCO) की सहायता से सभी राष्ट्र अपनी शिक्षा प्रणाली को सामयिक (Up-to-date) बनाने का प्रयत्न कर रहे हैं। राष्ट्रीय शिक्षा प्रणाली के विकास और सुधार का एक प्रमुख आधार अन्तर्राष्ट्रीयता की प्रवृत्ति भी बन गयी है। इस तत्व की उपेक्षा करके राष्ट्रीय शिक्षा प्रणाली का आयोजन नहीं किया जा सकता।

सारांश

राष्ट्रीय शिक्षा प्रणाली के कारक

(1) **सांस्कृतिक चेतना**—शिक्षा सांस्कृतिक चेतना की सुरक्षा, विकास और प्रसार का साधन है। इसके विपरीत, संस्कृति शिक्षा के पाठ्यक्रम का अंग होती है।

संस्कृति के मूल्य—संस्कृति के दो मूल्य—(1) स्थायी मूल्य, (2) अस्थायी मूल्य। स्थायी मूल्य समय और स्थान से अप्रभावित। अस्थायी मूल्य समय और स्थान से प्रभावित। इसी के कारण संस्कृति के स्वरूप में परिवर्तन।

निजी संस्कृति के प्रति प्रेम पैदा करना आवश्यक—शिक्षा की राष्ट्रीय प्रणाली द्वारा नागरिकों में निजी संस्कृति के प्रति प्रेम पैदा करना आवश्यक। इसमें उपसंस्कृतियों का भी विकास आवश्यक। धर्म-निरपेक्षता

का सम्मान आवश्यक।

(2) **आर्थिक सुरक्षा**—राष्ट्रीय शिक्षा प्रणाली का प्रमुख आधार आर्थिक सुरक्षा। शिक्षा को व्यावसायिक बनाकर छात्रों में आर्थिक सुरक्षा लाना आवश्यक। रूस, जापान आदि की शिक्षा में आर्थिक सुरक्षा पर बल। निम्नलिखित बातों पर ध्यान देना आवश्यक—(1) वैयक्तिक, सामाजिक, राष्ट्रीय विकास हो। (2) वर्ग-भेद समाप्त हो। (3) एक राष्ट्रीय चरित्र का गठन हो।

(3) **राष्ट्रीय एकता**—राष्ट्रीय एकता राष्ट्रीय शिक्षा प्रणाली का मुख्य आधार है। देश की भाषा, जाति, धर्म, वर्ग, प्रदेशों की विविधता। इनमें एकता लाकर ही राष्ट्रीय बल और समृद्धि का विकास सम्भव। सभी देशों में राष्ट्रीय एकता लाने के लिए शिक्षा व्यवस्था पर बल।

(4) **राष्ट्रीय भाषा**—सभी देशों में एक से अधिक भाषाएँ, परन्तु इनमें सर्वाधिक उपयोगी, समृद्ध और लोकप्रिय भाषा ही राष्ट्रीय भाषा। राष्ट्रीय भाषा राष्ट्रीय शिक्षा प्रणाली का आधार। यह समूची शिक्षा का आवश्यक माध्यम।

(5) **राजनीतिक दर्शन**—एक राष्ट्र का राजनीतिक दर्शन राष्ट्र की राष्ट्रीय शिक्षा प्रणाली को प्रभावित करने वाला। जैसे रूस में साम्यवादी दृष्टिकोण से शिक्षा प्रभावित; अमेरिका और भारत में लोकतान्त्रिक दृष्टिकोण से प्रभावति शिक्षा व्यवस्था। इस प्रकार राजनीतिक दर्शन राष्ट्रीय शिक्षा प्रणाली का मुख्य आधार।

(6) **राष्ट्रीय चरित्र**—राष्ट्रीय चरित्र से राष्ट्रीय शिक्षा प्रणाली प्रभावित और राष्ट्रीय शिक्षा प्रणाली से राष्ट्रीय चरित्र का गठन सम्भव। इसलिए राष्ट्रीय शिक्षा प्रणाली का आधार राष्ट्रीय चरित्र को बनाना आवश्यक।

(7) **अन्तर्राष्ट्रीयता की चेतना**—यातायात और संचार व्यवस्थाओं के विकास से विश्व के सभी राष्ट्र निकट। अन्तर्राष्ट्रीयता की प्रवृत्ति को यू॰एन॰ओ॰ के संगठनों से बहुत बल। यूनेस्को तथा यूनिसेफ इसमें महत्वपूर्ण। यूनेस्को द्वारा राष्ट्रों की राष्ट्रीय शिक्षा-प्रणाली अन्तर्राष्ट्रीयता की प्रवृत्ति से प्रभावित।

अभ्यासार्थ प्रश्न

1. राष्ट्रीय शिक्षा प्रणाली के प्रमुख कारकों के नाम बताइए। राष्ट्रीय भाषा किस प्रकार राष्ट्रीय शिक्षा-प्रणाली का आधार बन सकती है?
2. सांस्कृतिक चेतना राष्ट्रीय शिक्षा प्रणाली को प्रभावित करने वाला मुख्य कारक है, कैसे?
3. अन्तर्राष्ट्रीयता की चेतना राष्ट्रीय शिक्षा प्रणाली को कैसे प्रभावित करती है?

4. 'राष्ट्रीय चरित्र' राष्ट्रीय शिक्षा प्रणाली को प्रभावित करता है। कैसे?
5. आर्थिक सुरक्षा से राष्ट्रीय शिक्षा प्रणाली सुदृढ़ और उपयोगी बन सकती है। कैसे?
6. राष्ट्रीय एकता और राष्ट्रीय शिक्षा प्रणाली में क्या सम्बन्ध है?
7. राजनीतिक दर्शन राष्ट्र की शिक्षा प्रणाली को कैसे प्रभावित करता हैं?

संदर्भिका
[Bibliography]

Education in Great Britain

Adaval, S., *Teacher Education in U.K.*, Garg Brothers, Allahabad.

Alexander, W.P., *Education in England*, Newness Educational Publishing Company Ltd., London, 1954.

Cramer, J.F. and Browne, G.S., *Contemporary Education*, Harcourt Brace & Co, New York, 1956.

Curtis, S.J., *History of Education in Great Britain*, University Tutorial Press Ltd., London, 1957.

Dent, H.C., *Education in Transition*, Routledge and Kegal Paul, London, 1945.

Dent, H.C., *Secondary Education for All*, Routledge and Kegan Paul, London, 1949.

H.M.S.O. London, *Education Act,* 1944.

Hans, N., *Comparative Education*, Routledge and Kegan Paul, London, 1959.

Kandel, *The New Era in Education*, Routledge and Kegan Paul, London, 1958.

Lester-Smith, W.O., *Compulsory Education in England*, UNESCO, Paris, 1951.

Ministry of Education, H.M.S.O., London, Pamphlet No. 2, *A Guide to the Educational System of England and Wales*, 1945.

Norwood, Sir C., *Education of Teachers in England, France and U.S.A.*, UNESCO, 1963.

Smith, H.L., *Comparative Education*, Educational Publications, Bloomington, Indiana, U.S.A. 1941.

University Grant Committee, *University Development Report in the Years 1947 to 1952*, H.M.S.O., London, 1953.

Ward, H., *The Educational System of England and Wales and Its Recent History*, Harvard University Press, Cambridge, 1935.

Wilson, J.D. (Editor), *The Schools of England*, London, Sedgwick Jackson, Ltd., 1928.

Education in Republic of Russia

Bernstein, Mikhoil, Higher Education in the U.S.S.R. During and After the War. *The Educational Forum*, vol.xii, No.2, Jan 1948.

Hans, N., *History of Russian Educational Policy*, London, P.S. King & Son Ltd. 1932.

King, Beatrice, *Changing Man, The Educational System of the U.S.S.R.*, John Day New York, 1957.

Korol, A.G., *Soviet Education for Science and Technology*, Chapman and Hall Ltd., London, 1957.

Meyer, A.E., *The Development of Education in the Twentieth Century*, pp. 307-47, Prentice Hall Inc., New York, 1949.

Singh, Raja Roy, *Education in the Soviet Union*, Ministry of Education, Government of India, Delhi, 1962.

U.S. Department of Health, *Education and Welfare*, Washington, D.C., 1959, Soviet Commitment of Education—Report of the First Official U.S. Education Mission, Bulletin No. 16.

Education in U.S.A.

Alexander and Taylor, *Secondary Education*, Rinehart & Co. Inc., New York, 1956.

Briggs, T.H., *Secondary Education*, Macmillan 1950.

Chauhan, N. and Singh, R., *American Jan Shiksha ka Swaroop*, Gaya Prasad and Sons, Agra, 1959.

Council of State Governments, *The Forty-eight State School Systems*, Chicago, 1949.

De Young, C.A., *Introduction to American Public Education*, 3rd Edn., McGraw Hill Book Co., New York, 1955.

Lewis, E.E., *Personal Problems of the Teaching Staff*, The Century Co, New York, 1925.

Smith, H.L., *Comparative Education*, Educational Publications, Bloomington, Indiana, U.S.A. 1941.

Ulich, Robert, *The Education of Nations*, Harvard University Press, Cambridge, Mass, 1961.

Education in India

Chaube, S.P., *A Survey of Educational Problems and Experiments in India*, Kitab Mahal, Allahabad, 1965.

Chaube, S.P., *Bhartiya Shiksha Ka Itihas*, Ram Narain Lal Beni Madho, Allahabad, 1971.

Nurullah & Naik, *A Students' History of Education in India*, Macmillan & Co. Ltd., Bombay, 1962.

Rawat, P.L., *A History of Indian Education*, Ram Prasad & Sons, Agra, 1963.

Safaya, Ragunath, *Current Problems of Indian Education*, Dhanpat Rai and Sons, Delhi, 1966.

अनुक्रमणिका